폴 케네디

강대국의 흥망

폴 케네디 지음 | 이왈수 · 전남석 · 황건 옮김

한국경제신문

Copyright © 1987 by Paul Kennedy
All rights reserved under
International and Pan—American Convention.
Published on Jan. 25 1988 in the United States
by Random House, Inc., New York

Korean Translation Copyright © The Korea Economic Daily 1988
All rights reserved. No part of this book may be used in
any form or by any means without written permission
from the Publisher.

역자의 말

 역사상 수많은 강대국들이 흥망을 거듭해왔다. 이러한 현상을 야기하는 원인이 무엇인가를 살펴보는 것은 단순한 역사적 흥미거리를 넘어 오늘의 세계를 이해하고 장래를 전망하는 데 매우 중요하다. 특히 1980년대 들어 태평양을 사이에 두고 국제관계가 판이한 양상을 띠고 있는 이 시점에서는 이것이 절실히 요청되고 있다.
 폴 케네디(Paul Kennedy)의 「강대국의 흥망(The Rise and Fall of the Great Powers)」은 1988년 1월 발행된 이래 시의적절한 주제 덕분에 미국 안팎에서 커다란 반향을 불러일으키면서 논픽션 부문의 베스트셀러가 되었으며 「뉴욕 타임스」지의 1988년도 최우수 도서로 선정되었다.
 케네디는 이 책에서 부제인 「1500~2000년의 경제변화와 군사충돌(Economic Change and Military Conflict from 1500 to 2000)」이 시사해주듯이 지난 5세기 동안의 세계사의 흐름을 폭넓게 분석하여 경제력과 군사력의 상관관계를 규명함으로써 강대국의 흥망을 좌우하는 원인을 찾아냈다. 즉 최근의 미국을 비롯해 과거의 수많은 강대국들은 기술발전과 경제성장을 통해 그 지위를 획득하고 나면 그것을 유지하기 위해 국력의 더 많은 부분을 점점 군사비에 돌리게 된다는 것이다. 그러나 제아무리 경제대국이라 하더라도 과중한 군사비를 무한정 감당해낼 수는 없기 때문에 경제력과 군사력간의 균형상태가 깨어지면서 쇠퇴하게 된다. 반면 적절한 군사력을 유지하면서 경제성장에 치중하는 나라는 새로운 강대국으로 부상한다. 지난 5세기에 걸쳐 모든 전쟁의 승리는 경제적으로 강한 나라에 돌아갔으며 군사적으로 과분수인 나라는 패배할 수밖에 없었음을 검증한 케네디는 민생과 군비를 놓고 한 나라의 자원배분 우선순위를 정하는 것이 그 나라가 처한 상황에 따라 다를 수밖에 없지만 결국 중요한 것은 경제력이라고 지적한다.

케네디가 이 책에서 중점을 두어 분석한 내용은 1945년부터 2000년에 이르기까지 전개되어 왔고 또 앞으로 전개될 강대국의 정치적 역학관계이다. 그는 강대국간의 경제력·군사력의 변화추세가 이들의 장래를 좌우할 것이라고 전제하고 미·소 양극체제가 서유럽과 중국·일본의 아시아 신흥 강대국이 참여한 5각 체제로 변하는 다극화 추세에 있다고 진단한다. 미·소 두 군사대국이 과중한 군사비 부담 때문에 상대적 쇠퇴가 불가피하다고 본 케네디는 통합된 서유럽이 엄청난 경제단위로 부상할 것이며 그동안 급속히 성장한 일본은 그에 걸맞는 수준의 군사대국화를 유혹받고 있어 장래가 불투명하다고 전망한다. 반면 중국은 군사 부문에 대한 과도한 투자를 삼가고 착실한 경제성장에 노력하고 있는 점을 긍정적으로 평가하고 있다.

이 책은 1980년대 들어 뚜렷한 조짐을 보이기 시작한 미국의 쇠퇴에 대한 미국인의 우려를 반영하고 있다. 미국에는 지금 쇠퇴의 현실을 어떻게 받아들이고 대처할 것인가 하는 문제를 놓고 논의가 분분하다. 이 가운데 쇠퇴의 불가피함을 학문적으로 체계화하고 자구책을 모색하려는 미국쇠퇴론이 형성되었다. 이를 주창하는 학자들은「쇠퇴학파(School of Decline)」라고 불리며 이들이 내놓은 저서만도 40여권에 달한다. 이 책 역시 이러한「쇠퇴」서적의 하나이다.

이 점에서 볼 때 이 책은 제1차 세계대전 전야에 유럽의 쇠퇴에 대한 절망적인 상황을 대변한 오스발트 슈펭글러(Oswald Spengler)의「서양의 몰락(Der Untergang des Abendlandes)」과 맥을 같이 한다고 볼 수 있다. 그러나 케네디는 슈펭글러나 토인비(Arnold Toynbee)류의 유기체적 문명사관의 관념성을 탈피하고 경제적 요소를 중시하되 그 변화양상을 군사력이라는 특정 측면과 연결시킴으로써 세계사의 흐름을 읽을 수 있는 실체적인 관점을 제시해 준다.

　1945년 영국의 북부 월젠드 온 타인(Wallsend-on-Tyne)에서 태어난 케네디는 영국의 뉴캐슬대학과 옥스포드대학 그리고 독일의 본대학에서 수학한 후 유럽과 북아메리카 여러 대학의 연구원과 교수를 거쳐 지금은 미국의 예일대학 역사학 교수로서 현대국제전략사를 강의하고 있다. 영국의 저명한 군사전략사가인 배슬 리들 하트(Basil Liddell Hart)경 밑에서 연구조교를 지낸 그는 이 책에 앞서 「태평양의 공격 1941~1943(Pacific Onslaught 1941~1943)」, 「영국해군 지배력의 흥망(The Rise and Fall of British Naval Mastery)」, 「전략과 외교 1860~1945(Strategy and Diplomacy 1860~1945)」 등 7권의 저서와 3권의 편저를 낸 바 있다. 그 동안의 연구성과가 모두 이 책에 집성되어 있음을 알 수 있다. 이 밖에도 그는 전문학술잡지 뿐만 아니라 일간지와 주간지에도 폭넓게 비평을 싣고 있다.

　이 책의 제Ⅰ부는 全南錫, 제Ⅱ부는 李曰洙 그리고 제Ⅲ부는 黃建이 나누어 번역하였다.

　1989년 1월에 초판이 나온 이후 장기 베스트셀러로서 독자들의 많은 찬사와 질정이 있었다. 이번 96년 신판에는 장정을 양장으로 단장하여 영구 보존토록 했고, 본문 활자도 좀 더 키웠으며, 문장의 오류나 오자(誤字)도 바로 잡아 독자들의 요구에 부응하고자 노력했다. 지속적인 편달을 바란다.

1996년 5월
역　자

저자의 말

이 책은「근대(modern)」, 즉 르네상스 이후의 국가적 또는 국제적 세력을 다룬 것이다. 서유럽의「신흥군주국」들이 출현하고 대양을 사이에 둔 전세계적 국가체제가 형성된 이후 지난 5세기 동안 여러 강대국의 흥망이 어떻게 맞물려 돌아갔는지를 추적하고 해명해보려는 것이다. 따라서 전쟁, 특히 강대국들이 동맹하여 처절한 전투를 벌임으로써 국제질서에 큰 영향을 미친 대전쟁에 관심을 두게 되었다. 그렇다고 해서 이 책이 바로 전쟁사는 아니다. 또한 1500년 이후 세계 경제균형상의 변화들을 추적했지만 직접적인 의미의 경제사도 아니다. 국제체제 속에서 선진국들이 부국강병으로 강자의 지위를 확보하기 위해 애쓴, 이른바 부(富)와 전략의 상호작용이 이 책의 초점이다.

따라서 이 책의 부제가 말하는「군사충돌」은 언제나「경제변화」의 맥락에서 분석될 것이다. 이 시기의 한 강대국의 승리나 패배는 항상 장기적인 전투의 결과이지만 전쟁중 그 나라의 생산적인 경제자원의 효율적인 이용 여부에 의해서도 좌우되며 그 배경에 대해 더 한층 깊이 살펴보면 실제 전투가 벌어지기 이전 시기에 그 나라의 경제가 다른 선진국과 비교해 성장기 또는 쇠퇴기에 있었는가에도 좌우된다. 이런 이유에서 강대국이 전쟁을 어떻게 치렀는가에 못지 않게 강대국의 지위가 평화시에도 달라지는 양상을 면밀히 다루었다.

이 책의 논지는 본문에서 더 상세히 분석되겠지만 다음과 같이 간단히 요약될 수 있다.

세계사에서 선진국의 상대적 우위는 결코 불변적인 것이 아니다. 그것은 주로 사회집단마다 성장속도가 다르고 기술과 조직의 비약으로 얻는 혜택이 사회마다 다르기 때문이다. 예컨대 1500년 이후 등장한 장거리 함포를 탑재한 군함과 왕성한 대서양무역이 유럽국가들에게 가져다 준 혜택은 한결같지 않았다. 뜀박질하여 앞서 내닫는 나라들이 나타난 것이다. 마찬가지로 그후 등장한 증기기관・석탄・금속자원 등의 개발에 크게 의존해온 나라는 다른 나라들의 힘을 크게 위축시키면서 상대적 우위를 증대시켰다. 일단 생산력이 향상된 나라는 평화시에 대규모의 군사력을 유지하면서 전쟁시에는 대규모 병력과 함대를 공급할 재원을 확보하는 일이 한결 쉬워진다. 잔혹한 전쟁상인의 표현처럼 들리겠지만 군사력을 유지하는 데는 항상 부가 필요하며 부를 획득하고 지탱하는 데는 군사력이 필요하다. 그러나 국가자원의 너무 많은 부분이 부의 생산에서 빼돌려져 군사목적에 쓰인다면 장기적으로는 국력이 약화된다. 또한 국가가 지나친 팽창전략을 추구할 때—힘에 겨운 영토확장과 값비싼 전쟁개입 등—해외팽창으로 얻는 잠재적 이득에 비해 비용이 엄청나게 많아지는 모험을 겪게 된다. 특히 그 나라가 경제적으로 상대적인 침체기에 있을 경우 모순은 더욱 예리한 양상을 띤다. 16세기 서유럽의 발전 이후 강대국체제에 끼어든 선진국들—스페인・네덜란드・프랑스・영국 그리고 최근의 미국 등—의 흥망사는 장기적 차원에서 생산・자금조달 능력과 군사력 사이의 함수관계를 잘 보여준다.

이 책에서 다룬 「강대국의 흥망」은 장별로 다음과 같이 간단히 요약될 수 있다. 제1장은 책의 전반적 배경으로서 1500년 무렵의 세계와 당시의 「세력권」, 즉 중국의 명(明), 오토만(Ottoman)제국 및 같은 이슬람 분파인 인도의 무굴(Mogul)제국, 러시아, 일본의 도쿠가와 막부(德川幕府) 그리고 서유럽 국가군에 관하여 서술하였다. 16세기가 시작될 무렵만 해도 맨 끝에 든 서유럽이 다른 지역을 누르고 부상하리라고는 전혀 예상하지 못했다. 그러나 동방의 제국들은 비록 유럽 국가들에 비해 위세있고 조직적으로 보이기는 했지만 공식적인 국가 종교뿐만 아니라 상업활동이나 무기개발같은 분야에서도 획일적인 신앙과 관습을 강요하는 중앙집권적 권력을 구축한 결과로 엄청난 피해를 보았다. 유럽에는 그같은 거대권력이 존재하지 않은 반면 여러 왕국과 도시국가들이 호전적인 분쟁을 일삼는 바람에 끊임없이 군사력 증강을 자극했고 그같은 경쟁적·기업적 환경에서 태동한 새로운 기술적·상업적 진보와 서로 맞물려 열매를 맺었다. 변화를 가로막는 장애가 보다 적은 유럽사회는 지속적인 경제성장을 이루어 군사력을 증강함으로써 시간이 흐름에 따라 세계의 다른 지역을 앞지르게 되었다.

이같은 기술발전과 군사력의 역학관계로 유럽국가는 항상 투쟁하면서 나름대로 발전하였는데 라이벌 가운데 한 나라가 다른 나라들을 제치고 대륙을 지배할 수 있는 자원을 확보할 가능성이 아직 있었다. 서기 1500년에서 150년이 지날 무렵 스페인·오스트리아 합스부르크 주도하의 종교적 왕조진영이 바로 지배권을 노리게 되자 「합스부르크의 지배권 시도」를 저지하러 나선 주요 유럽국가들의 대응이 제2장의 내용을 이룬다. 이 책의 전반적인 내용이 그렇지만 선진 강대국이 지닌 강점과 약점의 비교 분석은 어디까지나 상대적이며 서양사회 전체에 영향을 미친 경제적·기술적 변화를 배경으로 하고 있다. 그것은 이 시기에 있었던 수많은 전쟁의 결과에 대한 독자들의 이해를 돕기 위해서이다. 제2장의 주제는 합스부르크가 많은 자원을 가지고 있으면서도 거듭되는 전쟁에 휘말리는 바람에 경제적 기반이 약한 군사적 과분수가 되고 말았다는 내용이다. 유럽의 다른 강대국 역시 길고 긴 전쟁으로 타격이 컸지만 합스부르크보다는 자원과 군사력의 균형을 비록 가까스로이긴 했지만 잘 유지하였다.

제3장은 1660년과 1815년 사이에 벌어진 강대국의 분쟁을 다루고 있

는데 하나의 큰 진영과 군소 적대자들 사이의 대항처럼 쉽게 요약될 수가 없었다. 바로 이때 스페인·네덜란드 등 전날의 강대국이 이등 국가로 전락하고 착실하게 부상한 5대 강대국(프랑스·영국·러시아·오스트리아·프로이센)이 18세기 유럽외교를 지배하게 되며 동맹관계의 빈번한 변화로 중단되곤 하는 일련의 지리한 동맹전쟁에 말려들게 된다. 바로 이 시기에 프랑스는 처음엔 루이 14세 치하, 나중에는 나폴레옹 휘하에서 전무후무하게 유럽 지배의 문턱에 다가섰지만 끝내 저지당하고 마는데 적어도 마지막 순간에는 으레 그렇듯이 다른 강대국들의 동맹에 의하여 좌절되었다. 상비군과 함대의 유지비용은 18세기 당시만 해도 엄청난 것이어서 금융·신용제도를 발전시킨 나라(영국과 같이)는 뒤진 라이벌보다 훨씬 유리했다. 지정학적 위치도 변화무상한 경쟁에서 강대국의 운명을 결정하는 중요한 요인이었다. 「주변(flank)」에 위치한 러시아와 영국이 1815년에 이르러 단연 두각을 나타낸 것은 바로 그 때문이었다. 두 나라는 중부 유럽 서편에서 벌어지는 전쟁에 끼어들 만한 능력을 가지고 있으면서 지리적으로는 이들로부터 격리되어 있었던 것이다. 두 나라는 18세기에 접어들면서 대륙의 세력균형 유지가 확실해지자 유럽세계에서 다른 지역으로 진출하였다. 18세기 말 산업혁명이 진행되면서 영국은 크게 힘을 키워 해외식민지를 개척하고 유럽 지배권을 꿈꾸는 나폴레옹을 좌절시킬 수 있었다.

이와는 대조적으로 1815년 이후부터 세기 말까지는 전반적으로 보아 장기적인 동맹전쟁이 별로 없었다. 전략적 균형이 유지되고 유럽협조(Concert of Europe) 분위기 속에서 강대국들이 균형을 지지하였기 때문에 어느 한 나라가 지배권을 노릴 만한 능력도 없고 엄두도 낼 수 없었다. 1815년 이후 각국 정부의 주된 관심은 국내의 불안에 두어졌고(러시아와 미국의 경우에는) 대륙을 가로질러 영토를 확장하는 데 있었다. 이같이 비교적 안정된 국제정세 덕분에 영국은 해군·식민지·무역 부문에서 세계 정상의 지위를 누리며 증기기관 산업생산을 실질적으로 독점하여 유리하게 대응할 수 있었다. 그러나 19세기 후반부터 산업화는 다른 지역으로도 파급되고 국제 세력균형은 전통적인 선진국으로부터 새로운 생산방법과 기술을 이용할 수 있는 자원과 조직을 갖춘 나라로 기울었다. 이 시기의 몇 가지 주요 분쟁 — 크림(Krym)전쟁도 포함될 수 있겠지만 특히 미국의 남북전쟁과 프로이센·프랑스전쟁 — 에서 군사체제를 근대화하지 못한 나라는 패배를 맛보았다. 이런 나라들은 거대한 군대와 전쟁의 성격을 바꾸게 될 값비싸고 더 복잡한 무기들을 지탱할 만한 광범한 산업기반이 없었다.

따라서 20세기에 들면서부터 기술변화의 가속화와 불균등발전으로 말미암아 국제체제는 50년 전보다 훨씬 더 불안정하고 복잡해졌다. 1880년 이후 아프리카·아시아·태평양에서 벌어진 식민지 획득과 유지를 위한 강대국의 격렬한 투쟁이 이를 잘 입증한다. 또한 이러한 상황은 지상과 해상에서 모두 군비경쟁이 격화되었다는 사실과 각국 정부가 장차 있을지도 모를 전쟁에 대비해 동맹국을 물색한 결과 평화시에도 확고한 군사동맹이 형성되었다는 사실에서도 입증되고 있다. 빈번한 식민지 분쟁과 1914년 직전의 국제위기는 기울어가는 세계 경제균형의 변화를 배경으로 한다. 3세기 동안 지탱되어온 본질적인 유럽 중심의 세계체제가 붕괴된 것이다. 프랑스와 오스트리아-헝가리제국 그리고 통일된지 얼마 안된 이탈리아같은 전통적인 유럽 강대국들은 최선을 다했지만 결국 경쟁에서 탈락했다. 이와는 대조적으로 대륙국가인 미국과 특히 차르체제의 비능률에도 불구하고 러시아는 선두를 달렸다. 서유럽 국가 가운데는 오직 독일만이 세계강대국 선발리그전을 치러나갈 힘이 있었다. 한편 일본은 동북아시아의 지배권 장악에 나섰을 뿐 그 이상 나오지는 않았다. 이같은 변화로 말미암아 전세계에 널려 있는 자신의 이익을 방어하기가 반세기 전에 비해 훨씬 어려워진 대영제국은 이겨내기 힘든 시련을 맞을 수밖에 없었다.

1900년 이후 50년간의 주요 발전은 따라서 「중위권」국가들에게 끊임없는 위기를 가져다 준 양극세계의 도래로 볼 수 있는 데(제5, 6장의 제목대로이다) 전체 체제의 변용은 결코 그렇게 부드러운 과정이 아니었다. 오히려 철저히 파괴적이었던 제1차 세계대전에서는 산업조직과 국가효율면에서 앞선 독일제국이 낙후상태에서 막 산업화를 시작한 제정러시아를 제압할 수 있었다. 수개월 사이에 독일은 동부 전선에서는 승리했지만 서부 전선에서는 패배에 직면하였으며 동맹국들 역시 이탈리아·발칸 그리고 근동 전선에서 무너지고 있었다. 그후 증대된 미국의 군사지원과 특히 경제지원으로 서방동맹은 막판에 라이벌동맹을 물량면에서 앞설 수 있었다. 그러나 처음부터의 교전국들에게는 처절한 싸움이었다. 오스트리아-헝가리제국은 사라졌고 러시아는 혁명에 휘말렸으며 독일은 패배했다. 프랑스·이탈리아 심지어 영국까지도 승리의 대가로 치른 희생이 엄청났다. 유일한 예외로 일본은 태평양에서의 지위를 강화하였으며 미국도 1918년 무렵에는 이론의 여지가 없는 세계 최강대국이 되었다.

   1919년 이후 미국이 재빨리 해외개입에서 철수하고 때마침 소련의 볼셰비키 정부도 고립주의로 나오게 되자 국제체제는 경제현실과 유리된 모습을 드러냈는데 그 정도가 이 책이 다룬 서기 1500년 이후의 기간중 가장 심하였다. 비록 지치긴 했지만 영국과 프랑스는 여전히 외교상의 중심지였다. 그러나 1930년대가 되자 그들의 지위는 군국주의화된 체제수정파 국가인 이탈리아·일본·독일의 도전에 직면했는데 독일은 1914년 때보다 더욱 집요하게 유럽 지배를 노리고 있었다. 그러나 그 배경에는 미국이 세계 최대의 제조업생산력을 여전히 보유하고 있었고 스탈린 치하의 소련은 초강대 산업국가로 급속히 발돋움하고 있었다. 따라서 체제수정파「중위권」국가들은 양대 대륙국가의 그늘에서 벗어나려면 하루 빨리 팽창해야 한다는 딜레마에 직면했다. 한편 현상유지적인 중위권 국가들의 딜레마는 독일과 일본의 도전을 물리치려면 자신들이 약화될 수밖에 없다는 점이었다. 제2차 세계대전은 비록 우여곡절이 있긴 했어도 본질적으로 이같은 몰락에 대한 우려를 확신시켜 주었다. 초반의 찬란한 승리에도 불구하고 추축국은 1914~1918년 때보다 훨씬 커진 생산자원의 불균형을 끝내 극복할 수 없었다. 제2차 세계대전으로 프랑스는 사양길에 접어들고 영국은 회복이 불가능할 정도로 약화되었다. 프랑스와 영국은 그 이전에 이미 더 우세한 세력에 압도당한 상태였다. 1943년이 되자 10여년 전에 예상되었던 양극세계가 마침내 현실로 나타났으며 군사균형은 다시 경제자원의 세계적 분배와 연계되었다.

이 책의 마지막 두 장은 경제적·군사적·이데올로기적으로 이같은 양극세계가 분명히 존재하였던 시기를 살피고 있다. 양극화현상은 정치적 차원에서 수많은 냉전위기로 나타났다. 강대국 미국과 소련의 지위는 그들끼리도 핵무기와 장거리 운반체제의 도입을 통해 전보다 강화되었는데, 이러한 사실은 곧 외교는 물론 전략적 전망이 1800년은 말할 것도 없고 1900년과도 전혀 다르다는 것을 시사하였다.

그러나—성장률과 기술발전의 차이, 이로 인한 경제균형의 변화, 이것이 정치·군사적 균형에 점진적으로 미친 영향 등으로—강대국 간의 흥망과정은 여전히 지속되었다. 군사적으로 미국과 소련은 1960년대를 거쳐 70, 80년대에 이르는 동안 여전히 선두주자였다. 이 두 나라가 국제문제를 양극적인, 때로는 마니교의 흑백논리로 해석하였기 때문에 생기는 적대관계는 이들을 가속되는 군비경쟁으로 계속 몰아감으로써 다른 강대국들은 여기에 뛰어들 엄두도 내지 못했다. 같은 시기 30여년 동안 세계 생산균형은 이전보다 훨씬 빠른 속도로 호전되었다. 제3세계의 총제조업생산량이나 국민총생산 비중은 1945년 이후 10년간은 계속 미미하였으나 그 이후에는 꾸준히 늘어났다. 유럽은 전쟁의 잿더미에서 부흥하여 유럽경제공동체의 형태로 세계 최대의 무역단위가 되었다. 중화인민공화국도 괄목할 만한 속도로 발전하고 있다. 전후 일본의 경제성장률은 대단히 놀라워서 한 통계에 따르면 최근 국민총생산면에서 소련을 능가한 정도이다. 이와는 대조적으로 미국과 소련의 성장은 날로 둔화하여 전세계 생산과 부 가운데서 차지하는 그들의 비중이 1960년대 이래 극적으로 축소되고 있다. 따라서 군소국가들을 제쳐두더라도 경제지수로만 따질 경우 다극화시대가 다시 돌아왔음이 명백하다. 이 책의 관심이 전략과 경제의 상호작용에 있음을 고려할 때 강대국의 군사균형과 생산균형 사이에 나타난 현재의 불일치를 분석하는 장을 따로 마련하는 것이 필요하다고 생각하였다. 거기에서 현재의 5대 정치・경제적 「세력권」—중국・일본・유럽경제공동체・소련 그리고 미국—이 국가의 모든 수단을 국가목표에 결부시키는 해묵은 과업을 두고 씨름하는 과정에서 부딪치는 문제와 가능성을 진단할 것이다. 강대국의 흥망사는 결코 멈추는 법이 없다.

이 책은 범위가 매우 방대하기 때문에 많은 사람들이 다양한 목적을 가지고 읽게 될 것이다. 독자들은 자신이 알고 싶었던 것들, 즉 지난 5세기에 걸친 강대국 정치, 경제와 기술의 변화가 선진국들의 상대적 지위 변동에 미친 영향 그리고 평화시와 전쟁시의 전략과 경제의 부단한 상호작용 등을 폭넓게 개관할 수 있을 것이다. 한계를 분명히 하기 위해 이 책에서는 소강대국과 두 나라간의 소규모 전쟁은 다루지 않았다. 같은 이유에서 이 책은 주로 유럽중심으로 서술되었는데 특히 중간부분이 그렇다. 그것이 책의 주제에 비추어 자연스럽다고 생각하였다.

이와는 달리 특히 「세계체제」에 대한 보편적 법칙을 끌어낸다거나 전쟁이 거듭되는 양상에 흥미를 가진 정치학자와 같은 독자들은 아마도 기대에 못미치는 아쉬움을 느낄 것이다. 오해가 없도록 하기 위해 여기서 분명히 해두어야 할 점은 이 책은 예컨대 중요한(또는 조직적인) 전쟁이 호황과 불황의 경기순환에 관한 콘드라티에프(Kondratieff) 주기와 연결될 수 있다는 이론같은 것은 다루지 않았다는 점이다. 또한 전쟁의 원인에 관한 일반 이론이나 그 일반 이론이 강대국의 「흥성」과 「쇠퇴」에 적용될 수 있는가 하는 문제도 주된 관심사가 아니었다. 또한 이 책은 대제국에 관한 이론은 물론 대제국의 효율적 통치(이 주제는 마이클 도일〈Michael Doyle〉이 최근 내놓은 책 「제국〈Empires〉」에서 다루고 있다)나 대제국이 국력에 도움이 되는가를 다룬 책도 아니다. 끝으로 어떤 형태의 사회 또는 사회·정부조직이 전쟁시에 가장 효율적으로 자원을 동원할 수 있는가에 대한 보편적 이론을 제시하려고도 하지 않았다.

반면에 그러한 일반적인 이론을 끌어내려고 하는 학자들에게 이 책은 분명히 풍부한 자료의 보고(寶庫)가 될 것이다. 그러나 정치학자와는 달리 역사학자들이 일반 이론을 다룰 때 부딪치게 되는 문제는 과거의 증거가 「확고한」과학적 결론을 내리기에는 너무나 다양하다는 것이다. 어떤 전쟁(예컨대 1939년의 전쟁)은 전반적 세력균형에 변화가 일고 있다는 정책결정자의 우려와 관련지어 설명할 수 있으나 1776년(미국독립전쟁)이나 1792년(프랑스혁명전쟁) 또는 1854년(크림전쟁)을 설명하는 데는 그다지 쓸모가 없다. 또한 1914년의 오스트리아―헝가리제국은 「쇠퇴」하는 강대국이 큰전쟁을 부채질한 좋은 예로 지적될 수 있지만 학자들은 당시 독일·러시아 등 「흥성」하는 나라들이 수행한 결정적 역할을 또한 외면할 수는 없다. 이와 마찬가지로 대제국은 대가를 치르는가, 제국의 통치는 어느 정도의 「세력범위(power distance)」에 의해 영향받는가와 같은 일반 이론은―상충되는 증거를 끌어댐으로써―때에 따라 긍정도 되고 부정도 되는 있으나마나한 해답밖에 내놓을 것이 없을 것이다.

그렇지만 선험적 이론들은 제쳐두고 단순히 지난 500년간의 「강대국의 흥망」의 역사기록만을 들여다보더라도―개별적인 예외는 늘 있기 마련이지만―일반적으로 타당한 결론을 내릴 수 있음은 물론이다. 예컨대 일반적인 경제·생산균형과 각 강대국이 국제체제에서 차지하는 지위의 변동 사이에는 명백한 상관관계가 존재한다. 16세기 이래 무역중심이 지중해에서 대서양으로, 다시 서북유럽으로 옮겨 간 것이나 제조업생산량의 재분배중심이 1890년대에 서유럽을 떠난 것은 좋은 예라 하겠다. 두 경우 모두 경제적 변동은 훗날 군사·영토의 질서에 결정적인 영향을 미칠 새로운 강대국의 등장을 예고하였다. 그러므로 지난 수십년 동안 세계 생산균형이 「태평양연안」으로 옮겨가고 있다는 사실은 경제학자에게만 국한되는 관심거리일 수만은 없다.

마찬가지로 역사기록에서 보면 강대국의 경제적 흥망과 군사대국(또는 세계제국)으로서의 성쇠는 결국은 아주 밀접히 관련되어 있음을 알 수 있다. 이것 역시 두 가지 관련사실에서 파생된 것으로 놀라울 것이 없다. 한 가지는 대규모 군사력을 지탱하는 데는 경제자원이 불가결하다는 점이다. 둘째는 국제체제에 관한 한 나라의 부와 힘은 언제나 상대적이며 또한 그럴 수밖에 없다는 점이다. 300년 전 독일의 중상주의 사상가 폰 호르니크(Philip von Hornigk)는 이렇게 관측하였다.

오늘날 한 나라의 부강은 그가 지닌 힘과 부의 크기와 그 유지에 좌우되지 않고 이웃나라들이 그보다 더 많이 혹은 적게 가졌는가에 주로 좌우된다.

이어지는 장에서 이같은 관측은 거듭 확인될 것이다. 18세기 중반 네덜란드는 절대적 관점에서는 100년 전보다 부유해졌지만 그 무렵 강대국에 낄 수 없었던 것은 프랑스·독일 등 이웃들이 더 부강했기 때문이었다. 1914년의 프랑스는 1850년대보다 어떤 점에서 보나 더 강하였지만 보다 강한 독일에 가려진 상황에서는 그 사실이 별 위안이 되지 않았다. 오늘날 영국은 빅토리아여왕 치세 중반의 전성기 때보다 훨씬 더 큰 부와 막강한 무기로 무장된 군대를 가지고 있지만 세계총생산에서 점하는 비중이 25%에서 3% 안팎으로 내려앉고 보면 모두가 소용없는 일이 된다. 한 국가가 다른 나라보다 「더 많이 가지면」 만사형통이지만 「덜 가지면」 문제가 생긴다.

그렇다고 해서 한 나라의 상대적인 경제력과 군사력이 한꺼번에 흥성하고 쇠퇴한다는 것은 아니다. 이 책에서 다룬 역사적 사례가 한결같이 시사하는 사실은 한 나라의 상대적 경제력의 곡선과 군사·영토적 영향력의 곡선 사이에는 상당한 「시차(lag time)」가 존재한다는 점이다. 이 또한 그 이유를 파악하기 어렵지 않다. 경제적으로 팽창하는 강대국—1860년대의 영국, 1890년대의 미국, 오늘날의 일본—은 군비에 돈을 쏟아넣기보다는 부를 택할 것이다. 그러나 반세기가 지나면 우선순위가 바뀌는 것이 당연하다. 전날의 경제적 팽창은 해외의무(해외시장·원료에 대한 의존, 군사동맹 또는 군사기지·식민지)를 수반하였다. 지금은 다른 라이벌 강대국들이 경제적으로 더 빠른 속도로 팽창하고 있으며 이에 따라 해외에 대한 영향력 확대를 노리고 있다. 세계는 더욱 치열한 경쟁장이 되어가고 시장의 몫도 줄어간다. 비관적인 관측자들은 몰락을 거론하고 애국적인 정치가들은 「부활」을 외친다.

지금같은 아주 복잡한 상황에서 강대국은 두 세대 전보다 훨씬 더 많은 군사비를 투입하면서도 단지 다른 강대국들이 더 빨리 성장하고 부강해지고 있다는 이유만으로 세계는 안심할 수 없다고 생각한다. 스페인제국의 경우 카스틸랴(Castilla)왕국의 경제가 탄탄하던 1580년대에 비해 시끄럽기만 했던 1630, 40년대에 더 많은 군사비를 지출하였다. 에드워드왕 시대의 영국은 경제가 절정에 달해 있던 시기, 말하자면 파머스턴(Henry gohn Temple Palmerston) 수상이 죽던 1865년보다 더 많은 군사비를 1910년에 지출하였다. 훗날 보기에 어느 시기의 영국인이 걱정없이 지냈다고 할 수 있겠는가. 그러나 앞으로 논의되겠지만 오늘날 미국과 소련이 이와 똑같은 문제에 직면하고 있다. 상대적 몰락기에 있는 강대국들은 본능적으로 잠재적 자원을 「투자」에서 빼돌려 「안보」에 더 많이 지출함으로써 장기적인 딜레마의 싹을 키우게 된다.

여기에 제시된 500년의 역사기록에서 얻어낸 또 하나의 일반적 결론은 유럽 또는 세계의 지배를 위한 대동맹전쟁의 최종결과와 쌍방이 동원한 생산자원은 아주 밀접한 상관관계에 있다는 점이다. 스페인-오스트리아 합스부르크에 대한 빈번한 싸움이 그러하였고 스페인계승전쟁·7년전쟁·나폴레옹전쟁과 같은 18세기의 대전쟁도 마찬가지였으며 금세기 두 차례의 세계대전도 예외가 아니었다. 처절한 장기 전쟁은 결국 각 동맹이 지닌 상대적 능력을 시험하는 것으로 귀결된다. 한쪽이 덜 갖고 더 가진 문제는 전쟁이 장기화함에 따라 결정적인 의미를 지니게 된다.

우리는 어설픈 경제결정론의 함정에 빠짐없이 이렇게 개관할 수 있다. 이 책은 지난 5세기 동안의 세계사의 「큰 흐름」을 추적하는 것이 일관된 관심사이지만 경제가 모든 것을 결정한다거나 모든 나라의 성패의 유일한 기준이 된다고 주장하려는 것은 아니다. 깊이 생각할 것도 없이 다른 기준이 얼마든지 있다. 지정학적 위치, 군사조직, 국민의 사기, 동맹체제, 그밖의 많은 요인들이 국제체제에 편입된 나라들의 상대적 힘에 영향을 미친다. 예컨대 18세기 유럽에서 가장 강한 나라가 네덜란드이고 가장 약한 나라가 러시아였는데 오늘날 네덜란드는 쇠퇴하고 러시아는 흥성하였다. 개인적인 어리석은 행위(히틀러 같은)나 고도의 전투능력(16세기의 스페인 연대나 금세기의 독일 보병이 지녔던)은 개별적인 승리와 패배를 설명하는 데 큰 도움이 된다. 그러나 명백한 것은 장기화된 강대국 전쟁(보통 동맹전쟁의 형태였다)에서 승리하는 쪽은 대체로 더욱 활기찬 생산기지를 확보하고 있거나 또는 스페인 장교들이 입버릇처럼 얘기했듯이 아직도 자금이 남아 있는 쪽이다. 이같이 자조적이지만 본질적으로 정확한 판단은 이 책에서 거듭 확인될 것이다. 선진국의 힘의 우열은 지난 5세기 동안 상대적인 경제적 지위와 밀착되어 있었기 때문에 오늘의 경제·기술동향이 현재의 세력균형에 어떤 의미를 가지는가를 구명해볼 가치가 있다. 물론 역사의 주체가 인간임을 부정하려는 것은 아니지만 가능성을 열어주기도 하고 제한하기도 하는 역사적 환경 속에서 인간은 역사를 만들어나가는 것이다.

이 책의 선례로는 프로이센의 유명한 역사학자 레오폴트 폰 랑케 (Leopold von Ranke)가 1883년에 쓴 강대국(die grossen Mächte)에 관한 논문집을 들 수 있다. 랑케는 여기에서 스페인의 몰락 이후 국제 세력균형의 부침을 조명하고 몇몇 나라가 흥성하다가는 쇠망해가는 이유가 무엇인가를 설명하려고 했다. 랑케는 자신이 살고 있는 세계를 분석하고 나폴레옹전쟁을 통해 프랑스의 지배야욕이 무너진 이후 동시대에 일어나고 있던 현상에 대한 서술로 결론을 지었다. 각 강대국의「전망」을 검토하면서 그는 역시 역사학자의 직업적 충동에 따라 미래의 세계를 예측하였다.

「강대국」에 대해 한 편의 논문을 쓴다는 것과 한 권의 책을 서술한다는 것은 성격이 전혀 다르다. 처음의 의도는 경제성장률의 차이에 대한 배경이나 강대국들이 나름대로 안고 있는 지정학적인 문제들을 독자들이 상세히 알고 있다는 전제 아래 간결한「논문형식」의 책을 쓸 작정이었다. 그러나 앞부분의 원고들을 보내 조언을 얻고 주제에 관한 토론을 거치는 과정에서 처음의 생각이 잘못임을 알게 되었다. 대부분의 독자나 토론 상대방들이 더욱 상세하고 풍부한 배경설명을 요구해왔는데 그것은 오직 경제·전략적 세력균형의 변동을 설명한 연구를 찾아볼 수 없기 때문이었다. 경제사나 군사를 전공하는 역사학자들이 이 분야에 뛰어들지 않았다는 바로 그 점 때문에 사실 자체가 외면당하고 만 것이다. 본문이 방대하고 인용이 많은 것은 강대국의 흥망사에 내재한 중요한 공백을 메우기 위한 것이라고 봐주기 바란다.

폴 케네디

차 례

역자의 말 / 3
저자의 말 / 7

제 I 부 산업화 이전 세계의 전략과 경제

제1장 서양세계의 부상 ·· 25
　　　　명제국 / 27
　　　　이슬람세계 / 32
　　　　두 아웃사이더 — 일본과 러시아 / 39
　　　　「유럽의 기적」/ 42

제2장 합스부르크의 지배권 시도, 1519~1659 ··············· 60
　　　　싸움의 의미와 추이 / 61
　　　　합스부르크 진영의 강점과 약점 / 73
　　　　국가간의 비교 / 92
　　　　전쟁·돈 그리고 국민국가 / 111

제3장 재정·지리적 위치와 전쟁의 승리, 1660~1815 ········ 116
　　　　「금융혁명」/ 120
　　　　지정학적 요인 / 132
　　　　전쟁의 승리, 1660~1763 / 150
　　　　전쟁의 승리, 1763~1815 / 169

제 II 부 산업화 시대의 전략과 경제

제4장 산업화와 세계균형의 변동, 1815~1885 ················ 203
　　　　비유럽 지역의 쇠퇴 / 209
　　　　지배자 영국? / 213
　　　　「중위권 국가」/ 224
　　　　크림전쟁과 러시아세력의 약화 / 239

미국과 남북전쟁 / 250
　　　　　독일통일전쟁 / 256
　　　　　결　론 / 268

제5장　양극세계의 도래와「중위권 국가」의 위기 Ⅰ: 1885~1918 …… 272
　　　　　세계 세력균형의 변동 / 277
　　　　　강대국들의 지위, 1885~1914 / 282
　　　　　동맹과 전쟁의 발발, 1890~1914 / 346
　　　　　총력전과 세력균형, 1914~1918 / 357

제6장　양극세계의 도래와「중위권 국가」의 위기 Ⅱ: 1919~1942 …… 382
　　　　　전후의 국제질서 / 382
　　　　　도전자들 / 402
　　　　　무대 뒤의 초강대국들 / 437
　　　　　계속되는 위기, 1931~1942 / 453

제Ⅲ부　현대 세계의 전략과 경제

제7장　양극세계의 안정과 변화, 1943~1980 ………………………… 471
　　　　　「압도적 군사력의 적절한 사용」/ 472
　　　　　새로운 전략적 전망 / 484
　　　　　냉전과 제3세계 / 504
　　　　　양극세계의 균열 / 533
　　　　　경제균형의 변화, 1950~1980 / 557

제8장　21세기를 향하여 ……………………………………………… 588
　　　　　역사와 고찰 / 588
　　　　　중국의 줄타기 곡예 / 599
　　　　　일본의 딜레마 / 614
　　　　　유럽경제공동체 ― 잠재력과 문제점 / 630
　　　　　소련의「모순」/ 653
　　　　　미국: 상대적 쇠퇴기에 처한 일등국의 문제 / 686

결　론 ……………………………………………………………………… 713

제 I 부

산업화 이전
세계의 전략과 경제

1

서양세계의 부상

 많은 학자들이 근대와 전근대의 경계로 삼는 1500년의 유럽인들은 그들의 대륙이 장차 세계의 대부분을 지배하게 되리라고는 전혀 예상하지 못하였다. 이 시대의 사람들이 갖고 있던 동방의 위대한 문명에 대한 지식은 입에서 입으로 과장되기만 한 여행가들의 이야기를 바탕으로 하였기 때문에 단편적이고 매우 왜곡된 것이었다. 그러나 전설적인 부와 막강한 군대를 가진 거대한 동방의 제국에 관해 대부분이 갖고 있던 인상은 상당히 정확한 것이었으며 이런 세계를 처음 알게 된 사람들에게는 그 사회가 서유럽의 인민과 나라보다 훨씬 더 유복하게 보였을 것이다. 실제로 이렇게 다른 거대한 문화·경제권과 나란히 놓고 볼 때 유럽은 강점보다는 상대적 약점이 더 두드러졌다. 무엇보다도 유럽은 세계에서 가장 비옥하지도 인구밀도가 높지도 않은 지역이었다. 두 가지 점에서 인도와 중국은 단연 제일이었다. 지정학적으로 보아도 북쪽과 서쪽은 빙하와 바다로 막혀 있고 동쪽은 동방의 잦은 지상침공에 노출되어 있으며 남쪽 역시 전략적인 우회공격에 대해 속수무책인 유럽은 볼품없는 대륙이었다. 1500년을 전후하여 이러한 사실들이 현실화되었다. 통일 스페인의 페르난도(Fernando Ⅴ)와 이사벨(Isabel Ⅰ) 군에게 이슬람의 마지막 점령지 그라나다(Granada)가 항복한 것이 불과 8년 전이었다. 이 해는 지역적 전쟁이 끝났음을 의미할 뿐 기독교와 이슬람교 사이의 더 큰 대결이 종결되었음을 의미하지는 않았다. 이 무렵 서양세계에는 아직도 1453년의 콘스탄티노플(Constantinople) 함락이 가져다준 충격이 가시지 않았는데 이 사건은 오토만 투르크(Ottoman Turk)의 진격에는 한계가 없음을 보여주었기 때문에 더욱 시사하는 바가 많았다. 15세기 말까지 오토만 투르크는 그리스와 이오니아제도(Ionian Islands)·보스니아(Bosnia)·알바니아(Albania) 및 발칸(Balkan)반도의 대부분을 유린했다. 더욱 참담한 것은 1520년대에 들어 그들의 가공할 근위병(Janissary)이 부다페스트(Budapest)와 빈(Wien)을 휩쓴 사실이다. 오토만 투르크의 갤리(galley)선들이 이탈리아의 항구들을 습격해온 남쪽에서는 교황이 로마 역시 콘스탄티노플과 같은 운명을 겪게 되지 않을까 두려워하게 되었다.

 이같은 위협은 술탄(Sultan) 메흐메트 2세(Mehmet Ⅱ)와 그 후계자들이 지휘한 일관된 대전략의 일부였음에도 불구하고 유럽의 대응은 지리멸렬하고 산발적이었다. 오토만제국이나 중화제국 그리고 무굴족(the Moguls)이 곧이어 인도에 뿌리내린 통치와는 달리 한 사람의 세속적 또는 종교적 지도자를 모두가 인정하는 통일된 유럽이란 존재하지 않았다. 오히려 유럽은 소왕국(kingdom)과 공국(principality)·영주국(marcherlordship)·도시국가(city-state) 등이 뒤섞여 있었다. 서유럽, 특히 스페인·프랑스·영국 등에서는 다소 강력한 군주국들이 대두했지만 한결같이 내부의 갈등에서 벗어나지 못한 채 서로를 이슬람에 대항하는 동맹자가 아닌 라이벌로 간주하였다.

 또한 아시아의 대문명과 비교할 때 유럽은 문화·수학·토목 또는 항해술과 그밖의 기술 부문에서 이렇다 할 강점이 없었다. 유럽의 문화·과학 유산의 상당부분은 모두 이슬람에서 「유입」된 것이었으며 이슬람 역시 무역·정복 그리고 식민을 통해 수세기 동안 중국으로부터 받아들인 것이었다. 되돌아보건대 유럽이 15세기 말부터 상업적·기술적으로 두각을 나타내기 시작한 것으로 볼 수도 있겠지만 보편적으로 타당한 설명을 하자면 이 무렵 세계의 대문명권들은 거의 비슷한 발전단계에 있었으며 부분적으로 앞서거니 뒤서거니 하는 데 불과하였다. 오토만제국, 명(明)제국, 무굴 지배하의 인도 그리고 러시아의 분국을 포함한 유럽의 국가체제는 기술, 따라서 군사면에서 아프리카·아메리카 및 오세아니아의 분산된 사회보다 단연 앞서 있었다. 이것은 1500년 무렵의 유럽이 가장 중요한 문화적 세력권의 하나였다는 뜻이지만 그렇다고 훗날 세계를 지배하게 되리라는 사실이 명백하였던 것은 아니다. 따라서 유럽의 흥성 원인을 따지기 이전에 다른 세력권의 강점과 약점을 검토할 필요가 있다.

명제국

전근대의 모든 문명 가운데 중국문명만큼 앞서고 자부에 찬 문명은 없을 것이다. 15세기 유럽인구가 5,000~5,500만이었음에 비해 이미 1억~1억 3,000만에 달한 방대한 인구, 빼어난 문화, 11세기 이후 뛰어난 운하시설로 연결된 아주 기름지고 관개시설이 훌륭한 평야, 잘 교육받은 유교관리들에 의해 운영되는 통일된 위계서열의 관료체제 등은 중국사회에 정연함과 정교함을 가져다주어 외부 방문객의 부러움을 샀다. 이 문명이 몽고 기마병의 혹독한 침입을 받았으며 쿠빌라이 칸(Kublai Khan)의 침입 이후 몽고의 지배를 받았음은 사실이다. 그러나 중국은 정복자에 의해 변화당하기보다는 오히려 정복자를 변화시키는 경우가 더 많았으며 1368년 명이 천하를 통일하고 몽고족을 내쫓았을 때도 구질서와 문화의 대부분은 그대로 존속되었다.

「서양」과학을 중시하도록 교육받은 독자들에게 중국문명의 가장 놀라운 특색은 일찍 꽃핀 기술일 것이다. 일찍부터 거대한 도서관이 존재했고 활자인쇄가 11세기에 발명되어 많은 책이 대량으로 만들어졌다. 운하건설과 인구증가로 고취된 무역과 산업도 마찬가지로 높은

28 / 제Ⅰ부 산업화 이전 세계의 전략과 경제

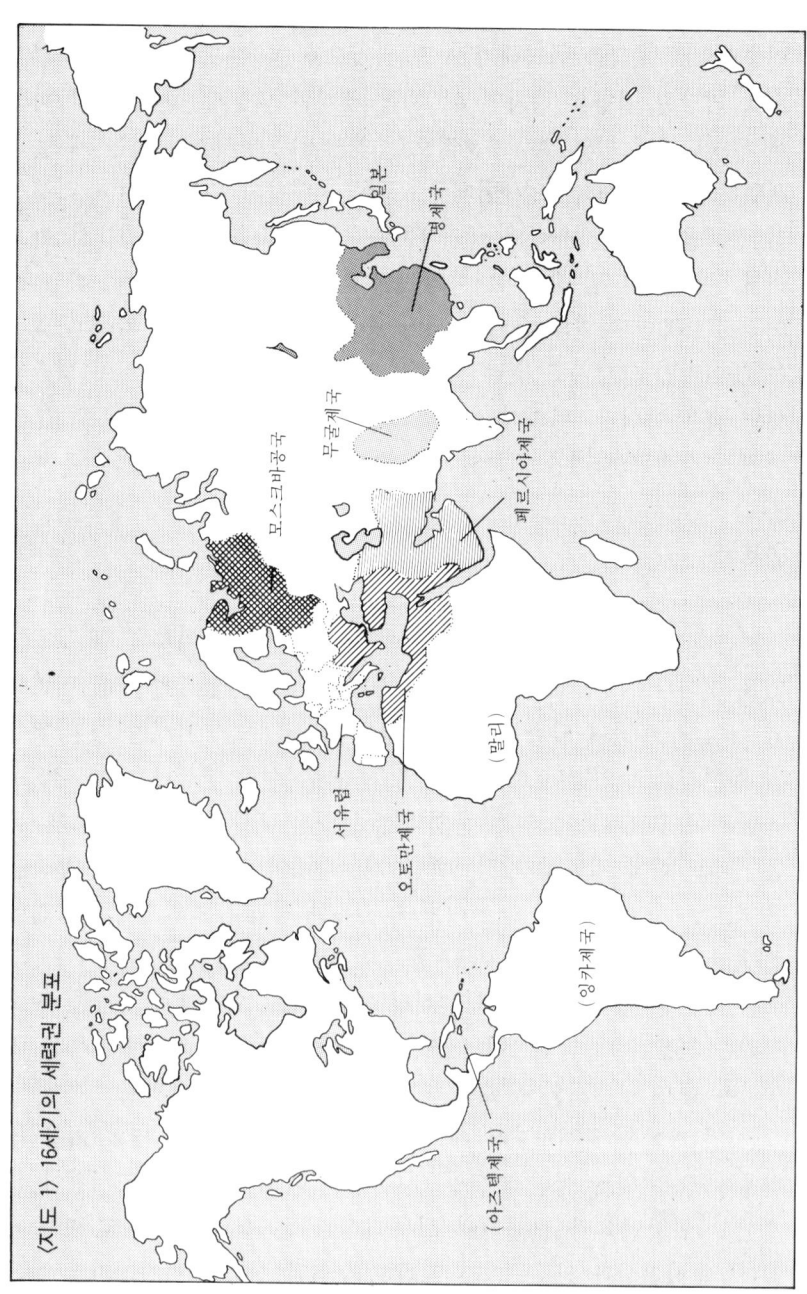

〈지도 1〉 16세기의 세력권 분포

수준에 있었다. 중국의 도시는 서양의 중세도시에 비해 훨씬 컸으며 무역통로도 광범위하였다. 지폐는 상업유통과 시장확대를 촉진하였다. 11세기 후반 중국 북부에 거대한 제철산업이 발달하여 그 연간 생산량 약 12만 5,000톤이 주로 군사·정부용으로 충당되었다. 예컨대 100만이 넘는 상비군은 철제품의 거대한 시장이었던 것이다. 이같은 생산실적은 700년이나 후인 산업혁명 초기단계의 영국의 철생산량보다 많다는 사실은 새겨볼 가치가 있다. 또한 중국인들은 진짜 화약을 최초로 발명하였으며 14세기 말 명이 몽고족 지배자들을 몰아낼 때는 대포를 동원했다.

 이같은 문화적·기술적 발전을 고려할 때 중국이 해외개척과 무역에 나섰다는 것은 전혀 이상할 것이 없다. 나침반 역시 중국의 발명품이며 일부 정크(junk)선은 훗날 스페인의 범선(galleon)보다 규모가 컸으며 인도 및 태평양 섬들과의 거래는 잠재적으로 캐러밴(caravan) 통로를 통한 거래에 못지 않은 수익을 볼 수도 있었다. 이보다 수십년 앞서 양쯔(揚子)강에서는 해군전투가 벌어졌고—1260년대에 쿠빌라이 칸은 송(宋)의 함대를 굴복시키기 위해 분사추진장치를 갖춘 대규모 함대를 건조하지 않을 수 없었다—14세기 초에는 연안 곡물무역이 성행했다. 1420년 명 해군은 400척의 대형 해상요새와 250척의 장거리 순양함을 포함하여 1,350척의 전함을 보유한 것으로 기록되어 있다. 이같은 군사력은 줄어들었으나 조선·일본·동남아시아 그리고 동아프리카까지 왕래하던 수많은 개인상선들은 여전히 국고를 살찌워 주었으며 정부는 해상무역에 대한 징세에 혈안이 되어 있었다.

 가장 유명한 공식적인 해외원정은 1405~1433년에 걸쳐 정화(鄭和) 제독이 이끈 일곱 차례의 장거리 원정이었다. 때로는 수백척의 배에 수만명이 타고 나선 이 함대는 말라카(Malacca)와 실론(Ceylon)에서부터 홍해 입구와 잔지바르(Zanzibar)까지 진출했다. 공손한 자세를 보이는 지배자들에게는 선물을 나누어주는 한편 베이징(北京)의 권위를 순순히 인정하지 않는 자들에게는 끝내 항복을 받아내었다. 한 배는 동아프리카에서 얼룩말을 데려와 황제를 즐겁게 했고 다른 배는 천자의 지존함을 모르는 실론의 추장을 싣고 왔다(인도양을 침략한 포르투갈·네덜란드 그밖의 유럽인들과는 달리 중국인들은 약탈이나 살인을 저지르지 않았다). 역사학자나 고고학자들에 의하면 정화 함대의 규모·성능·항해술 — 거대한 선박은 길이가 400피트이며 1,500톤 이상 되었다 — 은 항해왕 엥리케(Henrique O Navegador, 1394~1460)가 세이우타(Ceuta) 남방으로 원정에 나서기 수십년 전에 이미 아프리카를 돌아 포르투갈을 발견할 수 있는 그런 수준이었다.

그러나 정화의 1433년 원정을 마지막으로 중국의 해외원정은 막을 내렸으며 3년 뒤 원양선박을 건조해서는 안된다는 황제의 칙령이 내려지고 계속해서 둘 이상의 돛을 가진 배는 폐기하라는 명이 떨어졌다. 수병들은 대운하의 소형 선박으로 옮겨갔다. 정화의 대형 군함들은 계선되어 썩도록 방치되었다. 중국은 온갖 가능성이 도사린 해외에 등을 돌리기로 작정하였던 것이다.

여기에는 확실히 그럴 듯한 전략적인 이유가 있었다. 제국의 북방이 또다시 몽고족의 압력을 받고 있었기 때문에 군사력을 더 취약한 지역에 집중하는 것이 현명하였다. 이런 사정 때문에 대규모 해군은 사치스런 낭비였으며 어느 경우에서건 안남(安南, 현재의 베트남)으로의 팽창은 무익하고 희생만 큰 것이었다. 근거가 뚜렷했던 이같은 조치는 해군감축의 불이익이 나중에 명백히 드러났음에도 불구하고 재고되지 않았다. 해군을 감축한 지 1세기 정도가 지나자 중국의 해안지방은 물론 양쯔강 유역의 도시들까지도 왜구의 약탈에 시달렸지만 해군의 본격적인 재건은 이루어지지 않았다. 중국 연안에 포르투갈 선박이 자주 나타났어도 아무런 반응이 없었다.* 중국관리들의 생각으로는 오로지 지상방어만이 필요하며 중국인들이 주체가 된 해상무역을 금지한 적은 한 번도 없다는 생각뿐이었다.

그러므로 비용과 그밖의 부수적인 방해요인은 제쳐두고라도 중국이 물러선 주된 원인은 유교관리들의 단순한 보수주의 — 앞서 몽고족의

---

* 1590년대 한때 부분적으로 재건된 중국의 연안함대가 일본의 조선침략을 저지하는 데 도움이 되었다. 그러나 이마저도 그후 완전히 몰락하였다.

강요에 의한 변화를 못마땅하게 생각하고 있었으므로 명대의 보수주의는 팽배해 있었다—때문이라 하겠다. 이러한 「복고」의 분위기에서 모든 관료들의 관심은 과거의 유지와 회복에 있었지 해외팽창과 상업에 바탕한 더욱 밝은 미래를 만드는 데 있지 않았다. 유교의 경전에 따르면 전쟁 그 자체는 결코 환영할 수 없는 일이며 군대가 필요한 것은 오직 이민족의 공격에 대한 두려움과 내부반란 때문이었다. 중국관리들은 육군(또한 해군)을 싫어했지만 상인도 의심하였다. 사재의 축적, 싸게 사서 비싸게 팔아 남기는 폭리, 벼락부자 상인들의 허세, 이 모든 것들은 혹사당하는 민중의 원한을 사는 만큼이나 엘리트 학자관리들의 비위를 거슬렀다. 중국의 관리들은 전체 시장경제를 중단시키려 들지는 않았지만 개별 상인들을 간섭하여 이들의 재산을 몰수하거나 사업을 방해하는 경우가 많았다. 중국인의 해외무역은 관리들의 입장에서는 제대로 통제할 수 없다는 이유만으로도 아주 못마땅한 것이었다.

상업이나 사재의 축적에 대한 혐오가 앞서 말한 거대한 기술적 성취와 모순되지는 않는다. 명의 만리장성 재건과 운하체제의 발전, 제철소와 해군은 국가적 목적을 위한 것으로 관리들이 황제에게 그 필요성을 역설한 데서 비롯되었다. 그러나 이런 일들은 시작될 수도 있었듯이 외면될 수도 있었다. 운하는 내버려졌고 군대는 주기적으로 신무기를 공급받지 못해 허덕였으며 천문시계(1090년경 제작)는 팽개쳐졌고 제철소는 시들해지다가 이내 폐쇄되었다. 이것만이 경제성장을 좌절시킨 것이 아니다. 인쇄는 학문적 저술에만 국한되고 사회비판은커녕 실용적 지식의 보급에도 이용되지 않았다. 지폐의 사용도 중단되었다. 중국의 도시는 서양의 도시처럼 자치권을 누려보지 못했다. 중국에는 넓은 의미의 시민이 존재하지 않았다. 황제의 거처가 이동하면 서울도 따라 움직였다. 관리의 뒷바라지가 없으면 상인이나 기업인이 번영할 수 없었다. 돈을 번 사람들은 토지나 교육에만 투자할 뿐 맹아적 산업의 발전에 투자하려 들지 않았다. 마찬가지로 해외무역과 어업의 금지는 경제성장을 유지할 수 있는 다른 잠재적 동기들을 앗아가버렸다. 훗날 포르투갈·네덜란드와의 무역도 사치품뿐으로 그것도 (물론 예외는 있었지만) 관리의 통제를 받았다.

따라서 명제국은 400년 전의 송대에 비해 훨씬 소극적이며 진취성이 부족하였다. 물론 명대에도 농업기술의 향상이 있긴 했으나 얼마 후에는 이러한 집약적인 농법이나 유휴지의 개간으로도 늘어나는 인구를 감당할 수 없었다. 인구증가는 맬서스(Thomas R. Malthus)가 말한 전염병·홍수·전쟁 등 통제하기 어려운 자연적인 수단으로써만 억제될 수 있었다. 1644년 아주 야심적인 청(淸)이 명을 대신해 들어섰어도 상대적 몰락은 멈출 수가 없었다.

마지막 대목은 다음의 이야기로 가름하겠다. 에이브러햄 다비(Abraham Darby)의 콜브룩데일(Coalbrookdale) 제철소가 붐을 일으키기 시작한 1736년 중국에서는 후난(湖南)과 후베이(湖北)의 용광로와 코크스제조용 가마가 완전 폐기되었다. 이들 시설은 정복왕 윌리엄 1세(William Ⅰ, the Conqueror)가 헤이스팅스(Hastings)에 상륙하기 이전에는 큰 규모였다. 이 용광로들은 20세기에 들어서서야 생산을 재개하였다.

이슬람세계

16세기 초 중국을 찾은 유럽선원들은 그 규모와 인구 그리고 풍요로움에 압도당했지만 이 나라가 고립주의에 빠져 있다는 것을 간파하였다. 그러나 똑같은 견해를 오토만제국에는 적용할 수 없을 것이다. 당시 오토만제국은 팽창의 중간단계에 있었으므로 팽창해 다가서는 만큼 기독교 세계에 대한 위협이 되었다. 16세기 세계에서 가장 급속하게 팽창하던 세력은 이슬람국가였다는 주장은 더 큰 역사적·지정학적 관점에서 볼 때 당연하다고 할 수 있다. 오토만 투르크가 서진했을 뿐 아니라 페르시아(Persia)의 사파비드(Safavid)왕조 역시 이스마일 1세(Ismail I, 1500~1524)와 아바스 1세(Abbas I, 1587~1629) 치하에서 힘과 부 그리고 높은 수준의 문화가 홍성하였다. 강력한 이슬람 수장들은 계속하여 카슈가르(Kashgar)와 투르판(Turfan)을 거쳐 중국에 이르는 고대의 실크로드를 장악하고 있었으며 보르느(Bornu)·소코토(Sokoto)와 팀북트(Timbuktu)와 같은 서아프리카의 이슬람국가들 역시 그러하였다. 16세기 초 자바(Java)의 힌두제국(Hindu Empire)은 이슬람세력에 의해 무너졌다. 카불(Kabul)의 왕 바부르(Babur)는 서북쪽에서 정복자의 통로를 따라 인도로 들어와 1526년 무굴제국(Mogul Empire)을 세웠다. 인도의 지배 초기에는 위태로웠으나 바부르의 손자 악바르(Akbar, 1556~1605)에 의해 성공적으로 뿌리내려져 북부 인도에 치우쳤던 제국은 서쪽의 발루치스탄(Baluchistan)에서 동쪽의 벵골(Bengal)까지 확장되었다. 17세기를 통하여 악바르의 후계자들은 힌두 계열의 마라다스족(Hindu Marathas)을 밀어내면서 남진을 거듭했는데 같은 시기에 바다로부터는—물론 본격적이지는 않았지만—네덜란드·프랑스·영국이 인도대륙으로 진격하였다. 이슬람의 이같은 세속적 세력신장과 아울러 아프리카·인도지역의 신도가 광범위하게 증가했음에 비해 전도에 의한 기독교에의 개종은 미미하였음에 주목해야 한다.

그러나 근대 초기 유럽에 대한 이슬람의 최대 도전은 물론 오토만 투르크, 특히 막강한 군대와 시대를 앞선 뛰어난 포위공격 전술이었다. 16세기 초에 이미 오토만 투르크의 영토는 크림(Krym)반도(여기에서 제노바〈Genova〉의 무역거점들을 유린하였다)와 에게해(Aegean Sea, 베네치아〈Venezia〉제국을 해체하였다)에서 동지중해의 레반트지방(Levant)에 이르렀다. 1516년 오토만군은 다마스쿠스(Damascus)를 점령하고 다음해에는 이집트로 진격하여 터키대포로 맘루크(Mamluk)군을 무찔렀다. 이렇게 해서 인도로부터의 향료항로(spice route)를 봉쇄한 뒤 나일강을 거슬러올라 홍해를 거쳐 인도양으로 진출하여 거기에서 포르투갈의 침입에 대항하였다. 여기서 포르투갈 해군이 혼비백산했는데 그것은 투르크군이 동부와 남부 유럽의 군주와 인민들에게 끼친 공포에 비하면 아무것도 아니었다. 이미 투르크군은 불가리아와 세르비아(Serbia)를 장악했고 왈라키아(Walachia)와 흑해

주변에 지배적인 영향력을 행사하고 있었다. 그러나 이집트와 아라비아에 대한 남방원정에 이어 술레이만(Suleiman, 1520~1566)의 지휘 아래 유럽에 대한 압력이 재개되었다. 당시 기독교세계의 거대한 동쪽 보루였던 헝가리는 더 이상 막강한 투르크군을 견디지 못하고 1526년의 모하치(Mohacs)전투를 끝으로 붕괴하였다. 우연히도 같은 해 바부르는 파니파트(Panipat)전투에서 승리하여 무굴제국을 세웠다. 유럽 전체가 북부 인도와 같은 운명을 맞게 될 것인가? 1529년이 되자 투르크군이 빈을 포위함으로써 그 가능성이 실현되는 것처럼 보였다. 그러나 실제로는 북부 헝가리와 신성로마제국에 걸쳐 안정되어 있던 전선이 유지되었다. 그후에도 투르크군은 늘 위협적인 존재로 완전히 무시할 수 없는 군사적 압력을 가해왔으며 심지어 훨씬 뒤인 1683년에도 다시 빈을 포위 공격하였다.

여러가지 점에서 이에 못지 않게 두려운 것은 오토만 해군력의 팽창이었다. 중국에서 쿠빌라이 칸이 그랬듯이 투르크군도 오직 바다에 둘러싸인 적의 요새 — 바로 콘스탄티노플의 경우인데 술탄 메흐메트는 1453년 공세 때 효과적인 공격을 위해 대형 갤리선과 수백척의 소형 선박들로 이를 봉쇄하였다 — 를 분쇄하기 위해 해군을 건설했다. 그후 가공할 갤리함대는 흑해 횡단작전과 시리아와 이집트를 향한 남진작전에 투입되었고 에게해의 섬들과 로데스(Rhodes)·크레타(Crete)·키프로스(Kypros)의 지배를 둘러싸고 벌어진 베네치아와의 분쟁 때마다 동원되었다. 16세기 초 수십년간 오토만 해군은 베네치아·제노바와 합스부르크(Habsburg) 함대에 의해 약간 밀렸다. 그러나 16세기 중반이 되자 북아프리카 전해안에 걸쳐 활동하고 이탈리아·스페인 그리고 지중해 서부의 벨리애릭제도(the Balearics)의 항구를 약탈하였으며 1570~1571년 마침내 키프로스를 점령하였지만 곧 레판토(Lepanto)해전에서 결국 저지당하였다.

물론 오토만제국은 단순한 군사기구인 것만은 아니었다. 지배엘리트(중국의 만주족같이)인 오토만인은 로마제국보다 더 넓은 영토와 방대한 피지배인민들에게 국교와 문화·언어의 통일을 확립했다. 1500

년 이전 수세기 동안 이슬람세계는 문화와 기술에서 유럽을 앞서 있었다. 도시들은 크고 조명과 하수시설이 잘 정비되어 있었으며 일부 도시에는 대학·도서관과 아주 아름다운 회교사원(mosque)이 있었다. 수학·지도제작·약학 그밖에 과학과 상업의 많은 부문—예컨대 제분·총포주조·등대·말의 사육 등—에서 이슬람인들은 앞서 있었다. 발칸지역의 젊은 기독교도들 가운데서 미래의 근위병을 뽑는 오토만의 제도는 헌신적이고 규격화된 군단의 편성을 가져왔다. 타민족에 대한 관용으로 재능있는 수많은 그리스인·유태인 그리고 기독교도들이 술탄의 심부름군이 되었다. 예컨대 콘스탄티노플 포위공격 때 메흐메트의 총포제작 참모는 헝가리인이었다. 술레이만 1세와 같은 성공적인 지도자 때는 강력한 관료체제가 1,400만에 달하는 피지배층을 파악하였는데 같은 시기에 스페인의 인구는 500만이었고 영국은 250만에 불과하였다. 전성기의 콘스탄티노플 인구는 유럽의 어느 도시보다 많아 1600년에 50만을 넘어섰다.

 그런데 오토만 투르크 역시 안쪽으로 점차 물러서더니 세계지배의 기회를 잃고 말았는데 이러한 사실은 이와 아주 유사한 명제국이 몰락한 후 1세기나 지나서야 명백해졌다. 어느 의미에서 그것은 이전에 투르크가 거두었던 승리의 자연스런 결과였다. 아무리 잘 관리되는 오토만군이라도 긴 전선은 유지할 수 있을지 모르지만 방대한 인적·물적 보급없이는 더 이상 팽창할 수 없었다. 오토만 제국주의는 스페인·네덜란드 그리고 후대의 영국 제국주의와는 달리 경제적 이익을 가져오지 못했다. 16세기 후반에 접어들자 제국은 전략적 과잉팽창의 징조를 드러내기 시작했다. 중부 유럽에 대병력이 주둔해 있었고, 지중해에서는 해군이 경비가 엄청나게 드는 작전을 벌이고 있었으며, 북아프리카·에게해·키프로스와 홍해에서는 전쟁중이었고, 부상하는 러시아에 대항하여 크림반도를 유지하기 위해서는 병력의 보충이 요구되었다. 근동도 그다지 조용하지는 못해서 이라크와 당시 페르시아를 근거지로 한 시아파(Shiite)가 주도권을 쥐고 있던 수니파(Sunni)의 예배의식과 교리에 도전함으로써 이슬람교 내부에 심한 종교적 분쟁이 일어났다. 같은 시기에 독일에서 일어난 종교분쟁의 경우와 마찬가지로 술탄은 때로는 강압적으로 시아파 반대자들을 탄압함으로써 지배권을 유지할 수 있었다. 국경 너머 시아파인 페르시아왕국의 아바스대왕은 바로 프랑스가 「반역자」 투르크와 연합하여 신성로마제국에 대항하였듯이 유럽국가들과 제휴하여 오토만에 대항할 채비를 하고 있었다. 이같은 적대진영에 둘러싸인 오토만제국이 계속 성장하기 위해서는 뛰어난 지도력이 발휘되어야 했지만 1566년 이후 13명의 무능한 술탄들이 연이어 통치하게 되었다.

그러나 외부의 적이나 개인적인 무능을 가지고 전체를 설명할 수는 없다. 명제국과 같이 중앙집권적이고 전제적이며 창의력과 비판 및 상업에 대하여 지나치게 엄격한 권위주의적 약점으로 인하여 전반적인 체제가 손상을 입었다. 우매한 술탄은 교황이나 신성로마황제가 전체 유럽에 대해 결코 저지르지 않을 법한 행동으로 오토만제국을 불구로 만들 뿐이었다. 상부의 명확한 지시가 없으면 움직이지 않게끔 관료체제는 경직되었으며 변화보다는 보수를 택하고 쇄신을 짓눌렀다. 1550년 이후 영토확장이 줄어들고 이에 따라 노획물이 부족하게 된데다 물가앙등이 겹쳐 불만을 가진 근위병들은 나라 안에서 약탈을 저지르게 되었다. 이전에 호황을 누리던 상인과 기업인들(거의 대부분이 외국인이었다)은 이제 예측할 수 없는 세금과 철저한 재산몰수의 대상이 되었다. 엄청난 공물을 강요함으로써 무역을 황폐시키고 도시를 폐허로 만들었다. 피해가 가장 컸던 것은 농민들로서 그들의 토지와 곡물은 군인들의 먹이가 되었다. 사태가 악화되자 관리들도 약탈에 나서 뇌물을 요구하고 재물을 몰수했다. 페르시아와의 전쟁 동안 전비와 아시아무역의 상실로 정부는 새로운 재원을 결사적으로 찾아나섰지만 이는 도리어 무법적인 세금징수청부인(tax farmer)들만 부추기는 결과가 되었다.

어떤 의미에서 시아파의 종교적 도전에 대한 가차없는 대응은 모든 자유스러운 사상에 대한 공권력의 경직된 태도를 반영하고 부추기는 것이었다. 위험한 사상을 퍼뜨릴 우려가 있다고 해서 인쇄물은 금지되었다. 경제사상은 초보적인 수준이었다. 서양물품의 수입은 바람직했지만 수출은 금지되었다. 기술혁신과「자본주의적」생산자의 발생을 억지하도록 길드는 부추겨졌다. 무역상인에 대한 종교적 비판이 고조되었다. 유럽적 사고와 관습을 경멸해오던 투르크인은 전염병 예방을 위한 새로운 방법의 채택을 거부했기 때문에 혹독한 풍토병으로 많은 사람이 죽어갔다. 1580년 일단의 근위병들이 전염병을 퍼뜨린다는 이유로 국립천문대를 파괴해버린 사건은 반계몽주의의 아주 놀랄 만한 사례의 하나이다. 군대는 사실상 보수주의의 아성이 되었다. 유럽군대의 새로운 무기에 의해 자주 피해를 봄에도 불구하고 근위병은 자체의 개선에 소극적이었다. 턱없이 큰 구식 대포를 아주 가벼운 주철 대포로 교체하지 않았다. 레판토에서 패배한 후에도 유럽형의 더 큰 선박을 건조하지 않았다. 남쪽에서는 투르크 함대가 평온한 홍해와 페르시아만에 머물러 있도록 명령받았기 때문에 포르투갈형의 원양선박을 건조할 필요성이 없었다. 이같은 결정을 내린 기술적인 이유가 따로 있겠지만 문화적·기술적 보수주의가 역시 한몫 거든 것이 사실이다(이와는 대조적으로 불규칙하게 출몰한 바르바리〈Barbary〉 해적은 즉각 프리깃형 전함을 도입했다).

  이같은 보수주의에 대한 분석은 무굴제국에 대해서도 똑같이 혹은 그 이상으로 적용될 수 있을 것이다. 전성기 왕국의 방대한 크기와 몇명의 황제가 지녔던 군사적 천재성, 웅장한 왕궁과 정교한 사치품, 나아가 금융·신용망의 발달에도 불구하고 체제의 핵심은 공허했다. 정복자 이슬람 엘리트는 대부분이 힌두교를 믿는 가난에 찌든 방대한 농민들 위에 군림했다. 도시에는 상당수의 상인과 붐비는 시장이 있었고 힌두교 기업가문들은 제조업·무역·신용에 대해 막스 베버 (Max Weber)의 프로티스턴트 윤리의 좋은 본보기가 될 수 있는 정도로 훌륭한 태도를 가지고 있었다. 영국 제국주의에 희생되기 이전에 이미 경제적「도약」단계에 있었던 진취적인 사회양상과는 달리 인도인의 생활에는 많은 토착적인 낙후요인이 무겁게 드리워져 있었다. 힌두교의 철저하게 완고한 종교적 금기는 근대화에 방해가 되었다.

예컨대 쥐와 곤충을 죽여서는 안되었으므로 많은 식량이 허실되었다. 쓰레기와 배설물취급에 관한 사회관습으로 환경은 늘 비위생적이어서 흑사병의 치명적인 온상이 되었다. 카스트제도(Caste)는 적극성을 저해하고 의식의 중요성만을 강조하며 시장의 숨통을 죄었다. 브라만(Brahman) 승려가 인도의 지방통치자에게 미친 영향을 생각하면 이같은 무지몽매가 최고위층에서도 만연했을 것이다. 바로 여기에 철저한 변화에 대한 사회의 근본적인 견제력이 존재하였다. 뒷날 처음에는 약탈로 일관하다가 나중에는 공리주의 원리에 따라 인도를 지배하려 했던 영국인들이 물러나면서 인도는 도무지 이해할 수 없는 신비투성이라는 느낌을 떨치지 못하였다는 사실은 그다지 놀라울 것이 없다.

그러나 무굴의 지배는 인도문관(Indian Civil Service)의 행정과 비교하기 어렵다. 화려한 궁전은 베르사유(Versailles)의 태양왕(Sun King)도 지나치다고 생각할 정도로 요란한 소비의 극치였다. 수천에 달하는 하인과 추종자들, 사치스런 의복과 보석들 그리고 후궁과 동물원, 끝없이 늘어선 경호원들, 이들을 지탱하는 것은 조직적인 약탈수단으로써만 가능하였다. 징세관리들은 상급관리에게 일정액을 바쳐야 했으므로 농민과 상인을 가리지 않고 무자비하게 수탈하여 작황과 경기의 호·불황을 불문하고 돈을 짜내었다. 이러한 약탈에 대하여 아무런 법률적 또는 다른 제재수단—반란은 예외가 되지만—이 없었기 때문에 징세를 「식인(食人)」으로 표현한 것은 그다지 놀라운 일이 아니다. 이같이 해마다 엄청난 상납을 했어도 인민들에게 돌아오는 대가는 아무것도 없었다. 커뮤니케이션의 발전은 전무했고 기아·홍수와 전염병 등 아주 규칙적으로 일어나는 사태에도 원조받을 수 있는 장치가 전혀 없었다. 이런 사실만으로 보면 명제국은 자애롭고 심지어 진보적으로 보이기도 한다. 기술적으로 무굴제국은 남쪽의 마라다스, 북쪽의 아프간(Afghanis) 그리고 마지막으로 동인도회사에 대항하여 자신을 고수하기가 점점 힘겨워졌으므로 몰락하게 되었다. 사실상 그 멸망의 원인은 외부보다는 내부에서 찾아야 할 것이다.

두 아웃사이더 — 일본과 러시아

　16세기가 되자 크기나 인구에서는 명·오토만과 무굴제국을 도저히 따를 수 없지만 정치적 통합과 경제적 성장의 조짐을 과시하는 또 다른 두 나라가 나타났다. 극동에서 이웃한 중국이 쇠퇴하기 시작할 바로 그 무렵 일본은 전진을 시작하였다. 지정학상 일본은 영국과 마찬가지로 대단히 중요한 전략적 강점, 즉 중국과는 달리 섬에 고립되어 있음으로 해서 대륙의 침략으로부터 보호되었다. 그러나 일본열도와 아시아대륙의 차단이 결코 완전한 것은 아니어서 일본문화와 종교의 대부분은 더 오랜 문명에서 빌려온 것이었다. 그런데 중국이 통일된 관료제에 의해 지배된 데 반해 일본의 통치권은 번벌(藩閥)에 바탕한 봉건영주들이 장악하고 천황은 허수아비에 지나지 않았다. 14세기에 이르러 이전의 중앙집권적인 지배체제는 — 말하자면 스코틀랜드의 영주싸움과 아주 비슷하게 — 번간의 싸움으로 대치되었다. 이것은 무역상인이나 상인들에게 바람직한 상황은 아니었으나 상당한 수준에 있던 경제활동을 저지하지는 않았다. 육지에서와 마찬가지로 바다에서도 기업인들은 군벌이나 군사적 모험가들과 어깨를 나란히 하여 서로 동아시아 해상무역에서 재미를 보았다. 왜구들이 중국과 조선의 해안을 누비며 약탈을 일삼는 한편에서 다른 일본인들은 서양세계에서 온 포르투갈·네덜란드인들과의 무역을 환영하고 있었다. 기독교 선교사와 유럽의 물품들은 냉담하고 오만한 명제국보다는 훨씬 쉽게 먹혀들었다.

　이같이 소란하면서도 생동감 넘치는 일본은 수입한 유럽무기의 사용이 증대함에 따라 급격히 변모해갔다. 세계 어디에서나 그렇듯이 권력은 소총으로 무장한 막대한 병력과 특히 무엇보다도 대포를 마련할 재력이 있는 개인이나 집단에게 집중되었다. 일본에서는 그것이 뛰어난 군벌 도요토미 히데요시(豊臣秀吉)에 의한 세력통일로 나타났는데 그는 그 여세를 몰아 두 차례에 걸쳐 조선의 정복을 시도하였다.

이에 실패한 히데요시가 1598년에 죽자 내란이 또다시 일본을 휩쌌다. 그러나 수년 후 도쿠가와 벌족의 이에야스(德川家康)와 그의 추종 쇼군(將軍)들이 모든 권력을 장악하였다. 이번에는 중앙집권적인 군사지배가 확고하였다.

많은 점에서 도쿠가와 시대의 일본은 15세기 유럽에 등장한「신흥군주국」의 성격을 띠었다. 크게 다른 것은 쇼군이 해외팽창의 포기, 다시 말해 일체의 대외접촉을 금지한 점이었다. 1636년 원양선박의 건조가 중단되고 인민들의 원양항해가 금지되었다. 유럽과의 무역은 나가사키(長崎)항구의 데지마(出島) 출입이 인가된 네덜란드 선박에 한정되었고 다른 배들은 쫓겨갔다. 더욱이 그에 앞선 시기에 거의 모든 기독교인은(외국인이건 내국인이건) 쇼군의 명령으로 무자비하게 처형당했다. 이같은 극단적인 조치의 주된 동기는 분명히 도쿠가와 벌족의 확고한 지배를 확립하려는 단호한 결심에서 비롯된 것이었다. 따라서 외국인과 기독교인은 잠재적인 파괴세력으로 간주되었다. 다른 벌족의 봉건영주들 역시 그렇게 간주된 까닭에 1년의 절반을 서울에 머물러야 했고 자신의 영지에서 지내도록 허용된 6개월 동안은 영주의 가족이 에도(江戶)에서 사실상의 인질로 지내야 했다.

이같은 통일성을 강요함으로써 경제발전의 속도가 저절로 늦어지거나 그에 따라 뛰어난 예술적 성취가 저해되는 일은 없었다. 전국적인 평화는 무역에 도움이 되었고 도시와 전체 인구는 늘어났으며 화폐사용이 증가함으로써 상인과 금융업자의 역할이 중요시되었다. 그러나 상인과 금융업자는 이탈리아·네덜란드·영국에서와 같은 사회적·정치적 대우를 받지 못했으며 일본인은 세계 곳곳에서 일어나고 있던 새로운 기술·산업의 발전을 배우거나 도입할 능력이 없음은 분명했다. 명제국과 마찬가지로 도쿠가와막부의 쇼군들은 거의 예외없이 줄곧 세계로부터의 단절을 의도적으로 선호하였다. 그렇게 함으로써 일본의 경제활동이 저해되지는 않았다 하더라도 일본의 상대적 힘은 약화하였다. 무역에 나서기에는 자존심이 허락치 않고 여행도 금지당해 있으며 행사 때가 아니면 무기를 꺼내볼 수도 없게 된 사무라이들은 영주에 빌붙어 의식적이며 권태로운 세월을 보냈다. 군사제도 전체가 2세기 동안이나 굳어 있던 탓에 1853년 유명한 페리(Matthew C. Perry) 제독의 구로후네(黑船)가 나타나자 막부는 놀란 나머지 석탄과 그밖의 필요한 물자를 보충해달라는 미국의 요구를 들어주는 것 이외는 아무것도 할 수가 없었다.

정치적 통합과 성장이 시작될 무렵의 러시아는 몇 가지 점에서 일본과 비슷한 모습을 보였다. 지리적으로 서유럽에서 멀기는 해도—커뮤니케이션도 불편한데다가 리투아니아(Lithuania)·폴란드·스웨덴 그리고 오토만제국과 잦은 분쟁으로 그나마 통하던 서유럽과의 통로도 막히는 일이 잦았음에도 불구하고—모스크바대공국(Kingdom of Muscovy)은 러시아정교와 맞먹는 수준의 영향을 유럽으로부터 받았다. 더욱이 아시아 대평원의 유목민의 침입에 종지부를 찍게 해준 소총과 대포도 서유럽에서 온 것이었다. 이러한 신무기 덕분으로 러시아는「화약제국(gunpowder empire)」으로 변모하여 팽창하였다. 스웨덴과 폴란드도 같은 무기를 가지고 있었으므로 서진은 쉬운 일이 아니었으나 남과 동으로 부족과 왕국을 쳐부수며 식민지를 확장하는 데는 이 새로운 군사기술의 발달의 덕을 톡톡히 보았다. 예컨대 1556년 러시아군은 카스피해(Caspian Sea)까지 진출했다. 군사적 팽창에는 탐험가나 개척자들이 따라나서는 수가 있었는데 이들은 우랄(Ural)산맥을 넘어 동진하여 시베리아를 거쳐 1638년 드디어 태평양연안에 당도하는 더 중요한 성과를 거두기도 했다. 몽고 유목민에 대항해서 힘겹게 이룩한 군사적 우위에도 불구하고 러시아제국의 성장은 결코 쉽지 않았으며 또 꼭 성장한다는 보장도 없었다. 더 많은 인구를 정복할수록 내부에서는 불만과 반란의 가능성이 커져갔다. 국내귀족들의 저항은 만만치 않았으며 이반 4세(Ivan the Terrible)가 상당수를 숙청한 뒤에도 여전하였다. 크림반도의 타타르(Tartar) 부족의 수장은 여전히 강력한 적으로 그 군대는 1571년 모스크바를 약탈했고 18세기 말엽까지 독립을 유지하였다. 서유럽의 도전은 더욱 위협적이었다. 예컨대 폴란드는 1608~1613년에 걸쳐 모스크바를 점령했다.

그밖의 약점은 러시아가 서유럽을 모범으로 해서 배운 것이 많음에도 불구하고 기술적 낙후와 경제적 후진을 면치 못하였다는 것이다. 이것은 극도로 나쁜 기후, 엄청난 국토의 크기와 커뮤니케이션의 미비도 원인이었지만 차르(tsar)의 군사적 절대주의, 교회가 장악한 교육, 관리의 부패와 변덕, 농노제도로 인한 심각한 결함도 원인이었다. 이같은 상대적 낙후성과 좌절에도 불구하고 러시아는 팽창을 계속하여 새로 획득한 영토에 대해서 러시아인의 충성을 짜낼 때 쓰던 것과 같은 강도의 군사력과 전제지배를 휘둘렀다. 자신을 지탱해줄 군사력에 도움되는 것은 가리지 않고 유럽에서 빌어왔으나 서유럽의 사회적·정치적「근대화」의 가능성은 철저하게 봉쇄하였다. 한 예로 러시아 안의 외국인은 체제전복에 영향을 미칠 것을 우려하여 내국인과의 접촉을 금지하였다. 이 장에서 언급한 어떤 전제체제와 달리 차르제국은 살아남아 이윽고 세계강대국이 된다. 그러나 1500년, 아니 1650년까지도 프랑스·네덜란드·영국인들은 이 사실을 전혀 예상할 수 없었으며 고작 전설의 인물 프레스터 존(Prester John)을 알고 있는 정도로 러시아의 통치자를 알고 있는 데 지나지 않았다.

「유럽의 기적」

어떻게 해서 유라시아대륙의 서부에 흩어져 사는 비교적 투박한 인민 사이에서 줄기찬 경제발전과 기술혁신이 일어나 세계문제의 상업적·군사적 선진국이 꾸준히 나올 수 있었는가? 이 문제에 대해서는 수세기 동안 학자와 그밖의 관측자들이 몰두해왔기 때문에 지금부터 쓰려고 하는 것은 기존의 지식을 종합하는 일뿐이다. 그같은 요약이 아무리 엉성한 것이라 하더라도 이 책 전체를 관통하는 논지의 주된 흐름을 부각시켜줄 수도 있다. 그것은 첫째 사회구조·지리적 위치와 우발사태 등과 같은 여러 요인들과 상호작용하면서도 주로 경제·기술적 발전으로 촉진되는 역학관계가 있다는 것, 둘째 세계정치의 과정을 이해하는 데는 한 개인의 변덕이나 변화무상한 외교·정치보다는 물질적 기초와 장기적 요인을 중시할 필요가 있다는 것, 세째 힘은 상대적인 것이므로 여러 국가와 사회를 거듭 비교하여 이해하고 평가해야 한다는 것이다.

16세기의 「세력권」의 지도(지도 1, 2 참조)에서 당장 눈에 띄는 유럽의 특징 중의 하나는 정치적으로 분산되어 있다는 것이다. 이것은 중국에서 하나의 제국이 무너진 뒤 후계왕조가 중앙집권통치의 끈을 다시 거머쥘 사이에 잠시 발생하는 것과 같은 우발적이고 일시적인 현상이 아니다. 유럽은 항상 정치적으로 조각난 상태여서 로마인들도 안간힘을 썼지만 라인과 다뉴브강 이북을 정복하지 못했다. 로마의 멸망 이후 1,000년 동안 기독교와 기독교문화의 꾸준한 팽창과 비교할 때 정치세력의 기본단위는 소규모이고 국지적이었다. 예컨대 서유럽의 카를대제(Karl der Grosse, 742~814)나 동유럽의 키에프(Kiev)공국의 경우와 같은 권력의 집중이 있기는 했지만 그것은 일시적인 현상이었을 뿐으로 통치자의 교체, 내부의 반란 또는 외부의 침입으로 막을 내렸다.

유럽의 정치적 분산성은 거의 지형 때문이다. 유목민족의 제국이 전격적인 지배권을 확립할 수 있었던 거대한 평원도 없고 혹사당하는 인민과 쉽게 정복되는 농민을 먹일 식량을 제공해준 갠지스·나일·티그리스와 유프라테스·황하 그리고 양쯔강 주변과 같은 비옥한 강변지역도 없다. 유럽의 지형은 아주 울퉁불퉁하여 산맥과 삼림 사이의 계곡에 인구가 분산되어 있다. 동서와 남북의 기후차이도 극심하다. 이 때문에 중요한 결과가 많이 나타났다. 우선 강력한 골수 군벌이라 해도 통일된 지배권을 확립할 수 없었으며 몽고 기마원정군과 같은 외부세력에 의해 유린될 가능성도 희박하였다. 역으로 이같은 다채로운 지형은 분산된 세력의 성장과 존속을 부채질함으로써 지방왕국과 영주국, 고지의 벌족동맹과 저지의 도시동맹들로 로마멸망 이후 유럽의 정치도는 언제나 조각이불 같았다. 분산의 양상은 시기에 따라 달랐지만 통일된 제국의 양상을 띤 적은 한 번도 없었다.

유럽의 다양한 기후는 서로 교환하기 좋은 다양한 생산물을 낳게

44 / 제I부 산업화 이전 세계의 전략과 경제

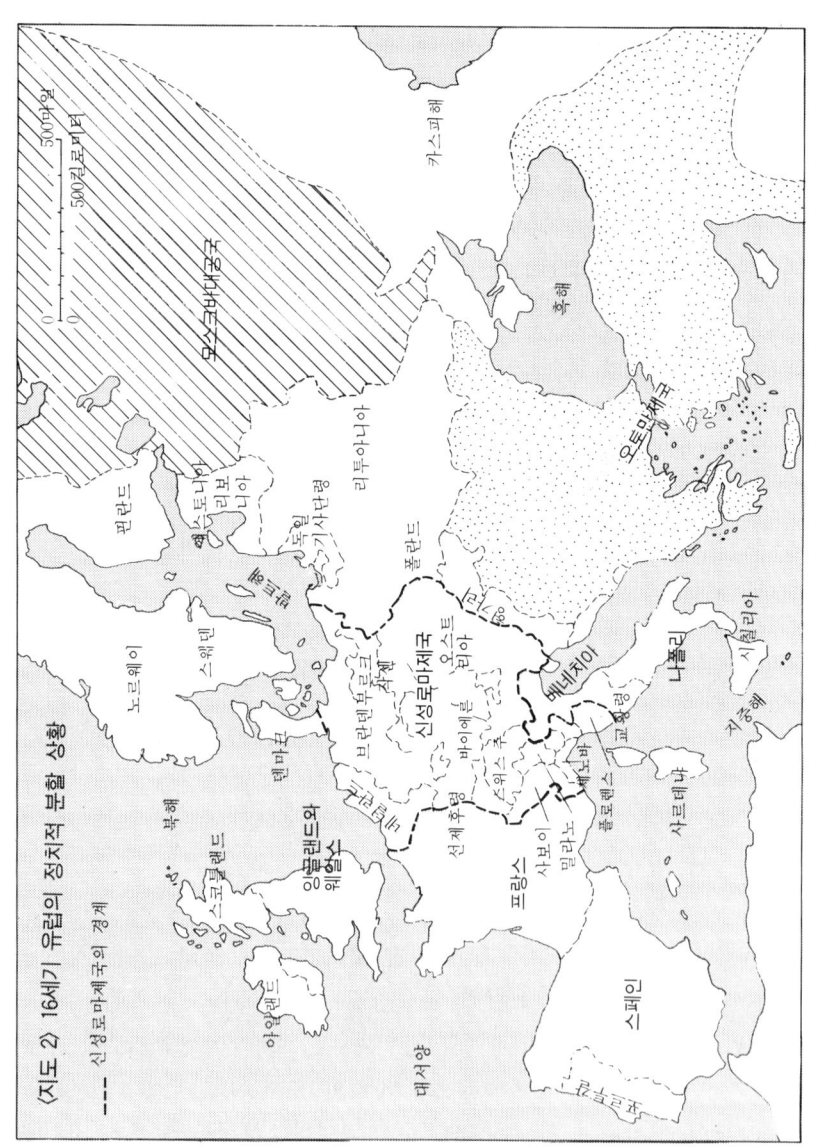

〈지도 2〉 16세기 유럽의 정치적 분할 상황
--- 신성로마제국의 경계

했고 시간이 흘러 시장관계가 발전하자 생산물은 강과 취락지 사이를 가로막은 숲의 소로를 따라 운반되었다. 이러한 교역의 가장 중요한 특징은 동방의 캐러밴들이 운반하는 사치품이 아니라 급증하는 15세기 유럽인구를 먹여살릴 목재·곡물·포도주·양털·생선 등의 벌크 생산물이 교환되었다는 점이다. 여기에서도 지리적 위치가 결정적인 역할을 하였다. 즉 이들 생산물의 운반에는 수로수송이 대단히 경제적인데 유럽에는 통행에 적합한 강이 많았다. 바다로 둘러싸여 있음으로 해서 조선산업이 발달하여 중세 후기에는 발트해·북해·지중해 그리고 흑해를 무대로 해상무역이 활발하였다. 물론 이 무역은 전쟁으로 중단되기도 하고 흉작이나 전염병 등과 같은 지역적 재난의 영향을 받았지만 대체로 지속적으로 번성하여 유럽의 번영과 식생활을 풍요롭게 함으로써 한자동맹(Hansa Bund) 도시나 이탈리아의 도시와 같은 새로운 부의 중심지를 형성시켰다. 또한 정기적인 장거리 교역으로 말미암아 어음거래·신용제도·국제금융의 발달이 촉진되었다. 상업신용과 그에 따른 어음이 존재하였다는 점에서 상인들이 그때까지 생각도 못했던 경제적 환경이 기본적으로 마련될 가능성이 내보였다.

또한 이같은 무역의 대부분이 북해와 비스케이만(Bay of Biscay)의 거친 바다를 통해 전개되고 원양어업이 영양과 부의 중요한 원천이 되면서 조선기술자들은 속도가 다소 느리고 투박하더라도 많은 짐을 싣고 풍력에만 의존하는 야무진 배를 만들도록 주문받았다. 시간이 지나면서 이 배들은 더 많은 돛과 단단한 키를 가진 배로 대체됨으로써 더욱 큰 기동력을 갖추게 되었지만 이들 북해형 계통의 배는 동지중해와 인도양을 왕래하던 경쾌한 배들보다는 주목을 끌지 못하였다. 그러나 아래에 보듯이 이 배들이 후에는 두드러진 장점을 자랑하게 되었다.

분산화되어 거의 통제할 수 없는 상업과 상인, 항구와 시장의 발달이 가져온 정치·사회적 결과는 대단히 중요하였다. 첫째로 그같은 경제적 발달을 완전히 억누를 도리가 없었다. 그렇다고 해서 시장세력의 대두에 따른 권위의 동요가 없었음을 뜻하는 것은 아니다. 도시가 비판세력의 아성과 농노의 피난지로 되어버렸다고 생각한 봉건영주들은 도시의 특권을 빼앗으려고 기도하였다. 어디에서나 마찬가지로 상인들은 빈번히 약탈당하고 물건을 도둑맞고 재산을 몰수당했다. 폭리에 관한 교황의 견해는 많은 점에서 영리를 추구하는 중개인과 고리대금업자에 대한 유교의 혐오를 방불케 하였다. 그러나 근본적인 사실은 다양한 상업의 발달을 효과적으로 억제할 만한 통일된 권력이 유럽에는 존재하지 않았다는 점이다. 중앙정부가 있어서 우선순위를 변경함으로써 특정산업의 성쇠를 좌우한 것도 아니고 무굴제국에서처럼 징세관리가 상인과 기업인을 조직적으로 광범위하게 착취함으로써 경제를 낙후시킨 것도 아니다. 하나의 특수하고 분명한 예가 되겠지만 정치적으로 시끄러운 종교개혁 시대의 유럽에서 1494년 세계를 스페인령과 포르투갈령으로 양분한 교황의 조치가 승복되리라고는 생각도 할 수 없었으며 더구나(명대의 중국과 도쿠가와 시대의 일본에서처럼) 해외무역의 금지가 효과를 거두리라고는 상상도 할 수 없었다.

　사실상 유럽의 경우 다른 군주나 지방영주들이 상인을 약탈하고 추방하는 가운데서도 상인들과 그 거래방식을 묵인하는 군주와 영주들이 있게 마련이었다. 기록에 나타나 있듯이 핍박받은 유태상인들, 파산한 플랑드르(Flandre) 방직업자, 추방된 위그노(Huguenot)들이 이런 군주와 영주들에 빌붙어 그들의 전문기술을 살렸다. 라인란트(Rheinland)의 한 남작이 대상들에게 과도한 세금을 매기자 거래루트를 바꿔버려 세수입을 다 잃어버렸다. 부채를 갚지 않은 한 군주는 전쟁위기가 닥쳐 군대와 함대를 무장하는 데 긴급자금이 필요함에도 마련할 길이 없었다. 은행가와 무기상인 그리고 수공업자들은 사회의 부수적이 아닌 핵심적인 구성원이었다. 점진적으로 유럽의 정부들은 제각기 시장경제와 공생관계를 맺고 그를 위한 내국조례와 호혜적인 법률체계(경우에 따라서는 외국인을 위해)를 마련했으며 세금의 형태로 무역에서 얻는 이익을 분배받았다. 훗날 애덤 스미스(Adam Smith)가 정확한 말로 표현하기 훨씬 이전에 이미 『극도의 야만주의로부터 국가를 최고의 풍요로운 단계로 끌어올리는 데는 평화와 낮은 세금 그리고 관용적인 사법행정 이외에는 필요한 것이 없다」는 사실을 서유럽의 통치자 일부는 전술적으로 인정하고 있었다. 때로 지각이 모자란 통치자들 — 스페인 카스틸랴(Castilla)왕국의 관리들과 프랑스 부르봉(Bourbon)왕조의 왕과 같은 — 이 이 황금알을 낳는 거위를 실제로 죽여버린 일도 있었지만 이에 따른 부와 군사력의 쇠퇴는 장님이 아니고서는 명백한 사실로 나타났다.

권력의 집중을 성취할 수 있는 유일한 요인은 한 나라가 다른 모든 적들을 유린하거나 압도할 수 있는 무기기술의 혁신일 것이다. 흑사병이 지나가 대륙의 인구가 다시 증가하고 르네상스가 꽃핌으로써 경제와 기술의 발달이 가속화된 15세기의 유럽에서 이것은 결코 불가능한 것은 아니었다. 앞서 지적한 바와 같이 「화약제국」이 여기저기 나타난 것은 1450년에서 1600년에 이르는 긴 시간 동안이었다. 모스크바 대공국·도쿠가와막부·무굴제국은 모든 적을 굴복시킬 수 있는 무기와 대포를 확보한 지도자가 강성한 나라를 만들어나가는 방식을 보여주는 좋은 예가 될 것이다.

더욱이 중세 말기와 근대 초기의 유럽에서는 다른 지역에 비하여 새로운 전술이 속속 개발되었기 때문에 그러한 혁신적인 전술 하나로써도 충분히 지배권을 장악할 수 있었다. 이미 조짐은 군사력의 가속적인 집중경향으로 나타났다. 이탈리아에서는 필요할 경우 창병의 엄호를 받는 석궁사수중대를 동원함으로써 미숙한 봉건보병을 거느린 말탄 기사의 시대에 종지부를 찍었다. 그러나 베네치아와 밀라노(Milano)와 같은 부유한 나라들만이 유명한 용병대장(condottieri)이 이끄는 신식 군대를 고용할 수 있었음은 물론이다. 더욱이 1500년 무렵이 되면 프랑스와 영국의 군주들은 국내의 대포를 독점함으로써 강력한 반란자가 성에 숨어 있는 경우라도 그를 분쇄할 수가 있었다. 그러나 이같은 경향이 결국에는 유럽 전체에 걸쳐 더욱 광범위한 초국가적 독점으로 이어지지는 않을까? 카를 5세에 의해 방대한 영토와 군대가 집중되는 것을 보면서 1550년 무렵의 유럽인들은 이같은 의문을 가졌음에 틀림없다.

유럽의 지배권을 차지하기 위한 합스부르크의 시도와 실패에 대한 더욱 상세한 검토는 다음 장에서 다룰 것이다. 그러나 대륙의 통일이 불가능했던 더 큰 일반적인 이유에 대해서는 여기서 간략히 언급하겠다. 여기에서도 다양한 경제·군사적 세력권의 존재는 기본적이다. 이탈리아의 어느 도시국가도 균형을 유지하려는 다른 국가의 개입없이 스스로의 지위향상을 도모할 수 없었고 보상을 얻어내려는 경쟁국을 무마하지 않고는 어떤「신흥군주국」도 영토를 확장할 수 없었다. 당시 종교개혁이 본격적으로 착실하게 진행되자 전통적으로 세력균형 상태에 있던 라이벌간에 종교적 갈등이 가세함으로써 통합의 전망이 더욱 흐려졌다. 그러나 진정한 설명은 보다 깊은 데 있다. 요컨대 일본과 인도 그밖의 어디에서도 라이벌들이 분명히 있고 호전적인 집단간에는 격한 감정이 있게 마련이었지만 그렇다고 해서 그것이 궁극적인 통일을 저해하지는 않았다. 유럽의 라이벌세력들은 누구나 새로운 군사기술을 접할 수 있었기 때문에 어느 세력도 결정적 우위를 독점할 수 없었다는 점이 다른 지역과 달랐다. 예컨대 스위스와 그밖의 용병들은 돈만 주면 누구에게나 기꺼이 봉사하였다. 석궁은 특정한 한 지역에서만 생산되는 것이 아니었고 초기의 청동대포와 후기의 더 값싼 주철대포와 같은 총포류도 마찬가지였다. 그와 같은 무기들은 남부 잉글랜드(the Weald)·중부 유럽·말라가(Málaga)·밀라노·리에지(Liège) 그리고 나중엔 스웨덴 등의 철광산 부근에서 만들어지고 있었다. 마찬가지로 조선기술도 발트해에서 흑해에 이르는 여러 항구에 보급되어 어느 한 나라가 해군력을 독점한다는 것은 극히 불가능했으며 따라서 바다 건너에 있는 라이벌의 병기창을 정복하거나 없애 버릴 수도 없었다.

　유럽의 분산된 국가체제가 통합의 큰 장애였다는 것은 그렇다고 동어반복은 아니다. 당시 많은 수의 경쟁국들이 있었으며 그들 대부분은 자신의 독립을 유지하는 데 필요한 군사적 수단을 갖추었거나 돈으로 구비할 능력이 있었으므로 어떤 나라도 혼자서 대륙의 지배권에 성큼 다가설 수는 없었다.

이같은 유럽국가들의 경쟁적 상호작용을 가지고 통일된 「화약제국」의 부재는 설명할 수 있겠으나 유럽의 세계주도권을 향한 꾸준한 부상은 쉽게 설명할 수 없다. 1500년에 신흥군주국들이 소유한 군대를 술탄의 어마어마한 병력이나 명제국의 대군 앞에 맞세워 놓았다면 아주 초라한 꼴이었을 것이다. 그것은 16세기 초, 어느 면에서는 17세기까지도 사실이었다. 그러나 17세기가 되자 군사력의 균형은 서양에 유리한 방향으로 급격히 기울었다. 이같은 변화의 설명 역시 유럽의 세력분산에서 찾아야 한다. 세력분산은 무엇보다도 도시국가들, 나중에는 보다 큰 왕국간의 초보적인 군비경쟁을 유발하였다. 이렇게 된 데는 어느 정도 사회경제적인 배경이 있다. 이탈리아의 유능한 군대가 봉건기사와 그 수행자 대신 특정도시의 시장이 감독하고 상인이 봉급을 지급하는 창병·석궁사수와 (이를 호위하는) 기병대로 교체되자 용병대장이 실속을 다하려고 무진 애를 씀에도 불구하고 그들을 고용한 상인과 시장이 그들에게 돈값을 다하라고 요구하는 것은 당연하였다. 바꿔 말하자면 도시는 일거에 승리할 수 있는 그러한 무기와 전술을 요구하였는데 그렇게 되면 전쟁비용을 줄일 수가 있었던 것이다. 마찬가지로 15세기 후반 프랑스 왕들은 「국민」군을 자기 휘하에 두고 월급을 주면서 이 군대가 획기적인 성과를 보여주기를 고대했다.

마찬가지로 이러한 자유시장체제하에서 많은 용병대장들이 서로 고용계약을 차지하려고 다투게 되었을 뿐만 아니라 수공업자와 발명가들 역시 새로운 주문을 얻기 위해 제품개선에 몰두하였다. 이같은 무기의 개선은 15세기 초 석궁과 장갑용 철판제조업에서 나타났으며 마침내 그후 50년이 못되어 화약무기의 실험으로 이어졌다. 여기서 기억해야 할 것은 대포가 최초로 사용되었을 때는 그 형태와 성능면에서 유럽과 아시아의 차이가 거의 없었다는 사실이다. 커다란 단철포신으로 돌포탄을 쏘면서 굉장한 폭음을 낸 대포는 가히 인상적이었으며 당시로서는 성능이 대단하였다. 그 대포는 투르크군이 1453년 콘스탄티노플의 성벽을 포격할 때 사용하던 것과 같은 형태로 만들어졌다. 지속적인 개량의 자극은 아마도 유럽에만 있었던 것 같다. 화약가루,

구리와 아연의 합금으로 된 (위력은 같지만) 훨씬 작아진 대포, 포신과 포탄의 형태와 구조, 대포의 장치와 운반 등이 모두 개량되었다. 이런 여건들로 말미암아 위력과 기동성은 엄청나게 향상되었으며 이런 무기를 가진 자는 아무리 강력한 요새라도 무력화시킬 수 있었다. 1494년 가공할 청동대포를 갖춘 프랑스군이 이탈리아를 공격했을 때 이탈리아의 도시국가들은 이같은 사실을 공포와 함께 직시하였다. 따라서 발명가와 지식인들이 이같은 대포에 맞설 무기의 고안에 몰두하였던 것은 조금도 이상할 것이 없다(이 시대를 산 레오나르도 다 빈치〈Leonardo da Vinci〉의 노트에 기관총, 초보적 형태의 전차, 증기추진 대포의 스케치가 남아 있는 것은 지극히 당연하다).

그렇다고 다른 문명들이 초기의 조잡한 형태의 무기를 전혀 개선하지 않았다는 얘기는 아니다. 유럽의 모델을 모방한 경우도 있었고 유럽에서 온 방문자들(중국에 온 예수회 선교사들처럼)에게 기술을 털어놓도록 요구하기도 했다. 그러나 명이 대포를 독점하고 안달이 난 러시아·일본·무굴제국의 통치자들도 곧 대포를 독점하여 자신들의 권력이 일단 안정되자 그같은 무기개선에 대한 동기가 약해졌다. 고립주의로 치달으면서부터 중국과 일본은 무기생산의 발달에 부정적이었다. 전통적인 전투방식을 고집한 이슬람 근위병은 대포에 대한 관심을 경멸함으로써 결국 유럽의 선두를 따라잡을 수 없게 되었다. 러시아와 무굴의 군대는 자신들보다 못한 상대만 대하다보니 지금 가진 무기가 적의 무기보다 우세한지라 무기를 개량할 급박한 필요성 따위를 느낄 수 없었다. 일반적인 경제면에서와 마찬가지로 특수한 군사기술면에서도 유럽은 왕성한 무기무역에 힘입어 다른 문명이나 세력권보다 월등히 앞섰다.

이같은 군비발달이 빚은 또 다른 두 가지 결과에 대해 언급해둘 필요가 있다. 하나는 그것이 유럽의 정치적 다원화를 확립한 점이고, 다른 하나는 유럽의 궁극적인 해상지배를 가져온 것이다. 첫번째의 결과는 너무나 당연한 것이므로 간략히 언급하겠다. 1494년의 침공이 있은 지 25년만에 (어느 면에서는 그 이전에 이미) 일부 이탈리아인들은 성안에 흙담을 쌓아두면 포격의 피해를 크게 줄일 수 있다는 사실을 알게 되었다. 즉 다져진 흙담에 포탄이 떨어지게 되면 파괴력이 격감되기 때문이다. 또 형태를 약간 바꾸어 흙담 앞에 깊은 고랑을 파놓게 되면(나중에는 장총과 대포의 응사가 가능한 안전한 요새로 개발되어 나갔다) 보병이 거의 접근할 수 없는 장애물이 되었다. 이리하여 이탈리아 도시국가들이나 적어도 그러한 복잡한 요새를 만들어 유지할 수 있는 막대한 인적 자원을 가진 도시국가들의 안전은 확보되었다. 말타(Malta) 북부와 헝가리의 기독교측 요새에서도 그것은 투르크군을 저지하는 데 상당히 유리한 효과를 발휘하였다. 무엇보다도 이 사실은 네덜란드독립전쟁(Revolt of the Netherlands)의 장기적인 포위전쟁에서 드러났듯이 유럽의 어떤 자신만만한 세력도 반란이나 경쟁자를 쉽게 굴복시킬 수 없었음을 의미했다. 예컨대 후퇴하여 버틸 수 있는 단단한 요새가 적에게 있었다면 가공할 스페인 보병이라 할지라도 야전전투에서 확실한 승리를 거두지 못했을 것이다. 도쿠가와막부의 쇼군이나 인도의 악바르의 화약에 의한 권력의 확립은 정치적 다원화와 그에 따른 치명적인 군비경쟁으로 특징지어지는 유럽에서는 불가능한 일이었다.

바다에서의 「화약혁명(gunpowder revolution)」의 영향은 더욱 광범위한 것이었다. 전과 마찬가지로 중세 후반 북유럽·이슬람세계·극동의 조선능력과 해군력이 비교적 유사했던 사실은 놀랍기만 하다. 무엇보다도 정화의 대항해, 흑해와 동지중해에서의 투르크 함대의 급속한 발전을 본 1400년과 1450년 무렵의 관측자들은 미래의 해상발전은 이 두 세력에 의해 주도되리라 생각했을 것이다. 또 유럽·이슬람·극동 세 지역은 지도제작·천문학 그리고 나침반·천체관측기·상한의(象限儀) 등의 기기사용면에서 별 차이가 없었다. 차이가 있다면 지속적인 조직이었다. 또는 존스(E. L. Jones) 교수가 말하듯이 『예컨대 폴리네시아(Polynesia)인과 같은 항해자가 돌아다닌 거리를 고려할 때 유럽이 가진 합리적인 항해술과 동원 가능한 자원의 개발능력에 비해 (이베리아〈Iberia〉인들의) 항해는 그다지 인상적이지 못하다.』 포르투갈인들의 조직적인 지리자료수집, 흑해무역의 손실을 메워주게 될 대서양탐험에 대한 제노바상관(商館)의 집요한 지원과 훨씬 북쪽의 뉴펀들랜드(New Foundland) 대구잡이 기술의 발전, 이 모든 것들은 당시 다른 사회는 전혀 생각지도 않던 해외진출에 대한 집요한 몸부림을 말해준다.

그러나 「합리화」의 가장 중요한 성과는 선박무장의 꾸준한 발전이었다. 선박에 대포를 장치한 것은 해상전투가 지상전투를 닮아간 당시의 상황에서는 지극히 자연스러운 발전이었다. 마치 중세의 성곽이 포위병력을 격퇴하기 위해 성벽과 탑을 따라 사수좌를 설치했듯이 제노바와 베네치아·아라곤(Aragon)의 대단위 무역선들도 앞뒤에 석궁사수를 배치한 「성곽」형 선박으로 지중해의 이슬람 해적을 방어하였다. 해적들이 결사적으로 덤빌 경우에는 심약한 상인들을 완전히 보호해주지는 못했지만 갤리선에 막대한 타격을 줄 수는 있었다. 어쨌든 지상에서 개선된 대포 — 말하자면 새로 나온 청동대포가 단철대포보다 훨씬 작고 강력하며 사수에게도 더 안전하다는 식으로 — 가 나왔다는 사실을 알자마자 그것을 구해다가 자기 배에 장치할 정도였다. 결국 석궁·투석기와 그밖의 포탄 투척기들이 중국과 유럽의 군함에 도입되었다. 대포가 훨씬 안정성을 갖추고 사수들의 위험이 줄어들었다고는 해도 문제는 여전히 남아 있었다. 성능이 더 좋은 화약을 사용함으로써 단단히 고정시키지 않으면 갑판 저쪽으로 튕겨버릴 만큼 반동이 심했으며 충분한 수량을 갑판에 장치하면 (특히 성곽형인 경우) 배가 기울 만큼 무거웠다. 이러한 점에서 덩치도 크고 선체도 더 둥글며 세 개의 돛을 가진 전천후 범선은 지중해·발트해와 흑해의 내해에서 활동하던 가느다란 노를 갖춘 갤리선이나 아라비아의 다우(dhow)선 나아가 중국의 정크선에 비해 원래부터 장점이 있었다. 물론 때때로 사고가 나기는 했지만 정지한 상태에서는 어느 때고 넓은 각도에서 포격할 수 있었다. 배 주위보다는 배의 중앙에 대포를 세로로 배치함으로써 훨씬 안정되자 이러한 범선의 잠재적 위력은 엄청나게 커졌다. 이와는 반대로 소형 선박은 함포적재능력의 열세와 포탄에 대한 취약성이라는 이중의 약점을 떨치지 못하였다.

「잠재적 위력」이란 말을 강조한 것은 장거리 무장 선박의 발전이 아주 더뎠고 또 불균등했기 때문이다. 여러가지 변형들이 개발되어 복식 마스트와 대포 그리고 일련의 노들을 갖춘 것도 나왔다. 중세의 갤리선은 16세기까지도 영국해협을 왕래했다. 더구나 갤리선을 지중해와 흑해에 계속 배치해야 한다는 주장도 상당히 나왔다. 이 배는 대개의 경우 일종의 쾌속정이었으며 내해에서는 기동력이 뛰어나고 특히 해안상륙작전에 이용하기 편리했던 까닭에 투르크의 입장에서는 단거리이고 원양항해에 불리하다는 단점을 상쇄하고도 남음이 있었다.

마찬가지로 우리는 최초의 포르투갈 배들이 희망봉을 돈 바로 그 순간부터 확고한 서양우위의 시대가 시작되었다고 생각해서는 안될 것이다. 역사가들이 말하는 「바스코다가마(Vasco da Gama) 시대」라든가 「콜럼버스(Christopher Columbus) 시대」—1500년 이후 300~400년간에 걸친 유럽의 헤게모니—는 아주 점진적인 과정이었다. 1490년대 포르투갈 탐험가들은 인도 연안에 도달할 수 있었는데 그들이 타고온 배들은 소형(대부분 300톤에 지나지 않았다)일 뿐 아니라 무장도 보잘것없어서 1세기 뒤에 이곳을 찾은 네덜란드 동인도회사 사람들이 타고온 강력한 배와는 비교가 안되었다. 사실상 포르투갈인들은 오랜 시간이 지난 뒤에야 그것도 아주 조심스럽게 홍해를 항해할 수 있었으며 중국에는 거의 교두보를 확보할 수 없었다. 16세기 후반 그들은 아랍의 반격으로 동아프리카 근거지의 일부를 상실했다.

그렇다고 비유럽국가들이 서유럽의 팽창주의가 시작되자마자 카드장처럼 순식간에 무너졌다고 생각한다면 그것 역시 잘못이다. 신대륙의 멕시코·페루와 그밖의 미개발사회는 스페인 탐험가들이 상륙했을 때 바로 그렇게 무너졌다. 그러나 다른 곳에서는 사정이 전혀 달랐다. 중국의 황실은 스스로 해상무역에 등을 돌렸기 때문에 상업이 오랑캐의 손에 장악된다 해도 그다지 개의치 않았다. 심지어 포르투갈인들이 1557년 마카오(Macao)에 세운 관상합판(官商合辦)의 무역중계소를 통해 지역 실크상인과 그와 결탁한 관리가 재미를 톡톡히 보고 있었지만 베이징 황실은 관여하지 않고 내버려두었다. 일본은 그들대로 더욱 무신경하였다. 1640년 포르투갈이 외국인추방에 항의하기 위해 일본에 파견한 일단의 사절 대부분이 살해되었지만 리스본(Lisbon)은 이에 보복할 엄두를 낼 수 없었다. 마지막으로 오토만 해군력은 동지중해를 고수하고 있었으며 육군은 여전히 중부 유럽에 대한 엄청난 위협이었다. 사실상 16세기에는 『헝가리의 상실이 대부분의 유럽정치가들에게 동방의 공장건설보다 훨씬 중요했으며 빈이 받는 위협은 아덴(Aden)·고아(Goa)·말라카에 대한 도전보다 훨씬 중요했다. 오직 대서양 연안국가들만이 후세 역사가들과 마찬가지로 이러한 사실을 무시할 수 있었다.』

이같은 점을 감안할 때 장거리 무장선박의 발달이 유럽의 지위를 근본적으로 향상시켰음은 의심할 나위가 없다. 이러한 배들을 갖춘 해군력은 해상무역항로를 지배하고 해양세력의 준동에 취약한 모든 사회를 위압할 수 있었다. 바로 인도양에서 벌어진 포르투갈과 이슬람의 첫번째 대충돌에서 이 점은 분명히 드러났다. 기억을 더듬는 과정에서 과장되긴 했지만 그들이 말라바르(Malabar)해안과 호르무즈(Hormuz)·말라카의 정박지에서 아랍의 거대한 다우함대를 격파하면서 돌진해가는 과정을 묘사한 다가마와 알부케르케(Albuquerque)의 견문록과 보고서를 보면 마치 외계에서 온 초인이 가련한 적들을 덮치는 인상을 받게 된다. 새로운 전술에 따라 『갑판 위에 나타나는 법 없이 대포로만 싸우는』 포르투갈 선원들은 사실상 바다의 무적자였다. 그러나 육지에서는 아덴·지다(Jidda)·고아와 그밖의 여러 지역에서 벌어진 격렬한 전투(패하는 경우도 많았다)가 보여주듯이 사정이 달랐다. 서양의 침입자들은 아주 단호하고 잔인하여서 16세기 중엽엔 기니만(Gulf of Guinea)에서 남지나해에 이르는 항구의 연결망을 확립할 정도였다. 포르투갈인들은 인도로부터의 향료무역을 독점하지는 못했으나—그 대부분은 전통적인 항로를 통해 베네치아에 연결되었다—그 상당부분을 잠식하여 제국확립경쟁 초반에 큰 우위를 확보할 수 있었다.

물론 정복자들이 서반구에 전격적으로 세운 광대한 지상제국의 이익은 훨씬 두드러졌다. 히스파니올라(Hispaniola)와 쿠바(Cuba)에 일찌감치 정착한 스페인은 대륙원정에 나서 1520년대에는 멕시코를, 1530년대에는 페루를 정복하였다. 수십년도 안되어 이들의 지배는 남부의 평원지대(River Plate)에서 북부의 리오그란데(Rio Grande)강까지 확대되었다. 서해안을 따라 활동한 스페인 범선은 페루의 은과 교환하기 위해 중국의 실크를 싣고온 필리핀 상선들과 접촉하였다. 그들은「신대륙(New World)」정착을 의도하여 제국통치체제를 확립하고 교회를 세우며 목축과 광업에 종사했다. 정복자들은 이 지역의 천연자원 — 원주민 노동력은 물론 — 을 착취하여 설탕·염료(cochineal)·가죽과 그밖의 물품들을 본국에 지속적으로 보냈다. 특히 그들은 포토시(Potosi) 광산에서 캐낸 은을 본국으로 보냈는데 포토시 광산은 이후 100여년간에 걸쳐 은의 단일매장량으로는 세계 최대였다. 이 모든 것으로 인해『대서양무역은 급속하게 신장하여 그 무역량이 1510년에서 1550년 사이 8배로 늘어났고 1550년에서 1610년 사이엔 다시 3배로 늘어났다.』

그러므로 모든 징후로 볼 때 이 제국주의는 항구적으로 지속될 것처럼 보였다. 정화가 이끈 함대의 방문과는 달리 포르투갈·스페인 탐험가들의 행동은 세계의 정치·경제적 균형을 바꾸어놓으려는 적극적 의지를 상징하였다. 함포와 소총을 가진 군대가 바로 그러하였다. 돌이켜보면 포르투갈처럼 한정된 인구와 자원을 가진 나라가 그렇게 멀리 진출하여 막대한 이익을 얻을 수 있었다는 것이 좀처럼 납득되지 않을 때가 있다. 그러나 지금까지 설명해온 유럽의 특수한 상황, 즉 육군과 해군의 우위를 감안할 때 그것은 결코 불가능한 것이 아니었다. 일단 세력팽창과정이 시작되자 제국의 명백한 이익 그리고 더욱 많이 가지려는 욕심 그 자체가 그것을 가속시켰다.

「유럽의 팽창」에 관한 지금까지의 서술 가운데는 무시되거나 간략하게만 언급된 요소들이 있다. 개인적인 차원은 별로 검토가 되지 않았지만—많은 위대한 시도에서 보는 것처럼—검토할 인물들이 많이 있다. 항해왕 엥리케같은 사람의 장려, 조선기술자와 무기제조업자·지식인들의 재능, 상인들의 진취적인 정신 그리고 무엇보다도 험한 바다와 극악한 기후, 험악한 지형과 강력한 적들을 극복하면서 원양항해를 해낸 사람들의 굽힐 줄 모르는 용기는 제대로 평가하여야 할 것이다. 사사로운 이익, 국가의 명예, 종교적 정열, 모험심 등의 동기들이 복잡하게 얽힘으로써 실제로 많은 경우에 그랬듯이 사람들은 모든 것을 기꺼이 모험에 걸려고 하였다. 또한 유럽정복자들이 아프리카·아시아·아메리카의 수많은 희생자들에게 끼친 충격적인 잔학성에 대해서도 거의 고려하지 않았다. 그것은 당시 어느 사회든지 세계를 자신들의 먹이로 만들기 위해서는 수단과 방법을 가리지 않았기 때문이다. 유럽의 선장·선원과 탐험가가 남달랐던 점은 자신들의 야망을 성취할 수 있는 선박과 화력을 소유하고 있었으며 경쟁과 모험과 기업가 정신이 드센 정치적 환경에서 생활했다는 점이었다.

유럽의 팽창으로 얻은 이익은 광범위하고 항구적인 것이었으며 무엇보다도 중요한 것은 그것이 기존의 역동성을 가속시켰다는 것이다. 금·은·귀금속과 향료 등 중요하면서도 값진 것들의 획득이 강조되었지만 선원들이 원양을 개척한 이후 유럽의 항구에 밀려들기 시작한 비인기 물품들의 가치도 소홀히 다룰 수 없는 것이었다. 뉴펀들랜드 어장에 도달함으로써 무진장한 식품공급이 가능하게 되었고 대서양에서는 등불과 윤활유 등 다양한 용도에 필수적인 고래와 물개의 기름을 얻을 수 있었다. 설탕·염료·담배·쌀·모피·목재 그리고 감자와 옥수수 등의 새로운 작물 등은 유럽대륙의 전반적인 부와 복지를 향상시켰으며 나중에는 물론 곡물·쇠고기·면화가 밀려들어 왔다. 그러나 19세기 후반의 세계경제를 들먹이지 않고서도 스페인과 포르투갈의 발견이 수십년만에 서유럽의 부와 힘을 제고하는 데 얼마나 큰 역할을 하였으며 지속적인 중요성을 띠었는가를 이해할 수 있을 것이다. 수산업같은 벌크무역은 어로와 판매에 많은 인력을 필요로 하였으며 나아가 시장경제를 부추겼다. 또 유럽의 조선산업을 크게 자극하여 런던·브리스톨(Bristol)·앤트워프(Antwerp)·암스테르담

(Amsterdam) 등지의 항구 주변에 기술자·납품업자·대리판매인·보험업자들이 몰려들었다. 그 진정한 효과는 유럽인구의 대다수가—소수의 엘리트만이 아니라—해외무역의 이익에 대해 끊임없이 물질적 관심을 갖도록 한 데 있었다.

위의 상품목록에다 러시아의 대륙팽창에 따라 서유럽에 유입된 모피·가죽·목재·대마·소금·곡물 등에 따른 상업을 덧붙여 생각한다면 학자들이 이것을 바로 「근대세계체제(modern world system)」의 시작으로 간주한다고 해서 무리가 아닐 것이다. 여러 개별적인 팽창이 점차 얽히고설켜 하나의 연동체가 되었다. 포르투갈·스페인·이탈리아 상인들은 기니 연안의 금과 페루의 은을 가지고 동방으로부터 향료와 실크를 사들였다. 러시아의 모피와 목재는 영국으로부터 철제 총포를 구입하는 데 쓰였으며 발트해 연안의 곡물은 암스테르담을 거쳐 지중해 연안으로 운반되었다. 이 모든 것이 서로 가속적인 유럽의 팽창에 영향을 끼침으로써 새로운 발전과 그에 따른 새로운 무역의 기회를 가져와 추가적인 이익을 거두게 되었고 그에 따라 팽창은 더욱 가속되었다. 이것이 반드시 순조로운 진보과정이었다고만은 할 수 없다. 유럽의 대전쟁이나 내란으로 인해 해외진출이 크게 위축되기도 하였다. 그러나 식민세력은 일단 손에 넣은 노획물을 좀체 포기하는 법이 없어서 얼마 후에는 또다시 새로운 팽창과 탐험의 진군을 시작하곤 하였다. 요컨대 일단 확립된 제국주의 국가가 자신의 지위를 활용하지 않으면 다른 나라들이 그것을 노리고 도전하는 형편이었다.

결국 이것은 역동성이 그처럼 지속된 가장 큰 원인이었다. 다방면에 걸쳐 이미 첨예화된 유럽국가간의 경쟁은 대서양 건너편으로 번져나갔다. 아무리 노력해도 포르투갈과 스페인은 교황이 그들에게 부여한 미개 세계의 독점권을 지탱하기가 어려웠는데, 특히 유럽에서 태평양에 이르는 북동 또는 북서쪽의 항로가 없다는 사실이 알려진 후에는 더욱 그러하였다. 이미 1560년대에 네덜란드·프랑스·영국의 배는 대서양 횡단모험에 나섰고 이어서 인도양과 태평양에 진출하였는데 이 과정은 영국의 직물무역의 쇠퇴와 네덜란드독립전쟁으로 더욱 촉진되었다. 왕실과 귀족들의 후원과 암스테르담·런던의 대상인들의 자금지원을 받으며 종교개혁과 반동종교개혁이 낳은 종교적·국민적 열기에 들뜬 북서 유럽인들은 전리품의 획득을 위해 새로운 무역과 약탈탐험에 나섰다. 거기에는 명예와 부 그리고 라이벌을 물리치고 내 나라의 자원을 풍요롭게 하며 새로운 영혼들을 하나의 참신앙으로 개종할 수 있는 가능성이 약속되어 있었다. 도대체 그러한 모험을 어떤 반론으로 막을 수 있었겠는가?

  상업과 식민지를 둘러싼 라이벌관계의 보다 진정한 측면은 지식, 즉 과학과 기술지식이 나란히 급신장하였다는 점이다. 이 시대에 이루어진 발전의 대부분은 군비경쟁과 해외무역 쟁탈전의 부산물임이 분명하다. 그러나 궁극적인 이득은 본래의 불명예스러운 동기를 상쇄하고도 남음이 있었다. 지도제작법의 발달, 항해표(navigational tables), 망원경·기압계·태양고도측정기(backstaff)와 수평나침반과 같은 새로운 기구들, 조선기술의 향상 등으로 보다 정확한 항해를 할 수 있었다. 새로운 곡물과 작물로 말미암아 영양이 개선되었을 뿐 아니라 식물학과 농업학이 발달하였다. 야금기술과 거의 모든 제철산업이 급속하게 발전하였다. 깊은 갱 속에서 채굴하는 기술도 마찬가지였다. 천문학·의학·물리학과 공학 역시 급속한 경제발전과 과학의 실용성이 높아짐에 따라 크게 발달하였다. 탐구적이며 합리적인 정신은 더 많이 관찰하고 실험하는 태도를 낳았다. 인쇄술은 각 나라말로 된 성경과 정치적인 조약문만 찍어낸 것이 아니라 새로운 발견들을 전파하는 데 크게 공헌하였다. 이같은 지식이 거듭 양산됨으로써 유럽의 기술적—따라서 군사적—우위는 계속 유지될 수 있었다. 16세기 말에는 막강한 오토만제국(적어도 일선의 병사와 선원들)조차도 그 중요성을 절감하게 되었다. 반면 보다 낙후된 사회에서는 그 효과가 훨씬 심각하였다. 아시아의 나라들이 다른 방해가 없었다면 스스로의 힘으로 상업·산업혁명으로 도약할 수 있었겠는가 하는 것은 상당히 의심스러운 바이지만 분명한 것은 훨씬 앞선 유럽국가들이 사다리판을 다 장악하고 있는 상황에서 다른 나라들이 세계강대국에 이르는 사다리를 오른다는 것은 거의 불가능한 일이었다는 점이다.

　그 사다리를 오르는 데는 유럽의 장비나 기술을 습득하는 것뿐만 아니라 서양을 특징짓는 일반적인 특징까지도 전반적으로 받아들여야 했기 때문에 더욱더 불가능하였다고 이야기하는 것이 타당할 것이다. 유럽의 특징이란 애덤 스미스가 제시한 정도까지는 아니더라도 적어도 상인과 기업인들이 마냥 억눌리고 견제받고 수탈당하지 않는 정도의 시장경제가 존재하는 것을 뜻하였다. 그것은 또한 가능한 한 독자적인 경제적 기반을 가진 세력권들이 다원화되어 있어서 동양식의 전제체제가 불가능할 뿐 아니라 혼란하고 때로 잔인할 때가 있더라도 경쟁에 대한 진보적인 자극이 항상 있음을 뜻하였다. 이를 확대해서 보자면 이같이 확고한 경제적·정치적 권력이 결여되었다는 것은 마찬가지로 문화적·이데올로기적 경직성(orthodoxy)의 부재— 말하자면 탐구와 토론·실험의 자유, 진보에 대한 신념, 추상적인 것보다는 실용성에 대한 치중, 유교경전과 종교적 독단·전통적 관습을 부정하는 합리주의—를 뜻하였다. 대개의 경우 그 결과는 적극적인 요인을 가져오기보다는 경제적 발전과 정치적 분산화를 저지해온 장애요소의 수적 감소로 나타났다. 유럽의 가장 큰 강점은 다른 문명보다 불리한 점이 적었다는 점이었다.

　증명해보일 수는 없지만 이들 다양한 일반적 특징이 그 나름대로의 논리에 따라 서로 연결되었으며 또 그랬어야만 했던 것은 아닐까? 끊임없이 서로 작용하여「유럽의 기적」을 만들어낸 것은 바로 경제적 자유방임주의(laissez-faire), 정치·군사적 다원화와 지적 자유—이 모든 것들이 비록 후시대에 비해서는 보잘것없었지만—의 결합이었다. 그 기적은 역사적으로 아주 독특한 것이기 때문에 다른 곳에서도 같은 요소들이 똑같이 결합되기만 했으면 같은 결과를 가져왔으리라고 가정할 수도 있다. 명제국이나 중동·아시아의 여러 이슬람제국들 그리고 위에서 살펴본 어느 사회에도 결정적인 요소들의 결합이란 존재하지 않았기 때문에 그들은 유럽이 세계의 중심무대에 당당히 진출하고 있을 때 팔짱만 끼고 있었던 것이다.

2

합스부르크의 지배권 시도, 1519~1659

 16세기가 되자 내부의 세력투쟁에 힘입어 유럽은 경제적·군사적으로 지구의 다른 지역 위로 부상할 수 있었다. 그러나 서로 경쟁하는 어떤 특정 유럽국가가 충분한 자원을 축적하여 라이벌을 지배할 수 있을지의 여부는 분명치가 않았다. 1500년 이후 150년 동안 대륙에 산재한 스페인·오스트리아 합스부르크가 지배하는 여러 왕국과 공국 그리고 지방은 서로 유럽의 정치·종교적 지배권에 도전하였다. 이 장의 핵심은 바로 이 길고 긴 투쟁과 유럽국가들의 동맹에 의해 합스부르크의 야망이 끝내 좌절되는 과정이다. 1659년 마침내 스페인이 피레네(Pyrenees)조약에서 패배를 인정하면서 유럽의 정치적 다원화─ 5,6개의 주도국가와 많은 군소국가를 포함하는 ─가 불가피한 현실이 되었다. 이런 주도국가들 가운데 어느 나라가 훗날 강대국체제(Great Power System)의 변화추세 속에서 가장 큰 이익을 보았는가 하는 것은 다음 장에서 다룰 것이다. 17세기 중반이 되면서 적어도 분명해진 사실은 수십년 전까지는 어느 한 군사적 왕조(dynastic-military)진영이 유럽의 지배권을 차지할 수 있는 가능성이 많았지만 이제는 불가능해졌다는 점이다.

 그러므로 16세기와 17세기 전반을 특징짓는 유럽의 지배권을 둘러싼 상호대결은 그 정도와 유형에서 1500년 이전의 전쟁과 달랐다. 과거 100년동안 유럽의 평화를 뒤흔든 전쟁은 모두 국지적인 것이었다. 이탈리아 도시국가들간의 충돌, 영국과 프랑스 왕실간의 경쟁 그리고 독일기사단(Teutonic knights)이 리투아니아와 폴란드를 상대로 벌인 전쟁은 전형적인 예이다. 그러나 16세기가 시작됨에 따라 유럽의 전통적인 국지전은 당대 사람들이 볼 때 유럽의 지배권을 차지하기 위한 보다 큰 대결로 흡수되거나 가려지게 되었다.

싸움의 의미와 추이

 한 특정국가가 이같은 보다 큰 흐름에 말려들게 된 데는 특수한 이유가 있게 마련이지만 유럽의 전쟁이 그 강도와 지리적 규모면에서 크게 변모한 데는 두 가지의 주된 보편적 이유가 있다. 첫째는 종교개혁의 발생이다. 1517년 교황의 면죄부에 대한 마르틴 루터(Martin Luther)의 개인적인 저항에서 비롯된 종교개혁은 순식간에 유럽의 전통적 왕실대결을 격렬한 국면으로 돌려놓았다. 특이한 사회·경제적 이유 때문에 프로티스턴트 종교개혁의 도래―그리고 이단에 대한 반동종교개혁의 형태로 나타난 가톨릭의 반응―로 유럽의 남부 절반은 북과 단절되었고 도시를 기반으로 한 중산계급은 봉건질서로부터 이탈하였다. 물론 이와 같이 구분하여 일반화하기에는 너무나 예외가 많지만 기본적인 사실은 「기독교세계(Christendom)」가 분열되었으며 유럽에서는 이제 많은 사람들이 종교적 교리에 따라 국경을 초월한 분쟁에 휘말리게 되었다는 사실이다. 무익하고 과도한 종교전쟁에 지치게 된 17세기 중반에야 자발적인 것은 아니었지만 유럽의 신앙적 분할이 일반적으로 승인되었다.

 1500년 이후의 전쟁이 더욱 광역화되고 서로 얽히게 된 두번째 이유는 왕조연합, 다시 말해 합스부르크 동맹체의 결성이었다. 지브롤터

(Gibraltar)에서 헝가리까지, 시칠리아(Sicilia)에서 암스테르담까지 뻗친 이 동맹체의 총영토는 700년 전 카를대제 이후 유럽 최대의 것이었다. 본래 오스트리아에 기원을 둔 합스부르크의 통치자들은 신성로마제국의 황제지위에 오르는 관례를 확립하는 데 성공했다. 그 지위는 중세의 전성기 이후 실질적인 세력이 축소되었지만 독일과 유럽문제 전반에 걸쳐 더 큰 역할을 해보려는 군주들에게는 아직도 선망의 대상이었다.

사실 합스부르크는 결혼과 상속에 의한 영토확장에서 단연 독보적이었다. 그 한 예로 오스트리아의 막시밀리안 1세(Maximilian Ⅰ, 1493~1519, 후에는 신성로마황제, 1508~1519)는 1477년 비옥한 부르군트(Burgund)를 상속받고 그와 아울러 네덜란드도 합쳤다. 또한 1515년의 결혼계약에 따라 헝가리와 보헤미아의 요충지를 합병하였다. 특히 헝가리만은 신성로마제국에 속하지 않은 채 많은 자유를 누리고 있었지만 합스부르크는 중부 유럽을 가로지르는 거대한 영토를 형성하게 되었다. 그러나 막시밀리안 1세 최대의 왕조연합은 그의 아들 필립(Philip)과 스페인의 페르난도와 이사벨의 왕녀 후아나(Juana)의 결혼으로 이루어졌는데 그 전에 이미 페르난도와 이사벨은 결혼함으로써 카스틸랴와 아라곤(나폴리와 시칠리아를 포함)을 합병한 상태였다. 이 모든 결혼계약에 따른「유산의 상속자」는 필립과 후아나의 큰아들 카를이었다. 1500년에 태어난 그는 15세에 부르군트대공, 다음해에는 스페인의 카를로스 1세(Carlos Ⅰ)가 되고 1519년에는 친할아버지 막시밀리안 1세를 계승하여 신성로마황제와 오스트리아의 합스부르크 영지의 통치자를 겸하게 되었다. 그러므로 카를 5세는 1555~1556년의 퇴위 때까지 네 가문의 상속자로 군림하였다(지도 3 참조). 황제에 오른 지 얼마되지 않은 1526년 헝가리의 라요시(Lajos)왕이 후사없이 모하치전투에서 투르크군에게 전사하자 카를 5세는 헝가리와 보헤미아(Bohemia)의 왕권을 주장할 수 있었다.

단지 영토의 이질성과 분산—이는 뒤에 검토할 것이다—만을 보면 합스부르크 동맹체는 아시아의 중앙집권적인 제국과는 비교가 되

2. 합스부르크의 지배권 시도, 1519~1659 / 63

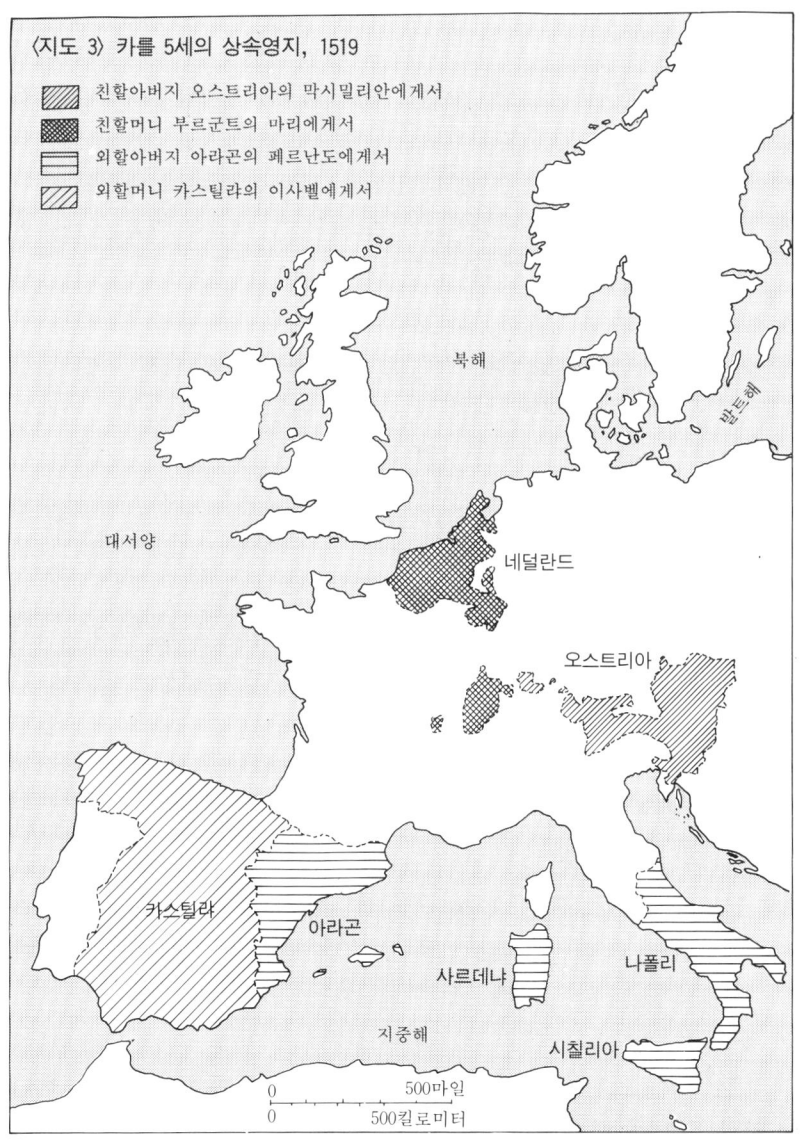

지 않았다. 1520년대에 이미 카를 5세는 동생 페르디난트(Ferdinand)에게 오스트리아 영지와 새로 획득한 헝가리·보헤미아의 행정권과 통치권을 이양하였는데 이는 자신이 퇴위하기 훨씬 이전에 이미 스페인과 오스트리아 영지는 한 사람이 효율적으로 통치할 수 없다는 것을 인정한 셈이었다. 그러나 다른 군주들이나 국가는 합스부르크의 세력팽창을 다른 시각으로 보고 있었다. 안으로 자신의 권력을 확립한 여세를 모아 다시 풍요로운 이탈리아반도를 넘보던 프랑스 발르와(Valois)왕조의 왕들이 볼 때 카를 5세의 영토는 프랑스를 포위한 형상이었으며 그후 2세기 동안 프랑스의 주요 목표는 합스부르크의 영향력을 분쇄하는 데 있었다. 신성로마황제가 독일에 대해 어떤 실질적 권력을 행사하는 것에 대해 오래 저항해온 독일의 군주와 선제후들은 카를 5세 자신의 의지를 강요하기에 충분한 영토의 추가적인 합병으로 강화된 그의 지위에 놀랄 뿐이었다. 교황들까지도 비록 투르크·프로티스턴트와 그밖의 적과 대결하기 위해서는 필요했음에도 불구하고 합스부르크의 세력팽창을 못마땅하게 생각하였다.

유럽 국가체제의 고유한 대결을 생각할 때 합스부르크가 언제까지나 무적일 수만은 없었다. 이러한 잠재적인 충돌 가능성이 장기에 걸친 격렬한 전쟁으로 나타나게 된 것은 종교개혁으로 불붙은 종교분쟁에 합스부르크가 개입하면서부터였다. 사실상 16세기와 17세기 중반에 걸친 기간중의 가장 뛰어나고 강력한 합스부르크 왕들 — 카를 5세 자신과 그의 후계자들인 페르디난트 2세(1619~1637), 스페인의 펠리페 2세(Felipe Ⅱ, 1556~1598)와 펠리페 4세(1621~1665) — 은 가톨릭 수호에 있어서도 마찬가지로 아주 호전적이었다. 그 결과 권력정치와 이 시대를 휩쓴 유럽의 종교적 대결 추세를 구분하기가 사실상 어렵게 되었다. 당대 사람들은 누구나 짐작했듯이 카를 5세가 1540년대에 독일의 프로티스턴트 군주들을 억누를 수만 있었다면 그것은 가톨릭 신앙의 승리일 뿐만 아니라 합스부르크 영향력의 승리가 되었을 것이다. 이는 1566년 이후 네덜란드에서 일어난 종교분쟁에 대한 펠리페 2세의 노력에 대해서도 마찬가지이며 같은 이유에서 1588년 스페인 무적함대의 영국원정에서도 마찬가지였을 것이다. 요컨대 전에는 타협으로 해결될 수도 있었을 문제들에 대해서도 이제는 종교적 열정 때문에 국가와 왕조의 대립은 첨예화되었다.

그렇지만 카를 5세가 신성로마황제가 된 1519년부터 스페인이 피레네조약으로 패배를 인정한 1659년까지의 전기간을 서술하는 데「합스부르크의 지배권 시도」라는 제목을 붙이는 것은 약간 무리일 것이다. 물론 적대진영은 합스부르크가 절대적인 우위를 노린 것으로 확신했다. 그렇기 때문에 엘리자베스(Elizabeth) 시대의 학자 프란시스 베이컨(Francis Bacon)은 1595년「스페인의 야망과 압제」에 대해 무시무시하게 묘사하였다.

> 프랑스는 나뒹굴고…… 포르투갈은 흡수되었고 베네룩스지방(Low Countries)은 짓밟혔으며…… 그것이 또 오늘은 아라곤을 노리고…… 불쌍한 인도사람들은 자유인으로 실려와 노예가 된다.

그러나 일부 합스부르크의 각료들이「세계군주국(world monarchy)」을 이따금 운운한 일은 있었지만 나폴레옹(Napoléon Bonaparte)이나 히틀러(Adolf Hitler)의 방식으로 유럽을 지배하려는 의도적인 계획은 없었다. 합스부르크의 몇 차례의 왕조간 결혼과 계승은 아무리 저의가 있었다 해도 우연한 것이었으며 영토확대를 위한 장기적 구상의 일환은 아니었다. 몇몇 사례 — 예컨대 프랑스의 빈번한 북부 이탈리아 침공 — 로 보면 합스부르크의 통치자는 도발하기보다는 도발당하는 편이었다. 1540년대 이후 지중해에서 스페인과 제국 함대는 되살아난 이슬람의 준동 때문에 계속해서 방어태세에 나서지 않을 수 없었다.

그러나 실제로는 여전히 만약 합스부르크가 그들의 한정된 국지적 목표 — 그것이 방어적인 것일지라도 — 를 달성했다면 유럽의 지배권이 궁극적으로는 그들의 것이 될 수 있었다. 오토만제국은 북아프리카 연안으로 밀려나 결국 동지중해에서 쫓겨나게 되었을 것이다. 독일내의 이교도들도 억제되었을 것이고 네덜란드의 종교반란도 진압되었을 것이다. 프랑스와 영국의 우호적인 정권도 존속되었을 것이다. 오직 스칸디나비아·폴란드·모스크바왕국과 여전히 오토만의 지배 아래 있는 지역만이 합스부르크의 힘과 영향력—그리고 그에 따른 반동종교개혁의 승리—을 받지 않을 따름이었을 것이다. 당시 유럽은 명제국이 누리던 수준의 통합에는 미치지 못하였지만 합스부르크의 양대 중심인 마드리드(Madrid)와 빈이 신봉하던 정치적·종교적 원리는 그때까지 대륙을 크게 특징지어온 다원성을 퇴색시킬 수 있었다.

이 150년간에 걸친 전쟁에 대한 연대기적 서술은 이상과 같은 분석작업으로 요약해볼 수 있다. 오늘날의 독자들을 놀라게 하는 것은 여러 전투의 이름이나 결과보다는 그 기간의 길이일 것이다. 투르크에 대한 투쟁은 수십년간 줄기차게 계속되었다. 네덜란드의 반란은 잠시 중단되었을 뿐 1560년대에서 1648년까지 계속되어 어떤 책들은 80년전쟁(Eighty Years War)이라 부른다. 반면에 스페인·오스트리아 합스부르크가 적대국가들의 연쇄적 동맹에 대하여 1618년부터 1648년의 베스트팔렌(Westfalen)조약 때까지 벌인 다방면에 걸친 충돌은 30년전쟁(Thirty Years War)이라고 부른다. 이 전쟁은 수년 또는 수십년간에 걸쳐 전쟁의 부담을 견디낼 수 있는 개별국가의 상대적 능력을 크게 부각시키게 되었다. 전투의 성격을 크게 바꾸고 비용도 많이 들게 만든「군사혁신(military revolution)」이 바로 이때 일어났다는 사실에서 알 수 있듯이 전쟁에 대한 물질적·재정적 뒷받침의 중요성이 더욱 커지게 되었다. 이같은 변화의 원인과 주요 특징은 곧 검토할 것이다. 사건의 간략한 개관에 들어가지 않더라도 예컨대 1520년대의 전쟁은 1630년대와 비교해서 투입된 병력이나 자금면에서 볼 때 아주 작은 규모일 것임은 자명하다.

최초의 본격적인 전쟁들이 이탈리아를 중심으로 벌어졌는데 이탈리아의 풍요롭고 허술한 도시국가들은 1494년에 이미 프랑스왕들의 침입을 유발하였으며 똑같은 이유에서 적대세력(스페인·오스트리아 합스부르크와 영국까지도)들은 프랑스를 몰아내기 위해 여러 차례에 걸쳐 동맹을 맺었다. 1519년 스페인과 프랑스가 프랑스의 밀라노 요구를 쟁점으로 대결을 벌이고 있을 때 카를 5세가 신성로마제국의 황제로 선출되어 스페인·오스트리아의 합스부르크 영토를 함께 상속받게 되었다는 소식이 전해졌다. 자신의 골수 라이벌이 여러 지위를 한꺼번에 누리게 되자 야심만만한 프랑스왕 프랑스와 1세(François Ⅰ, 1515~1547)는 이탈리아에서뿐만 아니라 부르군트와 남부 네덜란드·스페인의 국경을 따라 일련의 전면적인 반격작전을 벌였다. 프랑스와 1세 자신의 이탈리아 원정은 파비아(Pavia)전투(1525)에서 패배하여 포로가 됨으로써 끝장났으며 4년 후 다시 이탈리아로 진격했지만 역시 합스부르크군에 의해 저지되었다. 프랑스와 1세는 1529년 캉브레(Cambrai)조약에서 다시 한번 이탈리아에 대한 요구를 포기하였지만 1530년대와 1540년대에 점령지를 둘러싸고 카를 5세와 다시 전쟁을 벌였다.

프랑스와 합스부르크 동맹체간의 엄청난 세력 격차를 생각할 때 카를 5세가 이러한 프랑스의 팽창기도를 저지하는 데 별 어려움이 없었을 것이다. 그러나 신성로마황제는 그밖에도 많은 적들을 물려받았기 때문에 이러한 과업은 점점 어려워져갔다. 가장 무서운 적은 투르크로서 이들은 1520년대에 헝가리평원(1529년에는 빈을 점령하였다)을 휩쓸었을 뿐 아니라 해군은 이탈리아를 위협하였으며 북아프리카의 바르바리 해적과 한 무리가 되어 스페인 연안도 위협했다. 사태를 더욱 악화시킨 것은 이 시기에 오토만의 술탄과 프랑스와 1세가 합스부르크에 대항하여 맺은 신성치 못한 묵계였다. 1542년 오토만과 프랑스의 함대는 실제로 연합하여 니스(Nice)를 공격하였다.

카를 5세의 또 하나의 골치거리는 독일이었다. 종교개혁으로 지리멸렬된 이곳에서는 구질서에 대한 루터의 도전이 프로티스턴트 군주국의 연맹체에 의해 지원받고 있었다. 다른 문제들을 고려할 때 카를 5세가 1540년대 중반에 이르기까지 독일내의 루터의 도전에 전념할 수 없었다는 것은 그다지 놀랄 것이 없다. 그가 독일문제의 해결에 직접 나선 초기에는 매우 성공적이어서 특히 뮐베르크(Mühlberg) 전투 (1547)에서는 지도적인 프로티스턴트 군주국의 군대를 격파하였다. 그러나 합스부르크와 제국 권력의 고양은 카를 5세의 라이벌을 놀라게 하여서 북부 독일의 군주들, 투르크, 프랑스의 앙리 2세(Henri Ⅱ, 1547~1559) 그리고 교황까지도 그의 지위를 약화시키기에 몰두하였다. 1552년 프랑스군이 프로티스턴트 국가들을 지원하기 위해 독일로 진격하자 이에 힘입은 프로티스턴트 국가들은 황제의 중앙집권경향에 저항할 수 있었다. 이 사실은 독일의 종교전쟁을 일시적으로 종식한 아우구스부르크(Augsburg)조약(1555)과 프랑스·스페인분쟁을 마감한 카토 캉브레지(Cateau-Cambresis)조약(1559)으로 확실하게 되었다. 마찬가지로 카를 5세 자신의 퇴위—그는 1555년에는 신성로마 제국 황제의 자리를 동생 페르디난트 1세(재위 1555~1564)에게, 1556년에는 스페인왕 자리를 아들 펠리페 2세(1556~1598)에게 양위하였다—로써도 확실시되었다. 이후로도 오스트리아와 스페인의 분파는 밀접한 관계로 남아서 (역사학자 매머티 〈V.S. Mamatey〉의 표현대로) 『제국의 문장(紋章)에 있는 두 개의 머리를 가진 검은 독수리처럼 합스부르크는 빈과 마드리드에 나눠져 있는 두 개의 머리로 동과 서를 바라보게 되었다.』

페르디난트 1세와 그의 후계자 막시밀리안 2세(재위 1564~1576) 치하의 동부 분파는 영역내에서 비교적 평화를 누렸으나(1566~1567년의 투르크의 침입을 제외하고) 스페인의 펠리페 2세 치하의 서부 분파는 아주 불운하였다. 바르바리 해적이 포르투갈과 카스틸랴의 해안을 공격해왔고 그들 뒤에는 투르크가 지중해 지배권을 노리고 전쟁을 재개하였다. 이리하여 스페인은 1560년의 제르바(Djerba)원정에서부터 1565년의 말타전쟁, 1571년의 레판토해전과 튀니스(Tunis) 대접전을 거쳐 1581년 마침내 휴전할 때까지 막강한 오토만제국을 상대로 대규모의 중요한 전쟁을 계속 치르게 되었다. 그러나 바로 이때 펠리페의 종교탄압정책과 과도한 세금징수로 합스부르크가 영유하고 있던 네덜란드의 불만이 공공연한 반란으로 폭발하였다. 1560년대에 이르러 스페인의 권력이 무너지자 알바공(Duke of Alba)이 이끄는 군대가 북진하여 군사적 전제지배를 실시하였다. 그러자 이번에는 바다로 둘러싸인 네덜란드의 홀란트(Holland)·젤란드(Zeeland) 지방에서 전면적인 저항이 일어나 영국·프랑스·북부 독일은 스페인의 진정한 의도에 대해 놀라기 시작하였다. 1580년 스페인의 펠리페 2세가 이웃 포르투갈을 합병하여 그 식민지와 함대까지 흡수하자 영국은 더욱 당황하였다. 합스부르크 권력을 강요하고 확대하기 위한 다른 어떤 시도와 마찬가지로 예측할 수 있는 결과는 많은 적대세력들이 개입하여 세력균형의 지나친 교란을 회피하려는 움직임이었다. 1580년대에 들어서면서 종전의 스페인의 통치에 대한 네덜란드 프로티스턴트들의 국지적인 반란이 새로운 국제분쟁으로 확대되었다. 네덜란드 자체에서는 이렇다 할 결과도 없이 공방전이 계속되었다. 해협 건너의 영국에서는 엘리자베스 1세가 자신의 권위에 도전하는 국내(스페인 또는 교황의 지원을 받는)의 위협을 제거한 다음 네덜란드의 반란을 군사적으로 지원하였다. 프랑스에서는 왕권이 약화되면서 가톨릭동맹(스페인이 지원하는)과 그 라이벌 위그노(엘리자베스여왕과 네덜란드가 지원)간에 우위를 놓고 격렬한 종교분쟁이 일어났다. 바다에서는 네덜란드와 영국의 사략선(privateer)이 네덜란드에 이르는 스페인의 보급로를 차단하였으며 멀리 서아프리카와 카리브해에까지 전투를 확대하였다.

  전쟁은 때때로, 특히 1580년대 말기와 1590년대 초기에 강력한 스페인군이 승리할 듯이 보였다. 예컨대 1590년 9월 스페인군은 프랑스 남부의 랑그도크(Languedoc)와 브르타뉴(Bretagne) 지역에서 작전을 벌이고 있었고 뛰어난 파르마공(Duke of Parma)이 지휘하는 다른 군대는 북쪽에서 파리를 향해 진격하고 있었다. 그러나 그러한 압박하에서도 스페인 전선이 형성되었다. 프랑스의 왕위를 요구한 카리스마적인 위그노 앙리 드 나바르(Henri de Navarre)는 융통성있게도 그 요구를 강화하기 위해 프로티스턴트에서 가톨릭으로 개종하였다. 그 후 그는 프랑스 국민의 폭넓은 지지를 받아 스페인 침략군과 평판이

나빠진 가톨릭동맹에 대항하였다. 1598년—스페인의 펠리페 2세가 죽은 해—의 베르뱅(Vervins)강화조약으로 마드리드는 프랑스에 대한 일체의 간섭을 포기하였다. 이와 함께 엘리자베스 1세의 영국도 안전이 보장되었다. 한편 1588년 스페인의 무적함대의 두 차례 침공시도는 엘리자베스의 군대가 아일랜드의 가톨릭 반란을 이용하려던 노력에서와 마찬가지로 처절하게 실패하였다. 펠리페 2세에 이어 1604년 엘리자베스여왕도 사망함에 따라 스페인과 영국은 화해에 의한 강화에 성공했다. 5년 후인 1609년 휴전을 하고 나서야 마드리드는 네덜란드 반란세력과 타협하여 평화를 가져왔다. 그러나 그 훨씬 이전에 이미 스페인은 네덜란드의 반란을 제압할 능력이 없다는 것이 명백해졌다. 바다는 물론 육지도 마우리츠 나사우(Maurice of Nassau)의 유능한 네덜란드군이 완벽하게 방어하고 있었다. 프랑스·영국 그리고 네덜란드연방 세 나라가 여전히 버티고 서서 서로 합스부르크의 야심에 대해 개입할 채비를 갖춤으로써 1600년의 유럽은 많은 나라들로 이루어져 있으며 결코 한 나라의 헤게모니 아래에 있지 않다는 사실을 다시 한번 확인해주었다.

　이 시기의 유럽을 진동시킨 제3의 대전쟁은 1618년 이후 독일에 집중해서 일어났다. 독일은 16세기 후반의 전면적인 종교전쟁에 휘말렸는데 그것은 오로지 루돌프 2세(Rudolf Ⅱ, 신성로마황제, 1576~1612)의 권위약화와 우둔함 그리고 다뉴브 분지에 대한 투르크의 위협이 되살아났기 때문이었다. 겉으로는 통일된 모습을 보였지만 안으로는 가톨릭 세력과 프로티스턴트 세력이 서로 자신의 위치를 강화하고 상대를 약화시키기 위해 안간힘을 다하고 있었다. 17세기에 접어들면서 복음주의연합(Evangelical Union, 1608년 창립)과 가톨릭동맹(1609)의 대립이 격화되었다. 더구나 스페인 합스부르크가 오스트리아의 사촌들을 강력하게 지지하는 한편 복음주의연합의 수장인 선제후 프리드리히 4세(Friedrich Ⅳ)가 영국·네덜란드와 제휴함으로써 마치 대부분의 유럽국가가 정치적·종교적 대결을 결판내기 위해 포진한 듯하였다.

따라서 1618년 새로운 가톨릭 통치자 페르디난트 2세(재위 1619~1637)에 대한 프로티스턴트 진영인 보헤미아의 저항은 또 한 차례의 격렬한 종교전쟁, 즉 30년전쟁(1618~1648)의 기폭제가 되었다. 전쟁 초반에 황제의 군대는 스피놀라(Spinola) 장군이 이끄는 스페인 합스부르크군의 충분한 지원에 힘입어 전세를 잘 이끌어나갔다. 그러나 이어서 종교적 세력과 세속적인 세력의 혼성군대가 분쟁에 끼어들어 전쟁의 국면을 반대방향으로 되돌리기 위해 안간힘을 다하였다. 1621년 네덜란드는 1609년에 스페인과 맺은 휴전을 파기하고 스피놀라군에 대항하기 위해 라인란트로 진격해 들어갔다. 1626년에는 크리스찬 4세(Christian Ⅳ) 지휘하의 덴마크군이 북으로부터 독일에 침공해 들어갔다. 배후에서는 프랑스의 영향력있는 정치인 리셜리외(Richelieu) 추기경이 합스부르크를 괴롭히는 일이라면 수단과 방법을 가리지 않았다. 그러나 이같은 군사적·외교적 공방전의 어느 하나도 그다지 성공적이지 못했으며 1620년대 말이 되자 페르디난트황제의 강력한 참모 발렌시타인(Albricht von Wallenstein)은 북으로 발트해 연안에 이르는 독일 전체에 포괄적이며 중앙집권적인 권력을 확립할 준비를 하고 있었다.

그러나 이같은 제국세력의 급격한 강화는 합스부르크의 많은 적수들을 더욱 경화시킬 따름이었다. 1630년대 초 그들 가운데 스웨덴의 왕 구스타브 아돌프 2세(Gustavus Adolphus Ⅱ, 1611~1632)가 가장 포용력있고 결정적인 세력으로 등장하여 잘 훈련된 군대로 1630년 북부 독일을 침공하고 다음해에는 라인란트와 바이에른(Bayern)을 향해 남진하였다. 구스타브는 1632년의 뤼첸(Lützen)전투에서 전사했지만 그것으로 독일 — 나아가 전쟁의 전반적인 국면 — 에서의 스웨덴의 상당한 역할이 위축되지는 않았다. 한편 1634년이 되자 펠리페 4세(1621~1665)와 그의 유능한 각료 올리바레스공(Count-Duke of Olivares) 치하의 스페인은 오스트리아의 사촌들을 전보다 철저하게 지원하기로 결정하였다. 추기경 인판테(Infante) 장군이 이끄는 강력한 스페인군이 라인란트로 진격하자 이에 자극받은 리셜리외는 직접 참전을 결심하고 1535년 각지의 국경을 돌파하도록 명령하였다. 이전까지 프랑스는 반합스부르크 동맹의 숨은 지도자로서 제국과 스페인에 대항해 싸우는 모든 세력을 지원해왔다. 이제 대결은 공개적인 것이 되었고 각 진영은 더욱 많은 병력·무기·자금을 동원하기 시작했다. 그에 따라 어투도 강경해져갔다. 올리바레스는 1635년 1년 뒤에 있을 프랑스에 대한 3국공세를 계획하면서 『모든 것을 잃건 말건 카스틸랴는 세계를 지배하게 될 것이다』라고 썼다.

　프랑스와 같은 넓은 지역의 정복은 합스부르크의 군사적 능력을 벗어나는 것으로 파리까지는 간단히 도달할 수 있었지만 유럽을 완전히 가로지르기에는 역부족이었다. 스웨덴과 독일의 군대는 북쪽에서 합스부르크군에 압력을 가하고 있었다. 네덜란드와 프랑스 군대는 스페인 지배하의 네덜란드를 「협공」하고 있었다. 더구나 1640년의 포르투갈 반란으로 스페인의 병력과 자원이 북부 유럽에서 본국을 향해 꾸준히 이동되었는데 그 규모로는 (이베리아)반도의 재통일을 결코 확립할 수 없었다. 사실상 동시에 일어난 카탈루냐(Cataluna)의 반란—프랑스는 이를 적극적으로 지원하였다—으로 1640년대 초 스페인 본국이 분열될 위험마저 있었다. 해외에서는 네덜란드 해군원정대가 브라질·앙골라(Angola)와 실론을 공격함으로써 분쟁은 일부의 역사가가 표현한 대로 최초의 세계전쟁(the first global war)으로 비약하였다. 이 전쟁으로 네덜란드는 이득을 보았지만 대부분의 교전국들은 수년간에 걸친 군사행동으로 크게 고통받게 되었다. 1640년대의 군대는 1630년대에 비해 규모면에서 훨씬 축소되었지만 정부의 재정은 갈수록 바닥났으며 국민들의 인내심은 한계에 도달하여 저항이 빈발하였다. 그러나 서로 뒤얽힌 분쟁의 성격 때문에 어느 한쪽이 후퇴할 수는 없었다. 프로티스턴트 진영의 독일 군주국 대부분은 스웨덴군이 전투를 중지하고 귀국하리라고 확신했다면 그들도 그렇게 하였을 것이다. 올리바레스를 비롯한 스페인 정치가들은 프랑스와 휴전할 생각이었으나 프랑스는 네덜란드를 포기하려 들지 않았다. 여러 전선의 군사행동과 병행해서 여러 차원의 평화협상이 비밀리에 진행되었지만 나라마다 앞으로 한 번만 더 승리하게 되면 전반적인 매듭단계에서 자신의 요구를 더 쉽게 관철할 수 있으리라는 생각에 빠져 있었다.

따라서 30년전쟁의 종결은 어수선한 가운데 이루어졌다. 스페인은 1648년 초 네덜란드와 전격적으로 강화하여 마침내 네덜란드의 완전독립을 인정하였다. 그러나 이것은 프랑스의 동맹국 하나를 뺏어내기 위한 것으로 프랑스·합스부르크전쟁은 계속되었다. 베스트팔렌조약(1648)으로 마침내 독일에 평화가 찾아오고 오스트리아 합스부르크가 전쟁에서 물러나게 된 훗날 전쟁은 순전히 프랑스·스페인의 대결양상을 띠게 되었다. 국가와 통치자들이 개별적으로는 이득도 보고 손실도 보았으나 베스트팔렌조약의 핵심은 신성로마제국내의 종교·정치적 세력균형을 인정함으로써 제국권력의 한계를 확립하는 데 있었다. 이로 인해 프랑스와 스페인은 종교와는 전혀 무관한, 국가적 적대심에서 비롯된 전쟁에 계속 휘말렸다. 이 점은 리셜리외의 후계자인 각료 마자랭(Jules Mazarin)이 1655년 크롬웰(Thomas Cromwell)의 프로티스턴트 영국과 제휴하여 스페인을 공략하여 강화를 맺게 한 데서 잘 드러난다. 피레네조약(1659)의 조건은 특별히 가혹한 것이 아니었으나 스페인을 철천지 원수와 타협하지 않으면 안되도록 강요한 점에서 합스부르크의 유럽지배 시대가 끝났다는 것을 널리 표방한 것이나 마찬가지였다. 당시 펠리페 4세 정부의 「전쟁목표」로서 남은 것은 이베리아반도의 통일을 고수하는 것뿐이었으나 이것도 1668년 포르투갈의 독립이 공인됨에 따라 포기하지 않으면 안되게 되었다. 따라서 유럽대륙의 정치적 분열상은 카를 5세가 즉위하던 1519년의 상황과 달라진 것이 전혀 없었다. 물론 스페인 자신은 17세기가 끝나가면서 반란과 영토의 상실에 따른 고통—말하자면 애당초의 전략적인 과잉팽창의 대가를 치르는 것이었다—을 계속 받게 되었다(지도 4 참조).

합스부르크 진영의 강점과 약점

합스부르크는 왜 실패했는가? 이 문제는 워낙 방대하고 장기적인

〈지도 4〉 스페인세력의 붕괴

과정이기 때문에 루돌프 2세 황제의 광기 또는 스페인의 펠리페 3세의 무능이라는 개인적인 이유에서 그 원인을 찾는다는 것은 그다지 중요하지 않다. 합스부르크와 그 각료들이 특히 무능했던 것이 아닌가 하는 주장도 당시 영국과 프랑스 군주들의 실책과 일부 독일 군주들의 방탕이나 어리석음에 비추어 설득력이 없다. 합스부르크가 쌓아올릴 수 있었던 방대한 물질적 세력을 고려할 때 수수께끼는 더욱더 커진다.

카를 5세의 4대 왕국, 즉 카스틸랴·아라곤·부르군트와 오스트리아의 상속, 그 후손들에 의한 보헤미아·헝가리·포르투갈 그리고 일시적이긴 하지만 영국 왕권의 합병 그리고 이와 동시에 진행된 스페인의 신대륙 정복과 착취―이 모든 것들이 유럽의 어떤 나라도 버금갈 수 없는 자원의 풍성함을 합스부르크에게 가져다주었다.

입수 가능한 대다수 통계의 불일치와 부정확성을 고려할 때 이 시대의 인구통계를 지나치게 믿어서는 안될 것이다. 그러나 근대 초기 유럽인구의 1/4이 합스부르크가 지배하는 영토에서 살았다고 보아 별 무리가 없을 것이다. 그러나 어림대중 잡은 인구수*는 그 지역의 부에 비하면 별로 큰 의미가 없으며 바로 이 점에서 왕조의 상속은 엄청난 자원을 수반하였던 것이다.

합스부르크의 재정에는 5대 원천과 그밖에 조그만 원천이 있었다. 그 가운데 가장 주요한 것은 스페인의 상속지 카스틸랴로서 직할지인 데다 각종의 정기적인 세금(판매세, 종교재산에 부과되는 개혁세)이 의회(Cortes)와 교회의 양보 아래 왕가에 귀속되었다. 게다가 유럽의 2대 상업지역―이탈리아의 도시와 베네룩스지방―이 위치해 있어서 무역에 의한 부와 동산자본에서 비교적 풍부한 재원을 확보할 수 있었다. 시간이 지날수록 그 중요성이 두드러지게 된 네번째 재정원천

---

* 대략적인 통계지만 이는 1600년 유럽 전체인구 1억 500만 가운데 2,500만 정도를 말한다.

은 아메리카 제국으로부터의 수입이었다. 신대륙이 가져다준 왕가의 5대 재원(the royal fifth)은 아메리카에서 파낸 금·은과 판매세·관세 그리고 교회의 납세로서 그것은 스페인왕들에게 엄청난 추가적 재화를 직접·간접적으로 가져다주었다. 왜냐하면 개인의 손에 들어가는 아메리카의 재화는 스페인인이건 플랑드르 또는 이탈리아인이건간에 그들에게 부과되는 날로 늘어만 가는 세금을 내는 데 도움이 되었으며 비상시에 스페인왕은 은을 수송하는 함대가 도착하면 갚는다는 조건으로 은행가들에게서 거금을 차용할 수 있었기 때문이다. 합스부르크 영토 안에 주도적인 금융·상업가문 — 남부 독일, 이탈리아 도시 일부와 앤트워프의 — 들이 포함되었다는 것은 금상첨화격의 다섯번째 수입원천이었다. 그것은 분명히 독일에서의 수입보다는 접근이 쉬운 소득원이었다. 제국의회(Reichstag)에 대표를 보내는 군주나 자유시(自由市)는 투르크군이 밀어닥치고 나서야 황제를 위한 자금동원을 승인했다.

기사가 (대다수의 나라에서) 더 이상 개인적으로 군사적인 봉사를 할 수 없게 되고 또 해안지방에서 배를 공급받을 수도 없게 된 봉건제 이후의 시대에는 현금의 획득과 신용의 확보가 전쟁에 휘말린 나라에게 절대적으로 중요했다. 오직 직접 지불(또는 지불의 약속)해야만 전투에 나설 함대가 필요로 하는 선박·장비·무기와 식량들을 시장경제를 통해 마련할 수 있었다. 아주 합리적이고 시기적절하게 보급품 및 급료를 지급해야만 군대의 반란을 방지하고 이들의 전투력을 적에게 집중시킬 수 있었다. 더구나 이 시대는 대체로 서유럽의「국민국가(nation-state)」가 확립된 시기로 규정되고 있지만 어느 정부든지 대부분의 경우 외국의 무기상을 통해 군비를 강화했다. 이 점에서도 합스부르크는 행운이어서 스페인과 독일은 물론 이탈리아와 네덜란드에서도 손쉽게 병력을 모집할 수 있었다. 예컨대 유명한 플랑드르군(Army of Flanders)은 여섯 나라의 국민으로 구성되었는데 가톨릭교리에 충실했지만 정기적인 급료를 요구하였다. 해군의 형편을 봐도 합스부르크는 상속 덕분에 위용있는 전투함대를 편성할 수 있었다.

예컨대 펠리페 2세의 말기 제노바와 나폴리의 대형 범선, 지중해의 갤리선과 거대한 포르투갈 함대들로 카스틸랴와 아라곤의 무적함대가 보강되었다.

그러나 이 140년간에 걸쳐 합스부르크가 누렸던 가장 큰 군사적 강점은 스페인에서 훈련된 보병이었다. 사회구조와 정신적 분위기 탓에 카스틸랴는 이상적인 모병지역이 되었다. 린치(J. Lynch)의 표현을 빌면 그곳에서는 『군인이 된다는 것은 상류사회뿐 아니라 누구에게나 돈벌이 좋고 인기있는 직업』이었다. 게다가 「위대한 대위(the Great Captain)」 곤잘로 드 코르도바(Gonzalo de Córdoba)가 16세기 초 보병조직을 개편한 이래 30년전쟁의 중반까지 스페인 보병(tercio)은 유럽전장에서 정예부대로 통했다. 3,000명에 달하는 창병·검병과 총병으로 상호지원하도록 훈련된 연대로 편성된 스페인군은 많은 적을 격파하였으며 프랑스 기병대와 스위스 창병부대의 명성과 위력을 여지 없이 꺾어버렸다. 나중의 노르트링겐(Nördlingen)전투(1634)에서도 인판테 추기경이 이끄는 보병은 가공할 스웨덴군에 의한 15차례의 파상 공세를 저지한 후 워털루(Waterloo)의 웰링턴(Wellington)군처럼 무자비하게 적진을 뚫고 들어갔다. 로크르와(Rocroi)전투(1643)에서 프랑스군에 포위당한 스페인군은 전멸할 때까지 싸웠다. 바로 이 군대야말로 합스부르크의 위용을 뒷받침하는 가장 강력한 거점의 하나였다. 스페인 세력이 현저하게 무너지기 시작한 17세기 중반 당시의 군대는 주로 독일·이탈리아와 아일랜드의 용병들로 편성되고 카스틸랴의 용사들은 극소수였다는 사실이 중요한 의미를 지닌다.

이같은 여러가지 이점에도 불구하고 스페인·오스트리아 왕국동맹은 결코 지배권을 획득할 수 없었다. 당시로서는 그 재정·군사적 자원이 엄청났음에도 불구하고 결코 수요를 충당할 수 없었다. 이같은 결정적 약점은 이 시기 전반에 걸쳐 상호작용한 세 가지 요인에서 비롯되었다. 그 요인을 상세히 살펴봄으로써 군사충돌에 대한 연구에 중요한 교훈을 얻을 수도 있다.

첫째 요인은 위에서 간략히 언급하였듯이 근대 초기 유럽의 「군사혁신」으로서, 말하자면 대략 1520년대 이후 150년 동안에 발생한 전쟁의 규모·비용·조직면에서의 엄청난 비대화를 뜻한다. 이같은 변화 자체는 전술·정치·인구적인 여러 요소들이 뒤얽혀 일어난 것이다. 기병대의 전투적 우세가 붕괴됨에 따라—처음은 스위스의 창병들에 의해, 나중에는 창병·검병·총병의 혼성대형에 의해—군대의 가장 크고 강한 부분은 보병이 되었다. 이같은 결과는 이탈리아 보병(trace italienne)의 발전으로 더욱 굳어졌는데 그것으로 말미암아 앞 장에서 언급한 바 있는 도시 성곽과 요새의 구조는 매우 복잡하게 되었다. 그 같은 방어체제에 군사를 배치하거나 그것을 포위하는 데는 많은 병력이 요구되었다. 물론 잘 편성된 군대의 지휘관은 대전투에서 상당수의 기병과 포병을 거느릴 수 있었으나 기병과 포병은 보병처럼 도처에 널려 있는 것이 아니었다. 그렇다고 기병대를 해산시킨 것은 아니고 단지 보병의 비율이 두드러지게 늘어났던 것이다. 무장시키고 먹이는 데 비용이 적게 들기 때문에 보병은 특히 유럽의 인구가 증가하면서 대량으로 모집할 수 있었다. 이로 인해 자연히 정부는 조직적으로 상당한 긴장을 받게 되었지만 서양의 「신흥군주국」의 관료체제를 반드시 압도할 정도로 심각하지는 않았다. 그것은 마치 지휘체계가 우수하고 잘 훈련된 군대인 경우 병력이 아무리 늘어나도 장군의 임무수행이 지장받지는 않는 것과 일맥상통한다.

스페인제국의 군대는 「군사혁신」을 행동으로 보여준 가장 좋은 본보기가 될 것이다. 이탈리아 역사가들이 지적하고 있듯이 1529년 이전 이탈리아를 둘러싼 프랑스·스페인전쟁에서『어떤 나라도 3만 이상의 전투병력을 투입했다는 증거가 없다.』그러나

    1536∼1537년에 황제 카를 5세는 갓 정복한 밀라노를 방어하고 프랑스의 프로방스(Provence)를 침공하기 위해 6만의 병력을 롬바르디아(Lombardia)에 동원했다. 1552년 이탈리아·독일·네덜란드·스페인·대서양·지중해의 전전선에 걸쳐 총공격을 편 카를 5세는 독일과 네덜란드에서 10만 9,000명, 롬바르디아에서 2만 4,000명 그리고

시칠리아·나폴리와 스페인에서 추가로 모병했다. 황제 자신이 약 15만의 병력을 직접 지휘했을 뿐만 아니라 그 비용도 자신이 부담해야 했다. 증가추세는 계속되었다. 1574년 스페인의 플랑드르군 하나만 해도 8만 6,000명에 달했는데 불과 50년 후 펠리페 4세는 1625년 당시 자신이 지휘하는 군대가 30만이 훨씬 넘는다고 자랑할 정도였다. 이같은 군대의 수적 증가는 실질적으로는 보병, 특히 창병에서 이루어진 것이었다.

지상에서 벌어지고 있던 현상은 대체로 해상에서도 병행되었다. 해상무역(특히 대륙간)의 팽창, 영국해협·인도양에서의 라이벌함대 사이의 대결 또는 카리브해 연안에서의 바르바리 해적과 오토만 갤리함대의 위협은 모두 더욱 크고 잘 무장된 배를 만드는 새로운 조선기술과 관계되었다. 이 시대만 해도 군함과 상선은 그다지 엄격하게 구분되지 않았다. 어느 정도 크기의 상선은 모두 해적이나 기타 약탈자들이 침범하지 못하도록 포를 장치하였다. 그러나 차츰 왕립해군을 만들어 전쟁이 일어날 경우 군함을 중심으로 대규모 무장 상선단·갤리선 그리고 소형 범선들이 응집되도록 하는 방안이 마련되었다. 영국의 헨리 8세(Henry VIII)가 이같은 구상을 적극 지지한 데 반해 카를 5세는 해군을 건설하기보다는 스페인·이탈리아 선박과 개인범선들을 지휘하려는 경향을 띠었다. 지중해와 나중에는 대서양에서 훨씬 강한 압력에 직면한 펠리페 2세는 그같은 호사를 누릴 수가 없었다. 그는 바르셀로나(Barcelona)·나폴리와 시칠리아에다 대대적인 갤리선 건조계획을 세워 자금을 지출하지 않으면 안되었다. 1574년 그는 146척의 갤리선 건조를 지원했는데 이 수량은 10여년 전의 거의 3배에 해당하였다. 그후 10년간 대서양에서 전쟁이 일어나자 이 부문의 투자는 더욱 커졌다. 장거리 군함은 서인도항로와 (1580년 포르투갈 합병 이후) 동방항로를 보호하고 영국의 공격에서 스페인 해안선을 방어하며 궁극적으로는 영국제도에 침공군을 수송하는 데 필수적이었다. 1604년의 영국·스페인 강화 이후에도 원양에서의 네덜란드의 공격을 막아내고 플랑드르와의 왕래를 유지하기 위해 스페인은 대규모 함대를 여전히 필요로 했다. 또한 해를 거듭할수록 그러한 군함의 무장은 강화되었고 값도 엄청났다.

합스부르크체제의 실질적인 약점을 드러나게 한 것은 치솟는 전비였다. 1500년에서 1630년 사이에 식량가격은 3배, 제품가격은 5배로 오른 전반적 인플레이션은 정부재정에 큰 타격을 주었다. 여기에 육·해군이 2배, 4배로 늘어남에 따라 더욱 악화되었다. 결국 합스부르크는 계속해서 부채의 변제에 안간힘을 다하지 않으면 안되었다. 1520년대 알제리(Algiers)·프랑스 그리고 독일 프로티스턴트와 맞서 여러 차례 전쟁을 치른 카를 5세는 자신의 경상수입이나 특별수입으로는 도저히 지출을 감당할 수 없게 되고 자신의 수입은 이미 몇년 앞서 은행가에 담보되어 있었다. 오직 인도에서 오는 재화에 대한 결사적인 몰수조치와 스페인에 있는 모든 금의 압수를 통해서만 프로티스턴트 군주에 대한 전쟁을 지원할 자금을 마련할 수 있었다. 1552년의 메츠(Metz)전투에 소요된 전비만 해도 250만두카도(ducat)로서 당시 황제가 아메리카에서 얻던 경상수입의 거의 10배에 해당하였다. 어쩔 수 없이 그는 계속해서 새로운 대부자금을 물색하지 않을 수 없었는데 그때마다 조건이 점점 불리해져 갔음은 당연하였다. 왕가의 신용이 무너지면서 은행의 금리는 천정부지로 치솟아 경상수입의 대부분이 몽땅 지난 부채에 대한 이자지불에만 충당되었다. 카를 5세가 퇴위하면서 펠리페 2세에게 상속한 스페인의 공식 부채는 약 2,000만두카도였다.

펠리페는 그와 함께 프랑스와의 전쟁상태를 계승했지만 전비가 너무 많이 들어 1557년 스페인 왕실은 스스로 파산을 선언하지 않을 수 없었다. 이때 푸거(Fugger)가와 같은 대은행도 함께 파산하고 말았다. 프랑스 역시 같은 해에 파산선언을 할 수밖에 없었는데—이것은 쌍방이 1559년 카토 캉브레지조약에 합의한 주된 이유였다—그후 곧 강력한 적 투르크를 맞아 싸워야 할 펠리페에게는 이 사실이 그다지 위안이 되지 못하였다. 20년에 걸친 지중해전쟁, 그라나다의 모리

스코스(Moriscos)를 상대로 한 전투, 그후 네덜란드·북부 프랑스와 영국해협에서의 상호연관된 군사행동으로 왕실은 온갖 가능한 수입원을 찾지 않으면 안되게 되었다. 카를 5세의 수입은 재위중 3배로 늘었으나 펠리페 2세의 수입은 『1556~1573년 동안에만 2배로 늘었고 재위 말기에는 그것의 2배 이상으로 늘었다.』

그러나 그의 지출은 훨씬 더 컸다. 레판토해전(1571)의 경우 기독교 함대와 군수병의 유지비는 연간 400만두카도를 상회한 것으로 추산되는데 이 가운데 상당부분을 베네치아와 교황청이 부담하였다. 플랑드르군에 대한 봉급은 1570년대에 이미 엄청난 액수였으며 거의 항상 체불되었다. 이로 인해 군대의 반란이 일어났는데 펠리페가 1575년 제노바 은행가에 대한 이자상환의 정지를 선언한 뒤 더욱 심해졌다. 날로 늘어난 아메리카 광산으로부터의 수입 — 1580년대에 약 200만두카도로서 40년 전만 해도 그 1/10에 불과했다 — 으로 왕실의 재정과 신용은 일시적으로 구제될 수 있었다. 그러나 1588년 무적함대 건설에 1,000만두카도를 밀어넣었다가 그것이 무참히 무너지는 바람에 스페인의 재정과 해군이 동시에 붕괴되었다. 1596년 기록적인 금리로 차관을 모집한 뒤 펠리페는 또다시 상환을 이행치 않았다. 2년 후 그가 죽을 때의 부채는 무려 1억두카도에 달하였으며 이에 대한 이자상환은 전체 수입의 2/3와 맞먹는 것이었다. 프랑스 및 영국과의 강화가 곧 체결되었지만 네덜란드와의 전쟁은 1609년의 휴전까지 괴롭혔는데 그 휴전은 1607년의 스페인 군대의 반란과 또 한 차례의 파산으로 촉진된 것이었다.

이어진 수년간의 평화시에도 스페인의 정부지출은 실질적으로 조금도 줄어들지 않았다. 막대한 이자상환을 완전 도외시하더라도 지중해 연안에는 아직 긴장이 감돌았고(해안방어선 구축을 위한 장대한 계획이 필요했다) 멀리 뻗친 합스부르크제국은 여전히 해적들에게 약탈되고 있었다(필리핀과 카리브해는 물론 원양함대에 대한 상당한 수준의 방어수단이 필요하였다). 1610년 이후 유럽이 휴전상태에 들어갔다 해서 스페인의 콧대높은 지도자들이 군비지출을 줄일 것이라고는 예측할 수 없었다. 그러므로 1618년의 30년전쟁 발발이 가져다준 것은 냉전을 열전으로 전화시킨 것 그리고 플랑드르와 독일에 대한 스페인 군대와 물자의 대량투입뿐이었다. 이 시기 합스부르크가 유럽에서 거둔 초반 승리와 성공적인 아메리카 방위는 대체로 신대륙으로부터의 재화유입의 현저한 증가와 일치한다—또 그 지원을 받았다—는 점을 주목할 필요가 있다. 마찬가지로 1626년 이후의 재화유입의 감소와 그 다음해의 파산선언 그리고 1628년 네덜란드가 엄청난 은 수송함대를 노획하는 데 성공(스페인 정부와 국민들에게 1,000만두카도 상당의 손해를 주었다)함으로써 전쟁이 일시 중단되었다. 그리고 황제와의 동맹에도 불구하고(발렌시타인이 일시적으로 조절한 이외에는) 독일의 수입으로 스페인의 적자를 보전할 도리가 없었다.

이후 30년간에 걸쳐 벌어진 전쟁에서 스페인은 이러한 태도로 나갈 수밖에 없었다. 계속 공채를 모집하고 새로운 세금을 부과하며 아메리카로부터의 재화를 쏟아부어야만 1634~1635년의 인판테 추기경의 독일 개입과 같은 주요 군사행동을 뒷받침할 수 있었다. 그러나 밑빠진 독에 물붓기식의 끝없는 전비로 인해 결국 일시적 승리는 허사가 되었고 몇년이 더 지나자 재정 형편은 더욱 악화되었다. 카탈루냐와 포르투갈의 반란이 종결되고 아메리카로부터의 재화유입이 격감한 1640년대에 들어서면서 길고도 느린 몰락과정이 불가피해졌다. 아무리 용감한 전사가 있어도 경상수입의 2~3배를 지속적으로 지출하는 그런 정부가 이끄는 나라의 운명이 그럴 수밖에 달리 도리가 있겠는가?

스페인과 오스트리아가 실패한 두번째의 주요 원인은 위에 말한 설명에서 명백히 드러난다. 합스부르크는 무엇보다도 할 일이 너무 많았다. 너무 많은 적과 싸워야 했고 너무 많은 전선을 방어해야 했다. 아무리 스페인 군대가 전투에 용맹스럽다 해도 본국 수비대와 북아프리카·시칠리아·이탈리아·신대륙 그리고 네덜란드에 분산배치되어야 하는 약점을 상쇄할 수는 없었다. 3세기 후의 대영제국이 그랬듯이 합스부르크 진영은 널리 흩어져 있는 영토를 단지 집성한 통합체로서 이를 유지하는 데 방대한 자원과 재간이 필요한 아슬아슬한 정치적 왕조결합이었다. 그런 점에서 합스부르크는 역사상 전략적인 과잉팽창의 두드러진 사례가 된다. 즉 많은 영토를 거느리는 대가로 수많은 적들과 대치해야 했는데 그러한 부담을 당시의 오토만제국도 역시 안고 있었다.

여기에는 합스부르크의 전쟁 연대기상의 아주 중요한 문제가 관련되어 있다. 분명히 이 시대에 유럽의 전쟁은 빈번했고 그 비용은 모든 나라에 엄청난 부담이 되었다. 그러나 프랑스·영국·스웨덴 심지어 오토만 투르크와 같은 나라들은 모두 어느 정도의 평화와 회복의 기간을 가질 수가 있었다. 그러나 합스부르크, 특히 스페인은 하나의 전쟁이 끝나자마자 또 다른 적을 상대로 하는 싸움에 뛰어들어야 하는 운명이었다. 프랑스와 강화하자마자 투르크와 싸움이 시작되었다. 지중해의 휴전에 이어 곧 대서양으로 충돌이 확대되었으며 북서유럽에서 전투를 벌여야 했다. 심지어 스페인은 3개 전선에서 동시에 전쟁을 벌였는데 이때 적들은 반드시 군사적이지는 않더라도 외교와 무역면에서 의식적으로 서로를 도왔다. 당시의 상황으로 보면 스페인은 우리에 갇힌 큰 곰이었다. 그를 공격하는 어떤 개들보다도 단연 강하지만 모든 공격자들을 한꺼번에 상대할 수도 없고 또 그 사이에 점차 지쳐버렸던 것이다.

그렇다면 합스부르크가 그런 악순환에서 벗어날 수 있는 방법은 무엇이었을까? 역사학자들은 국력의 만성적인 분산을 지적하면서 카를 5세와 그 후계자들이 명확한 방어 우선순위표를 작성해 놓았어야 했다고 주장한다. 그것은 일부 지역은 포기했어야 옳았다는 뜻이다. 그러면 어디를 포기해야 했을까?

돌이켜보건대 오스트리아 합스부르크, 특히 페르디난트 2세는 크게 잃기만 하고 얻은 것이 적었던 북부 독일의 반동종교개혁에 대한 간섭은 자제했어야 옳았다고 주장할 수 있을 것이다. 그렇지 않아도 오스트리아 황제는 군주들의 분파주의, 프랑스의 음모와 스웨덴의 야심을 견제하기 위해 독일에 군대를 주둔시켜야 했다. 또한 빈에서 불과

240킬로미터 떨어진 헝가리에 투르크의 위협이 그치지 않는 한 합스부르크군을 줄일 수도 없었다. 스페인 정부는 그 나름대로 자신의 오스트리아 사촌이 프랑스나 루터교도 또는 투르크의 손에 붕괴되도록 방치할 수 없었다. 그것은 그렇게 되면 유럽에서의 자신의 지위마저도 그렇게 될 것이기 때문이었다. 그러나 이같은 계산이 역으로 적용된 것 같지는 않다. 1556년 카를 5세의 퇴위 이후 제국은 서유럽과 해외에서 스페인이 치르는 전쟁에서 반드시 스페인을 지원해야 한다고는 느끼지 않았다. 그러나 스페인은 상당한 위험을 각오하면서도 제국에 헌신적이었다. 이같은 감정과 성실성의 불일치가 가져온 장기적인 결과는 매우 흥미로운 것이었다. 합스부르크가 유럽에 대하여 가졌던 목표가 17세기 중반에 실패로 끝난 것은 분명히 내정문제와 상대적인 경제적 쇠퇴와 관련이 있었다. 모든 방면에 걸쳐 지나치게 긴장해왔던 탓으로 이젠 중추부분이 약화되었다. 반면 오스트리아 합스부르크의 경우 독일의 프로티스턴티즘을 격파하는 데는 비록 실패했으나 영토내의 세력(오스트리아·보헤미아 등)들을 공고히하는 데는 성공했으며 나중에 방대한 영토와 직업적인 상비군을 창건함으로써 스페인이 몰락의 수렁으로 한층 더 빠져들어간 17세기 후반 유럽의 강대국으로 재부상할 수 있었다. 그러나 이 단계가 되면 오스트리아의 회복은 당시 상대가 누구든 동맹국을 모색하고 있던 마드리드의 정치가들에게 전혀 위로가 되지 않았다.

 신대륙의 속령이 스페인에게 얼마나 중요한 부분이었는가는 쉽게 이해할 수 있을 것이다. 신대륙은 한 세기 이상 스페인의 부를 정기적으로 불려주고 따라서 군사력을 증강시켰는데 그것이 없었다면 합스부르크의 군사행동이 그렇게 광범위하게 유지될 수가 없었을 것이다. 영국과 네덜란드군이 스페인·포르투갈 식민제국을 공격해옴으로써 해외 함대와 수비대에 날로 많은 지출을 하지 않으면 안될 때도 있었지만 스페인 왕실이 이 지역에서 얻고 있던 직·간접의 수익은 막대한 것이었다. 그런 속령을 포기한다는 것은 생각할 수 없는 일이었다.

 이로 인해 합스부르크는 이탈리아와 플랑드르 일부에 지니고 있던 속령을 재고하지 않으면 안되었다. 두 지역 가운데 이탈리아에서 철수하는 것은 바람직하지 않았다. 16세기 초반 합스부르크가 아니었다면 프랑스가 그곳의 강대국의 힘의 공백을 메우고 합스부르크에 손해를 주면서 자신의 목적에 이탈리아를 이용해왔을 것이었다. 16세기 후반의 이탈리아는 서쪽으로 밀려오는 오토만에 대하여 스페인의 안전을 지켜주는 문자 그대로 외곽성벽이었다. 투르크가 시칠리아·나폴리·로마를 공격함으로써 스페인의 명예와 기독교가 크게 훼손될 것은 차치하고라도 이 외곽성벽을 잃게 되면 엄청난 전략적 후퇴가 불가피하게 될 처지였다. 그렇게 되면 스페인은 해안방어와 갤리함대에 점점 더 많은 지출을 해야 할 것이고 거기에는 어쨌든 펠리페 2세 치세 초기의 군사예산의 막대한 부분이 소요되었을 것이다. 따라서 이 같은 병력을 중부 지중해 방어에 투입하는 것이 군사적으로 상당한 의미가 있었는데 그것은 투르크의 적을 멀찌감치 묶어둘 수 있기 때문이었다. 또 나아가 거기에 소요되는 비용을 이탈리아의 합스부르크 속령과 교황 그리고 경우에 따라서는 베네치아가 나누어 부담했기 때문에 유리하였다. 이탈리아 전선으로부터의 철수는 아무런 이득도 없이 잠재적 위험만 잔뜩 불러들였다.

이를 제외하고 나면 합스부르크의 부담을 줄일 수 있는 유일한 지역은 네덜란드였다. 한마디로 말해「80년전쟁」시 네덜란드에 맞선 플랑드르군의 비용은 지형의 난점과 방어진지의 발달로 아주 엄청나서 어느 전선보다 부담이 많았다. 30년전쟁 절정기에는 독일의 군대보다 5~6배나 더 많은 자금이 플랑드르군에 할당되었다. 한 스페인 고문관은『네덜란드전쟁으로 합스부르크는 완전히 파산하였다』고 관측했다. 사실 1566년에서 1654년 사이에 스페인이 네덜란드에 보낸 자금은 적어도 2억 1,800만두카도로서 왕실이 인도에서 거둬들인 전체 수입(1억 2,100만두카도)보다 훨씬 많았다. 전략적으로도 플랑드르는 더욱 방어하기가 어려웠다. 1639년 네덜란드의 트롬프(Maarten Tromp) 제독이 스페인의 병력수송 함대를 격파한 사실에서 잘 드러나듯이 해상항로는 프랑스·영국·네덜란드가 장악하고 있었다. 롬바르디아에서 스위스의 계곡 또는 사보이(Savoy)와 프랑시콩테(Franche-Comté)의 프랑스 동부 변경을 거쳐 라인 저지대에 이르는 「스페인 통로(Spanish Road)」도 역시 취약한 곳이 많았다. 엄청나게 멀리 떨어져 커뮤니케이션도 힘든 곳에 있는 200만의 네덜란드 반란자들을 그 많은 비용을 들여 계속 통제해야 할 필요가 있었을까? 무거운 세금에 시달리는 카스틸랴 의회의 대표들이 재치있게 표현하였듯이 반란이 그 이단성으로 인해 부식되도록 내버려둘 수는 없었을까? 그들에게는 신의 응징이 내려질 것이 분명하므로 스페인이 그 많은 부담을 더 이상 질 필요가 없었을 것이다.

　네덜란드에서의 철수를 가로막는 원인은 이같은 자원낭비에 대한 불평을 합리화시켜준 것은 아니었지만 거기에는 일리가 있었다. 첫째 스페인이 플랑드르를 포기하게 되면 플랑드르는 합스부르크의 숙적인 프랑스나 네덜란드의 수중에 들어가 이들의 위신을 높여주게 될 것이다. 그것은 다른 무엇보다도 「명예」를 중시하는 스페인의 정책입안자들에게 정면으로 배치되는 발상이었다. 둘째는 펠리페 4세와 그의 고문관들이 개진한 것으로 플랑드르에서의 군사대결은 최소한 더 민감한 지역에 대한 적군의 공격을 회피할 수 있는 효과가 있다는 주장이었다. 『네덜란드에서 싸우는 바람에 우리(스페인)가 많은 재화를 소모하고 지금처럼 많은 빚을 지게 되었음에도 불구하고 그로 인해 우리의 적들을 이 지역으로 집중시킴으로써 그렇게 하지 않았을 경우 일어났을 스페인내에서나 보다 가까운 주변에서의 전쟁을 피할 수 있었다.』 마지막으로는 네덜란드를 잃게 되면 독일의 합스부르크 이익과 프랑시콩테와 같은 훨씬 작은 속령 그리고 이탈리아마저도 잃게 될 것이라는 「도미노이론(Domino theory)」이었다. 물론 이런 것들은 가설적인 주장이다. 그러나 흥미있는 것은 마드리드의 정치가들과 브뤼셀(Brussel)의 군사지휘관들은 그들이 서로 연결된 전략적 통일체임을 인식하였는데 그 부분의 어느 하나라도 붕괴하면 전체가 파산해버릴 수 있었다.

최초의 그리고 최대의 위협은—1635년의 심각한 시기의 주장에 따르면—롬바르디아·네덜란드와 독일에 대한 위협이었다. 이 세 개 지역 가운데 어느 한 군데에서의 패배도 이 왕국에게는 치명적이어서 크게 패배할 경우 왕국 전체가 붕괴할 정도였다. 왜냐하면 독일이 떨어지면 이탈리아와 네덜란드가 뒤따르고 네덜란드가 떨어지면 아메리카가 뒤따랐을 것이며 롬바르디아가 무너지면 나폴리와 시칠리아가 속수무책으로 무너졌을 것이기 때문이다.

이같은 논리를 받아들여 스페인 왕실은 광범위한 소모전을 치를 수밖에 없었는데 그 소모전은 승리가 굳어지거나 타협에 의한 강화가 이루어지거나 또는 체제 전체가 완전 피폐될 때까지 계속되게 마련이었다.

그칠 줄 모르는 전쟁의 엄청난 비용과 네 개의 주요 전선 가운데 어느 것도 포기하지 않으려는 결의로 말미암아 스페인의 제국주의적 야망은 결국 좌절될 수밖에 없었음은 이상의 사실로써 분명할 것이다. 그러나 사실로 보면 거기에는 또 다른 관련원인이 있었음을 알 수 있다. 그것은 바로 스페인 정부가 이용할 수 있었던 자원을 가장 효과적으로 동원하는 데 실패하였으며 그러한 경제적 실책으로 말미암아 그 세력을 스스로 약화시켰다는 것이다.

외부에서는 카를 5세나 펠리페 2세의 제국을 일사불란하고 규율잡힌 실체로 보는 경향이 있었지만 사실상으로는 나름대로 특권을 가지고 독자성을 긍지로 여기는 여러 영토를 집적한 덩어리에 지나지 않았다. 거기에는 (입법부나 사법부는 말할 것도 없고) 중앙행정기관이란 것이 없었으며 유일한 연결고리는 왕실 그 자체였다. 단결의식을 고조시킬 수 있는 그러한 기구들이 결여된데다가 통치자가 영토를 순회하는 일도 없었기 때문에 영토내의 어떤 지역에서 벌어지는 전쟁을 위한 자금을 다른 지역에서 염출해낼 수가 없었다. 나폴리와 시칠리아의 납세자들은 투르크에 대항할 함대의 건설에는 적극적이었으나 네덜란드에서의 스페인의 군사행동에 대한 자금지원계획에 대해서는 크게 불만을 표시하였다. 포르투갈은 신대륙 방위에 대한 지원은 합당하다고 여겼지만 독일의 전쟁은 외면했다. 이같은 강력한 지역주의는 재정권에 대한 고집스러운 집착을 부채질하였다. 예컨대 시칠리아의 유력계급은 일찌기 합스부르크의 세금인상 시도에 저항하였으며 1516년과 1517년에는 스페인 총독에게 반기를 들었다. 가난하고 무정부적이며 의회를 가진 시칠리아는 전반적인 합스부르크 이익의 방위에 기여할 가능성이 가장 낮은 지역이었다. 나폴리왕국과 새로 편입한 밀라노에서는 새로운 자금을 마련하라는 마드리드의 요구에 시달리는 스페인 관리들이 의회의 장벽을 훨씬 덜 느꼈다. 따라서 두 지역은 카를 5세 시대에 상당한 재정지원을 할 수도 있었다. 그러나 실제로는 밀라노를 유지하려는 전쟁과 투르크에 대한 전쟁 때문에 이 자금은 늘 거꾸로 흘러 들어갔다. 지중해의 「보루」를 고수하기 위해 스페인은 현지인 이탈리아에서 마련한 자금에다 추가로 본국에서 수백만 두카도를 보내야만 했다. 30년전쟁 동안 양상은 다시 역전되어 이탈리아의 세금이 독일과 네덜란드의 전쟁에 투입되었다. 그러나 1519~1659년에 걸친 이 기간을 전체적으로 볼 때 이탈리아의 합스부르크 속령이 자신의 방위를 위해서 지출한 액수보다 실질적으로 더 많은 금액을 공동기금에 냈다고는 보기 어렵다.

　네덜란드는 물론 전반적인 제국예산의 엄청난 배출구가 되었다. 카를 5세 치세 초기의 의회는 항상 액수가 많다고 불평하고 그들의 특권을 인정해줄 것을 요구하면서도 점증하는 세금액수를 부담하였다. 치세 말기가 되자 이탈리아와 독일의 전쟁에 소요되는 빈번한 추가부담에 대한 분노는 종교적 불만과 상업의 불황과 뒤섞여 스페인 지배에 대한 반감이 광범하게 확산되었다. 1565년 베네룩스지방의 부채가 1,000만플로린(florins)에 달하였으며 부채상환과 일반행정비용이 수입을 초과하는 바람에 그 적자를 스페인이 메워야 했다. 이후 수십년 동안이나 마드리드의 학대에 시달린 이들 지방의 불만이 노골적인 반란으로 이어지자 수십년간 6만 5,000여 플랑드르군이 스페인 정부 총지출의 1/4을 차지함으로써 네덜란드는 제국 자원의 엄청난 배출구가 되었다.

그러나 자원동원에 가장 참담하게 실패한 곳은 다름아닌 스페인이었는데 거기에서는 왕실의 재정권이 사실상 매우 제한되어 있었다. 아라곤왕국의 세 개 영지(즉 아라곤·카탈루냐·발렌시아〈Valencia〉)는 나름대로의 법률과 조세제도를 갖추고 있어서 상당수준의 자치권을 누렸다. 실제로 유일하게 보장된 왕실의 수입원은 왕실의 직할재산뿐이었다. 추가로 더 마련하기란 거의 힘들었으며 그것도 거의 억지로 짜내는 형편이었다. 예컨대 펠리페 4세와 같이 억척스러운 통치자가 1640년 스페인 국경을 지키기 위한 수비대를 파견하면서 카탈루냐에게 경비를 부담할 것을 요구하자 카탈루냐는 그 유명한 장기항쟁에 들어갔다. 포르투갈은 1580년 이래 1640년 반란을 일으킬 때까지 정복되어 있었음에도 불구하고 재정문제에 있어서는 완전히 자치적이어서 전반적인 합스부르크 이익의 방위를 위한 정기적인 기금납입은 전혀 하지 않았다. 따라서 카스틸랴가 스페인의 징세체제에서 사실상의 「젖소」 구실을 하게 되었는데 그나마 바스크(Basque)지방은 제외된 상태였다. 카스틸랴 의회를 좌지우지하는 지방 토호들은 의회에서 자신들이 면제되는 그런 세법만 가결시키려 했다. 더구나 경상수입인 알카발라(alcabala, 10% 판매세)·관세와 추가적인 주요 수입인 세르비시오스(servicios, 의회가 승인)·밀로네스(millones, 식량세, 마찬가지로 의회가 승인) 그리고 여러 종류의 교회헌금, 이 모든 것들은 무역·상품교환과 가난한 사람들에게 타격을 줌으로써 가난과 불만이 팽배하고 인구감소(이민에 의한)를 야기하였다.

스페인 왕실에 아메리카의 은이 엄청나게 쏟아져 들어와 수입에 커다란 보탬이 될 때까지(대체로 1560년대에서 1630년대 후반까지) 합스부르크의 전비는 주로 카스틸랴의 농민과 상인에게 의존했다. 아메리카에서 들어오는 왕실수입은 가장 많이 들어올 때에도 카스틸랴와 그 600만 주민들로부터 들어오는 수입의 1/4에서 1/3에 불과했다. 그러나 그것도 세금부담이 왕국내, 나아가 합스부르크 전영토에 걸쳐 보다 균등하게 배분되지 않는 한 당시 흔들리는 군비를 충당하기에는 너무나 한정된 원천일 수밖에 없었다.

 이같은 불합리성을 결정적으로 악화시킨 것은 카스틸랴의 납세자들을 착취하는 역행적인 경제조치였다. 이 왕국의 사회윤리는 무역을 활성화시키는 그런 것이 결코 아니었지만 16세기 초 왕국은 비교적 번영하여 인구의 증가와 몇몇 주요 산업들을 자랑하게 되었다. 그러나 반동종교개혁과 합스부르크의 잦은 전쟁이 시작됨으로써 스페인 사회에서는 상업적 인구의 증가와 몇몇 주요 산업들을 자랑하게 되었다. 그러나 반동종교개혁과 합스부르크의 잦은 전쟁이 시작됨으로써 스페인 사회에서는 상업적인 요소들은 약화되면서 종교·군사적 요소들이 활성화되었다. 이 사회에서 경제적 인센티브는 한결같이 성직수입(benefice)을 획득하거나 군소귀족의 특권을 사들이는 방향으로 작용했다. 숙련공들은 만성적으로 부족하였으며—예컨대 군수산업—길드 때문에 노동력의 유동과 노동의 융통성이 크게 저해되었다. 농업까지도 왕국 전역의 어디에서나 방목할 수 있는 특권을 부여받은 목양업자의 길드인 유명한 메스타(Mesta)의 특권 때문에 낙후되었다. 따라서 16세기 전반의 인구증가로 말미암아 곧바로 곡물수입의 필요성이 증대되었다. 이같은 방목권의 대가로 메스타가 지불하는 금액이 왕실에 귀속되고 이러한 관행을 취소하자면 왕실내의 강력한 후원자들의 분노를 사게 되기 때문에 체제를 수정하려는 어떤 전망도 보이지 않았다. 마지막으로 몇 가지 두드러진 예외가 있기는 하지만—양모무역에 종사하는 상인들, 금융업자 시몬 루이즈(Simon Ruiz), 세빌랴(Seville)지역—카스틸랴의 경제도 전반적으로는 역시 외국제 수입품과 비스페인인, 특히 제노바·포르투갈·플랑드르 기업인이 제공하는 용역에 압도적으로 의존하고 있었다. 또한 네덜란드인에게는 서로 대결하고 있는 와중에서도 의존하고 있었다.『1640년이 되면 스페인의 항구에 들어오는 상품의 3/4이 네덜란드 선박에 실려』옴으로써 스페인 최대의 적에게 이익을 주었다. 당연한 일이지만 스페인은 계속되는 무역적자로 시달려왔는데 그 적자는 아메리카의 금과 은을 재수출함으로써만 호전될 수 있었다.

2. 합스부르크의 지배권 시도, 1519~1659 / 91

140년 동안에 걸친 전쟁의 엄청난 비용은 따라서 경제적으로 그것을 부담하기에 빈약한 사회에 부과되었다. 가장 효과적인 방법으로도 수입을 확보할 수 없게 된 합스부르크의 군주들은 단기적으로는 손쉽지만 장기적인 국가이익으로 봐서는 치명적인 갖가지 수단을 부리지 않을 수 없었다. 세금은 갖가지 방법으로 꾸준히 늘어났지만 정작 가장 쉽게 세금을 부담할 수 있는 사람들에게는 부과되지 않고 언제나 상업만 쥐어짰다. 현금에 목마른 정부는 갖가지 특권·독점권과 명예를 팔아넘겼다. 심각한 적자재정이 이어졌다. 카스틸랴의 장래수입과 아메리카의 금·은을 담보로 은행가들에게서 거액을 차입하고 한편으로는 이자부 정부공채(juros)를 발행하여 무역과 산업에 돌려질 자금을 끌어들임으로써 적자재정은 더욱 악화되었다. 그러나 정부의 부채에 의존한 대책은 언제나 발등의 불을 끄는 식이었기 때문에 신중하게 제한을 고려한다거나 중앙은행이 나서서 통제하는 법도 없었다. 그러므로 카를 5세 치세 말기가 되어서도 정부수입은 수년 전에 이미 담보되어 있는 상태였다. 1543년의 경우 경상수입의 65%가 이미 발행된 정부공채의 이자상환에 지출되는 실정이었다. 왕실의 경상수입이 빠져나갈수록 특별수입과 새로운 수입원을 찾는 노력은 더욱 필사적이었다. 예컨대 은화는 줄곧 동전(Vellon)으로 변조되었다. 어떤 때는 정부가 개인에게 돌아갈 아메리카 은을 실은 배를 입항할 때 몰수하고는 그 대가로 정부공채를 받도록 강요하였다. 또 다른 경우에는 앞서 언급한 바 있듯이 스페인 국왕이 이자상환을 중단하고는 스스로 일시적인 파산을 선언하였다. 이같은 조치가 언제나 금융업자를 파탄으로 몰아넣지는 않았지만 스페인의 장래 신용평점을 떨어뜨린 것만은 분명했다.

이 시기에 카스틸랴의 경제를 몰아친 타격의 일부분은 인위적인 것은 아니었지만 인간의 어리석음으로 인해 그 충격은 더욱 컸다. 17세기 초 이 나라의 인구를 크게 감소시킨 흑사병은 예기치 못한 것이기는 했지만 착취에 가까운 임대료, 메스타의 활동, 병역 등 이미 농업을 저해하고 있던 다른 요인들과 더불어 큰 피해를 주었던 것이다. 아메리카 은의 유입은 당시의 어떤 사회도 겪지 못한 경제적인 문제(특히 가격 인플레이션)를 야기시켰는데 당시 스페인의 여건에서는 그러한 현상으로 비생산계층보다는 생산계층의 피해가 컸다. 또 은은 순식간에 세빌랴를 벗어나 외국의 은행가와 군수품 상인들의 손에 넘어가버려 이들 대서양 건너의 새로운 부의 자원은 왕실에 의해 「건전한 재정」을 창출하기 위해서보다는 그것을 해치는 방향으로 철저하게 악용되었다. 누군가의 말처럼 인도에서 홍수처럼 밀려드는 귀금속은 스페인에게는 지붕 위에 떨어지는 물과 같아서 일단 쏟아지고 나면 곧 말라버렸다.

그러므로 스페인의 핵심적인 몰락원인은 강력한 군사기구에 대한 경제적인 뒷받침의 중요성을 망각한 데 있었다. 계속해서 용렬한 조치들이 취해졌다. 유태인을 추방하고 나중에는 무어(Moor)인도 추방하였으며 외국 대학과의 교류를 중단하였다. 비스케이 조선소에 대해 정부는 대형 군함만 건조하도록 하고 더욱 유용한 소형의 상선건조를 금지하였다. 전매품을 판매함으로써 무역을 저해하였다. 양모수출에 대하여 중과세함으로써 해외시장에서의 경쟁력을 약화시켰다. 스페인 내의 여러 왕국들 사이에 내부 관세장벽을 설정하여 무역을 저해하고 물가의 앙등을 가져왔다. 이것들은 장기적으로 보아 스페인이 유럽(과 유럽 이외의)문제에 대해 널리 벌여놓은 주요 군사적 역할을 수행할 능력을 크게 깎아내린 잘못된 정책의 일부에 불과하다. 스페인 세력의 몰락은 1640년대가 되어서야 구체적인 모습을 띠게 되지만 그 원인은 이미 수십년 앞서 존재하였다.

국가간의 비교

그러나 중요한 것은 이같은 합스부르크의 실책은 어디까지나 상대적이라는 점이다. 다른 유럽 세력의 경우를 고찰하지 않고 이야기를 여기서 그친다면 불완전한 분석이 될 수밖에 없을 것이다. 한 역사학자가 주장한 바 있듯이 전쟁은 『16세기의 국가들이 직면하였던 가장 가혹한 시련이었다.』 군대의 규모를 대형화시키고 동시에 대규모 해전을 불러일으킨 군사기술의 발전은 서양의 조직사회에 커다란 부담을 새로 주었다. 적대국가들은 「군사혁신」에 충분히 적응할 수 있는 행정구조를 세울 수 있어야만 했다. 또 그와 마찬가지로 엄청나게 치솟는 전비를 마련할 새로운 수단을 강구하지 않으면 안되었다. 합스부르크의 지배자와 인민들에게 부과된 압력은 단지 그들의 군대가 싸워온 수많은 세월만으로도 보통일이 아니었다. 〈표 1〉에서 알 수 있듯이 모든 나라가 훨씬 커진 군사력을 관리하고 재원을 마련하지 않으면 안되었는데 대부분의 국가들은 스페인제국보다 자원면에서 훨씬 빈약하였다. 그들은 이 시련에 어떻게 대처하였을까?

이 간단한 표에서는 합스부르크제국의 가장 끈질기고 위협적인 오토만제국이 빠져 있는데 그것은 앞 장에서 오토만의 강점과 약점을 검토했기 때문이다. 그러나 투르크의 통치자들이 다루어야 했던 많은 문제들―전략적 과잉팽창, 효과적인 자원개발의 실패, 종교적 정통성과 군사적 우위의 명분 아래 상업적인 기업가 정신이 위축되는 상황―이 펠리페 2세와 그 후계자들을 괴롭혔던 문제들과 거의 비슷했다는 점은 음미해볼 가치가 있다. 아직 유럽정치에서 강대국 대열에 오르지 못한 러시아와 프로이센(Preussen) 역시 제외되었다. 또한 영토는 넓으나 민족적 다양성과 봉건적 족쇄(농노제, 경제적 낙후, 선거군주제, 『정치적 우둔에 대한 속담이 되어버린 귀족적 무정부상태』) 때문에 근대적 국민국가로 비약하기에 장애가 많았던 폴란드-리투아니아도 제외되었다. 그 대신 프랑스·영국과 같은 「신흥군주국」과 스

〈표 1〉 병력의 증가, 1470~1660

(명)

연대	스페인	네덜란드	프랑스	영국	스웨덴
1470	20,000		40,000	25,000	
1550	150,000		50,000	20,000	
1590	200,000	20,000	80,000	30,000	15,000
1630	300,000	50,000	150,000		45,000
1650	100,000		100,000	70,000	70,000

웨덴 그리고 네덜란드연방과 같은 「부르좌 공화국」을 검토할 것이다.

프랑스가 결국에 가서는 스페인을 밀어내고 최강의 군사대국이 되었기 때문에 역사학자들이 프랑스의 많은 장점에 초점을 맞춘 것은 지극히 당연하였다. 그러나 프랑스가 우위를 확보하게 된 시기를 실제보다 앞당기는 것은 옳지 않다. 이 장에서 다루고 있는 거의 전기간을 통해 프랑스는 남쪽의 이웃 스페인보다 결정적으로 약했던 것이 사실이다. 백년전쟁 이후 불과 수십년 사이에 잉글랜드·부르군트·브르타뉴에 걸친 왕실영토의 공고화, 의회의 승인없이도 직접세(특히 타이유⟨taille⟩라는 인두세)를 징세할 수 있는 관행, 새로운 국가관리의 지속적인 행정능력 그리고 강력한 포병훈련을 거친 「왕립」군대의 존재 등에 힘입어 프랑스는 성공적이고 통일된 근대국가처럼 보였다. 그러나 이러한 구조가 지닌 취약성이 곧 명백하게 드러나게 되었다. 이탈리아에서 벌어진 많은 전쟁들은 베네치아 또는 투르크와도 동맹하면서까지 반도에 대한 영향력을 확보해보려는 프랑스의 노력이 얼마나 순간적이고 참담한 것이었는가를 거듭 보여준 이외에도 그것이 얼마나 값비싼 것인가를 말해주었다. 1557년 운명의 해에 파산을 선언할 수밖에 없었던 것은 비단 합스부르크만이 아니고 프랑스 왕실도 마찬가지였다. 그 해의 파국이 오기 훨씬 이전에 이미 프랑스 왕실은 타이유와 염세(gabelle)·관세 등 간접세의 증수에도 불구하고 고율(10~16%)의 이자로 금융업자에게 막대한 돈을 꾸거나 매관매직 등의 불투명한 수단에 의존하였다. 더욱 한심스러운 것은 종교적 적대세력들이 유력 귀족가문과 결탁하여 피비린내 나는 장기적인 내분을 일으킨 것은 스페인이나 영국보다도 프랑스에서 훨씬 심했다는 것이다. 1560년 이후 프랑스는 국제문제의 강대세력이 되기는커녕 네덜란드나 독일의 운명과 마찬가지로 종교에 따라 영구히 분단되어버릴 수도 있는 유럽의 새로운 싸움터로 변하였다.

앙리 드 나바르가 앙리 4세(1589~1610)로 프랑스 왕위에 올라 대내적으로는 화해정책을, 대외적으로는 스페인에 대해 군사행동을 펴는 정책을 쓴 이후에야 사정이 호전되었다. 아울러 그는 1589년에 마드리드와 강화를 맺음으로써 프랑스를 독립국가로 유지하는 데 큰 도움이 되었다. 그러나 프랑스는 내분·약탈·물가고와 저해된 상업·농업으로 심각하게 피폐하였으며 재정제도도 파산되었다. 1596년 국가부채는 거의 3억리브르(Livre)에 달하였으며 그 해의 수입 3,100만리브르 가운데 4/5는 이미 담보되어 떼여나갔다. 그후 오랫동안 프랑스는 부흥기에 있었다. 물론 프랑스의 천연자원은 비교적 풍부했다. 약 1,600만에 달하는 인구는 스페인의 2배, 영국의 4배나 되었다. 도시화나 상업·금융면에서는 네덜란드나 북이탈리아 그리고 런던지역만큼 발전되지 않았지만 농업은 다양하고 건전했으며 대체로 항상 잉여농산물을 누릴 수 있었다. 앙리 4세의 각료 쉴리(Duc de Sully)가 경제와 국가재정을 감독하던 17세기 초반 프랑스의 잠재적인 부가 분명한 모습을 드러냈다. 쉴리는 폴레트(paulette, 세습관직의 판매와 그 관직세를 말한다) 이외의 다른 새로운 재정수단을 도입하지 않았다. 그가 한 일은 징세기구를 혁신하여 수천명의 면세자를 색출해내고 왕실의 영지와 수입을 되찾았으며 국가부채에 대한 이자율을 재조정한 것이었다. 1600년 이후 수년만에 국가예산은 균형을 되찾았다. 더욱이 쉴리는―루이 14세의 각료 콜베르(Jean-Baptiste Colbert)에 앞서서― 여러가지 방법으로 산업과 농업을 지원하였다. 즉 인두세를 내리고, 다리와 길을 내고 운하를 파서 물자수송을 원활케 했으며, 직물생산을 장려하고, 왕립공장을 세워 사치품을 생산하여 수입을 대체하는 것 등이었다. 이 모든 것들이 바라던 만큼 효과가 있었던 것은 아니었으나 펠리페 3세의 스페인과 비교할 때 아주 두드러진 것이었다.

 1610년 앙리 4세가 암살당하지 않았더라도 이같은 부흥노력이 지속되었을 것인가는 대답하기 어렵다. 그러나 확실한 것은 어떤 「신흥군주국」도 적절한 지도력없이는 제대로 기능하지 못하였을 것이며 앙리 4세가 죽은 이후 리셜리외가 왕권을 공고히 한 1630년대까지의 기간 동안 프랑스의 내정과 위그노들의 불만 그리고 귀족들의 음모로 유럽 강대국으로 자처할 수 있는 프랑스의 능력이 크게 약화되었다는 사실이다. 더구나 30년전쟁에 공개적으로 개입할 당시의 프랑스는 일부 역사학자들이 묘사하듯이 통일된 견실한 국가가 아니고 아직도 과거의 상처로 고통받는 나라였다. 귀족들의 음모는 1648~1653년에 가서야 절정에 달할 정도로 여전히 강력하였다. 농민·도시실업자·위그노의 봉기는 지방관리들의 부패와 더불어 정상적인 정부기능을 저해하였다. 전반적인 인구감소, 열악한 기후, 농업생산량의 감소와 이 무렵 유럽의 거의 전역을 휩쓴 흑사병이라는 대사건의 영향을 받아 경제는 대전쟁을 뒷받침할 만한 상태가 결코 아니었다.

그러므로 1635년 이래 프랑스의 세금은 갖가지 명목으로 늘어났다. 매관매직도 격증하였다. 초기에는 줄어들었던 인두세가 다시 늘어나 그 연간 총액이 1643년에는 두 배가 되었다. 그러나 이것으로도 합스부르크에 대항한 전비, 즉 15만의 육군을 유지해야 되는 직접적인 군사부담과 동맹국에 대한 원조를 충당할 수 없었다. 프랑스가 로크르와전투에서 스페인에게 대승을 거둔 1643년 정부의 지출이 수입의 거의 두 배에 달하자 리셜리외를 이은 마자랭이 결사적인 매관매직과 인두세 통제를 강화함으로써 상당한 불만을 샀다. 1648년의 반란이 마자랭의 새로운 재정조치에 반대하는 조세저항으로 시작된 사실과 그러한 소요사태가 순식간에 정부신용을 실추시키고 그에 따라 어쩔 수 없이 파산선언을 하게 만든 사실은 전혀 우연의 일치가 아니다.

따라서 1648년 베스트팔렌조약 이후에도 줄곧 계속된 프랑스·스페인전쟁 11년 동안 두 교전국은 마치 실컷 두들겨맞은 권투선수들처럼 서로 쇠진한 상태에서 엉겨붙어 있기만 할 뿐 상대를 때려눕힐 수가 없었다. 양국은 다같이 국내의 반란, 만연한 빈곤과 전쟁에 대한 혐오로 시달리고 있었으며 재정이 파산할 위기에 처해 있었다. 사실상 당갱(d'Enghien)과 튀렌(Turenne) 같은 장군과 르텔리에(Le Tellier)와 같은 군사개혁가를 가진 프랑스군은 서서히 유럽 최강으로 부상하고 있었다. 그러나 리셜리외가 건설한 프랑스 해군은 지상전투의 필요 때문에 곧 해체되었다. 그리고 프랑스는 아직도 공고한 경제적 기반을 필요로 하였다. 결국 크롬웰 휘하에서 육·해군을 재건한 영국이 개입함으로써 허덕이는 스페인에 불리한 방향으로 전쟁국면을 돌려놓았다는 사실은 프랑스에게는 대단한 행운이었다. 곧이어 체결된 피레네조약은 프랑스의 위대함보다는 그때까지 놀라울 만큼 끈질기게 싸워왔지만 지나치게 팽창한 스페인의 상대적 몰락을 상징하는 것이었다.

다른 표현을 빌면 유럽 세력들은 제각기 나름대로의 강점과 약점을 가지고 있었으며 정말 필요로 했던 것은 약점이 강점을 압도하지 않도록 방지하는 것이었다. 이는 서쪽과 북쪽의 「주변(flank)」세력인 영국과 스웨덴의 경우 확실히 그러하였는데 양국은 여러 차례의 결정적인 순간에 개입함으로써 합스부르크의 야망을 저지하는 데 도움이 되었다. 예컨대 이 140년 동안 영국이 대륙에서 벌어지는 분쟁에 대비하고 기꺼이 끼어들 태세를 갖춘 적은 거의 없었다. 장미전쟁에 이은 영국부흥의 열쇠가 된 것은 적어도 1492년 프랑스와 강화한 이후 국내안정과 재정긴축에 힘을 쏟은 헨리 7세였다. 스스로 지출을 줄이고 빚을 갚아나갔으며 양모무역과 어업 그리고 상업 전반을 장려함으로써 튜더(Tudor)왕조의 창시자는 내전과 반란으로 지친 나라가 절실히 필요로 했던 한숨 돌릴 여유를 마련해주었다. 여기에 자연적인 농업생산력, 베네룩스지방에 대한 직물무역의 성행, 풍부한 연안어장의 개발 그리고 연안무역의 전반적인 성행 등이 이를 뒷받침하였다. 국가재정영역에서도 왕이 왕실영지를 되찾고 반란세력이나 왕권도전세력이 장악한 영토를 탈환한데다가 무역이 성행함에 따라 관세수입이 늘고 성법원(Star Chamber)을 비롯한 법정에서 들어오는 수익 등으로 건전한 재정이 가능케 되었다.

그러나 정치적·재정적 안정이 반드시 그에 맞먹는 힘을 가져다주지는 않았다. 프랑스와 스페인의 훨씬 방대한 인구와 비교할 때 잉글랜드(England)와 웨일스(Wales)의 인구 300~400만은 그렇게 많은 것이 아니었다. 「튜더 시대」에 들어 산업이 상당히 발달하였음에도 불구하고 영국의 재정제도와 상업 기반은 이탈리아·남부 독일·베네룩스지방과 비교할 때 엉성하였다.

군사 차원의 격차는 더욱 컸다. 일단 왕위를 확보한 헨리 7세는 자신의 군대를 대폭 감축하고 (일부 예외는 있었지만) 유력영주들의 사병을 금지하였다. 이탈리아에서 벌어진 프랑스·합스부르크전쟁이 군사충돌의 성격과 양상을 바꾸어놓던 이 시기에 영국에서는 「의용경비대(Yeoman of the Guard)」와 일부 수비대를 제외하고는 어떤 정규상비군도 없었다. 따라서 튜더왕조 초기의 군대들은 여전히 재래식 무기(긴활·미늘창)로 무장되었으며 전통적인 방식(지역민병·자원「중대」등)으로 모집되었다. 그러나 이렇게 군대가 낙후된 상태였음에도 불구하고 그의 후계자 헨리 8세는 스코틀랜드(Scotland) 침공에 나서는가 하면 프랑스 개입(1513, 1522~1523)에도 나섰는데 그것은 독일로부터 상당수의 「근대식」 군대 — 창병·화승총병·중기병 — 를 고용할 수 있었기 때문이다.

만약 영국의 이러한 처음의 프랑스 작전이나 그후 1528년과 1544년의 두 차례에 걸친 공격이 군사적인 패배로 끝났다면 — 사실상 프랑스 왕에게 돈으로 성가신 영국의 침입자들을 무마하도록 종용했었음에도 불구하고 — 영국은 분명히 재정적인 파탄에 직면했을 것이다. 예컨대 1513년의 경우 전체 국고지출 70만파운드 가운데 63만 2,000파운드가 군인봉급·무기·군함과 그밖의 군사비용에 충당되었다.* 헨리 7세가 축적해놓은 국고는 곧 야심적인 그의 후계자에 의해 탕진되었으며 헨리 8세의 각료 울지(Thomas Wolsey)는 강제적인 대부, 「덕세(德稅, benevolence)」 등의 전횡적인 수단으로 돈을 긁어모음으로써 많은 불만을 샀다. 1530년대 토머스 크롬웰이 교회토지를 강제로 몰수함으로써 재정상태가 완화될 수 있었다. 실제로 영국의 종교개혁

---

* 나의 동료 로버트 애슈턴(Robert Ashton) 교수는 이 시대 영국(다른 나라도 마찬가지일 것이다)의 국가 수입·지출 통계는 명목상의 것이라는 사실을 환기시켜주었다. 수치는 관리·횡령·부패에 의해 축소되었으며 기장술의 미비로 육·해군에 대한 「할당액」은 크게 축소되어 있다. 마찬가지로 왕의 「수입」 중 극히 일부만이 군주 몫이 되었다. 여기에 든 통계는 따라서 사태의 대략적인 상황을 나타내는 것이지 정확한 것은 아니다.

으로 왕실의 수입은 두 배가 늘어났고 방어적 군사계획—영국해협 해안과 스코틀랜드 국경의 요새, 왕립 해군의 강력한 새 군함, 아일랜드 반란의 진압—에 대량의 자금을 투입할 수 있었다. 그러나 1540년대 프랑스와 스페인에 대한 처절한 전쟁에 무려 213만 5,000파운드가 들어갔는데 그 금액은 통상적인 왕실 수입의 약 10배에 해당하였다. 이 때문에 왕의 각료들은 필사적인 수단—교회재산의 염가방매, 날조한 죄명에 의한 귀족재산의 몰수, 거듭되는 강제 공채, 화폐의 남발로 인한 가치폭락, 푸거가와 다른 외국 은행가에 대한 의존—을 강구하지 않을 수 없게 되었다. 그러므로 1550년 프랑스와 이룬 화해는 파산 직전의 영국 정부에겐 반가운 구세주였다.

그러므로 이 모든 사실이 말해주는 것은 16세기 전반 영국이 지닌 힘의 현실적인 한계이다. 비록 변경지역과 아일랜드가 언제나 왕실의 재산과 주의력을 흐트려놓을 수도 있었지만 영국은 중앙집권화되고 비교적 동질적인 국가였다. 주로 헨리 8세의 관심 덕분에 근대적인 항구·대포·조선용 도크와 상당수준의 군수산업과 잘 무장된 해군을 갖춘 영국은 방위면에서 튼튼하였다. 그러나 육군의 질적 수준은 매우 뒤떨어졌고 그 재정으로는 대규모의 전쟁을 뒷받침할 수 없었다. 1558년 왕위에 오른 엘리자베스 1세는 그같은 한계를 인정하고 그 범위 안에서 자신의 목표를 달성할 만큼 신중하였다. 그러나 반동종교개혁이 절정에 이르고 스페인군이 네덜란드에서 활동중이던 1570년 이후의 위험했던 수년간 이것은 해내기 어려운 과업이었다. 유럽의 어느 실질적인「초강대국」과도 상대가 될 수 없었던 영국이었으므로 엘리자베스여왕은 외교로써 독립을 유지하는 목표를 세우고 영국과 스페인의 관계가 악화된 시기에도 펠리페 2세에 대항해 해상에서「냉전」으로만 일관했는데 그것은 최소한 경제적이었을 뿐만 아니라 때로는 이익도 되었다. 양주변인 스코틀랜드와 아일랜드 방위와 1570년대 후반 네덜란드의 반란을 지원하기 위한 자금준비에 쫓기면서도 엘리자베스여왕과 그 각료들은 집권 초기 25년 동안 건전한 흑자재정을 이루는 데 성공했다. 그것이 마침 다행이었던 것은 1585년 레스터(Leicester) 지휘하의 원정군을 네덜란드에 파견키로 결정한 데 따른「전쟁자금」이 절실히 필요했기 때문이다.

스페인과 벌인 1585년 이후의 전쟁은 엘리자베스 정부에 전략적·재정적 요구를 모두 가중시켰다. 영국이 취해야 할 최상의 전략으로 호킨스(Hawkins)·롤리(Raleigh)·드레이크(Drake) 등의 해군지도자들은 여왕에게 스페인 은무역의 봉쇄, 적의 해안과 식민지에 대한 공격, 전쟁을 값싸게 치르기 위해 해군력의 장점을 최대한 이용할 것—실제로 시행하기에는 때때로 문제점이 있었지만 이론상으로는 매력적인 제안이었다—을 권유하였다. 거기다가 스페인군과 싸우는 측을 돕기 위해 네덜란드와 북부 프랑스에도 지원군을 보내야 했다. 이 전략은 네덜란드의 반란자나 프랑스의 프로티스턴트들을 정말 사랑해서가 아니고 엘리자베스 자신이 말했듯이 단지『프랑스가 종말을 맞는 바로 그날이 영국 붕괴의 시작이 될 것』이라는 이유에서 채택되었다. 따라서 유럽의 세력균형은 필요하다면 군사적으로 개입해서라도 유지하는 것이 아주 중요했고 이같은「대륙개입」은 적어도 개별적 형태로는 17세기 초반까지 계속되었다. 즉 1594년 원정군이 네덜란드군에 편입되었을 당시에도 많은 영국군이 거기에 계속 주둔하였다.

펠리페 2세의 유럽구상을 견제하고 해상에서 그의 제국을 괴롭히는 두 가지 기능을 수행함으로써 영국은 유럽의 정치적 다원성을 유지하는 데 나름대로 기여하였다. 그러나 해외에 주둔한 8,000명의 병력을 유지해야 하는 부담도 만만치 않았다. 1586년 네덜란드에 보내진 자금은 모두 10만파운드를 넘었으며 1587년에는 17만 5,000파운드였는데 모두 그 해 전체지출의 약 절반에 해당하였다. 무적함대를 격파하던 해 함대에 할당된 자금은 15만파운드를 넘었다. 따라서 1580년대 말 엘리자베스의 연간 지출액은 연대 초반의 2~3배에 달하였다. 그 다음 10년간 왕실은 해마다 35만파운드 이상을 지출했고 여왕의 치세 마지막 4년 동안은 아일랜드 원정으로 말미암아 연간 평균 50만파운드 이상을 지출하였다. 왕실영지와 전매권을 매각하는 등 다른 수입원에서 자금을 마련하기 위해 노력하면서도 영국 정부는 계속 의회를 소집해서 자금의 추가승인을 요청할 수밖에 없었다. 이 추가자금(총액 약 200만파운드)이 승인되었다는 사실 그리고 영국 정부가 파산을 선언한 일도 없고 군대에 대한 지출을 결한 일도 없었다는 사실은 왕과 의회의 재간과 절약정신을 잘 말해주는 것이다. 그러나 오랜 전쟁 동안 전체제가 시련에 처하였으며 부채는 스튜어트(Stuart)왕조의 창시자에게 넘겨져 그와 그의 후계자들은 믿을 수 없는 의원과 눈치빠른 런던자금시장에 의존해야 하는 처지에 빠졌다.

재정이 주요 현안이던 1603년 이후의 40년 동안 영국 정치를 지배하게 되는 왕과 의회의 갈등의 심화를 여기에서 검토할 여유는 없다. 1620년대 유럽의 대전쟁에 대한 영국의 부적절하고 간헐적인 군사개입은 그 비용이 엄청났음에도 불구하고 30년전쟁의 국면에 거의 영향을 미치지 못하였다. 이 동안 영국의 인구·무역·해외식민지와 전반적인 부는 늘어났으나 그 어느 것도 국내안정을 확보하지 못한 국가권력에게 확실한 기반이 될 수 없었다. 오히려 함정건조세(Ship Money) ― 이론적으로는 국가의 군사력을 강화할 수도 있었다 ― 를 둘러싸고 왕과 의회가 곧 내란으로 발전함으로써 1640년대의 상당기간 영국은 유럽정치의 한 부분으로 행동할 수 없게 되었다. 여기에서 가까스로 벗어난 영국은 다시 네덜란드에 대해 격렬한 상업전쟁(1652~1654)을 벌였는데 그 전쟁은 교전국의 전쟁목적이 무엇이었건 유럽의 전반적인 균형과는 무관한 것이었다.

그러나 1650년대 크롬웰이 지배하는 영국은 이전의 어느 정부보다 성공적으로 강대국의 역할을 해낼 수 있었다. 내란중에 그가 만든 신모범군(New Model Army)으로 말미암아 마침내 영국과 다른 유럽국가 사이에 항상 존재하던 격차가 사라지게 되었다. 마우리츠 나사우와 구스타브 아돌프가 설정한 근대적인 방침에 따라 조직·훈련되고 다년간의 전투경험으로 단련된데다 규율이 확립되어 있으며 (언제나) 규칙적으로 봉급을 받는 영국군은 대단한 위력을 지니고 유럽의 세력균형에 뛰어들었는데 1658년 뒤네(Dunes)전투에서 스페인군을 격파한 것이 그 좋은 예이다. 더구나 공화국의 해군(the Commonwealth navy)은 내란 때 찰스 1세(Charles Ⅰ)에 반대하고 나섰던 덕분으로 하원(Commons)의 지원을 받으면서 1640년대 말 중흥기를 맞았다. 그 규모는 39척(1649)에서 80척(1651)으로 두 배 이상 늘었으며 봉급과 근무조건이 향상되고 건조용 도크와 병참지원이 개선되었는데 힘이 곧 이익이라는 사실을 믿고 있던 하원은 이 모든 비용을 정기적으로 승인해주었다. 그것은 마침 아주 잘된 일이었는데 왜냐하면 네덜란드와 대결한 최초의 전쟁에서 해군은 지휘관 블레이크(Blake)와 멍크(Monk)만큼이나 뛰어난 트롬프와 로이테르(de Ruyter)가 지휘하는 위세당당한 네덜란드 해군과 대결하게 되었기 때문이었다. 1655년 이후 군대를 스페인제국에 집중투입하여 계속해서 승리를 거두게 된 것은 아주 당연한 결과였다. 영국군은 아카디아(Acadia, 즉 노바스코샤〈Nova Scotia〉)를 점령하고 히스파니올라에서 한 차례 패배한 후 자메이카(Jamaica)를 점령하였다. 1656년에는 스페인 보물함대의 일부를 나포하였으며 1657년에는 카디스(Cádiz)를 봉쇄하고 산타크루스(Santa Cruz)에서 스페인 함대(flota)를 격파하였다.

 1659년 영국은 이같은 작전으로 스페인으로 하여금 프랑스와의 전쟁을 끝내도록 만들긴 했지만 여기에는 국내적인 무리가 따를 수밖에 없었다. 수익이 좋던 무역은 1655년 이후 몇년간 중립적인 네덜란드에게 빼앗겼고 스페인 해적들은 대서양과 지중해 항로를 따라 영국 상선의 풍성한 수확을 가로채갔다. 무엇보다도 7만에 달하는 육군과 대규모 해군에 대한 지출에는 막대한 비용이 들었다. 한 추계에 따르면 1657년 정부의 총지출 287만 8,000파운드 가운데 190만파운드 이상이 육군에, 74만 2,000파운드가 해군에 배정되었다. 전에 없이 가혹한 수준으로 세금을 부과하고 효과적으로 착취했지만 영국혁명 직전의『찰스 1세 시절에도 도저히 감당하지 못할 정도의 4배나』지출하고 있는 정부를 충족시킬 수가 없었다. 부채가 꾸준히 늘었고 육군과 해군의 봉급은 체불되었다. 스페인과 전쟁을 벌이는 수년 사이에 확실히 인민들은 크롬웰의 통치를 점점 싫어하게 되고 대다수의 상인계층은 강화를 요구하게 되었다. 물론 그렇다고 해서 영국이 이 전쟁으로 완전히 몰락해버린 것은 아니었다. 만약 스페인처럼 오랫동안 강대국 전쟁에 말려들었다면 틀림없이 그렇게 되었을 것이다. 영국의 대내·해외무역의 성장은 식민지와 해운에서 얻는 이익과 더불어 영국 정부가 또 다른 전쟁이 벌어질 경우 의지할 수 있는 튼튼한 경제적 기반을 마련해주기 시작하였다. 그리고 영국은―네덜란드와 함께―효과적인 시장경제를 발달시켜왔기 때문에 인구가 증가함에도 불구하고 생활수준의 향상을 유지하는 보기 드문 쾌거를 이룩하였다. 그러나 한편으로 나라의 육군과 해군의 균형을 유지하면서 다른 한편으로는 국가의 부를 도모하는 것은 여전히 중요한 일이었다. 호민관정치(Protectorate)가 끝나게 되자 이 균형은 너무 위태롭게 되었다.

영국의 부상을 또 하나의 「주변」세력인 스웨덴과 비교해보면 이러한 국가운영상의 중요한 교훈을 훨씬 더 생생하게 알 수 있다. 16세기 전기간을 통하여 북쪽에 위치한 이 왕국은 그다지 전망이 없었다. 뤼벡(Lübeck)과 (특히)덴마크에 에워싸여 서유럽으로 자유롭게 뻗어나갈 수도 없었고 동쪽 국경에서는 러시아와 계속해서 전쟁을 벌이고 있었으며 폴란드와는 수시로 관계악화에 시달림으로써 스웨덴은 그 자신을 유지하는 데만도 벅찼다. 사실 1611~1613년의 전쟁에서 덴마크에 참패당함으로써 이 나라는 팽창하기보다는 몰락할 운명처럼 보였다. 더욱이 종교적이기보다는 체제적인 국내분열에 시달려온 스웨덴은 결국 귀족에게 방대한 특권을 인정해주었다. 그러나 스웨덴의 가장 큰 약점은 경제적인 기반이었다. 광대한 영토의 대부분이 북극권의 황무지이거나 삼림이었다. 여기저기 흩어져 주로 자급자족하는 농민이 총인구 약 90만의 95%를 차지하였다. 핀란드를 합쳐도 125만 정도로 대부분의 이탈리아 도시국가들보다도 적었다. 마을도 드문데다가 산업은 거의 없는 상태였다. 「중산계급」은 거의 찾아볼 수 없었다. 물자나 용역은 주로 물물교환으로 거래되었다. 그러므로 1611년 청년 구스타브 아돌프가 왕위를 계승할 당시 스웨덴은 군사적·경제적으로 겨우 유치한 단계에 있었다.

외부적·내부적인 두 가지 요인에 힘입어 스웨덴은 이렇게 보잘것 없는 기반에서 비약할 수 있었다. 첫째는 외국의 기업인들, 특히 네덜란드인을 비롯하여 독일·왈룬인(Wallons)이 유망한「미개발」지역으로 볼 만큼 목재·철·구리광과 같은 천연자원이 풍부한 나라였다. 이 외국기업인 가운데 가장 유명한 제이어(Louis de Geer)는 스웨덴에 완제품을 팔았을 뿐 아니라 원료를 그들로부터 사들였다. 그는 또한 계속하여 제재소·제철소·공장들을 지었을 뿐 아니라 왕에게 돈을 대부해주고 주로 암스테르담을 기반으로 한 상업적「세계체제」에 스웨덴을 끌어들였다. 곧 스웨덴은 유럽 최대의 철과 구리생산국이 되었고 이것들을 수출함으로써 군사력을 양성하는 데 쓸 외화를 벌어들였다. 더구나 스웨덴은 외국의 투자와 기술에 힘입어 무기를 자급자족하게 되는 보기 드문 쾌거를 이룩하였다.

내부적 요인은 구스타브 아돌프와 그의 참모들이 도입한 일련의 널리 알려진 개혁이다. 사법·재정·조세제도 그리고 대법관에 의한 중앙통제와 교육은 이 시기에 들어 더욱 능률적이고 생산적인 면모를 갖추게 된 분야의 일부분에 지나지 않는다. 귀족들은 당파성을 버리고 공무에 봉사하게 되었다. 종교적 통일도 확립되었다. 중앙행정뿐만 아니라 지방행정도 원활하게 기능했다. 이러한 단단한 기반을 바탕으로 구스타브는 스웨덴 해군을 건설하여 라이벌인 덴마크와 폴란드로부터 해안을 방어하고 발트해를 가로지르는 해군의 항로를 확보할 수 있게 되었다. 그러나 구스타브왕의 명성은 무엇보다도 그의 획기적인 군사개혁에 있었다. 징병제도에 기초하여 국가상비군을 확충하고, 새로운 전술로 군대를 훈련하고, 기병대를 개선하고, 이동할 수 있는 가벼운 대포를 도입하였으며 끝으로 그의 지도력으로 군대에 규율과 높은 사기를 불어넣음으로써 구스타브는 1630년 여름 프로티스턴트를 지원하기 위해 북부 독일에 진격할 당시 아마도 세계 최강의 군대를 거느리게 되었다.

그같은 장점은 하나같이 모두 필요한 것들이었는데 왜냐하면 유럽전쟁은 이전 스웨덴이 이웃들과의 국지전에서 겪었던 것보다 훨씬 규모도 커지고 비용도 엄청나게 많이 들었기 때문이다. 1630년 말 구스타브는 4만 2,000명 이상의 병력을 거느렸는데 12개월 뒤 그 수는 두 배로 늘었다. 그리고 운명적인 뤼첸전투 바로 직전에는 거의 15만으로 팽창하였다. 스웨덴군이 중요한 전투마다 정예군대의 면모를 지키고 전략적 요충을 방어하는 데 배치되었지만 그만한 규모의 군대를 유지하기에는 스웨덴인은 수적으로 모자랐다. 사실 15만「스웨덴」군의 4/5는 스코틀랜드·영국·독일의 엄청나게 비싼 외국용병으로 구성되었다. 1620년대의 폴란드 개입 때도 스웨덴의 재정은 압박을 받는 처지였는데 독일과의 전쟁은 비용이 엄청난 것이었다. 그러나 스웨덴은 놀랍게도 다른 나라가 그 비용을 부담하도록 하는 데 성공하였다. 외국, 특히 프랑스의 원조는 잘 알려져 있지만 그것으로는 전비의 극히 일부를 메울 수 있는 데 불과하였다. 실질적 재원은 바로 독일이었다. 독일의 여러 공국과 자유시들은 스웨덴의 명분에 동조적인 경우 헌금을 내야 했고 적대적인 경우에는 약탈을 면하기 위해 속전(贖錢)을 내야 했다. 거기다가 스웨덴 통제하의 방대한 군대는 주둔 현지에서 막사·군량·마초를 강제로 징발하였다. 확실히 이러한 체제는 황제의 참모였던 발렌시타인이 이미 완성한 것으로 그는「헌금(contributions)」을 짜내는 정책을 펴서 10여만의 제국군대를 유지하였다. 그러나 여기에서 중요한 것은 1630년에서 1648년까지 합스부르크를 견제한 엄청난 군사력의 비용을 감당한 것은 스웨덴이 아니었다는 사실이다. 베스트팔렌조약을 맺던 바로 그 달에도 스웨덴군은 보헤미아에서 약탈에 몰두하고 있었다. 그리고 상당한「배상금」을 받고서야 철수한 것은 스웨덴군에게 완전히 어울리는 일이었다.

 이것은 스웨덴이 이룬 괄목할 만한 성과였지만 여러가지 면에서 유럽에서 점하는 사실상의 지위를 호도하는 것이었다. 스웨덴의 가공할 전쟁기구는 다분히 기생적인 것이었다. 독일에 있는 스웨덴군은 살기 위해 약탈하지 않으면 안되었다. 그렇지 못하면 군대가 반란을 일으켜 독일을 더욱 괴롭혔다. 물론 스웨덴은 자신의 해군과 자국방위 그리고 독일 이외의 여러 지역에 배치한 군대를 자기 비용으로 지탱하여야 했다. 따라서 다른 나라와 마찬가지로 스웨덴도 국가재정의 압박을 받은 나머지 왕실영지와 수입을 귀족에게 마구 내다팔아 장기적인 수입을 축소시켰다. 30년전쟁 역시 많은 인명을 희생시켰을 뿐만 아니라 농민에게 추가적인 세부담을 안겨주었다. 더욱이 스웨덴의 군사적 성공으로 발트해 건너의 여러 영토 ─ 스페인·리보니아(Livonia)·브레멘(Bremen) 그리고 포메라니아(Pomerania)의 대부분 ─ 를 획득하여 상업적·재정적으로 이익을 보게는 되었지만 평시에는 그것을 유지하고 전시에는 탐욕스런 적들로부터 방위하는 데 드는 비용이 1630년대와 1640년대의 독일 전역에 걸친 대전쟁에 드는 비용보다 훨씬 큰 부담이 되었다.

스웨덴은 1648년 이후에도 상당한 세력으로 꼽히긴 했으나 오직 지역적 차원에서 그러하였다. 사실상 칼 10세(1654~1660)와 칼 11세(1660~1697) 치하의 스웨덴은 발트해 연안에서 위세를 떨쳤다고 볼 수 있는데 그것은 덴마크를 성공적으로 견제하고 폴란드·러시아 그리고 프로이센의 상승세에 대항할 수 있었기 때문이다. 칼 11세 치하에서 절대주의로 전환함으로써 왕실재정이 확립되었고 평화시에 방대한 상비군을 양성할 수 있게 되었다. 그러나 이것은 어디까지나 선두자리에서 천천히 밀려나는 스웨덴을 강화하기 위한 조치였을 뿐이다. 로버츠(M. Roberts) 교수의 표현대로

> 한 세대 동안 스웨덴은 승리에 도취하였고 전리품으로 들떠 있었다. 칼 11세는 일상생활의 단조로움에 몰두하여 자국의 자원과 실질적 이익에 알맞는 정책을 내놓고 그것을 실천해낼 수 있도록 도모하였으며 장래 이등국으로서의 긍지와 위엄을 갖추도록 도모하였다.

이것들은 나름대로 상당한 성과였지만 유럽 전체의 맥락에서 볼 때 그 중요성은 상당히 한정되었다. 덴마크·폴란드와 브란덴부르크(Brandenburg) 못지 않게 스웨덴도 의존하고 있던 발트해 연안의 세력균형이 17세기 후반 나름대로의 목적을 가진 프랑스·네덜란드·영

국의 원조와 외교개입에 의해 그리고 1644년과 1659년에는 네덜란드 함대의 영향을 받아「교묘하게 조작된」정도를 살펴보는 것은 흥미롭다. 이같은 거대한 외교공방에서 스웨덴은 결코「꼭둑각시」국가였다고는 할 수 없지만 서양의 신흥세력들과 비교할 때 경제적으로 약소국이었으며 그들의 원조에 점점 의존하게 되었다. 1700년 무렵의 스웨덴의 해외무역은 네덜란드나 영국과 비교해 아주 적었다. 스웨덴의 국가지출은 프랑스의 1/5에 불과하였다. 물질적 기반도 이처럼 빈약한 데다가 해외식민지를 획득할 가능성도 없는 스웨덴은—사회적·행정적으로 놀라울 만큼 안정되어 있음에도 불구하고—구스타브 아돌프 시대에 잠시 누렸던 군사적 우위를 유지할 수 없었다. 그후 수십년간 사실 스웨덴은 남쪽의 프로이센과 동쪽의 러시아의 진출을 차단하기 위해서만도 전력해야 했다.

마지막 예로 이 시기의 네덜란드 세력은 스웨덴의 경우와는 현격한 대조를 보인다. 네덜란드는 혁명의 혼란한 상황 속에서 형성되고 합스부르크 속령과는 불규칙한 국경으로 나뉘어진 일곱 개의 다민족지역을 통합한 나라로서 광대한 왕조제국 일부의 또 극히 작은 일부분에 지나지 않는, 인구와 영토가 제한된 나라였음에도 불구하고 거의 1세기만에 유럽 안팎의 강대국으로 부상하였다. 네덜란드는 공화적인 과두지배체제였다는 점에서—그 선례로서 베네치아가 있다—다른 나라들과 달랐다. 그러나 가장 두드러진 특징은 세력의 기반이 무역·산업·재정의 영역에 확고하게 뿌리내리고 있다는 점이었다. 네덜란드의 군사력은 적어도 방위면에서는 확실히 가공할 만하였다. 또한 네덜란드 해군은 17세기 후반 영국에게 밀릴 때까지는 가장 능률적이었다. 그러나 이같은 군사력의 우위는 네덜란드의 국력과 영향력의 핵심이기보다는 결과였다.

반란 초기 7만 내외의 네덜란드 반란군은 유럽문제에서 크게 배려되어야 할 그런 성질의 것은 물론 아니었다. 그들 자신을 분리된 국가로 생각한 것도 수십년이 채 안되었으며 17세기 초가 되어서야 어떤 방식으로든 국경이 형성되었다. 이른바 네덜란드독립전쟁은 처음에는 산발적이었는데 여러 사회집단과 종교가 합스부르크 지배자들에게 — 때로는 타협도 하고 — 저항하면서 한편으로는 서로간에도 대립하였다. 1580년대에는 스페인의 영토를 회복하기 위한 파르마공의 뛰어난 정책이 거의 성공할 것 같이 보이던 시기가 여러 차례 있었다. 영국과 그밖의 프로티스턴트국가들의 원조와 군사지원, 영국제 총포의 대량수입과 스페인군의 여러 차례에 걸친 프랑스로의 이동배치가 아니었다면 반란은 끝나버렸을 것이다. 그러나 네덜란드의 항구와 조선소는 거의 모두 반란군이 점령하고 있었고 스페인의 해상장악이 불가능하였기 때문에 파르마공이 네덜란드를 탈환하기 위해서는 점진적인 육상포위작전을 펴야 했는데 이 포위작전은 프랑스에 대한 잦은 공격배치로 물거품이 되곤 했다.

1590년대가 되자 네덜란드는 살아남아 동부의 잃었던 대부분의 영토를 되찾을 수 있었다. 네덜란드군은 당시 수준으로는 잘 훈련되었으며 마우리츠 나사우가 지휘하였는데 그는 전술개발과 하천지대 이용에 뛰어난 당대 일류의 지휘관으로 평가되었다. 그 군대를 네덜란드군이라 부르는 것은 걸맞지 않다. 1600년 당시 43개의 영국중대, 32개의 프랑스중대, 20개 스코틀랜드중대, 11개 왈룬(벨기에)중대, 9개 독일중대 등으로 구성되었으며 네덜란드중대는 17개에 불과했다. 이같은 국적의 다양성(그러나 아주 드문 일은 아니었다)에도 불구하고 마우리츠는 자신의 군대를 일관성있는 표준화된 통일체로 만들어냈다. 어쨌든 그는 이 과정에서 네덜란드 정부의 재정지원을 받았음에 틀림없다. 정부는 가장 중요한 해군의 유지를 위해 계속해서 봉급을 규칙적으로 지불해왔는데 그의 군대는 유럽의 대부분의 나라들보다 수가 더 많았는데도 봉급이 규칙적으로 지불되었다.

네덜란드공화국의 부와 재정적 견실성을 과장하거나 지루한 전쟁, 특히 초기 단계에서 장기화된 전쟁의 전비부담이 쉬웠던 것처럼 주장하는 것은 현명치 못하다. 네덜란드의 동부와 남부 지역은 전쟁으로 말미암아 상당한 피해를 입었으며 무역이 쇠퇴하고 인구가 감소하였다. 번영한 홀란트지역에서도 세금부담은 엄청났다. 1579년에는 96만플로린의 전비를 제공했으며 1599년에는 550만플로린을 부담하였다. 17세기 초 대스페인 전쟁비용이 연간 1,000만플로린으로 치솟자 재정적 압박을 초래하지 않고 전쟁을 과연 얼마나 더 수행할 수 있겠는가 의심하는 사람이 많았다. 네덜란드에게 다행하게도 스페인의 경제 ― 거기에 따른 걸핏하면 반란을 일으키기 쉬운 플랑드르군에 대한 지불능력 ― 가 심하게 피폐하여 마드리드는 1609년 마침내 휴전에 동의하지 않을 수 없었다.

전쟁으로 네덜란드의 자원이 타격은 받았지만 고갈되지는 않았다. 사실 1590년대부터 경제는 급성장하여 정부가 모든 호전적인 국가들이 그럴 수밖에 없었던 것처럼 자금시장에 의존할 때 튼튼한「신용」기반을 마련해주었다. 이렇게 번영하게 된 명백한 이유의 하나는 일단 합스부르크의 지배가 종식되자 활발한 기업가 정신을 지닌 인구가 증가하였다는 점이다. 인구의 자연적 증가와 더불어 수만(수십만일 수도 있다)의 난민이 남쪽에서 밀려들어 왔으며 유럽 곳곳에서도 많은 사람들이 몰려들었다. 이들 이민의 대다수가 내로라 하는 숙련노동자·교사·기술자와 자본가였을 것이다. 1576년 스페인군이 앤트워프를 약탈함으로써 암스테르담은 국제무역체제에서 비약할 수 있는 호기를 잡았으며 네덜란드가 상업발전에 도움이 될 만한 기회를 하나도 놓치지 않은 것도 사실이었다. 그들은 왕성한 청어무역을 지배하고 바다의 매립을 통하여 추가적인 부의 원천을 마련하였다. 그들의 방대한 무역해운, 특히 화물선(fluyts)은 1600년이 되면서 유럽 무역수송의 대부분을 장악했다. 목재·식량·직물·소금·청어는 거의 어느 항로에서나 네덜란드 선박이 실어날랐다. 동맹국인 영국과 수많은 네덜란드 캘빈교도들이 미워할 정도로 암스테르담 상인들은 모험을 걸 만한 이윤이 있다 싶으면 철천지 원수인 스페인에도 기꺼이 물자를 공급했다. 네덜란드 본국에는 원료가 대량으로 수입되어 델프트(Delft)·라이든(Leyden) 등과 같은 암스테르담 상인들에 의해 완제품으로 제조되었다. 1622년이 되면「제당·제철·증류주조·양조·연초·견사·

도자기·유리·무기제조·인쇄·제지」등을 주종산업으로 둔 홀란트의 총인구 67만 가운데 56% 정도가 중간규모의 도시에서 생활하고 있었다는 것은 당연하였다. 이와 비교할 때 세계의 다른 지역들은 모두 경제적으로 낙후되어 있었음에 틀림없다.

네덜란드 경제의 또 다른 두 가지 측면이 군사력을 증강하였다. 첫째는 해외팽창이었다. 이러한 상업은 유럽해역에서의 대규모 원료무역과는 비교가 되지 않았지만 공화국에게는 또 하나의 자산이 되었다. 『1598년과 1605년 사이 매년 평균해서 25척이 서아프리카로, 20척은 브라질로, 10척은 동인도로 그리고 150척은 카리브해 연안으로 항해하였다. 1605년에는 암보이나(Amboina)에, 1607년에는 테르나테(Ternate)에 식민지가 건설되었다. 인도양 주변과 아마존강 입구 그리고 (1609년에는) 일본에 공장과 무역거점이 마련되었다.』영국과 마찬가지로 네덜란드 역시 1500~1700년의 세속적 세계의 주요 경향의 하나인 지중해로부터 대서양으로의 경제균형의 점진적인 이동으로 이익을 보게 되었다. 이같은 이동으로 초기에는 포르투갈과 스페인이 득을 보았으나 나중에는 세계상업의 이익을 흡수할 태세가 잘되어 있는 지역이 활성화하였다.

두번째 측면은 국제금융의 중심지로서의 암스테르담의 역할이 날로 커간 사실인데 이는 네덜란드가 유럽의 해운·외환 그리고 무역 중심지였던 만큼 자연스런 부수현상이었다. 금융거래나 제도(이자부예금·자금이체·대부·어음교환결제·일시차입)는 물론 베네치아와 제노바 등에 이미 통용되고 있는 것들과 다른 것이 없었다. 그러나 네덜란드의 무역규모를 반영하여 고도의 확실성—그것은 주된 투자자가 정부로서 건전한 화폐, 확실한 신용, 정확한 상환의 원칙을 고수하려고 노력하였기 때문에 더욱 그러하였다—을 가지고 대규모로 시행되었다. 이 모든 사실들로 말미암아 정부는 언제나 공채자금을 동원할 수 있었고 네덜란드공화국은 자신의 라이벌보다 유리한 고지를 차지할 수 있었다. 또 부채를 신속하게 상환하였기 때문에 이자율이 고정되어서 어느 나라의 정부보다도 싼 비용으로 자금을 차입할 수 있었다는 사실은 17세기뿐 아니라 어느 시대에나 큰 장점이 아니겠는가.
 이같이 쉽게 자금을 동원할 수 있는 능력은 1621년 스페인과의 적대관계가 재발되면서 더욱 중요해졌는데 그것은 군사비용이 1,340만플로린(1622)에서 1,880만플로린(1640)으로 꾸준히 늘었기 때문이다. 이것은 많은 인구를 가진 나라도 감당하기 힘든 액수인데다 전쟁으로 인한 직접적인 손실이나 무역을 제3자에게 잃게 되는 손실 등 네덜란드의 해외무역이 피해를 보고 있는 상황에서는 더욱 그러하였다. 따라서 가급적 전쟁부담의 많은 부분을 공채로 메우는 것이 정치적으로 훨씬 용이했다. 비록 이로 인해 부채가 대량으로 늘었지만—홀란트의 경우 1651년 1억 5,300만 플로린이었다—나라의 경제력과 이자상환에 대한 배려는 신용제도가 결코 몰락의 위험에 있지 않음을 입증해주었다. 이 사실은 아무리 부유한 나라도 전비의 지출에는 주춤할 수밖에 없음을 보여주는 동시에 전쟁의 승리가 재력에 좌우되는 한 네덜란드는 언제나 상대를 능가할 수 있음을 확인해주었다.

전쟁·돈 그리고 국민국가

 이제 이 장의 주된 결론들을 요약해보기로 하자. 1450년 이후의 전쟁수행은「국민국가의 탄생」과 밀접하게 관련되어 있다. 15세기 말과 17세기 말 사이에 대부분의 유럽국가들은 군주(지방군주 또는 상인의 과두체제인 경우도 있지만) 아래 정치적·군사적 권위가 중앙집권화되고, 힘이 증대하고, 국가징세수단이 확립되었으며, 왕이「국민들의 모든 것」이고 국민군이 봉건적 징집으로 유지되던 때보다 훨씬 세련된 관료기구가 나라를 이끌게 되었다.
 유럽의 국민국가가 등장하게 된 배경은 여러가지로 설명할 수 있다. 경제발전이 낡은 봉건질서의 많은 부분을 이미 침식해버렸으며 상이한 사회집단들이 새로운 형태의 계약과 의무에 의해 서로 얽히게 되었다. 통치자의 종교적 선호에 따라 기독교세계를 분할함으로써 종교개혁은 국가적 권위와 종교적 권위를 융합하고 국가에 기반을 둔 세속주의를 확대해나갔다. 라틴어가 소멸하고 정치가·법률가·관료와 시인들이 토착어를 사용하는 경향이 증대됨에 따라 이 세속화경향은 더욱 가속되었다. 커뮤니케이션 수단이 개선되고 상품교환이 더욱 확대되었으며 인쇄술의 발명과 해외발견으로 다른 인간뿐 아니라 상이한 언어·취향·문화관습과 종교에 대한 관심이 제고되었다. 그같은 상황에서 당시의 많은 철학자와 작가들이 국민국가를 문명사회의 최고의 자연적인 형태로 생각했으며 국민국가의 힘은 제고되고 그 이익은 수호되어야 하며 지배자와 피지배자는 — 그들이 어떤 체제를 지니고 있건 — 공동의 국가적 목적을 위해 협조해야 한다고 생각한 것은 당연하였다.

그러나「국가건설」에 대한 긴급하고도 지속적인 압력이 된 것은 이같은 철학적 고려나 서서히 싹튼 사회적 경향이기보다는 전쟁과 그 결과였다. 유럽의 많은 왕조들은 군사력으로 국내의 유력자들 위에 군림할 수 있었으며 정치적 통일과 권력을 유지할 수 있었다(때로는 귀족들에게 양보해야 될 때도 있었지만). 군사적 요인 — 나아가 지정학적 요인 — 으로 이같은 새로운 국민국가의 국경이 형성되었는데 빈번한 전쟁으로 영국인은 스페인인을 미워하고 스웨덴인은 덴마크인을 증오하는가 하면 네덜란드 반란세력은 전날의 합스부르크 지배자들을 미워하게 되는 부정적인 형태의 민족의식이 싹트게 되었다. 무엇보다도 전쟁 — 그리고 특히 보병과 비용이 많이 드는 요새와 함대의 발달을 가져온 새로운 전쟁술 — 으로 말미암아 호전적인 국가는 전보다 훨씬 많은 비용을 지출할 수밖에 없었으며 그만한 돈을 충당하기 위한 재원을 모색하지 않으면 안되었다. 정부지출의 전반적 증가현상이나 세수입을 위한 새로운 기구 또는 근대초기 유럽의 왕과 유력계급들의 관계변화를 나타내는 표식은 군사충돌의 핵심적인 중요성이 환기되고서야 본격적으로 나타났다. 엘리자베스 치세 말기 수년간의 영국이나 펠리페 2세 치하의 스페인에서는 정부 총지출의 3/4이나 되는 금액이 전비 또는 지난 전쟁의 부채상환에 충당되었다. 육·해군에 대한 집중투자가 새로운 국민국가의 존재이유였던 것은 아니었지만 가장 비용이 많이 들고 급박한 활동이었던 것은 틀림없다.

그렇다고 16~17세기의 세수증대・군대유지・함대건설・작전명령과 전투지휘의 기능들이 말하자면 1944년의 노르망디(Normandie)상륙작전식으로 수행된 것처럼 생각한다면 그것은 잘못이다. 앞서의 분석에서도 드러났듯이 근대 초기 유럽의 군사기구는 부담이 크고 비효율적이었다. 이 시기에 군대를 훈련시키고 통제하는 일은 몹시 어려운 사업이었다. 망나니 사병, 언제 배신할지 모르는 용병, 불충분한 보급, 수송의 곤란함, 규격화가 안된 무기들은 지휘관들에게 절망감을 안겨주었다. 충분한 자금이 군사적 목적에 배당되었다 해도 부정과 낭비로 탕진되었다.

그러므로 군대란 알 수 없고 믿을 수 없는 국가기구였다. 언제나 많은 무리들이 보급부족이나 심지어는 봉급체불 때문에 통제권을 벗어나 헤매었다. 1572년과 1607년 사이 플랑드르군은 46차례나 반란을 일으켰다. 독일내의 스웨덴군이나 크롬웰의 신모범군같은 막강한 군대도 역시 그러하였다. 리셜리외는 그의 「정치적 유언(Testament Politique)」에서 다음과 같이 신랄하게 꼬집었다.

> 많은 군대가 적의 공격이 아니라 욕망과 무질서 때문에 붕괴되었음은 역사가 증명한다. 내가 그 출발을 지켜본 모든 사업들이 바로 그 점 하나만을 결여하고 있다니 안타까운 일이다.

이같은 봉급과 보급의 문제는 여러 형태로 군사작전에 나쁜 영향을 미쳤다. 한 역사학자는 구스타브 아돌프가 뛰어난 이동공격을 펼친 것은 클라우제비츠(Karl von Clausewitz)식의 군사전략에 따른 결과라기보다는 다만 그 방대한 군사력에 필요한 식량과 마초를 구해야 하는 단순한 필요 때문이었다고 주장했다. 나폴레옹의 격언이 있기 훨씬 이전에 이미 사령관들은 군대가 식량을 찾아 행군한다는 사실을 알고 있었다.

그러나 이같은 물질적 제약이 국가적 차원, 특히 전비 마련에도 마찬가지로 존재하였다. 이 시기의 제아무리 번영한 나라도 장기전의 비용을 즉시 지출할 수는 없었다. 아무리 새로운 세금을 거두어들여도 정부의 수입과 지출 사이에는 항상 틈이 생겨서—푸거가와 같은 개인 금융업자라든가 또는 나중에는 정부공채를 취급하기 위해 공식적으로 조직된 자금시장을 통한—대부금으로 메울 수밖에 없었다. 계속해서 전비가 치솟음에 따라 군주들은 부채상환을 이행치 못하였으며 화폐를 남발하거나 다른 절망적인 수단을 시도함으로써 단기적으로는 극복할 수 있었지만 장기적으로는 불이익을 초래할 수밖에 없었다. 사령관들이 군대의 기강을 세우고 말을 먹이기에 필사적이었듯이 근대 초기의 정부들은 그날그날 간신히 꾸려나가는 데 급급하였다. 사유지에는 특별세를 물려 못살게 굴고 부자와 교회에게는「덕세」를 강요했으며 은행가와 화약납품업자를 수탈하고 외국의 보물선을 약취하며 많은 채권자를 거느리고 사는 등 일련의 지속적인 행태는 이 시대의 통치자와 그의 관리들이 피할 수 없는 것이었다.

따라서 이 장에서 주장하고자 한 것은 합스부르크가 다른 나라들이 찬연하게 해낸 일에 완전히 실패했다는 점이 아니다. 여기에 든 증거로는 확연하게 대조가 되지 않는다. 성공과 실패는 아주 미세한 차이밖에 없다. 모든 나라들 심지어 네덜란드연방까지도 육·해전에 계속해서 들어가는 자원 때문에 시달렸다. 재정의 압박, 군대의 반란, 보급의 차질, 무거운 세금에 대한 국내저항을 겪지 않은 나라는 없었다. 전쟁은 제1차세계대전 때와 마찬가지로 이 시대에도 지구력의 싸움이어서 교전국들을 점점 지치게 만들었다. 30년전쟁의 마지막 10년 동안 동맹의 양쪽 모두 문자 그대로 인력과 자금면에서 바닥났기 때문에 구스타브와 발렌시타인이 이끄는 군대만큼 큰 병력을 전투에 배치할 수 없었다는 것은 주목할 만하다. 반합스부르크 진영의 승리는 근근이 얻은 상대적인 것이었다. 그들은 합스부르크 진영보다 물질적 기반과 군사력의 균형을 가까스로 맞추는 데 조금 나았을 뿐이었다. 적어도 일부 승리자들은 장기전에서는 국가의 부를 마구잡이로 동원할 것이 아니라 조심스럽게 이용해야 한다는 것을 깨닫게 되었다. 또한 이들은 소극적으로나마 상인·제조업자와 농민이 기병장교나 창병 못지 않게 중요하다는 사실을 인정했다. 그러나 그들이 경제적 요소를 제대로 평가하고 더 낫게 운용할 수 있는 여유는 거의 없었다. 후일 웰링턴공의 말을 빌리자면 그것은 『귀찮게 따라붙는 군더더기(damned close-run thing)』였던 것이다. 대부분의 대전쟁이 그러하다.

3

재정·지리적 위치와 전쟁의 승리, 1660~1815

　물론 피레네조약의 체결은 유럽강대국들의 라이벌대결에 종지부를 찍은 것도 아니고 전쟁에 의한 대립해소의 관례를 무너뜨린 것도 아니었다. 그러나 1660년 이후 150년 동안에 일어난 국제분쟁은 앞선 150년 동안의 국제분쟁과는 몇 가지 아주 중요한 측면에서 달랐다. 그것은 국제정치 발전상의 더욱 진보된 단계를 반영하는 새로운 변화였다.

　1660년 이후에 나타난 강대국들의 가장 중요한 특징은 유럽국가들의 진정한 다극체제의 성숙이라 할 수 있는데 이들 국가는 초국가적인 종교적 명분이 아니라 점차적으로 「국가이익」을 바탕으로 전쟁이냐 평화냐를 결정하였다. 이것은 분명히 즉흥적이거나 절대적인 변화는 아니었다. 1660년 이전의 유럽국가들도 분명히 세속적 이해를 염두에 두고 움직였으며 18세기의 많은 국제분쟁도 종교적 편견이 부채질한 것이 사실이다. 그러나 1519~1659년 시대 — 즉 합스부르크 세력의 추축인 오스트리아·스페인이 프랑스를 포함한 프로티스턴트 국가동맹과 싸운 시기 — 의 주된 특징은 사라지고 단기적·가변적인 동맹이라는 훨씬 유연한 체제로 대치되었다. 지난 전쟁에서 적이었던 국가가 다음 전쟁에서는 우방이 되는 수가 허다했으므로 정책결정도 내면에 깊이 자리잡은 종교적 신앙보다는 계산된 실리정치(realpolitik)에 중점을 두게 되었다.

이 가변적인 다극체제의 속성인 외교와 전쟁의 파동은 새롭지도 않고 어느 시대에나 있기 마련인, 이른바 한 나라의 부상과 다른 나라의 몰락이라는 현상으로 더욱 복잡해졌다. 1660~1661년 루이 14세가 완전히 대권을 장악한 이후 1815년 나폴레옹이 위털루전투 끝에 항복한 150년 동안 과거의 주도국가들(오토만제국·스페인·네덜란드·스웨덴)은 이등국가로 전락했으며 폴란드는 완전히 쇠퇴하였다. 오스트리아 합스부르크는 세습영지에서 여러가지 영토와 구조의 조정을 통하여 일등국가로 남는데 성공했다. 독일의 북부에서는 브란덴부르크-프로이센이 보잘것없는 상황에서 출발하여 역시 일등국가로 비약했다. 서부에서는 프랑스가 1660년 이후 군사력을 증강하여 유럽의 최강국이 되었다 — 많은 관측자들에게 그것은 반세기 전의 합스부르크 세력의 등장처럼 위풍당당한 것이었다. 프랑스의 중서부 유럽에 대한 지배력은 일련의 장기전쟁 동안(1689~1697, 1702~1714, 1739~1748, 1756~1763) 바다 건너와 대륙 이웃의 동맹에 의해서만 견제되었을 뿐이다. 그러나 프랑스의 중서부 유럽에 대한 지배 가능성은 프랑스가 일련의 군사적 승리를 거둔 나폴레옹 시대에 다시 대두되었지만 다른 4대 강대국의 동맹에 의해 저지되었다. 1815년의 패배에도 불구하고 프랑스는 여전히 주도국가의 하나로 남았다. 그러므로 18세기가 되자 서쪽의 프랑스와 동쪽의 두 독일국가인 프로이센·합스부르크제국 사이의 대체적인 삼각균형이 유럽의 핵심지대에 서서히 자리잡게 되었다.

그러나 이 세기에 강대국체제에서 일어난 정말로 중대한 변화는 유럽의 주변, 나아가 훨씬 먼 곳에서 일어났다. 몇몇 유럽국가는 서서히 열대지방의 작고 위태로운 속령을 벗어나 훨씬 광대한 영역, 특히 인도 또는 동인도제도·남부 아프리카와 오스트레일리아에까지 팽창하였다. 이들 식민국들 가운데 가장 성공적인 경우는 영국이었는데 제임스 2세(James Ⅱ)가 윌리엄과 메리(Mary)로 교체된 이후 국내적으로 「안정되자」 엘리자베스여왕 시절에 다져놓은 유럽 최강의 해양국가로서의 잠재력을 서서히 발휘하기 시작했다. 1770년대에 풍요롭던 북아메리카의 식민지에 대한 통제를 상실하였지만 — 그것으로 가공할 방위력과 상당한 경제력을 지닌 독립된 미국이 탄생하였다 — 영국의 세계적 영향력의 증대가 일시적으로만 주춤했을 뿐이다. 마찬가지로 주목할 것은 러시아의 성취로서 18세기를 통하여 러시아는 동으로 남으로 아시아의 대초원지대를 넘어 팽창하였다. 더구나 유럽의 서부와 동부에 치우쳐 있음에도 불구하고 영국과 러시아는 중부 유럽의 운명에 깊은 관심을 가지고 있었다 — 영국은 하노버(Hanover)가와의 왕실관계(1714년 조지 1세〈George Ⅰ〉의 계승에 따른 것) 때문에 독일문제에 끼어들었고 러시아는 이웃 폴란드의 운명에 상전행세를 하려했다. 대체로 런던과 페테르스부르크(Petersburg) 정부는 유럽대륙의 세력균형을 원하였으며 자신들의 이익에 부합되는 세력균형을 유지하기 위해 줄곧 개입하려 들었다. 다시 말해 유럽의 국가체제는 5대 강대국 — 프랑스・합스부르크제국・프로이센・영국 그리고 러시아 — 을 중심으로 사보이와 같은 약소국과 스페인과 같은 몰락하는 국가를 거느린 형상이었다.

그런데 무엇 때문에 이 다섯 강대국이 — 분명히 그만한 수준의 국력을 가진 것도 아니데 — 특별히 「메이저리그(major league)」국가로 될 수 있었을까? 순군사적인 설명만으로는 많은 것을 알 수 없다. 예컨대 이 시기의 강대국의 흥망이 주로 한 나라만을 이롭게 할 수 있는 육군 또는 해군의 기술에 좌우되었다고는 믿기 어렵다.* 물론 소규모의 무기개량이 많이 이루어졌다. 화승총(원형총검이 붙은)의 등장으로 전장에서 창병이 사라졌다. 특히 1760년대에 프랑스의 그리보발(Gribeauval)이 설계한 신형이 나오면서 대포의 기동성이 크게 향상되었다. 캐러네이드(carronade, 1770년대 말 스코틀랜드의 캐런회사가

＊ 예컨대 1860년 이후 등장한 증기추진 전함으로 영국(석탄이 풍부했다)은 프랑스(석탄이 부족했다)에게 유리할 수 있었다.

처음 만들었다)로 알려진 구경이 크고 포신이 짧은 함포 역시 군함의 파괴력을 향상시켰다. 전술사상에도 큰 발전이 있었는데 그 배후에는 18세기 말 인구와 농업생산량의 꾸준한 증가로 보다 큰 단위부대(사단과 군단)의 편성이 가능했으며 풍부한 농장의 기반 위에 쉽게 유지될 수 있었다. 그러나 1815년의 웰링턴 군대는 1710년의 말버러(Marlborough) 군대보다 크게 달라진 것이 없었고 넬슨(Nelson) 함대 역시 루이 14세의 군함과 조우하던 함대보다 기술면에서 크게 향상된 것이 없었다고 하는 것이 타당하다.

사실 18세기 동안 육군과 해군 분야에 나타난 가장 중대한 변화를 꼽는다면 아마도 국가활동의 적극화에서 비롯된 조직의 분야일 것이다. 이같은 전환의 본보기는 루이 14세(1661~1715) 치하의 프랑스인데 콜베르・르텔리에 등의 각료들은 대내적으로 왕의 권력을 증대하고 대외적으로 왕의 영광을 드높이는 데 열성적이었다. 프랑스 국방부가 창설되어 관리들은 군대의 재정・보급과 조직을 점검하고 마르티네(Martinet)가 감사원장으로서 훈련과 군기에 관한 새로운 기준을 마련하였다. 막사・병원・연병장 그리고 각종 지상창고가 태양왕의 거대한 군대를 유지하기 위해 세워졌고 아울러 중앙집권식으로 조직된 거대한 함대가 창설되었다. 이 모든 것들로 인해 다른 나라들도 살아남기 위해서는 이를 따를 수밖에 없는 상황이 되었다. 국가에 의한 군사력 독점과 관료화는 분명히 「국가건설(Nationbuilding)」의 역사의 핵심부분이 된다. 이 과정은 호혜적인데 그것은 국가의 권력과 재원이 강화되면서 군대는 1세기 전에는 그다지 누릴 수 없었던 상당한 정도의 항구성을 부여받았기 때문이었다. 「직업적」인 「상비」군과 「왕립」해군이 있었을 뿐 아니라 사관학교・병영・선박수리창 등의 훨씬 발전된 하부구조가 행정관리들에 의해 운영되었다.

동유럽의 계몽전제나 영국의 의회지배 또는 나중의 혁명 프랑스의 선동세력을 통해 표현되건간에 힘은 이제 국가적 힘을 뜻하였다. 반면 이런 조직상의 개혁들은 다른 국가들에 의해 재빨리 모방되었는데 (1698년 이후 20년 동안에 이루어진 표트르대제〈Pyotr Ⅰ〉에 의한 러시아군의 대개혁은 가장 극적인 예이다) 막상 자신들은 자신의 강대국 지위를 보장할 아무런 조치도 강구하지 않았다.

1660~1815년의 기간 동안 강대국들이 점유한 상대적 지위를 설명함에 있어 이같은 순군사적인 발전보다 훨씬 중요한 두 가지의 다른 요소—재정과 지리적 위치—가 있다. 이 두 가지를 종합해보면—흔히 두 요인이 상호작용했기 때문에—이 시기에 일어난 수많은 전쟁 승패의 언뜻 보기에 복잡한 양상을 다소 넓게 이해할 수 있다.

「금융혁명」

앞 장에서 설명했듯이 재정과 국가예산을 마련해주는 생산적인 경제기반의 중요성은 르네상스 시대의 군주들도 확연히 간파하고 있었다. 방대한 군사체제와 전투함대를 거느린 18세기의 구제도(ancien régime) 군주국가의 부상에 따라 정부는 경제를 돌보고 필요한 자금을 조달·관리할 금융제도를 설립할 필요성이 증대하였다. 더구나 1689년에서 1815년 사이에 영국과 프랑스가 벌인 7차례의 전쟁과 같은 큰 싸움은 제1차세계대전과 마찬가지로 지구력의 싸움이었다. 따라서 승리는 신용을 유지하고 자금을 계속해서 동원할 수 있는 능력이 더 큰 강대국—또는 영국과 프랑스 모두 언제나 동맹국이 있었으므로 강대국 동맹—쪽으로 돌아가기 마련이었다. 단순히 동맹전쟁이란 사실 때문에 그들의 지구력이 증대되었는데 그 이유는 교전국들은 자원이 바닥나면 더 강한 동맹국에게 자금과 지원을 구하여 전쟁을 계속했기 때문이다. 그처럼 비용이 많이 드는 소모전의 경우 교전국이 처절하게 원했던 것은—옛 속담 그대로—『돈, 돈 그리고 또 돈』이었다. 17세기 말과 18세기 초의 이른바「금융혁명(financial revolution)」의 배경에는 바로 이같은 요구가 있었는데 당시 일부 서유럽 국가들은 전비마련을 위해 비교적 정교한 금융제도를 개발하였다.

이 시기의 금융발전에는 두번째의 비군사적 원인이 있었음이 사실이다. 이 무렵, 특히 1693년 포르투갈령 브라질에서 금광이 발견되기 이전 수년간의 만성적인 향료부족이 그것이다. 17세기와 18세기 유럽의 동방무역이 늘면 늘수록 무역적자를 메우기 위한 은의 유출이 많아짐에 따라 무역상인과 중개인들은 어디에서나 한결같이 은화의 부족 때문에 애를 먹었다. 게다가 유럽의 상업, 특히 의류와 해군 군수품과 같은 필수품의 무역이 꾸준히 늘어나는 한편 중세 유럽의 계절적 시장이 상설 교환중심지로 대치됨으로써 금융결제의 규칙성과 예상가능성이 증대하고 따라서 어음과 전표가 더욱 활용되었다. 특히 암스테르담과 런던·리옹(Lyon)·프랑크푸르트 등의 도시에서는 고리대업자·상품거래인·금은세공인(때로 대부도 취급하였다)·어음상인 그리고 날로 늘어가는 주식회사의 주식을 다루는 중개인이 무리로 있었다. 르네상스 시대에 이미 이탈리아에 출현한 은행 실무를 받아들여 이러한 개인과 금융기관은 근대 초기의 세계경제를 뒷받침하기 위한 국내외 신용구조를 꾸준히 만들어나갔다.

그러나 뭐니뭐니 해도 유럽의 「금융혁명」을 부채질한 가장 크고 지속적인 자극요인은 전쟁이었다. 펠리페 2세 때와 나폴레옹 때의 재정부담의 차이는 정도의 차이라 하기에는 너무도 엄청난 것이었다. 16세기의 전비는 수백만파운드 정도였다. 17세기 후반에는 그것이 수천만파운드로 상승하고 나폴레옹전쟁 말기에는 주요 전투에 드는 비용이 보통 연간 1억파운드에 달했다. 경제적 의미에서 볼 때 강대국간의 끈질기고 빈번한 충돌이 서양의 상업과 산업의 발전을 저해하기보다는 촉진하였는지의 여부는 쉽게 답하기 어렵다. 이에 대한 완벽한 해답은 한 나라의 절대적인 성장을 긴 분쟁 전후의 상대적 번영과 힘과 무관한 것으로 평가할 것인가의 여부에 상당히 좌우된다. 분명한 것은 가장 번영하고 근대화된 18세기 국가들도 이 당시의 전비를 경상수입으로 즉각 감당할 수 없었다는 사실이다. 더구나 중세는 세금을 거두어들일 기구를 갖추었다 해도 국내의 저항을 유발할 공산이 컸으며 이는 모든 정부가 두려워하는 바였다—특히 외부의 도전이라도 있을 경우에는 더욱 그러하였다.

따라서 정부가 전쟁을 적절히 지원할 수 있는 유일한 방법은 차입

―공채와 관직을 팔거나 아니면 국가에 돈을 납입한 모든 사람에게 이자부 양도성 장기증권을 매각하는 것―이었다. 자금의 입수가 확실해지고서야 관리들은 군납업자·식료품상인·조선업자 그리고 군인들에게 지불을 보장할 수 있었다. 방대한 양의 자금을 조달함과 동시에 지출하는 양면체제는 많은 점에서 서양의 자본주의와 국민국가의 발전을 부채질하는 풀무와 같았다.

후세사람들에게는 이런 것들이 아주 자연스럽게 보일 수도 있겠지만 중요한 것은 그러한 체제가 성공하려면 두 가지의 핵심적인 요건이 충족되어야 한다는 점이다. 즉 적절하고 효과적인 자금조달 장치와 금융시장에서의 정부「신용」의 유지가 그것이다. 당연하게도 네덜란드는 두 가지 면에서 모두 가장 앞섰다. 그곳의 상인들은 정부에 속해 있어 이들은 국가업무가 예컨대 주식회사운영에 적용되는 것과 같은 금융업무의 정확성에 따라 집행되기를 바랐다. 따라서 정부지출을 맞추기 위해 세금을 효율적이고 정기적으로 인상하던 네덜란드 의회는 이자율을 아주 낮게 책정하여 상환액을 낮은 수준으로 유지할 수 있었다. 이 제도는 암스테르담의 왕성한 금융활동으로 훌륭하게 보강되어 곧 네덜란드는 어음결제·현금교환·신용공여에 관해 국제적 명성을 얻게 됨으로써 장기적인 국가부채도 완전히 정상적인 것으로 간주되는 구조―그리고 분위기―가 자연히 형성되었다. 이리하여 암스테르담은 네덜란드의「잉여자본」의 중심지가 되어 곧 외국회사의 주식에 투자하기에 이르고 무엇보다도 중요한 것은 외국 정부들이 특히 전시에 발행한 각종 공채를 인수할 수 있었다는 사실이다.

당초에 활기찬 상업적·생산적 기반의 지원이 없었다면 네덜란드는 대륙의 금융중심지가 될 수 없었을 것은 분명하지만 이런 활동들이 네덜란드 경제에 미친 영향이 무엇인지 여기서 살펴볼 필요가 없다. 더구나 아주 장기적인 결과로는 손해가 된 점도 있었다. 즉 공채로부터 들어오는 꾸준한 수입으로 네덜란드는 제조업 경제를 떠나 금리생활(rentier)경제에 빠져 18세기 후반이 되면 이곳 은행가들은 모험적인 대규모 산업투자를 꺼리는 경향을 보였다. 한편 공채를 쉽게 발행할 수 있는 탓에 결국 네덜란드 정부는 엄청난 빚더미에 올라앉게 되고 소비세로 그것을 변제하는 바람에 부르는 것이 임금이요, 부르는 것이 가격이었다.

우리의 논의상 더 중요한 것은 외국 정부에 대한 차관을 인수할 때 네덜란드 정부는 신청국의 재정적 견실성과 신용도를 중시하고 종교나 이데올로기에 대해서는 별로 신경을 쓰지 않았다는 사실이다. 따라서 러시아·스페인·오스트리아·폴란드 그리고 스웨덴과 같은 유럽강대국들에 대한 차관조건은 그들의 경제적 능력, 금융업자에게 제시한 담보물, 이자와 프리미엄의 상환실적 그리고 궁극적으로는 강대국 전쟁을 견디어내고 부상할 수 있는 가능성의 척도로 볼 수 있다. 그러므로 18세기 말의 폴란드 정부채권의 폭락과 이와 대조적으로 수십년간 지속되어온 오스트리아 신용의 놀라운 ― 자주 간과되었지만 ― 강세는 이들 나라의 상대적인 지구력을 반영하였다.

그러나 재정능력과 권력정치의 결정적인 연관성에 관한 가장 좋은 본보기는 이 시기의 두 최대 라이벌인 프랑스와 영국의 관계라 할 수 있다. 양국의 분쟁의 결과가 유럽 전체의 균형에 영향을 주었기 때문에 그들의 경험을 다소 길게 알아보는 것이 좋겠다. 18세기의 영국은 상공업이 단단히 뿌리내리고 집요하게 성장한데다 재정신용도는 탄탄하며 유연하고 상승적인 사회구조였는데 반해 구제도의 프랑스는 실속없이 위험하기만 한 군사적 오만에 빠져 있으며 경제는 낙후되고 엄격한 계급제도를 기반으로 하고 있었다는 전통적 관념은 더 이상 지탱되기 어려울 것이다. 어떤 면에서는 프랑스의 세제가 영국의 세제보다 더 진보되어 있었다. 또한 어떤 면에서 18세기 프랑스의 경제는 비록 석탄과 같은 기간품목의 자원밖에 가진 것이 없었지만 산업혁명으로 도약할 조짐을 보였다. 프랑스의 군비생산은 상당한 수준이었고 수많은 노련한 기술자와 몇몇 내로라 하는 기업체도 있었다. 훨씬 많은 인구와 고도의 집약농업을 배경으로 한 프랑스는 이웃한 섬나라 영국보다는 훨씬 부자였다. 정부수입이나 군대의 규모에서도 프랑스는 서유럽의 어떤 라이벌도 압도하였다. 통제경제(dirigiste) 체제는 정당을 기반으로 하는 영국 정부에 비해 훨씬 큰 응집력과 혜안을 지녔다. 따라서 18세기의 영국인들은 영국해협 건너의 프랑스를 응시할 때마다 자기 나라의 강점보다는 상대적 약점을 절감하였다.

그럼에도 불구하고 영국의 체제는 재정 부문에서 결정적인 강점을 가지고 있어서 전시에는 국가의 힘을 제고하고 평화시에는 정치적 안정과 경제적 성장을 이룰 수 있었다. 영국의 전반적인 세제는 프랑스─즉 직접세보다는 간접세에 크게 의존하였다─보다 뒤떨어져 있었던 것은 사실이지만 특정한 양상으로 말미암아 인민들의 원성은 훨씬 적었다. 예컨대 영국에는 프랑스와 같은 세금징수청부인・세리와 중개인들이 없었다. 영국의 과세는 거의가「보이지 않는(invisible)」(많은 기본품목에 대한 소비세) 형태이거나 외국인을 겨냥(관세)했다. 영국에는 국내 통행세가 없었으므로 프랑스 상인들은 사기가 저하하였고 상업의 발달이 저해되었다. 영국의 토지세─18세기 거의 전기간을 통해 주된 직접세였다─는 어떤 면세특권도 없었으며 이 또한 사회의 대부분에게는「보이지 않는」것이었다. 더구나 각종 세금은 선출된 의회에서 토의된 후 승인되었는데 영국 의회는 많은 약점이 있음에도 불구하고 프랑스의 구제도보다는 훨씬 대의적이었다. 여기에 1700년 영국의 1인당 소득이 이미 프랑스를 앞서 있었다는 또 한 가지 중요한 점을 덧붙여 생각할 때 영국인들이 비교적 많은 세금을 자진해서 내려 했으며 지불능력이 있었다는 것은 그다지 놀라울 것이 없다. 마지막으로─통계적으로 입증하기는 어려우나─영국의 비교적 가벼운 직접세 부담은 부유계층의 저축경향을 증대시켰을 뿐 아니라(그럼으로써 평화시기 동안 투자자본을 축적할 수 있었다) 전시에는 과세할 수 있는 광범한 자산을 축적시켰다. 즉 전시에는 고율의 토지세가 그리고 1799년에는 직접적인 소득세가 비상시의 자금염출을 위해 도입되었다. 이렇게 해서 나폴레옹전쟁 때는 인구가 프랑스의 절반도 안되는 영국의 세수입이 절대액에서 사상 처음으로 매년 프랑스를 능가했다.

그같은 성취가 대단한 것이기는 해도 영국과 프랑스의 공적 신용도의 중요한 차이는 더욱 괄목할 만하다. 왜냐하면 실제로 18세기 대부분의 분쟁의 경우 추가전비를 위한 특별재정의 거의 3/4은 공채로 마련하였기 때문이다. 무엇보다도 이 점이 영국의 결정적인 강점이었다. 첫째는 제도적 기틀의 개선을 통해 효과적인 방식으로 장기공채를 발행하는 한편 부채에 따른 이자를 정기적으로 상환할 수 있었다. 1694년 잉글랜드은행(Bank of England)의 창설(처음에는 전시의 편의를 위한 것이었다)과 얼마 후에 나타난 국가부채의 조정 그리고 한편으로는 증권거래의 활성화와「지방은행」의 성장이 정부와 기업을 지원할 자금공급을 촉진하였다. 혹독한 인플레이션이나 신용의 실추를 수반하지 않고 여러가지 유가증권의 활성화는 경화부족 시대에 대단한 역할을 하였다. 그러나 과세권한이 있는 다음 의회에 의해 국가의 상환의무가 보장되지 않거나 수상 — 월폴(Robert Walpole)에서 소(小)피트(William Pitt)에 이르기까지 — 이 각별히 은행가들과 국민을 상대로 자신도 금융적 정직성과「경제적인(economical)」정부의 원칙을 따를 것이라고 설득하는 노력을 등한시했다든지 또는 꾸준하고 경우에 따라서는 경이적인 상공업의 발전으로 관세와 소비세 수입이 함께 증가하지 못했다면 영국의「금융혁명」은 성공하기 어려웠을 것이다. 전쟁이 일어나도 왕립해군이 영국의 해외무역은 보호하는 한편 적의 무역을 차단함으로써 번영이 중단되는 법이 없었다. 영국의「신용」이 초기의 불투명함과 만만치 않은 정치적 저항 그리고 1720년의 유명한 남해포말사건(South Seas Bubble, 증권파동)같은 금융위기에도 불구하고 버틸 수 있었던 것은 그같은 확고한 기반 때문이었다. 한 역사학자는 이렇게 지적하였다.『영국 공공재정 운영은 여러 약점이 있었음에도 불구하고 18세기가 끝날 때까지 여전히 유럽의 어느 나라보다도 더 정직하고 더 능률적이었다.』

  그 결과 금리가 계속 떨어졌을 뿐 아니라* 영국의 정부공채는 외국, 특히 네델란드 투자가들의 인기를 모았다. 암스테르담시장에서의

---

* 오스트리아계승전쟁(1739~1747) 당시 영국정부는 3~4%의 이자율로 거액을 차입하였는데 이는 말버러 당시 통상이자율의 절반수준이었다.

증권거래는 영국·네덜란드의 상업·금융적 연관관계의 중요한 고리였으며 양국의 경제에 큰 영향을 미쳤다. 권력정치의 관점에서 이같은 관계의 효용성은 대프랑스 전쟁의 동맹국 네덜란드가 거북한 중립으로 돌아섰을 때도 네덜란드의 자원은 계속해서 영국을 도우러 투입된 바로 그 점에 있었다. 오직 미국의 독립전쟁 때—중요한 것은 이 전쟁 때 영국의 육·해군과 외교·무역의 약점이 가장 두드러지고 따라서 신용도가 최저로 떨어졌다—영국이 비싼 금리를 내세워도 네덜란드는 자금공급에 응하지 않았다. 어쨌든 네덜란드가 프랑스편으로 참전한 1780년이 되면 영국은 자신의 경제력과 국내자본의 동원능력이 모두 국내 투자가들에게서 부채를 얻어쓸 정도로 바닥나 있었다.

영국의 전시공채 발행능력의 규모와 실적은 〈표 2〉와 같다. 이같은 숫자의 전략적 결과로 영국은 『세수입에 비해 터무니없는 전비를 썼으며 따라서 함대와 병력에서 전례없는 결정적 우위를 차지한 채— 그렇지 않았다면 종전까지의 모든 투자가 허사로 끝났을 것이다—프랑스와 그 동맹국들에 대한 전쟁에 뛰어들』 수 있었다.

18세기의 전기간을 통해 영국의 대다수 논평자들은 국가부채의 규모와 그 파급효과에 대해 걱정하였음에도 불구하고 사실상 (버클리 〈George Berkeley〉 주교의 표현을 빌면) 신용은 『영국이 프랑스에 대해 갖고 있는 주된 강점』이었다. 끝으로 지출의 엄청난 증가와 특히 해군본부의 철·목재·의복 등의 품목 계약으로 야기된 대규모의 지

〈표 2〉 영국의 전시 지출과 수입, 1688~1815

(파운드)

기 간	총 지 출	총 수 입	공채발행	지출에 대한 공채비율(%)
1688~97	49,320,145	32,766,754	16,553,391	33.6
1702~13	93,644,560	64,239,477	29,405,083	31.4
1739~48	95,628,159	65,903,964	29,724,195	31.1
1756~63	160,573,366	100,555,123	60,018,243	37.4
1776~83	236,462,689	141,902,620	94,560,069	39.9
1793~1815	1,657,854,518	1,217,556,439	440,298,079	26.6
계	2,293,483,437	1,622,924,377	670,559,060	33.3

속적인 수요는「파급효과(feedback loop)」를 발생시켜 영국의 제조업 생산을 부추기고 연쇄적인 기술혁신을 유발함으로써 프랑스에는 없는 또 하나의 강점을 영국에게 안겨주었다.

이같은 영국의 관행을 프랑스는 왜 따르지 못했는가는 이제 쉽게 알 수 있다. 우선 프랑스에는 공공재정을 위한 적절한 제도가 없었다. 중세 이래 프랑스의 왕들은 일단의 단체 ─ 시정부·성직자·지방유력계급 그리고 세금징수청부인 ─ 들을 통해 재정을 운영해왔는데 이들은 일정한 배당을 대가로 세금을 징수하고 왕의 독점사업을 감독하였으며 동시에 자기가 받을 예상배당액을 근거로 ─ 상당한 금리로 ─ 프랑스 정부에 자금을 대부해주었다. 이 제도의 타락한 양상은 연초와 염세를 징수하는 총책임자에게만 해당한 것이 아니라 교구징수인·지구수납인 그리고 인두세와 같은 직접세를 책임지는 지역 총책임자의 조직체계에도 마찬가지였다. 그들 모두는 상부에 자금을 넘기기 전에 자신의「몫」을 떼었으며 먼저 관청에 납부한 금액에 대해서는 5%의 이자를 받았다. 고위관리의 대부분은 자신들이 거두어들인 세금을 국고에 곧바로 넣지 않고 정부계약업자에게 직접 일정액을 지불하거나 또는 급료로 착복한다고 비난받았다. 이런 사람들도 역시 ─ 이자를 받고 ─ 왕실에 자금을 대부했다.

그같이 느슨하고 혼란된 조직은 부패하기 마련이어서 납세자가 낸 돈은 결국 개인의 호주머니로 들어갔다. 때때로 특히 전쟁이 끝난 뒤에는 금융업자에 대한 조사가 시작되고 그들 대부분이「배상금」을 내거나 낮은 금리를 받아들일 수밖에 없었지만 그러한 조치도 의례적인 것에 불과하였다. 한 역사학자는『진정한 범인은 제도 그 자체』라고 주장하였다. 적어도 1770년대 네케르(Jacques Necker)의 개혁이 있기 이전에 국가회계라는 개념이 전혀 없었던 것은 이같은 비능률이 가져온 두번째의 결과였다. 수입과 지출에 대한 연간회계라든가 적자문제는 그다지 중요시되지 않았다. 급박한 군사비와 왕실의 비용을 공채로 해결할 수 있었기 때문에 국가부채의 꾸준한 누적은 중요하게 생각되지 않았다.

이와 비슷한 무책임은 이미 영국의 스튜어트왕조에서도 나타났지만 사실 18세기가 되자 영국은 공공재정에 대한 의회의 통제가 발달되어 프랑스와의 우위다툼에서는 여러가지로 유리하였다. 영국에서는 정부지출과 국가부채의 증가가 상업과 산업에 대한 투자에 전혀 손상을 주지 않았음에 반해(오히려 부추긴 경우도 많았다) 프랑스의 지배적인 상황은 잉여자금을 가진 사람들로 하여금 사업에 대한 투자보다는 관직이나 연금증서를 사도록 부추겼다. 사실상 때로 국립은행을 세워 부채를 효과적으로 관리하고 금리가 낮은 차관을 마련하려는 움직임이 있었지만 기존제도에 이해관계를 가진 계층들에 의해 번번히 좌절되곤 했다. 그러므로 프랑스 정부의 재정정책—그런 명칭이 붙여질 만한지도 모르겠으나—은 언제나 임시변통에 지나지 않았다.

프랑스의 상업발전도 여러가지 면에서 저해되었다. 예컨대 라로셀(La Rochelle)과 같은 프랑스 항구는 영국의 리버풀(Liverpool)이나 글래스고(Glasgow)에 비해 불리한 것이 많았다. 이 세 항구는 한결같이 18세기의 번창한「대서양경제」의 이점을 누릴 수 있는 위치였는데 라로셀은 특히 서아프리카와 서인도를 잇는 삼각무역의 적지였다. 그러한 상업상의 호조건에도 불구하고『재정적 요구가 그칠 줄 모르고 쉴새없이 더 큰 수입원을 찾아 날뛰는』왕실의 잦은 약탈로 프랑스 항구는 시달렸으며 무수한『무겁고 불공정하며 자의적으로 부과되는 상업에 대한 직·간접세』로 말미암아 지지부진했다. 관직매매로 지방의 자본이 무역투자로부터 빠져나갔고 부패한 관리들이 부과하는 공과금은 이런 경향을 부채질하였다. 독점회사들은 자유기업을 억제하였다. 더구나 1760년대 왕실은 라로셀에 대규모의 값비싼 병기창을 건설하도록 강요하고도(따르지 않으면 시의 수입을 몰수하겠다고 위협하였다) 막상 전쟁이 터지자 일체의 대가를 주려 하지 않았다. 프랑스 정부는 일반적으로 해군보다는 육군에 편중했기 때문에 우세한 영국 해군과의 빈번한 충돌은 라로셀 사람들에게는 재앙이어서 그들의 상선이 나포당하고 수익좋던 노예무역과 캐나다와 루이지애나(Louisiana)의 해외시장도 잃게 되었다. 이 모든 난관이 해상보험료가 치솟고 비상세금이 부과되던 때에 한꺼번에 일어났다. 때로 프랑스 정부는 해외 식민자들에게 전시 동안 중립국 상선과 무역을 하도록 허용하지 않을 수 없었는데 평화가 돌아오자 이들 시장의 경기회복이 더욱 어렵게 된 것이 최후의 일격이었다. 이와는 대조적으로 영국 경제 가운데 대서양 부문은 18세기를 통해 꾸준히 성장했으며 이익과 힘, 무역과 지배를 불가분의 것으로 여기는 정부정책 덕분에 전시에도(프랑스 사략선의 공격에도 불구하고) 크게 수익을 올렸다.

프랑스의 재정적 미숙이 가져온 최악의 결과는 전쟁시에 육군과 해군의 노력이 여러 면에서 무산되었다는 점이다. 제도의 비능률성과 신뢰성의 결여로, 예컨대 해군에 대한 군수품을 확보하는 데 시간이 더 많이 걸리는 한편 군납업자들은 영국 해군이나 네덜란드 해군에 비해 더 많은 금액을 청구하지 않을 수 없었다. 전시에 거액을 조달하는 것이 프랑스 왕실로서는 더욱 큰 문제였는데 1770년대와 1780년대 네덜란드에서 가속적으로 차입할 때도 사정은 마찬가지였다. 왜냐하면 긴 역사를 가진 화폐가치 하락, 부분적인 채무불이행 그리고 장·단기 어음소지자에 대한 강압적인 조치로 말미암아 은행가들은 영국이나 다른 유럽 정부에 적용하는 것보다 훨씬 더 높은 금리를 요구─그리고 다급한 프랑스는 이에 응할 수밖에 없었다─하게 되었기 때문이다.* 그러나 그같은 불공평한 금리를 감내하면서도 부르봉왕조는 장기전에서의 전면적인 군사행동에 필요한 금액을 확보할 수 없었다.

이같은 프랑스의 상대적 취약성은 미국독립전쟁 이후의 수년간에 가장 두드러졌다. 조금도 명예로울 것이 없는 이 전쟁에서 영국은 가장 큰 식민지를 잃었을 뿐 아니라 국가부채는 2억 2,000만파운드에 달하였다. 그러나 그 금액은 주로 겨우 3%의 이자로 빌렸기 때문에 연간 상환액은 733만파운드에 불과했다. 프랑스의 실제 전비는 이보다 훨씬 적었다. 프랑스는 네케르의 재정정비노력에 이어 중반에야 결국 전쟁에 뛰어들게 되었으며 일시에 대군을 배치할 필요도 없었다. 그

---

* 이와는 대조적으로 루이 14세 치세 초기의 프랑스는 스튜어트왕조나 윌리엄 3세 당시보다 낮은 금리로 차입할 수 있었다.

런데도 프랑스의 전비는 10억리브르로서 이 막대한 금액은 영국에 적용된 것의 2배가 넘는 금리의 일시 차입금으로 조달되었다. 두 나라는 부채상환에 연간 예산의 절반을 소모했다. 영국은 1783년 이후 부채의 고정과 신용안정을 위한 일련의 조치(감채기금, 확고한 예산기금, 공공회계의 개선)를 단행했는데 이는 소피트 내각의 가장 두드러진 업적으로 볼 수 있다. 이와는 대조적으로 프랑스는 매년 새로운 공채를 대규모로 발행했다. 왜냐하면 「경상」수입으로는 평화시의 지출도 감당하지 못하기 때문이었다. 해마다 적자가 늘어감에 따라 정부의 신용은 더욱 악화되어갔다.

1780년대 말 프랑스의 국가부채는 영국의 2억 1,500만파운드와 거의 같았지만 이자상환액은 매년 영국의 2배에 가까운 1,400만파운드나 되었다는 놀라운 통계가 있다. 더욱 안타까운 것은 후임 재무장관들이 줄기차게 새로운 수입원을 발굴하려 시도했으나 인민의 격렬한 저항에 부딪쳤다는 점이다. 명사회(Assemblée des Notables)가 고등법원(Parlements)을 무시하고 재무부의 지불을 정지시키자 (1614년 이래 처음으로) 삼부회가 소집됨으로써 프랑스 구제도가 몰락하게 된 것은 바로 칼론(Calonne)의 세제개혁안 때문이었다. 국가의 파산과 혁명의 연관성은 너무나 명백하다. 이어진 절망적 상황에서 정부는 더 많은 화폐를 발행했는데(1789년 1억리브르, 1790년에는 2억리브르) 그것은 입법의회의 임기응변의 정책에 의한 것으로 교회의 재산을 몰수함에 따라 그 값어치의 지폐를 발행했던 것이다. 이로 인해 심화된 인플레이션은 1792년 전쟁을 치르기로 결정함으로써 더욱 악화되었다. 그 후의 재무부 내부의 행정개혁과 혁명정부의 진지한 상황파악 노력으로 점차 영국과 같은 통일된 관료적 세금징수조직이 마련되어 갔지만 1815년까지 계속된 내부 혼란과 대외 과잉팽창으로 프랑스 경제는 라이벌인 영국보다 훨씬 뒤지게 되었다.

이미 치렀거나 치르고 있는 전쟁에 소요되는 자금을 조달하는 문제는 어느 나라 어느 정치가에게나 골치거리였다. 평화시에도 군대를 유지하는 데 수입의 40~50%가 충당되었고 전시에는 80~90%나 되는 방대한 금액에 달하였다. 그러므로 이 문제는 정치체제가 전제이건 입헌군주제건 부르좌공화국이건 유럽의 모든 국가들이 한결같이 부딪치는 골치거리였다. 한판 승부가 벌어질 때마다(특히 1714년과 1763년 이후) 어느 나라건 한숨 돌릴 여유가 절실히 필요했고 경제적 피폐에서 회복되어야 했으며 전쟁과 과도한 세금으로 으레 일어나기 마련인 내부의 저항을 다스려야 했다. 그러나 유럽 국가체제가 지닌 경쟁적이고 이기주의적인 성격은 긴 평화를 허용치 않았으며 수년을 넘기지 못하고 또 다른 전쟁에 대비한 준비가 시작되었다. 유럽의 3대 부국인 프랑스·네덜란드·영국도 재정부담을 감당할 수 없을 정도였는데 더 가난한 나라들은 그것을 어떻게 견디어낼 수 있었겠는가?

이 질문에 대한 간단한 대답은 견디어낸 나라가 없다는 것이다. 대부분의 수입을 광대하고 비옥한 직할영지와 전매업에서 염출했던 프리드리히대왕 치하의 프로이센까지도 오스트리아계승전쟁과 7년전쟁에 필요한 막대한 비용을 3대「비상」수입원에 의존하지 않고서는 감당할 수 없었다. 즉 프로이센은 화폐의 가치를 떨어뜨림으로써 이익을 얻고 작센(Sachsen)·메클렌부르크(Mecklenburg)와 같은 이웃나라를 약탈하였으며 1757년 이후 부유한 우방 영국으로부터 상당한 원조를 받았다. 더욱 비능률적이고 분권화된 합스부르크제국의 전비조달문제는 가공스러운 것이었다. 러시아나 스페인의 상황도 조금도 나을 것이 없어서 ― 농민과 가난한 중산계급을 더 쥐어짜는 이외에는 ― 자금을 조달할 길이 없었다. 구제도하에서는 면세를 요구하는 주문(예컨대 헝가리 귀족과 스페인 성직자의)이 많았기 때문에 아무리 정교한 간접세를 도입하고 화폐의 가치를 떨어뜨리고 지폐를 찍어내도 정예군대와 왕실을 평화시에 유지하는 것조차 힘에 벅찼다. 전쟁이 발발하면 비상시에 대비한 특별한 재정조치가 따르기 마련이지만 한편으로는 서유럽의 자금시장에 더욱 의존하거나 더 좋은 방법으로는 런던·암스테르담·파리에서 직접 군자금을 빌어 용병과 보급품을 사들여야 했다. 르네상스 시대 군주들의 구호였던『돈이 없으면 용병을 못 구한다(Pas d'argent, pas de Suisses)』는 상황은 프리드리히대왕이나 나폴레옹 시대에도 여전히 벗어날 수 없는 삶의 모습이었다.

그렇다고 18세기 전쟁에서 국가의 운명을 결정지은 것이 언제나 재정적 요소였다는 것은 아니다. 암스테르담은 이 시대 거의 전시간을 통해 세계 최대의 금융중심지였지만 그 혼자 힘으로는 주도적인 강대국으로서의 네덜란드의 몰락을 막을 수 없었다. 반대로 러시아는 경제적으로 낙후한데다 자본부족으로 허덕였지만 유럽문제에 관한 영향력과 힘은 꾸준히 강화되었다. 이렇게 모순되어 보이는 현상을 설명하기 위해서는 두번째의 중요한 결정요인, 즉 국가전략에 미치는 지리적 위치의 영향도 똑같이 다룰 필요가 있다.

지정학적 요인

유럽 권력정치의 속성인 경쟁심리와 18세기 동맹관계의 변덕스러움 때문에 적대진영은 주요 분쟁 때마다 전혀 다른 상황—때로는 극단적인 운명의 변화—에 직면하게 되었다. 비밀조약과 「외교혁명(diplomatic revolutions)」으로 강대국간 동맹은 늘 변화하였으며 그에 따라 육·해군 모두에 걸쳐 유럽의 세력균형이 변화무상하였다. 이로 인해 자연히 효과적인 군사력은 물론 노련한 국가외교가 극히 중시되는 한편 지정학적 요인이 중요한 의미를 갖게 되었다. 여기서 지정학적 요인이란 그 나라의 기후, 천연자원, 농토의 비옥한 정도, 교역로와 인접한 정도와 같은 요소도 말하지만—그것은 전반적인 번영에 중요한 것이다—그보다는 다면적인 전쟁에서의 전략적 「위치(location)」라는 결정적인 요소를 말한다. 한 전선에 전투력을 집중할 수 있는가 아니면 여러 전선에서 동시에 싸워야 하는가? 약소국과 국경을 접하고 있는가 아니면 강대국과 국경을 접하고 있는가? 육군 또는 해군 아니면 혼성군이 주력인가? 그에 따른 강점은 무엇이고 약점은 무엇인가? 생각만 있으면 중부 유럽의 대전쟁에서 쉽게 빠져나올 수가 있는가? 해외에서 추가 자원을 계속 보충할 수 있는가?

이 무렵의 네덜란드의 운명은 지리가 정치에 미치는 영향을 살펴보는데 좋은 본보기가 된다. 17세기 초 당시의 네덜란드는 국가성장에 알맞는 국내조건 ─ 경제적 번영, 사회안정, 정예육군과 강력한 해군 ─ 을 갖추고 있었으며 지리적으로도 불리할 것이 없었다. 오히려 운하망은 스페인군에 대한 장벽(적어도 어느 정도는)이 되었고 북해 쪽에 위치해 있어서 풍부한 청어어장에 쉽게 접근할 수 있었다. 그러나 1세기가 지나자 네덜란드는 많은 라이벌들로부터 자신을 고수하기 위해 악전고투했다. 영국의 크롬웰과 프랑스의 콜베르가 중상주의 정책을 채택하는 바람에 네덜란드의 상업과 해운업은 타격을 받았다. 트롬프·로이테르와 같은 전술적으로 뛰어난 지휘관이 있었지만 영국과의 해전이 벌어지면 네덜란드 상선들은 위험한 영국해협을 뚫고 나가거나 스코틀랜드를 우회하는 풍랑이 거센 긴 항로 ─ 이는 청어어장과 마찬가지로 북해의 공격에 노출되어 있었다 ─ 를 택하지 않으면 안되었다. 노상 불어대는 편서풍 때문에 전투는 언제나 영국 제독들에게 유리했고 홀란트 주변의 얕은 수심은 네덜란드 군함의 기동성 ─ 결과적으로는 그 규모와 세력 ─ 을 제약하였다. 아메리카와 인도에 대한 네덜란드의 무역이 영국 해군의 작전에 노출되어간 것과 마찬가지로 발트해의 중계무역 ─ 네덜란드의 초기 번영의 기초였다 ─ 도 스웨덴 등의 인접한 라이벌들에게 침식당했다. 네덜란드는 대규모 함대를 파견하여 그처럼 위협받는 지점을 일시적으로 다시 확보할 수 있었지만 바다 멀리 뻗친 취약한 이익은 영구히 보전하기 어려웠다.

이같은 딜레마는 1660년대 이후 루이 14세의 지상공격에 대한 네덜란드의 취약성 때문에 더욱 악화되었다. 프랑스의 위협은 1세기 전의 스페인의 위협보다 훨씬 컸기 때문에 네덜란드는 군대를 증강하고 (1693년에는 9만 3,000명이 넘었다) 더 많은 자원을 남쪽 국경의 수비대에 투입할 수밖에 없었다. 이같이 네덜란드의 여력이 고갈된 데는 두 측면이 있다. 이 전쟁으로 네덜란드는 막대한 금액을 군사비로 지출함으로써 전쟁부채·이자상환액이 급증하였으며 소비세를 올리고 급료를 인상함으로써 장기적으로는 국가의 상업경쟁력을 저하시켰다.

또한 전쟁기간 동안 인구가 격감하여 전기간을 통해 200만 내외에서 머물렀다. 따라서 스페인계승전쟁(1702~1713)의 격전이 벌어지는 와중이었지만 말버러가 무모하게도 영국·네덜란드 연합군을 프랑스전선 공격에 투입하여 입게 된 대손실에 대하여 경각의 소리가 일어나게 된 것은 당연하였다.

　1689년 윌리엄 3세가 주동이 된 영국동맹은 네덜란드를 구제함과 동시에 독자적인 강대국으로서의 네덜란드의 몰락에 기여한 근본요인이 되었다. 그것은 마치 200여년 후 무기대여법과 동맹국 미국이 말버러의 먼 친척 윈스턴 처칠(Winston Churchill)의 지도 아래 살아남으려 발버둥치던 대영제국을 살리는 한편 사양길로 접어들게 한 것과 같았다. 1688년과 1748년 사이 프랑스에 대한 여러 차례의 전쟁에서 네덜란드는 자원이 부족했기 때문에 국방비의 3/4을 육군에 집중지출하고 함대를 소홀히 한 데 반해 영국은 해운과 식민지 전쟁에 갈수록 많은 금액을 투입하여 여기에서 많은 상업적 이익을 얻었다. 따라서 런던과 브리스톨의 상인들이 번영을 구가할 때 암스테르담의 무역상인들은 심하게 말해 피해를 입고 있었다. 이러한 상황은 전시에 영국이 프랑스와의 모든 무역을 번번히 금지시킴으로써 더욱 악화되었다. 당시 네덜란드는 프랑스와의 수익좋은 관계를 유지하려고 하였다—이는 이 시기 영국 경제가 비교적 자급자족인데 반해 네덜란드는 대외무역과 외국금융에 대한 의존도가 높았음을 반영한다. 7년전쟁 때에도 네덜란드는 중립으로 전쟁을 회피했지만 막강한 영국 해군이 『선박이동의 자유, 상품교류의 자유』라는 정책의 수락을 거부하고 중립국 선박의 프랑스 해외무역품 선적을 봉쇄하는 바람에 별로 이득을 얻지 못했다. 1758~1759년 이 문제를 둘러싼 영국과 네덜란드간의 외교분쟁은 미국독립전쟁 초기에도 계속 되풀이되었으며 1780년 이후에는 마침내 노골적인 적대관계로 발전했는데 그것은 궁극적으로 영국이나 네덜란드의 해외무역에 도움이 되지 않았다. 프랑스혁명과 나폴레옹전쟁 무렵이 되자 네덜란드는 영국과 프랑스 틈에 낀 채 채무를 번번히 이행할 수 없었고 국내분열로 시달리는데다 피할 수도 없고 잘 이용할 수도 없는 세계전쟁으로 식민지와 해외무역을 상실하였다. 그런 상황에서는 재정 전문가도 잉여자본에 대한 의존도 아무런 도움이 되지 않았다.

마찬가지로 비록 규모는 더 크다고 하지만 프랑스 역시 18세기를 통해 한편으로는 대륙의 제패에 힘을 쏟아야 하고 다른 한편으로는 해군과 식민지 야욕에 힘을 써야 하는 이중의 노력으로 시달렸다. 루이 14세 치세초기에는 이같은 전략적 양면성이 그다지 두드러지지 않았다. 프랑스의 국력은 고유의 자원으로 튼튼하게 뒷받침되었다. 즉 프랑스는 비교적 동질적인 광활한 영토와 자급자족할 수 있는 농업이 있었으며 또한 인구는 약 2,000만이나 되어 루이 14세는 1659년 3만이던 군대를 1666년에는 9만 7,000으로 1710년이 되면 무려 35만으로 증강할 수 있었다. 태양왕의 외교정책의 목표 역시 대륙을 기반으로 한 전통적인 것으로서 남쪽으로는 스페인을, 동쪽과 북쪽으로는 프랑시 콩테·로렌(Lorraine)·알사스(Alsace)·룩셈부르크·남부 네덜란드로 이어지는 스페인 합스부르크와 독일의 취약한 영토로 진격해 들어감으로써 합스부르크의 지위를 더욱 약화시키는 것이었다. 스페인은 이미 지쳤고 오스트리아는 투르크의 위협에 여념이 없었으며 영국은 처음에는 중립이거나 우호적이었으므로 루이왕은 20년 동안 외교에서는 성공적이었다. 그러나 그 여세를 몰아 프랑스가 오만한 요구들을 내세우는 바람에 다른 강대국이 긴장하였다.

프랑스의 큰 전략적 고민은 방위면에서는 막강함에도 불구하고 결정적인 정복전쟁을 벌이기에는 지리적 조건이 신통치 않다는 점이었다. 사방이 모두 지리적 장벽이나 여러 강대국들이 이해관계를 가진 지역으로 둘러싸여 있었다. 예컨대 남부 네덜란드(그곳은 합스부르크령이었다)를 공격하자면 요새와 운하가 뒤얽힌 지역에서 초토전쟁을 벌여야 하는데다가 합스부르크 자체뿐 아니라 영국과 네덜란드도 즉각적으로 대응하였다. 독일에 대한 군사행동 역시 문제가 많았다. 국경은 쉽게 돌파할 수 있었지만 통신망은 훨씬 길어질 수밖에 없었으며 또다시 필연적인 동맹 — 오스트리아·네덜란드·영국(특히 1714년 하노버 계승 이후) 그리고 프로이센 — 과 부딪치지 않을 수 없었다. 18세기 중엽 프랑스가 독일, 즉 오스트리아 또는 프로이센과의 강력한 동맹을 원했을 때도 프랑스가 어느 한쪽을 택하면 다른 한쪽은 반대진영과 손을 잡고 프랑스의 야망을 무산시키기 위해 영국과 러시아의 지원을 얻으려고 노력하게 되는 것은 당연한 귀결이었다.

더욱이 해양세력을 상대로 전쟁을 벌일 때마다 대륙에 쏟을 정력과 주의력이 분산되어 지상전투를 성공적으로 치를 가능성이 줄어들었다. 플랑드르·독일 그리고 북부 이탈리아에서 전투를 벌이는 한편 영국해협·서인도제도·캐나다 퀘벡 그리고 인도양에서 전투를 벌이는 프랑스의 전략은 거듭해서「두 마리의 토끼를 쫓는」격이었다. 우세한 영국 해군*에 도전하는 데 필요한 전면적인 재정상의 노력은 하지 않고 프랑스의 역대 정부는 — 만약 프랑스가 육군 단일의 나라였다면 — 육군의 증강에 쓰였을 자금을 해군에 투입하였다. 오직 1778 ~1783년의 전쟁 때만 서반구의 아메리카의 반란을 지원하면서 독일에 대한 진격을 자제함으로써 적인 영국을 망신시키는 데 성공하였다. 그러나 그밖의 다른 전쟁에서는 전략을 집중할 수 있는 행운을 누리지 못한 결과 피해만 입었다.

요컨대 구체도하의 프랑스는 그 규모와 인구·부의 면에서 언제나 유럽 최대였지만「초강대국」이 될 만큼 크지도 효율적으로 조직되지도 않았으며 육지가 제한되어 바다로 눈길을 돌려봐도 자신의 야심이 초래하기 마련인 적의 동맹을 압도할 수 없었다. 프랑스의 행동은 유럽세력의 다원성을 뒤엎은 것이 아니라 공고히 하였다. 다만 혁명에 의해 국력이 쇄신되고 나폴레옹에 의해 잘 운용됨에 따라 — 일시적으

---

* 예컨대 1689~1697, 1702~1714년의 전쟁기간 동안 프랑스는 총지출의 10% 미만을 해군에, 57~65%를 육군에 할당하였다(한편 영국은 해군에 35%, 육군에 40%를 할당하였다). 1760년 프랑스 해군은 육군 할당액의 1/4만을 배정받았다. 자금이 풍족해도 프랑스의 지리적 위치 때문에 전시에 발트해에서 함대유지를 위한 해군보급품을 획득하기란 몹시 곤란하였다.

로나마―대륙에 자신의 의지를 관철시킬 수 있었다. 그러나 그래도 성공은 일시적이었으며 군사적 재능이 제아무리 뛰어나도 러시아와 영국은 말할 것도 없고 독일·이탈리아·스페인을 오랫동안 통제할 수 없었다.

여러 전선에 걸쳐 잠재적인 적들을 상대해야만 하는 프랑스의 전술지정학적 고민이 거듭되는 침략과 만성화되어 버린 방침의 부재 때문에 더욱 악화되었지만 그것은 프랑스만의 문제는 아니었다. 이 시기 두 독일 강대국―합스부르크제국과 프로이센―도 역시 지리적 위치 때문에 똑같은 문제로 고민하는 처지였다. 오스트리아 합스부르크로서는 이것이 전혀 새로운 것이 아니었다. 다루기 곤란한 형태로 모여 이루어진 지배영역(오스트리아·보헤미아·실레지아〈Silesia〉·모라비아〈Moravia〉·헝가리·밀라노·나폴리·시칠리아 그리고 1714년 이후의 남부 네덜란드―지도 5 참조)과 그 부근에 위치한 다른 세력들로 인해 세습영지를 지키는 데만도 악몽같은 외교적·군사적 노력을 기울여야 했으며 재능이나 행운 또는 이 둘 모두가 점점 필요하게 되었다.

따라서 투르크에 대한 수차례의 전쟁(1663~1664, 1683~1699, 1716~1718, 1737~1739, 1788~1791)에서 합스부르크는 발칸에서의 자신의 지위를 격상시킬 수는 있었지만 몰락해가는 오토만 투르크를 상대로 한 이 싸움으로 빈의 국력은 대부분 소모되어 버렸다. 예컨대 1683년 투르크가 제국의 수도 문턱까지 밀어닥치자 레오폴트 1세(Leopold I)는 바로 그해 알사스와 룩셈부르크를 「통일」하려는 전쟁을 도발한 프랑스에 대해 중립을 지킬 수밖에 없었다. 오스트리아의 착잡한 심정은 9년전쟁(1689~1697)과 뒤이은 스페인계승전쟁(1702~1713) 동안은 별로 드러나지 않았는데 그것은 그때 이미 빈은 거대한 반프랑스 동맹의 일원이 되었기 때문이다. 그러나 그렇다고 착잡한 심정이 완전히 사라진 것은 아니었다. 그후 수많이 벌어진 18세기 전쟁의 과정은 합스부르크가 유럽의 전반적인 이익을 방어하는 한편 프로이센이 부상함에 따라 독일 자체내의 이익도 특별히 보전해야 했기 때문에 더욱 가변적이고 예측할 수 없는 양상을 띠었다. 적어도 1740년 프로이센이 실레지아 지방을 장악한 후부터 빈은 베를린을 의식하면서 외교·군사정책을 펴나가야 했다. 이로 인해 합스부르크의 외교는 도리어 더욱 정교해졌다. 즉 독일내의 프로이센의 부상을 견제하기 위해 오스트리아는 서쪽의 프랑스와 동쪽의 러시아의 도움을 필요로 했다. 그러나 프랑스는 믿기 어려운데다 도리어 가끔씩 영국·오스트리아동맹으로(예컨대 1744~1748) 견제할 필요마저 있었다. 러시아가 꾸준히 부상하고 특히 차르의 팽창주의가 빈이 탐내던 오토만령 발칸을 위협하게 된 것은 심각한 근심거리였다. 마지막으로 나폴레옹의 제국주의가 모든 유럽 세력의 존립을 위협함에 따라 합스부르크제국은 프랑스의 헤게모니에 대항하기 위한 대동맹이라면 가리지 않고 합세할 수밖에 없었다.

오스트리아의 약점은 18세기 초 루이 14세에 대한 동맹전쟁이나 18세기 말의 보나파르트에 대한 동맹전쟁들보다는 그 사이에 있었던 분쟁들에서 잘 드러났다. 즉 1740년 이후, 특히 프로이센을 상대로 벌인 장기전이 그러하였다. 이 시기 합스부르크 영역에서 실시된 군사·재정·행정상의 모든 개혁에도 불구하고 빈은 군대·세금징수·관료제가 상당히 효율적인 독일내의 다른 소국가를 이겨낼 수 없었다. 더욱이 비독일 세력인 프랑스·영국·러시아는 오스트리아의 프로이센 제거도 프로이센의 오스트리아 제거도 바라지 않는다는 사실이 점점 명백해졌다. 유럽 전체의 큰 맥락에서 볼 때 합스부르크제국은 이미 일등국가로서는 한계에 달하였으며 그런 상태가 1918년까지 지속되었다. 합스부르크제국은 분명히 스페인이나 스웨덴처럼 일등 세력에서 완전히 밀려나지도 않았고 폴란드와 같은 운명에 빠지지도 않았다. 그러나 국토가 분산되고 여러 민족으로 구성되어 있으며 경제적으로 낙후된 상황 때문에 빈의 역대 정부들이 유럽의 최강대국으로 부상하려는 시도들은 번번히 좌절되었다. 그러나 이같은 몰락을 예견하는 데는 위험이 따른다. 올웬 허프턴(Olwen Hufton)이 지적한 대로 『해체에 대한 오스트리아제국의 고집스러울 만큼 끈질긴 저항」은 숨겨진 저력이 있음을 상기시켜준다. 재앙이 가시고 나면 한 차례의 개혁 — 재건 (rétablissements) — 이 따르곤 했는데 그러한 개혁은 빈이 자원동원에 몹시 애를 먹는다는 사실을 말해주기도 했지만 그보다는 상당한 자원을 보유하고 있음을 보여주는 것이었다. 합스부르크의 몰락을 다루는 역사학자들은 한결같이 1792~1815년 기간중 거의 14년 동안이나 프랑스 제국주의 세력에 대해 때로는 인상적일 만큼 군사적으로 저항해온 점을 어느 정도는 평가해줄 필요가 있다.

프로이센의 위치는 내부적으로는 전혀 달랐지만 전술지정학적인 면에서는 오스트리아와 아주 비슷하였다. 프로이센이 순식간에 가장 강한 북독일 왕국으로 부상할 수 있었던 이유는 잘 알려져 있기 때문에 설명없이 열거만 해도 될 것이다. 프리드리히 빌헬름 대선제후(Der grosse Kurfürst Friedrich Wilhelm, 1640~1688), 프리드리히 빌헬름 1세(1713~1740), 프리드리히대왕(1740~1786)의 세 지도자의 조직력과 군사적 재능, 국가수입의 4/5나 투입한 융커(Junker) 지휘하의 정예 프로이센 군대, 광대한 지배영역과 상공업의 진흥에 바탕한 비교적 안정된 재정, 외인부대와 기업인의 적극적인 활용, 전시위원회(General War Commissariat) 감독하의 유명한 프로이센 관료제가 그것이다. 그러나 스웨덴의 국력쇠퇴, 혼란하고 약화된 폴란드왕국의 붕괴, 18세기 초반의 수십년간 많은 전쟁과 합스부르크제국의 불투명한 계승으로 빈이 혼미한 틈을 타고 프로이센이 부상한 것도 사실이다. 따라서 프로이센 군주들이 기회를 포착하였다 해도 사실은 기회가 포착되도록 마련되어 있었던 것이다. 더욱이 1770년 이후 북중부 유럽에 찾아온 「힘의 공백」을 메움에 있어서 프로이센은 다른 유럽강대국들에 비해 지리적 위치의 덕을 보았다. 러시아의 부상은 스웨덴·폴란드·오토만제국을 혼란(그리고 몰락)으로 빠뜨리는 데 한몫을 하였다. 프랑스는 서쪽으로 너무 멀리 떨어져 있어서 치명적인 위협은 되지 않았으며 때로는 오스트리아에 대항하는 쓸모있는 동맹국으로 기능하기까지 했다. 한편 프랑스가 독일로 침공하더라도 프로이센은 물론 합스부르크와 하노버(따라서 영국까지) 심지어는 네덜란드의 반격에 부딪치게 되어 있었다. 끝으로 그런 동맹이 무너지더라도 프로이센은 다른 어느 강대국보다도 손쉽게 파리에 강화를 청할 수 있었다. 즉 베를린으로서는 반프랑스 동맹이 때로 유익하기는 했지만 절대적인 것은 못되었다.

이처럼 유리한 외교적·지리적 맥락 안에서 프로이센의 초기 군주들은 상황을 쉽게 풀어나갔다. 특히 실레지아―동부의 유일한 공업지대로까지 불리었다―의 합병으로 군사적·경제적 능력이 크게 향상되었다. 그러나 외교적 환경이 불리하게 되고 이웃 강대국들이 프리드리히대왕의 방자함을 응징키로 마음먹은 1756~1763년의 7년전쟁에서 유럽문제에 관한 프로이센의 실질적인 영향력의 한계와 인구면의 한계가 폭로되었다. 프리드리히대왕과 그 정예군대가 혼신의 노력을 다한 끝에야―거기다가 적들이 보조를 잘 맞추지 못한 덕분도 있어서―무시무시한「포위」상태에서 간신히 패배를 면할 수 있었다. 그러나 이 전쟁으로 인한 병력과 자원의 손실이 엄청난데다 1770년 이후 프로이센군이 계속 둔화됨에 따라 베를린은 1806년 나폴레옹의 거센 공격은 물론 러시아의 외교적 압력도 이겨낼 수 없는 처지가 되었다. 그후 샤른호르스트(Scharnhorst)·그나이제나우(August von Gneisenau) 등의 군사개혁가들에 의해 회복되긴 했지만 1813~1815년에도 프로이센 국력의 취약한 기반은 감출 도리가 없었다. 그 무렵 프로이센은 군사적으로는 러시아에 가려 있었으며 동맹의 돈줄인 영국의 원조에 크게 의존하고 있어서 혼자 힘으로는 프랑스와 대결할 수 없었다. 프리드리히 빌헬름 3세(1797~1840)의 왕국은 오스트리아와 마찬가지로 강대국 가운데 가장 약소하였으며 1860년대 산업과 군사 부문에서 변혁이 있기 전까지 그런 상태가 지속되었다.

이와는 대조적으로 다소 떨어진 두 세력인 러시아와 미국은 비교적 안전하였으며 18세기 중부 유럽의 국가들을 괴롭히던 전략적 고민에서 자유로울 수 있었다. 이 두 미래의 초강대국은 분명히「무너지는 프런티어(crumbling frontier)」를 감시해야 했지만 미국이 앨러게니산맥(the Alleghenies)과 대평원을 넘어 팽창할 때도 러시아가 스텝초원을 넘어 진출할 때도 군사적으로 우세한 나라가 그들의 본거지를 위협한 적이 없었다. 따라서 그들이 제각기 유럽과 상대할 때 비교적 동질적인「전선」의 이점을 누릴 수 있었다. 유럽대륙의 분쟁지역과 멀리 떨어져 있는 두 나라는 안전을 구가하면서 나름대로 몇몇 기존 강대국들에 도전─또는 적어도 혼란을 야기─할 수 있었다.

물론 1660년에서 1815년까지의 긴 기간을 다룰 때 미국과 러시아의 영향은 초기보다 말기에 더 뚜렷했다는 사실을 유념해야 할 것이다. 사실 1660년대와 1670년대 유럽령「아메리카」는 일군의 고립된 해안 정착지에 지나지 않았으며 표트르대제(1689~1725) 이전의 모스크바대공국 역시 벽지에 위치한 낙후된 나라였다. 상업적 차원에서 보면 두 나라는 다「미개발된」상태로서 목재·대마 등의 원료를 생산하는 한편 영국과 네덜란드에서 제품을 구입해오는 형편이었다. 이 무렵의 아메리카대륙은 대체로 스스로의 세력기반을 가진 예비 강대국이라기 보다는 다른 강대국의 쟁탈 목표물에 지나지 않았다. 이같은 상황은 영국이 7년전쟁에서 압도적으로 승리함으로써 일변하였는데 이 전쟁에서 프랑스는 캐나다와 노바스코샤에서, 스페인은 서부 플로리다에서 쫓겨났다. 지금까지 영국 정부에 충성할 수밖에 없도록 만들던 외세의 위협이 사라지자 아메리카 식민지인들은 영국과의 명목적인 관계만을 주장하게 되었으며 제국 정부와 뜻이 맞지 않으면 반란을 일으켰다. 더욱이 1776년이 되자 북아메리카의 식민지가 엄청나게 불어났다. 200만이던 인구는 30년마다 2배로 늘어나면서 서부로 확대되어 갔으며 경제적으로 번영하고 식량과 다른 많은 일용품을 자급자족하게 되었다. 이러한 사실은 그후 7년 동안 영국이 값비싼 대가를 치르고 깨닫게 된 사실, 즉 반란을 일으킨 미국은 단순히 해군작전만으로는 제압할 수 없으며 3,000마일이나 떨어진 본국에서 지상병력을 끌어다가 굴복시키기에는 너무 광대하다는 사실을 말해준다.

독립된 미국의 존재는 세계 세력변화추세에 대한 이 장의 설명에 두 가지 중요한 의미를 지니고 있다. 첫째는 1783년 이래 비유럽계의 생산·부와—궁극적으로는—군사력의 중심권이 나타났다는 점인데 그 군사력은 중국이나 인도같은 비유럽계의(경제적으로 쇠퇴해가는) 나라는 엄두도 내지 못할 정도로 장기적인 영향력을 세계 세력균형에 미치게 된다. 18세기 중반에 이미 아메리카 식민지는 해상무역 분야에서 중요한 위치를 차지하였고 산업화의 걸음마를 내딛었다. 한 통계에 의하면 신흥 미국은 1776년 선철과 철봉생산에서 영국을 앞질렀다. 그리고 그 후『제조업생산량이 50% 가까이 늘어나 1830년에는 세계 제6위의 선진공업국으로 성장했다.』이런 성장속도에 비추어볼 때 1790년에 벌써 앞으로 1세기 안에 미국은 중요한 역할을 하게 될 것이라고 관측되었다는 것은 당연하다. 두번째는 특히 영국이 민감하게 느낀 것인데 대서양 건너에 잠재적인 적대국이 출현함으로써 유럽정치에「주변」세력으로 행세해온 영국이 그 영향을 받게 되고 캐나다와 서인도제도 속령을 위협받게 되었다는 것이다. 그러나 이것은 항구적인 문제가 물론 아니었으며 미국의 고립주의와 함께 상당한 거리를 격해 있었으므로 영국은 예컨대 빈이 투르크나 그후의 러시아를 대했듯이 미국을 심각하게 받아들일 필요가 없었다. 그럼에도 불구하고 1779~1783년과 1812~1814년의 전쟁을 치른 결과 영국이 적대적인 미국을 등 뒤에 놓고 유럽의 전쟁에 전념하기가 얼마나 어려운 것인지 극명하게 드러났다.

제정러시아의 부상은 세계세력균형에 더욱 직접적인 영향을 미쳤다. 러시아가 폴타바전투(1709)에서 스웨덴군을 대파하자 강대국들은 지금까지 구석에 치우쳐 다소 미개했던 러시아가 이제 유럽문제에 개입하려고 한다는 사실에 눈을 돌리게 되었다. 야심적인 최초의 차르 표트르대제가 발트해 연안(카렐리아〈Karelia〉·에스토니아〈Estonia〉·리보니아)에 새로운 발판을 마련하기 위해 재빨리 해군을 건설하자 이 동방의 거인에 유린당하지 않을까 두려워한 스웨덴은 곧 영국 해군의 지원을 요청했다. 그러나 사실 러시아의 부상으로 가장 큰 피해를 보게 된 것은 폴란드와 투르크로서 1796년 사망할 때까지 에카테리나(Ekaterina)대제는 이미 광대한 영토에다 새로 32만평방킬로미터의 영토를 추가했다. 더욱 인상적인 것은 러시아 육군이 행한 일시적인 서방원정이었다. 7년전쟁 기간중 러시아 군대가 보인 잔인함과 끈질김 그리고 1760년 베를린의 일시점령에 크게 놀란 프리드리히대왕은 그 이웃을 완전히 새롭게 보게 되었다. 40년 후 수보로프(Suvorov) 장군이 지휘하는 러시아군은 제2회 대프랑스동맹전쟁(1798~1802) 때 이탈리아와 알프스의 양전투에 참전하였는데 이 원격작전은 1812년과 1814년 사이 모스크바에서 파리까지 거침없이 진격한 러시아군 작전의 선구가 되었다.

18세기의 러시아의 지위를 정확히 서열짓기는 쉽지 않다. 군대는 대체로 프랑스보다 규모가 컸고 주요 제조업 분야(직물・철)에서도 훨씬 앞서 있었다. 어떤 라이벌국가도 — 적어도 서쪽으로부터 — 러시아를 정복하기에는 아예 불가능할 정도로 곤란하였다. 「화약제국」이라는 지위 덕분에 러시아는 동쪽의 유목민족들을 제압할 수 있었고 따라서 인력・천연자원과 농경지를 추가로 획득함으로써 강대국 대열에 뛰어들 수 있었다. 러시아가 정부통제 아래 여러 방식의 근대화운동에 돌입한 것은 사실이나 그 속도나 정책의 성공에는 과장된 부분이 다소 있다. 아직도 후진성의 징후가 많이 남아 있었다. 즉 엄청난 가난과 야만성, 너무나 낮은 1인당 소득, 제대로 갖추어져 있지 못한 커뮤니케이션, 매서운 기후, 기술과 교육의 낙후성뿐만 아니라 로마노프(Romanov)가의 반동적이고 천박한 인물들이 그것이다. 뛰어난 에카테리나대제까지도 경제와 재정문제에는 별로 신통치 않았다.

그렇다고 해도 18세기 유럽의 군사조직과 기술의 상대적 정체 덕분에 러시아는 외국의 전문기술을 빌어 자원이 적은 나라들을 따라잡고 앞설 수 있었다. 초강대국의 이러한 무자비한 이점은 다음 세기의 산업혁명으로 전쟁의 규모와 속도가 바뀌고 난 뒤에야 소멸하게 된다. 1840년대 이전에 이미 러시아군은 앞서 말한 많은 약점에도 불구하고 때때로 가공할 공격력을 보여주었다. 국가재정 가운데 상당한 액수

(약 3/4)가 군사 부문에 들어갔으며 병사는 수많은 난관을 극기심으로 이겨냄으로써 러시아군은 18세기의 어느 군대도 엄두내지 못할 원격작전을 수행할 수 있었다. 러시아군의 병참기지가 혼자 힘으로 대규모 전투를 치루어내기에 불충분(군마의 부족, 허술한 보급체제와 무능한 장교들)했던 것은 사실이다. 사실 1813~1814년 프랑스 진격 당시에는「우호적인」지역을 통과할 수 있었으며 영국에게서 많은 지원을 받았다. 그러나 이 몇 번의 작전으로도 러시아군은 7년전쟁 시기에 이미 두려운 명성과 유럽권에서의 주도적인 위치를 충분히 획득할 수 있었다. 대전략적 차원에서 보면 세력균형에 개입하여 당시 유럽 지배권을 노리던 프랑스를 마침내 좌절시키는 데 공헌한 제3의 세력이 또 있었다.

토크빌(Alexis de Tocqueville)과 같은 19세기 초의 문필가들이 러시아와 미국은『지구 절반의 운명을 좌우하도록 하늘이 점지해준』것처럼 보인다고 언급한 것은 그러나 먼 장래를 두고 한 말이었다. 1660년과 1815년 사이의 기간에 결정적인 발전을 거쳐 마침내 프랑스를 최강대국의 지위에서 끌어내린 것은 이 대륙의 거인이 아니라 해양국가 영국이었다. 여기에서도 지리적 위치가 전적은 아니더라도 결정적인 역할을 하였다. 영국의 지리적 이점은 거의 한 세기 전 마핸(A. T. Mahan)의 고전「역사에 미친 해양국가의 영향(The Influence of Sea Power upon History)」(1890)에 잘 묘사되어 있다.

······지리적 위치상 육지에서 방어할 필요도 없고 지상을 통한 영토확장을 노릴 수도 없는 나라는 바다에 모든 목표를 집중시킬 수 있다는 바로 그 점 때문에 국경의 한쪽을 대륙과 면하고 있는 어느 나라보다도 유리하다.

마핸의 주장은 물론 몇 가지 전제를 가정하고 있다. 첫째는 영국 정부가 그 주변의 혼란을 좌시하지 않았다는 점이다. 그러나 아일랜드 정복과 스코틀랜드와의 합동법(Act of Union) 이후에는 그것이 사실이지만 그후 빈번하게 영국과 주변 켈트(Celt)족을 괴롭히려는 프랑스의 노력을 영국은 아주 심각하게 받아들였다는 것은 흥미롭다. 아일랜드의 봉기는 아메리카의 반란이 준 곤혹보다 훨씬 절실한 것이었다. 그러나 다행하게도 적들은 영국의 이러한 취약성을 적절하게 이용하지 못하였다.

마핸의 두번째 가정은 해전과 해양국가는 지상전과 대륙국가보다 유리하다는 것이다. 이것은 이른바 「해군제일주의자(navalist school)」들의 전략적 신념으로서 1500년 이후의 정치적·경제적 추세가 잘 입증해준다. 주요 통상로가 지중해에서 대서양으로 꾸준히 옮겨가고 서인도제도·북아메리카·인도대륙·극동의 식민사업과 무역활동에서 얻을 수 있는 거대한 이익으로 말미암아 자연히 유럽대륙의 서쪽 주변에 자리잡은 나라들이 혜택을 누리게 되었다. 아울러 그 때문에 정부가 해상무역의 중요성을 인식하고 대규모 함대에 기꺼이 투자하게 된 것도 사실이다. 그러한 전제 아래에서 영국의 정치엘리트들은 18세기가 되자 국가의 부와 힘을 지속적으로 성장시킬 수 있는 손쉬운 비법을 발견한 듯이 보였다. 왕성한 해상무역은 영국 경제에 활력을 주고 항해술과 조선기술을 발달시켰으며 국고를 채워주는 한편 식민지의 생명선이 되었다. 식민지는 영국 제품의 판로였을 뿐만 아니라 진귀한 설탕·담배·옥양목에서부터 날로 중요해져가는 북아메리카산 해군 군수품에 이르기까지 수많은 원료의 공급지였다. 한편 영국 해군은 평화시에는 영국 상선들의 위신을 보장해주고 전시에는 무역을 보호하면서 더 많은 식민지를 확보하여 국가의 정치적·경제적 이익에 기여했다. 이리하여 무역·식민지·해군은 영국의 장기적인 이익을 위해 상부상조하는 「고결한 삼각형(virtuous triangle)」을 이루게 되었다.

영국의 부상에 대한 이러한 설명은 부분적으로 타당하지만 완전한 진실은 아니다. 수많은 중상주의적 저술과 마찬가지로 마핸은 국내생산에 비해 영국의 해외무역, 특히 「식민지」무역의 중요성을 지나치게 과장하는 경향이 있었다. 18세기 전기간을 통해 농업은 영국의 부의 바탕이었으며 수출(1780년대까지 전체 국가수입의 10% 미만이었다)은 외국의 강력한 도전과 관세에 직면하였는데 그것은 아무리 강력한 해군력으로도 보상할 수 없었다. 해군제일주의자들은 영국의 발트해・독일・지중해 무역이 ─ 설탕・향료・노예무역만큼 빠르게 성장하지는 않았지만 ─ 여전히 경제적으로 중요하다는 사실을 잊는 경향이 있었다.* 따라서 1806~1812년의 사태가 보여주듯이 프랑스가 유럽을 항구적으로 지배하게 되면 영국의 제조업이 치명상을 입게 되어 있었다. 그러한 상황하에서 유럽의 권력정치에서 고립되는 것은 경제적으로 어리석은 행위가 될 수 있었다.

영국의 대전략 중에는 서인도제도・캐나다와 인도 등 해외에 치중하는 사람들이 간과해버린 아주 중요한 「대륙」측면도 있었다. 두 해양국가간의 상업상의 라이벌의식이 극도에 달해 있었기 때문에 1652~1654년, 1665~1667년 그리고 1672~1674년의 영국・네덜란드전쟁은 필연적으로 순수한 해군전쟁이 될 수밖에 없었다. 그러나 1688년 명예혁명 이후 오렌지공(William of Orange)이 영국 왕위를 계승하면서 전략적 상황이 일변했다. 1689년에서 1815년 사이에 벌어진 7차례의 전쟁에서 영국의 이익에 도전한 것은 본질적으로 대륙세력인 프랑스였다. 사실 프랑스는 이 전쟁을 서반구・인도양・이집트 또는 그 어디로건 끌고 갈 작정이었다. 그러나 그러한 전투는 런던과 리버풀의 상인들에게는 중요한 것이었지만 영국의 국가안보에는 직접적인 위협이 되지 않았다. 다만 프랑스가 네덜란드・하노버가와 프로이센을 군사적으로 제압하고 중서부 유럽에서의 우위를 확보한 후 영국 해군의 제해권을 잠식할 함대를 마련할 수 있게 될 때라야 영국의 국가안보에 위협이 될 수 있었다. 그러므로 이 시기 영국의 역대 정부가 유럽

─────────
* 영국 해군과 상선단 모두가 의존하고 있던 발트해연안의 해군 군수품이 지닌 전략적 중요성 역시 마찬가지였다. 세력균형의 유지와 목재・돛대의 원활한 공급을 확보하기 위해 영국 함대가 수시로 파견되었다는 데서 그 중요성이 입증된다.

대륙에 대한 군사개입을 계속하게 된 것은 단지 네덜란드에 대한 윌리엄 3세의 개인적인 인연이라든가 그후의 하노버가와의 관계 때문만이 아니었다. 거기에는—스페인에 대한 엘리자베스 1세의 두려움을 반영하는 것으로—유럽 안의 프랑스 적들을 지원해야만 부르봉왕조(와 나폴레옹)의 야심을 분쇄하고 영국 자신의 장기적인 이익을 유지할 수 있다는 주장이 강력하게 작용하였다. 이러한 관점에 따르면「해양」전략과「대륙」전략은 적대적이라기보다는 보완적인 것이었다.

뉴캐슬공(Duke of Newcastle)은 1742년 이러한 전략적 속셈의 핵심을 다음과 같이 훌륭하게 표현하였다.

> 프랑스는 육지에서 아무것도 두려워할 것이 없게 될 때 바다에서 우리를 제압하게 될 것이다. 나는 언제나 우리 해군이 대륙의 우리 동맹국을 방어하고 프랑스의 지출을 딴 곳으로 돌리게 해야만 우리의 제해권을 유지할 수 있다고 주장해왔다.

『프랑스의 지출을 딴 곳으로 돌리게』만들 국가에 대한 영국의 지원은 주로 두 가지 형태로 이루어졌다. 첫째는 직접적인 군사작전으로서 프랑스군을 교란하기 위해 주변기습을 펴거나 정예 원정군을 파견하여 그때그때의 동맹국과 함께 싸우는 것이었다. 기습전략은 경제적이어서 여러 장관들이 애용하였지만 그 영향은 언제나 부정적이어서 참패로 끝날 때도 있었다(1809년 발커런⟨Walcheren⟩원정처럼). 대륙원정군에 대한 지원은 병력이나 자금면에서 훨씬 부담이 컸지만 말버러와 웰링턴의 전투가 보여준 바와 같이 유럽의 균형유지에는 더욱 효과적이었다.

영국의 두번째 지원방식은 재정지원으로서 헤세(Hesse)인이나 다른 용병을 직접 고용하여 프랑스와 대결하도록 하거나 동맹국에게 원조를 주는 것이었다. 예컨대 프리드리히대왕은 1757년과 1760년 사이에 영국으로부터 매년 67만 5,000파운드나 되는 거액의 지원을 받았으며 나폴레옹 전쟁 말기에는 영국 자금의 유입이 큰 비중을 차지하였다

(예컨대 1813년 한 해만 해도 여러 동맹국에 대한 지원이 1,100만파운드에 달하였으며 전쟁 전기간을 통해서는 6,500만파운드에 달하였다). 그것이 가능했던 것은 영국의 무역과 상업, 특히 수익좋은 해외시장의 팽창으로 국고의 파산을 초래하지 않고도 유례없는 거금을 공채와 세금으로 마련할 수 있었기 때문이다. 이처럼「프랑스의 지출」을 유럽에 묶어놓는 일은 비용이 많이 드는 사업이었지만 프랑스로 하여금 해상무역에 대해 지속적인 전투를 벌이거나 영국 본토를 마음대로 위협할 정도로 유럽대륙을 석권하지는 못하도록 방해하는 효과가 있었다. 반면 영국은 전쟁비용을 조달하고 동맹국을 지원할 수 있었다. 이처럼 지리적 이점과 경제적 혜택이 하나로 합친 영국은 『한편으로는 대륙의 세력균형을 조정하고 다른 한편으로는 제해권을 강화하는』 두 얼굴을 가진 전략을 훌륭하게 추구해나갈 수 있었다.

위에서 설명한 재정적·지리적 요인의 중요성을 파악한 뒤에라야 이 시기 강대국들의 인구증가와 육·해군 군사력 통계를 완벽하게 이해할 수 있다(표 3, 4, 5 참조).

통계를 읽는 데 익숙한 독자는 이러한 어림수는 아주 조심스럽게 다루어야 한다는 것을 잘 알고 있을 것이다. 특히 초기의 인구통계는 단순한 추정에 불과하다(러시아의 경우 그 오차는 수백만이 될 수도 있다). 육군의 규모도 편차가 커서 특정 전쟁의 초기·중기·말기의 어디에 기준을 두느냐에 따라 다르다. 또한 통계에는 실질적인 용병부대와 (나폴레옹의 경우처럼) 강제로 흡수된 동맹군까지도 포함된 경우가 있다. 군함의 수는 전투태세를 갖춘 군함만을 나타내는 것도 아니고 반드시 훈련된 승무원이 다 갖추어져 있음을 나타내지도 않는다. 더구나 통계에는 장교와 사병, 정예와 무능, 애국적 정열이나 나약함 여부는 전혀 고려되지 않았다. 그렇다 하더라도 이 통계는 최소한 거칠게나마 당시 권력정치의 주요 동향을 반영하고 있다. 즉 프랑스 그리고 점차로 러시아가 인구와 군사면에서 앞섰고 영국은 여전히 바다의 지배자였다. 또한 프로이센은 스페인·스웨덴·네덜란드를 따라잡았고 프랑스는 루이 14세와 나폴레옹의 대군으로 18세기의 어느

⟨표 3⟩ 강대국의 인구, 1700~1800

(100만)

	1700	1750	1800
영 국	9.0	10.5	16.0
프 랑 스	19.0	21.5	28.0
합스부르크 제국	8.0	18.0	28.0
프 로 이 센	2.0	6.0	9.5
러 시 아	17.5	20.0	37.0
스 페 인	6.0	9.0	11.0
스 웨 덴		1.7	2.3
네 덜 란 드	1.8	1.9	2.0
미 국	—	2.0	4.0

⟨표 4⟩ 육군의 규모, 1690~1814

(명)

	1690	1710	1756/60	1778	1789	1812/14
영 국	70,000	75,000	200,000		40,000	250,000
프 랑 스	400,000	350,000	330,000	170,000	180,000	600,000
합스부르크 제국	50,000	100,000	200,000	200,000	300,000	250,000
프 로 이 센	30,000	39,000	195,000	160,000	190,000	270,000
러 시 아	170,000	220,000	330,000		300,000	500,000
스 페 인		30,000			50,000	
스 웨 덴		110,000				
네 덜 란 드	73,000	130,000	40,000			
미 국	—	—	—	35,000	—	—

⟨표 5⟩ 해군의 규모, 1689~1815

(척)

	1689	1739	1756	1779	1790	1815
영 국	100	124	105	90	195	214
덴 마 크	29	—	—	—	38	—
프 랑 스	120	50	70	63	81	80
러 시 아	—	30	—	40	67	40
스 페 인	—	34	—	48	72	25
스 웨 덴	40	—	—	—	27	—
네 덜 란 드	66	49	—	20	44	—

때보다도 유럽의 지배권에 가까이 다가섰다.

이 150년간에 걸친 강대국 전쟁의 재정적·지리적 측면에서 볼 때 위 3개의 표에 나타난 숫자는 좀더 다듬어져야 할 것이다. 예컨대 육군의 규모면에서 네덜란드가 다른 나라에 비해 상대적으로 급격히 쇠퇴하였다고 해서 전쟁비용조달면에서도 그런 것은 아니었으며 사실 그 면에서 네덜란드의 역할은 한동안 결정적이었다. 미국은 비군사적 성격으로 말미암아 상당한 전략적 교란을 야기할 수 있다는 사실이 은폐되어 있다. 통계에는 또한 영국의 군사적 공헌이 축소되어 있는데 사실상 1813~1814년에 영국은 그 자신의 군대 외에도 10만 동맹군(1813년에는 무려 45만)과 14만의 해군병력을 지원하였다. 반대로 대부분의 전쟁 동안 원조에 의지해온 프로이센과 합스부르크제국의 실질상의 국력은 육군의 규모만을 감안할 때 과장될 수 있다. 앞서도 지적했듯이 프랑스의 방대한 군사력은 취약한 재정과 전술지정학적 장애로 인해 제몫을 다하지 못한 반면 러시아군은 낙후된 경제와 지리적 격리 때문에 약화되었다. 이들 각 강대국의 강점과 약점을 염두에 두면서 전쟁 그 자체를 더 구체적으로 검토해보자.

전쟁의 승리, 1660~1763

1661년 3월 루이 14세가 프랑스 통치권을 완전히 장악했을 당시 유럽은 자신의 의지를 대륙에 펼쳐보기로 결심한 왕에게는 절호의 상황이었다. 남쪽의 스페인은 포르투갈을 회복하려는 헛된 시도에 여전히 자신을 소모하고 있었다. 영국해협 건너에서는 찰스 2세 치하의 왕정복고체제가 그 기반을 확립하느라 열중하였고 영국의 상업계는 네덜란드를 크게 질시하고 있었다. 북쪽에는 덴마크와 스웨덴이 전쟁을 막 끝내고 지친 상태였다. 독일에서는 지위를 강화해보려는 합스부르크의 시도를 프로티스턴트 군주들이 예의주시하고 있었는데 막상 빈의 제국정부는 헝가리와 트랜실베니아(Transylvania)문제로 시달린 데다가 후에는 오토만 세력이 부흥함에 따라 거기에도 신경을 써야 했다. 폴란드는 스웨덴과 러시아의 약탈자들을 방어하느라 이미 지쳐 있었다. 따라서 리셜리외의 훌륭한 전통을 이은 프랑스는 이러한 상황을 외교적으로 쉽게 이용하여 포르투갈을 스페인에, 마쟈르(Magyar)·투르크와 독일 군주들은 오스트리아에 대항케 하고 영국은 네덜란드와 싸우도록 만들었다. 한편 스위스의 여러 주(cantons)와는 1663년 아주 중요한 조약을 맺음으로써 프랑스 자신의 지리적 위치(그리고 육군모병)를 강화하였다. 이 모든 것에 힘입어 루이 14세는 절대군주제를 확립함과 동시에 앞서 1세기 동안 프랑스 정부를 괴롭혀온 내부의 도전을 봉쇄할 수 있는 충분한 시간을 벌 수 있었다. 이보다 중요한 것은 그로 말미암아 콜베르·르텔리에와 같은 핵심 각료들이 행정을 혁신하는 한편 태양왕의 명예욕을 충족시키기 위해 육군과 해군에 아낌없는 자원을 투입할 수 있었다는 것이다.

따라서 루이 14세가 치세 초기에 프랑스의 국경을 확장해나가는 데는 전혀 어려움이 없었으며 특히 영국·네덜란드관계가 1665년 노골적인 적대감으로 악화(제2차 영국·네덜란드전쟁)된 이후에는 더욱 그러하였다. 프랑스는 네덜란드 지원을 약속했지만 실제로는 해전에서 아무런 역할도 하지 않고 쇠퇴한 스페인이 장악하고 있던 남부 네덜란드에 대한 침공을 준비하였다. 1667년 5월 마침내 프랑스군이 침공을 개시하자 마을들은 순식간에 함락되었다. 그러자 이 시기의 급변해가는 외교동향의 초기형태가 뒤이었다. 영국과 네덜란드는 상호간의 무익한 전쟁으로 지친데다 프랑스의 야심에 두려움을 느낀 나머지 7월 브레다(Breda)에서 강화를 맺고 루이의 이익을 견제하기 위해 스웨덴과 함께 프랑스·스페인 분쟁의 「중재」를 모색하고 나섰다. 1668년의 아헨(Aachen)조약으로 바로 그 목적은 달성되었지만 프랑스 왕은 이에 격분하여 자신의 야심에 주요 장애가 된 네덜란드를 응징하기로 결심하였다. 그후 수년간 콜베르가 네덜란드와 관세전쟁을 벌이는 동안 프랑스의 육·해군은 더욱 증강되었다. 비밀외교를 통해 영국과 스웨덴은 네덜란드와의 동맹관계를 끊고 오스트리아와 독일 왕국들의 우려를 씻어주었다. 1672년이 되자 영국의 해군지원을 받은 프랑스의 전쟁기구는 공격태세를 갖추었다.

  네덜란드에 전쟁을 먼저 선포한 것은 영국이었지만 제3차 영국·네덜란드전쟁(1672~1674)에서 영국이 악전고투하게 된 데는 약간의 설명이 필요하다. 즉 로이테르의 눈부신 활약으로 바다에서 저지당하는 바람에 육지에서 아무런 전과도 거두지 못함으로써 찰스 2세 정부는 점증하는 국내의 비판에 직면하게 되었다. 정치적 표리부동과 재정적 낭비임이 명백한데다 프랑스와 같은 귀족적인 가톨릭국가와 동맹을 맺은 데 대한 강력한 반발 때문에 전쟁은 인민의 지지를 받지 못했으며 1674년 결국 정부가 손을 떼지 않을 수 없었다. 돌이켜보면 그것은 스튜어트왕조 후기까지도 영국의 정치적·재정적 그리고 행정적 기반이 얼마나 취약하고 불확실했는가를 보여주는 것이다. 그러나 런던의 정책전환은 유럽 전역에 걸쳐 루이 14세의 야심적인 구상이 야기한 광범한 공포를 부분적으로 반영하고 있다는 점에서 국제적인 중요성을 띠었다. 그후 1년도 안되어 네덜란드는 외교와 원조를 통해 많은 동맹국들을 프랑스에 등을 돌리도록 만들었다. 독일 공국들·프로이센(1675년 페벨린〈Fehrbellin〉전투에서 프랑스의 유일한 동맹국인 스웨덴을 격파하였다)·덴마크·스페인·합스부르크제국 모두가 이 문제에 끼어들었다. 그러나 이들의 동맹은 프랑스를 압도할 만큼 강력하지 못했다. 그들 대부분은 군대도 소규모인데다 주변에 정신을 뺏기고 있었다. 반프랑스 동맹의 중심은 여전히 새로운 지도자 오렌지공이 이끄는 네덜란드였다. 그러나 북쪽으로는 바다로 차단되어 있고 라인란트에서는 여러 적들에 맞선 프랑스군의 전선이 취약했기 때문에 루이 자신도 아무런 극적인 승리도 거둘 수 없었다. 바다도 그와 비슷한 교착상태에 있었다. 즉 프랑스 해군이 지중해를 장악한 반면 네덜란드와 덴마크 함대는 발트해를 지배했으며 어느 쪽도 서인도제도를 장악하지 못하였다. 이 전쟁으로 프랑스와 네덜란드의 상업은 모두 큰 피해를 입었으며 영국과 같은 중립국들이 간접적인 이익을 얻었다. 1678년이 되자 암스테르담의 상인계층이 정부에 압력을 넣어 프랑스와 단독강화하도록 함으로써 독일의 소국들(네덜란드의 원조에 의존하고 있었다)은 혼자 힘으로 전쟁을 계속할 수 없게 되었다.

1678~1679년의 니메겐(Nymegen)강화조약으로 공개적인 전투는 종식되었지만 프랑스의 북쪽 국경을 넓히려는 야심이 명백한 루이 14세가 「유럽의 중재자」로 자처하고 평화시에도 20만 육군을 보유하고 있다는 놀라운 사실에 독일·네덜란드·스페인·영국 모두는 불안해하였다. 그렇지만 전쟁이 재연되지는 않았다. 네덜란드 상인들은 평화롭게 교역하기를 선호했고 독일 군주들은 영국의 찰스 2세와 마찬가지로 프랑스의 원조에 의존하고 있었다. 또한 합스부르크제국은 투르크와의 처절한 전쟁에 여념이 없었다. 따라서 1683년 프랑스로부터 룩셈부르크를 지키기 위해 노력한 스페인은 외로운 전쟁 끝에 대패를 감수할 수밖에 없었다.

그러나 1685년 이후 상황은 프랑스에 불리하게 돌아가기 시작했다. 위그노에 대한 박해는 유럽의 프로티스턴트 국가들을 경악시켰다. 그 후 2년 사이에 투르크는 완전히 패배하여 빈에서 쫓겨났으며 레오폴트황제는 드높아진 위신과 군사력을 가지고 드디어 서쪽에 관심을 갖기 시작했다. 1688년 9월 신경이 과민해진 프랑스 왕은 독일을 침공하기로 결심함으로써 결국 유럽의 「냉전」을 열전으로 돌려놓았다. 프랑스의 행동은 대륙 라이벌들의 선전포고를 야기했을 뿐만 아니라 그 틈에 오렌지공은 영국해협을 건너가 신임을 잃은 제임스 2세를 몰아내고 영국 왕위에 오를 수 있었다.

그러므로 1689년 말이 되자 프랑스는 혼자서 네덜란드·영국·합스부르크제국·스페인·사보이와 독일내의 주요 공국들과 맞서게 되었다. 이 대동맹(Grand Alliance)의 「핵심」은 실제로 영국·네덜란드 연합군과 독일 공국들로 구성되어 있었기 때문에 보기만큼 두려운 것은 아니었다. 어느 면에서 공통점이 없는 연합이었음에도 불구하고 이들은 태양왕의 프랑스에 필적하는 확고한 결의와 재정자금·육군과 함대를 보유하고 있었다. 10년 전만 해도 루이가 우세했을지 모르나 이제 프랑스의 재정과 무역은 콜베르의 사망 이후 훨씬 쇠퇴했으며 육군이건 해군이건—수적으로 위압적이긴 해도—원거리의 장기전을 치를 만한 채비가 되어 있지 않았다. 주요 동맹국 가운데 하나만 일격에 패배시키면 교착상태를 벗어날 수 있지만 어느 쪽을 목표로 삼아야 할 것이며 과연 루이가 대담한 작전을 명령할 의지를 갖고 있었을까? 3년간의 고심 끝에 1692년 루이는 마침내 영국해협 건너에 파견할 2만 4,000명의 침공군을 구성하였지만 너무나 막강한 「해양강국」은 발프레르(Barfleur)·라오귀(La Hogue)전투에서 프랑스의 전함과 바지선을 섬멸해버렸다.

　1692년 이래 해전은 무역을 교란하고 서로를 파멸로 몰아넣는 완만하고 지겨운 전쟁이 되었다. 상선을 공격하는 전략을 채택한 프랑스정부는 사략선들로 하여금 영국·네덜란드간 항해선박을 약탈하도록 권장하는 한편 전함에 대한 자금부담을 줄여갔다. 동맹국 해군은 그들대로 상업봉쇄를 실시하여 적과 무역해오던 네덜란드의 버릇을 근절함으로써 프랑스에 대한 압력을 가중시켰다. 그러나 어느 방법도 적을 굴복시키기는커녕 전쟁의 경제적 부담만 늘림으로써 거듭된 흉작으로 이미 타격받은 농민은 물론 상인들의 지지도 잃게 되었다. 지상전 역시 요새를 공격하고 강을 건너야 하는 비용도 많이 드는 지지부진한 싸움이었다. 프랑스는 보방(Vauban)이 고안한 요새 덕분에 난공불락을 자랑하였지만 똑같은 장애 때문에 홀란트나 라인강 서부의 선제후령(Palatinate)으로의 진격이 쉽지 않았다. 양진영이 각각 25만 이상의 병력을 야전에 배치해놓았기 때문에 그 비용은 이들 부유한 나라들에게도 엄청난 것이었다. 유럽권 밖의 전쟁(서인도제도·뉴펀들랜드·아카디아·퐁디셰리〈Pondicherry〉)도 있었지만 어느 것도 대륙이나 해상의 기본적인 균형을 흔들 정도로 중요한 것은 아니었다. 따라서 토리당(Tories)의 지주계급과 암스테르담 시민들이 지나친 세금을 불평하기 시작하고 프랑스는 기아로 허덕이게 된 1696년이 되자 윌리엄 3세와 루이 14세는 다같이 타협할 수밖에 없게 되었다.

　결과적으로 리즈윅(Ryswick)조약(1697)으로 루이 14세가 초기에 확장한 영토 일부분을 인정해주면서 이전의 상태로 다같이 복귀하였다. 그럼에도 불구하고 1689~1697년에 걸친 9년전쟁의 결과는 당시의 비판자들이 주장하듯이 그렇게 중요하지 않은 것이 아니었다. 프랑스의 야심은 분명히 대륙에서 좌절되었고 해군은 바다에서 꺾였다. 1688년의 명예혁명을 완수한 영국은 그 주변 아일랜드를 확보하고 재정제도를 강화하였으며 육군과 해군을 재건했다. 그리고 영국·네덜란드·독일이 연합하여 프랑스로 하여금 플랑드르와 라인란트를 넘보지 못하도록 하는 전통이 확립되었다. 막대한 비용이 들었음에도 불구하고 유럽의 정치적 다원성은 재확인된 것이다.

대부분의 수도에 팽배한 전쟁 혐오감 때문에 전쟁의 재발은 거의 불가능하였다. 그러나 1700년 루이 14세 손자의 스페인 왕위계승문제가 제기되자 태양왕은 프랑스의 힘을 높일 수 있는 절호의 기회를 잡게 되었다. 그는 잠재적인 적들과 타협하는 대신 손자를 대신하여 남부 네덜란드를 전격적으로 점령하고 아울러 서반구의 방대한 스페인 제국에서 프랑스 무역상인을 위한 무역독점권을 확보했다. 이를 비롯한 여러 도발에 놀란 영국과 네덜란드는 1701년 오스트리아와 합세하여 루이 14세의 야망을 견제하기 위한 또 한 차례의 동맹전쟁에 돌입하게 되었는데 이것이 스페인계승전쟁이다.

여기에서도 마찬가지로 군사력과 조달가능한 자원이 일반적으로 균형잡혀 있다면 각 진영은 상대를 완전히 제압하지는 못하더라도 결정적인 타격을 줄 수 있다는 것이 입증되었다. 몇 가지 측면에서 루이는 1689~1697년의 전쟁 때보다는 강화된 입장이었다. 스페인 인민들은 순순히 그의 손자, 즉 펠리페 5세를 따랐고 「부르봉의 위세」는 세계 여러 곳에 드날렸다. 프랑스의 재정은 분명히 스페인 은의 수입으로 보강되었다. 더구나 프랑스는 — 한때 거의 50만에 달하는 병력을 보유하는 수준까지 — 군사적으로 비약했다. 그러나 주변 발칸지역의 걱정을 덜게 된 오스트리아가 이 전쟁에서 전번 전쟁 때보다 더 큰 역할을 하였다. 무엇보다도 중요한 것은 결의에 찬 영국 정부가 독일 동맹군과 막강한 함대, 심지어는 뛰어난 말버러 지휘하의 대규모 대륙육군에 대해서까지 상당한 국가자원을 투입할 태세였다는 점이었다. 4만에서 7만에 이르는 영국군 및 용병으로 구성된 말버러의 대군은 10

만이 넘는 정예 네덜란드군과 그 비슷한 규모의 합스부르크군과 연합하여 유럽에 자신의 소원을 이뤄보려는 루이의 노력을 좌절시킬 수 있었다.

그러나 그렇다고 해서 대동맹측이 프랑스나 나아가 스페인에 자신의 야심을 관철시킬 수 있었다는 것은 아니다. 사실 이 두 왕국 이외 지역에서의 상황은 계속해서 동맹군에게 유리하게 돌아갔다. 블렌하임(Blenheim)전투에서 말버러 장군이 프랑스·바이에른 연합군을 대파하고 결정적인 승리를 거둠으로써 오스트리아는 프랑스의 침공위협에서 해방될 수 있었다. 그후 라밀리(Ramillies)전투(1706)로 영국·네덜란드 연합군은 남부 네덜란드의 거의 전역을 장악하였으며 오데나르드(Oudenarde)전투(1708)에서는 그곳에 기반을 다시 확보하려는 프랑스의 기도를 무참하게 저지하였다.

바다의 경우 결론이 안난 말라가전투(1704) 이후 상대할 만한 적의 주력함대가 없게 된 영국 해군과 사양길의 네덜란드 해군은 우세한 해군력의 신축성을 과시하게 되었다. 새로운 동맹국 포르투갈은 바다에 나서지 않는 대신 리스본이라는 전진기지를 제공했고 브라질은 금을 공급해주었다. 서반구에 파견된 군대는 서인도제도와 북아메리카의 프랑스 속령을 공격하였으며 공격소함대는 스페인의 금수송선을 기습 약탈하였다. 지브롤터를 점령함으로써 영국 해군은 지중해의 출입을 통제할 수 있는 기지를 확보했을 뿐만 아니라 프랑스·스페인의 해군기지—와 함대—를 갈라놓았다. 영국 함대는 미노르카(Minorca)와 사르데냐(Sardegna)를 쉽게 점령하고 프랑스의 공격으로부터 사보이와 이탈리아 해안을 방어해주었다. 또 동맹군이 공격에 나서자 제국 육군의 스페인 침공을 지도·원조하였으며 툴롱(Toulon)공격을 지원하였다.

그러나 동맹 해군은 이같은 우세에도 불구하고 프랑스의 상선공격 재개를 막을 수 없었고 1708년이 되자 영국 해군은 상선의 손실을 줄이기 위해 호송체제를 강구할 수밖에 없게 되었다. 또한 영국의 프리깃함은 됭케르크(Dunkirk)나 지롱드(Gironde)에 출몰하는 프랑스의 사략선을 막지 못한 것과 마찬가지로 효과적인 상업봉쇄를 할 수도 없었다. 왜냐하면 그러기 위해서는 프랑스·스페인의 전해안을 순시해야 하기 때문이었다. 1709년의 지독한 겨울내내 프랑스 항구에 대한 곡물수송선 접근을 차단했지만 거의 자급자족이 가능한 프랑스를 굴복시키지 못했다.

이와 같이 상처만 주고 죽이지는 못하는 동맹군의 역량은 프랑스의 스페인에 대한 지상전에서 더욱 명백히 드러났다. 1709년 동맹 침공군은 잠시 마드리드를 점령했으나 패퇴하였으며 점증하는 스페인의 공격에 직면해 그 나라를 장악할 수 없었다. 북부 프랑스에서 영국·네덜란드 동맹군은 블렌하임의 승리와 같은 호기를 더 이상 잡을 수 없었을 뿐 아니라 도리어 전쟁은 장기화되고 처참하며 비용만 더 들게 되었다. 더구나 1710년 영국에는 토리당 내각이 집권하여 영국의 해상이익과 제국의 이익을 보장하고 대륙전쟁에 대한 지출을 줄일 수 있는 평화를 갈망하였다. 끝으로 동맹이 스페인왕위계승 후보로 내세웠던 카를대공이 뜻밖에 왕위를 계승함으로써 그에게 스페인의 통치를 맡기려던 동맹국들의 남은 희망도 무산되었다. 1712년 초 영국이 일방적으로 전쟁에서 이탈하고 곧이어 네덜란드도 뒤따르자 스페인의 「카를로스 3세」가 되고자 그렇게도 애써온 카를황제도 1년간이나 더 무익한 싸움을 벌인 후 강화의 필요성을 받아들이게 되었다.

스페인계승전쟁을 종결시킨 강화조건은 유트레히트(Utrecht)조약(1713)과 라시타트(Rastadt)조약(1714)에서 확정되었다. 전반적으로 볼 때 이 조약으로 가장 큰 이익을 본 것은 영국임에 틀림없었다. 영국은 지브롤터·미노르카·노바스코샤·뉴펀들랜드·허드슨(Hudson)만 그리고 스페인령 신대륙의 통상권을 획득한 한편 유럽의 세력균형도 소홀히 하지 않았다. 사실 1713~1714년의 조약을 구성하는 11개의 개별조약은 균형상태를 서로 만족스럽도록 세밀하게 강화한 것이었다. 프랑스와 스페인왕국은 영원히 분리되고 영국의 프로티스턴트 계승은 공인되었다. 스페인에서 실패한 합스부르크제국에게는 남부 네덜란드와 밀라노(따라서 프랑스를 더욱 견제하게 되었다) 그리고 나폴리와 사르데냐가 돌아갔다. 네덜란드는 독립이 유지되었지만 이제 더 이상 바다와 상업의 강자가 아니었으며 국력의 대부분을 남쪽 국경을 수비하는 데 돌리지 않을 수 없게 되었다. 무엇보다도 루이 14세의 왕조적・영토적 야심이 최종적으로 철저하게 좌절당하였으며 프랑스 국민들은 엄청난 전비에 쫓기게 되었는데 그것은 다른 요인들과 어울려 국가의 총부채를 7배나 늘려놓았다. 대륙에서는 세력균형이 확보되었으나 해상은 영국이 패권을 쥐고 있었다. 1714년 조지 1세의 왕위계승과 함께 재집권한 휘그당(Whigs)이 곧 유트레히트조약의 이행을 소원하고 다음해 철천지 원수 루이가 죽자마자 프랑스와 데탕트를 기꺼이 받아들이려 한 것은 당연한 일이었다.

반세기 동안의 전쟁을 통해 이루어진 서유럽 국가들간의 세력재분배는 동유럽의 변화에 비해서는 덜 극적이다. 국경은 서유럽보다 훨씬 유동적이었고 거대한 영토는 계몽군주의 직업군대가 아니라 영주, 크로아티아(Croatia) 출신의 비정규병, 코사크 군대(Cossack hosts)에 의해 지배되고 있었다. 국민국가간에 전쟁이 벌어지더라도 전투는 상당한 거리를 두고 행해졌고 다소 큰 전략을 펼치기 위해 비정규군・경기병이 동원되었다. 네덜란드에서의 전투와는 달리 여기에서의 승패는 거대한 영토의 변동을 수반함으로써 강대국 사이에 장대한 흥망을 연출하였다. 예컨대 이 수십년간만 해도 투르크가 빈에 대해 최후의 대규모 군사공격을 펼쳤지만 곧 패배하여 몰락하였다. 오스트리아・독일・폴란드군이 당초에 민첩하게 대응함으로써 1683년 투르크군에 포위된 빈을 구출했을 뿐 아니라 신성동맹을 확대하여 더욱 집중적인 전투를 벌였다. 호마치(Homacs) 부근의 대전투(1687) 이후 헝가리평원의 투르크 세력은 완전히 분쇄되었다. 1689~1697년의 전쟁 동안 독일과 합스부르크군이 프랑스에 계속 대항할 수밖에 없었기 때문에 전선이 안정되었는데 잘란케멘(Zalankemen, 1691)과 젠타(Zenta, 1697)전투에서 투르크군을 또 한 번 대파함으로써 이 추세가 강화되었다. 발칸전선에 총력을 기울일 수 있고 오이겐(Eugen)공과 같은 걸출한 장군만 있었다면 합스부르크제국은 투르크로부터 더 많은 영토를 확보할 수 있었을 것이다. 서유럽 왕국만큼 효과적으로 이질적인 영토를 조직할 수는 없었지만 유럽강대국의 일원으로서의 장래는 보장되었다.

그러한 기준에서 본다면 스웨덴은 다분히 불운하였다. 1697년 젊은 칼 12세가 스웨덴 왕위에 오르자 이웃나라들의 약탈본능이 발동하였다. 즉 덴마크·폴란드·러시아 등은 서로 발트해에 면한 스웨덴의 일부를 욕심내어 1699년 가을 스웨덴에 대항하여 동맹키로 합의했다. 전쟁이 일단 시작되자 처음에는 상당한 군사력과 군사적 재능을 가진 군주 그리고 영국·네덜란드 해군의 원조에 힘입어 스웨덴의 명백한 취약성이 상쇄될 수 있었다. 이 세 가지 요인의 결합에 힘입어 칼은 코펜하겐(Copenhagen)을 위협하여 1700년 8월 덴마크를 전쟁에서 이탈시키고 이어 군대를 발트해 건너로 돌린 지 3개월만에 나르바(Narva)에서 러시아군을 대파하는 승리를 거두었다. 전투와 정복의 쾌감을 맛본 칼은 그후 폴란드를 유린하고 작센을 침공하는 데 수년을 보냈다.

회고를 직업으로 삼는 역사학자들은 칼 12세가 우둔하게도 폴란드와 작센에 집착하는 바람에 나르바 패배 이후 러시아에 불고 있던 표트르대제의 개혁을 주의하지 못했다고 지적해왔다. 수많은 외국인 고문의 도움을 빌고 서양의 군사 전문지식을 폭넓게 수용한 표트르대제는 늪지에 페테르스부르크를 건설한 바로 그같은 추진력으로 거대한 육군과 해군을 건설했다. 1708년 칼황제가 4만의 병력으로 표트르대제와 대결하러 나섰지만 때는 이미 너무 늦었다. 스웨덴군이 전투에서는 일반적으로 잘 싸웠지만 손실이 많았고 러시아의 주력부대를 격파할 수가 없었으며 보급의 부족으로 시달렸다. 이러한 곤란은 스웨덴군이 우크라이나로 남진해들어가 1708~1709년의 혹독한 겨울을 보내면서 더욱 악화되었다. 1709년 7월 마침내 폴타바(Poltava)에서 대접전이 벌어졌을 때 러시아군은 병력과 유리한 방어위치면에서 단연 우세하였다. 이 전투에서 스웨덴군이 전멸당하고 결국 칼이 투르크령으로 도망가 오랫동안 망명하게 됨으로써 스웨덴의 적들은 좋은 기회를 맞게 되었다. 1715년 12월 칼이 스웨덴에 다시 돌아왔을 때는 발트해 양안의 영토는 사라진 뒤였고 핀란드 일부도 러시아땅이 되어 있었다.

수년간 전쟁(이 전쟁기간중인 1718년 칼 12세는 덴마크와 또 다른 전투를 벌이다 전사하였다)을 더 치른 후 지치고 고립된 스웨덴은 결국 1721년 니시타트(Nystadt)조약을 통해 발트해연안 영토 대부분의 상실을 인정할 수밖에 없었다. 이제 스웨덴은 이등국가로 전락하고 러시아가 일등국가로 되었다. 이에 걸맞게도 1721년의 승리를 기념하기 위해 표트르 1세는 스스로「황제(Imperator)」칭호를 붙였다. 그후 차르 함대가 몰락하고 국가는 크게 쇠퇴하였지만 러시아는 프랑스·영국처럼『외부의 지원없이도 단독으로 강대국으로 행세할 수 있는 역량이 있다』는 것을 보여준 셈이었다. 서유럽에서와 마찬가지로 이젠 동유럽에도 데히오(L. Dehio)의 표현대로『중앙으로의 집중에 대한 견제세력』이 등장하였다.

이와 같은 유럽의 정치적·군사적·경제적 힘의 전반적인 균형은 1715년 이후 거의 20년 동안 지속된 영국·프랑스의 데탕트에 의해 보장되었다. 특히 프랑스는 전쟁으로 해외무역이 엄청난 피해를 입은데다 이자상환만도 경상수입과 맞먹을 만큼 국가부채가 늘어남으로써 회복기를 가질 필요가 있었다. 더구나 자신의 계승문제를 적잖게 우려하고 있던 영국과 프랑스의 군주들은 현상을 뒤집는 어떤 시도도 꺼려한 나머지 많은 쟁점에서 협력하는 것이 서로 이롭다는 것을 인식하고 있었다. 예컨대 1719년 양세력은 스페인이 이탈리아에서 팽창정책을 취하지 못하도록 압력을 넣었다. 그러나 1730년대가 되자 국제관계의 경향이 다시 변하였다. 이 단계가 되자 프랑스 자체가 영국과의 제휴에 소극적이 된 대신 유럽의 주도국가로서의 과거 위치를 되찾으려고 하였다. 프랑스의 계승은 이제 확립되었고 수년간의 평화로 번영하였다. 거기다가 해외무역이 크게 팽창하여 해양강국을 넘보게 되었다. 각료 플뢰리(Fleury)의 프랑스가 스페인과의 관계를 재빨리 개선하고 동유럽에 외교적 노력을 뻗친 반면 신중한 고립주의자 월폴 수상의 영국은 대륙문제에 말려들지 않으려고 노력하였다. 프랑스가 1733년 오스트리아령인 로렌과 밀라노를 공격하고 라인란트에 진격해 들어가도 영국은 아무런 반응도 보이지 않았다. 고립주의자 월폴과 겁먹은 네덜란드로부터 아무런 지원도 얻어낼 수 없게 된 오스트리아

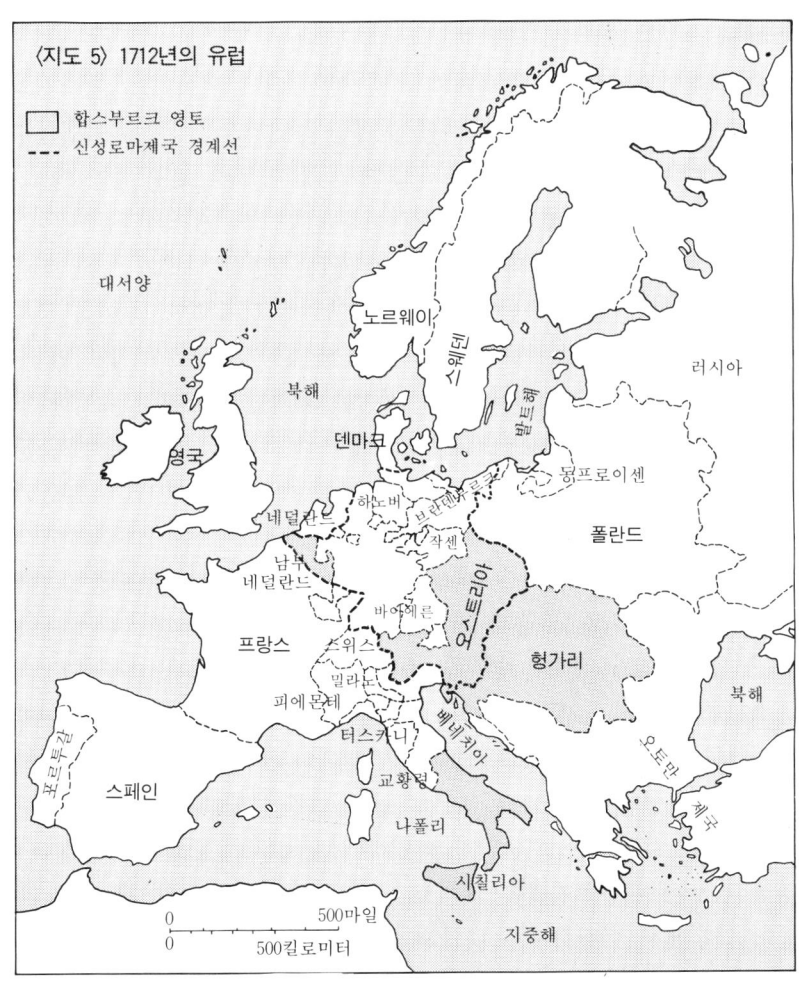

〈지도 5〉 1712년의 유럽

는 1738년 프랑스와 강화조약을 맺을 수밖에 없었다. 서유럽에서의 군사적·외교적 성공과 스페인과의 동맹, 네덜란드의 무관심 그리고 스웨덴 심지어 오스트리아까지도 유순해진 데 힘입어 프랑스는 이제 루이 14세 초기 이래 처음 맞는 위세를 만끽했다. 다음해 프랑스는 외교를 통해 오토만제국에 대한 오스트리아·러시아 동맹전쟁(1735~1739)을 종결짓고 동쪽의 두 왕국이 점령하고 있던 많은 영토를 투르크에게 되돌려줌으로써 더욱 위세를 떨쳤다.

월폴 수상의 영국은 유럽의 이같은 사건들을 무시하려 들었지만 상업적 이해관계자나 야당 정치가들은 서반구에서 벌어지는 프랑스의 동맹국 스페인과의 빈번한 충돌에 관심을 두었다. 수익좋은 식민지무역과 상충하는 식민지 팽창주의는 분쟁의 마르지 않는 원인이 되었다. 1739년 10월 월폴 수상이 마지못해 응한 영국·스페인전쟁은 스페인, 특히 카리브해의 「전선 너머」에 모든 지원을 다하기로 한 프랑스의 결정만 아니었다면 단지 18세기에 두 나라간에 벌어진 여러 국지적인 소전쟁의 하나로 여겨질 수도 있었을 것이다. 1702~1713년의 스페인계승전쟁과 비교할 때 부르봉 세력은 해외전쟁에 훨씬 유리한 입장이었는데 그것은 특히 영국의 육·해군 모두가 국내학자들이 주장해오던 스페인 식민지의 정복에 나설 만큼 태세가 되어 있지 않았기 때문이었다.

카를 6세가 죽고 마리아 테레지아(Maria Theresia)가 오스트리아 왕위를 계승한 기회를 틈타 프리드리히대왕이 1740~1741년 실레지아를 점령함으로써 상황은 일변하여 다시 대륙에 관심이 집중되었다. 스스로를 억제하지 못한 프랑스의 반오스트리아 집단은 프로이센과 바이에른공국이 합스부르크 영지(오스트리아)를 공격하는 데 전폭적으로 지원하였다. 그러나 이로 말미암아 도리어 옛날의 영국·오스트리아동맹이 부활되어 포위당한 마리아 테레지아를 크게 지원하였다. 영국 정부는 배상금지불을 제의하고 프로이센(일시적이었지만)과 작센이 전쟁에서 이탈하도록 중재하는 한편 1743년에는 데팅겐(Dettingen)에서 군사작전을 벌임으로써 오스트리아를 구원하고 하노버를 보호하였으며 독일에 대한 프랑스의 영향력을 제거했다. 1744년 영국·프랑스간의 반목이 공개적인 적대관계로 발전하면서 분쟁은 확대되었다. 프랑스군은 오스트리아령 네덜란드의 국경요새를 뚫고 망연자실해 있는 네덜란드로 북진하였다. 해상에서는 영국 해군이 이렇다 할 프랑스 해군의 도전에 부딪힘없이 프랑스 무역에 대한 봉쇄망을 점점 좁혀나갔다. 바다 멀리 서인도제도와 세인트로렌스(Saint Lawrence)강 상류, 마드라스(Madras) 주변, 레반트지방에 이르는 무역항로에서는 공방전이 치열하였다. 1743년 오스트리아에 대항해서 다시 참전한 프로이센은 2년만에 다시 설득으로 물러났다. 영국으로부터의 지원금은 오스트리아를 안정시키고 하노버가를 보호하기 위한 용병을 고용하며 심지어는 네덜란드 방위를 위한 러시아군을 사들이는 데 쓰였다. 이것은 18세기의 기준으로 보아 값비싼 전쟁이었으며 많은 영국인들이 가중되는 세금과 막대한 국가부채를 비난하였다. 그러나 시간이 흐름에 따라 더욱 지친 프랑스도 어쩔 수 없이 강화에 나서게 되었다.

재정과 아울러 지리적 위치―앞서 다룬 2대 핵심요인―로 말미암아 결국 영국과 프랑스 정부는 아헨조약(1748)으로 분쟁을 매듭지을 수밖에 없었다. 이때 프랑스군은 이미 네덜란드를 제압하고 있었지만 그것으로 프랑스의 해상무역에 대해 꾸준히 지속되어 온 봉쇄나 주요 식민지를 상실한 데 대한 보상이 될 수 있었을까? 반대로 프랑스가 네덜란드를 점령하고 있는데 영국이 세인트로렌스강변의 루이스버그(Louisburg)를 점령하고 앤슨(Anson)과 호크(Hawke)해전에서 승리한들 무슨 소용이 있겠는가? 결과적으로 외교협상은 프리드리히대왕의 실레지아 정복은 특별한 예외로 하고 이전의 상태로 다같이 복귀하는 선에서 마무리되었다. 당시도 그랬고 지금 되돌아봐도 그렇지만 아헨조약은 항구적인 협정이라기보다는 휴전의 성격이 강하였다. 따라서 여전히 마리아 테레지아는 프로이센에 대한 복수를 별렀고 프랑스는 대륙은 물론 해외에서 어떻게 하면 승리할 것인지를 고심하고 있었으며 영국은 다음번에는 해상·식민지전쟁에서와 같이 대륙전쟁에서도 자신의 최대 강적을 철저하게 무찌를 궁리를 하고 있었다.

북아메리카 식민지에서는 1750년대 초 영국과 프랑스의 식민자들(그들은 각각 인디언과 지역 군대의 지원을 받았다)이 빈번히 충돌하여 「휴전」이라는 단어가 무색할 정도였다. 이 싸움에 말려든 양쪽 세력은 거의 본국 정부의 통제에서 벗어나 있었는데 그것은 특히 각국 본국에서 「애국적인 로비」를 통해 식민자들에 대한 지원을 호소하고 아주 중요한 전투─오하이오와 미시시피계곡 지역뿐만 아니라 캐나다·카리브해·인도, 즉 유럽을 제외한 전세계를 위한─가 진행중이라는 생각을 부추겼기 때문이었다. 1755년 양국이 증원군을 파견하고 해군을 전시체제로 돌리자 그밖의 나라들은 또 한 차례의 영국·프랑스전쟁의 가능성에 대비했다. 이등국가로 전락하여 서쪽의 두 거인 사이에 끼어 유린당하지나 않을까 전전긍긍하던 스페인과 네덜란드로서는 ─네덜란드인과 같은 상인들에게는 성격상 어려운 일이지만─중립만이 유일한 해결책이었다.

그러나 오스트리아·프로이센·러시아의 동유럽 군주들로서는 1750년대 중반의 영국·프랑스전쟁에 개입하지 않는다는 것이 불가능한 일이었다. 첫번째 이유는 해상과 식민지에서 전투를 벌여야 한다는 일부의 주장에도 불구하고 프랑스의 자연적인 추세는 섬나라의 전략적 아킬레스건인 하노버를 통해 영국을 치는 방향이었다. 그렇지만 이것은 독일을 자극할 뿐만 아니라 영국으로 하여금 프랑스를 대륙에 묶어놓기 위한 군사 동맹국을 물색하여 지원하지 않을 수 없게 만들 공산이 컸다. 두번째 이유는 보다 중요한 것으로서 오스트리아는 프로이센으로부터 실레지아 회복을 별렀고 러시아의 여제 엘리자베타(Elizaveta)는 무례하고 야심에 찬 프리드리히대왕을 응징할 기회를 노리고 있었다는 사실이다. 이들 강대국은 제각기 상당수준의 군대(프로이센 15만 이상, 오스트리아 20만 내외, 러시아 약 33만)를 보유하고 공격시기만 노리고 있었다. 그러나 그들 모두는 그만한 규모의 군대를 유지하기 위해서 서유럽으로부터의 지원이 필요하게 되었다. 끝으로 만약 이들 동유럽 라이벌국가 가운데 하나가 파리나 런던과 손을 잡는다면 다른 국가들도 그 반대편과 손을 잡게 되리라는 것은 당연한 논리적 귀결이었다.

따라서 1756년의 유명한 「외교혁명」은 전략적으로 보면 단순한 방책의 재편에 불과하였다. 프랑스는 이제 합스부르크와의 묵은 불화를 깨끗이 씻고 오스트리아·러시아와 손을 잡고 프로이센과 대결한 반면 프로이센은 오스트리아를 대신해 영국의 대륙동맹국이 되었다. 언뜻 보기엔 프랑스·오스트리아·러시아 동맹이 더 유망해 보였다. 그것은 군사적인 측면에서 규모가 훨씬 큰데다 1757년 프리드리히대왕이 초기에 확장했던 영토들을 모두 상실하고 컴벌랜드공(Duke of Cumberland)이 지휘한 영국·독일 연합군이 항복함으로써 하노버—와 프로이센 자신—의 운명은 어떻게 될지 몰랐다. 미노르카는 프랑스에 넘어갔고 그보다 멀리 떨어진 곳에서도 프랑스와 그 동맹은 이익을 보았다. 유트레히트조약과 (오스트리아의 경우는) 아헨조약을 뒤집기는 이제 얼마든지 가능한 듯하였다.

그러나 실제로 그렇게 될 수 없었던 것은 영국·프로이센동맹이 지도력·재정적 지구력과 군사·항해 전문지식의 세 가지 주요 측면에서 우세했기 때문이다. 프리드리히대왕이 프로이센의 국력을 총동원하여 승리를 얻어낸 성과와 전장에서의 지휘능력은 의심할 바가 없다. 그러나 공로는 영국의 피트에게 돌려져야 할 것 같다. 피트는 궁극적으로는 절대군주가 아니고 수많은 정치가 중의 한 사람에 불과했지만 까다롭고 투기심 많은 동료와 변덕스런 여론 그리고 새로운 왕과 씨름하면서 효과적인 대전략을 추구해야 했다. 그리고 그같은 유능함은 설탕섬(sugar islands)의 점령이나 프랑스의 지원을 받은 식민토호의 축출만으로는 측정될 수가 없는데 그것은 그런 식민지의 획득이 아무리 가치있다고 해도 적이 하노버를 점령하고 프로이센을 내쫓아 버린다면 일장춘몽이 되어버리기 때문이었다. 피트가 점차로 터득하게 된 결정적인 승리의 길은 익숙한 「해양」전략을 「대륙」전략으로 보완하는 것으로 그것은 프리드리히 군대에 대규모 지원을 해주고 독일내에 상당한 「감시군(Army of Observation)」을 자비로 배치해둠으로써 하노버를 방어하고 프랑스를 견제하는 것이었다.

166 / 제 I 부 산업화 이전 세계의 전략과 경제

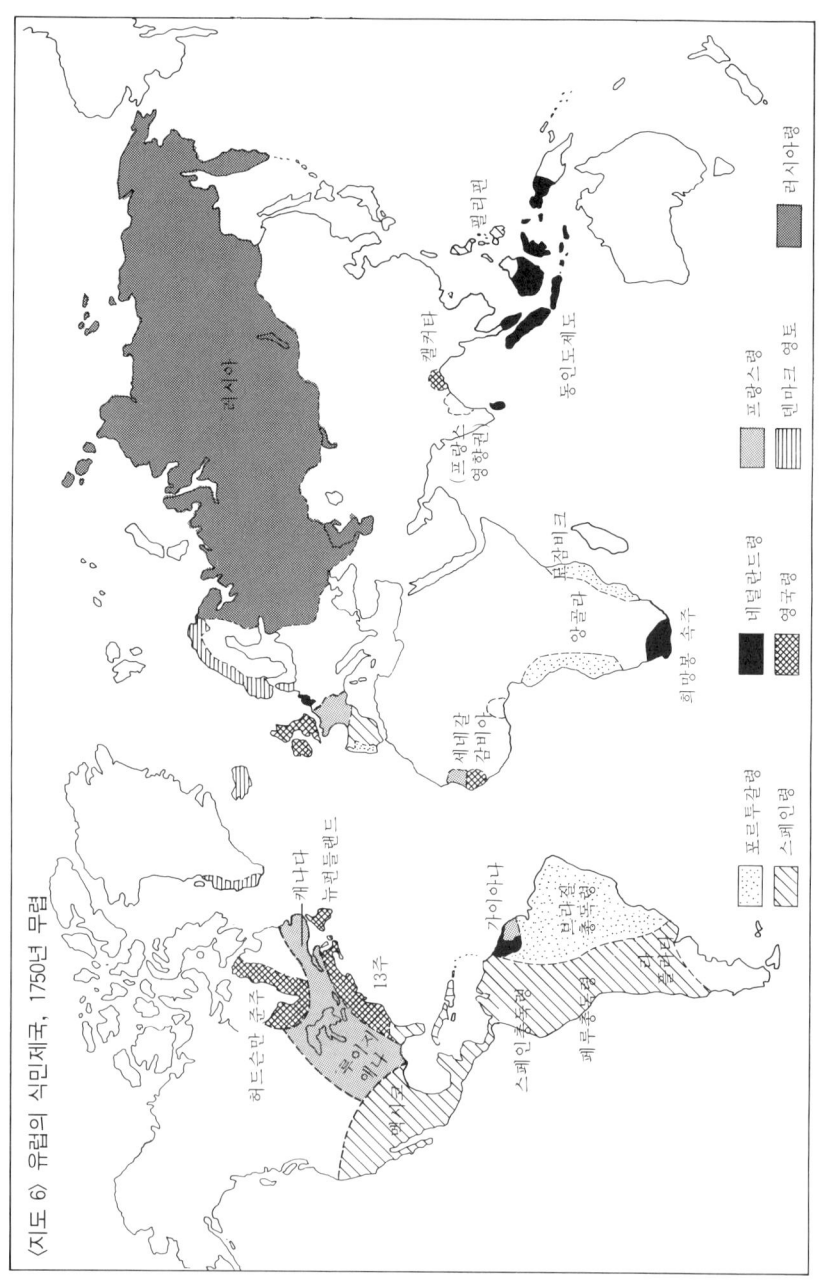

〈지도 6〉 유럽의 식민제국, 1750년 무렵

그러나 그러한 전략은 수년간의 지구전을 이겨낼 만큼 충분한 자원을 전제로 하였다. 프리드리히와 그의 세리들은 프로이센에서 자금을 마련할 수 있는 온갖 방법을 동원했지만 프로이센의 부담능력은 영국에 비해 형편없었다. 영국은 전쟁이 절정에 달했을 때 120여척의 함대를 전선에 배치하고 20만명 이상(독일용병 포함)의 병력을 자비로 지탱하면서도 프로이센을 지원했다. 사실 영국 재무부는 7년전쟁에 1억 6,000만파운드 이상을 투입했는데 그 가운데 6,000만파운드(37%)를 자금시장에서 마련하였다. 이 때문에 국가부채가 크게 늘어나자 피트의 동료들을 경악시켜 1761년 그의 퇴진을 촉진하는 계기가 되었지만 영국의 해외무역은 매년 늘어 관세수입이 증가하고 번영을 구가했다. 바로 이것이 이윤의 국력화를 말해주는 좋은 예이며 영국의 해군력이 (예를 들면 서인도제도에서) 국가이익에 기여한 본보기였다. 프로이센 주재 영국대사가 받은 훈령대로『우리는 군인이기 이전에 상인이어야 한다.……무역과 해군력은 상호의존적이며……영국의 진정한 원천인 부는 무역에 달렸다.』이와는 대조적으로 다른 교전국의 경제는 전쟁으로 큰 피해를 입었는데 프랑스의 각료 시와쐴(Etienne-François de Choiseul)은 이렇게 탄식했다.

유럽의 현재 상황하에서 대륙의 세력균형을 좌우하는 것은 식민지와 무역 그리고 결과적으로는 해군력이다. 오스트리아·러시아·프로이센은 이등국가에 불과하며 모두 무역대국의 지원없이는 전쟁을 치를 수 없는 나라들이다.

초기에 고전한 이후 영국·프로이센동맹이 펼쳐보인 육·해군의 전문기술은 다음과 같은 전과를 거두었다. 바다에서는 앤슨 휘하의 거대한 영국 해군이 프랑스의 대서양 연안 항구들을 꾸준히 봉쇄하였으며 남은 병력으로는 툴롱을 차단하고 지중해 제해권을 탈환하였다. 함대의 작전이 시작되자 — 카르타헤나(Cartagena)·라고스(Lagos) 연안의 해전 그리고 콩플랑(Conflan)함대를 키브롱(Quiberon)만까지 추격한 호크의 질풍같은 작전에서 — 영국 함대의 우수성은 거듭 재확인되었다. 더구나 이같은 봉쇄정책 — 이제는 종합보급체제에 의해 보급받는 소함대를 동반하고 전천후로 지속되었다 — 은 프랑스의 해상무역을 차단하여 영국의 무역과 영토 안전을 보호할 뿐 아니라 서인도제도·캐나다·인도에 대한 프랑스의 병력보충을 크게 방해했다. 1759년의 다사다난했던 해(annus mirabilis) 지구 저편의 프랑스 식민지들이 영국의 손에 넘어감으로써 영국·독일군대가 민덴(Minden)전투에서 프랑스 2개군에게 거둔 대승리를 더욱 빛내주었다. 1762년 스페인이 우둔하게도 전쟁에 끼어들었다가 역시 카리브해와 필리핀의 식민지를 잃는 똑같은 운명에 처했다.

한편 이미 자기 몫의 「기적」을 성취한 프로이센은 로스바흐(Rossbach)와 로이텐(Leuthen)전투에서 프리드리히가 프랑스와 오스트리아군을 연이어 격파했을 뿐 아니라 북부 독일에 대한 이들 두 나라의 야망을 꺾어놓았다. 1760년 리그니츠(Liegnitz)와 토르가우(Torgau)전투에서 프리드리히에 다시 패배한 오스트리아는 사실상 파산상태였다. 그러나 엄청난 전비로 인해 프로이센의 국력(1759년 한 해에만 6만의 병력을 잃었다)도 차츰 꺾이기 시작한 반면 적인 러시아는 더욱 가공할 세력임이 입증되었다. 그것은 여제 엘리자베타의 프리드리히에 대한 증오도 한 원인이지만 그보다 주된 이유는 러시아와의 전투는 언제나 대혈전이었기 때문이다. 영국과의 강화를 바라던 프랑스가 강화를 제의하고 다른 교전국들도 이에 보조를 맞추었지만 프로이센은 1762년 엘리자베타의 사망으로 짐을 벗을 때까지 오스트리아와 러시아를 묶어놓을 여력이 있었다. 그후 새로 즉위한 표트르 3세가 재빨리 전쟁에서 이탈하자 오스트리아와 프랑스 어느 쪽도 전쟁 이전 상태로의 복귀에 기초한 강화 이외에는 아무것도 바랄 수 없게 되었다. 그것은 사실상 프로이센을 굴복시키려던 나라들로서는 패배였다.

1762~1763년의 강화에서 명백히 득을 본 것은 역시 영국이었다. 여러 점령지들을 프랑스와 스페인에 되돌려주었지만 서인도제도와 서아프리카에 진출했으며 인도에 대한 프랑스의 영향력을 사실상 배제했

고 무엇보다도 중요한 것은 북아메리카대륙의 대부분을 장악한 것이었다. 이리하여 영국은 로렌·실레지아를 비롯해 대륙국가들이 처절하게 다투었던 지역보다도 훨씬 더 광활하고 잠재적 자원이 풍부한 지역을 획득하게 되었다. 거기에다 프랑스의 유럽에 대한 외교적·군사적 야망을 견제함으로써 전반적인 세력균형을 유지하였다. 이와 대조적으로 프랑스는 해외식민지를 처참하게 잃었을 뿐 아니라—1748년과는 달리—유럽에서도 실패했다. 다시 말해 프랑스의 불운한 전과는 세력중심이 서유럽에서 동유럽으로 옮겨갔음을 의미하였는데 이는 1772년 제1차 폴란드분할 때 프랑스의 요구가 전면 거부된 사실에서 재확인되었다. 이 모든 상황은 유럽 밖에서의 우위에 만족하고 대륙에 대한 의무를 지지 않으려던 영국집단에게 꼭 들어맞는 것이었다.

전쟁의 승리, 1763~1815

영국·프랑스 분쟁이 다음 단계로 접어들기 전 10년간의 「숨돌릴 여유」 동안 영국의 운명이 뒤바뀔 수 있는 기회가 여러 차례 있었다. 7년전쟁으로 강대국의 납세능력과 사회조직이 지나치게 피폐되어 대부분의 군주들은 강경외교정책을 멀리하게 되었다. 즉 자기성찰과 개혁이 당시의 추세였다. 프로이센이 전쟁으로 치른 희생(18만 군인을 포함해 50만이 죽었다)에 놀란 프리드리히는 이제 조용한 삶을 원하였다. 합스부르크 육군은 비록 30만을 잃었지만 큰 피해는 없었다. 그러나 정부제도 전반이 변화의 필요성에 직면하였는데 그러한 변화에는 지방(특히 헝가리)의 저항이 예상되었고 마리아 테레지아의 각료들이 이에 전념해야 할 성질의 것이었다. 러시아의 에카테리나 2세는 입법과 행정개혁을 서두르는 한편 푸가초프 농민전쟁(Pugachev revolt, 1773~1775)을 진압해야 했다. 그러나 이에 구애되지 않고 러시아의 남진은 계속되었고 폴란드 독립 방해공작도 늦추어지지 않았다. 그렇지만 이러한 것은 지역적인 쟁점으로 7년전쟁 기간에 강대국을 사로잡았던 유럽의 대연합과는 거리가 멀었다. 서유럽 군주와의 제휴도 이제 그다지 중요하지 않게 되었다.

  영국과 프랑스에서도 국내문제가 중심과제였다. 두 나라 부채의 엄청난 증가로 새로운 수입원과 행정개혁을 모색하게 됨으로써 본래 좋지 않던 조지 3세와 야당 그리고 프랑스의 왕실과 의회관계를 악화시키게 될 논쟁이 벌어졌다. 이런 문제들 때문에 유럽에 대한 영국의 외교정책은 피트 시대에 비해 임기응변적이고 내성적인 것으로 되었는데 과세문제와 통상항해조례(Acts of Trade and Navigation)의 시행을 둘러싼 아메리카 식민자들과의 논쟁은 이 경향을 더욱 부채질하였다. 그러나 프랑스의 경우는 국내문제가 외교정책을 그토록 완벽하게 침식하지는 않았다. 사실상 시와쉘과 그의 후계자들은 1763년의 패배에 격분하여 미래의 프랑스 지위를 강화하기 위한 일련의 조치를 마련했다. 프랑스 해군은 급박한 긴축요구에도 불구하고 계속 강화되었으며 스페인과의「가족적 맹약」은 깊어졌다. 1770년 포클랜드(Falkland) 충돌 때 스페인을 충돌질해 영국에 대항토록 한 시와쉘을 루이 15세가 언짢게 생각하였는데 그것은 당시 시점에서의 강대국 전쟁은 재정적인 파멸을 의미하였기 때문이다. 그럼에도 불구하고 프랑스 정책은 여전히 반영국적이었고 영국이 당면할 어떤 해외문제라도 놓치지 않고 유리하게 이용하려고 하였다.

  이 때문에 영국은 아메리카 식민자들과 노골적인 적대관계로 접어들었을 때 여러가지 면에서 1739년이나 1756년 때보다 훨씬 약화된 입장일 수밖에 없었다. 이것은 거의가 인물 탓이었다. 노스(North)나 셸번(Shelburne) 또는 그 어떤 정치가도 국가적 지도력이나 일관된 대전략을 제시하지 못했다. 조지 3세 자신이 개입해서 고조시키고 아메리카 식민자들의 공과에 대한 논쟁으로 격화된 정치적 분열은 나라를 갈라놓았다. 더욱이 영국 국력의 양대 지주—경제와 해군—는 이 무렵 들어 쇠퇴하였다. 7년전쟁 때의 벼락경기 이후 침체되었던 수출은 1770년대를 통해 사실상 몰락했는데 그것은 식민자들의 보이콧에 부분적인 원인이 있지만 궁극적으로는 프랑스·스페인·네덜란드와의 분쟁이 점증하였기 때문이다. 영국 해군은 평화가 지속된 15년 동안

체계적으로 약화되었으며 일부 제독들은 잘 마르지 않은 채 군함건조에 투입된 목재와 같이 미숙하였다. 1778년 프랑스가 전쟁에 개입하자 밀착봉쇄전략을 포기하기로 한 결정으로 영국 함대의 손실은 줄었을지 몰라도 그것은 사실상 제해권의 포기를 뜻하였다. 지브롤터·서인도제도·북아메리카 연안에 대한 구원원정은 차라리 프랑스 연안에서 웨스턴어프로치호(the Western Approaches)를 효과적으로 운용하는 것만 못했는데 봉쇄방법으로는 어떤 경우에도 적의 함대가 멀리까지 출동하는 것을 막을 수 있었다. 1782년 세인트제도(the Saints)에서 로드니(Rodney)가 승리하고 하우(Howe)가 지브롤터를 탈환함으로써 영국 해군의 군사력이 재건되고 제해권을 되찾게 된 무렵 아메리카에서의 전쟁은 사실상 종결되었다.

해군이 더 잘 무장되고 국민이 더 잘 따라주었다 해도 1776~1783년의 전쟁에는 영국이 18세기에 치른 어떤 전쟁에서도 존재하지 않았던 두 가지의 전략적 문제점이 있었다. 첫째는 미국의 저항이 전개되자 그것을 진압하기 위해 영국 군대는 본거지에서 4,800킬로미터나 떨어진 곳에서 대규모 대륙전쟁을 벌여야 했다는 것이다. 런던의 당초 희망과는 달리 해군의 우세만으로는 거의 자급자족하는 식민자들을 굴복시킬 수 없었다(유럽으로부터의 무기와 병력공급을 축소시킬 수는 있었지만). 아메리카 동부지역 전체를 정복하고 관리한다는 것은 1770년대의 영국 군대는 물론 나폴레옹의 대군으로서도 어려운 과업이었다. 거리와 그에 따른 통신의 지연으로 런던이나 뉴욕으로부터의 전략명령이 방해받은 한편 병참문제가 야기되었다. 즉 『식량·병력·실탄 등 아메리카에 주둔한 영국군이 필요로 하는 모든 것들을 4,800킬로미터 떨어진 대양 저편에서 수송해와야 했다.』영국 국방부의 획기적인 개혁에도 불구하고 선박의 부족과 조달의 어려움은 심각했다. 더욱이 식민지 사회는 몹시 분산되어 있어서 도시나 큰 읍 하나를 점령해보아야 별의미가 없었다. 문제되는 지역을 정규군이 점령하고 있을 때는 영국의 통치권이 성립되지만 그들이 철수하면 반군이 독립반대자(the loyalists)를 압도해버렸다. 20년 전 대폭적인 식민지 지원을 받으면서도 프랑스령 캐나다를 정복하는 데 5만 병력이 필요했는데 이제 제국통치를 다시 펴는 데는 얼마나 많은 병력이 필요하겠는가—15만 아니면 25만이면 될까? 한 역사학자는 『아메리카에 영국의 통치권을 회복하는 문제는 군사적 수단의 힘으로는 아무리 완벽하게 적용한다 해도 해결하기는 어려웠다』고 주장했다.

 대전략상 두번째의 유례없는 난점은 영국이 프랑스를 교란시켜줄 유럽 동맹국의 도움도 없이 혼자 싸웠다는 점이다. 물론 이것은 상당한 정도는 군사적이라기보다는 외교적인 문제였다. 영국은 이제 1762년 이래의 프로이센과의 단절, 스페인에 대한 오만, 덴마크와 네덜란드와 같은 중립국 해운에 대한 강압적인 조치 그리고 러시아의 지원 확보 실패 등에 따른 대가를 치르게 되었다. 이처럼 영국은 유럽의 외톨이였을 뿐 아니라 아메리카 반군과 프랑스·스페인 함대를 상대하느라 이미 과잉팽창한 상태에서 1780년에는 수상쩍은 무장중립동맹(League of Armed Neutrality, 러시아·덴마크·포르투갈)과 호전적인 네덜란드와 대항해야 했던 것이다. 그러나 이것은 영국 외교가 우둔했기 때문만은 아니었다. 앞서 본 바와 같이 1760년대와 1770년대에 걸쳐 동유럽 군주들의 관심은 서유럽 군주들과 사뭇 동떨어진 것으로 폴란드의 장래와 바이에른계승 그리고 투르크와의 관계에 쏠려 있었다. 프랑스가 루이 14세 치세 때와 같이 「유럽의 중재자」가 되려 나섰다면 그와 같은 동떨어진 관심을 가질 수 없었을 것이다. 그러나 영국의 군사력이 7년전쟁 이후 상대적으로 쇠퇴하고 동유럽에 대한 정치적 개입이 뜸해진 사실은 1779년 이래 프랑스의 야심에 대한 영국의 민감한 관심을 과거의 동맹국들은 외면하였음을 뜻한다. 에카테리나 2세 치하의 러시아가 프랑스에 가장 동정적이었겠지만 그들조차도 영국이 전멸될 확실한 전망이 없는 한 개입하려 들지 않았다.

 끝으로 한 가지 중요한 사실은 프랑스가 시와쇨의 과거주장을 받아들여 이제 하노버를 공격하거나 네덜란드를 위협하고 싶은 충동을 억제하게 되었다는 점이다. 영국에 대한 전쟁은 해외에서만 수행한다는 입장을 고수하여 전통적인 영국 해군전략에서 「대륙」부문을 제외시

컸다. 사상 최초로 프랑스는 자신의 자원을 해전과 식민지 전쟁에 집중투입할 수 있었다.

그 결과는 괄목할 만한 것으로 대륙의 동맹국도 전투도 필요없는 전쟁이 섬나라에게는 최적이라는 영국 고립주의자들의 주장을 크게 흔들어 놓았다. 7년전쟁 때 프랑스 해군은 단지 3,000만리브르를 배당받았는데 그 금액은 육군의 1/4 그리고 영국 해군에 대한 연간 지출액의 1/5에 지나지 않았다. 1770년대 중반 이래 프랑스 해군의 예산은 꾸준히 늘어나 1780년에는 1억 5,000만리브르, 1782년에는 무려 2억리브르에 달하였다. 프랑스가 참전할 당시의 보유전함은 52척으로 대부분 영국 전함보다 컸는데 곧 66척으로 늘어났다. 여기에 스페인 전함 58척이 가세하고 1780년에는 20척이 채 못되는 네덜란드 전함이 합류했다. 영국 해군은 개별적으로는 어느 라이벌 해군력보다도 우세했지만(1778년에는 66척, 1779년에는 90척을 보유) 이제 수적으로는(적의 동맹에 비해) 계속 열세가 되었다. 1779년에는 드디어 영국해협의 통제권을 잃었고 프랑스·스페인군의 침입 가능성이 엿보였다. 1781년 체사피크(Chesapeake)만에서 그레이브스(Graves)와 드 그라스(de Grasse) 함대간에 교전이 벌어졌을 때 수적으로 우세한 프랑스군은 영국군을 만에 묶어둠으로써 결국 콘윌리스(Cornwallis)가 요크타운(Yorktown)에서 투항하고 아메리카전투가 실질적으로 종결되었다. 영국 해군의 규모가 늘어나고 적의 규모가 줄었을 때도 (1782년 영국은 94척, 프랑스 73척, 스페인 54척, 네덜란드 19척의 전함을 보유) 필요한 모든 과업─북대서양 수송선단의 호송, 지브롤터의 정기적인 구원, 발트해 출입통제, 함대의 인도양 파견, 카리브해의 군사작전 지원 등─을 수행하기에는 그 우세가 아주 미미하였다. 영국의 해군력은 일시적이고 지역적인 것으로 과거와 같은 무적함대가 아니었다. 프랑스군이 유럽에서 전쟁을 벌이지 않고 있다는 사실은 영국의 불행한 상황과 깊은 연관이 있었다.

사실 1782년이 되자 대규모 해군을 유지하는 데서 오는 재정적 압박으로 프랑스 경제는 타격을 받고 군축을 단행하지 않을 수 없게 되었다. 해군 군수품은 점점 입수하기 어려워졌고 수병확보의 어려움은 더욱 심각했다. 더구나 프랑스의 각료들은 전쟁 때문에 관심과 자원이 지나치게 유럽 밖으로만 쏠려 대륙에서 아무런 역할도 하지 못하는 것을 우려하였다. 이러한 정치적 계산과 그와 비슷한 또 다른 우려, 즉 영국과 아메리카가 분쟁을 곧 마무리짓지 않을까 하는 불안 때문에 프랑스는 전쟁의 조기 종결을 희망하였다. 동맹국 네덜란드와 스페인도 같은 경제적 곤경에 처해 있었다. 그러나 영국은 보다 앞선 재정능력, 1782년 이래 수출의 비약적인 증가와 영국 해군의 꾸준한 개선에도 불구하고 패배를 벗고 승리를 얻을 수 없을 뿐만 아니라 아메리카 상실이 확실해진 마당에 전쟁을 지원해달라고 본국의 정파들을 설득할 수도 없었다. 1783년 베르사유강화조약에서 영국이 1763년에 획득했던 엄청난 영토를 모두 양보한 것은 아니었지만(미노르카·플로리다·토바고〈Tobago〉를 양보했다) 프랑스는 독립된 미국의 출현과 영국의 세계지위가 강타당한 것에 만족을 표시하였다. 프랑스의 시각에서 보면 많은 희생을 치르긴 했지만 7년전쟁이 뒤집어놓은 전략적 균형이 이제 상당히 회복된 셈이었다.

이와는 대조적으로 동유럽에서는 1763년 이후 수십년간 3대 군주국의 책동으로 인한 전략적 균형의 변화는 별로 크지 않았다. 그것은 주로 이들의 삼각관계 때문이었다. 프로이센은 물론 오스트리아 그리고 아주 독단적인 러시아까지도 다른 두 나라를 적대진영으로 몰아넣거나 7년전쟁과 같은 전투에 개입하는 것을 바라지 않았다. 오스트리아의 팽창 기도에 대한 프로이센의 반대로 야기된 단기간의 극히 신중했던 바이에른계승전쟁(1778~1779)은 강대국 전쟁의 막대한 희생을 회피하려는 광범한 소망을 거듭 확인시켜준 데 불과하였다. 따라서 이후의 영토확장은 약소국을 희생시키는 외교적「흥정」의 결과로 이루어질 수밖에 없었다. 폴란드는 그 대표적인 경우로서 1772~1773년, 1793년 그리고 1795년에 차례로 영토가 분할되었다. 후기에 가서는 폴란드의 운명이 프랑스혁명의 영향을 더욱 많이 받게 되었다. 그것은 에카테리나 2세가 폴란드의「자코뱅파(Jacobins)」를 진압하려고 한 데 반해 프로이센과 오스트리아는 서유럽에서 프랑스에게 실패한 것을 동유럽에서 보상받으려 했기 때문이다. 그러나 프랑스혁명에 대한 새로운 관심도 이 무렵 동유럽 3대 군주국이 서로간에 추구한 상호적대와 소극적인 타협정책을 근본적으로 바꾸어놓을 수는 없었다.

이 삼각관계가 갖는 지리적·외교적 한계로 볼 때 러시아의 지위가 오스트리아·프로이센 모두에 비해 상대적으로 강화되어간 것은 당연하였다. 러시아는 낙후성을 면치 못했지만 가공스런 에카테리나여제의 비위를 맞추기에 급급한 서쪽 두 이웃나라보다는 덜 취약했다. 이런 현실인데다 러시아가 폴란드에 대한 영향력 행사라는 해묵은 요구를 해옴으로써 분할 당시 이 불행한 나라의 막대한 부분을 러시아가 차지하였다. 더구나 러시아는 남쪽으로 활짝 열린「쉽게 돌파할 수 있는」국경지대가 있어서 1770년대 초 투르크를 밀어내고 국경을 넓혔다. 1783년 크림반도가 정식으로 합병되었으며 1792년엔 흑해 북부 연안이 새로 확보되었다. 이로써 오토만의 전투력은 완전히 몰락한 한편 이같은 러시아의 팽창을 적극적으로 저지하려고 나선 나라(1788년 스웨덴이, 1791년에는 소피트의 주장으로 영국이)에 못지 않게 오스트리아와 프로이센도 속으로 우려하였다. 오스트리아와 프로이센이 러시아의 호의가 변치 않기를 기구하고 서유럽의 강대국들이 너무 정신이 없어 동유럽에서 지속적이고 실효있는 역할을 하지 못하는 사이에 러시아제국의 팽창은 가속화되었다.

따라서 1792년 이전 10여년 동안의 국제관계의 구조는 이렇다 할 변화의 조짐이 엿보이지 않았다. 대체로 대국간의 간헐적인 분쟁은 고립된 국지전의 성격으로 전반적인 세력균형을 위협할 정도는 아니었다. 폴란드와 오토만제국의 장래가 동유럽 강대국의 관심사였다면 서유럽 강대국의 관심사는 네덜란드의 운명과「라이벌 무역국가」에 대한 전통적인 책략에 있었다. 누크타해협(Nookta Sound)을 둘러싼 영국·스페인의 충돌(1790)은 전쟁 일보직전까지 갔지만 스페인이 마지못해 후퇴하는 바람에 끝났다. 영국과 프랑스의 관계는 1783년 이후 서로가 지친 상태였기 때문에 많이 누그러졌지만 무역경쟁은 격화되었다. 1787~1788년 네덜란드의 국내위기 당시 친프랑스「애국(Patriot)」당이 독단적인 소피트의 요청을 받은 프로이센군에 의해 권력에서 밀려나자 영국과 프랑스의 상호 불신은 즉시 표면화되었다.

소피트가 훨씬 적극적인 외교로 나올 수 있었던 것은 자신의 개성 때문만이 아니라 영국이 1783년의 좌절 이후 강대국의 지위를 전반적으로 회복했다는 중요한 사실 때문이었다. 아메리카를 상실했지만 영국의 대서양무역은 큰 피해를 입지 않았다. 오히려 미국에 대한 수출이 급증하고 미국·인도의 두 시장은 프랑스가 주도권을 쥐고 있는 해외시장보다 훨씬 실속이 있었다. 1782~1788년의 6년 사이에 영국의 해운업은 2배로 늘었다. 국내외의 소비자수요에 자극받아 일어난 산업혁명은 홍수처럼 쏟아지는 새로운 발명으로 촉진되었다. 영국의 농업생산성은 늘어나는 인구의 식량수요를 충족시킬 수 있었다. 피트의 재정개혁으로 국가재정 상태가 호전되고 신용을 회복하였다. 따라서 언제나 상당한 금액이 해군에 투자되어 수적으로 강력해지고 정예화되었다. 이처럼 확고한 기반 위에 선 영국 정부는 국가이익이 요청하면 언제라도 해외에서 더욱 적극적인 역할을 할 수 있는 자신을 얻었다. 그러나 전반적으로 영국 정부(Whitehall)나 의회(Westminster) 지도자들은 가까운 장래에 유럽에서 강대국 전쟁이 일어나리라고는 예상하지 않았다.

그러나 유럽이 전쟁에 휘말리지 않은 가장 뚜렷한 이유는 프랑스의 날로 나빠져간 조건에서 찾아야 할 것이다. 1783년의 승리 이후 수년 동안 프랑스의 외교적 지위는 전과 다름없이 막강해 보였다. 서인도제도와 레반트지방의 해외무역과 아울러 국내경제도 급성장하였다. 그러나 1778~1783년 전쟁의 엄청난 전비―이전 프랑스가 치른 전쟁을 모두 합친 것보다 많았다―와 국가재정개혁의 실패가 점증하는 정치적 불만과 경제적 불황, 사회적 불안과 서로 어울려 1787년 이래 국내 위기가 고양됨에 따라 프랑스는 외교문제에서 결정적인 역할을 하지 못하게 되었다. 네덜란드에서 프랑스가 당한 외교적 패배는 단지 영국・프로이센에 대해 전쟁을 일으킬 만한 재정이 없음을 인정함으로써 자초한 것인 반면 누크타해협 분쟁에서 스페인에 대한 지원을 철회한 것은 루이 16세의 전쟁선포 권한에 대해 프랑스 의회가 도전하고 나섰기 때문이었다. 이 모든 것으로 보아 프랑스가 유럽의 전반적인 「구질서(old order)」를 쉽사리 뒤집기는 곤란하였다.

따라서 20여년간 유럽대륙이 지닌 거의 모든 에너지를 소모하게 될 전쟁은 천천히 불균등하게 시작되었다. 프랑스는 바스티유감옥 파괴 이후 오직 국내투쟁에만 전념하였다. 그리고 프랑스 정치의 급진화에 대해 일부 외국 정부가 우려했지만 파리와 지방의 혼란 때문에 프랑스는 유럽의 권력정치에 그다지 중요시되지 않았다. 이 때문에 영국의 피트는 1792년 2월이 되어서야 군사비지출의 축소를 도모했는데 이때 동유럽의 세 군주국은 폴란드분할에 정신이 쏠려 있었다. 망명귀족(émigré)이 왕정복고를 기도하고 있으며 혁명파는 국경에 더욱 공격적인 정책을 펴리라는 소문이 점증하고 나서야 내외의 사건들이 전쟁으로 발전되어갔다. 동맹군이 별다른 준비도 없이 프랑스 국경을 넘어 지지부진하고 불투명한 작전을 벌이는 바람에 혁명파는 발미(Valmy)에서의 우연한 접전(1792.9) 이후 승리를 장담할 정도였다. 바로 다음해 프랑스군이 일련의 승리를 거둠으로써 라인란트・베네룩스지방・이탈리아를 위협하고 루이 16세의 처형으로 파리의 새 정부의 급진적 공화주의가 선명해진 이후에야 분쟁은 완벽한 전략적・이데올로기적 측면을 갖추게 되었다. 이제 영국과 러시아가 프랑스의 이웃들을 포함한 많은 나라를 이끌고 애초의 교전국인 프로이센과 합스부르크제국 쪽으로 가세하였다.

제1회 대프랑스 대동맹(1793~1795)이 처참하게 실패한 원인을 지금 되돌아보기는 쉽지만 당시 그 결과는 충격과 쓰라린 좌절을 안겨주었다. 결국 어느 전쟁 때보다도 우열의 격차가 컸던 것이다. 그 결과 프랑스는 엄청난 혁명의 여세를 몰아 결사적인 조치―대중집회(levée en masse)와 많은 적을 상대로 총력전을 벌이기 위한 동원―를 취하였다. 더구나 많은 저술가들이 지적하듯이 프랑스군에 결정적으로 중요한 개혁기가—조직·참모기획·포병과 전술—1789년 이전 2,30년 사이에 있었고 혁명은 신사상에 대한 독재적 장애를 제거하고 전쟁이 발발하자 새로운 개념을 실용화할 수 있는 기회를 가져다주었던 것이다. 국내전선에「총력전(total war)」방식을 도입하고 전장에서 더 새로운 전술을 활용하는 것이 새로 분출된 프랑스의 선동적 에너지를 반영한 것이라면 동맹군의 소극적이고 열의없는 작전은 구질서 작태의 상징이었다. 장거리 행군과 공격전술을 마다 않는 정열에 불타는 65만여(1793.7)의 군대를 가진 프랑스는 이웃 영토를 휩쓸었다. 이때부터 프랑스 대군의 유지비는 프랑스 영토 밖의 인민들이 거의 감당함에 따라 프랑스 경제의 부흥이 촉진되었다.

  어떤 세력이건 이같이 무모한 팽창주의를 개시하기 위해서는 그같은 파격적인 새 전법을 견제할 수 있는 적당한 방법을 강구해야 했다. 이것은 불가능한 과제가 아니었다. 초기 지도자 뒤무리에(Dumouriez) 휘하의 프랑스군의 작전이나 그보다 대규모이고 정예화된 나폴레옹군 작전까지도 조직과 훈련의 조잡함과 보급·커뮤니케이션의 허점을 드러냈는데 잘 훈련된 적군이라면 이를 잘 이용할 수 있었다. 그러나 잘 훈련된 적군이 어디 있었단 말인가? 그것은 나이든 장군과 배낭에 짓눌린 굼벵이 동맹군이 벌떼같은 돌격과 강타를 자랑하는 프랑스군에게 맥을 못추렸기 때문만이 아니다. 사실은 필요한 정치적 열정과 전략적 목표가 프랑스의 적들에게 결여되었던 것이다. 구제도하의 군인과 시민을 촉발시킬 어떤 탁월한 정치적 이데올로기가 없었다. 사실 그들 대부분은 매력적인 혁명사상에 도취되어 있었으며 오랜 뒤 나폴레옹군이「해방」에서 정복과 약탈로 표변하고 나서야 프랑스의 헤게모니를 저지하기 위해 지역적인 애국심이 동원되었다.

  더구나 초기단계에서는 프랑스의 위협을 심각하게 받아들인 동맹국이 별로 없었다. 여러 동맹국간의 목표나 전략에 관한 전반적인 합의라고는 없었으며 영국에 대해 원조를 증액해달라는 요구에서만 어정쩡한 일치를 보였을 뿐 다른 일에는 제멋대로였다. 거기에다 혁명전쟁의 초반 수년간은 폴란드 분할과 겹쳐 거의 관심에서 벗어나 있었다. 프랑스혁명을 통렬히 비난하던 에카테리나 2세도 라인란트에 군대를 파견하는 일보다는 폴란드의 독립을 소멸시키는 데 관심이 컸다. 이 때문에 이미 초반의 서유럽 전투에서 미몽을 깬 프로이센 정부가 불안해진 나머지 군대를 라인에서 비스툴라(Vistula)로 빼돌리기 시작하자 오스트리아는 러시아와 프로이센이 폴란드의 남은 땅을 노리고 진격할 것에 대비하여 6만의 병력을 북부 국경에 주둔시키지 않을 수 없었다. 1795년 폴란드가 세번째이자 마지막으로 분할되자 폴란드는 활력있는 나라보다 훨씬 쓸모있는 프랑스 동맹국이었음이 입증되었다. 이 무렵 프로이센은 이미 강화를 제의한 상태에서 라인강 좌안을 프랑스에 양보함으로써 독일을 불편한 중립상태로 남겨두고 따라서 프랑스의 관심을 딴 곳으로 돌릴 수 있게 해주었다. 대부분의 독일내 소공국들도 프로이센의 뒤를 따랐다. 네덜란드는 전면 유린되어 바티비아(Batavia)공화국으로 바뀌었고 스페인 역시 동맹에서 이탈해 프랑스와의 전통적인 동맹으로 복귀하였다. 이로써 1796년 초 나폴레옹에게 정복당하게 될 사르데냐-피에몬테, 불운하게도 이탈리아의 거의 전역에서 쫓겨나 캄포 포르미오(Campo Formio) 강화조약(1797. 10)을 강요받게 된 합스부르크제국 그리고 영국만이 남게 되었다. 부친과 마찬가지로 프랑스의 팽창주의를 저지해보려는 소피트의 소망에도 불구하고 영국 정부는 필요한 결단과 전략목표를 설정해 전쟁을 수행할 수 없었다. 1793~1795년 플랑드르·홀란트에 파견된 요크공(Duke of York) 휘하의 원정군은 프랑스군과 대결할 만한 힘과 기술을 갖추지 못했으며 그 패잔병은 결국 브레멘을 거쳐 귀국하였다. 더욱이 그것을 전후해 늘 그랬듯이 각료들(던대스〈Dundas〉나 피트와 같은)은 대규모 대륙작전보다는—식민지작전·해상봉쇄와 적해안기습과 같은—「영국식 전쟁」을 선호하였다. 영국 해군의 압도적인 우세와 프랑스 해군의 해체를 고려할 때 이것은 매력적이고 손쉬운 선택이었다. 그러나 1793~1796년의 서인도제도 작전중 질병으로 인해 영국군이 입은 병력 손실은 영국의 이같은 전략적 견제작전의 대가를 톡톡히 치른 것이었다. 전사 4만, 부상 4만으로 스페인반도전쟁(Spanish Peninsular War)의 희생자 총수보다 많았으며 전비도 1,600만파운드나 되었다. 비유럽 지역에 대한 영국 지배의 꾸준한 확대와 됨케르크·툴롱에 대한 부수적인 작전이 유럽내의 점증하는 프랑스 세력에 대한 보상이 되었는지는 의문이다. 끝으로 야전군을 유지하기 위해 프로이센·오스트리아가 요구하는 원조액도 엄청나게 늘어 응할 수가 없게 되었다. 바꾸어 말해 영국의 전략은 비능률적이고 값비싼 것이었으며 1797년에는 전반적인 체제 기반이 잉글랜드은행의 현금지불정지와 스피트헤드(Spithead)와 노어(Nore)의 해군폭동으로 — 적어도 일시적으로는 — 크게 흔들렸다. 이런 혼란기에 전쟁에 지친 오스트리아가 강화를 제의하고 나서 서유럽에서의 프랑스의 우위를 인정하는 모든 나라들과 합세하였다.

  영국이 프랑스를 굴복시키지 못했던 것처럼 혁명정부도 영국의 제해권을 무너뜨릴 수 없었다. 아일랜드를 침입하고 잉글랜드 서해안을 기습한 초기의 시도는 대체로 그 지역의 방어태세 못지 않게 날씨 탓도 컸다고는 하지만 별다른 성과가 없었다. 1797년의 현금지불정지에 따른 일시적인 불안에도 불구하고 영국의 신용제도는 확고한 기반을 유지했다. 스페인과 네덜란드가 프랑스 진영으로 참전했지만 스페인 함대는 세인트빈센트(St. Vincent)곶에서 격파당하고(1797.2) 네덜란드군은 캠퍼다운(Camperdown)전투에서 큰 타격을 입었다(1797.10). 프랑스의 신동맹국들도 해외식민지의 연속적인 상실 — 동·서인도 제도, 콜롬보(Colombo), 말라카, 희망봉 — 을 감내해야 했는데 이 모든 지역은 영국 무역의 새 시장과 영국 해군의 기지로 편입되었다. 프랑스가 강화의 대가로 요구한 거액을 거부한 피트와 그의 각료들은 전쟁의 계속을 결의하고 소득세를 도입하는 한편 — 프랑스군이 영국해협 연안으로 집결하는 상황에 맞추어 — 제국의 안보 못지 않게 나라의 존망이 걸린 전쟁에 대비해 새로운 공채를 발행하였다.

  바로 여기에 이후 20년간의 전쟁 동안 영국·프랑스 모두가 직면하게 된 근본적인 전략적 딜레마가 존재하였다. 고래와 코끼리처럼 두 나라는 자기 영역내에서는 가장 거대한 존재였다. 그러나 영국이 해상항로를 장악하고 있다 해서 저절로 프랑스의 유럽 헤게모니를 빼앗을 수 없었고 나폴레옹의 막강한 육군이 섬나라를 굴복시킬 수도 없었다. 더구나 영토합병과 이웃나라에 대한 정치적 위협으로 상당한 원성을 사고 있는 프랑스 정부로서는 영국이 — 지원금·탄약 심지어는 군대까지 원조해주면서 — 독립해 있는 한 과연 유럽국가들이 항구적으로 프랑스의 절대권을 받아들일 것인지 확신할 수 없었다. 나폴레옹도 1797년 이러한 견해를 다음의 주장에서 명백히 밝힌 바 있다. 『우리의 노력은 함대의 건설과 영국의 파괴에 집중되어야 한다. 일단 여기에 성공하면 유럽은 우리에게 굴복할 것이다.』 그러나 프랑스의 그러한 목표는 육군의 승리만으로는 불충분하고 영국에 대한 성공적인 해군·무역전략을 통해 성취될 수 있었다. 그것은 영국이 제해권만으로는 불충분하기 때문에 직접 개입하거나 동맹국에 대한 지원을 통해 나폴레옹의 대륙지배에 도전해야 하는 것과 마찬가지였다. 한쪽이 대륙에서 우세하고 다른 한쪽이 해상에서 우세한 한 서로가 위협과 불안을 느끼고 따라서 균형을 깨기 위한 새로운 수단과 새로운 동맹을 찾아나서게 되었다.

균형을 깨기 위한 나폴레옹의 시도는 과연 그답게 대담하고 모험적이었다. 1798년 여름 지중해에서 영국이 취약한 형편을 틈타 그는 3만 1,000명의 군대를 이끌고 이집트를 원정하여 레반트지방·오토만제국과 인도항로를 지배하는 위치를 차지했다. 이와 거의 동시에 아일랜드에 또 한 차례 원정군을 파견하여 영국을 혼란시켰다. 이 공격이 모두 완전히 성공했다면 영국의 위태로운 국면에 결정타가 되었을 것이다. 그러나 아일랜드 침공은 소규모인데다 시기적으로 늦은 것으로 9월 초에 교착상태에 빠졌는데 이때 넬슨 제독이 아부키르(Aboukir)만 해전에서 프랑스 함대를 격파함에 따라 나폴레옹은 이집트에 묶이게 되었다. 파리가 우려했던 대로 그러한 패배로 말미암아 프랑스의 우위를 못마땅히 여기던 나라들은 중립을 포기하고 제2회 대프랑스 동맹전쟁(1798~1800)에 뛰어들었다. 포르투갈·나폴리와 같은 약소국가 이외에도 러시아·오스트리아·투르크가 이제 영국 진영으로 참전하여 군대를 결집하고 지원을 협의했다. 미노르카·말타를 상실하고 이탈리아와 스위스에서 오스트리아·러시아군에 패배한데다 나폴레옹 자신도 레반트지방에서 승리하기 어렵게 됨에 따라 프랑스는 심각한 곤경에 빠졌다.

 제1차 동맹과 마찬가지로 제2차 동맹 역시 정치적·전략적 기반이 취약했다. 프로이센이 유독 참여하지 않아 북부 독일의 전선을 조금도 타개할 수 없었다. 나폴리왕의 성급한 공격은 재앙을 자초했고 준비도 안 갖춘 영국·러시아군의 폴란드원정은 지역주민의 호응이 없어 결국 후퇴해야 했다. 대륙작전은 보다 실질적이어야 하며 대규모 군대동원에 따르는 재정적·정치적 어려움을 심각하게 고려해야 한다는 교훈을 얻기는커녕 영국은 적의 해안선에 대한 「급습」이라는 전통적인 정책으로 후퇴하였다. 그러나 벨아일(Belle-Isle)·페롤(Ferrol)·카디즈 등에 대한 소규모 공격은 전략적 목적에 아무런 도움이 되지 않았다. 설상가상으로 오스트리아와 러시아가 스위스 방위에 전혀 협조하지 않아 러시아군은 산맥을 넘어 동쪽으로 밀려났다. 그로 인해 동맹국에 실망한 차르는 영국의 정책에 심각한 의구심을 갖게 된 나머지 이미 이집트에서 빠져나와 프랑스에 있던 나폴레옹과 협상을 모색하였다. 러시아군의 철수로 마렝고(Marengo)와 혹시타트(Hochstadt)전투(모두 1800.6) 그리고 6개월 후에는 호헨린덴(Hochenlinden)전투에서 프랑스의 맹공을 혼자서 대응해야 했던 오스트리아는 이를 견디지 못하고 또다시 강화를 제의할 수밖에 없었다. 프로이센과 덴마크가 이 기회를 이용하여 하노버를 공략하고 스페인이 포르투갈로 진격함에 따라 1801년 영국은 3년 전과 마찬가지로 고립되어 버렸다. 북유럽에서는 러시아·덴마크·스웨덴·프로이센이 새로운 무장중립동맹을 결성했다.

 한편 해상과 유럽 밖의 전쟁에서는 또다시 영국이 우세하였다. 영국은 프랑스로부터 말타를 빼앗아 영국 해군에 중요한 전략적 기지를 마련하였다. 발트해로부터 영국의 무역을 배제하려는 새로운 무장중립동맹의 선봉에 선 덴마크 함대는 코펜하겐 근해에서 전멸당했다(이에 며칠 앞서 러시아의 파벨 1세(Pavel I)가 암살됨으로써 동맹은 사실상 끝났다). 바로 같은 달인 1801년 3월 알렉산드리아(Alexandria)에서 영국 원정군에게 대패한 뒤 프랑스군은 이집트에서 완전히 철수했다. 멀리 인도에서는 영국군이 프랑스군의 지원을 받는 마이소르(Mysore)왕국의 티푸 술탄(Tipu Sultan)을 제압하고 뒤이어 인도 북부 지역을 추가로 합병했다. 서인도의 프랑스·네덜란드·덴마크·스웨덴령들도 영국의 차지가 되었다.

1801년까지도 확실한 대륙동맹국이 없는데다 영국·프랑스전쟁의 쉽게 종결될 수 없는 성격 때문에 영국의 정치가들은 강화를 고려하게 되었다. 이런 분위기는 지중해와 (그보다는 덜하지만) 발트해에서 무역손실을 보고 있던 상인계층의 주장으로 더욱 고조되었다. 가톨릭해방문제를 놓고 피트가 사임함으로써 협상의 움직임은 서둘러졌다. 나폴레옹의 계산으로는 강화기간에 별로 잃을 것이 없었다. 즉 위성국가에 대한 프랑스의 확고한 영향력은 지속되는 반면 영국은 과거 이 지역에서 누리던 상업적·외교적 특권을 되찾지 못할 것이었다. 여러 항구에 분산되어 있는 프랑스 해군을 한 군데 모아 재건할 수 있고 다음 전쟁 때까지 경제는 회복될 것이었다. 그 결과 영국의 견해는—아미앵(Amiens)강화조약(1802.3) 체결에 대해 그다지 비판적이 아니었다—프랑스가 다른 수단으로 전쟁을 계속하고 있다는 것을 간파한 뒤로 서서히 다른 방향으로 기울었다. 영국의 무역은 유럽의 거의 전역에서 거부되었다. 영국은 네덜란드·스위스·이탈리아문제에 개입하지 말도록 엄중경고를 받았다. 또한 프랑스가 머스캐트(Muscat)에서 서인도제도, 투르크에서 피에몬테에 걸쳐 술수와 공격을 펼친다는 소식도 있었다. 이런 소식에다 프랑스의 대규모 군함건조계획의 증거를 포착한 애딩턴(Addington) 수상의 영국 정부는 말타의 반환을 거부하고 1803년 5월 냉전에서 열전으로 돌입하였다.

1689년과 1815년 사이에 벌어진 7차례의 영국·프랑스전쟁 중 마지막인 이 전쟁은 12년간 계속되었고 가장 치열한 것이었다. 과거와 마찬가지로 서로가 상이한 강점과 약점을 지녔다. 영국 해군은 감축되긴 했어도 접전이 재개되자 막강했다. 강력한 전함대가 프랑스 해안을 봉쇄하고 있는 사이에 프랑스와 그 위성국가의 해외영토가 차례차례 탈환되었다. 생피에르 미켈론(St. Pierre et Miquelon)·세인트루시아(St. Lucia)·토바고와 네덜란드령 가이아나(Guiana)가 트라팔가(Trafalgar)해전에 앞서 함락되었고 인도에서의 진군도 계속되었다. 희망봉(1806)·쿠라사우(Curaçao)와 덴마크령 서인도제도(1807)·몰러카즈제도(the Móluccas) 일부(1808), 케이엔(Cayenne)·프랑스령 가이아나·산도밍고(San Domingo)·세네갈(Senegal)·마르티니크(Martinique, 1809)·구아들루프(Guadeloupe)·모리셔스(Mauritius)·암보이나·반다(Banda, 1810)·자바(1811) 등도 뒤를 이었다. 다시 강조하지만 이것으로 유럽의 균형이 직접적인 영향을 받지는 않았지만 영국의 해외 지배권이 강화되었고 전통적인 수출지역이던 앤트워프와 레그혼(Leghorn)이 차단당한 데 대한 새로운 숨통이 트였다. 더구나 초반기만 해도 나폴레옹은 그 때문에 남부 잉글랜드침공을 과거 어느 때보다 심각하게 고려하였다. 불로뉴(Boulogne)에 대군이 집결하고 단호하게 결심한 피트가 1804년 재집권함에 따라 쌍방은 최후의 결전을 내다보게 되었다.

사실상 1805~1808년의 육·해전은 몇몇 유명한 전투가 있긴 했지만 전략적 궁색함은 여전하였다. 프랑스 육군은 영국 육군보다 적어도 3배나 크고 훨씬 노련한 경험을 가졌지만 잉글랜드에 무사히 상륙하기 위해서는 제해권이 선결되어야 했다. 프랑스 해군은 수적으로 상당한 규모로서(전함 약 70척) 나폴레옹의 자원동원능력을 과시해보이는 것이었는데 1804년 말 스페인이 참전하면서 그 해군(전함 20여척)이 이에 가세하였다. 그러나 프랑스·스페인 함대는 6개의 항구에 분산되어 훨씬 노련한 영국 해군과의 일전을 각오하지 않고서는 제대로 연결될 수 없었다. 1805년 10월 트라팔가해전에서 프랑스·스페인 함대가 참패한 것은 두 라이벌 해군의 「질적 격차」를 실로 참담하게 드러내보인 것이었다. 그러나 그런 극적인 승리로 영국제도(British Isles)

의 안전은 보장되었지만 대륙에서의 나폴레옹의 지위를 붕괴시킬 수는 없었다. 이 때문에 피트는 러시아와 오스트리아에게 대프랑스 전투에 투입되는 병력 10만명당 175만파운드를 제공한다는 조건을 내세워 제3회 대동맹에 끌어들이려고 애썼다. 그러나 트라팔가해전에 앞서 이미 나폴레옹은 불로뉴에서 다뉴브강 상류지역으로 진격하여 울름(Ulm)전투에서 오스트리아를 완전히 제압한 뒤 동진하여 12월에는

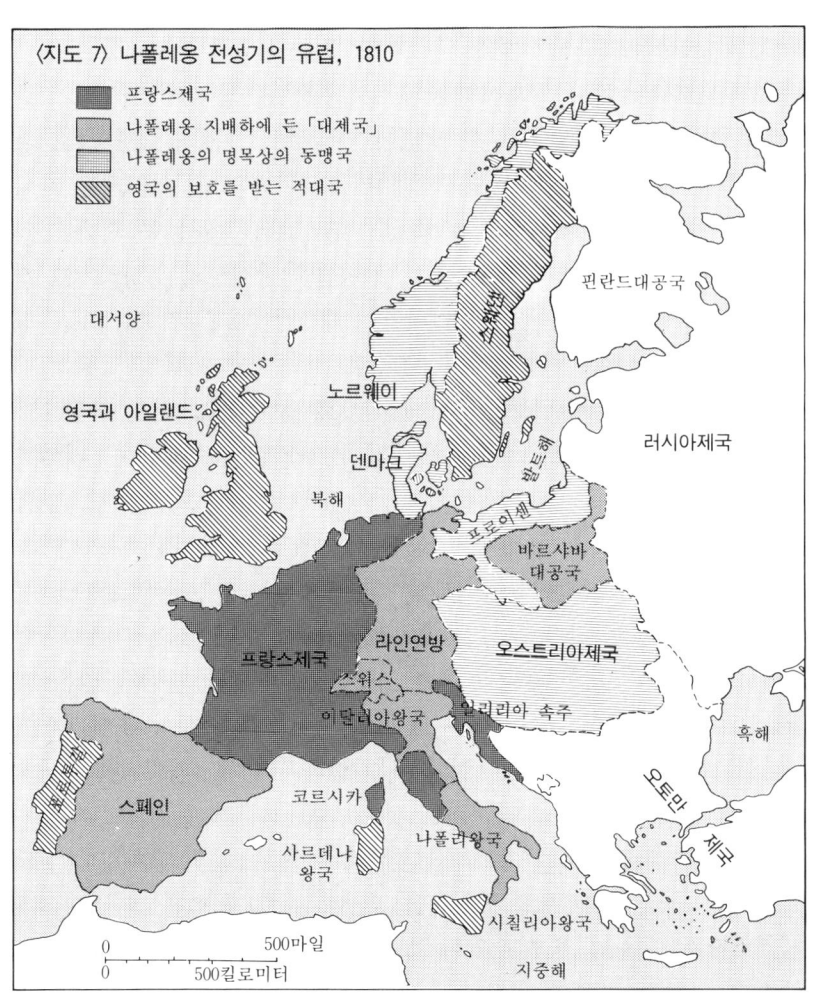

〈지도 7〉 나폴레옹 전성기의 유럽, 1810

아우스테를리츠(Austerlits)전투에서 8만 5,000의 오스트리아·러시아군을 격파하였다. 사기가 떨어진 오스트리아가 세번째로 강화를 제의함으로써 프랑스는 또다시 이탈리아반도의 지배권을 주장하고 그곳으로부터 영국·러시아군의 신속한 철수를 요구하였다.

이 충격적인 소식 때문에 1806년 초 피트가 사망하였는지의 여부는 제쳐두고라도 그것은 다시 한번 나폴레옹같은 군사적 천재를 몰락시키기가 얼마나 어려운 것인가를 증명해보인 것이었다. 사실 그후 수년만에 프랑스는 유럽지배의 절정기를 맞게 되었다(지도 7). 초반에 불참함으로써 동맹을 약화시켰던 프로이센은 1806년 10월 서둘러 프랑스에 전쟁을 선포하였지만 한 달만에 제압당하였다. 규모도 크고 완강한 러시아군은 전혀 사정이 달랐지만 몇 차례의 전투를 치른 후에는 마찬가지로 프리틀란트(Friedland)전투(1807.6)에서 큰 피해를 입었다. 틸지트(Tilsit)강화조약에서 프로이센은 사실상의 위성국가로 전락하고 가까스로 이를 모면한 러시아는 대영무역을 금지하는 데 동의하고 마침내 프랑스의 동맹국이 될 것을 약속하였다. 독일 남부 전역과 서부 일부가 라인연방(Rheinbund)으로 통합되고, 서부 폴란드가 바르샤바(Warszawa)대공국으로 되었으며, 스페인·이탈리아·베네룩스지방은 눈치만 보고, 신성로마제국은 종말에 처함으로써 포르투갈과 스웨덴 사이에는—영국의 동맹국은 물론—독립된 나라가 없었다. 이것은 역으로 나폴레옹에게「상인 근성을 가진 국민(nation of shopkeepers)」을 가장 호된 방법으로 파멸시킬 수 있는 기회를 주었다. 즉 유럽에 대한 영국의 수출을 차단하여 경제의 숨통을 막는 한편 이제 영국 해군이 입수할 수 없게 된 목재·돛대 등의 조선자재를 자신의 목적을 위해 모으는 것이었다. 말하자면 직접적인 공격 이전에 영국을 간접적으로 약화시키는 것이었다. 영국의 수출산업이 유럽시장에 의존하고 있었고 발트해산 돛대와 함대건조용인 달마티아(Dalmatia)산 오크목재를 쓰고 있었음을 감안할 때 그 위협은 대단하였다. 궁극적으로 수출로 얻는 수입이 감소함으로써 영국은 동맹국 지원에 필요한 자금과 자체의 원정군을 위한 물자를 구입할 자금을 조달할 수 없게 될 것이었다.

　따라서 이 전쟁에서는 다른 어느 때보다 경제적 요인이 전략과 맞물려 있었다. 영국·프랑스의 지배권 싸움의 절정기, 다시 말해 영국과의 무역을 금지한 나폴레옹의 베를린·밀라노칙령(1806~1807)과 1812년 프랑스군의 모스크바 철수 사이에 드러난 상반되는 두 체제의 상대적 강점에 대해서는 좀더 분석해볼 필요가 있다. 서로 상대를 경제적으로 파탄시키려고 했기 때문에 조만간 심각한 약점이 드러나게 되고 엄청난 권력정치적 결과를 초래하게 되었다.

　당시 영국이 해외무역에 지나치게 의존하였기 때문에 나폴레옹의 「대륙제패체제(continental system)」가 내린 금수조치에 영국은 취약할 수밖에 없었음은 의심의 여지가 없다. 1808년 그리고 1811~1812년 프랑스와 그에게 순종적인 위성국가(예컨대 덴마크)가 감행한 무역전쟁으로 영국의 수출무역은 위기에 직면했다. 재고품이 창고에 산더미처럼 쌓였고 런던의 선창은 식민지 산물들로 넘쳤다. 도시의 실업과 농촌의 불안은 기업인의 공포감을 가중시키고 많은 경제학자들이 평화를 요구하게 되었다. 국가부채의 엄청난 팽창도 이를 부채질했다. 미국과의 관계가 악화되고 그런 중요한 시장에 대한 수출이 1811년 이후 곤두박질하면서 경제적 압력은 더 이상 견디기 어렵게 되었다.

　그러나 실제로 충분한 효과를 낼 만큼 장기적 또는 지속적으로 적용되지 않았기 때문에 이런 압력은 극복되었다. 프랑스의 헤게모니에 대항하여 스페인이 혁명을 일으킴으로써 1808년의 영국의 경제적 위기는 완화되었는데 그것은 러시아가 나폴레옹과 단절함으로써 영국 제품이 발트해와 북유럽에 쏟아져 들어가 1811~1812년의 불황을 타개하게 된 것과 마찬가지였다. 더구나 이 기간 동안 방대한 양의 영국 제품과 식민지 재수출품이 뇌물먹은 지방관리들의 묵인하에 대륙으로 밀수출되어 막대한 수익을 올렸다. 헬리골란드(Heligoland)에서 살로니카(Salonika)까지 금수품들은 우회적인 방법으로 목마른 수요자에게 전달되었는데 그후 1812년의 영국·미국전쟁 때도 캐나다와 뉴잉글랜드 사이에 그같은 밀수항로가 존재했다. 끝으로 영국의 수출경제는 대륙제패체제나 미국의 「불교류(nonintercourse)」정책의 영향을 받지 않는 지역 — 아시아·아프리카·서인도제도·라틴아메리카(지방 스페인 총독이 모든 노력을 기울였음에도 불구하고)와 근동 — 과의 무역이 급증함에 따라 지탱될 수 있었다. 바로 이런 원인들 때문에 일부 시장에서 한때 영국 무역이 심각한 차질을 빚었음에도 불구하고 전반적인 추세는 활기에 차 영국 제품의 총수출량이 2,170만파운드(1794~1796)에서 3,750만파운드(1804~1806) 이어 4,440만파운드(1814~1816)로 비약하였다.

영국 경제가 외부의 압력에 무너지지 않은 또 다른 중요한 이유는 나폴레옹에게는 안된 일이지만 영국은 산업혁명을 진행중이었다는 것이다. 이러한 양대의 역사적 사건이 서로 특이한 방법으로 상호작용했음은 확실하다. 즉 정부의 무기주문이 선철·강철·석탄·목재무역을 부추겼고 방대한 정부지출(국민총생산의 29%로 추정된다)이 재정실무에 영향을 주었으며 새로운 수출시장은 프랑스의 「역봉쇄」가 억제도 했지만 공장의 생산을 제고시켰다. 정확히 말해 혁명전쟁과 나폴레옹전쟁이 전반적인 영국 경제의 성장에 얼마나 큰 영향을 주었느냐를 정확히 따진다는 것은 복잡하고 논쟁적인 주제이며 역사학자들의 연구가 진행되고 있는데 그들 대다수가 이 시기에 영국 산업화가 급속하게 진척되었다는 주장은 과장되었다고 지적한다. 그러나 분명한 것은 이 시기를통해 경제가 성장했다는 사실이다. 1788년 고작 6만 8,000톤이던 선철 생산량이 1806년에는 24만 4,000톤, 나아가 1811년에는 32만 5,000톤으로 치솟았다. 전쟁 전만 해도 사실상 새로운 산업이던 면직은 그후 20년 동안에 엄청나게 발전하여 더욱 많은 기계·증기기관·석탄과 노동력을 흡수했다. 1815년이 되자 면제품은 영국의 최대 수출품목이 되었다. 즐비하게 늘어선 새로운 선창과 내륙의 새 운하·유료도로와 철도는 커뮤니케이션을 개선하고 생산을 더욱 촉진하였다. 이같은 「붐」이 프랑스에 대한 육·해전만 아니었으면 더 컸을 것인지는 논외로 하더라도 영국의 생산력과 부가 계속 증대하여 피트와 그 후계자들의 전쟁에 따른 부담을 극복하는 데 도움이 되었음은 사실이다. 예컨대 관세와 소비세 수입이 1,350만파운드(1793)에서 4,480만파운드(1815)로 급증한 한편 소득세와 재산세 수입은 1799년 167만파운드에서 전쟁이 끝나던 해에는 1,460만파운드로 증가하였다. 실제로 1793년과 1815년 사이 영국 정부는 직·간접세로 1조 2,170억파운드나 되는 거액을 확보하고 나아가 4억 4,000만파운드를 자금시장에서 신용의 실추없이 공채로 조달함으로써 재정에 있어 더욱 보수적인 나폴레옹을 경악시켰다. 전쟁 말기 수년간의 결정적인 국면에서 정부는 매년 2,500만파운드 이상을 기채하여 그만큼 결정적인 우위를 확보하였다. 분명히 영국인은 18세기의 관료들에 의해 상상할 수 있는 한계 이상으로 세금을 포탈당했으며 국가부채는 3배로 증가했다. 그러나 새로운 부로 말미암아 그같은 부담은 쉽게 감당할 수 있었으며 소규모의 영토와 인구에도 불구하고 당당한 나폴레옹제국보다 전비를 더 잘 해결할 수 있었다.

1789년과 1815년 사이의 프랑스 경제와 대규모 전쟁수행능력에 관한 사항은 역사학자들이 파헤치기에는 아주 까다로운 부분이다. 구제도의 붕괴와 그에 따른 혼란으로 프랑스의 경제활동은 한동안 위축되었다. 반면 혁명에 대한 민중의 정열이 분출하고 외부의 적에 맞서기 위한 국내자원의 동원에 따라 대포·소형무기 등의 군사장비가 대량으로 생산되었고 이는 다시 철과 직물무역을 촉진했다. 더구나 내부 관세와 같은 구제도하의 경제적 장애 일부가 철폐되고 나폴레옹 자신의 법적·행정적 개혁으로 근대화의 전망이 보였다. 집정정치(Consulate)와 프랑스제국의 등장으로 군주체제의 특색(예컨대 사적 금융업자에 대한 의존)이 많이 부활되었지만 인구의 증가, 국가지출에 의한 자극, 제고된 보호관세와 신기술의 도입에 따라 자연히 촉진된 지속적인 경제성장이 저해되지는 않았다.

그러나 프랑스의 경제성장률이 영국에 비해 훨씬 떨어졌음은 의심의 여지가 없다. 그 가장 깊은 이유는 가장 큰 농업 분야가 별로 변하지 않은 때문이었다. 즉 봉건영주 대신 농민이 들어선 것 그 자체는 농업혁명이 될 수 없었다. 또한 사탕무우의 개발(영국 식민지산 사탕수수의 대체용으로)과 같은 널리 요청되던 정책도 미미한 성과밖에 못 거두었다. 커뮤니케이션의 미비로 말미암아 농민들은 여전히 지역시장에 묶여 있었고 급격한 혁신에 대한 자극은 별로 없었다. 이러한 보수적 심리구조는 미성숙한 산업 분야에서도 나타나 예컨대 철강생산에 새로운 기계와 대규모 공장을 도입하는 것은 당연한 것이 아니라 예외적이었다. 상당한 발전이 물론 있었지만 그 대부분은 전쟁과 영국의 해상봉쇄의 영향을 받아 왜곡되었다. 이리하여 면직산업은 영국의 경쟁력우위(중립국가나 위성국가의 경쟁도 물론이었는데 그들의 상품은 프랑스의 높은 관세에 막혀 있었다)로부터 보호해주는 대륙제패체제의 득을 보았다. 또한 향상된 국내시장의 득도 보았는데 그것은 나폴레옹이 이웃 영토를 정복하여 프랑스인을 1789년 2,500만에서 1810년 4,400만으로 늘려놓았기 때문이다. 그러나 이것은 원면의 부족과 가격상승 그리고 영국으로부터의 신기술도입이 둔화됨으로써 상쇄되어 버렸다. 전반적으로 볼 때 프랑스의 산업은 이렇듯 외국의 경쟁국들로부터 보호되었기 때문에 전쟁중 경쟁력이 약한 상태로 발전해 갔다.

 해상봉쇄의 영향으로 이같은 프랑스 경제의 내부지향성이 강화되었다. 18세기에 급성장을 보인 대서양 방면의 산업은 (영국이 그랬던 것처럼) 산업화의 핵심적인 촉매제가 될 수 있었으나 영국 해군에 의해 차단당하게 되었다. 특히 산타도밍고의 상실은 프랑스의 대서양무역에 결정적인 타격이 되었다. 그밖의 해외식민지와 투자도 상실하였고 1806년 이후엔 중립지대를 통한 무역마저도 중단되었다. 보르도(Bordeaux)는 막대한 타격을 입었다. 낭트(Nantes)의 왕성했던 노예무역은 완전히 몰락하였다. 내륙과 북부 이탈리아로 무역상대를 바꿀 수 있었던 마르세유(Marseille)까지도 1789년과 1813년 사이에 산업생산량이 1/4로 떨어졌다. 반면 알사스 등 프랑스 동부와 북부 지역은 비교적 안전한 대륙무역을 유지할 수 있었다. 물론 이들 지역의 포도

재배겸 포도주 양조업자·방적업자들이 보호된 환경 속에서 이익을 내고 있었다고 하지만 프랑스 경제에 대한 전반적인 영향은 미미하였다. 대서양 쪽이 산업화가 덜된데다가 외부세계로부터 단절된 프랑스는 농민과 소도시 상업 그리고 지역적이고 비경쟁적인 비교적 소규모 산업으로 눈을 돌렸다.

이같은 경제적 보수성향 — 경우에 따라서는 명백한 낙후성 — 으로 볼 때 수십년에 걸쳐 강대국 전쟁을 치러낸 프랑스의 능력은 대단한 것이었다. 초반부터 1790년대 중반까지의 대중동원이 하나의 원인은 될 수 있지만 50여만의 장기복무군대(매년 15만 정도를 새로 충원해야 했다)를 지탱해야 하던 나폴레옹 시대에 대한 적절한 설명은 되지 못한다. 1807년 이미 최소한 4억 6,200만프랑이던 군사비지출은 1813년 8억 1,700만프랑으로 뛰었다. 경상수입으로는 그런 지출을 도저히 감당할 수 없음은 당연하였다. 직접세는 국내의 평판이 좋지 않아 인상이 어려웠기 때문에 나폴레옹은 담배·염세와 구제도하의 간접세들을 부활하였다. 거기다가 여러가지 인지세·관세를 부과했지만 연간 수억 프랑의 적자를 막을 수 없었다. 황제가 공채발행에 적대적인 태도를 표명하면서도 한편으로는 프랑스은행을 창설하고 그밖의 모든 재정수단과 제도를 통하여 기만적인 지폐정책을 폄으로써 파산을 면하였다. 그러나 그것으로도 충분한 것은 아니었다. 적자는 다른 방법으로 채워질 수밖에 없었다.

사실 나폴레옹 제국주의는 거의 헤아릴 수 없을 정도로 대규모 약탈에 의해 유지되었다. 그 과정은 국내에서「혁명의 적」으로 지목된 자의 재산몰수와 매각으로 시작되었다. 혁명을 방위하기 위한 군사작전으로 프랑스군이 이웃나라에 진격한 경우 해당국가가 그 비용을 감당해야 한다는 것이 지극히 당연시되었다. 거칠게 표현하자면 전쟁은 전쟁을 뒷받침하기 마련이다. 패배한 나라의 왕실과 봉건영주의 재산을 몰수하고, 적의 군대·수비대·박물관과 국고에서 전리품을 약탈하며, 전쟁배상금으로 돈이나 재화를 강요하고, 위성국에 프랑스군을 주둔시키고 비용을 떠맡기는 등으로 나폴레옹은 방대한 군사비를 충당했을 뿐 아니라 사실상 프랑스와 그 자신의 이익을 크게 도모하였다. 프랑스의 절정기에 특별영지(domaine extraordinaire)의 행정관리들이 취득한 총액은 엄청나 어느 면에서는 제2차세계대전 때 나치가 위성국가와 점령지에서 강탈한 것 이상이었다. 예컨대 프로이센은 예나(Jena) 패전 후 배상금으로 3억 1,100만프랑을 내놓았는데 이 금액은 프랑스 경상수입의 절반에 해당하였다. 합스부르크제국은 패할 때마다 영토양여를 강요받았고 막대한 배상금을 지불해야 했다. 이탈리아에서는 1805년과 1812년 사이 거둬들인 세금의 절반이 프랑스로 들어갔다. 이 모든 것은 방대한 프랑스군을 국외에 주둔시키면서 프랑스 국민의 전비의 전액부담을 덜어주는 이중효과를 가져왔다. 군대가 뛰어난 지도자 아래 계속 승리를 거두는 한 그 체제는 요지부동이었다. 따라서 황제가 다음과 같은 주장을 되풀이한 것은 당연하였다.

나의 권세는 나의 영광에서 오고 나의 영광은 내가 쟁취한 승리에서 나온다. 새로운 영광과 승리를 더하지 않는 한 나의 권세는 무너질 것이다. 정복으로 말미암아 지금의 내가 있게 되었고 오직 정복만이 나의 위치를 지켜줄 것이다.

그렇다면 어떻게 나폴레옹을 몰락시킬 수 있을까? 육군병력이 부족한 영국 단독으로는 불가능하였다. 또한 대륙국가가 단독으로 프랑스를 공격하다가는 실패하기 마련이었다. 1806년 프로이센의 시기를 놓친 참전이 바로 그 점을 보여주었는데 절망한 오스트리아가 1809년 초 프랑스와 다시 충돌하는 것을 막지는 못하였던 것이다. 에크뮐(Eckmühl)과 아시페른(Aspern)에서 분전했던 오스트리아는 바그람(Wagram)전투에서 난타당하자 다시 강화를 제의하고 프랑스와 그 동맹국에게 추가로 영토를 할양할 수밖에 없었다. 더욱이 오스트리아에 대한 프랑스의 일련의 승리는 스페인반란 진압을 위한 나폴레옹의 침공 직후 이어진 것이었다. 이처럼 황제의 의지에 대한 어떤 저항도 발생 즉시 진압되었다. 비록 바다에서 영국 해군이 코펜하겐 공격(1807.

8)에서 현재적이거나 잠재적인 적에게 그와 비슷한 무자비한 자세를 보여주었지만 그들은 남부 이탈리아 해안에 대한 소규모 공격과 부에노스아이레스(Buenos Aires)에 대한 어리석은 공격 그리고 1809년 여름의 발커런작전에 군사자원을 낭비하는 경향이 있었다.

그러나 제국구조에 심각한 균열이 나타나기 시작한 것은 나폴레옹체제가 결코 무너질 수 없을 것처럼 보이던 바로 그 무렵이었다. 이들 전투에서 프랑스는 계속 승리했음에도 불구하고 손실이 컸다—아일라우(Eylau)전투에서 1만 5,000, 프리틀란트전투에서 1만 2,000명을 잃었고 바일렌(Bailen)전투에서는 2만 3,000명이 죽거나 포로가 되었으며 아시페른전투에서는 무려 4만 4,000, 바그람전투에서는 또다시 3만명을 잃었다. 적어도 근위연대를 제외하고는 노련한 병사들이 줄어갔다. 예컨대 1809년 독일부대(Armée de l'Allemagne) 14만 8,000명(근위병 제외) 가운데 4만 7,000명이 징집연령에 미달하였다. 나폴레옹 군대도 히틀러의 군대와 마찬가지로 위성국과 점령지 출신자가 많이 포함되어 있었지만 프랑스의 병력충원능력은 명백히 위축되었다. 반면에 예측할 수 없는 러시아는 많은 병력을 보유하고 있었고 오기에 찬 오스트리아는 바그람 패배 이후에도 상당 규모의 군대를 보유하고 있었다. 이들은 가까운 장래에 중요한 의미를 띠게 된다.

더구나 1809년 후반에 있었던 나폴레옹의 스페인 진격은 그 자신이 즐겨 상상했던 대로 전쟁을「결정」짓지는 못했다. 그는 스페인 정규군을 패주시키는 과정에서 부주의하게 지역주민들을 게릴라저항에 나서도록 자극함으로써 진압이 더욱 힘들게 되고 프랑스군의 병참문제를 악화시켰다. 현지주민들로부터 식량을 구할 수 없게 된 프랑스군은 위태로운 보급선에 전적으로 의존해야 했다. 더욱이 스페인, 특히 포르투갈에서 전쟁을 치르면서 나폴레옹은 우연하게도 민감한 영국을 전쟁에 끌어들이게 될 지역을 선택하게 되었는데 영국은 처음에는 잠정적이었으나 웰링턴이 현지주민의 동조, 반도의 지리와 제해권 그리고 자신의 정예부대가 프랑스군의 사기를 꺾자 점점 큰 자신감을 가지고 참전하게 되었다. 1810~1811년 무모하게 리스본으로 진격하다마세나(Massena)부대에게 당한 2만 5,000명의 손실은 30만 프랑스군이 피레네 남쪽에 포진했다 해도 「고질같은 스페인(Spanish ulcer)」을 제압할 수 없다는 사실을 일찌감치 입증한 것이었다.

스페인은 프랑스를 약화시키는 동시에 상업적으로나 전략적으로나 영국의 숨통을 터주었다. 결국 이전까지 주로 프랑스편에 서서 영국·프랑스전쟁에 참전해왔던 스페인은 육지 쪽으로는 지브롤터를, 바다에서는(프랑스·스페인 연합함대 형태로) 영국의 제해권을 위협했을 뿐 아니라 이베리아반도·라틴아메리카·지중해의 수출시장에 전반적인 영향을 미쳤다. 이제 적대국이 아닌 우호국 스페인은 이 모든 압박에서 영국을 해방시켜 주었다. 대륙제패체제에 의해 영국 무역이 입은 손실은 크게 완화되었는데 그것은 랭커셔(Lancashire)·중부 잉글랜드지역 제품이 옛날 시장을 재확보했기 때문이었다. 즉 1810년 영국의 수출고는 기록적인 4,800만파운드에 달하였다(1808년에는 3,700만파운드). 이같은 회복이 일시적인 것으로 발트해 봉쇄와 징발과 봉쇄를 둘러싼 영국·미국 분쟁으로 빛을 잃게 되었지만 그 나름대로 의미가 있었다. 유럽대륙 자체가 반란에 휩싸일 바로 그 시점에 대륙 밖에 위치한 나폴레옹의 최대 강적을 지원해주었던 것이다.

사실상 유럽의 나폴레옹체제는 모순을 안고 있었다. 프랑스 내부에서 혁명의 공과가 무엇이건간에 자유·평등·박애를 선언한 국민은 이제 황제의 지휘 아래 남의 영토를 점령하여 군대를 주둔시키고 재산을 약탈하고 상업을 망쳐놓는가 하면 엄청난 배상금과 세금을 거두어가고 젊은이들을 징집해갔다. 대륙제패체제 아래 날로 강화되어간 통제도 불만을 샀는데 나폴레옹이 영국을 상대로 벌인 경제전쟁이 낭트와 보르도는 물론 암스테르담·함부르크(Hamburg)·트리에스테(Trieste)에게도 피해를 주었기 때문이다. 스페인처럼 무력으로 저항하려는 나라도 없었고 러시아가 1810년 12월에 그랬던 것처럼 파멸적인 대륙제패체제에서 이탈하려는 나라도 없었다. 그러나 일단 나폴레옹의 대군이 모스크바전투에서 붕괴되고 스페인부대(Armée de l'Espagne)가 피레네산맥 남쪽으로 밀리자 마침내 프랑스의 헤게모니를 무너뜨릴 기회가 왔다. 당시 프로이센·러시아·스웨덴·오스트리아 등의 나라들이 필요로 한 것은 영국이 이미 스페인과 포르투갈 두 동맹국에 제공하고 있던 무기·군화와 군복 그리고 돈이었다. 이처럼 한편으로는 영국제도의 안전과 상대적 번영, 다른 한편으로는 과잉팽창된데다 날로 죄어가는 프랑스 지배의 특성이 마침내 상호작용하여 나폴레옹제국의 몰락을 재촉하기 시작하였다.

이러한 포괄적인 경제적·지정학적 분석은 불가피하게도 나폴레옹의 날로 심화된 무감각함과 자기기만과 같은 개성적인 측면을 경시하는 경향이 있다. 또한 전쟁의 거의 마지막 해까지 계속된 아슬아슬한 군사균형이 지닌 성격을 과소평가했을 수도 있다. 왜냐하면 프랑스는 마음만 먹었다면 마지막까지 해군을 재건할 재원을 갖추고 있었던 것이다. 영국의 수출경제는 1812년 단 한번 혹독한 시련을 겪게 되었다. 그리고 라이프치히(Leipzig)전투(1813.10) 이전까지만 해도 나폴레옹은 동쪽의 적들 가운데 하나만 격파하면 그에게 적대하는 동맹을 와해시킬 수 있었다.

그러나 나폴레옹 자신의 오만을 반영하는 프랑스의 「과잉팽창」은 이미 극도에 달한 때였고 어떤 결정적 패배도 체제의 다른 부분에 영향을 미칠 수밖에 없었다. 그것은 단지 무너진 전선을 보수하기 위해 이들 지역에 군대를 대량투입해야 했기 때문이었다. 1811년 스페인에는 약 35만 3,000명의 프랑스군이 주둔하고 있었는데 웰링턴의 지적대로 주둔지역 이외에는 권위를 미칠 수 없었다. 통신선을 방어하는 데 거의 모든 노력을 소모한 나머지 영국·포르투갈·스페인 동맹군의 진격에 노출되어 있었다. 다음해 나폴레옹이 러시아의 독립을 저지키로 결심했을 때 오직 2만 7,000명이 스페인에서 철수하여 모스크바 공격에 가담하였다. 나폴레옹의 대군 60여만 가운데 27만명만이 프랑스인으로 그것은 이베리아반도 주둔군과 맞먹는 숫자였다. 더욱이 프랑스「본토인」하면 이제 벨기에인·네덜란드인 그리고 합병된 영토의 대다수 이탈리아인까지 포함되어 1789년 이전에 모병된 프랑스 국내출신자는 모스크바 원정 당시 극히 소수였다. 초기의 성공적이던 단계에서는 이것이 문제되지 않았으나 퇴각시에는 혹독한 날씨와 카자흐(Kazak)의 약탈을 피하여 결사적으로 귀향하는 과정에서 크게 문제시되었다.

러시아 원정에서 나폴레옹의 대군은 엄청난 손실을 입었다. 즉 27만이 죽고 20만이 포로가 되었으며 약 1,000문의 대포와 20만필의 말을 잃었다. 다른 어떤 요인보다도 동부 전선이 프랑스군의 사기를 저하시켰다. 그러나 동유럽과 이베리아반도 전투가 1813년 이래 어떻게 나폴레옹의 궁극적인 몰락을 초래하였는지를 이해할 필요가 있다. 당시 러시아 육군은 독일 너머까지 프랑스군을 추격할 능력이 없었다(또한 대다수 장군들은 그만한 열정도 없었다). 영국은 미국과의 전쟁으로 딴 데 신경을 쓸 여유가 없었다. 또한 나폴레옹은 1813년 초여름 14만 5,000명을 새로 모병하여 작센전선을 장악하고 강화에 나설 수 있었다. 비록 프로이센이 신중하게 러시아편으로 전환하고 25만의 오스트리아군을 가진 메테르니히(Klemens von Metternich)가 참전을 위협했지만 동유럽 대국들은 분열되고 불확실한 상태였다. 이리하여 웰링턴의 군대가 비토리아(Vitoria)전투(1813.6)에서 나폴레옹군을 격파하여 피레네 쪽으로 몰고 간다는 뉴스는 오스트리아가 전쟁을 선언하고 러시아·스웨덴·프로이센군과 연합하여 독일에서 프랑스군을 몰아내는 데 중요한 역할을 하였다. 이어 벌어진 10월의 라이프치히전투는 영국으로서는 처음 겪는 대규모서 19만 5,000의 프랑스군은 36만 5,000의 동맹군을 맞아 4일간의 사투를 벌인 끝에 완패하였다. 그러나 동맹군은 영국의 막대한 재정지원을 받았고 12만 5,000정의 소총, 218문의 포 등의 장비도 영국에게서 제공받았다.

한편 피레네 북방에 주둔해 있던 웰링턴은 라이프치히 승리에 고무되어 베욘(Bayonne)과 툴르즈(Toulouse)로 진격하였다. 프로이센과 오스트리아군이 라인강을 건너고 카자흐가 홀란트를 침공함에 따라 1814년 초 나폴레옹은 북동부 프랑스에서 뛰어난 전술적 방위를 보여주었다. 그러나 그의 군대는 지친데다 신병이 너무 많았다. 더구나 본국이 전장터로 변하자 프랑스인들은 (웰링턴이 예언한 대로) 열의를 잃었다. 프랑스는 과거의 영토로 후퇴해야 한다는 영국의 주장과 3월 9일 쇼몽(Chaumont)조약에서 추가로 500만파운드를 지원하겠다는 영국의 약속에 힘입어 동맹군은 끝까지 압력을 늦추지 않았다. 1814년 3월 30일 최고 참모들까지 손을 들었고 그후 1주일이 안되어 나폴레옹이 퇴위하였다.

이같은 서사시적 사건들과 비교할 때 1812~1814년의 영국·미국전쟁은 전략적인 촌극에 불과하였다. 만약 그것이 대륙제패체제의 붕괴와 시기가 일치하지 않았거나 영국·미국무역에 크게 의존하고 있던 뉴잉글랜드가 분쟁에 미온적인 태도(때로는 중립)를 견지하지 않았다면 영국은 훨씬 심각한 경제적 이해의 손실을 보았을 것이다. 미국 군대가 호언했던 「캐나다 진격」은 곧 사그라들었고 바다에서나 육지에서나—요크(토론토)·워싱턴 기습 그리고 프리깃함 단독의 인상적인 작전도 있긴 했지만—쌍방은 상대에 손상은 줄 수 있어도 패배시킬 수 없다는 것을 여실히 보여주었다. 특히 영국 국민들에게 미국 무역의 중요성을 확신시켜줌과 동시에 유럽에서 군대가 절대적으로 요구되는 바로 그런 시기에 해외에 방대한 육군과 해군기지를 유지하기가 어렵다는 것을 증명해주었다. 인도의 경우와 마찬가지로 대양 건너의 영토와 무역은 영국의 강대국으로서의 지위를 강화해주는 동시에 전략을 분산시키는 역할을 하였다.

1815년 3월에서 6월에 걸친 나폴레옹의 최후공세는 분명히 촌극은 아니었지만 유럽의 대전쟁에 관한 하나의 전략적 각주였다. 그의 유배지로부터의 갑작스런 귀국은 폴란드·작센 등의 영토의 장래를 둘러싼 승전국들의 논쟁을 중단시켰지만 동맹 자체를 분열시키지는 않았다. 급조된 프랑스군이 워털루전투에서 웰링턴과 블뤼허(Blücher)에게 패배하지 않았다고 가정하더라도 벨기에로 향하고 있던 다른 군대에 저항할 수 있었을는지 의문이며 더욱이 그 이후의 장기전을 경제적으로 버티지는 못했을 것이다. 그럼에도 불구하고 나폴레옹의 마지막 탈선행위는 정치적으로 중요한 의미를 지닌다. 즉 그로 말미암아 유럽에서의 영국의 지위는 강화되었고 앞으로 프랑스는 일군의 강력한「완충국」들에 포위되어야 한다는 주장이 팽배하였다. 또한 예나 전투 이후 프로이센의 군사적 회복이 두드러짐에 따라 동유럽의 균형이 부분적으로 재조정되었다. 그리고 빈에 모인 나라들은 세력균형의 행동원리를 수호하게 될 강화를 이룩하기 위해 남은 견해차이를 묻어두게 되었다. 20년간 거의 끊임없이 계속된 전쟁과 100여년에 걸친 강대국의 긴장과 충돌을 겪은 후 유럽의 국가체제는 마침내 대략적인 균형을 강화하는 선에서 확립되었다.

 1815년의 마지막 빈협정은 프로이센이 한때 주장한 대로 프랑스를 분할하지는 않았다. 그러나 루이 18세의 영토를 실속있는 단위국가들—북쪽의 네덜란드왕국, 남동쪽의 확대된 사르데냐(피에몬테)왕국, 라인란트의 프로이센—로 둘러싸는 한편 부르봉왕조에 귀속된 스페인은 강대국으로부터 그 자주성을 보장받았다. 승전국간의 열띤 논쟁 끝에 동유럽에도 세력균형의 개념이 수용되었다. 오스트리아의 반대로 프로이센은 작센을 합병하지 못한 대신 포젠(Posen)과 라인란트를 얻었고 이와 마찬가지로 오스트리아는 폴란드의 갈리치아(Galicia) 지역만 보유하고 있었던 탓에 이탈리아와 독일 남동부의 일부를 얻었다. 폴란드 영토의 가장 큰 몫의 할양요구를 마침내 관철한 러시아까지도 1815년 초 작센의 장래에 대한 러시아의 전횡을 견제하려는 영국·프랑스·오스트리아의 연합전선에 밀려 곧 정면대결에서 후퇴했다. 어떤 나라도 남은 유럽국가들에 대해 나폴레옹처럼 자신의 의지를 강요할 수 있을 것 같지 않았다. 주도국가들의 이기주의가 1793~1815년의 사건으로 사라진 것은 결코 아니었지만「견제와 상호보상」이라는 이중원리는 유럽 지배권의 일방적인 장악이 이제 불가능해졌음을 의미하였다. 또한 소규모의 영토변경까지도 빈체제(Concert) 회원국 다수의 승인을 받아야 하게끔 되었다.

 어쨌든 당시 유럽의「5각체제(Pentarchy)」를 논함에 있어서 기억해 두어야 할 것은 5강대국 상호간의 관계가 1750년은 물론 1789년의 관계와도 판이했다는 사실이다. 비록 러시아가 성장하긴 했어도 나폴레옹의 몰락 이후 대륙에서는 그런대로 균형이 유지되었다고 할 수 있다. 반면 바다에서는 사정이 달라서 영국이 제해권을 거의 독점하고 있었으며 라이벌보다 우세한 경제적 지위와 상호작용하여 더욱 강화되었다. 어떤 경우에 이는 인도에서와 같이 꾸준한 군사적 팽창주의와 약탈의 결과였다. 인도대륙은 전쟁과 이윤추구가 맞물려 18세기 말에는 영국의 완전한 위성국으로 화하였다. 마찬가지로 산토도밍고 점령 ― 혁명 이전 프랑스 식민지무역의 3/4이나 차지하였다 ― 으로 1790년대 말이 되면 영국 제품의 시장과 재수출의 근원지를 갖게 되었다. 더욱이 이같은 영국의 북아메리카・서인도제도・라틴아메리카・인도・동방시장이 유럽의 시장보다 빨리 성장했을 뿐 아니라 원거리 무역이 대체로 수익이 컸으며 해운・상품거래・해상보험・어음교환과 은행업무를 촉진함으로써 영국을 새로운 세계금융중심지로 격상시켰다. 최근의 저서들 가운데 영국의 18세기 경제성장률과 그같은 성장에 대한 해외무역의 역할에 의문을 제기한 경우가 있는데 해외팽창 덕분에 다른 라이벌은 맛보지 못한 새로운 부에 방해없이 접근할 수 있었음은 분명한 사실이다. 1815년이 되자 유럽의 식민지 대부분을 통제하고 항로와 수익좋은 재수출무역을 지배하는 한편 산업화과정에서 다른 나라를 앞지른 영국은 이제 1인당 소득에서도 세계 제일의 부자가 되었다. 그 다음 반세기 동안 ― 다음 장에서 보게 될 것이다 ― 더 부자가 되어 세계무역구조에서「왕자(superdominant economy)」로 성장해갔다. 피트와 캐슬레이(Robert S. Castlereagh)가 강력하게 주창한 평형원리는 유럽의 영토 재조정에 적용된 것이지 식민지나 통상영역에 적용된 것은 아니었다.

 이런 것들로 해서 19세기 초의 지식있는 관측자들이 그다지 놀란 것은 아니다. 의연한 척해온 나폴레옹도 때로는 영국의 불사조같은 지구력과 제해권・은행・신용제도에 사로잡혔으며 그 모든 것이 무너질 날만 고대하였다. 그같은 질시와 혐오는 그렇게 극단적이지는 않았다 하더라도 스페인・네덜란드 등 영국의 외부세계 독점을 지켜봐온 나라들도 마찬가지로 공유하였음은 분명하다. 1812년 나폴레옹의 대군이 러시아에서 축출된 후 서진을 중지하기를 희망한 러시아 장군 쿠투조프(Mikhail Kutuzov)가 나폴레옹을 철저하게 격파하는 것은 이롭지 않다고 주장한 것은 단순한 자기변명만은 아니었을 것이다. 왜냐하면 그 결과 승리는 러시아나 다른 어떤 대국에게 돌아가는 것이 아니라 이미 바다를 장악한 나라로 돌아가 그 지배력은 막강하게 될 것』이기 때문이었다. 그러나 최후의 순간 그같은 결과는 피할 수 없었다. 즉 나폴레옹이 오만하게 타협을 거부함으로써 자신의 몰락을 재촉했을 뿐 아니라 최대 강적에게 대승을 안겨주었던 것이다. 폭넓은 문제의식을 가진 또 한 사람의 장군 그나이제나우는 다음과 같은 자조적인 결론을 내렸다.

> 대영제국은 이 악당(나폴레옹)에게 가장 큰 은혜를 입었다. 그가 저지른 사건 덕분에 영국의 위대함과 번영과 부가 치솟았기 때문이다. 영국은 바다의 여왕이며 제해권이나 세계무역면에서 두려워해야 할 라이벌은 단 하나도 없다.

제 II 부

산업화 시대의 전략과 경제

# 4

산업화와 세계균형의 변동, 1815~1885

 나폴레옹의 실각으로부터 50년 남짓한 사이에 형성된 국제체제는 이례적 특성들을 지닌 것이었는데 이 특성들의 어떤 것은 일시적인 것이었으나 또 어떤 것들은 근세의 지속적인 특성을 이루게 되었다.
 첫째는 통합된 세계경제의 꾸준한 성장인데 1840년대 이후 괄목할 양상을 보인 이 추세로 말미암아 많은 지역들이 서유럽, 특히 영국을 중심으로 하는 대양횡단 대륙간 무역·금융 네트워크에 참여하게 되었다. 영국이 경제적 헤게모니를 잡고 있던 이 수십년 동안 수송과 커뮤니케이션이 크게 발달하고 산업기술이 한 지역에서 다른 지역으로 급속히 번져나갔으며 제조업생산량이 엄청나게 증가하여 새로운 농지와 원료자원의 개발에 박차를 가하게 되었다. 관세장벽을 비롯한 중상주의적 장치들이 사라지고 자유무역과 국제적 화합이 널리 제창되는 가운데 강대국간의 충돌이 잦았던 18세기의 세계와는 다른 새로운 국제질서가 대두했음을 실감하게 했다. 1793~1815년의 전쟁 — 19세기에는 「대전(Great War)」으로 통했다 — 의 혼란과 대가로 인해 보수주의자와 자유주의자는 다같이 「유럽협조」나 자유무역조약들과 같은 다양한 장치들에 의해 뒷받침되는 평화와 안정을 가능한 데까지 추구하게 되었다. 이와 같은 여건은 자연히 장기적인 상업적·산업적 투자를 조장함으로써 세계경제의 성장을 촉진하였다.

둘째로 장기적인 강대국 전쟁이 없었다 해서 그것이 곧 국가들간의 모든 갈등이 해소되었음을 의미하는 것은 아니었다. 그보다도 미개발된 인민을 정복하기 위한 유럽·북아메리카에서의 싸움은 더욱 치열해졌으며 대개의 경우 그러한 싸움은 외부 세계에 대한 경제적 침투와 제조업생산량의 급격한 축소에 따르는 군사적 부수현상이었다. 게다가 유럽강대국 사이에는 특히 국적과 영토문제를 둘러싸고 지역적이고 개별적인 충돌이 계속해서 벌어졌다. 그러나 후에 설명하겠지만 1859년의 프랑스·오스트리아전쟁이나 1860년대의 독일통일전쟁과 같은 공공연한 싸움은 그 기간이나 범위에 있어서 다같이 국한된 것이며 심지어 크림전쟁만 해도 큰 전쟁이라고 할 성질의 것이 아니었다. 다만 미국의 남북전쟁만은 여기에 해당되지 않는 예외적인 것으로 고찰할 만하다.

세째로 산업혁명이 가져다준 기술이 육·해군 전쟁에 영향을 미치기 시작했다. 그러나 이 변화는 일부에서 묘사해온 것보다는 훨씬 느린 속도로 이루어졌으며 철도·전신·속사총·증기추진력과 무장군함이 군사력의 결정적인 척도가 된 것은 19세기 후반의 일이었다. 새로운 기술의 등장으로 강대국들이 해외에서 누리게 된 화력과 기동력의 우위는 향상되었지만 육·해군 지휘관들이 유럽전쟁에서 어떻게 싸울 것인가에 대해 새로운 아이디어를 가지게 되기까지는 수십년이 더 지나야 했다. 그럼에도 불구하고 기술혁신과 산업발달이라는 두 가지 힘은 육지와 바다에서 꾸준히 영향을 미쳤고 강대국들의 상대적 힘에도 영향을 미치게 되었다.

일반론으로 내세우기는 어렵지만 산업·기술의 불균등한 변화에 기인하는 강대국간의 세력균형의 변동은 19세기 중반의 전쟁결과에 재정이나 신용보다도 더 큰 요인으로 작용하였다. 이는 부분적으로는 19세기에 국내금융과 국제금융이 엄청나게 팽창하고 정부의 관료체제

(재무부·조사관·세리)가 팽창하여 거의 모든 정부가 그들의 신용도가 터무니없이 낮거나 국제금융체제에 일시적인 유동성 위기가 조성되지 않는 한 자금시장에서 쉽게 자금을 조달할 수 있게 되었기 때문이다. 그러나 그것은 주로 대부분의 전쟁이 비교적 단기였으므로 국가자원을 장기적으로 동원하고 새로운 수입을 마련하기보다는 기왕에 보유했던 군사력을 사용하여 전쟁에서 재빨리 승리하는 데 치중했던 데서 기인하는 것이었다. 예컨대 1859년과 1866년의 전쟁에서 패하고 난 오스트리아를 구제한다거나 1870년의 전쟁에서 프랑스 군대가 패하고 난 후에 그 당시 아주 부유했던 프랑스를 살려낸다는 것은 그 무렵에 새로 등장한 가용자금들을 제아무리 많이 활용한다 할지라도 불가능한 일이었다. 미국 남북전쟁에서 유리한 재정조건이 남군에 대한 북군의 승리에 기여했으며 영국과 프랑스가 크림전쟁을 치르는 데 있어서 파산지경에 처한 러시아보다 유리한 처지였던 것은 사실이지만 그것은 어디까지나 그들 경제의 전반적인 우위를 반영한 것이지 신용과 재정면의 한 가지 강점만을 반영한 것은 아니었다. 이 때문에 19세기 전시재정의 역할에 대해서는 그 이전 시대보다 더 이야기할 것이 없다.

 이와 같은 여러가지 요인들 — 국제경제의 성장, 산업혁명이 촉진한 생산력, 유럽의 상대적 안정, 군사기술의 근대화 그리고 단지 국지화·단기화한 전쟁 — 은 자연히 일부 강대국에게 보다 유리하게 작용했다. 사실상 이러한 요인들로부터 혜택받은 나라의 하나인 영국은 1815년 이후 전반적인 경제적·지정학적 추세로부터 너무나 큰 혜택을 받아 나머지 강대국들과는 다른 형태의 강대국이 되었다. 다른 모든 나라들의 상대적 세력에 영향을 미쳤으며 경우에 따라 그 영향은 대단히 심각하였다. 그러나 1860년대가 되자 산업화의 새로운 물결이 또다시 세계세력균형에 변동을 일으키기 시작했다.

 이 시기의 특징으로 또 한 가지 언급할 만한 것이 있다. 19세기 초 이래 역사적 통계들(특히 경제지표)은 세력균형의 변동을 추적하여 그 체제의 역동성을 보다 정확하게 측정하는 데 도움이 된다. 그러나 여기서 알아둬야 할 것은 이들 자료 대다수가 상당한 어림치로서, 특히 제대로 된 관료체제를 갖추지 못한 나라들의 경우가 그러하다는 점과 계산된 수치들(예컨대 세계 제조업생산량 구성비) 가운데 어떤 것들은 여러 해 뒤에 통계전문가들이 추정한 수치에 불과하다는 점 그리고—이것이야말로 가장 중요한 점인데—경제적 부가 당장에 혹은 언제나 군사력으로 전환되지는 않았다는 점이다. 통계가 할 수 있는 역할이라고는 한 나라의 물질적 잠재력과 그 나라가 강대국들 사이에서 차지하는 상대적 지위를 대충 시사해주는 것에 불과하다.

경제사가 대부분이 열심히 강조하듯이 「산업혁명」은 하룻밤 사이에 일어난 것이 아니다. 1776년, 1789년 그리고 1917년의 정치적 「혁명」과 비교해볼 때 산업혁명은 단계적이고 점진적인 과정이었다. 그것은 다만 일부 제조업과 일부 생산수단에만 영향을 미쳤으며 한 나라 전체가 아니라 지역별로 차례차례 일어났다. 그러나 이와 같은 점들을 모두 감안하면서도 주목하지 않을 수 없는 것은 1780년을 전후하여 인간의 경제적 환경에 근본적으로 중요한 변화가 일어나기 시작했다는 사실인데 이 변화는 어느 권위자의 견해로는 석기시대의 야만적인 수렵인이 신석기시대의 정주농민으로 변모한 과정(물론 이것은 훨씬 느린 과정이기는 했지만)보다 결코 그 중요성이 뒤지는 것이 아니었다. 산업화, 특히 증기기관은 생명을 가진 동력원을 생명없는 동력원으로 대체하였다. 기계—「신속하고 규칙적이고 정확하며 지칠 줄 모르는」 기계—의 사용을 통해 열을 동력으로 전환시킴으로써 인류는 방대한 새 에너지원을 활용할 수 있게 되었다. 새로운 기계의 도입결과는 엄청난 것이었다. 1820년대에 이르러서는 동력직기 몇 대를 가동하는 사람이 손으로 베틀을 움직이는 직공에 비해 20배나 많은 일을 해내게 되었고 동력에 의해 운전되는 「뮬(mule)정방기」는 물레의 200배나 되는 일을 해내기에 이르렀다. 철도기관차 단 한 대가 수백마리의 말을 동원해야 운반할 수 있었던 양의 짐을 그것도 한결 빠른 속도로 운반할 수 있게 되었다. 확실히 산업혁명에는 다른 중요한 국면들도 있었는데 공장제도나 분업을 예로 들 수 있다. 그러나 우리의 목적에 지극히 중요한 점은 특히 직물산업 생산성의 어마어마한 증가였는데 이같은 생산성향상은 다시 더 많은 기계류·원료(무엇보다도 원면)·철·해운, 더 나은 커뮤니케이션 등에 대한 수요증대로 이어졌다.

더욱이 일찍이 볼 수 없었던 이같은 인간의 생산성향상은 랑드(D. Landes) 교수가 지적했듯이 독특한 것이었다.

> 종래에는 생존의 조건, 따라서 연명을 위한 조건의 개선과 경제적 기회의 증대가 이루어지고 나면 뒤이어 그와 같은 개선을 잠식해버리는 인구증가가 나타났다. 이제 사상 처음으로 투자의 계속적인 흐름과 지속적인 기술혁신을 부추기기에 충분한 빠른 속도로 경제와 지식이 동시에 성장하기에 이르렀는데 이같은 흐름은 맬서스의 긍정적 억제 등의 최고한도를 상상 이상으로 올려놓았다.

이 논평의 후반도 지극히 중요하다. 18세기 이래 세계인구의 증가는 가속화하기 시작했다. 유럽의 인구는 1750년 1억 4,000만에서 1800년 1억 8,700만, 1850년에는 다시 2억 6,600만으로 증가했다. 아시아의 인구는 1750년 4억여에서 한 세기 후에는 7억 정도로 팽창했다. 이유 — 보다 나은 기후조건, 자녀출산력의 향상, 질병의 감소 — 가 무엇이건 인구가 그 정도로 증가한다는 것은 경계심을 불러일으키는 일이었다. 그리고 18세기 유럽과 아시아에서 다같이 농업생산량도 증가하여 인구증가를 초래한 또 다른 일반적 원인이 되기는 했지만 새로 불어난 엄청난 인구는 어느 단계에 이르자 농업생산량의 증가에 따른 혜택을 상쇄해버리고 말았다. 생산성이 낮은 토지에서까지 농업생산을 강요당한 상황, 농촌지역의 실업사태, 이미 과밀상태인 유럽 도시들로의 인구 대이동 등 18세기 후반에 볼 수 있었던 현상들은 이같은 인구증가에 따른 현상의 일부에 지나지 않았다.

영국의 산업혁명은 (극히 대략적인 거시경제적 관점에서 볼 때) 국가의 부와 인구의 구매력증가가 인구증가를 상쇄하고도 남을 정도로 생산성이 지속적인 향상을 거듭하도록 해주었다. 영국의 인구는 1801

년 1,050만에서 1911년에는 4,180만으로 증가했는데 — 연간 증가율 1.26% — 국민생산은 이보다 훨씬 높아 19세기를 통해 14배가 늘어날 만큼 빠른 속도로 증가하였다. 통계의 집계대상지역에 따라* 국민총생산은 2% 내지 2.25% 사이의 연간 증가율을 보였다. 빅토리아여왕의 재위중에만도 1인당 생산은 2.5배나 증가했다.

1945년 이후 여러 나라들이 이룩한 성장률과 비교해볼 때 이것은 그다지 괄목할 만한 것은 아니었다. 사회사가들이 지적하듯이 산업혁명이 공장과 광산에서 노동하며 비위생적인 날림도시의 혼잡한 분위기 속에서 생활을 영위했던 새로운 프롤레타리아 계급에게 끔찍한 희생을 강요한 것도 사실이었다. 그렇지만 기계시대(Machine Age)의 지속적인 생산성 향상이 시간의 경과와 더불어 많은 사람들에게 혜택을 주었다는 기본적인 사실은 부인할 수 없다. 1815년과 1850년 사이에 영국의 평균 실질임금은 15~25% 증가했으며 그 이후 반세기 동안에는 무려 80%나 증가했다. 산업혁명은 일대 재난이었다고 비판하는 사람들에게 애슈턴은 『그 시대의 중심과제는 과거 어느 때보다도 엄청나게 많아진 자녀세대들을 어떻게 먹여살리고 입히며 일자리를 마련해줄 것인가 하는 것이었다』는 점을 상기시켜 주었다. 새로 등장한 기계들은 폭발적으로 증가하는 인구 대다수에게 일자리를 마련해줬을 뿐 아니라 1인당 소득을 전반적으로 높여주기도 했다. 도시노동자들의 증가로 인한 식품 및 생필품에 대한 수요증가는 철도와 기선이 신대륙의 잉여농산물을 운반해다가 구대륙의 수요를 충족시켜주게 된 증기기관에 의한 교통혁명으로 곧 해결되었다.

우리는 랑드 교수의 계산을 이용하여 다른 방식으로 이 점을 파악할 수 있다. 1870년 영국은 1억톤의 석탄을 사용하였는데 그것은 『성인 남자 8억 5,000만명 (당시 실제 인구는 약 3,100만이었다)을 1년간 먹이기에 충분한 8억칼로리의 에너지에 상당하는 것』이었다고 그는

---

* 말하자면 역사통계 중 일부는 그레이트 브리튼(아일랜드 제외)이나 유나이티드 킹덤(아일랜드 포함)으로 지칭하고 있으며 일부는 남부 아일랜드는 빼고 북부 아일랜드만을 포함하고 있다.

지적한다. 그리고 1870년 영국 증기기관 용량인 약 400만마력은 4,000만명의 사람에 의해 조성될 수 있는 힘에 상당하는 것이었다. 그러나 『이렇게 많은 사람들을 1년간 먹이려면 약 3억 2,000만부셸(bushel)의 소맥이 필요했을 것인데, 그것은 1867~1971년 영국 연간 생산량의 3배도 더 되는 양이었다.』 생명없는 동력원의 사용은 산업인으로 하여금 생물학적 한계를 초월함으로써 급속도로 증가하는 인구의 압력에 굴복함이 없이 생산과 부의 엄청난 증가를 실현시킬 수 있게 했다. 이와는 대조적으로 애슈턴은(1947년까지도) 다음과 같이 냉정하게 지적했다.

오늘날 인도와 중국평원에는 낮에는 함께 노동하고 밤에는 잠자리를 함께 하는 소들과 비교하여 겉모양으로는 별로 나을 것이 없는 질병과 굶주림에 시달리고 있는 남녀들이 있다. 아시아의 이러한 수준과 기계화 이전의 끔찍한 사태는 산업혁명을 거치지 않고 수적으로만 불어나고 있는 사람들의 운명이다.

비유럽 지역의 쇠퇴

산업혁명이 강대국체제에 미친 영향을 논하기에 앞서 그 영향이 특히 중국·인도를 비롯한 비유럽사회에 어떻게 파급되었는가를 알아두는 것이 좋을 것이다. 그들이 입은 손실은 상대적인 것과 절대적인 것의 두 가지 측면이 있다. 한때 생각했던 것처럼 아시아·아프리카·라틴아메리카인들은 서양인들의 영향을 받기 이전에 행복하고 이상적인 생활을 영위했던 것은 아니다. 『산업혁명 이전의 모든 나라의 특성은 가난이라는 것과……생산성이 낮고 1인당 생산량이 미미한 전통적인 농업이 국민소득의 주요 원천을 이루는 경제에서는 당장의 소비에 필요한 것 이상의 많은 잉여량을 생산할 수 없다는 기본적인 사실을 강조해야겠다.……』 반면 1800년에는 유럽사회와 비유럽사회에서 똑같이 농업생산이 사회기반이었다는 사실과 나아가서 인도·중국과 같은 나라에도 많은 상인과 직물생산자·장인이 있었다는 사실에 비추어볼 때 1인당 소득의 차이가 엄청나게 큰 것은 아니었다. 예컨대 인도의 수직기 직조공은 산업화 이전의 유럽 직조공의 절반 정도의 소득을 올렸으리라고 볼 수도 있다. 이것은 또 아시아의 농부와 장인들이 수적으로 많았으므로 증기기관과 동력직기의 등장으로 세계생산균형 양상이 달라지기 전까지는 인구가 훨씬 적은 유럽보다도 아시아가 세계 제조업생산량에서 훨씬 큰 비중을 차지하고 있었음을 의미한다.

유럽의 산업화와 산업팽창의 결과로 세계생산균형이 얼마나 극적으로 달라졌는가 하는 것은 베어로크(P. Bairoch)의 정교한 두 가지 계산(표 6·7)에서 볼 수 있다.

이같은 변화의 근본원인이 산업혁명에 따르는 생산성의 놀라운 향상에 있었음은 명백하다. 예컨대 1750년대에서 1830년대에 이르는 사이에 영국에서는 방적의 기계화로 이 부문에서만도 생산성이 300~400%로 증가하여 영국이 세계제조업생산에서 차지하는 비중이 극적으로 증가했으며「최초의 공업국」으로 탈바꿈하면서 영국의 비중이 계속 커지게 된 것은 당연하였다. 다른 유럽국가들과 미국도 영국의 뒤를 따라 산업화를 추구하면서 세계제조업생산에서 차지하는 그들의 비중이 꾸준히 증가했으며 1인당 산업화수준과 국가의 부도 향상되었다. 그러나 중국과 인도는 아주 딴판이었다. 이들의 경우 서양의 생산량이 그토록 빠른 속도로 증가하고 있다는 단순한 이유 때문에 세계제조업생산에서 그들이 차지하는 상대적인 비중이 줄어들었을 뿐 아니라 어떤 경우에는 그들 경제에 절대적인 퇴보가 나타났다. 다시 말해서 랭커셔의 직물공장에서 나오는 훨씬 값싸고 품질좋은 제품들에게 전통적인 시장을 침식당했기 때문에 이들 국가는 역산업화(de-industrialize)한 것이다. 1813년(동인도회사의 무역독점이 끝나던 해) 이후 인도의 면직물수입은 엄청나게 불어나 1814년 100만야드에서 1830년에는 5,100만야드로, 1870년에는 9억 9,500만야드로 증가하면서 많은 전통적인 국내생산자들을 몰락시켰다. 끝으로—그리고 여기에서 우리는「산업혁명을 거치지 않고 인구만을 늘린 사람들」의 찢어지도록 가난했던 처지에 대한 애슈턴의 지적을 상기하게 되는데—중국과 인도, 그밖의 제3세계 국가들의 대폭적인 인구증가는 전반적인 1인당 소득이 매세대마다 줄어드는 사태를 초래한 것 같다. 그 때문에 베어로크의 놀라운—그리고 끔찍한—지적, 즉 유럽과 제3세계의 1인당

〈표 6〉 세계 제조업생산량의 상대적 구성비, 1750~1900

(%)

	1750	1800	1830	1860	1880	1900
(유럽 전체)	23.2	28.1	34.2	53.2	61.3	62.0
영 국	1.9	4.3	9.5	19.9	22.9	18.5
합스부르크 제국	2.9	3.2	3.2	4.2	4.4	4.7
프 랑 스	4.0	4.2	5.2	7.9	7.8	6.8
독 일	2.9	3.5	3.5	4.9	8.5	13.2
이 탈 리 아	2.4	2.5	2.3	2.5	2.5	2.5
러 시 아	5.0	5.6	5.6	7.0	7.6	8.8
미 국	0.1	0.8	2.4	7.2	14.7	23.6
일 본	3.8	3.5	2.8	2.6	2.4	2.4
제 3 세 계	73.0	67.7	60.5	36.6	20.9	11.0
중 국	32.8	33.3	29.8	19.7	12.5	6.2
인도·파키스탄	24.5	19.7	17.6	8.6	2.8	1.7

〈표 7〉 1인당 산업화수준, 1750~1900

(1900년의 영국=100)

	1750	1800	1830	1860	1880	1900
(유럽 전체)	8	8	11	16	24	35
영 국	10	16	25	64	87	[100]
합스부르크 제국	7	7	8	11	15	23
프 랑 스	9	9	12	20	28	39
독 일	8	8	9	15	25	52
이 탈 리 아	8	8	8	10	12	17
러 시 아	6	6	7	8	10	15
미 국	4	9	14	21	38	69
일 본	7	7	7	7	9	12
제 3 세 계	7	6	6	4	3	2
중 국	8	6	6	4	4	3
인도·파키스탄	7	6	6	3	2	1

산업화수준이 1750년에는 서로 크게 벌어진 것이 아니었으나 1900년에 이르러서는 제3세계의 수준이 유럽의 1/18(2% 대 35%)에 불과하고 영국과 비교해서는 1/50(2% 대 100%)에 불과한 것으로 전락했다는 지적이 나오게 된 것이다.

「서양인의 충격(impact of western man)」은 여러가지 면에서 19세기 세계세력의 역동성 측면에서 가장 주목해야 할 국면의 하나였다. 그것은 비단 여러가지 경제관계―연안무역업자・해운업자・총독의 「비공식적 영향력」에서부터 개척이민・철도건설업자・광산업체들의 보다 직접적인 통제에 이르는―에서 뿐만 아니라 개척자・모험가・선교사들의 침투와 서양질병의 전파 그리고 서양종교로의 개종에서도 뚜렷하게 나타났다. 그것은 아프리카의 하구지역과 태평양열도의 해안지역에서와 마찬가지로 대륙의 중심부―미주리의 서쪽, 아랄해(Aral Sea)의 남쪽―에서도 일어났다. 그것이 궁극적으로(예컨대) 영국인들이 인도에 마련한 것과 같은 도로・철도망・전신시설・항만 그리고 도시건물들에서의 괄목할 만한 기념비적 사업을 이룩한 반면 거기에는 그 당시 여러 식민지 전쟁에 따랐던 유혈과 약탈이라는 보다 끔찍한 측면이 있었다. 물론 코르테스(Cortez) 시대부터 힘과 정복이 거듭되어 왔지만 이제 그 속도가 가속화된 것은 분명하였다. 1800년 유럽인들은 세계 육지의 35%를 장악하고 1878년에 이르러서는 67%, 1914년에는 다시 84% 이상을 장악하였다.

증기기관과 기계제 공구들의 선진기술로 유럽은 결정적인 경제적・군사적 우위를 획득하였다. 전장식(前裝式) 소총의 개량(뇌관・선조 등)만도 무시무시한 것이었다. 사격속도가 한결 빠른 후장식 소총은 더욱 큰 진보를 의미하였다. 그리고 개틀링(Gatling)기관총과 맥심(Maxim)기관총・경형 대포는 구식 무기에 의존하는 원주민들의 저항능력을 완전히 일소해버린 새로운 「화력혁명(firepower revolution)」을 마무리지었다. 게다가 증기추진식 군함의 등장은 이미 공해상에서 막강한 힘을 과시하던 유럽의 해군력이 니제르(Niger)강・인더스강・양쯔강과 같은 주요 수로를 통해 내륙까지 뻗을 수 있게 되었음을 의미하였다. 그리하여 1841년과 1842년의 아편전쟁 작전에서 철갑을 두른 네메시스(Nemesis)호의 기동력과 화력은 청군으로서는 도저히 당해낼 수 없는 괴물처럼 그들을 쉽사리 소탕하였다. 물론 물리적으로 접근하기 어려운 지형(예컨대 아프가니스탄)이 서양 군사적 제국주의의 전진을 둔화시켰으며 신식 무기와 전술을 채택한 비유럽 세력들—1840년대의 시크교도(Sikhs)와 알제리인들—의 경우 그 저항이 한결 컸던 것도 사실이다. 그러나 서양인들이 기관총과 중화기를 배치할 수 있는 탁 트인 곳에서 전투가 벌어졌을 경우 현지인들의 저항은 도저히 거기에 대적할 수가 없었다. 이같은 군사력의 격차를 가장 두드러지게 보여준 것은 옴두르만(Omdurman)전투(1898)였는데 키치너(Kitchener)의 군대가 맥심기관총과 리엔필드(Lee-Enfield)소총을 사용하여 반나절만에 1만 1,000명의 회교(Dervish)군을 격멸했는데 키치너측의 병력손실은 겨우 48명에 불과했다. 결국 화력의 격차는 산업생산성의 격차와 마찬가지로 선진국들이 후진국들과 비교하여 50배에서 100배나 되는 능력을 보유하고 있음을 의미했다. 다가마의 시절부터 시사되어왔던 서양의 세계지배는 이제 한없이 전개되었다.

지배자 영국?

19세기 초의 팽창기에 펀자브(Punjab)인과 안남인 그리고 수(Sioux)족과 반투(Bantu)족이 「패자(loser)」(에릭 홉스봄〈Eric Hobsbawm〉의 표현을 빌면)였다고 한다면 영국인은 분명히 「승자(winner)」였다. 앞 장에서 설명한 바와 같이 그들은 해군력과 금융신용과 상업술 그리고 동맹외교를 치밀하게 결합시켜 이미 1815년에는 괄목할 정도의 세계적인 우위를 차지했다. 산업혁명은 한 나라가 18세기 산업화 이전의 중상주의 투쟁에서 크게 향상시킨 지위를 더욱 다져서 다른 종류의 강대국으로 탈바꿈하게 해주었다. 변화의 속도가 혁명적이 아니고 점진적이었을지언정 그 결과는 대단히 감명적이었다. 1760년과 1830년 사이에 『유럽의 산업생산량 증가의 2/3』는 영국에 의한 것이었으며 세계제조업생산에서의 영국의 비중은 1.9%에서 9.5%로 껑충 뛰었다. 그 다음 30년 동안 새로운 기술이 서양의 다른 나라들에도 보급되었음에도 불구하고 산업팽창으로 영국의 비중은 다시 19.9%로 증가했다. 영국의 상대적 지위가 절정에 달했던 시기라고 볼 수 있는 1860년경 영국은 세계 철강생산의 53%, 석탄과 갈탄생산의 50%를 차지했으며 세계 원면생산량의 절반에 약간 못 미치는 양을 소비했다.『세계인구의 2%, 유럽인구의 10%를 차지하는 영국이 근대산업에 있어서는 전세계 잠재력의 40~45%, 유럽 잠재력의 55~60%를 차지했던 것으로 보인다.』근대적 에너지(석탄·갈탄·석유)의 소비에 있어서는 1860년 미국이나 프로이센의 5배, 프랑스의 6배 그리고 러시아의 155배나 되었다. 세계무역의 1/5을 차지하고 특히 제품무역의 2/5나 차지했던 나라는 영국뿐이었다. 세계상선의 1/3 이상이 영국 국적선이었으며 그것도 꾸준히 증가하였다. 빅토리아 중엽의 사람들이 세계무역의 중심지(경제학자 제번스〈William S. Jevons〉가 1865년에 말했듯이)가 된 영국의 독특한 지위에 기뻐 날뛴 것도 이해가 가는 일이었다.

    북아메리카와 러시아는 우리의 옥수수밭이다. 시카고와 오데사(Odessa)는 우리의 곡창이다. 캐나다와 발트해 연안은 우리의 원목숲이다. 오스트레일리아에는 우리의 면양농장이 있고 아르헨티나와 북아메리카의 서부 평원에는 우리의 소떼들이 있다. 페루는 은을, 남아프리카와 오스트레일리아는 금을 런던으로 보내온다. 힌두족과 중국인들은 우리가 마실 차를 재배해주며 인도 전역에는 우리의 커피·설탕·향료 재배지가 있다. 스페인과 프랑스는 우리의 포도밭이고 지중해 지역은 우리의 과수원이다. 오랫동안 미국 남부지방에만 있었던 우리의 목화밭은 이제 지구의 따뜻한 지역으로 온통 번져나가고 있다.

이같은 자신감의 피력과 그것을 뒷받침하는 산업 및 무역통계들은 영국인들에게 확고한 지배적 지위를 시사했을 것으로 보이므로 이것을 보다 나은 맥락에서 파악하기 위해 몇 가지 점을 지적해두는 것이 좋을 것이다. 첫째로—다소 현학적인 이야기이기는 하지만—1815년 이후 수십년 동안 영국의 국민총생산이 세계 최대였던 시기는 없었던 것 같다. 중국(그리고 후일의 러시아)은 워낙 인구가 많았고 농업생산 및 분배가 1850년 이전의 영국까지도 포함한 모든 나라에서 국부의 기반이었다는 사실을 감안해보면 영국의 총체적인 국민총생산은 1인당 국민소득이나 산업화단계만큼 괄목할 만한 것으로는 보이지 않는다. 그렇지만 『총체적인 국민총생산 규모가 그 자체로서 중요한 의의를 갖는 것은 아니다.』 몇 억을 헤아리는 농민들의 생산물은 500만 공장노동자들의 생산물을 양적으로 압도할 수도 있겠으나 농산물은 그 대부분이 당장에 소비되므로 여분의 부나 결정적인 군사적 공격력으로 이어질 가능성은 훨씬 작다. 1850년 영국이 사실상 타의 도전을 불허하는 강점을 보였던 것은 부를 창출하는 근대산업, 곧 온갖 혜택을 갖다주는 산업 부문에서였다.

반면에—이 두번째 점은 현학적이지 않다—영국의 증대하는 산업력은 1815년 이후의 수십년 동안 발렌시타인의 영지가 1630년대에 그랬고 후일 나치 경제가 그랬던 것과 같이 군사무기와 인력을 국가에 제공하기 위해 조직화되지는 않았다. 이와는 반대로 초기의 산업화와 나란히 발전했던 자유방임주의 경제의 이데올로기는 영원한 평화와 정부의 적은 비용(특히 군사비) 그리고 경제와 개인에 대한 국가규제의 축소를 부르짖었다. 애덤 스미스가 「국부론」(1776)에서 시인한 바와 같이 「다른 독립사회의 횡포와 침공으로부터」 영국 사회를 보호하기 위해서는 육군과 해군의 유지를 용납하는 것이 필요했을 수도 있다. 그러나 군대 그 자체는 「비생산적」인 것이고 공장이나 농장과 같이 국가의 부에 기여하는 것이 아니었으므로 국가안보에 필요한 최소한도의 수준으로 축소시켜야 했다. 전쟁은 어디까지나 최후 수단이며 장차 전쟁의 가능성은 줄어들 것이라고 가정(또는 적어도 희망)했던 스미스의 제자들과 수적으로 더 많은 리처드 코브던(Richard Cobden)의 제자들은 국가가 전시체제를 갖춘다는 생각에는 대경실색했을 것이다. 따라서 영국의 산업과 커뮤니케이션에서 이루어진「근대화」가 군대의 개량으로 이어지지는 않았으므로 1815년 이후의 수십년 동안 군대는 (일부 예외가 있기는 했지만) 침체상태에 있었다.

그러므로 빅토리아 중엽의 영국 경제가 제아무리 괄목할 만한 것이었다 해도 스튜어트 초기 이후의 어느 시기보다도 전쟁을 위한「동원」체제에 있어서는 뒤졌을 것이다. 국가의 안전보장과 부의 상호유대에 중점을 둔 중상주의 정책들은 차츰 제거되었다. 보호주의적 관세들이 폐지되고 선진기술(예컨대 직조기계)의 수출에 대한 금지조치도 해제되었다. 무엇보다도 전쟁에 대비하여 영국의 상선과 선원들을 많이 확보할 것을 꾀했던 항해법(Navigation Acts)이 폐지되었다. 제국에서 생산되는 물품에 대한「우대」조치도 종식되었다. 한편 군사비는 절대적인 최저 수준으로 억제되어 1840년대에 연평균 1,500만파운드 선에 머물렀으며 보다 소란스러웠던 1860년대에도 2,700만파운드를 웃도는 일은 없었다. 그런데 이 1860년대의 영국의 국민총생산은 약 10억파운드에 달했다. 사실상 1815년 이후 50년이 넘도록 영국 군대는 국민총생산의 약 2~3%를 소비하는 데 그쳤으며 중앙정부의 전반적인 지출도 국민총생산의 10%를 훨씬 밑도는 수준에 머물렀는데 이는 18세기나 20세기와 비교하여 한결 낮은 수준이었다. 이것은 그다지 능력과 야심이 없는 나라의 경우라 할지라도 놀라울 정도로 낮은 수준이라고 봐야 한다. 하물며 바다를 지배하고 널리 흩어진 어마어마한 제국을 소유하며 게다가 유럽의 세력균형 유지를 크게 내세우는 나라치고는 실로 낮은 수준이었다.

그러므로 가령 1920년대 초기의 미국 경제 규모와도 같이 영국 경제의 규모가 군사력에는 반영되지 않았다. 그리고 갈수록 무역과 산업으로부터 점차 멀어지는 보잘것없는 관료체제를 가진 자유방임주의적 제도조직으로는 전면전쟁을 위해 영국의 자원을 동원하기란 커다란 혁신없이는 불가능하였다. 뒤에 언급하겠지만 심지어 크림전쟁과 같은 비교적 제한된 전쟁마저도 체제에 커다란 시련을 강요하였지만 그런데도 그것이 불러일으켰던 우려는 곧 사라져버렸다. 빅토리아 중엽의 사람들은 언제나 많은 비용이 들며 어쩌면 부도덕한 일로 여겨지기도 했을 유럽에 대한 군사개입에는 전혀 열의를 보이지 않았을 뿐 아니라 1815년 이후 60년간 대체로 유지되어온 유럽대륙 강대국간의 세력균형으로 영국측의 전면개입은 불필요해졌다고 생각했다. 영국은 외교와 해군 소함대의 이동을 통하여 유럽의 중요 주변지역(포르투갈・벨기에・다르다넬스해협〈the Dardanelles〉)의 정치적 사건들에 영향을 미치려고 노력하면서도 다른 지역에 대한 개입은 삼가하는 경향을 보였다. 1850년대 말과 1860년대 초에 이르러서는 심지어 크림 출병마저도 그릇된 처사였다는 견해가 널리 퍼졌다. 이처럼 의욕과 능력이 결여된 상황이었으므로 영국은 대단히 중요한 시기였던 1859년 피에몬테의 운명에 영향을 미칠 큰 역할을 하지 않았고 1864년 파머스턴(Palmerston)과 러셀(Russel)이 실레스비히 홀시타인(Schleswig-Holstein)문제에 「간섭」하는 데 찬성하지 않았으며 프로이센이 1866년 오스트리아를, 4년 후에는 프랑스를 침공하는 것을 방관했다. 영국의 당시 군사력을 대표하는 것이 비교적 적은 육군 병력(표 8)에 불과했다는 사실은 놀라울 것이 못 되는 일이며 어쨌든 이 군대를 가지고 유럽으로 출병한다는 것은 거의 불가능하였다.

 영국이 자국 병력의 배치를 원했던 비유럽 지역들의 경우조차도 인도와 같은 곳에 나가 있는 군인과 정치가들은 그들이 관장하고 있는 지역이 방대한데도 병력은 부족하다고 늘 불평했다. 세계지도상의 대영제국의 판도가 아무리 대단한 것으로 보였을지언정 현지의 관계자

〈표 8〉 강대국의 병력수, 1816~1880

	1816	1830	1860	1880
영 국	255,000	140,000	347,000	248,000
프 랑 스	132,000	259,000	608,000	544,000
러 시 아	800,000	826,000	862,000	909,000
프 로 이 센	130,000	130,000	201,000	430,000
합스부르크 제국	220,000	273,000	306,000	273,000
미 국	16,000	11,000	26,000	36,000

들은 그것이 얼마나 빈약하게 경영되고 있는가를 잘 알고 있었다. 그러나 모든 이야기는 영국이 19세기 초에서 중반에 이르기까지 다른 강대국들과는 유를 달리하는 강대국이었으며 영국의 영향력은 군사적 헤게모니라는 전통적인 척도를 가지고는 측정할 수 없는 것이라는 사실을 말해줄 뿐이다. 영국은 다른 몇 가지 분야에서 강했는데 이 분야 하나하나는 많은 돈을 들여 대규모 상비군을 유지하는 것보다는 훨씬 더 가치있는 것으로 영국사람들이 간주했던 것이다.

그 첫째는 해군 부문이었다. 물론 1815년 이전 1세기 이상에 걸쳐 영국 해군은 대체로 세계 최대의 규모였다. 그러나 이 제해권은 자주 도전받았는데 특히 부르봉 세력의 도전이 심하였다. 그런데 트라팔가 해전 이후 80년간의 주요 특징은 다른 어느 나라나 동맹도 영국의 제해권에 크게 도전하지 않았다는 사실이다. 간혹 프랑스의「위협」이 있었고 해군본부가 러시아의 조선계획과 미국의 대형 프리깃함 건조에도 경계심을 보인 것은 사실이다. 그러나 도전으로 여겨졌던 것들이 그때마다 재빨리 사라지면서 영국의 해군력은(로이드〈C. Lloyde〉 교수의 말을 빌리자면)『일찍이 해양제국들의 역사에서 볼 수 없었던 큰 영향력을 행사할 수 있었다.』1815년 이후 병력이 꾸준히 감축되었음에도 불구하고 영국 해군은 실제 전투력에 있어서 때로는 그에 뒤지는 3, 4개 해군을 합한 것만큼이나 강했던 것 같다. 그리고 영국 해군의 주요 함대들은 유럽정치의 하나의 요인으로서 적어도 주변지역에서는 그러했다. 안팎의 위험으로부터 포르투갈왕을 수호하기 위해 태구스(Tagus)에 정박한 소함대, 지중해에서의 결단적인 해군력 행사(1816년 알제리 해적과의 대결, 1827년 나바리노〈Navarino〉에서 투르크 함대의 격파, 1840년 아크레〈Acre〉에서 메흐메트 알리〈Mehemet Ali〉의 제지) 그리고「동방문제(Eastern Question)」가 심각해지기만 하면 언제나 다르다넬스해협 앞바다에 계획적으로 함대를 파견한 것 등은 모두 영국의 해군력을 과시한 것이었는데 영국 해군력은 비록 지리적으로 제한된 것이었지만 그런대로 유럽국가들을 사로잡고 있었다. 영국 해군의 소함대나 단독 군함이 여러가지 활동 — 해적소탕,

4. 산업화와 세계균형의 변동, 1815~1885 / 219

노예선 저지, 해병상륙 그리고 광둥(廣東)에서 잔지바르에 이르는 여러 곳에서의 현지 실권자에 대한 위압—에 종사했던 비유럽 지역에서는 그와 같은 효과가 한결 컸던 것으로 보인다.

영국 영향력의 두번째 중요 분야는 팽창하는 식민지 영토에서 볼 수 있다. 여기서도 전반적인 상황은 영국이 영토를 위해 스페인·프랑스를 비롯한 다른 유럽국가들과 싸움을 거듭해야 했던 이전 두 세기와 비교하여 대결 양상이 한결 덜했다. 간혹 태평양 방면의 프랑스의 움직임이라든지 투르키스탄(Turkestan)에 대한 러시아의 침범이 경계심을 불러일으킨 것을 제외하고는 이제 큰 라이벌은 없어진 셈이었다. 그러므로 1815년과 1880년 사이에 대영제국의 대부분 지역이 권력정치적 진공상태에 있었다고 해서 그다지 과장된 이야기는 아니며 식민지의 군대를 비교적 낮은 수준에서 유지할 수 있었던 것도 이 때문이었다. 영국 제국주의에는 한계가 있었으며 서반구의 미국 팽창과 동반구의 프랑스와 러시아의 움직임으로 하여 어떤 문제에 봉착하고 있었던 것이 사실이다. 그러나 열대지역 여러 곳에서는 상당히 오랜 기간에 걸쳐 영국인들(무역업자·개척이민·탐험가·선교사)은 원주민 말고는 다른 외국인과 부딪치는 일이 없었다.

외부로부터의 압력이 비교적 없는데다 국내에 자유방임주의적인 자유주의 풍조가 팽배하고 있던 때라 많은 사람들이 식민지란 납세자들의 부담만 가중시키는「무거운 짐(millstones)」의 나열에 불과하다면서 식민지확보의 불필요성을 주장하고 나섰다. 그러나 영국 자체내에서의 반제국주의적 주장이야 어찌되었건 실제로 대영제국은 팽창을 거듭하여(한 통계에 따르면) 그 영토는 1815년과 1865년 사이 연평균 약 10만평방마일 꼴로 팽창했다. 싱가포르·아덴·포클랜드제도·홍콩·라고스와 같은 것들은 전략적·상업적 목적을 위해 확보한 것이었다. 그런가 하면 어떤 것들은 땅을 탐낸 백인 식민정착자들이 남아프리카의 초원과 캐나다의 평원 그리고 오스트레일리아의 오지를 누비고 다닌 결과로 형성된 것들이었는데 이러한 지역에서의 팽창에는 보통 원주민들의 저항이 뒤따라 영국 본토나 속령 인도로부터 군대를 동원하여 진압하기 일쑤였다. 그리고 이처럼 새로운 책임관할지역이 새로 늘어나는 것을 곤혹스럽게 여긴 본국 정부가 공식적인 합병에 반대하는 경우에도 팽창하는 영국 사회의 「비공식적 영향력」은 우루과이에서 레반트지방, 콩고에서 양쯔강에 이르는 여러 지역에서 느낄 수 있었다. 프랑스의 산발적인 식민주의 노력이나 미국·러시아의 보다 국지적인 내부 식민정책과 비교할 때 제국주의자로서의 영국인들은 19세기 대부분의 시기에 걸쳐 단연 독보적인 우위에 있었다.

영국의 특이성과 세력의 세번째 분야는 재정 부문이다. 분명히 이 부문은 이 나라의 전반적인 산업 및 상업의 발전과 분리될 수 없는 성질의 것이다. 산업혁명을 추진하기 위해서는 돈이 필요했고 산업혁명은 투입된 자본에 대한 수익의 형태로 다시 보다 많은 돈을 만들어냈다. 그리고 앞 장에서 보았듯이 영국 정부는 그의 신용을 금융·증권시장에서 활용하는 요령을 오래 전부터 알고 있었다. 그러나 금융영역에서의 사태발전은 19세기 중반에 이르러 질적으로나 양적으로나 종래와는 다른 것이 되었다. 얼핏 보기에 주목을 끄는 것은 양적인 차이이다. 영국에서 오랫동안 지속된 평화와 자본이용의 용이성은 이 나라의 금융제도의 개선과 더불어 영국인들의 전례없는 해외투자를 유발하였다. 워털루 이후 10년동안 연간 600만파운드 정도였던 수출은 세기 중반에는 연간 3,000만파운드를 웃돌게 되었고 1870년부터 1875년까지는 연간 무려 7,500만파운드로 증가했다. 이와 같은 투자에 대한 이자와 이익배당금에서 오는 소득은 1830년대 후반 연간 800만파운드였던 것이 1870년대에 이르러서는 연간 5,000만파운드를 넘어서게 되었다. 그런데 이같은 소득은 대부분이 곧 해외에 재투자되어 사실상 일종의 상승경향을 이루었는데 이는 영국을 갈수록 부유하게 만들었을 뿐 아니라 세계무역과 커뮤니케이션에 대한 지속적인 자극제가 되기도 했다.

이처럼 거액의 자본수출이 낳은 결과는 몇 가지 중요한 것으로 나타났다. 첫째로 해외투자에 의한 수익으로 영국 상품무역의 만성적인 적자가 크게 줄어들었다. 이 점에서 투자소득은 이미 상당한 실적을 올리고 있던 해운·보험·금융수수료·상품거래 등에 의한 무역외 소득을 증가시켰다. 이 두 가지가 합쳐져 수지균형에 위기가 발생하지 않고 국내외에서 영국이 꾸준히 더 부유해지는 여건을 조성하였다. 둘째로 영국 경제가 막대한 양의 원료와 식량을 흡수해 막대한 양의 직물·철제품 등의 제품을 만들어내는 거대한 풀무와도 같은 역할을 하게 되었다. 그리고 이같은 유형 무역의 양상은 해운항로망·보험계약·금융의 연결에 의해 보완되었는데 이러한 것들은 19세기를 통해 런던(특히)·리버풀·글래스고 등 거의 모든 주요 도시들에서 시작해 밖으로 번져나갔다.

영국 국내시장의 개방성 그리고 조지아(Georgia)에서 퀸즐랜드(Queensland)에 이르는 여러 곳에서 새로운 철도·항구·공익시설·농업 경영에 해외소득을 재투자하려 드는 영국인들의 성향으로 하여 무역의 흐름과 투자패턴 사이에 일반적인 상호보완성이 생겨났다.* 게다가 금본위제를 받아들이려는 성향이 높아지고 런던에서 발행한 어음에 바탕한 국제적인 환·지불 메커니즘이 발달했으므로 빅토리아 중엽의 영국인들이 고전경제학 원리를 준수함으로써 번영과 세계적 화합의 증진을 보장받을 수 있는 비결을 찾아낸 것으로 확신했다 해서 그다지 놀라운 일은 아니다. 비록 개인적으로는 많은 사람—토리당의 보호무역주의자, 동양의 전제군주, 사회주의자들—이 둔감한 나머지 아직 이 사실을 인정하려 하지 않았지만 시간이 흐르자 모두가 정부의 자유방임주의 경제와 공리주의적 신념의 근본적인 타당성을 인정하게 되었다.

이 모든 것들 때문에 영국인들은 단기적으로는 과거 어느 때보다도 부유하게 되었지만 보다 장기적으로 볼 때 거기에는 전략적인 위험요

---

* 예컨대 아르헨티나는 쉽사리 영국에서 쇠고기·곡물시장을 확보함으로써 수입한 영국 제품의 대금을 지불할 수 있었을 뿐 아니라 런던에서 기채한 장기차관을 상환할 수 있고 또 그럼으로써 장래 융자를 위한 신용도를 유지할 수 있었다. 이것은 20세기 미국의 라틴아메리카에 대한 차관—농산물수입을 허용하지 않는 대신 제공하는 단기차관—과는 대조를 이룬다.

소가 내포되어 있었던 것이 아닐까? 지금 돌이켜볼 때 그후 영국의 상대적 힘에 영향을 미치게 되는 적어도 두 가지 결과가 이러한 구조적 경제변화에서 연유했던 것으로 판단할 수 있다. 그 첫째는 영국이 다른 나라의 장기적 팽창에 기여하는 방법에서 나타났는데 이같은 기여는 거듭되는 자금투입으로 외국의 공업과 농업을 일으켜 발전시킨다든지 외국산업이 장차 영국과 경쟁할 수 있도록 철도·항만과 기선을 건조해줌으로써 이루어졌다. 이와 관련하여 유념해야 할 점은 증기력·공장제도·철도 그리고 나중에는 전기 덕분에 생산성 제고를 가로막는 자연적·물리적 장애를 극복하여 국가의 부와 힘을 증대시킬 수 있었던 한편 이와 같은 새로운 발명들이 미국·러시아와 중부유럽에 한층 큰 도움을 주었다는 점인데 그 까닭은 이들이 대륙 깊숙이 위치한 잠재적 자원을 개발하는 데 따르는 자연적·물리적 장애가 훨씬 더 컸기 때문이다. 한마디로 말해서 산업화가 이룩한 바는 각국이 가진 국내자원의 개발 가능성을 평준화함으로써 종전에 주변 군소 해군·상업국가들이 누려왔던 이점의 일부를 박탈하여 그것을 육지를 기반으로 하는 대국들에게 돌려준 것이라고 할 수 있다.

두번째로 들어야 할 잠재적인 전략적 약점은 국제무역과 보다 중요하게는 국제금융에 대한 영국 경제의 의존도 증대에 있었다. 19세기 중반에는 수출이 전체 국민소득의 1/5이나 차지하였는데 이것은 월폴이나 피트 시절보다 훨씬 높은 비율이었다. 특히 방대한 면직산업의 경우 해외시장은 대단히 중요하였다. 그러나 영국이 농업 위주의 사회로부터 압도적인 도시·산업사회로 전환함에 따라 해외원료 수입과 점차 증가하는 식량수입도 대단히 중요하게 되었다. 그리고 가장 빠른 속도로 증대한 부문인 금융·보험·상품거래 같은 「무역외」 서비스와 해외투자에 있어서는 세계시장에 대한 의존도가 더 더욱 높았다. 세계는 런던금융가의 이익을 도모하는 데 기여했으며 평화시에는 더할 나위 없는 관계였다. 그러나 강대국들간에 또다시 전쟁이 벌어진다면 이같은 상황은 어떠한 국면을 맞게 될 것인가? 영국의 수출시장은 1809년이나 1811~1812년 당시보다도 더 큰 타격을 받을 것인가? 경제 전반과 국내인구가 전쟁이 벌어지는 날이면 쉽사리 끊기거나 지연될 수도 있는 수입품에 지나치게 의존하고 있지는 않는가? 세계전쟁이 발발할 경우 시장이 폐쇄되고, 보험이 정지되며, 국제적인 자본이동에 차질이 생기는 한편 신용이 와해되는 사태가 벌어질 수도 있을 것이므로 런던 중심의 세계적인 금융·은행제도가 붕괴되지는 않을까? 아이로니컬하게도 그같은 상황이 벌어질 경우 선진적인 영국 경제는 아직 덜 「성숙」해서 국제무역과 금융에 대한 의존도가 낮은 나라보다도 훨씬 심한 타격을 받을 수 있었다.

  국제적인 화합과 부단히 향상되는 번영에 대한 자유당의 생각에 비추어볼 때 이같은 우려는 기우에 불과하였다. 정치가들이 합리적으로 행동하고 남들과 싸우던 지난날의 어리석음을 피하기만 하면 된다고들 생각했다. 실상 자유방임주의를 내세운 자유당원들은 영국의 산업과 상업이 세계경제와 보다 긴밀하게 얽히고 그에 대한 의존도가 높아질수록 전쟁을 유발할 수도 있는 정책은 피해야겠다는 생각이 더욱 절실해질 것이라고 주장했다. 마찬가지로 금융 부문의 성장도 19세기 중반의 「붐」을 부채질할 뿐 아니라 영국이 얼마나 진보적인가를 보여주는 것으로서 마땅히 환영받아야 할 것으로 여겨졌다. 심지어 다른 나라들이 영국을 본받아 산업화할 경우 그에 대한 용역사업에 참가함으로써 보다 큰 이익을 얻을 수 있으리라는 것이었다. 포터(Bernard Porter)의 말을 빌리자면 영국은 올챙이로 부화한 최초의 개구리알이고, 개구리로 된 최초의 올챙이이며, 연못에서 뛰어나온 최초의 개구리였다. 영국이 다른 나라들과 경제적으로 유별났던 것은 다만 그들보다 훨씬 앞섰다는 사실 때문이었다. 이렇듯 행복한 상황이었으므로 전략적 취약성에 대한 우려는 근거없는 기우로 여겨졌다. 그리고 빅토리아 중엽의 사람들 거의 모두는 1851년 크리스털궁(Crystal Palace)에서 열린 대박람회(Great Exhibition)에서 자랑스러운 나머지 감격의 눈물을 흘렸던 킹즐리(Charles Kingsley)와 같이 위대한 운명의 조화를 믿고 싶어했다.

제니 방적기와 철도, 큐나드(Cunard)의 정기항로선과 전보, 이러한 것들은…… 적어도 어떤 점에 있어서는 우리가 우주와 조화를 이루고 있다는 것을 또한 질서와 창조의 신(Ordering and Creating God)인…… 강력한 정신이 우리 속에 작용하고 있음을 보여주는 징조라고 나는 생각한다.

운명의 수레바퀴의 절정에 올라선 모든 문명과 마찬가지로 영국인들도 그들의 처지가 「자연스러운」 것이며 지속되게 마련이라고 믿었다. 그리고 그러한 모든 문명과 마찬가지로 영국인들은 커다란 충격을 경험하게 될 것이었다. 그러나 그러한 충격은 훗날의 일이었으므로 파머스턴과 매콜리(T. B. Macauley) 시대에 가장 분명했던 것은 영국의 약점보다는 강점이었다.

「중위권 국가」

경제적·기술적 변화가 유럽대륙 강대국들의 상대적 지위에 미친 영향은 1815년 이후 약 50년 동안은 그다지 극적이지 못했는데 그것은 주로 영국보다도 훨씬 낮은 수준에서 산업화가 시작되었기 때문이었다. 동쪽으로 갈수록 지역경제의 봉건적이고 농업적인 양상이 짙었다. 그러나 1790년 이전에는 상업·기술발달의 여러 국면에서 영국과의 유사성을 보인 서유럽에서조차도 20년간의 전쟁이 남긴 흔적은 큰 것이었다. 인구의 감소, 달라진 관세장벽, 증가된 세금, 대서양 부문의 「전원화(pastoralization)」, 해외시장과 원료의 상실, 최신 영국 발명품의 입수곤란 등은 그 모두가 나폴레옹전쟁중(어떤 특수한 이유로) 특정 무역과 지역이 번창했을 때조차도 전반적인 경제성장에 차질을 빚었던 요인들이었다. 평화가 도래하여 무역이 정상을 회복하고 유럽대륙의 기업인들은 그들이 영국보다 얼마나 뒤져 있는가를 깨닫게는 되었지만 그것으로 해서 당장 근대화의 바람이 일지는 않았다. 한마디로 말해서 변화를 일으킬 만큼 충분한 자본이나 현지 수요도 관리들의 열의도 없었다. 그리고 유럽대륙의 상인·장인·수직조업자 중에는 영국 방식이 채택되면 전통적인 생활방식이 위협받는다 해서 (이것은 아주 정확한 판단이었다) 그것을 반대하는 사람들이 많았다. 결과적으로 증기기관·동력직기·철도가 유럽대륙에서 어느 정도 발전을 보기는 했지만, 위의 〈표 7〉에서 본 바와 같이 1750년 이후 1세기간의 1인당 산업화수준은 그다지 괄목할 만한 것이 아니었으며 1850년대와 1860년대에 이르러서야 양상이 달라지기 시작했다.

    1815년과 1848년 사이에 두드러진 양상을 보인 것은 경제의 전통적 양상들이었다. 즉 산업생산에 대해 농업생산이 여전히 우위에 있었고 값싸고 신속한 수송수단이 없었으며 중공업보다도 소비자상품이 더 중요시되었다.

    「왕정복고시대」의 지배적인 정치적·외교적 상황도 국제적인 현상을 동결시키거나 적어도 기존질서의 변화를 소규모로 제한하는 데 한 몫 거들었다. 프랑스혁명이 국내 사회구성과 전통적인 유럽 국가체제에 워낙 큰 도전이었다는 사실 때문에 메테르니히를 비롯한 보수세력들은 새로운 사태발전 모두에 대해 의구심을 품게 되었다. 전반적인 전쟁을 유발할 위험이 따르는 모험주의 외교도 민족자결이나 체제개혁운동만큼이나 못마땅하게 여겨졌다. 전반적으로 정치지도자들은 국내소요와 분파간 이해의 동요만도 다루기가 벅찼는데 여러 분야에서 새로운 기계들의 조기 출현, 도시화의 진전 그리고 동업조합과 산업화 이전 사회의 보호규정들에 대한 맹아적 도전들에 두려움을 느끼기 시작하였다. 어느 역사학자가 『1830년 일대 반란과 함께 숱한 반란들을 중간중간 일으켰던 풍토적 내란(endemic civil war)』이라고 일컬은 사태는 일반적으로 정치가들이 그들의 정권을 약화시킬 수도 있는 외국과의 싸움을 치를 기력이나 의욕이 없었음을 의미하였다.

    이와 관련해서 주목할 것은 실제로 일어난 군사행동 중에는 사회적·정치적 기존질서를 혁명의 위협으로부터 보호하려는 목적에서 시작된 것들이 많았다는 사실이다. 그 예로는 1823년 피에몬테의 반란을 진압하기 위해 오스트리아가 벌인 작전, 같은 해 페르난도왕의 과거 권한을 회복시키기 위해 프랑스군이 스페인으로 진주한 것 그리고 1848년 헝가리혁명을 진압하기 위한 러시아군의 출병을 들 수 있는데 그 가운데 가장 주목할 만한 작전동기를 보여준 것은 러시아군의 헝가리출병이다. 이와 같은 반동적인 조치들에 대해 영국 여론이 차츰 크게 반발하였지만 섬나라라는 사실 때문에 자유주의 세력들을 탄압으로부터 살려내기 위해 영국이 개입할 수는 없었다. 유럽내의 영토 변경은 유럽강대국들의 「빈체제」의 합의가 있어야만 가능했으며 어떤 형태로건 보상이 뒤따라야 할 때도 있었다. 그러므로 1815년과 1865년 사이의 기간은 그에 앞선 나폴레옹이나 그후의 비스마르크 시절과는 달리 까다로운 정치문제(벨기에·그리스)는 거의 모두 국제문제로 비약되어 일방적인 조치는 기피되었다. 이 모든 것 때문에 기존의 국가체제는 어설프게나마 기본적인 안정성을 유지하였다.

이러한 정치적·사회적 상황은 1815년 이후 수십년 동안 프로이센의 국제적 지위에 뚜렷한 영향을 미쳤다. 라인란트를 얻게 됨으로써 영토가 크게 확장되기는 했지만 호엔촐레른(Hohenzollern)가의 프로이센은 이제 프리드리히대왕 당시와 비교해 많이 퇴색하였다. 프로이센이 사실상 유럽의 어느 곳보다도 빠른 속도로 경제성장을 이룩하게 된 것은 결국 1850년대와 1860년대에 이르러서의 일이었다. 이와는 달리 19세기 초 이 나라는 연간 철생산량이 5만톤으로서 영국·프랑스·러시아뿐만 아니라 합스부르크제국의 생산량에도 못 미치는 소공업국이었다. 게다가 라인란트를 얻게 됨으로써 프로이센은 지리적으로 갈라졌을 뿐 아니라 보다 「자유주의적」인 서부와 보다 「봉건주의적」인 동부간의 정치적 분열이 더욱 심해졌다. 이 시기 상당한 기간에 걸쳐 주요 정치쟁점이 된 것은 국내의 긴장상태였다. 일반적으로 우세한 입장에 있었던 반동세력들은 1810~1819년의 개혁주의 경향을 경계하였으며 1848~1849년의 혁명에 크게 당황하였다. 군부가 대단히 편협한 정권을 다시 들여앉힌 경우에도 프로이센의 엘리트계급은 국내불안을 염려하여 외교정책면에서 모험을 꺼렸다. 그 반면 보수세력들은 특히 러시아와 심지어 오스트리아까지 포함한 유럽의 안정추구세력들과 긴밀한 연대관계를 유지해야 할 필요성을 느꼈다.

프로이센의 국내 정치분규는 「독일문제」, 다시 말해서 39개 독일국가들의 궁극적인 통일과 이 목표의 달성방법에 관한 논의로 하여 더욱 복잡한 양상을 띠게 되었다. 이 문제로 말미암아 프로이센의 자유주의·민족주의적 중산계급이 거의 모든 보수세력과 사이가 벌어졌을 뿐 아니라 중부와 남부의 독일국가들과의 미묘한 협상이 필요했고—무엇보다도 중요한 점인데—1814년 작센을 에워싸고 열띤 분규를 빚은 바 있었던 합스부르크제국과의 대립이 재연되었다. 1830년대 이래 갈수록 중요성을 더하게 된 독일관세동맹(Zollverein, 오스트리아는 국내 산업계의 보호주의 압력 때문에 가입하지 못했다)에서 프로이센은 자타가 공인하는 주도국가였으나 이 시기의 정치적 균형은 대체로 빈에게 유리하게 돌아갔다. 첫째로 프리드리히 빌헬름 3세(1797~1840)와 프리드리히 빌헬름 4세(1840~1861)는 다같이 메테르니히와 그 후계인 시바르첸베르크(Schwarzenberg)가 북방 이웃을 두려워했던 것 이상으로 합스부르크제국과의 충돌을 겁냈다. 게다가 오스트리아는 프랑크푸르트에서 열린 독일연방회의를 주재했으며 프로이센의 보수세력은 물론 여러 군소 독일국가의 환심을 사고 있었다. 그리고 프로이센은 독일의 한 대국에 불과했지만 오스트리아는 이론의 여지가 없는 유럽의 대국으로 간주되었다. 오스트리아의 비중이 가장 뚜렷하게 나타난 것은 1850년 욀뮈에츠협정에서였는데 이 협정은 프로이센이 군대를 해산하고 독일통일 구상을 포기하게 함으로써 독일문제를 에워싼 이권 책략에 일시적인 종지부를 찍었다. 1848년의 혁명을 치른 지 얼마 안된 시점에서 위험한 전쟁에 말려드느니 차라리 외교적인 굴욕을 감수하는 편이 낫다는 것이 프리드리히 빌헬름 4세의 생각이었다. 심지어 비스마르크와 같은 프로이센 민족주의자들마저도 오스트리아의 요구에 그처럼 양보한 사실을 한스럽게 여기면서도 「독일패권 싸움」이 최종적인 낙착을 보기 전에는 다른 곳에서 해볼 만한 일이란 별로 없다고 느끼고 있었다.

윌뮤에츠에서 프리드리히 빌헬름이 굴복하도록 작용한 아주 중요한 요인은 러시아 황제가 「독일문제」에 대한 오스트리아의 입장을 지지한 사실이었다. 1812년에서 1871년에 이르는 전기간에 걸쳐 실제로 베를린은 동쪽의 군사대국을 자극하는 일이 없도록 신경을 썼다. 이데올로기와 왕조적 이유가 그처럼 비굴한 태도를 정당화하는 데 확실히 도움이 되기는 했지만 그렇다 하더라도 1814년 러시아가 폴란드 대부분을 차지하게 된 사실로 인해 더욱 심화된 프로이센의 열등의식을 완전히 숨길 수는 없었다. 프로이센에서 조금이라도 자유화 움직임이 나타나기만 하면 반대입장을 표명한 러시아, 독일의 통일이란 유토피아적 잠꼬대(특히 1848년에 시도되었듯이 과격한 프랑크푸르트 의회가 프로이센왕에게 황제의 지위를 부여하는 식으로 나타나는 경우)라는 차르 니콜라이 1세(Nikolai I)의 유명한 확신, 윌뮤에츠협정 이전 러시아의 오스트리아 지지 등은 모두 외세의 그림자를 드러낸 것이었다. 그러므로 1854년 크림전쟁이 발발하자 프로이센 정부가 오스트리아와 서양세력들의 신망을 잃게 될 것을 염려하면서도 러시아와의 전쟁이 초래할 결과를 두려워한 나머지 중립을 지키려고 무던히 애썼던 것은 결코 놀라운 일이 아니다. 그 당시 상황으로는 프로이센의 입장이 합리적인 것이었지만 영국과 오스트리아가 베를린의 「흔들리는(wavering)」정책을 싫어했기 때문에 프로이센의 외교관들은 파리회의(Congress of Paris, 1856)가 상당히 진행되고 나서야 다른 나라 대표들과 합류할 수 있었다. 그리하여 상징적이게도 프로이센은 여전히 하나의 곁다리 참가국(marginal participant)으로 취급받았다.

다른 지역에서도—그다지 집요하지는 않았지만—프로이센은 다른 세력들에 의해 견제되는 처지였다. 1848년 프로이센 군대의 실레스비히 홀시타인 침공에 대한 파머스턴의 비난은 크게 걱정할 바가 아니었다. 그보다 훨씬 곤란했던 것은 1830년과 1840년 그리고 1860년대에 걸쳐 거듭된 라인란트에 대한 프랑스의 잠재적 위협이었다. 이들 긴장의 시기는 모두 빈과의 언쟁과 페테르스부르크가 이따금 토로한 불만이 시사하던 바를 확인시켜줄 뿐이었다. 즉 지리적으로 불리한 처지에 있고 강력한 이웃들 사이에 끼어 있으며 독일 내부문제에 골몰하면서 국제문제에서는 큰 역할을 할 수 없었던 19세기 초의 프로이센은 강대국 가운데 가장 허약한 나라임을 입증해주었다. 프로이센이 지닌 여러가지 강점들에 비추어볼 때 이는 너무 가혹한 판단이 아닌가 생각될 수도 있다. 프로이센의 강점으로는 유럽에서 단연 으뜸으로 꼽혔던 교구학교(parish school)에서 대학에 이르는 교육제도, 상당히 능률적인 행정제도 그리고 전술과 전략, 특히 「철도와 소총」이 지닌 군사적 의미상의 개혁을 위한 연구를 일찍이 시작했던 육군과 막강한 총참모부 등을 들 수 있다. 그러나 문제는 자유주의 세력과 보수세력간의 국내 정치위기가 극복되고 우유부단한 프리드리히 빌헬름 4세 대신 확고한 지도력이 확립되며 프로이센의 산업기반이 확충되지 않는 한 그와 같은 잠재력은 활용될 수 없었다는 점이다. 그러므로 겨우 1860년 이후가 되어서야 이 호엔촐레른 국가는 이등국가의 처지에서 벗어날 수 있었다.

그렇지만 인생의 다른 여러가지 일과 마찬가지로 전략적 약점이란 상대적이다. 그리고 남쪽에 있는 합스부르크제국과 비교할 때 프로이센의 문제들은 그다지 위협적인 것이 아니었다. 1648~1815년 사이에 이 제국이「부상」하여「자신의 입장을 내세우는」처지가 되었지만 그 당시의 팽창이 빈이 강대국으로서의 역할을 수행하는 과정에서 겪게 될 어려움을 해소해주지는 않았다. 반대로 1815년의 협정은 적어도 장기적으로는 이러한 어려움들을 더욱 복잡하게 만들어놓았다. 예컨대 오스트리아가 그토록 자주 나폴레옹과 싸우면서 승자편에 섰다는 사실은 1814~1815년의 협상 때에 있었던 전반적인 국경 조정에서 그들이「보상」을 받아야 했음을 의미했다. 그리고 비록 합스부르크가 현명하게도 남부 네덜란드·남서부 독일(Vorlande) 그리고 폴란드의 일부로부터 철수하기로 동의했지만 이탈리아에서의 그들의 팽창과 새로 생겨난 독일연방에서의 주도권 주장 때문에 결과는 마찬가지였다.

유럽의 세력균형에 관한 일반론과 특히 메테르니히 자신과 영국 논자들이 제창한 세력균형론에 비추어볼 때 오스트리아의 세력 재확립은 가상스러운 일이었다. 이탈리아 북부의 평원에서 갈리시아에 이르는 유럽 일대에 뻗은 합스부르크제국은 서유럽·이탈리아에 대한 프랑스의 야심을 견제하고「대독일(greater Germany)」을 제창하는 민족주의자와 프로이센의 팽창주의자에 맞서 독일의 현상을 유지하며 발칸에 대한 러시아의 침투를 제지하는 장벽을 구축함으로써 세력균형을 유지하는 가장 큰 지주의 역할을 하게 되었다. 이러한 과업에는 상황에 따라 강대국의 하나나 여럿의 지원을 받은 것이 사실이다. 그러나 복잡한 이 5각체제가 제 기능을 발휘하기 위해서는 합스부르크제국의 역할이 절대로 필요했다. 그것은 프랑스·러시아·프로이센이 조만간 모종의 변화를 원했고 영국도 1820년대 이후 메테르니히를 지원해야 할 전략적·이데올로기적 이유를 상실하고 결과적으로 기존체제의 모든 국면을 유지하려는 오스트리아의 노력에 대한 지원의욕을 잃어간 반면 합스부르크제국은 1815년의 조치를 동결시키는 데 가장 큰 관심을 가지고 있었기 때문이다. 사실상 일부 역사학자들의 견해로는 1815년 이후 수십년 동안 유럽에서 유지되었던 전반적인 평화는 주로 합스부르크제국의 입장과 역할에 연유한 것이었다. 그러므로 1860년대에 이탈리아·독일의 현상유지에 대한 다른 강대국들의 지지를 얻지 못하게 되자 합스부르크제국은 이 지역에서 밀려나게 되었다. 또한 1900년 이후 그 자체의 존속이 의문시되자 그것을 계승하기 위한 대전쟁이—그것이 유럽의 세력균형에 대해 지니는 숙명적인 의미와 함께—불가피하였다.

유럽의 보수세력들이 현상유지를 위해 결속—프랑스의 재기나「혁명」전반에 대항—하는 동안에는 합스부르크제국의 이같은 약점이 드러나지 않았다. 신성동맹(Holy Alliance)의 이데올로기적 단합에 호소함으로써 메테르니히는 언제나 러시아·프로이센의 지원을 보장받았고 이들 두 나라는 그들대로 자유주의적 소요사태를 진압하기 위한 개입 — 1821년 나폴리봉기를 진압하기 위한 오스트리아군의 파견, 부르봉 정권을 지원하기 위한 스페인에서의 프랑스군 작전의 허용, 독일연방에 반동적인 카를스바트결의(Carlsbad Decrees, 1819)를 강요하는 데 대한 협조 — 을 용인해주었다. 이와 마찬가지로 러시아와 프로이센에 대한 오스트리아의 관계는 폴란드 민족주의 억압에 대한 그들의 공동이해관계로 득을 보았는데 러시아 정부의 입장에서는 폴란드의 민족주의가 그리스나 지브롤터해협을 에워싸고 간혹 야기되는 의견대립보다도 훨씬 더 중대한 문제였다. 갈리시아에서의 폴란드반란 공동진압과 러시아・프로이센의 동의 아래 오스트리아가 1846년 크라코프(Krakow) 자유시를 합병한 사실은 그와 같은 군주국끼리의 단합으로 얻을 수 있는 이점들을 보여주는 것이다.

그러나 장기적으로 볼 때 메테르니히의 이같은 전략은 큰 결함을 지니고 있었다. 19세기의 유럽에서는 급진적인 사회혁명은 아주 쉽게 제지될 수 있었다. 그와 같은 혁명(1830년, 1848년 그리고 1871년의 코뮌)이 일어나기만 하면 놀란 중산계급은「법과 질서」쪽에 편들었다. 그러나 프랑스혁명과 18세기 초의 여러 해방전쟁을 계기로 촉발된 민족자결사상과 운동의 파급은 마냥 억누를 수 없었다. 게다가 독립운동을 분쇄하려는 메테르니히의 기도는 합스부르크제국을 서서히 피폐 상태로 몰고 갔다. 민족독립의 움직임에 단호하게 대처함으로써 오스트리아는 오랜 동맹국인 영국의 동조를 순식간에 잃게 되었다. 이탈리아에서 무력사용을 거듭함으로써「간수(jailor)」합스부르크에 대한 모든 계급의 반발을 야기하였고 다시 수십년 후에는 야심적인 나폴레옹 3세가 이를 이용하여 이탈리아 북부 지역에서 오스트리아인을 몰아내는 카부르(Cavour)를 돕게 되었다. 마찬가지로 경제적 이유 때문에 관세동맹 가입을 꺼린 태도와 체제적・지리적으로「대독일」의 일부가 될 수 없는 탓으로 말미암아 합스부르크제국은 많은 독일인들에게 실망을 안겨주었으며 결국 프로이센이 영도력을 발휘해주기를 기대하도록 만들었다. 심지어 혁명을 분쇄하려는 오스트리아의 입장을 대체로 지지했던 러시아의 차르 정권마저도 민족문제에 대해 때로는 오스트리아보다도 수월하게 대처할 수 있었다. 1820년대 후반 메테르니히의 온갖 반대에도 불구하고 영국과 협력하여 그리스의 독립을 지원한 알렉산드르 1세(Aleksandr Ⅰ)의 정책은 그 좋은 예이다.

민족의식이 점증하는 시대를 맞아 합스부르크제국은 갈수록 시대착오적이 되어갔다. 다른 강대국들은 제각기 다음과 같은 점이 지적되었다.

> 국민 과반수가 공통된 언어와 종교를 지녔다. 프랑스인들은 최소한 90%가 프랑스어를 사용했고 적어도 명목상으로는 가톨릭교회에 속해 있었다. 프로이센의 경우 10명 중 8명 이상이 독일인이고(나머지는 주로 폴란드인), 독일인의 70%는 프로티스턴트였다. 러시아제국의 7,000만 인구 중에는 소수민족이 상당히 포함되어 있었지만(500만의 폴란드인, 350만의 핀란드·에스트·레트·라트비아인 그리고 300만의 코카서스인) 5,000만이 러시아인이고 러시아정교 신자였다. 그리고 영국제도 주민은 90%가 영어를 사용하고 70%가 프로티스턴트였다. 이러한 나라들은 별반 통합의 필요성이 없었다. 그들에게는 고유의 결집력이 있었다. 이와는 대조적으로 오스트리아 황제는 생각만 해도 한심스러울 정도로 많은 민족들을 지배하고 있었다. 그와 800만의 인민은 독일인이었지만 그 2배나 되는 인민은 슬라브인(체크·슬로바키아·폴란드·루테니아·슬로베니아·크로아티아·세르비아인), 500만의 헝가리인, 500만의 이탈리아인 그리고 200만의 루마니아인이었다. 그러니 어떠한 성질의 국가였겠는가?
>
> 그것은 도무지 국가라고 할 수 없었다.

『단일 제도 가운데 가장 중요한 것은 아닐지라도 그중의 하나』로 꼽혔던 합스부르크제국의 군대는 이와 같은 민족적 다양성을 반영하고 있었다. 『1865년(즉 독일의 패권을 놓고 프로이센과 결정적 대결을 하기 바로 전 해) 이 군대에는 12만 8,286명의 독일인, 9만 6,300명의 체크인과 슬로바키아인, 5만 2,700명의 이탈리아인, 2만 2,700명의 슬로베니아인, 2만 700명의 루마니아인, 1만 9,000명의 세르비아인, 5만 100명의 루테니아인, 3만 7,700명의 폴란드인, 3만 2,500명의 마쟈르인, 2만 7,600명의 크로아티아인 그리고 5,100명의 다른 민족들이 등록되어 있었다.』이 때문에 합스부르크 군대는 영국의 인도통치 시대(Raj)의 영국·인도연대(British-Indian regiments)만큼이나 다채롭고 잡다한 양상을 보인 한편 이보다 훨씬 동질적인 프랑스나 프로이센 군대에 비해 온갖 단점을 드러내었다.

군사적 측면의 이같은 잠재적 약점은 자금이 제대로 공급되지 않은 사실로 하여 더욱 복잡한 양상을 띠게 되었는데 자금부족은 부분적으로는 제국 안에서 세금을 징수하기가 어렵다는 사실에도 기인했지만 주된 원인은 상업적·산업적 기반이 취약한 데 기인하였다. 역사가들이 1760~1914년의 「합스부르크제국의 경제적 부상」을 운운하지만 실은 19세기 초반의 산업화는 보헤미아·알프스지방 그리고 빈 주변 등의 서부 일부 지역에서만 이루어졌으며 제국내의 다른 지역은 거의 외면당하다시피 했다. 그러므로 오스트리아 자체는 발전했지만 제국 전체로 따질 때는 1인당 산업화수준·철강생산·증기동력면에서 영국·프랑스·프로이센에 뒤지고 있었다.

더군다나 프랑스와의 전비 때문에『제국은 막대한 공공부채와 지폐가치의 폭락으로 인한 재정적 피폐상태에 빠져서』정부가 군사비지출을 최소한도로 억제하지 않을 수 없는 상황이 되었다. 1830년 군대는 총수입의 겨우 23%에 상당하는 부분을 배정받았고(1817년에는 50%) 1848년에는 다시 20%로 줄어들었다. 1848~1849년, 1854~1855년, 1859~1860년 그리고 1864년의 경우와 같이 위기에 직면하면 군사비의 비상증액 조치를 승인했다. 그러나 그러한 조치에도 불구하고 군대가 충분한 역량을 갖추게 되는 일은 없었으며 증액된 군사비는 일단 위기가 가셨다고 생각되면 재빨리 삭감되었다. 예컨대 1860년 1억 7,900만플로린이던 군사예산은 1863년 1억 1,800만플로린으로 줄어들었고 1864년 덴마크와의 전쟁 때에는 1억 5,500만플로린으로 증액되었다가 프로이센과의 전쟁이 터지기 바로 1년 전인 1865년에는 9,600만플로린으로 삭감되었다. 이와 같은 군사예산은 어느 해에도 프랑스·영국·러시아 또는 (얼마 후의)프로이센의 군사예산과는 비교도 되지 않는 것이었다. 그리고 오스트리아의 군사행정은 19세기 중반의 기준에서 보더라도 부패하고 비능률적이어서 실제로 배정된 돈도 제대로 사용되지 않았다. 요컨대 합스부르크제국의 군사력은 어느 모로 보나 치르게 될지도 모를 전쟁을 수행할 수 있는 수준에는 미치지 못하였다.

이러한 사실에도 불구하고 제국의 몰락은 그다지 빨리 오지 않았다. 여러 역사학자들이 지적했듯이 제국의 지구력은 대단히 이례적이었다. 이 나라는 종교개혁·투르크 세력·프랑스혁명을 극복하고 1848~1849년의 사태와 1866년의 패배를 견디어냈으며 제1차세계대전의 긴장사태도 마지막 단계까지 버텨내는 여력을 발휘했다. 이 나라가 가진 약점은 분명한 것이었지만 그런대로 강점도 있었다. 독일계 피지배층만이 아니라 비독일 지역의 많은 귀족들과「어용(service)」가문들도 이 군주국에 충성심을 보였다. 예컨대 이 군주국의 폴란드 통치는 러시아나 프로이센에 비해 꽤 너그러웠다. 더욱이 각 지역의 내부적인 대립과 함께 제국의 복잡한 국적이 특징지은 성격은 군대의 신중한 사용에서 나타났듯이 중앙의 분할지배(divide et impera)를 어느 정도까지 가능케 했다. 헝가리연대는 주로 이탈리아·오스트리아에, 이탈리아연대는 헝가리에, 경기병연대는 그 절반을 해외에 배치하는 등의 조치를 취했다.

끝으로 이 나라는 — 심지어 합스부르크제국과 전쟁을 치르고 있는 경우에조차 — 그가 아니고는 아무도 할 수 없었던 역할을 해낸 부정적인 장점을 지니고 있었다. 차르 니콜라이 1세는 발칸에 대한 오스트리아의 처사를 못마땅해 했지만 1848년의 헝가리혁명 진압을 위해서는 군대를 파견하여 지원하려고 하였다. 프랑스는 이탈리아에서 합스부르크의 세력을 축출하고 싶은 생각이 간절했지만 장차 프로이센이나 러시아와 대치하는 상황에서는 오스트리아가 유용한 동맹국이 될 수 있음을 나폴레옹 3세는 잘 알고 있었다. 그리고 비스마르크는 독일에 대한 오스트리아의 영향력을 완전히 없애버리기로 마음먹고 있었으나

1866년 합스부르크제국이 항복하자 이 나라를 보전하려고 혈안이 되었다. 이같은 상황이 존재하는 한 합스부르크제국은 다른 세력들의 묵인 아래 존속하게 마련이었다.

　나폴레옹전쟁의 패배에도 불구하고 1815년 이후 반세기 동안 프랑스의 처지는 여러 모로 프로이센이나 합스부르크제국보다 훨씬 좋았다. 즉 프랑스는 그들보다 국민소득이 훨씬 많았고, 자금사정도 좋았으며, 인구는 프로이센보다 훨씬 많았고, 합스부르크제국보다 훨씬 동질적이었다. 그리고 쉽사리 대규모 육군을 거느릴 수 있었고 해군도 상당한 규모로 확보할 능력이 있었다. 그럼에도 불구하고 여기서는 프랑스를 「중위권 국가(middle power)」로 취급하고 있는데 그것은 전략적·외교적·경제적 조건들 때문에 프랑스가 능력을 결집해 어느 특정 지역에서 결정적인 우위를 확보할 수 없었기 때문이다.

　1814~1815년의 상황을 권력정치 차원에서 볼 때 드러나는 지배적인 사실은 모든 대국들이 유럽의 패권이 프랑스에게 넘어가는 것을 막으려는 결의를 분명히 보였다는 점이다. 그리고 영국·오스트리아·독일·러시아가 나폴레옹의 마지막 시도를 무찌르기 위해 다른 문제들(예컨대 작센문제)을 에워싼 그들 사이의 싸움을 타결하려 들었을 뿐 아니라 전쟁이 끝나고 나서는 장차 프랑스가 전통적인 팽창과정을 답습하지 못하도록 하기 위한 제도적인 장치를 마련하려고 하였다. 이리하여 프로이센이 라인란트의 수호자로서 역할하는 한편 오스트리아는 이탈리아의 북부 지역에서 지반을 강화했고 영국은 이베리아반도에서 세력을 팽창하였다. 이러한 모든 움직임의 배후에는 1815년의 조치를 수호하기 위해 언제든지 유럽으로 진격할 태세를 갖춘 러시아의 대군이 있었다. 결과적으로 프랑스내의 모든 세력이 제아무리 강력하게 「부흥」정책을 촉구할지라도 극적인 개선을 기대할 수 없음은 명백했다. 그들이 기대할 수 있는 최선의 결과는 프랑스도 「빈체제」의 동등한 당사국의 하나임을 인정하는 한편 인접지역에서 기존 세력과 나란히 프랑스의 정치적 영향력을 재건하는 것이었다. 그렇지만 가령 프

랑스가 이베리아반도에서 영국과 동등한 입장에 서게 되고 레반트지방에서 다시 큰 역할을 하게 될지라도 또 다른 동맹이 프랑스에 맞서기 위해 뭉치는 일이 없도록 사뭇 신중을 기하지 않으면 안되었다. 1820년대와 1830년대에 명백하게 드러났듯이 프랑스가 베네룩스지방으로 들어가기만 하면 영국과 프로이센이 본능적으로 동맹하였는데 그 동맹은 프랑스가 도전하기에는 너무 강력한 것이었다.

프랑스가 사용할 수 있었던 또 하나의 카드는 강대국의 어느 하나와 긴밀한 관계를 확립하여 프랑스의 목적을 성취하는 데 이용하는 것이었다. 다른 국가간의 숨은 갈등과 프랑스와의 동맹관계가 줄 수 있는 이점(자금・군대・무기)을 감안할 때 이것은 그럴 듯한 가정이었다. 그러나 이 가정은 세 가지 점에서 결함을 지녔다. 첫째로 상대편이 프랑스 이상으로 동맹관계를 이용할 수도 있었다—1830년대 중반 메테르니히가 단지 영국과 프랑스를 이간시키기 위해 프랑스의 제의를 받아들였듯이. 둘째로 이 무렵에 있었던 프랑스의 정권변동은 이데올로기가 그렇게 큰 역할을 했던 시기의 외교관계에 영향을 미치지 않을 수 없었다. 예컨대 오랫동안 희망해왔던 러시아와의 동맹관계는 1830년 프랑스에서 혁명이 일어나면서 영영 바랄 수 없게 되었다. 끝으로 몇몇 다른 대국들이 때로 프랑스와의 협조를 원했지만 이 무렵 현상의 변화를 원하는 나라는 하나도 없다는 도저히 극복할 수 없는 문제가 남아 있었다. 다시 말해서 그들은 프랑스에게 다만 외교적인 우호관계를 제의했을 뿐 영토확보를 약속하지는 않았다. 크림전쟁이 끝나고 나자 프랑스 외부에서 1815년의 경계선을 재설정하자는 분위기가 고조되었다.

프랑스가 유럽국가들에 대해 루이 14세나 나폴레옹하의 전성기 때 누렸던 것과 같은 상대적 힘을 가지고 있었던들 이러한 장애가 그다지 곤란한 문제가 되지는 않았을 것이다. 그러나 사실 1815년 이후의 프랑스는 별로 박력있는 나라가 아니었다. 1793~1815년의 전쟁들로 무려 150만이나 되는 프랑스인들이 사망한 것으로 추정되는데 이보다 더 심각한 문제는 19세기를 일관하여 프랑스의 인구증가율이 다른 어느 강대국보다도 낮았다는 사실이다. 이 긴 분쟁으로 프랑스 경제는 앞에서 언급한 바와 같이 여러 모로 차질을 빚었을 뿐 아니라 평화가 도래하자 강력한 라이벌인 영국의 상업적 도전에 직면하게 되었다. 『1815년 이후 프랑스의 대다수 생산자들에게 대두한 기본적인 사실은 압도적 지배력을 가진 막강한 공업국이 이웃으로서뿐만 아니라 모든 해외시장과 때로는 엄하게 보호된 프랑스 국내시장에서까지 그 위력을 과시하는 존재로 등장한 현실이었다.』 이와 같은 경쟁력 결여와 근대화의 의욕을 저지하는 프랑스 자체내의 요인들(예컨대 보유농지의 영세성, 빈약한 커뮤니케이션, 본질적으로 지역적인 성격을 지닌 시장, 쉽게 입수할 수 있는 값싼 석탄의 부재)과 그리고 해외시장으로부터의 자극이 전혀 없는 상황은 1815년과 1850년 사이에 산업성장률이 영국보다 현저히 뒤지는 사태를 몰고 왔다. 영국의 제조업생산량은 19세기 초 프랑스와 같은 수준이었지만 1830년에 이르러서는 프랑스의 182.5%, 1860년에는 251%를 기록하게 되었다. 더욱이 프랑스의 철도건설 및 전반적인 산업화속도가 빨라지기 시작한 19세기 후반에조차도 독일이 프랑스보다도 더 빠른 속도로 성장하는 놀라운 현실에 직면하게 되었다.

그렇지만 이제 19세기의 프랑스 경제가 「후진적」이라거나 「실망적」인 것이었다고 역사학자들이 가볍게 봐넘길 수는 없다. 여러가지 점에서 프랑스인들이 국가번영을 위해 추구했던 길은 그와 아주 달랐던 영국인들의 노선만큼이나 합리적이었다. 산업혁명에 따르는 사회적 공포가 프랑스에서는 그다지 널리 번지지 않았다. 또한 대량생산품보다도 고급품에 치중했기 때문에 1인당 부가가치는 훨씬 컸다. 전체적으로 볼 때 프랑스인들이 국내의 대규모 생산기업에 투자하지는 않았지만 그것은 가난이나 후진성을 말해주는 것이 아니라 단순한 수지타산의 결과인 경우가 많았다. 사실 프랑스에는 잉여자본이 상당히 많았는데 그 상당한 부분이 유럽 다른 곳의 산업생산에 투자되었다. 프랑스 정부가 자금부족으로 어려운 처지를 겪지는 않았으며 군수품 생산과 군대와 관련된 야금공정에 투자하기도 했다. 펙상(Henri-

Joseph Paixhans) 장군 밑에서 평사포(shell gun)를 만들고 「획기적인 선박설계」인 나폴레옹호와 라 글로와르호(La Gloire)를 완성하고 미니에(Minié) 총탄과 선조(旋條; rifling)를 고안한 것은 프랑스의 발명가들이었다.

   그럼에도 불구하고 프랑스의 상대적인 힘이 여러 측면과 함께 경제적인 면에서 위축되어 있었음은 엄연한 사실이다. 거듭 말하거니와 프랑스는 프로이센이나 합스부르크제국보다 대국이었지만 어느 지역에서도 1세기 전과 같은 결정적인 주도권을 장악하지 못하였다. 프랑스 육군은 대군이었지만 병력은 러시아에 뒤졌다. 역대 정부가 변덕스럽게 지원해온 해군은 언제나 그 규모에 있어서 영국 해군에 뒤졌으며 그 격차는 대단히 컸다. 제조업생산량과 국민생산면에서 프랑스는 먼저 출발한 이웃에 뒤졌다. 라 글로와르호는 영국 해군의 워리어호(Warrior) 등장으로 빛을 잃게 되었는데 이는 프랑스의 야포가 크루프(Krupp)가 새로 고안한 신형 때문에 퇴색된 것과 똑같은 꼴이었다. 유럽 밖에서 어떤 역할을 하고 있기는 했지만 역시 프랑스의 속령과 영향력은 영국에 비해 훨씬 편협한 것이었다.

   이러한 모든 것들은 의문의 여지없는 프랑스의 힘을 측정 — 경우에 따라서는 배치 — 하기 어렵게 만든 또 하나의 심각한 문제를 야기한다. 프랑스는 여전히 전형적인 혼성세력(hybrid power)으로서 유럽과 비유럽의 이권 사이에서 갈등을 느낄 때가 많았다. 이같은 사실은 이데올로기와 세력균형에 대한 고려 때문에 이미 복잡할 대로 복잡해진 프랑스 외교에 영향을 미쳤다. 영국의 레반트지방 침공보다 러시아의 콘스탄티노플 진출을 저지하는 것이 더 중요한 일인가? 오스트리아를 이탈리아에서 몰아내거나 아니면 영국해협에서 영국 해군에 도전해야 할 것인가? 독일통일을 위한 초보적인 움직임을 권장해야 하는가 아니면 반대해야 하는가? 이러한 정책 하나하나에 대한 찬반론을 감안해볼 때 프랑스가 유럽협조체제의 완전한 구성원으로 간주되던 시기에조차 프랑스인들이 양단간에 결단을 내리지 못하고 어정쩡한 태도로 주저하는 일이 많았던 것은 당연한 일이었다.

반면에 잊어서는 안될 것은 전반적인 제약여건들로 인해 프랑스가 다른 강대국에 대한 견제역할을 할 수 있었다는 점이다. 이것이 특히 나폴레옹 3세의 경우에 들어맞는 이야기라고 한다면 1820년대 후반의 상황에서도 그 초기적인 현상을 찾아볼 수 있다. 프랑스는 그 크기 때문에 그 부흥은 이베리아반도・이탈리아반도・베네룩스지방을 비롯하여 더 멀리까지도 영향을 미칠 수 있는 함축성을 지녔다. 오토만제국에서 일어나는 일에 영향력을 미치고 싶어한 영국과 러시아는 모두 프랑스를 고려해야만 했다. 크림전쟁 때 러시아를 저지한 군사적 요인은 우유부단한 합스부르크제국이나 영국보다도 프랑스였다. 이탈리아에서의 오스트리아 기반을 약화시킨 것은 프랑스였고 그다지 눈에 띄지 않는 방법으로 영국이 아프리카와 중국 연안을 완전히 독점하지 못하도록 한 것 또한 주로 프랑스였다. 끝으로 「독일패권 싸움」이 오스트리아와 프로이센 사이에 한창일 무렵 이들 두 나라는 나폴레옹 3세가 어떠한 행동을 취하고 혹은 삼가할 것인가에 깊은 관심을 나타냈다. 요컨대 1815년 이후의 부흥에 따른 수십년 동안 프랑스는 외교적으로 매우 활발하고 군사적으로 제법 강력하여 적대국으로 돌리기보다는 우방으로 사귀어두는 편이 나은 상당한 세력을 유지했다—비록 프랑스의 지도자들 자신은 이제 프랑스가 과거 2세기 동안 누려왔던 지배적인 지위를 상실했음을 알고 있었지만.

크림전쟁과 러시아세력의 약화

1815년 이후의 국제평화와 산업화의 시기에 러시아의 상대적 힘은 쇠퇴하였는데 크림전쟁(1854~1856)에 이르러서야 이같은 사실이 뚜렷이 드러났다. 1814년 러시아 육군이 서쪽으로 진격하자 유럽은 두려움에 떨었고 파리 시민들은 러시아 황제가 코사크여단을 앞세우고 입성하자 조심스럽게 『알렉산드르황제 만세(Vive l'empéreur Alexandre)!』를 외쳤다. 장차의 영토적・정치적 변동에 대한 반대를 초보수주의적인 입장에서 강조한 강화조치 자체는 80만의 러시아 육군에 의해 뒷받침되었는데 러시아 육군은 영국 해군이 바다에서 누렸던 것과 같은 우위를 지상에서 누리고 있었다. 이 동방의 대국이 오스트리아와 프로이센에 어두운 그림자를 드리우고 있었으므로 두 나라는 러시아와의 왕국적 단합을 내세우면서도 러시아를 두려워했다. 유럽의 경찰(gendarme of Europe)로서의 러시아의 역할은 구세주적인 알렉산드르 1세에 이어 귀족적인 니콜라이 1세(1825~1855)가 들어서면서 더 강화되었다. 니콜라이 1세의 지위는 1848~1849년의 혁명적인 사건들로 더욱 앙양되었는데 파머스턴이 지적했듯이 그 당시『당당한 강대국은 러시아와 영국뿐이었다.』헝가리반란의 진압을 도와달라는 합스부르크 정부의 간절한 호소에 응하여 러시아는 3개 부대를 파견했다. 이와는 대조적으로 국내 개혁운동에 대한 프로이센 황제 프리드리히 빌헬름 4세의 우유부단한 태도는 독일연방에서의 개혁안과 함께 러시아를 자극하여 베를린 황실이 국내의 반동정책을 수락하고 욀뮤에츠에서 외교적 후퇴를 할 때까지 가차없는 압력을 가하게 했다. 한편 1848년 이후「변혁세력들」의 처지로 말하자면 패배한 폴란드·헝가리의 민족주의자들이건 실의에 빠진 부르좌 자유주의자들이건 혹은 마르크스주의자들이건간에 모두가 러시아제국이 오랫동안 유럽의 발전을 가로막는 방해세력의 보루로 존속하리라는 점에 의견을 같이했다.

그렇지만 경제적·기술적 차원에서 다른 세력들에 대한 러시아의 상대적 위치는 1815년과 1880년 사이에 놀라울 정도로 약화했다. 그렇다고 해서 시장세력이나 근대화의 조그만 조짐에 대해서도 반기를 드는 관리들이 많았던 니콜라이 1세 치하에서는 경제발전이 없었다고 말하려는 것은 아니다. 인구는 급속히 증가하였으며 (1816년 5,100만에서 1860년 7,600만으로, 1880년에는 다시 1억으로) 가장 높은 증가율을 보인 것은 도시인구였다. 철생산이 증가하고 직물산업의 규모도 증대했다. 1804년에서 1860년 사이에 공장이나 기업의 수가 2,400에서 1만 5,000으로 증가한 것으로 되어 있다. 증기기관과 근대식 기계들이 서방에서 도입되었다. 1830년대부터는 철도망이 생기기 시작했다. 이 무렵의 러시아에서「산업혁명」이 발생한 배경을 놓고 역사학자들 사이에 논란이 있다는 사실 자체에서 당시 러시아에는 활발한 움직임이 있었음을 확인할 수 있다.

그러나 한마디로 말해서 그 무렵 유럽의 다른 지역이 러시아보다도 훨씬 빠른 속도로 발전하고 있었으므로 러시아는 뒤로 처지고 있었다. 남들보다 인구가 훨씬 많은 덕분에 19세기 초반 전체 국민총생산에서 거뜬히 1위를 차지했지만 그로부터 두 세대가 경과할 무렵에는 〈표 9〉에서 보는 바와 같이 사정이 달라졌다.

그러나 이 수치들은 1인당 국민소득으로 따져보면 더욱 놀랍다(표 10 참조).

이들 수치는 이 무렵의 러시아 전체 국민총생산의 증가가 출생에 의한 것이건 투르키스탄 등의 점령에 의한 것이건간에 압도적인 부분이 인구증가에 기인한 것으로 실질적인 생산성 증가(특히 산업 부문의 생산성)와는 거의 무관함을 보여준다. 러시아의 1인당 소득과 국민

〈표 9〉 유럽강대국의 국민총생산 규모, 1830~1890

(10억달러, 1960년의 미국 달러시세로 표시된 시장가격)

	1830	1840	1850	1860	1870	1880	1890
러 시 아	10.5	11.2	12.7	14.4	22.9	23.2	21.1
프 랑 스	8.5	10.3	11.8	13.3	16.8	17.3	19.7
영 국	8.2	10.4	12.5	16.0	19.6	23.5	29.4
독 일	7.2	8.3	10.3	12.7	16.6	19.9	26.4
합스부르크 제국	7.2	8.3	9.1	9.9	11.3	12.2	15.3
이 탈 리 아	5.5	5.9	6.6	7.4	8.2	8.7	9.4

〈표 10〉 유럽강대국의 1인당 국민소득, 1830~1890

(1960년의 미국 달러시세로 표시)

	1830	1840	1850	1860	1870	1880	1890
영 국	346	394	458	558	628	680	785
이 탈 리 아	265	270	277	301	312	311	311
프 랑 스	264	302	333	365	437	464	515
독 일	245	267	308	354	426	443	537
합스부르크 제국	250	266	283	288	305	315	361
러 시 아	170	170	175	178	250	224	182

생산은 언제나 서유럽국가에 뒤지고 있었다. 그런데 이 무렵에 이르러서는 그 격차가 더욱 벌어졌는데 한 예로 1830년 영국의 절반 수준이던 1인당 국민소득이 60년 후에는 영국의 1/4 수준으로 하락했다.

마찬가지로 19세기 초반에 러시아의 철생산이 2배로 증가했지만 같은 기간 영국은 30배나 증가했다. 두 세대의 세월이 흐르는 사이에 러시아는 유럽 최대의 철생산·수출국 지위에서 서방의 수입제품에 점점 더 많이 의존하는 나라로 전락했다. 심지어 철도와 기선 등의 커뮤니케이션상의 발전도 다시 전망해볼 필요가 있다. 1850년까지 러시아가 갖춘 철도는 500마일을 약간 넘었지만 그 시기 미국 철도는 총 8,500마일에 달하였다. 그리고 큰 강이나 발트해·흑해를 출입하는 기선들에 의한 무역의 증가도 대부분 국내의 늘어나는 인구에게 필요한 곡물과 영국 수입제품의 대가를 치르기 위한 소맥수송에 기인하였다. 외국의 상인들과 기업인들에 의해 대부분의 새로운 사태가 전개되었으며(특히 수출무역의 경우) 이 때문에 러시아는 선진경제를 위한 기초원료의 공급국으로 전락하였다. 더 면밀한 검토를 통해 드러난 바에 의하면 새로 생긴「공장」과「기업」은 대부분 고용인원이 16명을 넘지 않았으며 기계화는 거의 도입되지 않은 상태였다. 전반적인 자금부족, 낮은 소비자수요, 보잘것없는 중산계급, 국토의 엄청난 거리와 극심한 기후 그리고 독재적이고 의심많은 정부의 고답적인 태도는 사실상 유럽에서 가장 산업「도약」의 전망을 어둡게 했다.

이처럼 불길한 경제적 추세들이 꽤 오랫동안 러시아 군대의 뚜렷한 약점에 반영되지 않았다. 반대로 강대국들이 1815년 이후 보인 구제도 전반에 대한 선호는 무엇보다도 그들 군대의 사회적 구성과 무기·전술에서 더 뚜렷하게 나타났다. 그렇지만 프랑스혁명의 여파 속에서 각국 정부의 관심은 군대의 개혁보다도 군대의 정치적·사회적 신뢰성에 있었다. 그리고 대전의 시련에 직면하지 않게 된 장군들 자신은 위계질서와 복종·규율을 강조하게 되었는데 이러한 특색들은 공식적인 열병식과 무도회 개최 때의 대행진에 대한 니콜라이 1세의 집착에 의해 조장되었다. 이러한 전반적인 상황에 비추어볼 때 외부의 관측자에게 보다 인상적이었던 것은 군대의 병참이나 장교단의 전반적 교육수준과 같은 어려운 문제가 아니라 러시아 육군의 거대한 규모와 대량징집의 지속이었다. 게다가 러시아 육군은 활발히 움직이고 코카서스와 투르키스탄에 대한 잦은 팽창작전에서 성공을 거두었는데 이러한 출병은 이미 인도에 나가 있던 영국인들에게 불안을 안겨주어 19세기에 들어 양국관계는 18세기보다 한층 긴장된 모습을 보였다. 외부인들에게 이에 못지 않게 인상적이었던 것은 1848~1849년 러시아군의 헝가리반란 진압과 파리에서 폭동이 일어나면 40만의 진압군을 파견할 태세가 되어 있다는 차르의 주장이었다. 그런데 이들 외부 관측자가 깨닫지 못한 것은 러시아군의 상당부분이 국내의 수비의무, 폴란드・핀란드에서의「경찰」역할 그리고 국경정찰과 군사식민지(Military Colonies)와 같은 활동에 항상 묶여 있으며 이러한 임무에 묶이지 않은 병력은 별반 유능한 것이 못되었다는 별로 인상적이지 않은 사실이었다. 한 예로 헝가리출병시의 사상자 1만 1,000명 가운데 1,000명을 제외하고는 대부분이 군대의 병참과 의료지원이 비능률적인 데 기인한 질병으로 희생되었다.

　1854년과 1855년 사이의 크림반도에서의 작전은 러시아의 후진성을 너무나도 충격적으로 확인해주었다. 러시아군은 한 곳에 집중할 수가 없었다. 발트해 연안의 동맹군 작전(그것은 결코 대단하지 않았다)은 스웨덴의 개입위협과 더불어 무려 20만이나 되는 러시아군을 북방에 묶어놓았다. 다뉴브공국에서의 초기 작전과 함께 오스트리아의 개입위협이 현실화될 수도 있다는 더욱 큰 우려는 베사라비아(Bessarabia), 서부 우크라이나 그리고 러시아령 폴란드에 대한 위협을 조성했다. 코카서스에서의 투르크에 대한 전투는 병력과 보급체제에 큰 짐이 되었는데 그것은 극동지역의 러시아 영토를 방위하는 데 요구되는 부담을 방불케 하였다. 크림반도에 대한 영국과 프랑스의 공격으로 러시아 영토의 대단히 민감한 지역으로 전쟁이 번졌지만 러시아군은 그 침공을 물리칠 수 없었다.

　해상에서는 유능한 제독들이 거느리는 상당한 규모의 러시아 해군이 1853년 11월 시노페(Sinope)에서 약한 투르크 함대를 완전히 격멸하였다. 그러나 영국과 프랑스의 함대가 등장하자 상황이 뒤바뀌었다. 러시아 군함 중에는 전나무로 건조된 것들이 많았고 화력이 빈약했으며 승무원들의 훈련도 불완전하였다. 동맹군은 증기기관으로 추진되는 군함을 더 많이 가지고 있었는데 그중에는 유산탄(shrapnel shell)과 콩그리브(Congreve) 로킷을 장비한 것들도 더러 있었다. 무엇보다도 러시아의 적대국들은 보다 새로운 형태의 선박(수십척의 증기기관을 비롯한)을 건조할 수 있는 산업력을 보유하고 있었으므로 전쟁이 장기화함에 따라 그들의 우위가 더욱 커졌다.

그런데 러시아 육군의 사정은 이보다도 더 어려웠다. 일반 보병은 잘 싸웠으며 나히모프(Nakhimov) 제독의 지휘와 토틀레벤(Todtleben) 대령의 기술적 천재성으로 하여 세바스토폴(Sevastopol)을 오랫동안 방위해내는 괄목할 전과를 올렸다. 그러나 그밖의 모든 점에서 러시아 육군은 서글플 정도로 빈약하였다. 기병연대는 용맹성이 부족했고 연병장에서 길들인 말들은 고된 작전을 견디어내지 못했다(이 점에서는 비정규 코사크군이 우세했다). 게다가 러시아군의 장비는 한심스러울 정도로 빈약하였다. 동맹군의 소총은 유효사거리가 1,000야드나 되는데 러시아군의 화승총(flintlock musket)의 사거리는 겨우 200야드였다. 그러므로 러시아군은 훨씬 많은 사상자를 낼 수밖에 없었다.

무엇보다도 심각한 문제는 당면과제가 얼마나 중대한 것인가를 깨닫게 된 경우에조차도 러시아의 제도가 전반적으로 거기에 대응할 수 없다는 사실이었다. 사사로운 라이벌관계로 얽힌 군대지도층은 지도력이 빈약하여 일관된 종합전략을 엮어낼 수가 없었는데 이것은 단지 차르정부의 전반적인 무능력을 반영한 것에 다름 아니었다. 프로이센 군대가 풍부하게 확보하고 있던 것과 같은, 훈련과 교육을 쌓은 중간층 장교들의 수가 극히 적었으며 자발적인 동기에 의한 행동은 전적으로 배척되었다. 놀랍게도 국가비상시에 동원할 수 있는 예비병력이 별로 없었는데 그 까닭은 단기복무제도를 대대적으로 시행하게 되면 농노제도의 몰락을 초래하기 때문이었다.* 군대가 이런 식으로 장기 복무제를 시행한 결과 나이든 군인들이 많아졌다. 이보다도 더 치명적인 결과는 전쟁 초기에 급히 끌어모은 40만의 신병들은—그들을 훈련시킬 장교들이 없었기 때문에—전혀 훈련을 받지 못했으며 이렇게 많은 인원이 농노 노동력시장에서 이탈됨으로써 러시아 경제가 타격을 받게 된 사실이었다.

끝으로 병참과 경제적인 약점이 있었다. 모스크바 이남으로는 철도가 없었으므로(!) 나무가 없는 초원의 수백마일 길을 마차로 보급품을 실어날라야 했는데 이 초원은 봄철의 해동기와 가을철의 우기에는 진흙바다로 변했다. 더욱이 짐을 운반하는 말의 사료 소요량이 엄청났으므로(사료운반을 위한 마차가 필요하게 되는 등) 병참에 큰 노력을 들이고도 성과는 보잘것없었다. 동맹국의 군대와 증원 병력은 프랑스와 영국으로부터 배편으로 3주면 크림반도에 도착할 수 있었으나 러시아군이 모스크바로부터 일선에 도착하는 데는 3개월이 걸릴 때도 있었다. 이보다 더 놀라운 것은 러시아군의 장비재고량이 바닥났다는 사실이다. 『전쟁이 시작될 무렵에는 총의 재고량이 100만정이었다. [1855년 말에는] 겨우 9만정밖에 남지 않았다. 1,656문의 야포 가운데 사용할 수 있는 것은 253문에 불과했다.…… 화약·탄환의 재고사정은 이보다 더 심각하였다.』 전쟁이 장기화될수록 동맹군의 우위는 더욱 커졌고 영국의 해상봉쇄 때문에 새로운 무기의 도입은 불가능하였다.

그러나 해상봉쇄는 여기서 그친 것이 아니었다. 즉 곡물을 비롯한 러시아의 수출품들(육로를 통해 프로이센으로 나가는 것을 제외하고)의 유통이 차단됨으로써 러시아 정부는 막대한 금액을 차입하는 것 말고는 전쟁 자금을 마련할 방도가 없게 되었다. 평화시에도 국가수입의 4/5를 차지했던 군사비는 1853년의 약 2억 2,000만루블에서 전쟁을 치른 1854년과 1855년에는 약 5억루블로 증가했다. 어마어마한 적

---

* 육군에 2~3년 복무하면 농노의 신분을 해제해주어야 한다는 주장도 있었고 매년 소규모의 장정을 장기복무 병력으로 모병하는 것이 더욱 안전하다는 주장도 있었다.

자의 일부를 메우기 위해 러시아 재무당국은 베를린과 암스테르담에서 자금을 차입했는데 그때부터 루블화의 국제시세가 폭락했다. 나머지는 지폐를 찍어내는 방법으로 메우도록 했는데 이 때문에 대폭적인 인플레이션이 촉발되어 농민들의 소요사태가 빈발하였다. 은을 바탕으로 하는 루블화를 창출하고 모든 약속어음을 금지하려는 재무당국의 이 과감한 시도—그것은 나폴레옹전쟁과 페르시아·투르크 그리고 폴란드반란 진압작전중 「건전한 재정」을 파탄시켰다—는 이제 크림전쟁으로 완전한 실패로 끝났다. 1856년 1월 15일 황실당국자들은 만약 러시아가 아무런 성과도 없는 이 전쟁을 계속한다면 국가는 파산지경에 처하게 되리라는 경고를 받았다. 파탄을 피할 수 있는 유일한 길은 강대국과의 협상이었다.

그렇다고 해서 동맹국측으로서도 크림전쟁이 부담스럽지 않은 것은 아니었다. 그들 역시 이 전쟁은 무리가 많았으며 불쾌한 충격을 감수해야 했다. 흥미있는 점은 타격이 가장 작았던 것은 프랑스였다는 사실이다. 이 나라는 혼성세력이라는 사실 때문에 득을 보게 되었는데 산업·경제적으로는 러시아보다 덜 후진적이고 영국보다도 「비군사화(unmilitarized)」의 정도가 낮았다. 생타르노(Saint Arnaud) 장군 지휘 아래 동쪽으로 출병한 프랑스군은 북아프리카 작전 때문에 잘 무장되고 좋은 훈련을 쌓아 해외작전의 경험을 제법 갖추고 있었다. 그들의 병참·의료 지원제도는 그 무렵의 어느 나라 못지 않게 능률적이었다. 그러므로 프랑스군 장교들이 짐을 잔뜩 메고 다니는 영국군 장교들을 보고 어리둥절해한 것은 당연하였다. 프랑스 원정군은 그 규모에 있어서 단연 으뜸이었으며 전쟁중의 돌파작전은 거의 모두 그들에 의해서 이루어졌다. 그러므로 프랑스는 이 전쟁에서 나폴레옹의 유산을 어느 정도 되살린 셈이었다.

그러나 전쟁이 마지막 단계에 이르자 프랑스는 긴장된 빛을 드러내기 시작했다. 부유한 나라인데도 정부는 당장 활용할 수 있는 자금을 차입하기 위해 크레디 모빌리에(Credit Mobilier)를 비롯한 은행가들의 돈을 놓고 철도건설업자들을 비롯한 자금수요자들과 경쟁을 벌여야 했다. 금이 크림반도와 콘스탄티노플로 빠져나가는 바람에 국내가격이 치솟았다. 게다가 곡물작황이 좋지 않았다. 전쟁에서의 인명손실(10만명)이 충분히 알려지지 않았지만 전쟁에 대한 초기의 열의는 재빨리 가셨다. 인플레이션으로 인한 인민봉기는 세바스토폴의 함락 뉴스를 계기로 널리 퍼졌던 하나의 풍설을 부채질했는데 그것은 단지 영국의 이기적이고 야심적인 목적 때문에 전쟁이 장기화되고 있다는 것이었다. 그 무렵에 이르러서는 나폴레옹 3세 역시 싸움을 끝내기를 열망했다. 러시아를 응징하고 프랑스의 체면을 살렸으므로(그리고 프랑스의 국위는 파리에서 대규모 국제강화회의가 열리게 되면 더욱 선양될 것이었다) 흑해 주변의 싸움에 치중함으로써 독일문제와 이탈리아문제를 너무 멀리하게 돼서는 안되겠다는 생각이었다. 비록 1856년에 유럽의 지도를 대폭 뜯어고치지는 못할지라도 프랑스의 전도가 워털루 이후 그 어느 때보다도 밝다는 것을 나폴레옹은 확신하였다. 그 후 10년 동안 크림전쟁으로 인한 「유럽협조」체제의 분열은 그와 같은 환상을 지속시켜 주었다.

 이와는 대조적으로 영국으로서는 크림전쟁이 결코 만족스러운 것이 못되었다. 개혁을 위한 어느 정도의 노력에도 불구하고 육군은 여전히 웰링턴의 틀에서 벗어나지 못한 상태였는데 실제로 육군사령관 래글런(Raglan)은 반도전쟁 당시 웰링턴의 보좌관을 지낸 사람이었다. 기병대는 합격 수준이었으나—기병의 측면에서만 볼 때 그러하였다.—그릇 사용되는 경우가 많았으며(발라클라바〈Balaclava〉는 예외) 세바스토폴의 포위공격에는 거의 활용될 수 없었다. 군인들은 강인하게 잘 싸웠으나 비가 내리거나 겨울철을 맞았을 때 크림반도에서 따뜻한 숙소없이 지내야 하는 끔찍한 상황, 대대적으로 발생한 이질·콜레라에 대처할 수 없는 육군의 원시적인 의료지원 그리고 육상수송의 빈약한 상태는 불필요한 손실과 차질을 빚어 영국 국민들을 격분시켰다. 게다가 더 난처한 것은 영국 육군도 러시아 육군처럼 주로 수비역할에 쓰일 장기복무 병력으로 구성되어 있었으므로 전시에 동원할 수 있는 훈련된 예비병력이 없다는 사실이었다. 그런데 러시아의 경우에는 강제적으로나마 아무런 경험이 없는 신병 수십만을 징집할 수 있었지만 자유방임주의적 분위기의 영국에서는 그와 같은 징집이 불가능했으므로 정부는 크림반도의 병력보충을 위해 광고를 통한 외국인 용병모집에 호소해야 하는 난처한 입장에 처했다. 영국 육군이 프랑스 육군에게 주도권을 양보한 입장에서 제휴한 한편 영국 해군은 적의 함대가 요새화된 항구로 후퇴하여 신중하게 임하였으므로 넬슨이 쟁취했던 것과 같은 승리를 올릴 기회를 잡을 수가 없었다.

「더 타임스(The Times)」지가 군대의 비능률과 병상자들의 고충을 폭로하는 보도를 냈을 때 국민들이 터뜨린 불평에 대해 간단히 언급하고 넘어가야겠다. 그것은 정부개각 사태로 이어졌을 뿐 아니라 「전쟁에 처한 자유국가」가 겪게 되는 어려움을 에워싼 진지한 논의를 야기시켰다. 뿐만 아니라 이 전쟁으로 영국의 특이한 강점으로 여겨졌던 것들—최소한도로 제한된 정부통치, 소규모의 제국육군, 해군력에의 큰 의존, 개인의 자유와 제약되지 않는 언론의 존중, 의회와 각료 개개인의 권한—이 큰 적을 상대로 사시사철 광범한 군사작전을 수행해야 할 상황에서는 쉽사리 약점으로 바뀔 수 있다는 사실이 드러났다.

이같은 시련에 대한 영국의 반응은 (미국이 20세기의 전쟁에서 보였던 반응과 비슷하게) 과거에 소홀히 했던 것에 대한 반동으로 군대에 막대한 자금을 배정하는 형태로 나타났다. 여기에서도 교전국들의 군사비에 관한 개략적인 수치들은 전쟁의 궁극적인 결과를 설명하는 데 큰 도움이 된다 (표 11 참조).

그러나 영국인들이 분발한다 할지라도 적절한 힘의 수단들을 신속히 만들어낼 수는 없는 노릇이었다. 군사비를 배가하고, 증기기관식 선박 수백척을 발주하며, 1855년에는 원정군에게 여분의 텐트·담요·탄약을 확보해주는 한편 호전적인 파머스턴이 러시아제국을 분쇄해야 할 필요성을 역설하게 되는 사태도 가능해졌다. 그렇지만 프랑스가 강화의 방향으로 움직이고 오스트리아가 중립입장을 지키는 상황—세바스토폴이 함락한 후로 몇 달 사이에 이러한 일이 일어났다—에

〈표 11〉 크림전쟁 당시 강대국의 군사비

(100만파운드)

	1852	1853	1854	1855	1856
러 시 아	15.6	19.9	31.3	39.8	37.9
프 랑 스	17.2	17.5	30.3	43.8	36.3
영 국	10.1	9.1	76.3	36.5	32.3
투 르 크	2.8	?	?	3.0	?
사르데냐	1.4	1.4	1.4	2.2	2.5

서는 영국의 소규모 육군이 해낼 수 있는 일이란 별로 없었다. 다만 영국 국민과 정치경제가 훨씬 더 「군사화」되는 경우에만 러시아를 상대로 그런대로 단독 전쟁을 치러나갈 수 있었다. 그러나 거기에 소요될 것으로 예상되는 비용은 크림전쟁이 초래한 전략적·체제적·경제적 어려움으로 이미 불안을 느끼고 있던 정치지도자들에게는 너무나 엄청난 것이었다. 그러므로 적절한 승리라는 말에 속았다고 느끼면서도 영국인들 역시 타협을 원하였다. 이러한 모든 것들로 대다수의 유럽인(러시아인은 물론 프랑스인과 오스트리아인)은 영국의 목적과 신뢰성을 의심하게 되었고 영국 국민들은 유럽대륙의 일에 말려든 데 대해 더 더욱 역겨움을 느끼게 되었다. 그러므로 나폴레옹의 프랑스가 1856년 유럽무대의 중앙으로 진출하는 것과 때를 같이하여 영국은 서서히 옆으로 물러났다. 이같은 경향은 벵골 원주민의 반란(Indian Mutiny, 1857)과 국내의 개혁운동으로 더욱 조장되었다.

크림전쟁으로 영국이 충격을 받았다 할지라도 그 충격은 러시아의 힘과 자존심이 받은 타격—48만명의 사망자로 인한 손실은 말할 것도 없거니와—과 비교하면 아무것도 아니었다. 콘스탄틴 니콜라예비치(Konstantin Nikolayevich) 대공은 『우리는 이제 더 이상 우리 자신을 기만할 수 없다』고 말했다. 『……우리는 일등국가보다도 약하고 가난하며 더욱이 물질적으로만 가난한 것이 아니라 정신적 자원, 특히 행정문제에 있어서 가난하다』는 것이었다. 이러한 인식을 가진 러시아의 개혁자들은 갖가지 과감한 개혁을 추진하였는데 특히 주목할 것은 농노제도의 폐지였다. 그리고 알렉산드르 2세 치하에서는 그 부친의 시대에 비해 철도건설과 산업화에 박차가 가해졌다. 석탄·철강생산, 대규모 발전시설 그리고 훨씬 규모가 큰 산업체가 1860년대 이래 괄목할 만한 양상을 보였으며 러시아의 경제사가 제시하는 통계숫자들은 얼핏 보아 감명적이다.

그러나 다른 시각에서 보면 판단은 달라진다. 이 근대화는 가난하고 교육받지 못한 농민들의 높은 연간 증가율을 앞지르지는 못할망정 그것과 보조나마 같이할 수 있었는가? 그것은 그로부터 20년 동안 웨스트 미들랜드(West Midland)·루르(Ruhr)·실레지아·피츠버그에서 벌어진 폭발적인 철강생산 및 제조업생산에 필적할 수 있는 것이었는가? 러시아는 육군이 개편되고 나서도 프로이센이 곧 외부세계에 공개하게 될 「군사혁신」—이것은 다시금 국력의 양적 요소보다도 질적 요소를 중시하였다—에 상응하는 발전을 할 수 있었을까? 이러한 질문들에 대한 대답은 유럽에서의 러시아의 지위가 1815년과 1848년의 월등한 우위로부터 크게 떨어졌음을 너무나도 잘 알고 있었던 러시아 민족주의자들의 실망을 자아낼 수밖에 없었다.

미국과 남북전쟁

앞에서 언급했듯이 토크빌 이후 세계정치를 관측한 사람들은 러시아제국은 미국과 나란히 부상하였다고 느꼈다. 이들 두 나라의 정치 풍토와 체제가 근본적으로 다르다는 점은 다들 분명히 시인하는 바이지만 세계강대국의 차원에서 따질 때 두 나라는 지리적 규모, 「개방되고」언제나 유동적인 변경, 급속도로 늘어나는 인구 그리고 거의 손을 대지 않은 자원의 점에서 대단히 비슷한 데가 많아 보였다. 이러한 이야기의 상당한 부분이 근거가 있기는 하지만 19세기를 통해 미국과 러시아 사이에는 중요한 경제적 불일치점이 있어서 그것이 그들의 국력에 점차 큰 영향을 미쳤음은 엄연한 사실이다. 이러한 불일치의 첫째로 들어야 할 것은 전체 인구였는데 인구의 차이는 1816년(러시아 5,

120만, 미국 850만)에서 1860년(러시아 7,600만, 미국 3,140만)에 이르는 사이에 많이 좁혀졌다. 이보다 더 주목해야 할 것은 인구의 특성이다. 러시아 인구의 압도적인 부분은 소득과 생산이 다같이 낮은 농노들이었으나 미국인들은 자신의 농장에 살고 있거나 급속도로 팽창하는 도시에 살고 있으면서* 일반적으로 다른 나라들에 비해 높은 수준의 생활과 국민생산을 누리고 있었다. 이미 1800년 미국인들의 임금은 서유럽과 비교하여 약 1/3이 더 많았으며 이같은 격차는 더욱 벌어지지는 않았지만 19세기를 통해 유지되었다. 1850년대까지 유럽으로부터 이민이 대거 몰려왔음에도 불구하고 서부 지역에 쉽사리 활용할 수 있는 토지가 있는데다가 산업이 꾸준히 성장했으므로 노동력은 귀한 편이었고 임금은 비쌌다. 이같은 상황은 제조업자들로 하여금 노동력을 절약할 수 있는 기계설비에 투자하도록 유도하여 전반적인 생산성을 더욱 높이게 되었다. 이 신생공화국이 유럽의 세력다툼으로부터 격리되어 있었던 사실과 (먼로 독트린이 아니라) 영국 해군이 구대륙(Old World)을 신대륙에서 떼어놓기 위해 설정했던 교통차단선은 미국의 장래 부상에 대한 위협은 오직 영국 자체로부터만 올 수 있음을 의미했다. 그런데 1776년과 1812년의 쓰라린 기억과 서북부에서의 경계선 분규에도 불구하고 영국과 미국간에 전쟁이 일어날 것으로는 보이지 않았다. 영국의 자본과 제품이 미국에서 유통되고 미국 원료(특히 면화)가 영국에 유입됨으로써 쌍방의 경제가 상호유대를 긴밀히 하면서 미국 경제의 성장을 촉진시켰다. 그러므로 전략적으로 안전한 미국은 막대한 군사비에 재정자원을 투입할 필요없이 막대한 경제적 잠재력을 개발하는 데 자체(그리고 영국)의 자금을 집중투자할 수 있었다. 인디언과의 싸움이나 1846년의 멕시코와의 전쟁도 그와 같은 생산적 투자에 큰 차질을 빚지는 않았다.

  이러한 모든 것들의 결과 1861년 4월 남북전쟁이 발발하기 전에 이미 미국은 경제대국이 되었다. 다만 미국이 유럽으로부터 멀리 떨어

---

* 흑인 노예와 여전히 다수이던 인디언은 제외.

져 있었고 (해외무역보다도) 국내개발에 치중하였으며 지세가 험하였으므로 그같은 사실이 부분적으로 가려졌을 뿐이었다. 1860년 세계 제조업생산량에서 미국이 차지한 비중은 영국보다 훨씬 작았지만 이미 독일・러시아보다는 앞섰으며 프랑스를 따라잡았다. 1860년 미국의 인구는 러시아의 40%에 불과했지만 도시인구는 러시아의 2배도 더 되었으며 러시아가 35만톤을 생산하는 철을 미국은 83만톤이나 생산하고, 근대식 에너지소비는 러시아의 15배나 되었는가 하면 철도의 길이는 러시아의 30배(영국의 3배)나 되었다. 이와는 대조적으로 미국 육군의 정규병력은 겨우 2만 6,000명에 불과한데 러시아는 무려 86만 2,000명을 보유하고 있었다. 이들 두 대륙국가의 경제・군사지수가 이때처럼 크게 벌어진 적은 다시 없었던 것 같다.

물론 이후 1년만에 남북전쟁이 벌어지면서 미국인들이 군사목적에 할애한 국가자원의 양이 달라지기 시작했다. 남북전쟁의 원인과 이데올로기를 여기서 논할 것은 아니다. 그러나 전쟁에 임한 쌍방 지도층이 끝까지 싸우기로 결심하였고 쌍방이 다 같이 많은 인원을 동원할 수 있었으므로 전쟁은 오래 끌 공산이 컸다. 이같은 경향을 더욱 조장한 것은 싸움터의 광대함이었다. 즉「전선」은 버지니아 해안에서 미시시피로, 더욱이 서쪽으로 미주리와 아칸소에까지 뻗었는데 그 대부분의 지역은 숲과 산과 늪이었다. 마찬가지로 북군의 해군은 적의 항구를 봉쇄해야 했는데 그러기 위해서는 함부르크에서 제노바에 이르는 거리 정도의 해안선을 초계해야 했다. 바꿔 말해서 남군을 격멸한다는 것은 병참과 군사면에서 대단히 어려운 일이었으며 특히 군대를 최소한도로 유지하고 대규모 전쟁의 경험이 없는 사람들의 처지에서는 더욱 그러했다.

이 4년간의 전쟁이 소모적이고 엄청난 유혈을 강요하는 것이었지만 — 북군은 약 36만명을 잃었고 남군은 25만 8,000명을 잃었다* — 그러

---

* 약 1/3은 전투에서, 나머지는 주로 질병으로 죽었다. 약 62만에 달하는 전사자 총수는 양차 세계대전과 한국전쟁 당시 미국인 전사자를 합친 수보다 많으며 전체인구에 대한 비율도 훨씬 큰 것이었다.

면서도 미국이 가진 잠재적인 국력을 발동시켜 1865년 이후의 부대해산 이전 (짧은 기간이나마) 이 나라가 지구상에서 최대의 군사국으로 변신하게 했다. 아마추어에서 출발한 양측 군대는 징집에 의한 대군으로 변신하여 현대식 포신과 총신을 가진 포와 소총을 사용하며 북부 버지니아에서 포위공격전을 벌이는가 하면 철도편으로 서부 전선으로 대거 투입되기도 하고 본부와 전보로 교신하며 전시체제로 돌입한 경제에서 전쟁물자를 조달하였다. 더욱이 해군작전에는 장갑함, 회전식 포탑, 초기형태의 어뢰와 기뢰 그리고 증기기관식 쾌속정이 등장했다. 크림전쟁이나 프로이센의 통일전쟁보다 이 남북전쟁이야말로 순수한 20세기적 차원에서의 산업화한 「총력전」의 첫번째 경우였다고 할 수 있으므로 어째서 북군이 승리하게 되었는가를 살펴볼 가치가 있다.

첫째로 꼽아야 할 가장 분명한 이유는—쌍방의 의지력이 똑같다고 가정하고—자원과 인구의 불균형이었다. 남군은 바로 그 자체의 존속을 위해 (언제나) 자신의 땅에서 싸운다는 사기면에서의 강점을 누렸다는 것이 바른 이야기일 수도 있다. 그리고 승마와 사격의 경험이 있는 백인 남성들을 더 많이 동원할 수 있었다는 것과 결의에 찬 우수한 장군들이 있었고 물자부족에 대비하여 오랫동안 군수품을 비롯한 물자들을 수입할 수 있었다는 것도 맞는 말일 수 있다. 그러나 그 어느 것도 남북간의 커다란 수적 불균형을 상쇄해줄 수는 없었다. 북부의 인구는 백인 약 2,000만이었으나 남부의 인구는 겨우 600만이었다. 게다가 북군의 수는 이민(1861년에서 1865년 사이에 80만 이상이 도착)과 1862년의 흑인모병결정—예상대로 남군은 전쟁이 끝나기 몇 달 전까지 이를 꺼렸다—으로 꾸준히 증가했다. 북군의 육군에서 복무한 인원은 약 200만으로 복무병력이 절정에 달한 것은 1864~1865년으로 약 100만이었음에 반하여 남군 참전인원은 약 90만에 불과하고 병력의 최고 수준이 46만 4,500명을 넘어본 적이 없었다. 1863년 이「절정」에 도달한 이후로는 서서히 줄어들기 시작했다.

그러나 으레 그렇듯이 전쟁에서는 단지 병력이 많고 적고만이 문제가 되는 것은 아니다. 이 정도의 병력을 확보하기 위해서 남부는 지나치게 많은 사람들을 농장·광산·주물공장에서 빼냄으로써 그렇지 않아도 문제시되던 자체의 장기전 능력을 약화시키는 모험을 했다. 사실상 남군은 애당초부터 경제적으로 불리한 입장에 있었다. 1860년 북부는 11만개, 남부는 1만 8,000개 제조업체가 있었는데 남부는 그나마도 많은 제조시설을 북부의 기술과 기술인력에 의존하고 있는 실정이었다. 남부는 겨우 3만 6,700톤의 선철을 생산하고 있었으나 북부에서는 펜실베이니아에서만도 58만톤을 생산하고 있었다. 그리고 뉴욕주는 근 3억달러어치의 제품을 생산하고 있었는데 그것은 버지니아·앨라배마·루이지애나 그리고 미시시피의 생산량을 합친 것의 4배를 훨씬 넘는 것이었다. 교전 쌍방간의 이렇듯 엄청난 경제기반의 격차는 차츰 실질적인 군사력에 영향을 미치게 되었다.

예컨대 남부가(주로 하퍼스 페리〈Harper's Ferry〉에서 노획한 기계로) 만들어낼 수 있는 소총은 극히 소량이었으므로 수입품에 크게 의존한 데 반하여 북부는 국내 소총생산을 대폭 확장하여 근 170만정을 만들어냈다. 북부의 철도시설(총연장 약 2만 2,000마일로 동부에서 서남쪽으로 확산)은 전쟁중에도 운행되면서 확장되었다. 남부의 9,000마일뿐인 철도는 기관차와 차량의 공급이 여의치 않아 차츰 그 기능이 약해졌다. 마찬가지로 전쟁이 시작될 무렵에는 어느 쪽도 별반 해군이라고 할 만한 것이 없었는데 남부가 선박용 동력기관을 제조할 수 있는 공작소가 없음으로 해서 불리한 입장에 놓이게 된 것과는 대조적으로 북부는 그러한 시설 수십개를 가지고 있었다. 해상에서 북부의 우위가 확립되기까지는 시간이 걸렸지만―그렇게 되기까지는 봉쇄선을 뚫고 다니는 선박들이 유럽에서 생산된 군수품을 남부로 수송했고 남부의 쾌속정들이 북부의 상선에 큰 피해를 입혔다―남부 항구들에 대한 봉쇄는 서서히 어김없이 압축되었다. 1864년 12월 북군의 해군은 약 671척의 군함을 보유하기에 이르렀는데 이 가운데 236척의 증기기관식 선박은 전쟁이 시작된 후 건조된 것들이었다. 북부의 해군은 육군이 내륙의 큰 하천들을 장악하는 데도 중대한 기여를 했는데 특히 미시시피와 테네시강 지역에서 그러했다. 서부 전역에서 북군의 공세에 도움이 된 것은 철도와 수로에 의한 합동수송작전의 성공이었다.

끝으로 남부는 전비를 감당할 수 없는 형편이었다. 그들의 주요 소득원은 평화시의 면화수출이었다. 면화를 수출할 수 없게 되고 유럽 강국들이 전쟁에 개입해주지 않자—이것은 남부에게 실망을 안겼다—소득의 손실을 보상할 도리가 없었다. 남부에는 은행이 별로 없었고 유동자본도 거의 없는 실정이었다. 그리고 전쟁으로 토지와 노예의 생산성이 큰 타격을 받았으므로 토지와 노예에 부과되는 세금에 의한 수입도 없다시피 되었다. 외화나 그것에 대등한 것 없이는 중요한 수입품에 대해 대금을 지불하기가 어려웠지만 해외로부터의 차입도 별반 성과가 없었다. 그래서 하는 수 없이 남부의 재정당국은 지폐를 찍어내게 되었는데「넘쳐나는 종이돈이 심한 물자 품귀현상과 겹쳐 걷잡을 수 없는 인플레이션」을 야기시킴으로써 전쟁을 계속하려는 사람들의 의지력을 크게 꺾어버렸다. 이와는 대조적으로 북부는 세금과 차관을 통해 전비를 치르기 위한 자금을 항시 충분히 조달할 수 있었다. 그리고「그린백(green-back)」화 발행은 어떤 점에서는 산업과 경제의 성장을 더욱 자극하는 효과를 거두기도 했다. 북부의 생산성은 전시에 군수품·철도건설 그리고 장갑함 건조에서뿐만 아니라 농업생산에서도 괄목할 만한 증가를 거듭했다. 전쟁이 종반으로 접어들 무렵 북군의 급식상태와 보급상황은 역사상 유례없는 수준이었다. 군사작전에 대한 특별히 미국적인 접근—와이글리(R. F. Weigley) 교수의 표현대로라면「미국식 전쟁」—이 생겨났다고 한다면 그것은 남북전쟁에서 처음 형성된 것으로 북부가 적을 무찌르기 위해 산업과 기술의 막강한 잠재력을 동원 활용하면서 비롯된 것이다.

만약 이상의 서술이 근 4년간 엎치락뒤치락 하던 전쟁의 결과를 지나치게 결정론적으로 설명한 듯이 여겨진다면 남부가 당면했던 근본적인 전략적 문제를 강조해두는 것이 좋을 것도 같다. 크기와 인구에서의 불균형을 감안하건대 남부가 북부를 압도한다는 것은 있을 수 없는 일이었다. 남부가 이룩할 수 있는 최선의 성과가 있다면 그것은 북부가 강압적 정책을 포기하고 남부의 요구(노예제도의 유지나 독립 또는 이 두 가지 모두)를 받아들일 정도로 북군의 예봉과 전의를 무디게 하는 것이었다. 메릴랜드·켄터키와 같은 접경지역의 주들이 남부연방에 가입하기로 압도적인 결정을 보았던들 이러한 전략에 큰 도움이 되었겠지만 그런 일은 없었다. 그리고 영국과 같은 외부 세력이 개입하였다면 이루 헤아릴 수 없을 만큼 큰 도움을 받게 되었을 것이나 그와 같은 개입의 가능성을 믿는 것은 1860년대 초반의 영국의 정치현실을 터무니없이 오판하는 일이었다. 전반적인 군사균형이 남부에게 유리하게 전환될 수 있는 이 두 가지 가능성을 배제할 경우 남부연방이 추구할 수 있는 전략은 북부의 압력에 저항하면서 북부인들 대다수가 전쟁에 싫증을 느끼게 되기를 바라는 것 뿐이었다. 그러나 이러한 전략은 어쩔 수 없이 전쟁의 장기화를 의미하였으며 전쟁을 오래 끌면 끌수록 북부는 보다 많은 자원을 동원하여 군수품생산을 늘리고 수백척의 군함을 진수시켰으며 해상봉쇄, 버지니아 북부에서의 가차없는 군사적 압력, 서부에서의 원대한 작전 그리고 적의 영토에서의 셔먼(Sherman)의 파괴적인 진격으로 남부를 사정없이 조이게 되었다. 남부의 경제와 사기·일선 병력이 쇠진하면서―1865년 초에 이르러서는 현역 병력수가 15만 5,000명으로 줄었다―유일하게 남은 현실적인 선택은 항복뿐이었다.

독일통일전쟁

미국의 남북전쟁은 비록 유럽의 많은 군사관측자들이 연구하기는 했지만 그 특징(전쟁의 범위·혼란상태·내전)으로 말미암아 1860년대 유럽에서 벌어진 전쟁만큼 전반적인 군사발전의 길잡이는 될 수 없다. 유럽의 크림전쟁은 구식 유럽협조외교에 차질을 빚었을 뿐 아니라 「주변」국가들로 하여금 중앙무대 개입에 그다지 큰 의무감을 느끼지 않게 했다. 러시아는 굴욕적인 패배에서 회복하는 데 여러 해가 필요했고 영국은 대영제국과 국내문제에 골몰하는 쪽을 택했다. 그러므로 이로 말미암아 유럽문제들이 프랑스에 의해 좌우되는 상황이 빚어졌는데 이 과정은 인위적이었음이 후에 밝혀졌다. 크림전쟁중에 프리드리히 빌헬름 4세 치하에서 명예롭지 못한 입장에 처했던 프로이센은 이제 후계자인 빌헬름 1세와 프로이센 의회가 특히 군대개혁문제를 놓고 체제논쟁을 벌이는 바람에 진통을 겪었다. 한편 합스부르크제국은 피에몬테에 대해서는 그의 이탈리아 이권을 보존하며 프로이센에 대해서는 그의 독일 이권을 보존하려는 상호연관된 문제를 가지고 여전히 재간을 부리는 한편 국내에서는 헝가리인들의 불만을 억제하는 데 애쓰고 있었다.

이와는 대조적으로 프랑스는 나폴레옹 3세 치하에서 힘차고 자신에 넘쳐 있었다. 금융업·철도·산업이 모두 1850년대 초부터 일제히 발전을 거듭했다. 서아프리카·인도차이나 그리고 태평양지역의 식민영토도 확장되었다. 해군함대도 증강되어 (예컨대 1869년과 같이) 영국해협 너머의 영국인들을 긴장시킬 때도 있었다. 독일문제이건 이탈리아문제이건 그것을 해결하는 데는 군사적으로나 외교적으로 프랑스가 결정적인 제3의 세력으로 작용하게 되었는데 이 점은 프랑스가 피에몬테를 위해 오스트리아와의 단기 전쟁에 신속히 개입했던 1859년에 역력히 드러났다.

그렇지만 마젠타(Magenta)와 솔페리노(Solferino)전투가 합스부르크제국이 롬바르디아를 포기하게 된 데 제아무리 중요한 작용을 했다 할지라도 1859년의 사태를 예리하게 관측한 사람이라면 궁극적인 결과를 좌우한 것은 프랑스군의 탁월성이 아니라(피에몬테군의 탁월성은 더욱 아니다) 오스트리아의 군사적 무력상태였음을 깨달았을 것이다. 프랑스군이 오스트리아군보다 훨씬 많은 소총을 보유하고 있기는 했지만— 이 때문에 프란츠 요제프(Franz Joseph)황제가 당황할 정도로 수많은 사상자가 발생하였다 —프랑스군의 결함 또한 괄목할 만하였다. 의료품과 탄약의 보급부족이 심각하였고 병력동원이 주먹구구식으로 이루어졌으며 나폴레옹 3세 자신의 영도력도 미흡하였다. 당시에는 이러한 것들이 그다지 문제되지 않았는데 그것은 합스부르크 제국의 군대가 이보다 더 약하고 쥬로이(Franz Gyulai) 장군의 영도력은 더욱 한심스러웠기 때문이다. 결국 따지고 보면 군대의 효율성이란 상대적인 것이다. 이 점은 후일 합스부르크제국의 군대가 프랑스나 프로이센·러시아와는 대적할 수 없는 형편에서도 육지(1866년 쿠스토차〈Custozza〉에서)와 바다(리사〈Lissa〉에서)에서 이탈리아에 거뜬히 대처할 수 있었다는 사실로 입증되었다. 그러나 이 점은 프랑스가 장차 다른 적과의 싸움에서도 그대로 우위를 유지하리라는 확대해석으로 이어지는 것은 아니었다. 그러한 전쟁의 결과는 쌍방군대의 지도력·무기체계 그리고 생산기반의 차이에 의해 좌우될 것이었다.

산업혁명에 의해 양산된 기술이 전쟁에 비로소 실질적인 영향을 미치게 된 바로 1850년대와 1860년대 무렵 각국 군대는 유례없는 작전상의 문제에 봉착하였다. 전투에서 어떤 무기가 더 중요한가— 신형 후장식 소총으로 무장한 보병이 더 중요한가 아니면 신형 강철포신의 이동식 포를 갖춘 포병이 더 중요한가? 철도와 전신은 야전지휘에 어떠한 영향을 미치는가? 새로운 전술은 공격군에게 유리한가 아니면 방어군에게 유리한가? 이같은 질문에 대한 올바른 해답은 물론 모든 것은 상황에 달렸다는 것이다. 다시 말해서 전투 결과는 새로운 무기뿐 아니라 그것이 사용되는 지형, 군대의 사기와 전술적 능력, 보급체계의 효율성 그리고 전투의 운명을 결정하는 다른 수많은 요인들로부터도 영향을 받게 되는 것이다. 모든 것이 어떻게 작용할 것인가를 사전에 파악한다는 것은 불가능하므로 여러가지 요소들을 잘 요리하는 민첩한 요령을 갖춘 군사·정치 지도력을 갖는 것과 새로운 상황에 적응해나갈 수 있을 정도로 신축적인 군사체제를 갖추는 것이 기본적인 요인이었다. 그런데 이들 중요한 점에서 합스부르크제국이나 프랑스는 프로이센만큼 성공적이지 못했다.

얼마 후 디즈레일리(Benjamin Disraeli)로 하여금 유럽문제에서의 「독일혁명(German revolution)」이란 거창한 표현을 하게 했던 1860년대 프로이센의 「군사혁신」은 상호연관된 여러 요소 위에 바탕한 것이었다. 그 첫째는 빌헬름 1세와 국방장관이 자유당의 반대를 물리치고 강행한 독특한 단기복무제로서 3년간의 정규군 의무복무와 4년간의 예비복무에 이어 후방수비대(Landwehr)에 편입하는 것인데 이것으로 하여 완전 구성된 프로이센 육군은 매년 7번에 걸쳐 신병충원이 있었다.* 대리근무가 허용되지 않는데다가 지역수비와 「후방」업무 대부분을 후방수비대가 인수하게 되었으므로 프로이센은 인구에 비해 다른 어느 강대국보다도 많은 병력을 일선에 확보할 수 있게 되었다. 이 제도는 또한 적어도 상대적으로 높은 국민의 초등교육 수준―교육을 받지 않은 농민들로 구성된 나라에서는 급속도로 팽창하는 단기복무제가 제대로 기능하기 어렵다는 것이 거의 모든 전문가들의 공통적인 의견이다―과 그처럼 많은 군대를 다루기 위한 훌륭한 조직이 전제되어야 했다. 결국 훈련시키고, 입히고, 무장하고, 급식하고, 결정적인 싸움터로 수송하는 일을 제대로 할 수 없다면 50만이나 100만의 병력을 동원해본들 아무 소용없는 노릇이었다. 그리고 군대의 지휘관이 그렇게 많은 군대와 의사를 소통할 수 없고 그들을 지휘할 수 없다면 그것은 인력과 자원의 낭비가 될 뿐이었다.

이 군대의 관리를 맡은 것이 프로이센 총참모부였는데 이것은 대몰트케(elder Moltke)의 천재적 두뇌에 힘입어 1860년대 초의 보잘것없던 존재에서 「육군의 두뇌」로 각광받게 되었다. 이전까지 대다수 군대는 평화시에는 전투부대와 그것을 지원하는 병참・인사・공병을 비롯한 여러 병과로 구성되었다. 따라서 전쟁이 시작되고 지휘부가 설치되고 나서야 비로소 참모부가 구성되었던 것이다. 그런데 프로이센의 경우는 몰트케가 가장 우수한 육군사관생도들을 선발하여 장래 전쟁에 대비한 작전계획과 작전태세를 가르쳤다. 실제로 전쟁이 터지기 훨씬 이전에 작전계획을 수립해두고 그것을 자주 수정하곤 했다. 다른 강국들이 수행했던 역사적 작전과 아울러 모의전쟁연습에 대해서도 면밀히 검토하였다. 프로이센의 철도체제를 감독하여 병력과 보급

---

* 여기에 예외적으로 최초의 후방수비대 충원도 포함된다.

물자가 목적지까지 신속하게 수송될 수 있도록 확인하는 특별부서가 마련되었다. 무엇보다도 몰트케의 참모체제는 독자적으로 이동하면서 전투를 하면서도 언제든지 결정적인 전투지역으로 집결할 태세를 갖춘 대규모 (군단 또는 군 정도의) 병력을 다루는 작전연습을 장교단에게 애써 가르쳤다. 후방에 있는 몰트케의 사령부와 연락을 유지할 수 없는 경우에는 일선 장군들이 재량을 발휘하여 몇 가지 기본원칙에 따라 행동하는 것을 인정했다.

물론 이것은 하나의 이상적인 모델이다. 프로이센 육군은 완벽한 군대가 아니었으며 1860년대 초반에서 중반에 이르는 개혁을 단행하고 나서도 실제 전투에서 많은 어려움을 겪어야 했다. 일선 지휘관들 중에는 몰트케의 충고를 무시하고 무턱대고 조급한 공격을 하거나 그릇된 방향으로 전진하는 경우도 많았다―1866년 오스트리아 작전에서도 그와 같은 실패가 속출했다. 전술적인 차원에서도 1870년 그라브로트-선트프리바트(Gravelotte-St. Privat)에서의 프로이센 수비대의 정면공격(과 그로 인한 커다란 손실)은 어리석음을 드러낸 처사였다. 철도에 의한 보급체제가 그 자체로 성공을 보장하는 것은 아니었다. 그것은 흔히 물자를 필요로 하는 군대가 인근 전선에서 다른 데로 이동한 후에야 일선에 물자가 쌓이게 하는 사태를 빚었다. 뿐만 아니라 프로이센의 과학적인 계획수립으로 프로이센군이 항시 최선의 무기를 확보한다고도 할 수 없었다. 1866년에는 오스트리아의 포가 분명히 우위였고 1870년에는 프랑스의 샤스포 수동식 노리쇠 소총이 놀라울 정도의 우수성을 발휘했다.

프로이센의 제도에서 정말로 생각해야 할 점은 그것의 결함 유무가 아니라 총참모부가 지난날의 실패와 과오를 세심히 연구하고 그 결과에 따라 훈련과 조직·무기를 재정비했다는 사실이다. 1866년 그들 포의 약점이 드러나자 프로이센 육군은 재빨리 크루프의 신형 후장포로 바꾸었는데 이 포는 1870년에 놀라운 위력을 발휘했다. 철도보급체제에 차질이 생기자 이를 개선하기 위한 새로운 기구가 설치되었다. 마지막으로 독자적인 작전을 할 수 있는 몇 개의 군을 배치하되 서로 지원할 수 있도록 하는 것을 몰트케가 강조함으로써 비록 큰 단위의 부대가 각개 격파당하는 경우—오스트리아·프로이센 전쟁과 프랑스·프로이센 전쟁에서 실제로 일어났다—에도 전반적인 작전을 망치는 일이 없었다.

그러므로 1866년 여름 프로이센이 오스트리아에 대해 거의 모든 사람들의 예상을 뒤엎고 재빨리 승리할 수 있었던 것은 몇 가지 요인이 결합된 결과였다. 비록 하노버·작센을 비롯한 북부 주들이 합스부르크측에 가담하기는 했지만 비스마르크의 외교는 전쟁의 초기 단계에 그 어느 강대국의 개입도 봉쇄해놓았다. 그리하여 몰트케는 3개군을 서로 다른 산길로 보헤미아 평원에 출병시켜 자도바(Sadowa)에서 오스트리아군을 공격할 수 있었다. 지금 돌이켜보면 그 결과는 너무도 뻔한 것이었다. 이탈리아에서는 합스부르크제국의 군대의 1/4 이상이 필요했다(그곳에서 그들은 승리했다). 프로이센은 징병제도 덕분에 인구가 여러 적들에 비해 반도 채 안되었지만 그들과 거의 비슷한 병력을 일선에 배치할 수 있었다. 합스부르크측의 군대는 재정적인 지원이 부실했고 제 기능을 하는 참모제도가 없었으며 베네데크(Ludwig August von Benedek)의 무력한 지휘하에 있었다. 그리고 개개의 부대가 제아무리 용감하게 싸웠어도 정면충돌에서는 훨씬 우수한 프로이센군의 소총에 의해 떼죽음을 당할 수밖에 없었다. 1866년 10월이 되자 합스부르크는 베네치아를 포기하고 모든 독일내 이권에서 후퇴할 수밖에 없었는데 그 무렵 독일은 비스마르크의 북독일연방(North German Federation) 아래 재편이 상당히 진척되고 있었다.

「독일패권 싸움」은 거의 끝났다. 그러나 서유럽의 패권을 둘러싼 싸움, 즉 프로이센이냐 아니면 신경을 곤두세우면서 의구심을 키우는 프랑스이냐를 겨루기 위한 싸움은 임박하여 1860년대 후반에 이르러서는 쌍방이 승산을 따지고 있었다. 외관상으로는 여전히 프랑스측이 강해 보였다. 총인구가 프로이센보다 훨씬 많았다(비록 유럽의 독일어 사용인구가 프랑스인구보다 많았지만). 프랑스군은 크림반도·이탈리아 그리고 해외에서 경험을 쌓아왔다. 프랑스군이 가진 샤스포 소총은 세계에서 가장 우수한 것으로서 프로이센의 다발식 후장총보다 사거리가 훨씬 길었다. 또한 1분에 150발이 발사되는 신식 비밀무기 기관총(mitrailleuse)을 가지고 있었다. 프랑스 해군은 월등히 우세한데다 오스트리아-헝가리와 이탈리아의 지원을 기대할 수 있었다. 1870년 7월 드디어 프로이센의 뻔뻔함(즉 룩셈부르크의 장래와 스페인 왕위의 호엔촐레른가 계승 가능성을 에워싼 비스마르크의 우회외교)을 응징하기로 했을 때 전쟁 결과를 의심하는 프랑스인은 거의 없었다.

　프랑스가 그토록 엄청나고도 신속하게 패배 — 9월 4일이 되자 큰 타격을 받은 육군이 세단(Sadan)에서 항복하고 나폴레옹 3세는 포로가 되었으며 파리에서는 왕실 정권이 타도되었다 — 함으로써 그처럼 낙관했던 사람들은 커다란 충격을 받게 되었다. 예상과 달리 오스트리아-헝가리와 이탈리아 그 어느 쪽도 프랑스를 지원하지 않았고 프랑스 해군력은 전혀 실효성이 없음이 밝혀졌다. 그러므로 모든 것이 쌍방의 육군에 의해 좌우될 판이었는데 여기서 프로이센의 우수성이 이론의 여지없이 입증되었다. 대규모 병력을 일선으로 수송하기 위해 쌍방이 모두 철도망을 이용했지만 프랑스측의 병력동원은 훨씬 비능률적이었다. 소집된 예비병들은 이미 일선으로 떠나버린 그들의 소속 연대를 뒤쫓아가야 했으므로 병력집결이 쉽게 이루어질 수 없었다. 이와는 대조적으로 전쟁이 포고된 지 15일만에 독일의 3개군(30만을 훨씬 넘는 병력)이 자르와 알사스로 진격하였다. 샤스포 소총은 이동식 속사포를 전진배치하는 프로이센의 전술로 말미암아 그 위력을 발휘할 수 없는 경우가 허다했다. 프랑스의 기관총은 후방에 있어서 제대로 그 기능을 발휘하지 못했다. 바젠(Achille Bazaine) 장군의 무기력과 무능력은 이루 형언할 수 없었으며 나폴레옹 자신도 별로 나을 것이 없었다. 이와는 대조적으로 프로이센군의 개개 부대가 큰 실수를 저질러「혼미한 전국」속에서 커다란 손실을 당하기는 했지만 여러 군에 대한 몰트케의 원격감독과 예상치 못한 상황에 대처하기 위해 자신의 계획을 수정하려는 그의 의지력은 프랑스군이 꺾일 때까지 공격의 기세를 유지해주었다. 공화제로 바뀌고 나서도 프랑스군은 몇 달간 저항을 계속했지만 파리 주변과 프랑스 동북부 지방에 대해 독일군은 사정없이 죄어들어 왔다. 르와르군(Army of the Loire)이 성과없이 반격을 벌이고 비정규군(francs-tireurs)이 독일군을 짜증스럽게 만들기는 했지만 독자적인 강대국으로서의 프랑스의 이미지가 깨진 사실은 숨길 도리가 없었다.

프로이센 독일의 승리가 군사체제의 승리라는 것은 아주 명백했다. 그러나 하워드(Michael Howard)가 날카롭게 지적했듯이 『한 나라의 군사체제는 그 사회체제의 하나의 독립된 부분이 아니라 그 전체성의 한 국면』이다. 독일군의 파죽지세의 전진과 총참모부의 통제지휘의 배후에는 유럽의 어떤 나라보다도 근대전의 여건에 맞는 훨씬 좋은 무장과 준비태세를 갖춘 국가가 있었다. 1870년 독일국가들의 전체 인구는 이미 프랑스를 능가하였는데 다만 하나로 통일되지 않았기 때문에 이 사실이 가려져 있었을 뿐이다. 독일에는 보다 많은 철도가 부설되었고 군사목적에 활용될 수 있는 조건도 잘 갖추어져 있었다. 독일의 국민총생산과 철강생산은 당시 막 프랑스를 앞질렀다. 석탄생산은 프랑스의 2배 반이었고 근대식 에너지소비는 프랑스보다 50%가 많았다. 산업혁명 기간 독일은 크루프 철강·군수기업과 같은 대규모 업체를 많이 설립했는데 이들은 독일의 군사적·산업적 위력을 형성하는 데 기여했다. 육군의 단기복무제는 국내외 자유주의자들의 반감을 샀으나―그 무렵「프로이센 군국주의」에 대한 비판이 팽배하였다―그것은 자유방임주의적인 서방이나 후진적이고 농업적인 동방보다 전쟁목적을 위한 병력동원에는 보다 효율적인 체제였다. 그런데 이 모든 것의 배후에는 훨씬 높은 수준의 초등교육과 기술교육, 타의 추종을 불허하는 대학과 과학시설 그리고 역시 타의 추종을 불허하는 화학실험실과 연구기관들을 가진 국민이 있었다.

그 무렵 유행했던 속담을 빌리자면 유럽은 여주인(mistress)을 잃고 가장(master)을 얻은 셈이었다. 비스마르크의 놀라울 정도로 재치있는 솜씨로 강대국체제는 1870년 이후 만 2년 동안 독일의 지배하에 들어가게 되었다. 이제 모든 길은 베를린으로 통한다고 외교관들은 말했다. 그러나 누구나가 알 수 있었듯이 독일을 유럽대륙에서 가장 중요한 강대국으로 만들어준 것은 단지 수상의 영리함과 무자비함만이 아니었다. 거기에는 민족통일이 일단 이루어지자 더욱 빠른 속도로 발전을 거듭한 독일의 산업과 기술도 있었다. 게다가 독일의 과학과 교육 그리고 지방행정이 있었고 늠름한 프로이센 육군도 한몫 거들었다. 독일 제2제국이 내부의 큰 결함을 안고 있었고 그것 때문에 비스마르크가 부단히 고민하고 있었다는 사실을 외부 관측자들은 거의 눈치채지 못했다. 유럽의 모든 나라들이 이 새로 등장한 거인의 영향을 느꼈으며 심지어 고립주의적인 영국인들마저도 어느 정도까지는 그러한 느낌에 사로잡혔다. 러시아는 1870~1871년의 전쟁중 너그러운 중립적 입장을 지키면서 흑해에서 자신의 지위를 향상시키는 데 서유럽의 위기를 이용하면서도 베를린이 유럽의 세력중심이 된 사실에 분노하고 독일이 다음에는 어떤 일을 저지를 것인가를 내심 걱정하였다. 프랑스인들(교황옹호자)이 로렌에서 궤멸당한 1870년 로마를 점령한 이탈리아인들은 꾸준히 베를린 쪽으로 쏠렸다. 오스트리아-헝가리제국(Austro-Hungarian Empire, 빈이 1867년 헝가리와 타협한 이후 이렇게 불리었다) 역시 베를린 쪽으로 쏠렸다. 오스트리아-헝가리제국은 독일과 이탈리아에서 당한 손실을 발칸에서 보상받고 싶었으나 그같은 야심은 러시아를 자극할 수도 있음을 잘 알고 있었다. 끝으로 프랑스는 정부와 사회의 방대한 분야(교육·과학·철도·군대·경제)를 재검토하고 개혁의 필요를 느꼈는데 그것은 라인강 건너편의 강력한 이웃에 대해 세력균형을 회복하려는 부질없는 시도였다. 1870년은 그 당시에도 유럽역사의 분수령으로 간주되었거니와 지금 돌이켜봐도 더욱더 그것을 절감하게 된다.

반면에 거의 모든 나라가 1860년대의 혼란을 겪고 난 뒤라 한숨돌릴 필요를 느꼈고 또 정치가들이 새로운 질서 아래 조심스럽게 움직이고 있었기 때문에 강대국의 외교사는 1871년 이후 약 10년 동안 안정을 모색하는 것으로 엮어졌다. 각기 남북전쟁 이후의 재건과 메이지유신

(明治維新)의 후유증에 골몰하고 있던 미국과 일본은 모두 이전보다 더 유럽중심적인 양상을 띠게 된 이「체제」의 일부가 되지 않았다. 이제「유럽 5각체제(European pentarchy)」의 재판이 등장했지만 그 세력균형은 1815년 이후와는 크게 달랐다. 비스마르크가 영도하는 프로이센 독일은 이제 유럽에서 언제나 가장 허약했던 프로이센 대신에 가장 강하고 영향력있는 유럽국가가 되었다. 또 하나의 신흥세력으로 통일 이탈리아가 등장했지만 경제적 후진성으로 인한 절망적인 상태 (특히 석탄 부족)로 말미암아 비록 유럽외교에서 스페인이나 스웨덴 등보다는 분명히 더 큰 비중을 지니고 있었음에도 불구하고 강대국 집단에 제대로 끼어들 수 없었다. 지중해와 북아프리카에서의 자신의 요구 때문에 이탈리아는 프랑스와의 대립을 증대시키면서 견제하는 한편 독일에게 장차 유익한 동맹세력이 될 수 있는 상황으로 들어가게 되었다. 둘째로 오스트리아에 대한 해방전쟁의 유산과 서부 발칸에 대한 그 자신의 야심 때문에 이탈리아는 오스트리아-헝가리를 당황하게 만들기도 했다(적어도 비스마르크가 1882년의 오스트리아·독일·이탈리아「삼국동맹」으로 이러한 긴장상태들을 덜어주게 되기까지는 그러했다). 이같은 사실은 독일의 부상에 따른 2대「희생양」인 오스트리아-헝가리와 프랑스의 그 어느 쪽도 이제 배후에 활기찬(비록 썩 강력하지는 못할지라도) 이탈리아가 있으므로 베를린 쪽에 온 정력을 쏟을 수 없게 되었음을 의미했다. 이 때문에 오스트리아는 독일과 화해하여 결국 위성국과 같은 것이 될 수밖에 없게 된 한편 프랑스도 이탈리아라는 예측을 불허하는 적대세력이 남쪽에 도사리고 있기 때문에 장차 독일에 대한 전쟁이 벌어질 경우 국력의 상당한 부분과 동맹국의 유용성이 손상될 수밖에 없었다.

 프랑스가 고립되고, 오스트리아-헝가리가 겁에 질렸으며, 남부 독일의 중간「완충국가」들과 이탈리아가 이제 독일의 보다 큰 국가단위 (national unit) 속에 합병되었으니 독일의 더 이상의 팽창을 가로막는 큰 장애는 러시아와 대영제국이라는 독립된「주변」세력뿐인 듯 보였다. 글래드스턴(William Gladstone)의 내부개혁 치중(1868~1874)과

디즈레일리의 「제국」 및 「아시아」에 대한 치중(1874~1880) 사이에서 망설이던 영국 정부로서는 유럽의 세력균형문제가 그다지 다급한 문제가 아니었다. 그러나 러시아는 그와 달리 고르차코프(Gorchakov) 수상을 비롯한 이들은 그들의 종속국인 프로이센이 막강한 독일로 변모한 사실에 분노를 느끼고 있었다. 그러나 이와 같은 감정은 크림전쟁에서 받은 타격에서 회복해야 할 긴박한 필요성, 발칸의 러시아 이권에 대해 베를린의 지지를 확보하려는 희망 그리고 중앙아시아 이권의 회복으로 말미암아 페테르스부르크 황실과 포츠담 황실 사이에 존재했던 긴밀한 상호협조와 이데올로기적 동조와 엇갈리게 되었다. 그러나 전반적으로 볼 때 주변세력이 서부와 중부 유럽문제에 개입할 가능성은 독일이 어떻게 나오는가에 의해 크게 좌우되게 되었다. 독일제국이 이제 절정에 달한 세력임이 확실한데 굳이 개입할 필요가 없다는 것은 분명했다.

비스마르크로서는 오스트리아의 수백만 가톨릭신도를 포용하게 되고, 오스트리아-헝가리제국을 파괴하며, 복수심으로 불타는 프랑스와 불신감에 사로잡힌 러시아 사이에서 독일이 고립되게 될 「대독일」을 건설할 욕심은 없었으므로 그 점에 대해서는 다짐을 할 의향이 충분히 있었다. 그러므로 그로서는 「삼제동맹(Three Emperors League, 1873)」의 결성을 지지하는 것이 훨씬 안전한 일로 여겨졌는데 동맹관계와 유사한 이것은(「공화제」 프랑스에 대항해서) 동방 왕실과의 이데올로기적 연대감을 강화함과 동시에 발칸 이권을 둘러싼 오스트리아·러시아의 대립상태를 굳혀놓았다. 그래서 1875년의 「전쟁위기」 때 독일 정부가 프랑스에 대한 예방전쟁을 생각하고 있는 것이 아닌가 하는 시사가 나오자 영국과 특히 러시아는 유럽의 세력균형이 더 이상 바뀌는 데 대해서는 강력한 반대가 있을 것임을 경고했다. 그러므로 독일은 대외 외교적 이유와 함께 국내 정치적 이유 때문에 1871년에 설정된 경계선 안에 머물게 되었는데 — 이것을 가리켜 일부 역사가들은 「반패권적 세력(half-hegemonial power)」이라 일컫는다 — 이 상태는 군사적·산업적으로 성장하고 비스마르크 이후의 지도층이 또다시 기존 판도를 문제삼기 시작할 때까지 계속되었다.

그러나 다음 단계의 변천에 대해서는 장을 바꾸어 살펴야 한다. 왜냐하면 1870년대와 1880년대로 이어지는 시기에는 비스마르크 자신의 외교가 독일의 이익에 필수적인 현상유지를 보장해주었기 때문이다. 그의 이같은 노력을 부분적으로나마 도와준 것은 1876년 투르크가 불가리아의 기독교도를 학살하고 이에 대해 러시아가 군사적으로 대처하면서 해묵은 「동방문제」가 재연되어 주의의 초점이 라인으로부터 콘스탄티노플과 흑해로 옮겨진 사실이었다. 다뉴브강 하류지역이나 다르다넬스해협에서 전쟁이 터졌을 때 그 위기가 전면적인 강대국 전쟁으로 확대되도록 방치한다면 독일에게도 위험스러운 것이 될 수 있음이 사실이었고 1878년 초까지는 그러한 가능성이 다분히 보였다. 그러나 베를린회의(Congress of Berlin)에서 타협을 보도록 모든 강대국들을 유도한 「정직한 중재자」로서의 비스마르크의 외교적 수완은 위기의 평화적 해결을 요구하는 압력을 강화했고 유럽문제에서 독일이 차지하게 된 중심적인 — 그리고 균형유지 — 지위를 다시금 부각시켰다.

그러나 1876~1878년의 동방위기도 독일의 상대적 지위에 큰 영향을 미쳤다. 흑해의 소규모 러시아 함대가 투르크에 대해 훌륭한 작전을 폈지만 러시아 육군의 1877년의 작전은 크림전쟁 이후의 개혁이 실효성이 없는 것이었음을 드러냈다. 용감성과 수적 우위로 불가리아와 코카서스 지역에서 투르크군에 대해 궁극적인 승리를 거두기는 했지만 「적진정찰에 대한 터무니없는 소홀, 부대간의 상호조정의 결여 그리고 고위지휘층의 혼란」을 드러낸 예가 너무도 많았다. 그리고 영국과 오스트리아가 투르크측에 가담해 개입할 기세를 보이자 러시아 정부는 다시금 파탄 가능성을 의식한 나머지 1877년 말이 되자 자신의 요구를 놓고 타협을 받아들였다. 이 굴욕적인 타협을 공식화했던 베를린회의를 주재했다 해서 훗날 범슬라브주의자들이 비스마르크를 비난하였지만 페테르스부르크의 엘리트 중에는 베를린과 좋은 관계를 유지 — 그리고 1881년에는 개정된 형식의 3황제간 양해를 재설정 — 해야 할 필요성을 그 어느 때보다 절감한 이들이 많았다는 사실에는 변함이 없었다. 또한 빈이 위기가 고조에 달한 1879년 비스마르크의 지배를 벗어날 기세를 보였지만 그 이듬해 오스트리아와 독일의 비밀동맹은 뒤에 이루어질 1881년의 삼제동맹과 1882년의 독일·오스트리아·이탈리아의 삼국동맹과 마찬가지로 오스트리아를 다시금 독일 아래 묶어놓았다. 더욱이 이 모든 협약들은 체약국들을 프랑스로부터 떼어놓아 어느 정도 독일에 종속되게 하는 효과를 거두었다.

끝으로 1870년대 말의 사건들은 근동지역과 아시아에서의 영국과 러시아간의 해묵은 라이벌관계를 다시금 조장했는데 이 반목으로 양국은 독일의 우호적 중립을 바랐으며 일반의 주의가 알사스·로렌과 중부 유럽에서 더욱 멀어졌다. 이같은 경향이 1880년대에는 더욱 농후해져서 잇달아 일어난 사건들—프랑스의 튀니스 합병(1881), 영국의 이집트 개입(1882), 적도 아프리카를 에워싼 대대적인「쟁탈전」(1884년 이래) 그리고 아프가니스탄을 에워싼 영국·러시아간의 전쟁위기의 재연(1885)—이 한결같이「신제국주의」시대의 도래를 부각시켰다. 서양 식민지주의의 이같은 새로운 폭발에 따른 장기적인 효과로 강대국 가운데 여러 나라의 지위가 크게 달라지게 되지만 단기적인 결과는 유럽에서의 독일의 외교력을 부각시키면서 현상유지를 꾀하는 비스마르크의 노력을 돕는 것으로 나타났다. 비록 1880년대에 그가 엮어낸 조약들과 거기에 대항하는 조약들은 복잡한 체제 때문에 영속적인 안정성을 갖지는 못했지만 그런대로 가까운 장래 동안은 유럽강대국간의 평화를 보장해주는 듯이 보였다.

결 론

미국 남북전쟁을 제외하고는 1815년과 1885년 사이에 상호피폐로 이어진 장기전은 없었다. 1859년의 프랑스·오스트리아전쟁이나 1877년 투르크에 대한 러시아의 공격과 같은 이 시기의 소규모 전쟁들은 강대국체제에 이렇다 할 영향을 미치지 못했다. 심지어 보다 중요했던 전쟁마저도 몇 가지 점에서는 제한된 것이었다. 크림전쟁은 주로 지역적인 전쟁이었으며 영국의 자원이 총동원되기 이전에 종결되었다. 그리고 오스트리아·프로이센전쟁과 프랑스·프로이센전쟁도 한철 작전으로 끝났는데 이는 훨씬 오래 끌었던 18세기의 전쟁과 뚜렷한 대조를 이루는 점이다. 그러므로 군사지도자들과 전략전문가들이 미래의 강대국 전쟁은 1870년 프로이센이 보여줬던 것과 같은 속전속결—철도와 병력동원계획, 신속한 공세를 위한 총참모부의 계획, 속사화기와 대량동원된 단기복무병력 등이 결합되어 몇 주 안에 적을 압도하는 작전을 전개했다—을 바탕으로 하리라고 전망한 것은 당연하였다. 신형 속사화기들은 적절히 사용되기만 한다면 공격전보다도 방어전에 이로우리라는 점을 그 당시에는 미처 깨닫지 못했다. 뿐만 아니라 서로 용인할 수 없는 대중적 주의주장과 광대한 지역이라는 사정이 맞물려 그 당시 유럽의 어떤 치열했던 단기전보다도 훨씬 길고 치명적인 전쟁이 될 수밖에 없었던 미국 남북전쟁이 의미하는 바를 제대로 인식하지 못했다.

그렇지만 이 전쟁들은 모두—테네시계곡·보헤미아 평원·크림반도 혹은 로렌의 들판에서건간에—하나의 일반적인 결론을 시사했다. 즉 패전국들은 19세기 중엽의「군사혁신」을 받아들여 새로운 무기를 채택하고, 대규모 군대를 동원하여 무장시키며, 철도·기선·전신에 의한 개량된 커뮤니케이션을 활용하는 한편 군대를 지탱하기 위한 생산적인 산업기반을 확립하는 노력을 소홀히 한 나라들이라는 점이었다. 이 모든 전쟁의 승전국측 장군들과 군대가 전투에서 한심스런 실수를 저지르기도 했지만 그러한 실수로 훈련된 병력·보급·조직 및 경제기반에서 갖는 이점이 상쇄되지는 않았다.

여기서 1860년 이후의 한 시기에 대한 최종적이고 보다 일반적인 관찰을 하게 된다. 이 장 첫머리에서 지적했듯이 워털루전투 이후의 반세기는 국제경제의 꾸준한 성장, 산업발전과 기술발전으로 인한 대폭적인 생산증가, 강대국체제의 상대적 안정성과 국지적인 단기전의 발발로 특징지어진다. 게다가 육군과 해군의 무장이 어느 정도 현대화되기는 했지만 군대에서의 새로운 발전은 산업혁명과 정치체제의 변화에 민감한 민간 부문의 발전에는 크게 못미치는 것이었다. 이 반 세기 동안의 변천에서 1차적으로 혜택을 입은 것은 영국이었다. 생산력과 세계적 영향력을 가지고 따질 때 영국은 1860년대 후반에 절정에 달했던 것 같다(비록 제1차 글래드스턴 내각의 정책으로 인해 이 사실이 흐려지는 경향이 있지만). 1차적으로 손해를 본 것은 유럽 밖의 산업화되지 않은 농업사회로서 이들은 서양의 제품이나 군사적 침공을 당해낼 수가 없었다. 똑같은 근본적인 이유 때문에 산업화가 뒤진 유럽의 강대국들 ― 러시아·합스부르크제국 ― 은 본래의 지위를 상실하기 시작했고 새로 통일된 국가인 이탈리아는 도저히 일등국가에 끼어들지 못했다.

  더욱이 1860년대부터는 이러한 경향이 더욱 농후해졌다. 세계무역량이 증가하고 더 중요한 점으로는 제조업생산량의 증가가 가속화했는데 이전에는 영국과 유럽대륙의 일부 지역 그리고 북아메리카에만 국한되어 있던 산업화가 다른 지역에도 변화를 가져오기 시작했다. 이로 말미암아 특히 1870년에 이미 세계산업생산의 13%를 차지했던 독일과 그 당시 이미 23%나 차지했던 미국의 지위가 향상되었다. 이처럼 그것을 눈치챌 수 있는 사람은 거의 없었지만 19세기 말까지 대두하고 있던 국제체제의 주요 특징은 이미 그때 나타나고 있었다. 반면에 1815년의 협조체제 이후 비교적 안정되었던 5각체제는 1860년대 들어 그 구성국들이 수십년 전에 비해 서로 싸우려는 의향을 가지게 되었을 뿐 아니라 이들 가운데 일부가 다른 나라들보다도 2, 3배나 힘이 강했기 때문에 해체되는 운명을 맞게 되었다. 또 한편으로는 유럽 자체의 근대 제조업생산의 독점이 붕괴되어 대서양 너머로 갈라져 나갔다. 증기기관·철도·전기를 비롯한 근대화의 수단들은 그것을 채택하려는 의지와 자유가 있는 사회라면 그 어느 사회에든지 혜택을 주었다.

  비스마르크가 유럽외교를 주름잡던 1871년 이후의 시기에 큰 전쟁이 없었음은 1850년대와 1860년대의 분열에 이어 새로운 균형이 이루어졌음을 시사하는 것일 수도 있다. 그런데도 육군·해군과 외무부서가 큰 역할을 하던 세계에서 벗어나 원대한 산업발전과 기술발전이 진행되면서 그 어느 때보다도 빠른 속도로 세계의 경제균형이 바뀌어가고 있었다. 그리고 그와 같은 생산·산업기반의 변화는 멀지 않아 강대국의 군사력과 외교정책에 영향을 미치게 되었다.

5

양극세계의 도래와「중위권 국가」의 위기 Ⅰ : 1885~1918

　1884~1885년 겨울 세계의 강대국들은 몇몇 작은 나라들과 더불어 무역, 항해, 서아프리카와 콩고(Congo)의 경계선문제 그리고 아프리카에서의 효율적 점령원칙에 대한 보다 일반적인 합의를 위해 베를린에서 회동했다. 베를린 서아프리카회의(Berlin West Africa Conference)는 여러 모로 세계문제에 대한 구유럽(Old Europe) 지배의 절정을 상징하는 것이었다. 일본은 이 회의의 참가국이 아니었다. 급속도로 근대화를 이루기는 했지만 일본은 여전히 서양에서는 이색적인 후진국으로 간주되었다. 일본과는 달리 미국은 이 회의에 참석했는데 그것은 베를린회의에서 토의된 무역과 항해의 문제들이 미국의 해외 이권과 관계가 있다는 워싱턴의 견해가 있었기 때문이다. 그러나 거의 모든 점에서 미국은 국제무대 밖에 머물렀으며 1892년에 이르러서야 유럽 강대국들이 워싱턴에 파견한 그들의 외교사절을 공사에서 대사급으로 승격시켰는데 이것은 미국이 일등국가임을 승인하는 것이었다. 러시아도 이 회의에 참석했다. 그러나 러시아의 경우 아시아에

는 상당한 이권을 가지고 있었으나 아프리카에는 이렇다 할 이권이 없었다. 사실상 러시아는 이 회의에 초청될 국가들의 후보 명단에 올라 있었으며 회의에서도 대체로 영국에 대해 프랑스의 입장을 지지하는 것 말고는 아무런 역할도 하지 않았다. 그러므로 이 회의의 초점은 영국・프랑스・독일의 삼각관계였으며 가장 중요한 인물은 비스마르크였다. 지구의 운명은 당시 1세기 이상에 걸쳐 장악해온 자가 여전히 장악하고 있는 것처럼 보였는데 그것은 바로 유럽의 수상들이었다. 만약 회의가 콩고문제가 아니라 오토만제국의 장래를 다루었다면 분명히 오스트리아-헝가리나 러시아와 같은 나라들이 보다 큰 역할을 했을 것이다. 그러나 설사 그렇더라도 그 당시 이론의 여지가 없는 것으로 간주되던 세계의 중심은 유럽이라는 엄연한 사실을 부인할 수는 없었다. 러시아의 장군 드라기미로프(Mikhail Dragimirov)가 『극동문제들은 유럽이 결정한다』고 언명한 것은 바로 이 무렵의 일이었다.

다음 30년 동안 — 강대국체제의 역사에서 보면 그것은 실로 짧은 기간이었다 — 바로 그 유럽대륙이 자체 분열을 겪으면서 일부 국가는 붕괴 직전상태에 처하게 되었다. 그로부터 다시 30년이 지나자 그 종말은 일단락되었다. 대륙의 대부분이 경제적으로 황폐하고 일부 지역은 폐허가 되면서 워싱턴과 모스크바의 정책결정자들에 의해 바로 그 장래가 좌우되는 상황을 맞게 된 것이다.

1885년 당시 아무도 60년 후에 유럽을 휘몰아칠 그와 같은 몰락과 폐허의 물결을 정확히 예측할 수 없었음이 분명하지만 19세기 말의 예리한 관측자들 중에는 세계 역학관계의 추세를 감지한 사람들이 많았다. 특히 지식인과 언론인이 그러했는데 현실적인 정치가들도 다원적인 속류 생존경쟁이론으로 성공과 실패, 성장과 퇴보를 들먹였다. 더군다나 적어도 1895년이나 1900년이 되자 미래의 세계질서가 이미 그 형태를 드러내기 시작하였다.

이같은 미래에 대한 예감에서 가장 주목할 만한 특징은 미국과 러시아가 장차 세계의 양대 강대국이 될 것이라는 토크빌의 생각이 되살아난 것이었다. 이 견해는 크림전쟁에서 러시아가 참패하고 1877년 투르크에 대한 전쟁에서 초라한 전과를 보인 시기와 미국이 남북전쟁 그리고 재건과 서부로의 팽창으로 인해 내부의 일에 골몰했던 그 이후의 몇십년 동안에는 무력한 것이 되어버렸다. 그러나 19세기 후반 미국의 산업・농업의 팽창과 아시아에서의 러시아의 군사팽창에 불안을 느낀 유럽의 여러 관측자들은 20세기의 세계질서가 그 당시 유행했던 표현을 빌리자면 러시아의 채찍과 미국의 돈주머니에 의해 지배될 것이라고 우려했다.

신중상주의적 무역사상이 다시금 평화적인 코브던주의적 자유무역사상을 압도하게 됨으로써 경제력의 변화가 정치적・영토적 변화도 가져온다는 주장이 이전보다 한결 강화되었다. 심지어 신중한 사람으로 통했던 영국 수상 솔즈베리경(Lord Robert Gascoyne-Cecil Salisbury)마저도 1898년 세계가 「생존하는(living)」 국가와 「죽어가는(dying)」 국가로 갈라지고 있음을 시인했다. 1894~1895년 청・일전쟁에서의 중국의 패배, 1898년의 단기전에서 스페인이 미국에게 당한 굴욕 그리고 나일강 상류의 파쇼다사건(Fashoda incident, 1898~1899)에서의 프랑스의 후퇴는 모두 국가의 운명도 동물세계와 마찬가지로 「적자생존」의 원리에 의해서 좌우된다는 것을 보여주는 증좌로 간주되었다. 강대국 전쟁은 이제 더 이상 — 1830년이나 심지어 1860년의 경우와 같이 — 유럽문제만을 가지고 벌어지는 것이 아니라 전세계의 시장과 영토를 놓고 벌어졌다.

그러나 만약 미국과 러시아가 그 크기와 인구로 하여 미래의 강대국이 된다고 한다면 다른 어떤 나라들이 그 대열에 끼어들게 될 것인가? 「세계 3대 제국론(theory of the Three World Empires)」 — 다만 3개(혹자의 견해로는 4개)의 가장 크고 가장 힘있는 국민국가만이 살아남을 것이라는 일반적인 견해 — 은 많은 제국주의 정치가들에게 영향을 미쳤다. 영국의 식민지장관 조지프 체임벌린(Joseph Chamberlain)은 1897년 어떤 모임에서 이렇게 말했다. 『내가 보기에는 시대의 조류에 따라 모든 힘이 큰 제국의 수중에 집중되고 군소 왕국들 — 비진보적인 국가들 — 은 이등국으로 종속적인 위치로 전락하게 될 것이다.』「러시아·영국·미국·독일의 세계 4대 강대국」에 독일이 끼어들기 위해서는 해군력을 강화해야 한다고 티르피츠(Alfred von Tirpitz) 제독은 빌헬름황제에게 촉구했다. 『전진하지 않는 자는 뒤로 처지고 뒤로 처지면 몰락하게』되므로 프랑스도 일어서야 한다고 다르시(Monsieur Darcy)는 경고했다. 오랫동안 기반을 다져온 강대국인 영국·프랑스·오스트리아-헝가리가 당면한 문제는 기존 국제체제에 대한 새로운 도전 속에서 자신의 지위를 유지해나갈 수 있는가 하는 점이었다. 그리고 신흥세력인 독일·이탈리아·일본의 경우에는 독일이「세계정치상의 자유(world-political freedom)」라고 일컫던 것을 더 늦기 전에 확보할 수 있을 것인가 하는 것이 문제였다.

  19세기가 끝나갈 무렵 인류 전체가 이같은 생각에 골몰하고 있었던 것은 물론 아니었다. 많은 사람들은 국내문제와 사회문제에 훨씬 큰 관심을 쏟았다. 많은 사람들이 평화적 상호협력이라는 자유주의적이고 방임주의적인 사상를 고수하고 있었다. 그럼에도 불구하고 집권 엘리트·군부 그리고 제국주의 단체들 사이에서는 투쟁, 변화, 경쟁, 힘의 사용 그리고 국력앙양을 위한 국가자원의 동원을 강조하는 세계관이 유행하였다. 세계의 후진 지역들이 재빨리 분할되었는데 그것은 일의 시작에 불과하였다. 합병할 영토가 거의 없다시피 된 상황에서 지정학자 매킨더경(Sir Halford Mackinder)은 팽창주의 대신 능률과 국내개발이 근대국가의 주요 목표가 되어야 한다고 주장했다. 『보다 큰 지리적 보편화와 보다 큰 역사적 보편화 간에』종래보다 훨씬 긴밀한 상호관계가 형성되어 자원이 적절하게 활용되기만 한다면 크기와 수효가 국제균형에 보다 정확하게 반영될 것이었다. 수억의 농민을 가진 나라는 대수로운 존재가 아니었다. 반면에 근대국가일지라도 충분한 산업기반과 생산기반을 갖추지 않으면 쇠퇴할 것이었다. 영국의 제국주의자 에이머리(Leo Amery)는 『산업기반이 가장 큰 나라가 가장 성공적인 나라가 될 것이다. 산업력과 발명·과학의 힘을 가진 국민이 다른 모든 국민을 물리치게 될 것이다』라고 경고했다.

* * *

  그후 반 세기 동안 펼쳐진 국제정세의 역사는 대부분 이같은 예언을 입증해주었다. 유럽 안팎에서 세력균형의 극적인 변화가 일어났다. 지난 날의 제국들이 몰락하고 새로운 제국들이 부상했다. 1885년의 다극세계가 일찍이 1943년에는 양극세계(bipolar world)로 바뀌었다. 국제분쟁이 치열해져서 19세기 유럽에서 벌어졌던 제한된 전쟁과는 전혀 다른 전쟁으로 발전했다. 과학과 기술로 뒷받침되는 제조업생산성은 국력의 중요한 부분이 되었다. 제조업생산의 국제분포에 나타난 변동은 군사력과 외교적 영향력의 변화에 반영되었다. 개개인은 여전히 중요한 존재였지만—레닌과 히틀러와 스탈린이 등장했던 세기에 누가 그렇지 않았다고 말할 수 있겠는가—그들은 다만 강대국의 생산력을 좌우하며 그것을 재편성할 수 있었기 때문에 권력정치상 중요했던 것이다. 그리고 나치 독일의 운명이 보여주었듯이 전쟁에 의한 세계적인 힘의 과시는 지도자의 야심을 성취시키기 위한 산업·기술의 힘과 그것을 바탕으로 하는 군사무기를 제대로 갖추지 못한 나라에게는 그 어느 나라를 막론하고 무자비하였다.

  60년에 걸친 강대국 전쟁의 큰 윤곽은 1890년대에 이미 시사되었지만 개별 국가의 성패는 아직 판가름나지 않은 상태였다. 분명히 국가가 생산력을 유지하고 확대시킬 수 있는가에 많은 것이 달려 있었다. 그러나 언제나 그러하듯이 불변의 조건인 지리적 위치도 크게 좌우했다. 국가가 국제적 위기의 중심부 가까이 위치하고 있는가 아니면 외곽에 위치하고 있는가? 그 국가는 외부의 침공으로부터 안전한가? 2개나 3개 전선에 걸쳐 동시에 대치해야 하는가? 국민적 단합, 애국심 그리고 국가가 국민에 대해 행사하는 지배력도 중요했다. 사회가 전쟁의 긴장을 견디어내는가 하는 것은 내부 구성에 의해 크게 좌우될 것이었다. 그것은 또 동맹정치와 결단에 의해서 좌우될 수도 있었다. 그 나라가 큰 동맹체의 일부로 싸우는가 아니면 단독으로 싸우는가? 처음부터 전쟁에 가담했는가 아니면 중도에 참전했는가?

이전에 중립적이었던 다른 나라들이 적측에 가담하여 참전했는가?

이와 같은 질문들은「양극세계의 도래와 중위권 국가」의 위기를 제대로 분석하기 위해서는 서로 다르면서도 상호작용하는 세 가지 점을 고려할 필요가 있음을 말해주는데, 그 첫째는 한 국가가 물질적으로 강화(또는 약화)될 때의 군사·산업생산 기반의 변화이고, 둘째는 이 같은 세계균형의 광범한 변화에 대한 개별 국가의 반응에 영향을 미친 지정학적·전략적·사회문화적 요인들이며, 세째는 20세기 초의 동맹전쟁의 승패에도 영향을 미친 외교적·정치적 변화이다.

세계 세력균형의 변동

세기 말의 국제정세 관측자들은 경제와 정치의 변동속도가 가속화하고 있어서 국제질서가 이전보다 불안정해질 공산이 크다는 데에 의견을 같이했다. 세력균형의 변동은 언제나 불안정을 낳았고 흔히 전쟁으로 이어졌다. 투키디데스(Thucydides)는「펠로폰네소스전쟁(The Peleponnesian War)」에서『전쟁을 불가피하게 한 것은 아테네의 세력팽창과 그로 인해 스파르타인이 가지게 된 두려움이었다』고 지적했다. 그러나 19세기의 마지막 25년 동안 강대국체제에 영향을 미치는 변화들이 보다 널리 번졌고 변화의 속도도 이전보다 빨라졌다. 세계적인 무역과 커뮤니케이션 — 전신·기선·철도·현대식 보도매체 — 은 과학과 기술의 새로운 발전, 즉 제조업생산의 새로운 발전이 수년 안에 한 대륙에서 다른 대륙으로 이전될 수 있음을 의미했다. 길크리스트(Gilcrist)와 토머스(Thomas)가 1879년 값싼 인광석을 강철로 전환시키는 기술을 발명한 지 5년만에 서유럽과 중부 유럽에서는 84개의 기초 전로(converter)가 가동되었고 곧이어 대서양을 건너 보급되었다. 그 결과는 단지 한 나라의 강철생산량의 변화에 그치지 않고 군사적 잠재력에도 큰 변화를 가져올 수 있음을 의미했다.

이미 본 바와 같이 군사적 잠재력(military potential)은 군사력(military power)과 동일한 것이 아니다. 경제대국이 정치문화적 이유나 지리적 안전보장의 이유로 군사소국(military pigmy)이기를 원하는가 하면 대단한 경제적 자원을 갖지 않은 나라가 그 사회를 동원하여 강력한 군사대국이 되는 수도 있다. 「경제력=군사력」의 단순한 등식에 대한 예외는 다른 시기와 마찬가지로 이 시기에도 존재하므로 아래서 논할 필요가 있다. 그러나 산업화된 현대 전쟁의 시대에는 경제와 전략의 관계가 더욱 밀접해진다. 1880년대와 제2차세계대전 사이에 국제세력균형에 영향을 미친 어떠한 장기적인 변동이 있었는가를 이해하기 위해서는 경제지수를 살펴볼 필요가 있다. 이 자료들은 전쟁수행능력을 평가할 목적으로 선택된 것이므로 이 목적에 도움되지 않는 잘 알려진 자료 일부*는 포함되지 않았다.

인구의 규모 그 자체는 믿을 만한 힘의 척도가 아니지만 〈표 12〉는 적어도 인구통계학적으로는 러시아와 미국이 어떻게 다른 종류의 강대국으로 간주될 수 있으며 어떻게 독일과 (나중에는) 일본이 다른 나라들과 구별되기 시작하는가를 보여준다.

〈표 12〉의 기초자료를 다루는 데는 두 가지 방법이 있다. 첫째는 한 나라의 전체 인구를 도시지역인구(표 13 참조)와 비교하는 것이다. 그

〈표 12〉 강대국의 전체인구, 1890~1938

(100만)

	1890	1900	1910	1913	1920	1928	1938	
1 러시아	116.8	135.6	159.3	175.1	126.6	150.4	180.6	1
2 미국	62.6	75.9	91.9	97.3	105.7	119.1	138.3	2
3 독일	49.2	56.0	64.5	66.9	42.8	55.4	68.5	4
4 오스트리아-헝가리	42.6	46.7	50.8	52.1	—	—	—	
5 일본	39.9	43.8	49.1	51.3	55.9	62.1	72.2	3
6 프랑스	38.3	38.9	39.5	39.7	39.0	41.0	41.9	7
7 영국	37.4	41.1	44.9	45.6	44.4	45.7	47.6	5
8 이탈리아	30.0	32.2	34.4	35.1	37.7	40.3	43.8	6

---

* 예컨대 세계무역에서 차지하는 비중과 같은 자료는 해양·무역국가의 지위를 불공정하게 과장할 뿐 아니라 상당한 자급자족능력을 지닌 국가의 경제력을 과소평가한다.

것은 도시인구가 보통 산업·상업 근대화의 중요한 지표가 되기 때문이다. 둘째는 그것을 기준 국가(benchmark country)인 영국과 대비해 산정한 1인당 산업화수준과 상호비교하는 것이다(표 14). 이 두 가지 검토는 시사하는 바가 대단히 많으며 상호보완하는 경향이 있다.

⟨표 13⟩과 ⟨표 14⟩의 수치들을 세밀하게 분석하지 않은 단계에서도 몇 가지 개괄적인 일반론을 얻을 수 있다. 일단 도시인구의 규모와 산업화의 정도와 같은 「근대화」의 척도들을 살펴 보면 거의 모든 나라의 지위가 ⟨표 12⟩에 나타나는 것과는 현저하게 달라진다. 러시아는 적어도 1930년대의 산업팽창시가 되면 수위에서 말미로 처지게 되고 영국과 독일의 서열은 높아지며 인구가 많으면서 고도의 산업화를 이룩한 미국의 독특한 지위가 주목을 끌게 된다. 이 시기의 초에 벌써 강대국 가운데 가장 강한 나라와 가장 약한 나라의 격차는 절대적으로나 상대적으로나 큰 것이었다. 제2차세계대전 직전까지도 여전히 큰 격차가 존속했다. 근대화의 과정에서 이들 국가 모두가 똑같은 「단계들」을 거쳤을 수도 있다. 그러나 그렇다고 해서 힘의 측면에서 따질 때 각국

⟨표 13⟩ 강대국의 도시인구와 전체인구에 대한 비율, 1890~1938

(100만)

	1890	1900	1910	1913	1920	1928	1938	
1 영국 (1)	11.2 (29.9%)	13.5 (32.8%)	15.3 (34.9%)	15.8 (34.6%)	16.6 (37.3%)	17.5 (38.2%)	18.7 (39.2%)	5 (1)
2 미국 (2)	9.6 (15.3%)	14.2 (18.7%)	20.3 (22.0)	22.5 (23.1%)	27.4 (25.9%)	34.3 (28.7%)	45.1 (32.8%)	1 (2)
3 독일 (4)	5.6 (11.3%)	8.7 (15.5%)	12.9 (20.0%)	14.1 (21.0%)	15.3 (35.7%)	19.1 (34.4%)	20.7 (30.2%)	3 (3)
4 프랑스 (3)	4.5 (11.7%)	5.2 (13.3%)	5.7 (14.4%)	5.9 (14.8%)	5.9 (15.1%)	6.3 (15.3%)	6.3 (15.0%)	7 (7)
5 러시아 (8)	4.3 (3.6%)	6.6 (4.8%)	10.2 (6.4%)	12.3 (7.0%)	4.0 (3.1%)	10.7 (7.1%)	36.5 (20.2%)	2 (5)
6 이탈리아 (5)	2.7 (9.0%)	3.1 (9.6%)	3.8 (11.0%)	4.1 (11.6%)	5.0 (13.2%)	6.5 (16.1%)	8.0 (18.2%)	6 (6)
7 일본 (6)	2.5 (6.3%)	3.8 (8.6%)	5.8 (10.3%)	6.6 (12.8%)	6.4 (11.6%)	9.7 (15.6%)	20.7 (28.6%)	3 (4)
8 오스트리아-헝가리 (7)	2.4 (5.6%)	3.1 (6.6%)	4.2 (8.2%)	4.6 (8.8%)	—	—	—	

〈표 14〉 1인당 산업화수준, 1880~1938

(1900년의 영국=100)

	1880	1900	1913	1928	1938	
1 영국	87	[100]	115	122	157	2
2 미국	38	69	126	182	167	1
3 프랑스	28	39	59	82	73	4
4 독일	25	52	85	128	144	3
5 이탈리아	12	17	26	44	61	5
6 오스트리아	15	23	32	—	—	
7 러시아	10	15	20	20	38	7
8 일본	9	12	20	30	51	6

〈표 15〉 강대국의 철강생산, 1890~1938

(100만톤, 1890년은 선철생산량, 그 이후는 강철생산량)

	1890	1900	1910	1913	1920	1930	1938
미 국	9.3	10.3	26.5	31.8	42.3	41.3	28.8
영 국	8.0	5.0	6.5	7.7	9.2	7.4	10.5
독 일	4.1	6.3	13.6	17.6	7.6	11.3	23.2
프 랑 스	1.9	1.5	3.4	4.6	2.7	9.4	6.1
오스트리아헝가리	0.97	1.1	2.1	2.6	—	—	—
러 시 아	0.95	2.2	3.5	4.8	0.16	5.7	18.0
일 본	0.02	—	0.16	0.25	0.84	2.3	7.0
이 탈 리 아	0.01	0.11	0.73	0.93	0.73	1.7	2.3

이 똑같은 정도의 혜택을 입게 되었음을 의미하지는 않는다.

강대국간의 중요한 차이는 산업생산성에 관한 세부적인 자료를 검토해보면 더욱 명백하게 드러난다. 철강생산은 산업화 자체의 척도임과 동시에 이 시기의 잠재적 군사력의 척도로 간주되는 경우가 많으므로 〈표 15〉에 이에 관한 수치들을 제시했다.

그러나 한 나라의 산업화를 측정하는 가장 좋은 척도는 아마도 근대식 에너지(곧 석탄·석유·천연가스·수력발전 그러나 나무는 제외)의 소비량이라고 봐야겠는데 그것은 무생물 형태의 에너지를 활용할 수 있는 한 나라의 기술적 능력과 경제발전 속도를 보여주는 것이 바로 근대식 에너지소비이기 때문이다. 이 수치들을 〈표 16〉에서 볼 수 있다.

〈표 15〉와 〈표 16〉은 특정 시기에 일부 강대국의 절대치로 따진 산업의 급속한 변동—독일은 1914년 이전, 러시아와 일본은 1930년대의

〈표 16〉 강대국의 에너지소비량, 1890~1938

(100만톤, 석탄으로 환산)

	1890	1900	1910	1913	1920	1930	1938
미 국	147	248	483	541	694	762	697
영 국	145	171	185	195	212	184	196
독 일	71	112	158	187	159	177	228
프 랑 스	36	47.9	55	62.5	65	97.5	84
오스트리아-헝가리	19.7	29	40	49.4	—	—	—
러 시 아	10.9	30	41	54	14.3	65	177
일 본	4.6	4.6	15.4	23	34	55.8	96.5
이 탈 리 아	4.5	5	9.6	11	14.3	24	27.8

〈표 17〉 강대국간 산업잠재력의 상호대비, 1880~1938

(1900년의 영국=100)

	1880	1900	1913	1928	1938
영 국	73.3	[100]	127.2	135	181
미 국	46.9	127.8	298.1	533	528
독 일	27.4	71.2	137.7	158	214
프 랑 스	25.1	36.8	57.3	82	74
러 시 아	24.5	47.5	76.6	72	152
오스트리아-헝가리	14	25.6	40.7	—	—
이 탈 리 아	8.1	13.6	22.5	37	46
일 본	7.6	13	25.1	45	88

〈표 18〉 세계제조업생산의 상대적 구성비, 1880~1938

(%)

	1880	1900	1913	1928	1938
영 국	22.9	18.5	13.6	9.9	10.7
미 국	14.7	23.6	32.0	39.3	31.4
독 일	8.5	13.2	14.8	11.6	12.7
프 랑 스	7.8	6.8	6.1	6.0	4.4
러 시 아	7.6	8.8	8.2	5.3	9.0
오스트리아-헝가리	4.4	4.7	4.4	—	—
이 탈 리 아	2.5	2.5	2.4	2.7	2.8

―을 확인시켜주는 한편 영국・프랑스・이탈리아의 성장률 둔화를 보여준다. 이것은 또 어느 시기에 있어서의 한 나라의 상대적 산업력을 보여주는 상대치로 표시될 수도 있다(표 17 참조).

마지막으로 앞 장에서 본 19세기 세력균형에 대한 분석 이후에 나타난 변화들을 제시하기 위해 세계제조업생산 구성비에 관한 베어로크의 수치들을 〈표 18〉을 통해 살펴보는 것이 좋겠다.

강대국들의 지위, 1885~1914

어떤 나라가 1913년 세계제조업생산의 2.7%를 차지했다든지 또 한 나라의 1928년 산업잠재력이 1900년도 영국의 45%에 불과했다는 구체적인 수치들을 다루면서 다시금 강조해야 할 것은 이 모든 통계수치들은 구체적인 역사적・지정학적 맥락에 비추어보기 전에는 추상적인 것에 불과하다는 점이다. 사실상 산업생산량이 똑같은 나라들도 「강대국」으로서의 효율성을 가지고 따지면 그 등급에 큰 차이가 나타나는 수가 있다. 그 까닭은 그 사회의 내부 단결, 국가적 행동에 자원을 동원할 수 있는 능력, 지정학적 위치 그리고 외교적 능력과 같은 요인들이 작용하기 때문이다. 지면이 제한되어 있기 때문에 몇년 전 바네트(Correlli Barnett)가 그의 방대한 영국 연구에서 시도했던 것과 같은 것을 이 장에서 강대국 모두에 대해 시도한다는 것은 불가능한 일이다. 그러나 다음은 바네트의 보다 큰 논지를 잘 표현해주고 있다.

국민국가의 힘은 결코 군사력으로만 구성되는 것이 아니라 경제적・기술적 자원과 기민한 외교정책 수행과 선견지명, 결단력 그리고 능률적인 사회적・정치적 조직으로 구성된다. 그것은 무엇보다도 그 나라와 국민, 그들의 기량・활력・야심・기강・자발성 그리고 신념과 신화와 환상으로 구성된다. 그리고 이러한 모든 요인들이 상호작용하는 방식에 의해서도 구성된다. 게다가 국력은 그 자체만의 절대적 범위 안에서만 고려될 것이 아니라 국가의 외교적 의무나 제국주의적 의무에 대한 상대적 관점에서 고려되어야 한다. 그리고 다른 국가들과의 상대적 차원에서도 고려되어야 한다.

대전략적 효과의 다양성을 설명하는 가장 좋은 방법은 국제체제에 비교적 뒤늦게 가담한 이탈리아·독일·일본을 살펴보는 것이다. 이탈리아와 독일은 겨우 1870~1871년에야 통일국가가 되었다. 일본은 1868년의 메이지유신을 계기로 스스로 고수해왔던 고립상태를 탈피하기 시작했다. 이들 세 나라는 모두 기존 강대국을 모방하려는 충동을 느꼈다. 1880년대와 1890년대까지는 모두가 해외영토를 확보하게 되었고 상비 육군을 보완하기 위한 근대식 함대를 편성하기 시작했다. 모두가 그 당시의 외교적 흥정의 뚜렷한 주체가 되었으며 1902년이 되면 기존 세력의 동맹에 참여하게 되었다. 그렇지만 이러한 유사점들이 세 나라가 가지고 있던 실질적 힘의 근본적인 차이보다 더 큰 비중을 차지할 수는 없다.

이탈리아

얼핏 보아 통일국가 이탈리아의 대두는 유럽의 세력균형에 큰 변화를 의미하였다. 부분적으로 외세의 통치하에 있으면서 항상 외세의 개입위협에 직면하여 서로 대립하고 있던 군소 국가들이 이제 하나로 뭉쳐서 인구 3,000만의 국가를 이루고 1914년에는 프랑스의 총인구와 거의 맞먹는 나라로 급성장했다. 이 무렵의 육군과 해군은 유별나게 규모가 크지는 않았지만 〈표 19〉와 〈표 20〉에서 보는 바와 같이 그런대로 제법 큰 규모였다.

앞에서 지적했듯이 외교적 측면에서 볼 때 이탈리아의 등장은 확실히 이웃한 두 강대국 프랑스와 오스트리아-헝가리의 지위를 침해하는 것이었다. 그리고 1882년의 삼국동맹 가담으로 외관상으로는 이탈리아와 오스트리아간의 대립관계가 「해결」되었지만 고립된 프랑스는 두 전선에서 적과 대치하게 되었다. 그러므로 이탈리아는 통일 이후 10년 남짓되는 사이에 유럽 강대국체제의 일원이 된 듯이 보였으며 로마는

〈표 19〉 강대국의 육·해군 병력, 1880~1914

	1880	1890	1900	1910	1914
러 시 아	791,000	677,000	1,162,000	1,285,000	1,352,000
프 랑 스	543,000	542,000	715,000	769,000	910,000
독 일	426,000	504,000	524,000	694,000	891,000
영 국	367,000	420,000	624,000	571,000	532,000
오스트리아-헝가리	246,000	346,000	385,000	425,000	444,000
이 탈 리 아	216,000	284,000	255,000	322,000	345,000
일 본	71,000	84,000	234,000	271,000	306,000
미 국	34,000	39,000	96,000	127,000	164,000

〈표 20〉 강대국의 군함 톤수, 1880~1914

	1880	1890	1900	1910	1914
영 국	650,000	679,000	1,065,000	2,174,000	2,714,000
프 랑 스	271,000	319,000	499,000	725,000	900,000
러 시 아	200,000	180,000	383,000	401,000	679,000
미 국	169,000	?240,000	333,000	824,000	985,000
이 탈 리 아	100,000	242,000	245,000	327,000	498,000
독 일	88,000	190,000	285,000	964,000	1,305,000
오스트리아-헝가리	60,000	66,000	87,000	210,000	372,000
일 본	15,000	41,000	187,000	496,000	700,000

본격적인 대사관이 설치된 주요 수도들(런던·파리·베를린·페테르스부르크·빈·콘스탄티노플)의 대열에 끼게 되었다.

그러나 이탈리아의 외관상의 강대국 지위의 밑바닥에는 이 나라의 터무니없는 약점들, 특히 남부 농촌지역에서 보이는 경제적 후진성이 있었다. 이 나라의 문맹률 — 전반적으로는 37.6%이나 남부 지역은 이보다 훨씬 높았다 — 은 서유럽과 북유럽의 어느 나라보다도 높았다. 이것은 이탈리아 농업의 후진성 — 보유농지의 영세성, 척박한 토질, 투자의 부족, 소작제, 불충분한 수송시설 — 을 반영하는 것이었다. 이탈리아의 총생산량과 1인당 소득은 네덜란드나 베스트팔렌보다는 스페인과 동유럽의 농업사회에 가까웠다. 이탈리아에는 석탄이 없었다. 수력발전을 시작했음에도 불구하고 에너지의 약 88%를 여전히 영국의 석탄에 의존하였으므로 국제수지에 커다란 부담이 됨과 동시에 끊찍한 전략적 약점이 되었다. 괄목할 만한 산업팽창이 따르지 않는 인구증가에는 일장일단이 있어서 인구증가로 말미암아 다른 서양 강대국에 비해 상대적인 1인당 산업성장률이 뒤지는 결과가 초래되기도 하였다. 수십만명의 이탈리아인들(일반적으로 더 활동적이고 유능하였다)이 매년 대서양 건너로 이민가지 않았다면 상대적 위치는 더욱 불리하게 나타났을 것이다. 이 모든 점 때문에 이탈리아는 켐프(T. Kemp)의 말대로「불리한 처지의 신참자(disadvantaged latecomer)」가 되었다.

이렇게 말한다고 해서 근대화가 없었다는 이야기는 아니다. 사실 많은 역사가들이「지올리티(Giolitti) 시대의 산업혁명」이라고 하고 「우리나라 경제생활의 결정적 변동」이라고 일컬은 것은 바로 이 시기를 두고 한 말이다. 적어도 북부 지방에서는 중공업 — 직물은 물론 철강·조선·자동차제조업 — 으로 뚜렷이 전환하였다. 게르시렌콘(A. Gerschrenkon)의 견해로는 1896년에서 1908년에 이르는 시기에 이탈리아는 산업화에「크게 주력(big push)」했다. 실상 이탈리아의 산업발전은 유럽의 다른 어느 곳보다도 빠른 속도로 진척되었으며 농촌지역으로부터 도시로의 인구이동이 가속화하고 산업금융을 위한 금융체제가 재정비되는 가운데 실질국민소득은 급격히 증가했다. 피에몬테의 농업도 똑같은 발전을 보였다.

그러나 상대적 시각에서 보면 이러한 통계수치들이 빛을 잃기 시작한다. 철강산업을 일으킨 것은 사실이지만 1913년의 생산량은 영국의 1/8, 독일의 1/17, 벨기에의 2/5에 불과하였다. 산업이 급속도로 성장한 것은 사실이지만 워낙 낮은 수준에서 출발했기 때문에 실질적인 업적은 별것이 아니었다. 제1차세계대전이 시작될 무렵 이탈리아의 산업력은 영국이 1900년에 이룩했던 산업력의 1/4에도 채 미치지 못했으며 세계제조업생산에서 차지한 비중은 1900년 2.5%에서 1913년에는 2.4%로 사실상 줄어들었다. 비록 이탈리아가 간신히 강대국 대열에 끼어들기는 했지만 주목할 것은 일본을 제외한 모든 강대국들이 이탈리아의 2, 3배나 되는 산업력을 지니고 있었다는 사실이다. 어떤 나라

(독일과 영국)는 6배의 산업생산을 하고 있었고 한 나라(미국)는 13배도 더 되는 산업생산을 하고 있었다.

  이와 같은 불리한 점들은 이탈리아 국민이 상대적으로 큰 국가적 단결과 결의를 발휘함으로써 어느 정도까지는 보완될 수도 있었겠지만 그러한 움직임은 볼 수 없었다. 하나의 통치체로서의 이탈리아에 대한 충성심은 가족적이고 국지적(local)이며 지역적(regional)인 것이었지 결코 국가적인 것은 아니었다. 북부 지방이 산업화되면서 더욱 벌어지기만 한 남북간의 고질적인 경제적 격차와 이탈리아반도의 여러 지역에서 지역사회가 외부 세계와 이렇다 할 접촉을 가지지 않았던 상황에 도움이 될 리가 없었던 것은 신도들의 국가에 대한 봉사를 금지한 가톨릭교회와 정부간의 반목이었다. 지방 인민과 외국의 자유주의적인 찬미자들로부터 높은 평가를 받았던 민족통일운동(risorgimento)의 이상은 이탈리아 사회에 아주 깊이 파고들지는 못했다. 군대를 위한 병력확보가 어려웠으며 지역적·정치적인 배려없이 전략적 원칙에 따라서 군대를 배치한다는 것은 실제로 불가능하였다. 최고층의 민간과 군부관계는 상호오해와 불신으로 특징지워졌다. 이탈리아 사회의 일반적인 반군국주의, 장교단의 질적 빈약 그리고 현대식 무기를 위한 자금의 부족으로 말미암아 1917년의 카포레토(Caporetto)전투나 1940년의 이집트원정에서 쓰라린 경험을 하기 훨씬 이전에 이미 이탈리아 군대의 효율성에 대해 의문이 제기되었다. 이탈리아통일전쟁은 프랑스의 개입과 그 다음의 오스트리아-헝가리에 대한 프로이센의 위협을 틈타 수행되었다. 1896년 아비시니아의 아도와(Adowa)에서 참패함으로써 아프리카 인민들에게 패배당하고도 손을 쓸 수 없는 유일한 유럽 군대라는 지독한 평판을 불러일으켰다. 이탈리아군 총참모부조차도 모르는 사이에 이루어진 1911~1912년의 리비아 전쟁에 대한 이탈리아 정부의 개입결정은 재정적 파탄치고는 으뜸가는 것이었다. 1890년 제법 크다고 여겨졌던 해군은 그 상대적 규모가 차츰 축소되었으며 그 능률 자체는 늘 문제시되었다. 영국 해군의 역대 지중해 제독들은 이 무렵 영국이 프랑스와 대전하게 될 경우 이탈리아 함대가 영국과의 동맹세력이 되어주는 것보다는 중립적인 위치에 있어주기를 늘 바랐다.

　이러한 모든 것들이 이탈리아의 전략적·외교적 지위에 미친 결과는 암울한 것이었다. 이탈리아 총참모부는 (특히)프랑스와 오스트리아-헝가리와 비교할 때 수적으로나 기술면에서 뒤졌다는 사실을 통감하고 있었을 뿐 아니라 이탈리아의 철도망이 빈약하고 지방주의의 뿌리가 깊기 때문에 프로이센처럼 대규모 병력을 신축성있게 배치하기란 불가능하다는 것도 잘 알고 있었다. 이탈리아 해군도 그들의 약점을 인식하고 있었을 뿐 아니라 길게 뻗은 취약한 해안선 때문에 이 나라의 동맹정치가 극도로 어정쩡한 양면성을 지니게 됨으로써 전략적 계획이 과거 어느 때보다도 혼란스러운 것이 되었다. 이탈리아가 1882년 독일과 체결한 동맹조약은 처음에는 만족스러운 것이었다. 특히 그 무렵 비스마르크가 프랑스를 꼼짝 못하게 견제하고 있는 것처럼 보였기에 더욱 그러했다. 그러나 그 당시에도 이탈리아 정부는 영국만이 프랑스 함대를 무력하게 할 수 있었으므로 영국과의 보다 긴밀한 유대를 강력히 추구하였다. 1900년 이후 영국과 프랑스가 서로 가까워지고 영국과 독일의 관계가 상호협력에서 반목으로 바뀌자 이탈리아는 영국과 프랑스의 동맹세력 쪽으로 기울 수밖에 달리 도리가 없다고 생각했다. 오스트리아-헝가리에 대한 혐오감이 남아 있었으므로 이같은 움직임이 강화된 반면 독일에 대한 외경심과 이탈리아내의 독일 산업금융의 중요성으로 인해 이탈리아는 독일에 노골적으로 등을 돌릴 수 없었다. 이리하여 1914년이 되자 이탈리아는 1871년 당시와 비슷한 입장에 처하게 되었다. 즉 이탈리아는 「강대국 가운데 가장 시시한 국가」로서 이웃나라의 입장에서 보면 답답할 정도로 예측을 불허하는 지조없는 나라이면서 알프스·발칸·북아프리카를 비롯한 지역에서 우방과 함께 적대국과 이해가 엇갈리는 상업적이고 팽창주의적인 야심을 추구하고 있었다. 경제적·사회적 상황은 사태발전에 대한 이탈리아의 영향력을 약화시키는 방향으로 계속 전개되었음에도 불구하고 이 나라는 여전히 그 세력경쟁 속에 남아 있었다. 요컨대 다른 나라들은 거의 모두 이탈리아를 적으로 돌리기보다는 제휴세력으로 확보하는 편이 낫다고 판단했지만 그로부터 얻을 수 있는 혜택은 대수롭지 않은 것이었다.

일 본

1890년 이탈리아는 미약하나마 강대국체제의 한 구성원이 되었지만 일본은 거기에 속하지도 못했다. 여러 세기에 걸쳐 이 나라는 영주인 다이묘(大名)와 무사의 귀족계급으로 구성된 분권적 봉건질서에 의해 지배되어왔다. 천연자원이 부족하고 국토의 겨우 20%만이 경작에 활용될 수 있는 산악 지형 때문에 일본은 경제발전의 통상적인 필수조건 가운데 하나도 제대로 갖추지 못하였다. 유사한 동류어가 없는 복잡한 언어와 문화적 특이성에 대한 강한 의식 때문에 외부 세계로부터 고립되어 살아온 일본인들은 19세기 후반까지 내향적인 자세를 지키면서 외부의 영향을 배척해왔다. 이러한 모든 이유로 일본은 강대국의 차원에서 따질 때 정치적으로는 미숙하고 경제적으로는 후진이며 군사적으로는 무력한 나라로 운명지어진 것처럼 보였다. 그런데 두 세대 사이에 이 나라는 극동지역 국제정치의 주역 국가가 되었다.

1868년 메이지유신 이후 실현된 이같은 변모의 원인은 비록 봉건질서를 폐지하고 무사계급의 강력한 반발을 사는 사태를 빚는 한이 있더라도 그 무렵 아시아의 다른 지역에서 일어나고 있는 서양의 지배와 식민지화를 막아야겠다는 일본 엘리트층의 결의에 있었다. 일본은 개별 기업인들이 아니라 「국가」가 앞장서서 근대화를 서둘렀다. 초기의 반대를 물리치고 나서부터는 콜베르나 프리드리히대왕을 무색케 할 정도의 통제경제정책과 결의를 가지고 근대화를 추진하였다. 프로이센 독일을 모델로 한 새로운 헌법이 채택되고 법률제도가 정비되었다. 교육제도를 대폭 확장하여 글을 아는 인구의 비율을 이례적으로 높였다. 역법도 바뀌고 복장도 달라졌다. 근대적 은행제도가 설립되었다. 최신식 함대를 편성하기 위한 조언을 받고자 영국 해군의 전문가를 초빙하고 육군의 근대화를 돕기 위해 프로이센 총참모부의 사람들을 초치했다. 서양 육군사관학교와 해군사관학교에 장교들을 파견했다. 근대식 무기들을 해외에서 사들이는 한편 국내의 군수산업을 일으키고 철도건설・전신 및 해운업의 발전을 장려했다. 국가는 직물산업을 근대화하는 한편 중공업・철강산업・조선산업을 개발하기 위해 일본의 신흥 기업인들과 협력했다. 수출업자들에게 혜택을 주고 해운업을 장려하며 신흥산업을 일으키기 위해 정부보조수단을 이용했다. 수출이 급증하였는데 특히 견사와 직물이 잘 팔렸다. 이 모든 것들은「부국강병」이라는 국가적 구호를 실현시키고자 하는 놀라운 정치적 결의에 의해 뒷받침되었다. 일본의 경우 경제력은 군사력과 더불어 발전했다.

그러나 이 모든 것에는 시간을 요하였으며 일본의 약점은 여전히 큰 것이었다. 도시인구는 1890년에서 1913년 사이에 2배 이상 증가했지만 농업인구는 거의 같은 수준을 유지했다. 제1차세계대전 직전까지도 일본인구의 3/5 이상이 농업・임업・수산업에 종사하고 있었다. 그리고 농업기술이 여러 모로 개량되었지만 산악 지형과 보유농지의 영세성 때문에 영국과 같은「농업혁명」을 수행할 수가 없었다. 농업기반이 이렇듯 영세하였으므로 일본의 산업잠재력이나 1인당 산업화수준의 상대적 격차 때문에 일본은 언제나 강대국 서열에서 말단이나 그에 가까운 위치에 처지게 되었다(표 14, 표 17 참조). 1914년 이전 산업 분야에서의 분발로 인해 근대식 에너지소비와 세계제조업생산에서 일본이 차지한 비중이 증가하였지만 다른 여러 분야는 아직도 미흡한 상태였다. 철강생산이 부족하여 수입에 크게 의존하였다. 마찬가지로 조선산업도 크게 팽창하기는 했지만 여전히 많은 전함을 외국에 주문해야 했다. 그리고 자금이 크게 부족하여 갈수록 많은 금액을 외국에서 차입해야 했지만 산업과 기간시설과 군대에 투입해야 할 자금은 언제나 부족한 실정이었다. 경제적으로는 제국주의의 절정기에 비서양 국가로는 유일하게 산업혁명을 수행하는 기적을 이룩했다. 그렇지만 영국・미국・독일과 비교해서는 여전히 산업적으로나 재정적으로 미약한 국가임을 면치 못했다.

그러나 두 가지 또 다른 요인을 살펴보면 일본은 강대국 대열에 어떻게 끼어들 수 있었으며 어째서 예컨대 이탈리아를 능가하게 되었는가를 쉽게 이해할 수 있다. 첫째는 지정학적 고립이었다. 인근 대륙으로부터의 위협이라고 해봤자 몰락해가는 중화제국에 불과했다. 그리고 중국·만주와 (더욱 놀랍게도) 한국이 다른 강대국의 수중으로 들어갈 수도 있었지만 지리적으로 일본은 다른 어느 제국주의국가보다도 이들과 가깝게 위치하고 있었다 ─ 러시아는 1904~1905년에 6,000마일의 철도를 통해 군대의 보급품을 수송하는 과정에서 이같은 지리적 거리가 얼마나 불편한 것인가를 알게 되었고 영국과 미국의 해군은 수십년 후 필리핀·홍콩·말라야를 구제하기 위한 병참문제에 대처하면서 지리적 거리의 불편함을 체험하게 되었다. 일본이 동아시아에서 꾸준한 성장을 계속할 것이라고 가정할 때 어느 시기에 가서는 일본이 이 지역을 주름잡는 세력이 되는 것을 다른 강대국이 막아낼 수 있으리라고 생각하기란 대단히 어려운 일이었다.

둘째는 정신적 요인이다. 문화적 특이성에 대한 일본인들의 강력한 의식, 천황을 숭배하며 나라를 존중하는 전통, 군인의 명예와 용기를 높이 평가하는 무사도 정신, 기강과 불굴의 정신을 존중하는 태도, 이러한 것들은 지극히 애국적이어서 희생에도 굴하지 않으려 드는 정치적 풍토를 조성했고 시장과 원료를 확보하는 동시에 전략적 안전보장을 위해「대동아」로 팽창하려는 충동을 조장했다. 이 점은 1894년 중국에 대한 성공적인 육·해군 작전에 반영되었는데 그 무렵 이들 두 나라는 한국에 대한 이권을 에워싸고 분쟁을 빚고 있었다. 육지와 해상에서 잘 무장된 일본군은 승리하겠다는 의지력으로 힘을 북돋우는 듯이 보였다. 전쟁이 끝나자 일본은 러시아·프랑스·독일의「삼국간섭」의 위협 때문에 눈물을 머금고 뤼순(旅順)과 랴오둥(遼東)반도의 권리주장을 철회했지만 이는 결국 후일 다시금 이를 시도하려는 결의를 더욱 굳혔을 뿐이다. 일본 정부 안에서 하야시(林權助) 남작의 다음과 같은 침통한 결론에 이의를 갖는 사람은 거의 없었다.

만약 새 군함이 필요하다면 우리는 어떤 대가를 치르고라도 그것을 건조해야 한다. 만약 우리의 군대조직에 미흡한 점이 있다면 이제부터 그것을 바로잡기 시작해야 한다. 필요하다면 우리의 군사체제를 온통 바꿔야 한다.……

지금 일본은 자신에게 쏠리고 있는 의혹을 달래기 위해 꼼짝말고 평온을 유지해야 한다. 이 시기에는 국력의 기반을 다져야 한다. 그리고 어느 날 틀림없이 찾아올 동양에서의 기회를 엿보면서 기다려야 한다. 그날이 왔을 때 일본은 스스로 운명을 결정하게 될 것이다.……

일본의 보복기회는 10년 후 한국과 만주에 대한 그의 야심이 제정러시아의 야심과 충돌하게 되었을 때 찾아왔다. 해군전문가들은 쓰시마(對馬島) 결전에서 러시아 함대를 무찌른 도고(東鄉平八郎) 제독의 함대에 감탄했지만 다른 관측자들을 감동시킨 것은 일본 사회의 전반적인 태도였다. 뤼순에 대한 기습공격(1894년 중국작전에서 시작되고 1941년에 재연된 하나의 관례였다)은 어떠한 대가를 치러서라도 철저한 승리를 기하려는 일본의 민족주의적 여론의 열기와 함께 서양에서 높이 평가되었다. 더욱 괄목할 것은 뤼순과 선양(瀋陽)에서의 일본군 장병들의 공로였는데 그들은 빗발치듯 하는 기관총 사격을 받으면서 지뢰지대와 철조망을 헤치고 돌진하여 수만명의 희생자를 낸 끝에 러시아의 진지를 점령했다. 대량 산업화 시대의 전투에서조차도 무사도 정신은 총검을 가지고 싸움터에서 승리를 쟁취할 수 있을 듯이 보였다. 만약 당시의 모든 군사전문가들이 결론지었듯이 사기와 기율이 아직도 국력의 중요한 필수요건이라고 한다면 일본은 이러한 것들을 풍부하게 가지고 있었다.

그러나 그 무렵까지도 일본은 본격적인 강대국은 아니었다. 일본은 다행히도 더 후진적인 중국과 군사적으로 불안정한 구조와 페테르스부르크에서 극동지역까지의 어마어마한 거리라는 불리한 조건을 안고 있는 러시아를 상대로 싸우게 되었던 것이다. 게다가 1902년 영·일동맹으로 일본은 본거지에서 제3국의 개입없이 싸울 수 있었다. 일본 해군은 영국에서 건조된 군함에 의존하였고 육군은 크루프가 생산한 총포에 의존하고 있었다. 무엇보다도 중요한 것은 막대한 전비를 자체적으로는 조달할 수 없었지만 미국과 영국에서의 기채에 의존할 수 있었다는 사실이다. 뒤에 밝혀진 바와 같이 일본은 러시아와 강화협상을 진행하고 있던 1905년 말에 이르러서는 파산 직전상태에 처해 있었다. 비교적 가벼운 부담으로 러시아가 최종 타결을 보게 된 사실에 분격한 일본 대중들에게는 이같은 사실이 명백하지 않았을 수도 있다. 그럼에도 불구하고 일본의 승리가 확인되고 일본 군대에게 영광과 찬양이 돌아가며 경제가 회복능력을 발휘하는 한편 일본의 강대국(비록 지역적인 것이기는 하지만)으로서의 지위를 모두가 인정하게 되면서 일본은 성년을 맞았다. 어느 누구도 일본의 반응을 간과하고는 극동에서 어떤 큰 일도 벌일 수 없었다. 그러나 일본이 기존 강대국들의 반응을 촉발하는 일없이 더 이상 팽창할 수 있겠는가 하는 점은 도무지 불분명하였다.

독 일

독일의 등장이 다른 두「신참국가」의 경우보다도 더 즉각적이고 실질적인 영향을 강대국 세력균형에 미치게 된 것은 두 가지 요인 때문이었다. 그 첫째는 일본처럼 지정학적인 고립상태에서가 아니라 유럽 국가들이 형성한 체제 한복판에 등장했다는 사실이다. 독일의 부상 자체가 오스트리아-헝가리와 프랑스의 이익과 충돌하는 것이었으며 따라서 유럽의 기존 강대국 모두의 상대적 지위가 달라졌다. 둘째 요인은 산업・상업・군사면에서 독일이 새로 이룩한 성장의 속도와 범위였다. 제1차세계대전 직전까지 독일의 국력은 이탈리아나 일본보다 3~4배나 팽창했을 뿐 아니라 프랑스나 러시아보다도 훨씬 앞섰고 영국마저도 능가하는 수준에 달했던 것 같다. 1914년 6월 80대의 웰비경(Lord Welby)은『50년대에 기억했던 독일은 대수롭지 않은 소군주들이 통치하는 대수롭지 않은 나라들의 집단』이었다고 회상했다. 그런데 이 나라는 한 평생이란 짧은 기간에 유럽에서 가장 강력한 나라로 팽창하고 그 팽창을 계속하게 된 것이다. 이 사실만으로도 「독일문제」는 1890년 이후 반세기 이상이나 그랬듯이 폭넓은 세계정치의 핵심을 이루게 되었다.

여기서는 독일의 폭발적인 경제성장의 몇 가지 세부사항만을 제시하겠다. 독일의 인구는 1890년 4,900만에서 1913년에는 6,600만으로 증가하여 유럽에서 러시아 다음의 대국이 되었다. 그러나 독일인은 훨씬 교육수준이 높고 사회적 혜택과 1인당 소득수준도 높았으므로 인구의 질과 양에 있어서 러시아보다 대국이었다. 이탈리아의 자료에 따르면 이탈리아군에 입대하는 신병 1,000명 가운데 330명이 문맹자였고 오스트리아-헝가리는 220명, 프랑스는 68명인 것과는 대조적으로 독일은 단 1명밖에 안되는 괄목할 만한 것이었다. 이러한 혜택을 누린 것은 비단 프로이센의 군대뿐만이 아니라 기능공을 필요로 하는 공장과 잘 훈련된 기술자를 요하는 기업과 화학전문가를 요하는 실험소와 경영자와 판매원을 구하는 회사도 그랬는데 독일의 학교제도와 종합기술학교·대학들은 이러한 인재를 대량으로 양성해냈다. 이와 같은 지식의 열매를 농업에 응용한 독일—농민은 화학비료 사용과 대규모 근대화사업을 통하여 농산물수확을 증대시키게 되었다. 그 결과 독일의 단위면적당 수확고는 다른 어느 강대국보다도 높았다. 융커계급과 농민협회를 무마하기 위해 보다 값싼 미국·러시아의 농산물이 들어오지 못하도록 높은 보호관세를 시행하여 국내 농업을 보호했다. 그렇지만 상대적으로 생산성이 높았기 때문에 농업 부문의 비중이 컸음에도 불구하고 유럽의 다른 강대국처럼 농업이 1인당 국민소득과 생산량을 끌어내린 폭은 크지 않았다.

그러나 독일이 이 무렵에 그야말로 두각을 나타낸 것은 산업팽창이었다. 석탄생산은 1890년 8,900만톤에서 1914년에는 2억 7,700만톤으로 증가하여 영국의 2억 9,200만톤에 육박하게 되었고 오스트리아-헝가리의 4,700만톤, 프랑스의 4,000만톤 그리고 러시아의 3,600만톤보다 훨씬 앞섰다. 강철생산의 증가는 더욱 괄목할 만한 것으로 1914년의 생산량 1,760만톤은 영국·프랑스·러시아의 것을 합한 것보다도 많았다. 더욱 감명적인 것은 전기·광학·화학과 같은 보다 새로운 20세기적 산업 분야에서 독일이 이룬 업적이었다. 지멘스(Simens)와 아에게(AEG)와 같이 총 14만 2,000명을 고용하는 대기업들이 유럽의 전기산업을 주름잡았다. 바이엘(Bayer)과 획스트(Höchst)가 주도한 독일의 화학기업은 세계 공업용 염료의 90%를 생산했다. 이같은 성공적인 업적은 그대로 독일의 무역실적에 반영되어 수출은 1890년과 1913년 사이에 3배나 증가하여 영국에 육박하는 세계적인 수출주도국이 되었다. 당연한 추세로 민간해운업도 팽창하여 전쟁 직전에는 상선규모가 세계 제2위를 차지하게 되었다. 그 무렵 세계제조업생산에서 독일이 차지하는 비중(14.8%)은 영국(13.6%)보다도 컸고 프랑스(6.1%)보다는 2.5배나 컸다. 독일은 바야흐로 유럽의 경제적 원동력이 되었으며 크게 문제되었던 자본 부족조차도 독일의 성장속도를 늦추지는 못하였다. 그러므로 나우만(Friedrich Naumann)과 같은 민족주의자들이 이와 같은 성장표식과 그것이 독일의 지위에 뜻하는 바를 놓고 감탄한 것도 당연한 일이었다. 『독일 민족은 그것을 이룩하였다. 그것은 육군과 해군과 돈과 힘을 가져다준다.…… 현대적인 거대한 힘의 수단들은 오직 적극적인 국민들이 그들의 몸 속에 봄철의 활력이 흐르는 것을 느낄 때에만 가능한 것이다』라고 썼다.

나우만과 같은 평론가와 범독일연맹(Pan-German League)이나 독일해군연맹(German Navy League)과 같은 광적인 팽창주의 압력단체들이 유럽과 해외에서의 독일 영향력의 증대를 환영하면서 이를 촉구했던 것은 너무나 당연한 일이었다. 이「신제국주의」시대에는 이와 비슷한 소리가 다른 모든 강대국에서도 나왔다. 머레이(Gilbert Murray)가 1900년 심술궂게 지적했듯이 모든 나라가『우리야말로 나라들 중의 알짜요 꽃이며…… 다른 누구보다도 남들을 통치할 자격이 있다』고 주장하는 것만 같았다. 보다 주목해야 할 것은 1895년 이후 독일의 지배층이 때가 되면 대규모로 영토를 확장해야 할 필요성을 확신하고 있었다는 점인데 티르피츠 제독은 독일의 산업화와 해외정복이 『자연법칙만큼이나 거역할 수 없는 것』이라고 주장했다. 그런가 하면 뷜로(Bernhard Bülow) 수상은 『문제는 우리가 식민지를 원하느냐의 여부가 아니다. 우리는 그와는 관계없이 식민지를 확보하지 않으면 안된다』라고 주장했다. 빌헬름황제 자신도 독일이 평화적인 의미에서 유럽대륙에 대해 일종의 「나폴레옹적 패권(Napoleonic supremacy)」을 행사할 것을 구상하면서도 독일은 『구유럽의 비좁은 경계선 밖에서 수행해야 할 위대한 과제를 지니고 있다』고 선언했다. 이러한 말들은 독일이 「포화상태에 달한(saturated)」 국가로서 유럽의 현상유지를 열망하며 (1884~1885년의 식민지 확보노력에도 불구하고)해외영토에는 흥미가 없다는 비스마르크의 거듭된 주장과는 아주 딴판이었다. 여기서 팽창에 대한 이같은 독일의 「이데올로기적 일치(ideological consensus)」가 지닌 각별히 침략적인 성질을 과장하는 것은 현명하지 못할 수도 있다. 프랑스와 러시아, 영국과 일본, 미국과 이탈리아의 정치가들도 비록 단호함과 정열에서는 뒤질지언정 다같이 그들 나라의 팽창의 천명을 내세우고 있었다.

  독일의 팽창주의에서 주목되는 것은 이 나라가 이미 현상을 뒤바꿔 놓을 수 있는 힘의 수단을 가지고 있거나 확보할 수 있는 물질적 능력을 지니고 있었다는 점이다. 이같은 능력을 가장 인상적으로 보여준 것은 1898년 이후 독일 해군의 급속한 팽창이었는데 티르피츠에 의해 추진된 이 팽창으로 독일 해군은 세계 제6위에서 영국 해군 다음의 제2위로 부상하게 되었다. 전쟁 직전 독일의 원양함대는 13척의 드레드노트급(dreadnought-type) 전함, 16척의 구식 전함 그리고 5척의 순양전함으로 강화되었다. 이 때문에 영국 해군본부는 비록 독일의 함정들이 1 대 1로 따져서 더 우세하다는 시사(보다 나은 내부조직, 포탄, 광학장비, 포술관제, 야간 훈련 등)가 있기 전이기는 했지만 주력함대 대부분을 원양에서 북해로 철수시키지 않을 수 없었다. 티르피츠가 「영국과 맞먹는 강력한」 해군을 키워내려는 그 자신의 목표를 위한 막대한 자금을 확보하지는 못했지만 그런대로 프랑스나 러시아 함대를 압도할 수 있는 해군력을 육성했다.

독일의 지상전투능력은 어떤 관측자들이 보기에는 그다지 인상적인 것이 못되었다. 사실상 얼핏 보아 프로이센 육군은 1914년 이전 10년 동안 훨씬 규모가 큰 제정러시아 육군 때문에 무색한 존재가 되었고 프랑스 육군도 비등한 세력으로 보였다. 그러나 그와 같은 외관은 사실과 달랐다. 복잡한 국내정치적 이유 때문에 독일 정부는 육군은 일정한 규모로만 유지하고 티르피츠의 해군함대에 대한 방위예산 할당량을 크게 늘였다. 1911년과 1912년 긴장된 국제정세로 독일이 육군을 대대적으로 증강하는 결정을 내렸을 때 보여준 신속한 정책전환은 괄목할 만한 것이었다. 1910년과 1914년 사이에 독일 육군의 예산은 2억 400만달러에서 4억 4,200만달러로 증가했는데 프랑스의 육군 예산은 1억 8,800만달러에서 겨우 1억 9,700만달러로 증가했을 뿐이다. 그러면서도 프랑스는 대상자의 89%를 징집하였으나 독일은 대상자의 53%만을 징집했다. 러시아가 육군에 지출하는 돈이 1914년 3억 2,400만달러에 달하였는데 그것은 엄청나게 무리한 지출임이 사실이었다. 러시아의 군사비는 국민소득의 6.3%를 차지했으나 독일은 4.6%에 불과했다. 독일은 영국을 제외한 어느 유럽국가보다도 수월하게 「군비 부담」을 감당해냈다. 게다가 프로이센 육군은 수백만의 예비군을 동원하여 무장시키고―교육과 훈련이 잘 되어 있었으므로―그들을 실제로 일선 작전지역에 배치할 수 있었으나 프랑스나 러시아는 그럴 수 없었다. 프랑스 육군 총참모부는 예비군을 후방에서만 사용할 수 있다고 주장했다. 러시아는 숫자상으로는 수백만을 헤아리는 예비군을 가지고 있었으나 그들을 무장시킬 무기와 장화·군복이 없었을 뿐 아니라 그들을 통솔할 장교도 없었다. 그러나 이런 것들도 독일군의 능력을 제대로 평가하는 척도가 되지는 못하며 그들의 능력은 훌륭한 내부 통신망, 신속한 동원계획, 보다 우수한 참모훈련, 앞선 기술 등 양으로 표시할 수 없는 요인들 속에 잠재하였다.

그러나 독일제국은 지리적 조건과 외교 때문에 약화하였다. 대륙 중앙에 위치한 독일의 팽창은 동시에 다른 여러 강대국을 위협하는 것이었다. 독일 군사기구의 능률성은 범게르만주의자들의 유럽경계선 재설정요구와 더불어 프랑스와 러시아의 경계심을 불러일으켜 그 두 나라는 서로 접근하였다. 독일 해군의 급속한 팽창은 베네룩스지방과 북부 프랑스에 대한 독일의 잠재적 위협이 됨과 동시에 영국의 신경을 곤두세웠다. 어느 학자의 말을 빌리자면 독일은 『선천적으로 포위되어 있었다(born encircled).』 설사 독일의 팽창주의가 해외를 겨냥한 것이라 할지라도 다른 강대국의 세력권을 침범함이 없이 어디로 뻗을 수 있었겠는가? 라틴아메리카 지역에 대한 모험은 미국과의 전쟁을 무릅쓰는 경우에만 가능한 일이었다. 중국으로의 팽창은 1890년대에는 러시아와 영국의 반감을 사는 일이었고 1905년 일본이 러시아에 승리를 거둔 후로는 도저히 생각할 수 없는 일이 되었다. 바그다드 철도(Baghdad Railway)를 개발하려는 시도는 영국과 러시아의 경계심을 불러일으켰다. 포르투갈의 식민지 확보노력은 영국의 제지를 받았다. 미국은 서반구에서 세력을 팽창시킬 수 있었고, 일본은 중국을 침략할 수 있었으며, 러시아와 영국은 중동지역으로 침투할 수 있었는가 하면 프랑스는 아프리카에서 이미 확보한 것들을 다져나갔다. 그러나 독일의 차지는 없었다. 뷜로가 1899년 유명한 「망치인가 모루인가(hammer or anvil)」라는 연설에서 노기등등하여 『우리는 어떠한 외부 세력, 어떠한 외부의 주피터(Jupiter)도 우리를 보고「무엇을 할 수 있는가? 세계의 분할은 이미 끝났다」고 말하도록 내버려둘 수는 없다』고 말할 때 그는 많은 사람들이 품고 있던 분노를 토로했던 것이다. 독일의 평론가들이 지구의 재분할을 요구하고 나섰던 것도 별로 놀라운 일이 아니었다.

  신흥 강대국이 한결같이 기존 강대국에게 유리하게 설정된 국제질서의 변화를 요구하게 되는 것은 분명하다. 실리정치적 관점에서 문제가 되는 것은 이 특정 강대국이 지나치게 큰 반발을 불러일으키는 일 없이 변화를 가져올 수 있겠는가 하는 점이었다. 그리고 이 경우 지리의 역할이 중요하기는 했지만 외교의 역할 역시 중요했다. 독일은 예컨대 일본과 같은 지정학적 이점을 가지지 못하였으므로 이례적으로 수준 높은 정치적 수완을 발휘해야 했다. 독일제국의 갑작스런 등장으로 불안감과 시기심이 일어나고 있음을 눈치챈 비스마르크는 1871년 이후 독일이 더 이상 영토적 야심이 없음을 다른 강대국들(특히 주변 세력인 러시아와 영국)에게 확신시키려고 애썼다. 빌헬름과 그의 고문들은 그들의 기질을 보여주려는 데에 열을 올리고 있었으므로 그다지 조심스럽게 대처하지 않았다. 그들은 기존 질서에 대한 불만을 토로했을 뿐 아니라 베를린의 의사결정과정은 그것을 직접 목격한 사람들이 아연실색할 정도로 혼란하고 불안정하였다. 이것이야말로 가장 큰 실패였다. 이는 대부분 빌헬름 2세 자신의 성격적 약점에 기인하는 것이었으나 비스마르크가 제정한 헌법의 제도적 결함은 이를 더욱 악화시켰다. 전반적인 정부시책에 대해 집단적으로 책임을 지는 기관 (내각과 같은 것)이 없이 정부기관과 이권집단이 상부로부터의 제지나 우선순위에 따르는 규제없이 제각기 자신들의 목적을 추구했다. 해군은 거의 전적으로 장차 있을 영국과의 전쟁만을 생각하고 있었다. 육군은 프랑스를 제거하기 위한 계획을 짰다. 금융가와 기업인은 발칸·투르크·근동지역으로 진출하기를 원했고 그 과정에서 러시아의 영향력을 배제하고자 했다. 그 결과『모든 사람에게 도전하고 방해하는 그 과정에서 실제로는 그 어느 누구도 약화시키지 못하게 되었다』고 1914년 7월 홀베그(Bethmann Hollweg) 수상은 개탄했다. 이것은 이기적이고 불신감에 사로잡힌 국민국가들이 판을 치는 세계에서 성공을 기할 수 있는 처방이 될 수 없었다.

끝으로 융커 엘리트계급이 외교적으로나 영토면에서 성과를 거두지 못할 경우의 농업이권의 상대적 쇠퇴와 노동조합의 대두 그리고 산업발전기의 사회민주주의의 영향력 증대를 걱정하고 있던 빌헬름황제 치하 독일의 미묘한 국내정치가 큰 영향을 받을 우려가 있었다. 1897년 이후 세계정치(Weltpolitik)의 추구는 정치적으로 인기가 있을 것이며 독일의 국내정치적 분열상태에서 주의를 돌릴 수 있다는 계산이 그 주요 동기가 되었던 것이 사실이다. 그러나 베를린은 언제나 이중적인 위험을 무릅써야 했다. 그것은 「외부의 군사대국(foreign Jupiter)」과의 대결에서 물러서게 되면 독일의 민족주의적 여론이 황제와 그 보좌관들을 규탄하게 될 것이고 그렇다고 해서 전면 전쟁을 벌이게 될 경우 노동자와 군인 등 일반대중이 천성적인 애국심을 발휘하여 초보수주의적인 프로이센 독일에 대한 그들의 반감을 삭일 수 있을는지 분명하지 않았다. 어떤 관측자들은 전쟁이 터지면 국민들이 황제 곁에 뭉칠 것이라고 생각했으나 다른 이들은 전쟁이 독일의 사회정치적 조직에 더욱 무리를 줄 것이라고 걱정했다. 이 경우에도 역시 올바른 맥락에서 관찰해야 한다. 한 예로 독일에는 내부적 약점이 엄연히 존재하여 장기적인 「총력전」 수행능력에 분명히 영향을 미칠 수 있었지만 러시아나 오스트리아-헝가리의 경우만큼 심각한 것은 아니었다.

많은 역사가들은 제국주의 독일이 언젠가는 지나친 국가사회주의로 귀착하게 될 「특수노선(Sonderweg)」을 추구한 「특별한 경우」였다고 주장해왔다. 전적으로 1900년 무렵의 정치풍토와 언사들만을 가지고 따질 때 이같은 주장은 근거가 희박하다. 러시아와 오스트리아의 유태인 배척은 독일만큼이나 거셌고, 프랑스의 열광적인 애국주의(chauvinism)도 독일만큼이나 괄목할 만한 것이었으며, 문화적 특성과 숙명적 과제에 대한 일본인들의 의식도 독일 못지 않게 광범하였다. 여기서 검토되는 강대국은 예외없이 「특수한」 나라들로서 제국주의 시대에는 하나같이 자신의 특별함을 내세우는 데 열을 올렸다. 그러나 권력정치의 기준에서 볼 때 독일은 확실히 큰 의미를 지니는 특징을 가지고 있었다. 그것은 서양 민주주의의 산업화한 근대적 힘과 동방 군주국의 전제적(무책임한 것이라고 하고 싶은 충동을 느끼게 되는) 의사결정의 특징을 혼합시킨 하나의 강대국이었다. 그것은 미국을 빼고 정말로 기존 질서에 도전할 수 있는 힘을 가진 하나의 「신참」 강대국이었다. 그리고 강력한 이웃나라의 희생을 강요해야만 경계선을 동쪽이나 혹은 서쪽으로 넓혀나갈 수 있는 하나의 신흥 강대국이었다. 그리고 칼레오(D. Calleo)의 말을 빌리자면 장차의 성장이 「간접적으로」가 아니라 「직접적으로」 유럽의 세력균형에 차질을 빚을 수밖에 없는 국가였다. 이것은 티르피츠의 말대로 『실지회복이 생사의 문제』라고 생각하고 있던 나라에게는 하나의 폭탄과 같은 결합이었다.

　부상하는 국가들로서는 돌파구를 찾는 것이 대단히 중대한 일이었지만 이제 압박을 느끼게 된 기존 강대국으로서는 자신의 지위를 고수하는 것이 더 시급한 일이었다. 이 경우에도 문제의 3대 강대국인 오스트리아-헝가리·프랑스·영국간의 아주 괄목할 만한 차이를 지적해둘 필요가 있는데 특히 오스트리아-헝가리와 영국간의 차이에 주목해야 할 것이다. 이들 강대국의 상대적 힘을 표시하는 도표들은 이들 모두가 19세기말에는 50년 전이나 60년 전보다 분명히 약해졌음을 보여주는데 비록 그들의 방위예산이 늘어나고 식민지가 더욱 확장되었으며(프랑스와 오스트리아-헝가리의 경우) 유럽에서의 영토적 야심을 여전히 품고 있었을지라도 이같은 상대적 힘의 약화는 뚜렷한 것이었다. 게다가 이들 국가의 지도층은 국제여건이 그들의 전임자 때보다 더 복잡하고 위협적인 양상임을 깨달았으며 따라서 새로운 상황에 대처하기 위해 과격한 정책변화를 고려하지 않을 수 없었다고 말하는 것이 공정한 판단일 것이다.

오스트리아-헝가리

　기존 강대국 중에서는 오스트리아-헝가리제국이 단연코 가장 약한 나라였지만 ― 그리고 테일러의 말로는 그 대열에서 처지고 있었다 ― 거시경제적 통계숫자들을 얼핏 봐서는 이 점이 분명하게 드러나지 않는다. 상당한 수가 이민으로 빠져나갔음에도 불구하고 이 나라의 인구는 1890년 4,100만에서 1914년에는 5,200만으로 증가하여 프랑스와 이탈리아를 제치고 영국도 약간 앞서게 되었다. 또 이 시기에 산업화를 많이 이룩했는데 성장속도는 1900년 이후보다도 그 이전이 더 빨랐던 것 같다. 석탄생산은 1914년이 되면 프랑스나 러시아보다도 많은 4,700만톤이라는 당당한 수준에 달하였고 강철생산과 에너지소비에 있어서도 이국동맹(Dual Alliance)을 구성한 그 어느 나라에 비해 크게 뒤지지 않았다. 직물산업은 급격하게 신장하였고 양조와 사탕무우생산이 증가했으며 갈리시아 유전이 개발되고 헝가리 쪽에서 기계화가 이루어지는 한편 스코다(Skoda) 군수공장의 규모가 배로 불어났고 주요 도시들에는 전력이 보급되었으며 국가는 철도건설을 강력히 추진했다. 베어로크가 산정한 바에 따르면 오스트리아-헝가리제국의 1913년도 국민총생산은 사실상 프랑스와 같았다고 하는데 이것은 좀 의심스럽다. 「유럽 세력」에서 이 나라가 차지하는 비중이 1890년 4.0%에서 1910년에는 7.2%로 증가했다는 파라(L. L. Farrar)의 주장도 의심스럽다. 그럼에도 불구하고 이 제국의 성장률이 1870년부터 1913년까지 유럽에서는 가장 높은 편에 속하였고 「산업잠재력」이 러시아보다도 빠른 속도로 증대하고 있었던 것은 사실이다.

 그러나 일단 오스트리아-헝가리의 경제와 사회를 보다 세밀하게 살펴보면 뚜렷한 결함들이 드러난다. 그중 아마도 가장 근본적인 것은 1인당 소득과 생산의 엄청난 지역적 격차이다. 이것은 주로 스위스 알프스에서 부코비나(Bukovina)에 이르는 영토의 사회경제적 다양성과 민족적 다양성을 반영하는 것이다. 1910년 갈리시아와 부코비나에서는 인구의 73%가 농업에 종사하고 있었는데 전국적인 농업종사 인구의 비율은 55%였다. 이보다 더 놀라운 사실은 엄청난 부의 편재로 오스트리아 저지대(Lower Austria, 850크로네)와 보헤미아(761크로네)의 1인당 소득은 갈리시아(316크로네)·부코비나(310크로네) 그리고 달마티아(264크로네)를 능가하였다. 그런데 산업화를 위한 「도약」은 오스트리아의 여러 지방과 체코에서 일어나고 있었고 농업발전은 헝가리에서 추진되었지만 인구가 가장 빠른 속도로 증가하고 있던 곳은 가난에 시달리는 슬라브 지역이었다. 결과적으로 오스트리아-헝가리의 1인당 산업화수준은 주요 강대국의 수준을 훨씬 밑돌게 되었고 생산의 절대적 증가에도 불구하고 이 시기에 세계제조업생산에서 이 나라가 차지하는 비중은 4.5%에 불과하였다. 이것은 오스트리아-헝가리와 같은 전략적 과제를 가진 나라의 경제기반으로는 건실한 것이 아니었다.

 이같은 상대적 후진성은 일본이나 프랑스에서 볼 수 있었던 것과 같은 고도의 민족적・문화적 결속에 의해 보완될 수도 있었다. 그러나 공교롭게도 빈은 유럽에서 민족적으로 가장 다양한 나라를 통치하고 있었다. 예컨대 1914년 전쟁이 터졌을 때 15개의 다른 언어로 동원령을 포고해야 할 정도였다. 「체코청년당(Young Czech)」운동이라는 말이 시사하는 것과는 달리 보헤미아에서의 독일어 사용자들과 체코어 사용자들간의 해묵은 긴장은 프란츠 요제프황제가 당면했던 문제 가운데 가장 심각한 것이 아니었다. 1867년 이후 동등한 지위를 부여했음에도 불구하고 관세, 소수민족의 처우문제, 군대의 「마쟈르화」 등의 문제로 부단한 마찰을 빚던 헝가리와의 긴장관계로 말미암아 1899년이 되자 서양 관측자들이 이 제국의 분열을 우려하게 되고 프랑스 외상 델카세(Théophile Delcassé)가 독일이 오스트리아의 영토를 계승하여 아드리아 연안으로 통하는 것을 막기 위해 러시아와의 이국동맹의 협정내용을 몰래 재협상하게 되는 지경에 이르렀다. 사실 1905년이 되자 빈의 총참모부는 사태가 더욱 악화할 경우 헝가리를 점령하기 위한 비상계획을 은밀히 준비하고 있었다. 빈이 안고 있던 민족문제는 비단 체코인과 마쟈르인에만 국한된 것이 아니었다. 남부의 이탈리아인은 그들 지역의 철저한 독일화에 분격하면서 경계선 너머 로마의 원조를 구하기도 했다—이것은 정도의 차이는 있었지만 억류된 루마니아인들이 동쪽의 부카레스트(Bucharest)에 기대를 걸었던 것과 같은 상황이었다. 이와는 대조적으로 폴란드인들은 평온을 유지했다. 그것은 그들이 독일이나 러시아가 지배하는 지역에서 누릴 수 있는 것보다도 더 나은 권리를 합스부르크제국에서 누리고 있었던 사실에 그 이유의 일단이 있었다. 그러나 이 제국의 결속에 대한 가장 큰 위협은 단연코 남슬라브인들이었다. 그것은 그들 중의 반체제집단들이 세르비아와 더 멀리 러시아의 눈치를 보고 있었기 때문이다. 빈의 보다 자유주의적인 사람들은 간혹 남슬라브인들의 소망에 타협적으로 대처할 것을 촉구했으나 마쟈르인 지주계급은 이에 강력히 반대했는데 그들은 헝가리의 특별한 지위가 조금이라도 격하되는 데는 전적으로 반대하면서 헝가리 자체내에서는 소수민족들에 대한 강력한 차별을 견지했다. 온건주의자들이 이 문제를 정치적으로 해결할 수 있는 길이 막혀 있었으므로 참모장 콘라트(Konrad) 장군과 같은 오스트리아·독일 민족주의자들이 세르비아인과 그 동조자들을 힘으로 다스려야 한다고 주장하는 사태가 벌어졌다. 프란츠 요제프황제 자신이 견제역할을 하기는 했지만 제국의 존폐가 정말로 위협받을 때는 무력행사가 항상 최후수단으로 여겨졌다.

　이러한 모든 것들은 틀림없이 온갖 방법으로 오스트리아-헝가리의 힘에 영향을 미쳤다. 여러 민족으로 구성되었다 해서 반드시 군사적으로 허약한 것은 아니었다. 군대는 통일을 이루는 기관으로서의 역할을 지속하면서 여러 언어로 구령해야 하는 상황에 아주 민첩하게 적응해나갔다. 그렇다고 해서 수비대의 구성이나 배치문제에 있어서는 결코 분할지배라는 오래된 규칙을 잊지는 않았다. 그러나 상황에 따라서는 체코나 헝가리연대에 의존하기가 더 어려워졌으며 심지어 크로아티아인들의 전통적인 충성심(여러 세기에 걸쳐「군사경계선」을 따라 사용되었다)마저도 헝가리 박해로 말미암아 잠식되었다. 더군다나 이와 같은 배타적 불평에 대한 빈의 처방은 한결같이 위원회를 구성하여 이를 억제하고 새로운 일자리, 조세상의 특혜, 철도의 지선 설치 등으로 무마하는 것이었다. 『1914년에는 300만명도 더 되는 공무원들이 있어서 학교·병원·복지사업·세금·철도·항구 등의 다양한 업무를 운영하고 있었으므로……군대 자체에게 돌아갈 돈은 별로 남지 않았다.』라이트(Q. Wright)의 추계로는 오스트리아-헝가리의「국가예산」, 즉 중앙정부 예산에서 방위예산이 차지하는 비율은 다른 어느 강대국보다도 적었다. 결국 이 나라 해군은 지중해에서 프랑스 해군은커녕 이탈리아 해군에 필적할 정도의 자금조차도 확보하지 못했고 육군의 예산은 러시아와 프로이센 육군 예산의 1/3 내지 1/2에 불과했다. 육군의 무기, 특히 포의 경우 구식인데다가 그나마 수적으로도 한정되었다. 자금부족 때문에 징집가능 인원의 약 30%만이 동원되었고 그중 많은 인원이 장기휴가로 귀향하거나 8주간의 훈련만을 받는 것으로 그쳤다. 그것은 전시에 능력을 제대로 갖춘 대량의 예비병력을 확보할 수 있는 체제가 아니었다.

　1900년 이후 약 10년간 국제긴장이 고조되면서 오스트리아-헝가리제국의 전략적 입장은 정말로 위태롭게 보였다. 내부분열은 나라를 갈라놓을 기세였고 거의 모든 이웃들과의 관계를 복잡하게 했다. 경제성장은 괄목할 만한 것이기는 했지만 영국·독일과 같은 주요 강대국을 따라 잡을 수 있는 것은 아니었다. 1인당 군사비는 다른 강대국보다 적었으며 징집대상자의 소집비율은 유럽대륙의 어느 나라보다도 낮았다. 게다가 잠재적 적대국가가 너무 많았으므로 총참모부는 온갖 작전을 계획해야 했다―이것은 다른 강대국에서는 거의 볼 수 없는 커다란 부담이었다.

　오스트리아-헝가리제국이 이렇듯 많은 잠재적 적대국가를 가지고 있었다는 사실 자체는 특이한 지리적 상황과 다민족국가라는 사정에 기인하는 것이었다. 삼국동맹에도 불구하고 이탈리아와의 긴장상태는 1900년 이후 더욱 심화되었으며 콘라트는 수차에 걸쳐 남쪽으로 이웃한 이 나라에 대한 군사행동을 제창했다. 외무장관과 황제는 그의 제의에 반대했지만 이탈리아 접경지역에 병력배치가 강화되고 진지도 보강되었다. 더 멀리 루마니아에 대해서도 빈은 걱정을 해야 했다. 이 나라는 1912년이 되자 반대진영에 가담하여 뚜렷한 위협적 존재가 되었다. 그러나 가장 큰 원한을 산 것은 세르비아였는데 이는 몬테니그로(Montenegro)와 더불어 오스트리아-헝가리제국내의 남슬라브인들에게 작용하는 큰 힘이었으므로 제거되어야 할 암적 존재였던 것이다. 그럴 듯한 해결책은 그것을 제거하는 것이었다. 그럴 경우 그에 따르는 유일한 문제는 세르비아를 공격하면 오스트리아-헝가리의 가장 만만찮은 적인 제정러시아를 도발하여 군사행동으로 나오게 할 수 있다는 점이었다. 그렇게 될 경우 오스트리아-헝가리군의 대부분이 벨그라드(Belgrade)를 거쳐 서남쪽으로 진격하는 상황에서 동북쪽을 침공당할 수 있었다. 극도로 호전적인 콘라트마저도 모든 적들과 일시에 싸움을 벌이는 사태가 벌어지지 않도록 하는 것은 외교관들이 해야 할 일이라고 주장했지만 그 자신이 세운 1914년 이전의 작전계획은 육군에게 기상천외한 군사적 요술행위의 준비를 요구하는 것이었다. 9개 군단으로 구성되는 주력부대(A-Staffel)는 이탈리아나 러시아 가운데 어느 한쪽에(!) 대항해서 배치될 태세를 갖추게 하고 3개 군단으로 구성되는 작은 부대는 세르비아·몬테니그로에 대항하도록 한다는 것이었다(Minimalgruppe Balkan). 더욱이 전략적 보충병력인 4개 군단(B-Staffel)은 『주력부대를 보강하여 강력한 방어력을 구성하도록 하고 이탈리아나 러시아의 위협이 없을 경우에는 후자인 소부대와 합동해 세르비아를 공격한다』는 것이었다.

『문제의 핵심은 오스트리아-헝가리가 2류의 능력으로 강대국 행세를 하려는 데에 있었다』고 풀이되어왔다. 모든 전선에서 강세를 유지하려는 필사적인 노력으로 말미암아 이 제국이 도처에서 취약해지는 중대한 위험이 조성되었다. 아뭏든 이같은 시도는 이 나라의 철도와 그것을 관리하는 장교들에게 초인적인 부담을 안겨주었다. 뿐만 아니라 이러한 작전상의 딜레마는 빈의 거의 모든 관측자들이 1870년 이후 수긍할 수밖에 없던 바를 확인해주었다. 즉 강대국들간에 전쟁이 벌어질 경우 오스트리아-헝가리에게도 독일의 지원이 필요하다는 것이었다. 순전히 오스트리아와 이탈리아 사이에서만 전쟁이 벌어지는 경우(콘라트가 자주 우려했음에도 불구하고 이같은 사태가 벌어질 가능성은 가장 희박했다)라면 독일의 지원이 필요없을 것이었다. 그러나 오스트리아-헝가리가 세르비아와 싸우게 되고 세르비아가 러시아의 지원을 받게 되는 상황에서는 확실히 독일의 군사원조가 필요할 것이었다. 이 때문에 1914년 이전에 콘라트는 이 점에 대한 베를린의 다짐을 받아내려고 거듭 시도했던 것이다. 끝으로 이 기상천외한 작전계획은 그 당시 사람들은 이해할 수 있었지만 일부 후세 역사학자들이 인정하기를 꺼렸던 한 가지 점을 상기시켜 주는데 그것은 만약 발칸지역과 제국 자체내에서 민족주의적 불만이 계속 폭발하게 된다면 요제프황제가 물려받은 특이한 시대착오적 유물을 살려나가기란 거의 불가능하다는 것이었다. 그리고 그렇게 될 때 유럽의 세력균형에는 차질이 생기게 마련이었다.

프랑스

 1914년 프랑스는 오스트리아-헝가리에 대해 상당한 우위를 누리고 있었다. 그같이 유리한 점 가운데 가장 중요한 것으로는 아마도 독일만을 적대국으로 두고 거기에 총력을 집중할 수 있었다는 사실을 들어야 할 것이다. 프랑스가 이집트와 서아프리카에서 영국에 도전하고 영국 해군을 상대로 단호한 세력경쟁을 벌이며 이탈리아와 폭발 직전의 분규를 빚는 한편 독일에 대한 복수전을 준비하고 있던 1880년대 후반의 상황과는 전혀 달랐다. 심지어 신중한 정치가들이 위기 직전 상태로부터 나라를 후퇴시켜 러시아와 초기 동맹관계에 들어갔을 때조차도 프랑스의 전략적인 딜레마는 여전히 심각하였다. 그의 가장 큰 적이 이제 더욱 강성해진 독일제국이라는 것은 분명했다. 그러나 이탈리아의 해군 식민지 도전(프랑스는 이렇게 인식했다) 그 자체가 프랑스의 신경을 곤두세우게 하는 것이었을 뿐더러 이탈리아와 싸우게 되면 거의 틀림없이 동맹국인 독일이 전쟁에 말려들 것이라는 점 때문에 신경이 쓰였다. 육군의 입장에서 보면 이같은 가능성은 상당수의 사단을 동남부에 배치해야 함을 의미했다. 해군의 입장에서는 함대를 지중해에 집결시키느냐, 대서양 항구에 집결시키느냐 아니면 두 개의 소함대로 분할하여 두 방면에 배치하는 모험을 할 것이냐 하는 해묵은 전략적 문제가 더욱 강렬하게 부각되었다.

 여기에 문제를 더욱 복잡하게 한 것은 1882년 영국의 이집트 점령을 계기로 급속도로 악화한 영국과의 관계였다. 1884년부터 두 나라는 해군력경쟁에 박차를 가했는데 그것은 영국측으로서는 그들의 지중해 항로 상실 가능성 그리고 (때로는) 프랑스가 영국해협을 건너 침공해 오는 것이 아닌가 하는 우려와 관련된 것이었다. 이보다 더 집요하고 위협적인 것은 영국과 프랑스의 잦은 식민지 분쟁이었다. 두 나라는 1884년부터 1885년까지 콩고를 놓고 싸움을 벌였고 1880년대와 1890년대를 통해 서아프리카를 놓고 싸움을 벌였다. 1893년 두 나라는 타이(Siam)를 놓고 전쟁 직전상태에 이르렀다. 가장 큰 위기는 1898년 파쇼다에서 키치너의 군대와 마르시앙(Marchand)의 소규모 원정대가 대결하여 나일강 유역의 장악을 둘러싼 16년간의 대립관계를 절정으로 몰고 갔을 때였다. 비록 그때 물러서기는 했지만 프랑스인들은 정력적이고 대담한 제국주의자들이었다. 팀북트나 통킹(Tonkin) 주민들은 결코 프랑스를 사양길에 있는 나라로 간주하지는 않았을 것이다. 프랑스의 식민지는 1871년과 1900년 사이에 350만평방마일이나 늘어났으며 해외영토 확보에 있어서는 단연 영국 다음의 지위를 굳혔다. 이들 식민지의 상업이 대단했던 것은 아니지만 프랑스는 다카르(Dakar)에서 사이공(Saigon)에 이르기까지 상당한 육군을 배치하고 일곱 해군기지들을 마련했다. 심지어 레반트지방이나 중국 남부 지역과 같이 그들이 식민지화하지 않은 곳에서도 프랑스의 영향력은 컸다.

 프랑스가 이처럼 박력있는 식민지정책을 수행할 수 있었던 것은 정부기구가 관료들의 소집단과 식민지 총독과 식민정책을 열렬히 제창하는 사람들로 하여금 급속도로 달라지는 제3공화국의 중앙 정부관서들로서는 거의 관장할 수가 없던 「전방(forward)」전략을 추진하도록 허용했기 때문이라고 해석되어왔다. 그러나 프랑스 의회정치의 변덕스러운 상황이 본의 아니게 제국주의 정책에 힘과 일관성을 부여했을지라도 — 관리들과 식민주의 로비활동을 하는 그들의 친구들에게 제국주의 정책을 맡겨놓음으로써 — 그것이 해군과 육군에게 준 영향은 그다지 좋은 것이 아니었다. 예컨대 정권이 자주 바뀌면서 해운을 담당하는 각료도 자주 바뀌게 되었는데 그들 가운데 어떤 사람들은 정치적으로 임명된 사람들(placeman)에 불과했고 또 어떤 사람들은 해군전략에 대해 확고한(그러나 쉽게 달라지는) 견해를 가지고 있었다. 결과적으로 이 무렵 수십년 동안 프랑스 해군에는 많은 돈이 배정되었으나 제대로 사용되지 않았다. 건설계획이 한 정권의 적국상선 기습(guerre de course)전략에서 다른 정권의 전함지원으로의 전환에 따르는 잦은 변화를 겪음에 따라 해군 자체는 영국이나 후에는 독일 함대와 도저히 견줄 수 없는 잡다한 선박들의 집합체로 전락하게 되었다. 그러나 프랑스 해군에 대한 정치의 영향은 정치가들에 대한 장교단의 강한 반발과 민·군간의 온갖 충돌(드레퓌스〈Dreyfus〉사건은 그중 가장 많이 알려진 하나의 사건에 불과하다)로 프랑스를 구조적으로 약화시키고 군대의 충성심과 능률을 문제시하게 했던 육군에 미친 영향과 비교한다면 그다지 심한 것은 아니었다. 다만 1911년 이후 민족주의 정신이 괄목할 정도로 되살아나면서 비로소 이같은 민간과 군대의 분쟁이 독일이라는 공동의 적에 대한 투쟁에 밀려나게 되었다. 그렇지만 정치가 지나치게 작용하는 바람에 프랑스 군대가 돌이킬 수 없는 타격을 받았다고 생각하는 사람들이 많았다.

프랑스의 힘에 대한 또 다른 분명한 내부적 제약은 경제실태였다. 이것은 복잡한 문제인데 여러가지 지표에 대한 경제사가들의 개인적 편향으로 말미암아 더욱 복잡한 양상을 보여왔다. 긍정적인 측면을 보자.

> 이 시기에는 은행 및 금융기관들의 산업투자와 외국차관 참여가 크게 발전하였다. 근대적 철강산업이 설립되고 대규모의 새 플랜트가 건설되었는데, 특히 로렌의 철광석 매장지역에서 두드러진 양상을 보였다. 북프랑스의 탄광지대에는 산업사회의 추한 광경이 전개되었다. 엔지니어링과 신식 산업에서는 중요한 발전이 크게 이루어졌다. …… 프랑스에는 19세기 말과 20세기 초에 철강·엔지니어링·자동차·항공기 부문에서 주역을 맡게 된 괄목할 만한 기업인들과 발명가들이 있었다. 슈나이더(Schneider)·푸조(Peugeot)·미셰린(Michelin)·르노(Renault)와 같은 기업들이 주도적인 역할을 했다.

사실 헨리 포드(Henry Ford)가 대량생산방법을 개발하기 전에는 프랑스가 세계 자동차생산을 주도했다. 1880년대에는 철도건설이 다시금 활기를 띠게 되었는데 이것은 전신·우편제도·내륙수로의 발전과 더불어 국민시장의 발달추세를 조장했다. 농업은 1892년의 멜린느관세(Méline tariff)에 의해 보호되었으며 부가가치가 큰 고급품생산에 계속 치중했다. 이 시기의 절대적인 경제팽창 지표들과 낮은 인구증가율을 감안하건대 인구비례로 따진 생산수치들, 예컨대 1인당 성장률·1인당 수출액 등은 괄목할 만하였다.

끝으로 프랑스는 유동자본을 대단히 많이 가지고 있어서 그것을 국가 외교와 전략을 뒷받침하는 데에 체계적으로 활용할 수 있었다. 이 점을 보여준 가장 괄목할 만한 사실은 1871년의 독일에 대한 배상금의 조속한 지불이었는데 비스마르크는 프랑스가 이것을 지불하자면 국력이 여러 해 동안 마비될 것으로 잘못 계산했다. 그러나 그후 프랑스 자본은 유럽 안팎의 여러 나라로 흘러나갔다. 1914년이 되자 프랑스의 해외투자가 총 90억달러에 달해 영국 다음의 규모를 이루었다. 이들 투자는 스페인과 이탈리아를 포함한 유럽의 상당한 산업화를 돕기도 했지만 프랑스 자체에도 커다란 정치적·외교적 혜택을 가져다주었다. 19세기에서 20세기로 바뀔 무렵 이탈리아가 서서히 삼국동맹에서 이탈하게 된 것은 전적으로 이탈리아의 자금수요에 기인한 것은 아니었다 하더라도 그로부터 영향을 받은 것이 사실이다. 철도부설권을 비롯한 이권에 대한 대가로 프랑스와 러시아가 중국에 제공한 차관은 거의 예외없이 파리에서 기채된 다음 페테르스부르크를 통해 흘러 들어갔다. 투르크와 발칸에 대한 프랑스의 대대적인 투자―1914년 이전에는 좌절감에 빠진 독일인들이 도저히 필적할 수 없었다―는 정치적·문화적 측면에서 프랑스에게 이점을 주었을 뿐 아니라 독일제 군수품보다 프랑스제 군수품을 선호하는 방향으로 판매계약을 유도하는 데도 유리하게 작용했다. 무엇보다도 프랑스는 1888년 10월에 실시한 첫 기채에서 시작하여 1913년의 대단히 중요했던 5억프랑의 차관 제의에 이르기까지 동맹국인 러시아의 근대화를 위해 자금을 쏟아넣었는데 그것은 폴란드의 여러 지방에 있는 러시아의 전략적인 철도가 크게 확장되어 「러시아의 증기롤러(Russian steamroller)」가 독일을 무찌르는 데 보다 신속하게 동원될 수 있도록 한다는 조건 아래 이루어졌다. 이것은 그 자신의 전략적 힘을 보완하는 데에 재정력을 동원할 수 있는 프랑스의 능력을 보여준 가장 명백한 사례였다(아이로니컬하게도 러시아의 군사체제가 보다 능률적인 것이 될수록 독일은 프랑스에 대한 속전태세를 더욱 강화하지 않을 수 없었다).

그런데 프랑스의 성장을 보여주는 이같은 긍정적인 이미지도 일단 상대적인 경제자료들에 비추어보면 대번에 대수롭지 않은 것이 되고 만다. 해외에 거액을 투자한 것은 확실하지만 그러한 자금이 이자의 형태로나 혹은 프랑스 제품에 대한 해외의 주문증가를 유발하였다고 볼 수 있는 증거는 거의 없다. 심지어 러시아에서조차도 수입시장에서 큰 몫을 차지하는 것은 독일 제품들인 경우가 많았다. 유럽의 제품수출에서 독일이 차지한 비중은 1880년대 초기에 이미 프랑스를 앞질렀고 1911년에는 거의 두 배가 되었다. 그런데 이같은 사실은 당시 프랑스 경제가 한두 세대 이전에는 영국의 힘찬 산업경쟁으로부터 타격받았다가 이제는 산업대국으로 성장한 독일의 영향을 받게 되었다는 난처한 사실을 반영하였다. 자동차산업만이 희귀한 예외일 뿐 다른 비교자료들은 프랑스의 이같은 열세를 거듭 드러내 보인다. 전쟁 직전에는 프랑스의 산업력이 독일의 약 40%에 불과한 수준으로 강철생산은 1/6을 약간 웃돌았고 석탄생산은 1/7도 채 안되었다. 석탄·강철과 철은 규모가 작은 플랜트와 빈약한 광산에서 생산되었으므로 생산비가 비쌌다. 마찬가지로 프랑스의 화학산업이 앞섰다는 이야기들이 많았음에도 불구하고 독일로부터의 수입품에 크게 의존하고 있었다. 공장들의 규모가 작고 생산방식이 구식이며 국내시장을 보호하는 정책에 크게 의존하고 있던 사실을 감안하건대 19세기 프랑스의 산업성장이 『관절염 환자와도 같이……허둥대고 발작적이며 느린』 것이었다는 냉담한 표현이 나왔던 것도 당연한 일이었다.

뿐더러 적어도 상대적인 힘과 부를 놓고 따질 때 프랑스의 목가적인 매력은 어떤 위안도 될 수 없었다. 질병으로 견사 및 포도주생산이 받은 타격은 돌이킬 수 없는 것이었다. 농가소득을 보호하며 사회안정을 유지하기 위해 마련된 멜린느관세의 효과는 결국 농촌으로부터의 인구이탈을 늦추고 비능률적인 생산자들을 지원하는 것이었다. 1910년경까지도 농업에 종사하는 인구가 활동인구의 40%를 차지했고 농업의 압도적인 부분을 영세농가가 차지하고 있는 실정이었으므로 그것은 프랑스의 생산성과 전반적인 부에 부정적인 요인이 아닐 수 없었다. 베어로크의 자료에 따르면 프랑스의 국민총생산은 1913년 독일의 55%에 불과했고 세계제조업생산에서 차지하는 비중은 독일의 약 40%에 상당하였다. 라이트의 집계로는 프랑스의 국민소득이 1914년 60억달러였던 데 비해 독일은 120억달러였다. 동쪽의 이웃과 다시 전쟁을 벌여서 단독으로 싸울 경우 그 전쟁은 1870~1871년의 결과를 재연시킬 것이었다.

이러한 비교지수들 대부분은 프랑스가 독일뿐만 아니라 미국·영국·러시아에게도 크게 뒤졌으며 그리하여 20세기 초에는 강대국 중에서 프랑스의 지위가 5위임을 보여준다. 그런데 프랑스와 독일의 관계가 극도로 나쁘다는 단순한 이유 때문에 프랑스의 힘의 약화는 독일과의 상대적인 관계에서 문제가 되었다. 이 점에서 볼 때 당시의 경향은 심상치 않은 것이었다. 독일의 인구는 1890년과 1914년 사이에 근 1,800만이 증가했으나 프랑스의 인구증가는 100만을 약간 넘었다. 이와 함께 독일의 보다 큰 국가적 부를 생각할 때 프랑스가 군사적 균형을 유지하려고 제아무리 무리를 할지라도 항상 뒤지게 마련이었다. 적어도 일부 추계에 따르면 프랑스는 징집대상자의 80% 이상을 소집함으로써 나라의 규모치고는 놀라울 정도로 큰 군대를 확보하게 되었다. 예컨대 4,000만의 인구에서 80개 사단을 동원한 것은 오스트리아가 5,200만의 인구에서 48개 사단을 동원한 것과 비교한다면 많은 것이었다. 그러나 독일에 대해서는 이같은 병력도 별로 쓸모가 없었다. 프로이센 총참모부는 잘 훈련된 예비병력을 이용하여 100개도 더 되는 사단을 동원할 수 있었을 뿐 아니라 군대에 끌어들일 수 있는 어마어마한 잠재적 인력을 보유하고 있었다―즉 군인으로 동원할 수 있는 연령층의 인구가 근 1,000만이었는데 프랑스는 500만이었다. 그리고 독일은 제대로 훈련된 하사관―팽창일로에 있는 군대의 핵심요소―11만 5,000명을 확보하고 있었는데 프랑스는 4만 8,000명뿐이었다. 게다가 독일이 군사비에 배정하는 국민소득의 비율은 프랑스보다 낮았으나 절대액으로는 프랑스보다 많았다. 1870년대와 1880년대를 일관하여 프랑스군의 최고사령부는 「용납할 수 없는 불리한 조건」을 시정하기 위해 악전고투했으나 허사였다. 제1차세계대전 직전에 작성된 독일의 물질적 우위에 관한 비밀메모 역시 놀라운 것이었다. 즉 『기관총은 프랑스의 2,500정에 대해 4,500정을, 프랑스의 75밀리 포 3,800문에 대해 독일은 77밀리 포 6,000문을 보유하고 있으며 중포는 독일측만 거의 독점하다시피 하고 있다』는 것이었다. 특히 중포는 프랑스의 약점을 가장 극적으로 보여주는 것이었다.

그런데도 프랑스 육군은 승리를 자신하면서 1914년 전쟁에 돌입하여 방어전략을 버리고 전면 공격을 추구하였다. 이는 그랜드메이슨(Grandmason)을 비롯한 사람들이 군대에 주입하려고 했던 사기의 중요성에 대한 강조―물질적 약점에 대한 심리적인 보완책이었다고 생각된다―를 반영하는 것이었다. 『승리를 결정하는 것은 병력수도 아니고 요술적인 기계들도 아니다』라고 메싱(Messing) 장군은 역설했다. 『승리는 용기와 자질을 갖춘 군인들에게로 돌아가게 된다. 즉 우월한 신체적·정신적 인내력과 공격적 힘을 가진 자가 승리하는 것이다.』 이같은 주장은 1911년 모로코 사건 이후 프랑스에서 조성된 「애국심의 부활」과 관계가 있었는데 그것은 프랑스가 드레퓌스 사건중에 나타난 이 나라의 취약성의 표현인 계급적·정치적 분열에도 불구하고 1870년 당시보다는 훨씬 잘 싸울 것임을 시사했다. 군사전문가들은 거의 모두 다가오는 전쟁이 단기간에 끝날 것으로 생각했다. 그러므로 문제가 되는 것은 당장에 전선에 투입할 수 있는 사단의 수였지 독일의 강철·화학산업의 규모나 독일이 확보하고 있던 수백만을 헤아리는 징집가능 인원은 아니었다.

이같은 국민적 자신감의 부활은 델카세 외무장관과 그의 외교관들이 20세기로 접어들면서 확보했던 프랑스의 국제적 지위향상으로부터 가장 크게 영향을 받은 것이었다. 프랑스와 러시아를 이간시키려는 독일 정부의 온갖 외교적 노력에도 불구하고 프랑스의 외교담당자들은 러시아와 중대한 유대를 맺어 그것을 유지했을 뿐 아니라 이탈리아와의 관계도 꾸준히 개선하여 사실상 이 나라를 삼국동맹으로부터

5. 양극세계의 도래와 「중위권 국가」의 위기 Ⅰ: 1885~1918 / 313

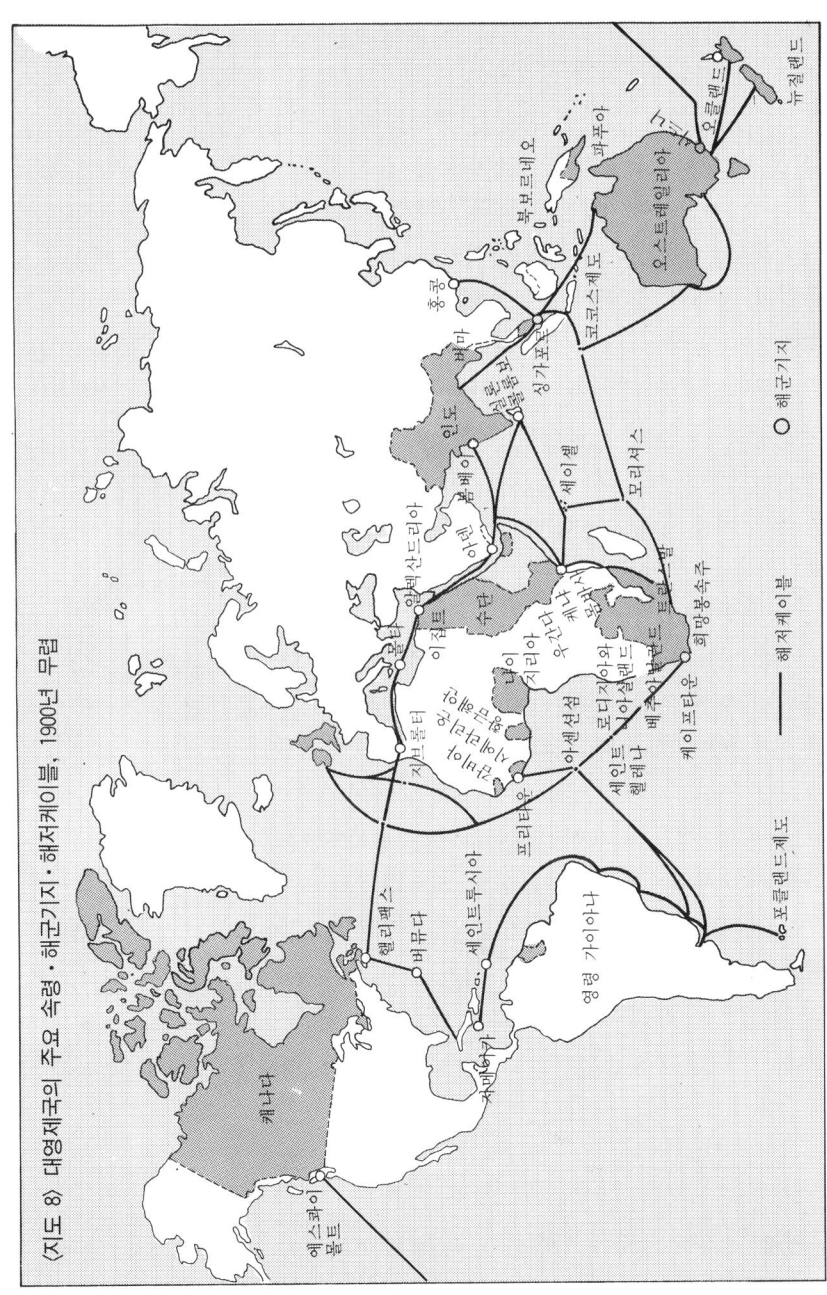

〈지도 8〉 대영제국의 주요 속령·해군기지·해저케이블, 1900년 무렵

떼어놓았다(또한 그렇게 함으로써 로렌과 동시에 사보이에서도 싸워야 하는 전략적 문제를 덜었다). 무엇보다도 중요한 것은 1904년의 협약으로 영국과의 식민지 분쟁을 진정시켜 런던의 자유당 정부의 지도적 인사들에게 프랑스의 안전보장이 영국의 국가이익과 통한다는 확신을 준 사실이다. 비록 영국의 국내정치적 이유 때문에 일정한 동맹관계를 맺기란 불가능한 일이었지만 독일 원양함대가 증강될 적마다 독일의 공세가 중립적인 벨기에를 거쳐 이루어질 것이라는 예상이 확실해짐에 따라 프랑스가 장차 영국의 지원을 받을 수 있는 가능성이 증대했다. 만약 영국이 나선다면 독일은 러시아뿐만 아니라 그의 원양함대에 대한 영국 해군의 작전, 해외무역의 파탄 그리고 북프랑스에 파견될 대규모 영국 군대에 대해서도 걱정해야 할 판이었다. 러시아와 영국을 농맹국으로 삼아 독일과 싸우는 것이야말로 1871년 이래 프랑스가 꿈꾸어온 바였다. 그런데 그것이 이제 현실로 뚜렷이 나타난 것처럼 보였다.

 프랑스는 독일과 1 대 1로 싸울 정도로 강력하지 못했으므로 역대 정부는 그와 같은 대결을 피해야 한다고 생각해왔다. 만약 강대국의 특징이 어떤 상대와도 싸우려 들며 또 그렇게 할 수 있는 나라라고 한다면 프랑스는(오스트리아-헝가리와 마찬가지로) 그 축에 끼지 못하는 나라로 전락한 셈이었다. 그러나 심리적으로 전쟁태세를 갖추고 있었고 군사적으로는 과거 어느 때보다 강했으며 무엇보다도 강력한 동맹국들을 확보하고 있던 1914년의 프랑스로서는 이같은 말은 너무나 비현실적인 것으로 여겨졌다. 이러한 모든 것들이 갖춰진 경우에조차도 프랑스가 독일을 당해낼 수 있겠는가 하는 것은 하나의 의문이었다. 그러나 프랑스인들은 거의 모두 독일을 당해낼 수 있다고 생각하였다.

영 국

 언뜻 보기에 영국은 당당한 나라였다. 1900년에 세계에서 일찍이 볼 수 없었던 큰 제국을 이루고 약 1,200만평방마일의 땅과 세계인구의

1/4정도를 지배하였다. 이에 앞선 30년 동안에만도 425만평방마일의 땅과 6,600만의 인구가 이 제국에 추가되었다. 그리하여 비단 후일의 역사학자들만이 아니라 그 당시의 프랑스인과 독일인·아산티족(Ashanti)과 버마인을 비롯한 여러 사람들도 마찬가지로 다음과 같은 생각을 가지고 있었다.

전쟁(1914년)이 일어나기 반세기쯤 전에 그와 같은 야심에 대해 다른 나라들이 놀라울 만큼 동조할 기색을 보이지 않는 가운데 영국의 세력이 어마어마하게 팽창한 일이 벌어졌다.……정말로 세계강대국을 목표하는 나라가 있었다고 한다면 그것은 영국이었다. 사실 영국은 그것을 의도했을 뿐 아니라 그 뜻을 이뤘다. 독일인들은 바그다드에 이르는 철도를 건설한다고 단지 입으로만 떠들고 있을 뿐이었다. 영국 여왕은 인도의 여왕폐하였다. 만약 세계세력균형을 깨뜨린 나라가 있었다면 그것은 영국이었다.

영국의 힘을 보여주는 다른 지표들도 있다. 영국 해군은 대폭 증강되어 2위와 3위의 해군력을 합한 것과 맞먹는 규모가 되었다. 전세계에 걸쳐 유례를 볼 수 없는 해군기지와 전신중계소망을 확보했다. 단연코 세계 최대의 해운국으로서 세계 최대 무역국의 지위를 유지하고 있던 자국의 상품을 수송하였다. 그리고 런던금융가의 금융서비스는 영국을 세계경제의 가장 큰 투자자·은행가·보험업자·1차상품거래자로 부상시켰다. 1897년 빅토리아여왕 재위 60주년을 기념하는 축하식전에서 군중이 보여준 열광적인 환호는 상당한 자부심에 의해 뒷받침된 것이었다. 다음 세기의 3, 4개의 세계제국이 거론될 때면 영국은 ― 프랑스와 오스트리아-헝가리를 비롯한 다른 여러 후보들과는 달리 ― 언제나 몇 안되는 명단 속에 포함되었다.

그러나 다른 시각 ― 가령 영국의 「관료정신(official mind)」의 냉정한 타산이라든지 후일 영국의 몰락을 다룬 역사학자들의 시각 ― 에서 볼 때 19세기 후반은 영국이 「세계강대국을 시도」하던 때는 확실히 아니었다. 사실 그「시도」는 1세기 전에 전개되어 1815년의 승리로 절정에 달함으로써 그로부터 반세기 동안 추종을 불허하는 해양강국의 지위와 월등한 제국주의적 우위를 누리게 되었다. 그러나 1870년 이후 세계세력균형 변화는 심상치 않은 두 가지 상호작용하는 방법으로 영국의 월등한 우위를 깎아내렸다. 첫째로 산업화의 파급과 그에 따른 육·해군 비중의 변화는 다른 어느 나라보다도 영국의 상대적 지위를 약화시켰는데 그것은 영국이 기존 강대국으로서 현상의 근본적 변화로부터 얻을 것보다는 잃을 것이 더 많았기 때문이다. 영국은 강력한 통일 독일의 등장으로부터 프랑스나 오스트리아-헝가리처럼 직접적인 영향을 받지는 않았다(다만 1904~1905년 이후에야 본격적으로 이 문제에 대처해야 했다). 그러나 영국은 미국의 부상으로 가장 큰 타격을 받았는데 그것은 서반구에서는 다른 어느 나라보다도 영국의 이권(캐나다·카리브해의 해군기지, 라틴아메리카 지역의 무역과 투자)이 한결 두드러진 것이었기 때문이다. 러시아의 경계선이 전진하고 전략상 요충인 투르키스탄의 러시아 철도가 확장됨으로써 가장 큰 영향을 받은 것도 영국이었다. 왜냐하면 그것이 근동지역과 페르시아만에서의 영국의 영향력과 궁극적으로는 인도대륙에 대한 영국의 지배권을 위협하게 될 것이 누가 보아도 명백했기 때문이다. 중국이 분할되거나 그 지역에 새로운 세력이 등장했을 때 상업적인 면에서 가장 큰 타격을 받게 될 것은 중국 무역의 가장 큰 몫을 누리고 있던 영국이었다. 마찬가지로 1880년 이후의 식민지 쟁탈전으로부터 가장 큰 영향을 받은 것도 영국이었는데 그것은 영국이(홉스봄의 말을 빌리자면)『저개발지역 대부분에 걸친 비공식적 제국(informal empire)을 그 1/4로 줄어든 공식적 제국과 바꾸게 되었기』때문이다 ― 빅토리아여왕의 영토가 계속해서 새로 추가되고 있기는 했지만 그것은 수지맞는 거래가 못되었다.

이러한 문제들의 일부(아프리카나 중국)는 비교적 새로운 것이었으나 어떤 것들(아시아에서 러시아와의 대립, 서반구에서 미국과의 대립)은 영국의 역대 정부를 괴롭혀온 것이었다. 이제 달라진 것은 위협이 거의 동시에 형성되는 가운데 도전하고 나선 다른 여러 나라들의 상대적인 힘이 훨씬 강해졌다는 사실이었다. 오스트리아-헝가리제국이 유럽 내부의 여러 적들에 대처하기에 여념이 없었던 것과 마찬가지로 영국 정치가들은 문자 그대로 세계적인 차원에서 외교적·전략적인 재주를 부렸다. 예컨대 대단히 중대한 시기였던 1895년 영국 내각은 청·일전쟁에 따른 중국의 분할 가능성, 아르메니아(Armenia) 사건에 따른 오토만제국의 붕괴, 베네수엘라와 영령 가이아나간의 경계선을 에워싸고 미국과 분쟁을 빚는 것과 거의 같은 시기에 남아프리카를 놓고 독일과 충돌하게 될 가능성의 증대 그리고 러시아의 힌두쿠시(Hindu Kush) 진출에 대해 걱정해야 할 판이었다. 그것은 해군에게도 요술행위를 요구하는 상황이었다. 왜냐하면 영국 해군의 예산이 제아무리 규칙적으로 증액된다 할지라도 5, 6개의 외국 함대가 대두하고 있던 1890년대의 상황에서는 19세기 중반에 누리던 것과 같은「제해권」은 더 이상 기대할 수 없었다. 해군본부가 거듭 지적했듯이 영국 해군이 서반구에서 미국의 도전에 대처할 수는 있었지만 그러기 위해서는 마치 지중해의 해군력을 약화시켜야만 극동의 영국 해군력이 증강될 수 있던 것과 마찬가지로 유럽수역에 있는 군함들을 그 방면으로 빼돌려야만 했다. 어느 곳에서나 강세를 유지할 수는 없었다. 끝으로 그것은 육군의 차원에서 볼 때 최근의 비상사태에 대처하기 위해 올더샷(Aldershot)의 병력을 카이로로 빼돌리거나 인도의 병력을 홍콩으로 이동배치함으로써 시도해야 할 요술행위였다—더욱이 이같은 요술행위를 소규모의 지원병력을 가지고 해내야 했는데 프로이센식의 대규모 군대의 등장은 이같은 소규모 지원부대를 완전히 무색하게 만들어버렸다.

둘째로 상호작용면에서의 약점은 그다지 절박한 양상은 아니었으나 좀 더 심각하였다. 육·해군과 대영제국의 힘이 궁극적으로 의존하고 있었던 산업과 상업의 지배적인 지위가 후퇴함에 따라 그와 같은 약점이 드러났다. 이 시기에 석탄·직물·철제품과 같은 영국의 기존 산업들은 절대치에서는 생산이 증가되었으나 세계생산에서 그들이 차지하는 상대적 비중은 차츰 줄어들었다. 그리고 강철·화학·기계공구 그리고 전기제품과 같이 중요성을 더해가는 새로운 산업 분야에서 영국은 곧 종래의 선두지위를 상실하게 되었다. 1820년부터 1840년까지 연간 4%, 1840년부터 1870년까지는 연간 약 3%의 비율로 증가했던 산업생산이 침체국면에 빠져 1875년과 1894년 사이에는 연간 1.5%의 비율로 증가했는데 그것은 주요 경쟁국들에 크게 뒤지는 증가율이었다. 이같은 산업에서의 우위 상실은 곧 수출대상 확보를 위한 치열한 경쟁을 통해 피부로 느낄 수 있게 되었다. 처음 영국의 수출품들은 가격 때문에 산업화된 유럽과 북아메리카 시장에서 종래의 유리한 지위를 잃게 되었는데 거기에는 관세장벽에 의한 보호조치가 작용한 경우가 많았다. 그 다음으로는 일부 식민지 시장으로부터도 밀려나게 되었는데 거기에서는 다른 강대국들이 상업적으로 경쟁해오는 한편 새로 합병한 영토에 관세제도를 도입함으로써 영국 수출품에 맞섰다. 그리고 마지막으로 보호되지 않은 국내시장으로 점점 많은 외국 제품들이 밀려 들어오는 바람에 영국의 산업이 허약해지는 국면을 맞게 되었다—이것은 이 나라가 경쟁력을 잃어간다는 가장 뚜렷한 조짐이었다.

19세기 말 영국의 생산성저하와 경쟁력약화는 경제사에서 가장 많이 연구되어온 주제의 하나이다. 거기에는 투자의 빈약, 생산시설의 낙후, 노사관계의 악화, 졸렬한 판매술 등의 보다 구체적인 경제적 이유와 함께 국민성, 사회적 기풍, 세대적 차이 그리고 교육제도와 같은 복잡한 문제들이 연관되었다. 상대적 양상에 관심을 갖는 전반적 전략의 연구자들에게는 이 설명이 영국이 전반적으로 서서히 기반을 상실하고 있었다는 사실만큼 중요한 것이 못된다. 1880년까지만 해도 영국은 세계 제조업생산량의 22.9%를 차지했지만 1913년에 이르러서는 13.6%로 줄어들었다. 그리고 세계무역에서 영국의 비중은 1880년 23.2%에서 1911~1913년에는 불과 14.1% 수준으로 떨어졌다. 산업력에 있어서는 미국과 독일이 영국을 앞질렀다. 「세계의 공장」이 이제 제3의 공업국으로 전락했는데 그것은 이 나라가 성장을 하지 않았기 때문이 아니라 남들이 보다 빠른 속도로 성장했기 때문이다.

　사려있는 영국의 제국주의자들에게 이같은 상대적인 경제력의 약화보다 더 큰 충격은 없었다. 왜냐하면 그것이 영국의 국력에 미치는 영향이 막대했기 때문이다. 『[외국으로부터의 도전에 의해] 위협을 받고 있는 산업이 바로 국방체제의 근간을 이루고 있는 것이라고 한다면 어떻게 되겠는가?』라고 휴윈즈(W. A. S. Hewins) 교수는 1904년에 우려를 나타냈다. 『제철산업과 대규모 엔지니어링산업없이는 해나갈 수가 없다. 그것말고는 현대전에 필요한 해군과 육군을 육성하여 능률적인 상태로 유지할 수단이 달리 없기 때문이다.』 이같은 사태와 비교해볼 때 서아프리카의 식민지 경계선을 에워싼 싸움이나 사모아제도(Samoan Islands)의 장래를 에워싼 싸움은 사소한 일이었다. 그래서 제국주의자들은 방위를 강화하고 독점시장을 확보하기 위해서 관세개정—영국의 산업을 보호하기 위해 자유무역원칙을 포기하면서—과 백인 영토와의 유대강화에 관심을 가지게 되었다. 영국은 이제 조지프 체임벌린의 놀라운 표현을 빌리자면 『지나치게 큰 운명의 굴레 아래 [휘청거리는]노대국(weary Titan)』이 되어버린 것이다. 영국은 장차『혼자 힘으로는 미국이나 러시아 그리고 독일과 겨룰 만한 지위를 제대로 유지할 수 없을 것이다. 우리는 엄청난 압력 때문에 옆으로 밀려날 것』이라고 해군장관은 경고하였다.

　그렇지만 길게 볼 때 제국주의자들이 분명히 옳았다 할지라도—『트라팔가 승리 100주년을 기념하고 있는 이 제국이 다음 승리 때까지 살아남을 것인가?』라고 유력한 언론인 가빈(Garvin)은 1905년에 침통하게 물었다—그들은 거의 모두 그 시대의 위험을 과장하는 경향이 있었다. 철강무역과 기계공구산업이 여러 시장에서 추월당하기는 했지만 완전히 밀려난 것은 분명 아니었다. 직물산업은 1914년 이전에 수출붐을 누리고 있었는데 그것은 지금 돌이켜보면 하나의 회춘기와 같은 것으로 보일 것이다. 영국의 조선산업—영국 해군과 번창일로의 해운업계를 위해 대단히 중요했다—은 이 시기의 세계 상선 톤수의 60% 이상과 군함의 33% 이상을 진수시킴으로써 단연 우위를 누리면서 영국이 전시에 식품과 원료를 지나치게 수입품에 의존하게 될 것이라고 걱정하는 사람들에게 위안을 주었다. 만약 영국이 대량 산업화에 의해 뒷받침되는 강대국간의 장기전에 말려들게 되었다면 대륙에서의 큰 싸움이 아닌 식민지에서의 소규모 전쟁을 위해 육군이 배치되고 장비를 갖추어야 한다는 전통적 생각을 반영한 영국 군수산업의 대부분(예컨대 포탄·포·항공기·볼베어링·광학장비·자석 발전기·염료)이 미흡한 수준에 있다는 사실이 드러났을 것이다. 그러나 이 시기의 상당 기간에 걸쳐 육군이 간여했던 것은 바로 그와 같은 종류의 전쟁이었다. 그러나 1898년 이미 적어도 일부 식자들이 예언하고 있었던 참호와 기관총으로 치러지는 소모적이고 장기적인「현대」전이 실제로 벌어지게 될 때 제대로 준비를 갖추지 못한 상태에서 그것을 맞게 되는 것은 비단 영국만이 아니었을 것이다.

그러므로 영국이 이 시기에 상당한 경제력을 가지고 있었다는 사실은 문제를 암담하고 포괄적인 것으로 묘사하려드는 사람들에 대한 경고가 되어서 마땅하다. 돌이켜볼 때『1870년에서 1970년에 이르는 영국의 역사는 다른 나라들에 대한 상대적 지위에 있어서 19세기 중엽에 경제적·군사적·정치적으로 산업혁명이 성취해주었던 번영과 힘의 절정으로부터 꾸준히 후퇴를 거듭한 과정이었다』고 할 수 있다. 그러나 이같은 쇠퇴의 속도를 과장하고 심지어 비공업 영역에서 이 나라가 보유한 상당한 규모의 자산을 도외시하게 될 위험성도 있다. 신식 기술의 등장으로 군함 한척의 건조비가 2배 이상 불어나면서 1914년 이전 20년 동안 영국 재무부가 큰 압박을 느끼기는 했지만 우선 생각해야 할 것은 영국이 국내외에 걸쳐 대단히 부유했다는 사실이다. 더욱이 유권자가 많아지면서 처음으로 상당한 금액이「사회적」지출에 충당되었다. 그렇지만「국방과 민생(guns and butter)」을 위한 지출의 증가가 절대치에 있어서 놀라운 것으로 여겨진 것은 이 나라가 야경국가 당시 개인소득으로부터 세금으로 걷어들인 돈이 워낙 적었고 정부 목적을 위해 사용한 국민소득이 워낙 적었기 때문이었다. 1913년까지만 해도 중앙정부와 지방정부의 지출총액은 국민총생산의 12.3%에 불과하였다. 이처럼 영국은 1914년 이전에 군사비를 가장 많이 지출하는 나라의 하나이기는 했지만 국민소득에 대한 군사비의 비중은 유럽의 어느 강대국보다도 낮았다. 그리고 주류 제국주의자들이 영국의 산업력과의 대비에서 재정력을 경시하는 경향이 있었을지라도 그 무렵 195억달러라는 엄청난 금액을 해외에 투자했는데 세계의 해외투자액의 약 43%에 상당하는 이 투자는 이 나라의 부의 분명한 원천이었다. 영국이 필요하기만 하다면 보다 큰 규모의 많은 비용을 요하는 전쟁도 감당할 수 있다는 점에는 의문의 여지가 없었다. 의문스러웠던 것은 군비와 산업화된 현대전에 갈수록 많은 국가자원을 투입해야 할 국면에 처했을 경우 자유주의적 정치풍토—자유무역, 적은 정부비용, 징병제도의 배척, 해군에의 큰 의존—를 계속 유지해나갈 수 있겠는가 하는 점이었다. 그러나 영국이 충분한 재력을 가지고 있다는 점에는 이론의 여지가 없었다.

 몇 가지 다른 요인들도 강대국들 사이에서의 영국의 지위를 높였다. 전략적인 철도와 대규모 군대의 등장으로 인도와 다른 속령들의 지정학적 안전보장에 차질을 빚게 된 판국에 제국의 육지 경계선을 지켜나간다는 것은 점점 더 생각하기 어려운 일이었지만 영국 본국이 섬으로 이루어져 있다는 사실은 여전히 큰 이점으로 남았다—그것은 이웃나라의 육군이 불시에 쳐들어올지도 모른다는 공포로부터 국민들을 해방시켜 주었고 지상 군사력보다도 해군력에 역점을 둘 수 있게 했으며 정치가들로 하여금 유럽대륙의 정치가들보다도 훨씬 여유있게 전쟁과 평화의 문제에 대처할 수 있게 했다. 게다가 방위하기 어려운 광대한 식민지는 어마어마한 전략적 문제를 내포하기는 했지만 그러면서도 상당한 전략적 이점을 갖다주기도 했다. 식민지에 배치된 많은 수비대·석탄공급기지 그리고 해상을 통해 쉽게 증강될 수 있는 함대 기지들로 인해 영국은 유럽대륙 밖에서 싸움이 벌어질 경우 다른 유럽 강대국들에 대해 극히 강력한 입장에 설 수 있었다. 영국이 해외의 속령으로 원조를 보낼 수 있는 것과 마찬가지로 속령(특히 자치령들과 인도)도 병력·선박·원료와 돈을 영국에 지원할 수 있었다—그리고 때는 바야흐로 영국의 정치가들이 보다 조직화한 「제국방위(imperial defense)」라는 이념을 위해 해외에 동족(kinsmen)을 확보하려고 세심하게 노력하고 있던 시기였다. 마지막으로 힘과 영향력이 이미 많이 확대됨에 따라 이제 영국은 많은 완충지대, 그다지 중요하지 않은 이권지역(less-than-vital areas of interest)을 가지게 되었으며 따라서 이른바「비공식 제국 영토」권에서 타협을 할 수 있는 여지가 많아졌다고 빈정댈 수도 있다.

  영국 제국주의의 공개발언은 대부분 양보와 후퇴는 전혀 고려하지 않음을 시사하지는 않았다. 그러나 영국의 전략적 우선순위에 대한 세심한 평가—정부부처 상호간의 협의체제와 내각의 의결제도로 가능했던—는 해마다 계속되면서 이 나라의 세계적 임무라는 맥락에서 하나하나의 문제를 검토하고 타협적인 정책이나 혹은 단호한 정책을 채택하도록 했다. 그리하여 영국과 미국의 전쟁은 경제적으로 파국적인 것이고 정치적으로 인기가 없으며 전략적으로 매우 어려운 것이었으므로 베네수엘라 분쟁·파나마운하·알래스카 경계선 등에서는 양보하는 편이 낫다고 여겼던 것이다. 이와는 대조적으로 영국은 1890년대에 서아프리카·동남아시아·태평양 지역의 식민지 분쟁에서 프랑스와 협상하려 들었지만 나일 계곡을 계속 장악하기 위해서는 싸움도 불사했다. 그로부터 10년 후 영국은 독일과의 대립관계를 해소하려고 시도했다(해군비율·포르투갈 식민지 그리고 바그다드 철도에 대한 협정을 제의함으로써). 그러나 대륙에서 전쟁이 터질 경우를 생각하여 중립 약속을 제의하는 문제에는 훨씬 회의적인 태도로 임했다. 1914년 이전의 독일에 대한 그레이(Edward Grey) 외무장관의 외교적 노력은 그에 앞서 아시아문제를 가지고 러시아와의 합의를 모색했던 솔즈베리의 노력만큼이나 성공적이었는데 이 두 갈래의 노력은 모두가 세계정세에 야기되는 거의 모든 문제들이 외교에 의해 해결될 수 있다는 공통적인 가정을 드러내보인 것이었다. 1900년 무렵 영국의 세계적 지위가 1930년대 말만큼이나 허약했다든지 1914년 이전에「영국의 힘이 무섭게 팽창」하여 세계세력균형에 차질을 가져왔다는 말은 한결 복잡했던 영국의 지위를 일방적으로 묘사한 것이다.

제1차세계대전이 발발하기 이전 수십년 동안 영국은 산업에서 미국과 독일에게 추월당하고 상업·식민지·해운 영역에서 치열한 경쟁에 직면하였다. 그럼에도 불구하고 영국이 가졌던 재정자원·생산력·제국영토 그리고 해군력의 결합은 비록 이 나라의 우위가 1850년 당시만큼 월등한 것은 아닐지라도 여전히 「으뜸가는(number-one)」 세계강대국임을 의미했다. 그러나 이 일등국가의 지위는 영국의 본질적인 문제이기도 했다. 영국은 이제 성숙한 나라였으므로 기존 체제를 보존한다든지 적어도 변화가 서서히 평화적으로 일어나도록 보장하는 데에 대해 체질적인 관심을 가지게 되었다. 영국은 어떤 분명한 목적 ― 인도의 방위, 특히 근해에서의 해군력의 우위 유지 그리고 나아가서는 유럽의 세력균형 유지 ― 을 위해서는 싸울 것이지만 개별 문제는 보다 큰 맥락에서 파악하고 다른 이권에 비추어 평가해야 했다. 솔즈베리가 1889년과 1898~1901년에 독일과의 고정된 군사공약에 반대했고 그레이가 1906~1914년에 독일에 대항하는 고정된 군사공약을 피하려고 애썼던 까닭은 바로 여기에 있었다. 이 때문에 파리와 베를린의 정책입안자들에게 영국의 장래 정책이 종잡을 수 없이 어정쩡하고 불확실한 것으로 비쳤지만 그것은 아직도 널리 신봉되고 있는 파머스턴의 주장, 즉 영국에게는 영원한 동맹이 아니라 영원한 이권이 있다는 주장을 반영하는 것이었다. 19세기가 끝나면서 그와 같은 행동의 자유를 허용했던 상황이 후퇴하고 있었다 할지라도 그런대로 영국의 여러 이권간의 전통적인 요술행위 ― 제국영토 대 유럽대륙의 이권, 전략적 이권 대 재정적 이권 ― 는 종래의 방식대로 계속되었다.

러시아

러시아제국 역시 대부분 사람들의 생각으로는 다가오는 20세기의 「세계강대국」클럽의 자동적인 회원이 될 것이었다. 핀란드에서 블라디보스토크에 이르는 어마어마한 크기가 ― 독일의 근 3배나 되고 영국의 거의 4배나 되며 또한 급속히 증가하는 인구와 더불어 ― 이 나라의 강대국 자격을 보장해주었다. 4세기에 걸쳐 이 나라는 서쪽으로, 남쪽으로 그리고 동쪽으로 뻗어갔으며 그러한 팽창이 차질을 빚었음에도 불구하고 팽창노력을 중지할 기색을 보이지 않았다. 19세기를 일관하여 이 나라의 상비군은 유럽 최대였으며 제1차세계대전을 앞둔 시기에도 다른 어느 나라보다도 군대의 규모가 커서 130만의 현역군인에 예비군은 500만에 달한다고 주장되었다. 러시아의 군사비도 막대한 규모로서 급속히 증가하는 「경상」지출 이외의 특별자금으로 그 총액은 독일과 충분히 맞먹는 수준이었다. 1914년 이전 철도부설이 무서운 속도로 진행되었으며 — 서쪽을 먼저 공략하려는 독일의 계획(이른바 실리펜계획〈Schlieffen Plan〉)에 단시일에 차질을 줄 기세를 보이면서 — 또한 일본과의 전쟁 이후에는 새로운 함대에 돈을 쏟아넣었다. 심지어 프로이센의 총참모부마저도 러시아의 이같은 세력팽창에 경악을 느꼈다고 했는데 소 몰트케는 1916~1917년이 되자 프로이센은 『적의 군사력이 너무 팽창하여 어떻게 대처해야 할 것인지 알 수 없다』고 말했다. 이와는 대조적으로 프랑스의 일부 관측자들은 러시아 「증기롤러」가 서쪽으로 굴러와서 베를린을 밀어버릴 날만을 학수고대했다. 그리고 특히 페테르스부르크 주재 영국대사를 비롯한 일부 영국인들은 『러시아는 우리가 어떠한 대가로라도 우호적인 유대를 유지해야 할 정도로 급속히 강성해지고 있다』고 보고했다. 갈리시아에서 페르시아・베이징에 이르기까지 러시아의 세력팽창에 대한 우려는 널리 번졌다.

그렇다면 러시아는 과연 이러한 말들이 시사하듯이 다시 한번 유럽의 경찰이 되려는 것이었는가? 이 나라의 힘의 효율성을 평가하는 일은 18세기부터 지금에 이르기까지 서양 관측자들에게는 하나의 문제가 되어왔는데 믿을 만한 비교자료의 빈곤, 러시아인들이 외국인에게 말하는 것과 자신들에게 말하는 것 사이의 괴리 그리고 객관적인 사실 대신 주관적인 발표에 의존하려 드는 위험성 등으로 문제는 그만큼 더 어렵게 되었다. 「1914년 이전 유럽이 러시아를 어떻게 판단했는가」에 관한 조사는 제아무리 철저하다 할지라도 「러시아의 힘」 자체에 대한 정확한 분석이 될 수는 없다.

　그러나 실제로 존재하는 그럴 듯한 증거를 가지고 판단하건대 1914년이전 수십년 동안 러시아는 강력하기도 하고 허약하기도 했는데 그것은 언제나 그러하듯이 망원경의 어느 쪽으로 들여다봤는가에 따라 달랐다. 무엇보다도 러시아는 이제 크림전쟁 당시보다 산업면에서 훨씬 강력했다. 1860년과 1913년 사이─대단히 긴 기간이다─에 러시아의 산업생산량은 연평균 5%의 괄목할 만한 속도로 증가를 거듭했는데 1890년대의 증가율은 8%에 가까웠다. 제1차세계대전을 앞두고 이 나라의 강철생산은 프랑스와 오스트리아-헝가리를 앞질렀으며 이탈리아・일본에 크게 앞섰다. 러시아의 석탄생산은 더욱 빠른 속도로 증가하여 1890년 600만톤에서 1914년에는 3,600만톤으로 증가했다. 석유생산에서는 세계 제2위였다. 오래된 직물산업도 성장했지만─역시 프랑스나 오스트리아-헝가리보다 훨씬 많은 방추를 보유하였다─뒤늦게나마 군수품 공장은 말할 것도 없거니와 화학산업과 전기산업도 발전하였다. 페테르스부르크・모스크바를 비롯한 주요 도시들 주변에는 대형 공장들이 들어섰는데 그중에는 수천명의 노동자를 고용하는 데도 적지 않았다. 1900년에 이미 약 3만 1,000마일에 달했던 철도는 부단히 증설되어 1914년에는 4만 6,000마일에 이르게 되었다. 1892년 러시아가 금본위제를 채택하게 되면서 안정을 유지하게 된 해외무역은 1890년과 1914년 사이에 3배 가까이 증가하여 세계 제6위의 무역국이 되었다. 러시아의 정부채권과 철도채권뿐만 아니라 러시아 사업의 가능성에 의해 유치된 외국의 투자는 경제근대화를 위한 막대한 자금을 마련해주었다. 이 막대한 자금은 국가가(불어난 관세수입과 보드카를 비롯한 소비품에 대한 세금으로 마련하여) 경제적 기반에 쏟아넣던 돈과 합류했다. 1914년이 되자 많은 역사학자들이 지적했듯이 러시아는 세계 제4위의 산업대국이 되었다. 만약 이같은 추세가 계속되었다면 러시아는 마침내 그 땅덩어리와 인구에 상응하는 산업력을 가지게 되지 않았을까?

　그러나 망원경을 다른 쪽에서 들여다보면 전혀 딴판이다. 1914년까지는 약 300만의 노동자들이 공장에서 작업하게 되었다 할지라도 그것은 인구의 1.75%밖에 안되는 놀라울 정도로 낮은 수준이었다. 그리고 한 군데에 1만명을 고용하는 직물공장이란 써놓고 보면 그럴싸하게 여겨지지만 이같은 숫자들이 그릇된 인식을 불러일으킬 수 있다는 점에 이제 대다수의 전문가들이 의견일치를 보고 있는데 그 까닭은 노동력은 풍부하나 기술이 빈약했던 그 사회에서는 남녀노동자들이「교대제」로 근무하면서 방추를 주야로 가동시켰기 때문이다. 더욱 주목할 것은 일부 국내 기업인들이 있었음에도 불구하고 러시아의 산업화가 외국인들—예컨대 싱거(Singer)와 같은 성공적인 국제기업이나 다수의 영국 기술자들—에 의해 이루어지거나 적어도 외국 투자가들에 의해 조성되었다는 점이다.『1914년이 되면 광업의 90%, 석유채굴의 근 100%, 야금산업의 40%, 화학산업의 50% 그리고 직물산업의 28%를 외국인이 소유하기에 이르렀다.』이것은 그 자체로서는 이례적인 일이 아니었지만—이탈리아의 처지도 어느 정도 비슷한 것이었다—산업성장이 국내자원에 의존한 것이 아니라 계속해서 관심을 가져줄지도 분명치 않은(1899년과 1905년의 경우와 같이) 외국의 경영과 자본에 극도로 의존했음을 보여준다. 20세기 초가 되자 러시아는 세계에서 가장 외채가 많은 나라가 되었으며 자금이 계속 흘러 들어오게 하기 위해서는 투자가들에게 평균 시세를 웃도는 조건을 제의해야 했다. 그렇지만 대외 이자상환은 유형 무역수지보다 커져만 갔다. 한마디로 불안정한 상황이었다.

이것은 러시아 산업의 가장 큰 부분이 직물과 식품가공(엔지니어링이나 화학산업과 같은 것이 아니라)으로 이루어졌다는 사실이 그러하듯「미숙한」경제의 징표였다. 러시아의 관세는 미숙하고 비능률적인 산업을 보호하기 위해 유럽에서 가장 높은 수준이었지만 방위예산과 철도부설이 증가할 적마다 제품수입이 증가했다. 그러나 러시아의 후진성을 가장 잘 보여주는 것은 1913년까지도 수출의 63%가 농산물로, 11%가 목재로 이루어졌다는 사실이다. 이 두 가지는 미국의 농업장비, 독일의 기계공구에 대한 대금 그리고 막대한 외채에 대한 이자를 상환하기 위해 절대로 필요한 것이었다―그러나 그렇게는 제대로 되지 못했다.

그런데 상대적인 생산량 측면에서 보면 러시아의 힘은 더욱 빈약한 것으로 평가된다. 1914년 이전에는 세계 제4위의 산업대국이었으나 미국·영국·독일에는 크게 뒤졌다. 강철생산·에너지소비·세계제조업 생산에서 차지하는 비중 그리고 총체적인 산업잠재력에 관한 지수에서는 영국과 독일에 뒤졌다. 그런데 이 숫자들을 인구와 연관시켜 1인당 기준으로 산출해보면 그 격차는 실로 엄청나게 벌어진다. 1913년 러시아의 1인당 산업화수준은 독일의 1/4, 영국의 1/6에도 못 미쳤다.

1914년 소 몰트케와 페테르스부르크 주재 영국대사를 놀라게 한 당시의 러시아는 근본적으로 농업사회였다. 인구의 약 80%가 농업에 생계를 의존하고 있었고 나머지 인구도 상당한 부분이 여전히 농촌이나 장원과 관계되었다. 이 기막힌 사실은 다른 두 가지와 관련해 살펴볼 필요가 있다. 첫째는 러시아의 어마어마한 인구증가―1890년과 1914년 사이에만도 6,100만이 새로 출생했다―는 대부분이 메마른 토지에 비료란 별로 없고 나무쟁기가 일반적인 농기구였던 가장 후진적인(그리고 비러시아계의) 지역에서 이루어졌다. 둘째로 이 시기에 관한 모든 국제 비교자료는 러시아의 농업이 전반적으로 얼마나 비능률적이었던가를 보여준다―소맥수확량은 영국과 독일의 1/3도 채 안되었고 감자의 수확량은 절반 정도였다. 발트해 지역에 근대식 장원과 농장이 있기는 했지만 대다수 지역의 공동체적 토지소유와 중세적인 윤작(strip-farming) 관습은 개인의 기업의욕을 죽여버리는 효과를 가져왔다. 주기적인 토지재분배 역시 그러한 효과를 나타냈다. 각 농가가 몫을 늘리는 최선의 방법은 다음번 토지재분배 때까지 되도록 많은 아들을 낳는 것이었다. 커뮤니케이션의 빈곤, 농작에 무서운 영향을 미칠 수 있는 예측불허의 날씨의 위력, 남부의 「남아도는(surplus)」 지방과 인구밀도가 높고 토지의 비옥도가 떨어지는 「수입하는(importing)」 옛 러시아 본토간의 커다란 격차 등은 이같은 구조적 문제의 해결에 도움이 될 수 없는 것들이었다. 결국 이 시기에 농업생산량은 꾸준히 증가했지만(연간 약 2%) 인구증가(연간 1.5%)가 그것을 크게 잠식했다. 그리고 이 어마어마한 농업 부문이 연간 고작 0.5%의 비율로 1인당 생산량을 늘리고 있는 실정이었으니 러시아의 실질생산은 1인당 겨우 1%의 비율로 증가하는 데에 그쳤다—이는 독일・미국・일본・캐나다 그리고 스웨덴보다 훨씬 뒤지는 것이며 흔히들 인용하는 연간 산업성장률 5~8%라는 숫자와는 물론 거리가 먼 것이다.

 이 모든 것들의 사회적 결과 또한 러시아의 힘을 평가하는 하나의 요소가 된다. 그로스만(G. Grossman) 교수는 『산업의 이례적으로 빠른 성장은 특히 농업과 개인소비를 비롯한 다른 부문의 커다란 침체—그리고 심지어 뚜렷한 후퇴—를 수반하는 경향을 보였다. 그리고 이런 표현이 허용된다면 사회의 근대화를 앞질러 이루어지는 경향도 있었다』고 보고 있다. 사실 이것은 아주 그럴 듯한 표현이다. 경제적으로 극도의 후진상태에 있던 나라가 「유럽강대국의 지위를 얻어야 할」 필요성이라는 강박관념에 사로잡힌 정치당국자들에 의해 현대라는 시대 속으로 밀려 들어 가던 것이 그 당시의 진상이었다. 이처럼 자발적인 기업활동도 상당히 있었음을 알 수 있지만 근대화의 큰 추진력은 국가였으며 군사적 필요와 연관된 것들—철도・철강・군수품 등—이었다. 그러나 외국 제품이 많이 수입되어 유통되도록 하고 막대한 해외부채에 대한 이자를 상환하기 위해 국가는 1891년과 같이 심한 기근이 일어난 시기에조차도 농산물(특히 소맥)수출을 꾸준히 늘여나가야 할 입장에 처했다. 농업생산량의 낮은 증가율로는 여러 해에 걸쳐 박탈당하고 영양을 제대로 취하지 못한 농민들의 생활수준이 개선될 수 없었다. 마찬가지로 산업화와 군비를 위한 국가의 거액 투자를 뒷받침하기 위해 잇달아 고율의 세금(주로 간접세)을 부과해야 했고 개인소비를 억제해야 했다. 경제사가들의 표현을 빌리자면 제정 러시아 정부는 힘없는 백성들에게 「강제」저축을 강요하였다. 그래서 『러시아인의 소득이 그 당시 영국인의 소득에 비해 겨우 27%에 불과하였음에도 불구하고 1913년에는 평균 러시아인이 평균 영국인의 경우보다 50%나 더 많은 군사비를 국가로부터 징수당했다』는 놀라운 사태가 빚어졌다.

농업의 후진성과 산업화와 재정구조상의 과중한 군사비가 이같이 불건전하게 결합되어 사회적인 부담을 얼마나 과중시켰는지는 쉽게 짐작할 수 있다. 1913년 러시아 정부는 군대에 9억 7,000만루블을 배정했는데 보건과 교육에 지출한 돈은 고작 1억 5,400만루블이었다. 그런데 행정구조상 각 지방이 미국의 주정부나 영국의 지방정부와 같은 예산상의 권한을 행사할 수 없었으므로 배정된 예산의 부족을 달리 충당할 길이 없었다. 급속도로 성장하는 도시에서는 노동자들이 배수시설이 없는 등의 보건상의 위험, 한심스런 주택사정, 고율의 임대료에 시달려야 했다. 술주정의 폐단이 극심했는데 그것은 비정한 현실로부터의 일시적인 도피를 모색하는 데서 온 결과였다. 평균수명은 유럽에서 가장 낮았다. 이와 같은 상황과 공장 내부의 엄한 규율 그리고 실질적인 생활수준의 정체상태는 체제에 대한 말없는 분노를 불러일으켜 인민주의(Populism)·볼셰비즘(Bolshevism)·무정부적 조합주의(Anarchosyndicalism)·급진주의 등 사실상 극단적인 변화를 부르짖는 자들(검열에도 불구하고)의 온상이 되었다. 1905년 소요사태가 있는 후 한동안 냉각기가 계속되었다. 그러나 1912년부터 1914년까지의 3년 동안에 파업, 민중시위, 경찰에 의한 검거, 살인 등은 놀라울 정도로 급격히 증가했다. 그러나 이와 같은 소요사태도 에카테리나대제에서 현정권에 이르기까지의 모든 러시아의 지도자들을 겁주어온 「농업문제」와 비교한다면 대수롭지 않은 것이었다. 흉작과 물가상승이 일어나면 비싼 소작료와 처참한 노동조건에 대한 뿌리깊은 분노와 상호작용하면서 광범위한 농민소요를 불러일으켰다. 1900년 이후를 역사가 스톤(Norman Stone)은 다음과 같이 기록하고 있다.

폴티라(Poltyra)와 탐보프(Tambov) 두 지방은 대부분 황폐화했다. 영주의 저택은 불살라지고 짐승들의 사지가 찢겼다. 1901년에는 군대의 개입이 155건(1898년에는 36건) 있었고 1903년에는 322건이 있었는데 거기에는 기병 295개 중대와 보병 300개 대대 그리고 약간의 포까지 동원되었다. 1902년은 사태추이의 중대한 고비였다. 농민들을 진압하는 데 365차에 걸쳐 군대가 동원되었다. 1903년에는 국내질서를 유지하기 위해 1812년의 육군병력보다 훨씬 더 많은 군대가 동원되었다.……중앙 흑토지대(Black Earth)에서는 75개 지구 가운데 68개 지구에서「소요사태」가 발생하여 54개의 장원이 파괴되었다. 최악의 사태는 사라토프(Saratov)에서 벌어졌다.

내무장관인 스톨리핀(Pyotr Stolypin)이 1908년 이후 농민공동체를 해체함으로써 불만을 덜어보려고 했을 때도 그의 시도는 또 다른 소요를 불러일으켰을 뿐이다―농민공동체가 공동체조직을 그대로 유지하려고 결심한 것이 원인이었지만 새로 독립한 농민들이 재빨리 파산상태에 처하게 된 것이 원인이기도 했다. 그래서 1909년 1월에 1만 3,507차에 걸쳐 군대가 출동했고 이 해 전체로는 11만 4,108차에 걸쳐 군대가 필요했다. 1913년까지「국가권력에 대한 공격」으로 10만명이 검거되었다. 말할 것도 없이 이 모든 사태는 소극적으로 임하던 군대에게 무리한 부담을 주게 되었는데 그들은 정권이 허약했던 1905~1906년「러시아화」에 대한 대가로 받아냈던 양보사항들을 지키기 위해 궐기한 소수민족들―폴란드인・핀란드인・그루지야(Georgia)인・라트비아인・에스토니아인・아르메니아인―을 진압하기에도 바쁜 처지였다. 군대가 더 이상 패퇴하는 날에는 이들 소수민족 집단이 모스크바의 지배로부터 독립을 꾀하게 되는 사태가 다시금 벌어질 것이었다. 정확한 자료는 없지만 1914년 8월에―군대에 징집되는 것을 피하기 위해―결혼한 200만이라는 엄청난 수의 러시아인 중에서 이들 소수민족 집단이 차지한 비율은 틀림없이 큰 것이었을 것이다.

요컨대 볼셰비키혁명 이후의 시각에서가 아니더라도 1914년 이전의 러시아는 사회정치적 화약고로서 농사가 흉작을 거듭한다거나, 공장노동자들의 생활수준이 떨어진다거나 혹은 대전이 벌어질 경우에는 큰 폭발이 일어날 공산이 매우 컸음을 알 수 있다.「공산이 매우 컸다(very likely)」는 말을 쓸 수밖에 없는 까닭은 이같은 불만이 있는 한편으로는 여러 지역에 걸쳐 황제와 국가에 대한 깊은 충성심이 있었고 민족주의적인 색채를 더해가는 집회와 폭넓은 범슬러브주의에의 동조가 있었으며 이에 따라 외국인에 대한 증오감이 일고 있었기 때문이다. 실제로 1904년 당시와 마찬가지로 1914년에도 큰 국제문제에 대해 정권이 침묵을 지키는 듯한 인상을 풍길 수는 없다고 떠들어댄 시시한 논객들과 정권에 아첨하는 사람들이 많았다. 그들은 일단 전쟁이 터지면 국민들은 승리의 쟁취를 강력하게 지지할 것이라고 주장했다.

그러나 1914년 러시아가 대치할 법했던 적국들을 고려할 때 그와 같은 승리를 보장할 수 있었을까? 일본과의 전쟁에서 러시아 병사들은—크림전쟁과 1877년 투르크에 대한 전쟁에서와 같이—용감하고 우직하게 싸웠으나 참모진의 무능력, 빈약한 병참지원, 창의력없는 전술 등이 전쟁에 나름대로 영향을 미쳤다. 그런데 이제 오스트리아-헝가리—그리고 더 구체적으로는 독일의 막강한 군사력과 산업력—를 상대로 전쟁을 벌일 경우 이전보다 나은 결과를 기대할 수 있었겠는가? 이 무렵의 산업생산량의 절대적 증가에도 불구하고 러시아의 생산력이 독일에 상대적으로 뒤졌음은 엄연한 사실이었다. 예컨대 1900년과 1913년 사이에 러시아의 강철생산은 220만톤에서 480만톤으로 증가했으나 독일의 생산은 630만톤에서 일약 1,760만톤으로 증가했다. 마찬가지로 러시아의 에너지소비와 총 산업잠재력의 증가도 절대적으로나 상대적으로 독일에 뒤졌다. 끝으로 1900년과 1913년 사이에 세계 제조업생산에서 러시아의 비중은 8.8%에서 8.2%로 줄어들었는데 이는 독일과 (특히)미국의 비중이 팽창했기 때문이다. 고무적인 추세는 볼 수 없었다.

그러나 『1914년 육군을 평가하는 데 사용된 척도에 의할 경우』 러시아는 강력한 나라였는데 그것은 당시의 군사전문가들이 『군대는 물론 경제와 관료구조를 시험하는 전쟁』을 예상하지 않았기 때문이라고 논해왔다. 만약 그렇다면 어째서 독일 군사력에 관한 당시의 언급들이 일선 병력뿐만 아니라 크루프 철강·조선소·염료산업·독일 철도의 능률성 등에 주의를 환기시켰던가 하는 점이 의아하게 된다. 그럼에도 불구하고 단지 군사적인 수치들만을 문제삼는다면 러시아가 점점 더 많은 사단과 포병대대를 편성하고 전략적인 철도 부설과 군함건조를 늘이고 있던 사실은 확실히 인상적이었다. 전쟁이 단기에 끝난다고 가정할 때 이러한 일반적인 통계수치들은 모두 러시아의 증대하는 힘을 가리키는 것으로 해석될 수 있었다.

 그러나 일단 피상적인 수읽기에서 탈피하면 심지어 군사문제마저도 더욱 문제성이 많은 것으로 부각된다. 역시 결정적 요인은 러시아의 사회경제적·기술적 후진성이었다. 농민의 수가 엄청나게 많았으므로 매년 징집대상자 가운데 1/5만이 군대에 소집되었다. 군복무를 할 수 있는 신체조건을 갖춘 인원을 전원 입대시킨다면 체제 자체가 혼란에 빠져 붕괴할 것이었다. 그러나 실제로 소집된 농민들은 산업화된 현대전에 알맞는 이상적인 병사가 될 수 없었다. 보다 광의의 미묘한 국력(예컨대 일반적 교육수준, 기술적 전문지식, 관료적 능률성)보다도 군비에 지나치게 치중한 결과 러시아는 인적 차원에서 놀라울 정도의 후진상태에 머물렀다. 1913년까지도 문맹률은 70%나 되었는데 그것은 한 전문가가 신랄하게 말했듯이 『18세기 중엽의 영국보다도 훨씬 높은 것』이었다. 그리고 징집한 신병에게 막대한 자금을 배정하는 것도 그 나름대로 좋은 일이기는 했지만 훈련된 하사관들이 얼마 없는데 그 신병인들 무슨 쓸모가 있었겠는가? 이 점에서 독일의 강점을 「열등감과 부러운 마음으로」 바라보고 있던 러시아 총참모부의 전문가들의 견해는 부정적인 것이었다. 그들은 또 (일부 외부 관측자들이 눈치채고 있었듯이) 훌륭한 장교의 부족을 심각하게 깨닫고 있었다. 실제로 지금 이용할 수 있는 증거에 비추어보건대 거의 모든 점에서—중포, 기관총, 대규모 보병부대의 운용, 기술훈련의 수준, 커뮤니케이션 그리고 심지어 대규모 항공부대에 있어서조차—러시아 군대는 약점을 실감하고 있었다.

 러시아의 동원계획과 전략적 철도망에 대해 세부적인 검토를 해봐도 똑같은 침통한 결론을 얻게 된다. 철도망의 총연장은 1914년에는 어마어마한 것으로 여겨졌으나 러시아제국의 광대한 크기나 훨씬 밀도가 높은 서유럽의 철도망과 비교해보면 그것이 미흡하다는 것은 명백하였다. 아뭏든 이들 철도 중에는 값싸게 부설된 것들이 많아 궤도가 너무 가볍고 기초가 너무 허약하며 물탱크와 횡단로가 적은 데가 많았다. 어떤 기관차는 석탄을 사용하는가 하면 또 어떤 것들은 석유나 나무를 사용함으로써 문제를 더 복잡하게 만들었다. 그러나 이것도 군대의 평상시와 전시의 배치지역이 아주 다르며 의도적인 분산정책(폴란드인은 아시아 방면에서 복무하게 하고 코카서스인은 발트해 지역에서 복무하게 하는 등)의 영향을 받았다는 놀라운 사실과 비교해본다면 그다지 큰 문제가 못되었다. 그런데도 일단 큰 전쟁이 났다 하면 대병력이 철도대대의 무능한 인원에 의해 어떻게 해서든지 능률적으로 수송되어야 했는데 그 인원의 『1/3 이상은 완전한 문맹자이거나 어느 정도의 문맹자들이었고 장교의 3/4은 기술훈련을 받지 않은 사람들이었다.』

동원과 배치문제는 프랑스와 세르비아에 대한 공약에 의해 생긴 타개할 길 없는 어려움 때문에 더욱 악화되었다. 능률면에서 뒤지는 러시아의 철도와 동프로이센·갈리시아로부터의 협공에 대한 폴란드 돌출부에 배치된 부대의 취약성을 감안할 때 1900년 이전의 러시아 최고사령부로서는 전쟁 초기에 방어에 치중하면서 차츰 세력을 구축하는 것이 신중한 전략으로 여겨졌다. 그런데 실은 1912년에도 여전히 그렇게 주장하는 전략가들이 있었다. 그러나 보다 많은 장군들은 오스트리아-헝가리(이 나라에 대해서는 승리할 자신이 있다고 생각했다)의 격멸에 신경을 곤두세웠으며 베를린과 베오그라드간에 긴장이 고조되어 오스트리아-헝가리가 세르비아를 침공하게 될 경우 세르비아를 지원한다는 전략에 열의를 보였다. 그러나 독일이 어떻게 나올는지 알 수 없다는 우려 때문에 러시아가 군대를 남부 전선에 집결시키는 것은 불가능한 일이었다. 1871년 이래 수십년 동안 전략수립자들은 러시아와 독일의 전쟁은 독일이 동쪽에 대해 대대적인 공세를 신속하게 벌이는 것으로 시작될 것이라고 생각했다. 그러나 실리펜계획의 윤곽이 드러나자 프랑스는 러시아에 대해 서쪽에 있는 그의 동맹국을 구제하기 위해 독일에 대한 공세를 되도록 빨리 개시하라고 강력히 요구하게 되었다. 프랑스가 제거될지도 모른다는 두려움과 함께 프랑스가 제공하는 추가차관은 러시아의 공격력을 향상시키는 데만 사용되어야 한다는 강력한 요구 때문에 러시아는 되도록 빨리 서쪽에 대한 공세를 개시하는 데 동의했다. 이러한 모든 일들로 인해 1914년에 이르기까지의 몇년 동안 총참모부 내부에 큰 논쟁이 벌어져 북부 전선과 남부 전선에 배치될 군단의 수와 폴란드에 있는 기존의 방어용 요새(불합리하게도 그 속에는 신형 포들이 많이 배치되어 있었다)의 제거 그리고 총동원이 아닌 부분적 동원명령의 타당성을 놓고 왈가왈부하였다. 러시아의 외교적인 의무가 어떠한 것이었는가를 생각할 때 이같이 착잡한 입장은 이해가 간다. 그러나 그처럼 어정쩡한 입장은 적에 대해 신속한 승리를 기약할 수 있는 원활하게 운영될 군사체제를 갖추려는 목적에는 아무런 도움이 될 수 없었다.

 이러한 문제들은 지루할 정도로 많이 열거할 수 있다. 현대식 대포가 개발되지 않은 나라에서는 대단히 중요한 것으로 여겨졌던 러시아의 기병대 50개 사단은 엄청난 양의 마초를 필요로 했으므로—약 100만마리의 말을 보유하고 있었다!—마초를 수송하는 것만으로도 철도운행에 차질을 빚을 판이었다. 마초 보급은 지속적인 공격작전과 심지어는 예비군의 이동까지도 틀림없이 지체시킬 것이었다. 수송체제의 후진성과 군대가 맡고 있던 국내치안 역할 때문에 러시아군 가운데 수백만은 전시에도 전혀 일선 병력으로 간주될 수 없었다. 그리고 1914년 이전 육군에게 배정된 돈이 대단한 금액이긴 했지만 그 대부분은 식량·의류·마초와 같은 기본적인 수요를 충족시키는 데에 사용되었다. 마찬가지로 함대의 규모가 크게 늘어나고 새로 설계된 것들 가운데 많은 것이 「우수한」 것으로 평가받았음에도 불구하고 해군이 진정 효율성을 발휘하기 위해서는 보다 잦은 전술적 훈련과 함께 훨씬 높은 차원의 기술훈련이 필요했다. 그런데 이같은 조건은 그 어느 것도 충족되지 않았고(승무원들은 주로 육지에서 시간을 보냈다) 함대를 발트해와 흑해로 양분해야 했으므로 러시아 해군력의 전망은 밝을 수가 없었다―투르크만을 상대로 싸우는 한은 밝다고 할 수도 있었다.

끝으로 이 시기 러시아의 전반적인 능력을 평가할 때 빼놓을 수 없는 것은 정권 자체에 대한 평가이다. 외국의 일부 보수주의자들은 러시아의 독재적인 중앙집권체제가 서양의 민주주의체제보다도 더 큰 일관성과 힘을 국가정책에 부여한다면서 이를 찬양했으나 좀 면밀하게 살펴보면 거기에는 수없이 많은 결함들이 있었다. 황제 니콜라이 2세는 순진하고 세상을 싫어하며 어려운 결정을 기피하는 동시에 러시아인(물론 이들의 진정한 복지에는 관심도 보이지 않았다)과의 신성한 관계를 맹목적으로 확신하는 「포템킨 마을(Potemkin village)」의 화신이었다. 고위층의 결재방식은 「황제교황주의(Byzantinism)」가 악평을 사기에 족한 것이었다. 무책임한 왕자들, 정서적으로 불안정한 황후, 반동적인 장군들 그리고 부패한 공론가들이 정부가 기용한 근면하고 현명한 관리들을 수적으로 압도하여 좀처럼 그들의 의견이 황제에게 상달될 수 없게 했다. 예컨대 외무부와 군부간의 협의와 이해부족은 때로 놀라움을 자아낼 정도였다. 황실은 의회(Duma)를 노골적으로 멸시하였다. 귀족들은 그들의 특권에만 관심이 있었고 황제는 그 자신의 마음의 평화만을 생각하는 판이었으므로 그같은 분위기 속에서 과감한 개혁을 단행한다는 것은 불가능한 일이었다. 이 나라의 권력집단은 노동자와 농민들의 소요를 부단히 겁내고 있었으나 절대치로 따질 때 단연 세계에서 가장 많은 정부지출은 부자들에 대한 직접세는 최소한도로 묶어놓고(국가예산의 6%) 식품과 술에 큰 부담을 안겼다(약 40%). 국제수지가 위태로운 상태에 있는데도 해외에서 소비하기 위해 막대한 돈을 국외로 유출하는 귀족들을 막지 못했다. 가혹한 독재체제의 전통과 극도의 결함을 지닌 계급제도, 낮은 수준의 교육과 급료 등이 두루 겹쳐서 독일이나 영국 또는 일본의 행정제도가 제대로 기능하도록 한 유능한 공무원 인재를 확보할 수 없었다. 러시아는 실제로 강한 나라가 아니었다. 그리고 지도층의 우왕좌왕하는 태도로 미루어볼 때 1904년의 교훈에도 불구하고 아무런 준비없이 대외적인 혼란에 말려드는 실수를 저지를 소지가 충분하였다.

그렇다면 이 무렵 러시아의 실질적인 힘은 어떻게 평가해야 하는 것일까? 이 나라의 산업이나 군사력이 해마다 팽창하고 있었음은 의문의 여지가 없다. 다른 여러가지 강점—육군의 규모, 사회의 일부 계층이 지니고 있던 애국심과 숙명론적 의식 그리고 거의 공격 불가능한 모스크바 중심부—을 지니고 있다는 것 또한 사실이었다. 오스트리아-헝가리·투르크 그리고 어쩌면 일본과도 이제 싸워서 이길 수 있는 가능성이 다분히 있었다. 그러나 끔찍한 것은 독일과의 충돌이 러시아가 대처하기에는 너무도 일찍 다가오고 있다는 사실이었다. 『20년간 대내외적으로 평화가 지속된다면 러시아는 몰라보게 달라질 것이다』라고 스톨리핀은 1909년에 자랑했다. 비록 같은 기간에 독일의 힘도 증대하겠지만 그의 이같은 자랑은 사실일 수도 있었다. 그런데 도란(C.F. Doran)과 파슨스(W. Parsons) 두 교수가 제시한 자료에 따르면 당시 러시아는 독일이 절정에 다가서는 것과 달리 1894년 이후의 낮은 수준으로부터 막 상승국면에 접어들고 있었다(그림 1 참조).

〈그림 1〉 러시아와 독일의 상대적 힘

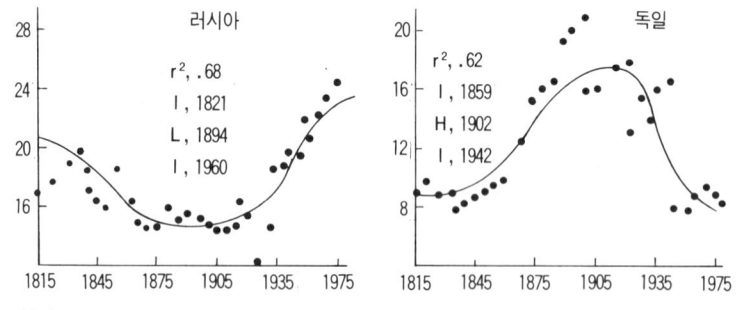

보기
L=최저 연도
H=최고 연도
I=변곡점 연도

자료 : 도란과 파슨스

이것은 대다수 독자들에게 지나치게 도식적인 설명으로 비칠 수도 있겠지만 19세기 대부분을 일관하여 러시아의 힘과 영향력은 증대하는 경제적 낙후성과 거의 같은 비례로 줄어들었음이 사실이다. 전쟁에 크게 노출될 적마다(크림전쟁, 러·일전쟁) 새로운 군사적 약점과 종래의 군사적 약점이 동시에 노정되어 정부는 러시아와 서방국가들 사이에 드러난 격차를 좁히기 위한 노력을 하지 않으면 안되었다. 1914년 이전 수년 동안 어떤 관측자들이 보기에 이 격차가 다시 좁혀지는 듯 했으나 다른 관측자들이 보기에는 여러가지 약점들이 그대로 남아 있었다. 스톨리핀이 바란 20년간의 평화를 누릴 수 없었던 러시아가 유럽의 권력정치에서 1815년과 1848년에 누리던 것과 같은 지위를 되찾았는가 여부는 전쟁이란 시련을 통해 다시금 확인해야 했다.

미 국

19세기 말과 20세기 초에 세계세력균형에 일어난 온갖 변화 중에서 미래에 가장 큰 영향을 미치게 될 변화는 미국의 부상이었다. 남북전쟁을 끝낸 미국은 앞에서 언급한 바 있는 여러가지 이점들을 활용할 수 있게 되었다. 비옥한 농토, 막대한 원료 그리고 이러한 자원들을 개발하기 위한 아주 편리한 근대 기술(철도·증기기관·광산장비)의 발전, 사회적·지리적 제약이 없는 여건, 대외적인 큰 위험의 부재, 외국 투자자본의 유입과 국내투자의 증가, 이러한 모든 것들을 이용하여 미국은 놀라운 속도로 탈바꿈할 수 있었다. 예컨대 1865년 남북전쟁이 끝나고 나서 1898년 미국·스페인전쟁이 발발하기까지 미국의 소맥생산은 256%, 옥수수는 222%, 정제 설탕은 460%, 석탄은 800%, 철도 궤도는 523% 그리고 사용중인 철도의 길이는 567% 이상 각각 증가했다. 『신흥산업의 경우 전무에 가까운 상태에서 시작된 것이므로 증가율을 따지는 것이 무의미할 정도로 커다란 성장을 했다. 그리하여 원유생산은 1865년 약 300만배럴에서 1898년에는 5,500만배럴 이상으로 증가했고 용제강과 주강생산은 2만롱톤(long ton)도 채 안되던 것이 근 900만롱톤으로 증가했다.』이와 같은 성장이 스페인과의 전쟁으로 중단되지는 않았다. 20세기 초반을 일관하여 그 눈부신 증가세가 거듭되었다. 실상 위에서 열거한 장점들을 감안할 때 이러한 일들은 필연적이었다. 다시 말해서 집요한 인간의 어리석음이나 부단히 계속되는 내란, 날씨의 이변만이 이같은 팽창에 제동을 걸 수 있었을 것이다. 노다지를 캐려고 대서양을 횡단하여 생산적 노동력을 증대시킨 수백만 이민의 물결도 이것에 의해서만 제지될 수 있었을 것이다.

미국은 다른 강대국 일부가 부분적으로 가진 경제적 장점들을 모두 가졌으면서도 그들의 단점은 하나도 없는 것처럼 보였다. 광대한 나라였지만 1914년에는 총연장 약 25만마일의 철도가 그 거리를 단축시켰다(러시아의 경우 면적은 미국의 2.5배나 되는데도 철도의 총연장은 4만 6,000마일에 불과했다). 미국 농업의 단위면적당 수확량은 언제나 러시아를 능가했다. 집약적인 농법이 실시된 서유럽의 일부 지역에 비하면 단위면적당 수확량이 뒤질 수도 있었지만 경작면적의 엄청난 크기, 농기계의 효율성, 수송비의 감소(철도와 기선의 이용으로) 등으로 미국산 소맥・옥수수・돼지고기・쇠고기를 비롯한 농산물의 가격은 유럽의 어느 나라보다도 저렴하였다. 기술적인 면에서는 인터내셔널 하비스터(International Harvester)・싱거(Singer)・뒤퐁(Du Pont)・벨(Bell)・콜트(Colt)・스탠더드 오일(Standard Oil)과 같은 미국의 일류 회사들이 해외의 일류 회사들과 대등한 수준이거나 그들을 능가하였다. 이들은 독일・영국・스위스의 라이벌 회사들이 누릴 수 없었던 방대한 국내시장과 규모의 경제를 누렸다. 「거대함(gigantism)」이 러시아에서는 산업의 효율성을 보여주는 좋은 지표가 못되었지만 미국에서는 일반적으로 그러한 지표로 기능하였다. 예컨대 『1901년 모건(J. P. Morgan)의 거대한 업체인 유에스철강회사(United States Steel Corporation)에 팔아넘길 당시 앤드루 카네기(Andrew Carnegie)는 영국내에서 생산되는 전체량보다도 많은 강철을 생산하고 있었다.』 1904년 미국을 여행한 영국의 유명한 군함설계사 화이트경(Sir William White)은 미국 조선소에서 14척의 전함과 13척의 무장 순양함을 동시에 건조하는 것을 보고 감탄했다(이상하게도 미국의 상선단은 여전히 규모가 작았지만). 산업·농업과 커뮤니케이션은 능률과 규모를 겸비하였다. 그러므로 절대치와 1인당으로 따진 미국의 국민소득이 1914년이 되자 다른 어느 나라보다도 월등한 우위에 서게 되었다 해서 놀라울 것이 없었다.

이같은 급속한 팽창의 결과는 〈표 21〉과 다른 관련 비교통계들에서 찾아볼 수 있다. 1914년 미국은 4억 5,500만톤의 석탄을 생산하였는데 그것은 영국의 2억 9,200만톤이나 독일의 2억 7,700만톤을 훨씬 앞지른 것이었다. 이 나라는 세계 최대의 석유생산국이었고 최대의 구리 소비국이었다. 선철생산량은 차위 3개국(독일·영국·프랑스)의 생산량을 합한 것보다도 많았다. 1913년의 근대식 에너지소비량은 영국·독일·프랑스·러시아 그리고 오스트리아-헝가리의 소비량을 합한 것과 맞먹었다. 다른 나라보다도 더 많은 자동차를 생산하고 보유했다. 사실 미국은 하나의 라이벌 대륙으로서 유럽 전체를 따라잡는 수준에 달할 정도로 급성장하였다. 사실 어떤 추정에 의하면 이같은 성장률이 지속되고 세계대전이 없었다면 미국은 1925년까지는 경제적 생산량에 있어서 유럽을 앞질러 세계의 으뜸가는 지역이 되었을 것이다. 그런데 제1차세계대전으로 말미암아 지난날의 강대국들이 경제적 손실과 혼란을 겪는 바람에 미국이 유럽을 능가하게 되는 시기가 1919년으로 6년 앞당겨졌다. 「다가마의 시대(Vasco da Gama era)」—유럽이 세계를 지배한 4세기의 기간—는 1914년의 격변이 들이닥치기도 전에

〈표 21〉 1914년도 강대국의 국민소득·인구 및 1인당 소득

	국민소득	인 구	1인당 소득
미 국	$37(10억)	98(100만)	$377
영 국	11	45	244
프 랑 스	6	39	153
일 본	2	55	36
독 일	12	65	184
이 탈 리 아	4	37	108
러 시 아	7	171	41
오스트리아-헝가리	3	52	57

이미 종말로 접어들고 있었다.

미국의 경제성장에 미친 해외무역의 역할은 사실 대수롭지 않은 것이었으나(1913년 국민총생산에서 해외무역의 비중은 약 8%, 영국은 26%였다) 그것이 다른 나라들에게 미친 경제적 영향은 현저하였다. 전통적으로 미국은 원료(특히 면화)를 수출하고 완제품을 수입했으며 유형 무역의 적자를 금수출로 메웠다. 그러나 남북전쟁 이후의 산업화 붐은 이같은 양상을 뒤바꿔놓았다. 세계 최대의 제조업생산국으로 급속히 부상하면서 미국은 농기계·철강제품·기계공구·전기장비를 비롯한 제품들을 세계시장에 쏟아내기 시작했다. 이와 동시에 북부의 산업계가 막강한 로비활동을 전개하여 관세율을 높여감으로써 외국 제품이 국내시장에 들어오지 못하게 했다. 반면에 원료나 특수 품목(독일의 염료 따위)은 갈수록 많은 양이 수입되어 국내산업에 공급되었다. 그러나 산업 수출의 이같은 증가가 가장 두드러진 변화를 의미하는 것이기는 했지만 「수송혁명(transportation revolution)」에 힘입어 미국 농산물의 수출도 크게 증가하였다. 1900년까지의 반세기 동안 소맥 1부셸을 시카고에서 런던으로 수송하는 비용이 40센트에서 10센트로 떨어지면서 미국의 농산물은 잇달아 대서양을 건너갔다. 옥수수 수출은 1897년 2억 1,200만부셸, 소맥수출은 1901년 2억 3,900만부셸로 절정에 달했다. 곡물과 밀가루, 육류와 육류제품도 이 물결을 탔다.

이같은 상업적 변화의 결과는 물론 주로 경제적인 것이지만 국제관계에도 영향을 미치기 시작했다. 미국의 공장과 농장의 고도의 생산성이 생산해내는 제품들을 광대한 국내시장도 감당해낼 수 없는 시기가 곧 들이닥치리라는 우려가 널리 파급되어 강력한 이익집단들(피츠버그의 제철업자들과 함께 중서부 지방의 농민들)은 해외시장을 개방시키거나 혹은 개방상태를 유지하는 데에 온갖 지원을 해주도록 정부에 압력을 가하였다. 중국의 「문호개방」을 위한 선동과 라틴아메리카에서 미국의 지배적 경제력을 확립하는 과정에서 보여준 지대한 관심은 세계무역에서의 미국의 몫을 늘리려는 이같은 관심이 노정된 단 두 가지 사례에 불과하다. 1860년과 1914년 사이에 미국의 수출은 7배 이상 증가했는데도(3억 3,400만달러에서 23억 6,500만달러로) 국내시장을 워낙 철저하게 보호했기 때문에 수입은 겨우 5배의 증가(3억 5,600만달러에서 18억 9,600만달러로)에 그쳤다. 이처럼 값싼 미국 식품이 쏟아져 들어오자 유럽 농민들이 들고 일어나 관세인상을 요구하게 되었는데 그들의 요구는 대체로 충족되었다. 자유무역의 이념을 위해 이미 곡물생산자들을 희생시킨 바 있었던 영국에서는 미국산 기계와 철강이 홍수를 이루면서 경계심을 불러일으켰다. 기자인 스테드(W. T. Stead)가 「세계의 미국화(Americanization of the world)」— 이는 1902년에 발간된 그의 저서의 표제였다 — 를 신랄하게 비난한 한편에서는 빌헬름황제를 비롯한 유럽의 지도자들이 미국이라는 무역대국의 「부당한」 처사에 맞서 결속해야 할 필요성을 넌지시 비쳤다.

아마 이보다 더 큰 교란요인이면서도 제대로 파악되지 않았던 것은 세계의 금융제도와 돈의 흐름에 미친 미국의 영향이었을 것이다. 유럽과의 무역에서 올린 미국의 흑자가 워낙 컸으므로 유럽측의 무역적자는 자본이전으로 보전되어야 했다. 이같은 자본이전은 미국내 산업·공익사업 그리고 서비스 부문에 대한 유럽의 직접투자의 거대한 흐름(1914년까지 총 70억달러에 달했다)과 합류하게 되었다. 이같은 서쪽으로의 금괴의 흐름은 그 일부가 유럽인들의 미국투자에서 생긴 과실송금과 해운 및 보험과 같은 서비스에 대한 미국측의 대금지불로 역류되기는 했지만 전체 이동규모는 엄청난 것으로 미국으로의 유입이 커져만 갔다. 그런데 세계 금보유량의 1/3 가까이를 차지한 미국 재무부의 정책은 이같은 경향을 더욱 조장했다. 게다가 미국이 세계 무역체제에 없어서는 안될 중요한 부분을 이루게 되기는 했지만 — 원료를 공급하는 국가들과는 무역적자를 내면서도 유럽에 대해서는 커다란 흑자무역을 운영하였다 — 미국 자체의 금융구조는 미개발상태였다. 예컨대 미국의 해외무역은 대부분 파운드화로 이루어졌으므로 런던이 최종적인 금대여자로서의 역할을 했다. 금융시장을 관리할 수 있는 중앙은행이 없고, 뉴욕과 농촌 지방간에 곡물수확과 변덕스러운 날씨로부터만 영향을 받는 엄청난 계절적 자금이 오가며, 투기꾼들이 국내 통화체제에 차질을 빚을 수 있었을 뿐 아니라 런던의 금에도 자주 몰릴 수 있었음을 생각할 때 1914년 이전에 이미 미국은 세계무역체제를 가열시킬 수도 있고 극적으로 냉각시킬 수도 있는 예측을 불허하는 큰 요인이 되었다. 1907년 미국의 금융위기(원래 투기꾼들이 구리를 매점하려는 시도에서 촉발되었다)는 결국 런던·암스테르담·함부르크에 영향을 미치게 되었는데 그것은 이미 제1차세계대전 이전에 미국이 다른 강대국의 경제생활을 침해하고 있었음을 보여주는 하나의 사례에 불과하였다.

미국의 산업력과 해외무역의 이같은 성장은 보다 단호한 외교와 미국식 세계정치론을 수반하게 되었는데 어쩌면 그것은 불가피한 일이었다. 미국의 외교정책을 구대륙의 외교정책보다 우수한 것으로 만들어준 특별한 정신적 자질을 물려받은 서민들(the peoples of the earth)의 주장은 사회적 다원주의와 인종에 관한 주장 그리고 해외시장 확보를 요구하는 산업계와 농민 압력단체들의 주장 등과 뒤섞여 있었다. 먼로 독트린이 위협받고 있다는, 언제나 과장된 전통적 경고는 미국이 태평양을 횡단하여 그의 「팽창의 천명(Manifest Destiny)」을 수행해야 한다는 주장을 낳았다. 동맹관계에 얽혀드는 것은 여전히 피해야 했지만 이제 미국은 국내의 여러 집단들로부터 적극적인 외교를 펴도록 촉구되었다—매킨리(William Mckinley)와 (특히)시어도어 루스벨트(Theodore Roosevelt) 행정부가 바로 그런 외교를 추구하였다. 1895년 베네수엘라 경계선 분규를 에워싼 영국과의 싸움—먼로 독트린에 의해 정당화되었다—에 이어 3년 후에는 쿠바문제를 가지고 스페인과 훨씬 극적인 전쟁을 벌이게 되었다. 파나마운하의 독점권(영국과 50 대 50으로 분담했던 종래의 방식 대신에) 요구, 캐나다의 항의를 무릅쓴 알래스카 경계선의 재설정, 베네수엘라에 대한 독일의 행동에 뒤이어 있었던 1902~1903년의 카리브해에 대한 함대의 전투배치 등은 모두 서반구에서는 다른 어느 강대국의 도전도 허용치 않겠다는 미국의 결의를 시사하는 것이었다. 그러나 이로 인한 필연적인 결과로 미국 정부는 그들의 행동이 미국의 규범에 맞지 않는다고 생각할 때에는 니카라과·아이티(Haiti)·멕시코·도미니카공화국과 같은 나라들에 외교적 압력과 군사적 수단을 동원하여 개입하려는 의지를 보여주었다.

그러나 이 시기 미국의 외교정책에서 정말로 기이한 것은 서반구 아닌 지역에서 일어나는 일에 대한 개입과 참여였다. 1884~1885년 베를린에서 열린 서아프리카회의에 미국이 참가한 것은 종잡을 수 없는 변칙적인 처사였다. 미국 대표단이 자유무역과 문호개방을 촉구하는 거창한 연설을 하기는 했으나 거기서 마련된 협정을 비준하지는 않았다. 1892년까지도 「뉴욕 헤럴드(New York Herald)」지는 국무부가 해외에서 할 일이 거의 없으니 이 기구를 폐지해야 한다고 주장했다. 그러나 1898년 스페인과의 전쟁으로 사태가 일변하여 미국이 서태평양에서 하나의 지반(필리핀)을 얻게 됨으로써 일종의 아시아 식민세력이 되었을 뿐 아니라 단호한 정책을 내세우던 사람들의 정치적 입장이 강화되었다. 그 이듬해의 헤이(Hay) 국무장관의 「문호개방」 각서는 1900년 중국의 질서회복을 위해 파견된 국제군에 미국군 2,500명을 배정한 사실과 더불어 중국에 대한 발언권을 가지겠다는 미국의 의향을 보여준 초기의 시사였다. 루스벨트는 러·일전쟁을 종결짓는 회담을 중재하고 1906년 모로코문제에 대한 회의에 참가할 것을 강력히 주장하며 중국의 문호개방을 유지하기 위해 일본을 비롯한 강대국과 협상하는 등 「큰 정치(grosse politik)」에 대해 더욱 큰 의욕을 보였다. 후일의 학자들은 이같은 움직임의 대부분이 세계 속의 국가이익에 대한 냉정한 계산에 입각한 것이라기보다는 국내외의 관측자들에게 어떤 인상을 심어놓으려는 의욕과 미숙한 외교정책 스타일 그리고 민족중심적인 순진성(ethnocentric naiveté)—장차 미국의 「현실주의적」 외교정책을 복잡하게 만들게 되는 특색들—을 반영한 것이라고 주장해왔다. 그러나 설사 이것이 사실이라 하더라도 제국주의적 호언장담과 민족주의적 자부심이 주름잡던 이 시대에 비단 미국만이 그러했던 것은 아니다. 아무튼 중국의 경우를 제외하고 그같은 적극외교는 루스벨트의 후계자들에게 계승되지 않았으니 그들은 서반구 밖에서 일어나는 국제사건에는 끼어들지 않는 쪽을 택했다.

　이와 같은 외교적 행동과 더불어 군사비도 증가했다. 육·해군 중에서 해군에게 많은 군사비가 배정되었다. 그것은 외부의 공격(즉 먼로 독트린에 대한 도전)이 있을 경우 국가방위의 일선을 담당할 뿐 아니라 또 라틴아메리카와 태평양 그리고 그밖의 지역에서 미국의 외교와 상업을 지원하는 가장 유용한 도구가 해군이었기 때문이다. 1880년대 후반에 이미 함대 재건이 시작되었으며 스페인과의 전쟁 때 절정에 달하였다. 이 전쟁에서 해군이 거둔 손쉬운 승리는 마핸 제독을 비롯한 「해군강화(big navy)」 제창자들의 주장을 뒷받침하는 듯 보였고 전략가들이 영국 그리고 1898년 이후로는 독일과의 전쟁 가능성을 우려하였으므로 전투함대는 꾸준히 성장했다. 하와이·사모아·필리핀·카리브해의 해군기지 확보와 라틴아메리카에서의 해군 함정들의 「경찰」 역할 그리고 1907년 「위대한 백인 함대(great white fleet)」의 세계 파견이라는 루스벨트의 극적인 모든 제스처는 해군력의 중요성을 강조하는 것이었다.

　그리하여 1890년 2,200만달러로 연방총지출의 6.9%에 불과했던 해군예산이 1914년에는 19%에 상당하는 1억 3,000만달러로 증가했다. 이 금액이 모두 잘 활용된 것은 아니었으나 — 함대 모항기지가 너무나 많았고(지역적 정치 압력의 결과였다) 호위함정은 너무 적었다 — 그 결과는 그런대로 괄목할 만하였다. 비록 영국 해군보다 규모가 훨씬 작고 독일보다 드레드노트급 전함의 보유척수도 적었지만 미국 해군의 1914년의 세계 순위는 제3위였다. 미국이 지배하는 파나마운하가 건설되었음에도 불구하고 해군력을 분할하거나 어느 한쪽 해변을 노출된 상태로 방치하게 되는 전략적 딜레마를 놓고 미국 전략가들의 고민은 그치지 않았다. 그리고 이 시기의 일부 장교들의 기록은 외부 세력에 대한 다소 편집증적인 불신을 드러내 보인다. 20세기에 들면서 이룩된 영국과의 친선관계를 감안할 때 미국은 사실상 대단히 안전한 처지였으며 설사 독일 해군력의 증강이 우려된다 할지라도 다른 어느 강대국보다도 훨씬 그 걱정을 덜 수 있는 입장이었다.

미국 군사력의 규모가 작았던 것은 여러 모로 그와 같은 안전한 상태를 반영한 것이었다. 또한 스페인과의 전쟁은 육군의 규모가 얼마나 작은 것이고, 주방위군(National Guard)이 얼마나 혼란상태에 있으며, 쿠바에서의 초기 작전이 얼마나 파국 직전까지 갔던가를 일반 국민들이 깨닫게 한 점에서 육군을 키우는 계기가 되었다. 그러나 육군의 규모가 1900년 이후 3배나 커졌고 필리핀을 비롯한 다른 지역에서 추가적인 수비임무를 맡게 되었음에도 불구하고 미국 육군은 세르비아나 불가리아와 같은 유럽의 중위권 국가들의 육군에 비해서도 대수롭지 않은 것이었다. 대규모 상비군에 대해 미국은 영국보다도 더 심한 방임주의적 혐오를 나타냈으며 동맹국에 대한 고정된 군사의무에 얽매이는 것을 피했다. 국민총생산에서 군사비가 차지하는 비중은 1%도 채 안되었다. 그러므로 1898~1914년의 제국주의적 활동에도 불구하고 미국은 러시아와 같은 「군사」사회가 아니라 스펜서(Herbert Spencer)가 일컬었던 것과 같은 「산업」사회로 남았다. 많은 역사가들이 「초강대국(superpower)의 대두」는 이 시기에 시작되었다고 말해왔으므로 제1차세계대전 직전까지의 러시아와 미국의 놀라운 차이를 살펴보는 것이 좋을 것 같다. 러시아는 미국의 약 10배나 되는 일선 육군을 보유하였다. 그러나 미국은 러시아보다 6배나 많은 강철을 생산하였고 10배나 많은 에너지를 소비하였으며 총제조업생산량은 4배나 많았다(1인당으로 따질 경우 미국은 6배나 더 생산적이었다). 가용 병력을 대규모로 투입하여 신속히 전쟁을 수행해나갈 것을 생각했던 유럽의 모든 총참모부의 견해로는 러시아가 더 강력해 보였다. 그러나 다른 모든 기준에서 볼 때 미국은 강했고 러시아는 약했다.

미국은 분명 강대국이 되었다. 그러나 미국은 강대국체제의 일부가 아니었다. 대통령과 의회 사이의 권력분할은 적극적인 동맹정책을 사실상 불가능하게 했을 뿐 아니라 기존의 아주 편한 고립상태를 포기하는 데 찬성할 사람이 아무도 없다는 것 또한 명백했다. 수천마일의 바다를 사이에 두고 다른 강대국과 떨어져 있고 서반구를 지배하는 것으로 만족하였으며 적어도 루스벨트가 떠난 뒤로는 세계외교에 대한 열의를 더욱 잃게 된 1913년의 미국은 아직도 강대국체제의 주변에 머물고 있었다. 그리고 1906년 이후 거의 모든 나라들이 아시아와 아프리카로부터 발칸과 북해의 사태로 주의를 전환시키고 있었으므로 국제세력균형에 대한 미국의 역할이 20세기에 접어들 무렵보다 축소되었다고 간주하는 것도 당연하였다. 이것은 대전 자체로 반증된 1914년 이전의 또 다른 일반적인 생각이었다.

동맹과 전쟁의 발발, 1890~1914

이 무렵의 강대국체제의 변화를 이해하는 데에 있어서 세번째이자 마지막 요소는 비스마르크의 사망에서 제1차세계대전 발발까지의 변덕스러웠던 동맹외교를 검토하는 것이다. 왜냐하면 1890년대에는 비교적 소규모의 전쟁(청・일전쟁, 미국・스페인전쟁, 보어전쟁〈Boer War〉)이 몇 차례 있었고 뒤이어 여전히 국지적이고 규모가 다소 큰 러・일전쟁이 벌어지기는 했지만 이 시기 이후의 일반적인 경향은 길버트(Felix Gilbert)가 동맹진영의「경직화(rigidification)」라고 일컬었던 성질의 것이었기 때문이다. 여기에는 거의 모든 국가들이 다음번에 큰 전쟁이 터지면 동맹에 가담하게 되리라고 생각하는 경향이 뒤따랐다. 이같은 경향은 상대적 국력평가를 높이는 동시에 그것을 더욱 복잡하게 했는데 그 까닭은 동맹이 유리한 것과 함께 불리한 것도 가져다주었기 때문이다.

물론 이 시기에는 동맹외교경향이 멀리 떨어져 있는 미국에게는 영향을 미치지 않았으며 일본에게는 1902년과 1905년의 영・일동맹을 통해 지역적인 영향을 미치는 데 그쳤다. 그러나 동맹외교는 유럽의 모든 강대국들에게 차츰 큰 영향을 미쳤으며 심지어 섬나라인 영국도 예외가 아니었는데 그것은 이 무렵에 나타난 상호간의 두려움과 대립관계 때문이었다. 평화시의 이같은 고정된 동맹관계의 조성은—이전에는 좀처럼 볼 수 없었다—비스마르크가 1879년 독일・오스트리아 2국동맹을 결성함으로써 오스트리아의 외교정책을「조종」하고 러시아가 함부로 범접하지 못하도록 경고하려 한 데서 시작되었다. 독일 수상의 은밀한 계산으로는 이 움직임이 러시아인들로 하여금 그들의 「변덕스러운 정책」을 버리고 「삼제동맹」으로 되돌아오도록 유도하려는 의도도 가진 것이었다―러시아는 한동안 그렇게 했다. 그러나 비스마르크의 조치가 남긴 장기적인 유산으로 오스트리아-헝가리가 러시아로부터 공격을 받게 되는 경우 독일이 오스트리아-헝가리를 지원하도록 묶어놓게 되었다. 1882년이 되자 독일은 또 이탈리아가 프랑스의 공격을 받게 되는 경우에 대비하여 이탈리아와도 유사한 상호조약을 체결하였고 그로부터 1년 안에 독일과 오스트리아-헝가리는 러시아의 공격으로부터 루마니아를 살리기 위한 또 하나의 비밀동맹을 제의했다. 이러한 외교를 연구해온 학자들은 비스마르크의 목적이 주로 단기적이며 방어적인 것―빈·로마·부쿠레슈티(Bucureçti)의 신경이 곤두서있는 우호세력을 달래며 프랑스를 외교적으로 고립시키고 러시아가 발칸을 공격하는 경우의 「방비책(fallback)」을 마련하는 것―이었다고 주장한다. 이것이 사실임에는 의문의 여지가 없다. 그러나 그가 약속을 한 것은 엄연한 사실이며 이들 비밀조약의 정확한 성격이 공개되지는 않았지만 그것으로 하여 프랑스와 러시아가 자신의 고립을 걱정하는 한편 막후조정의 거물인 베를린이 전쟁이 터질 경우 그들 두 나라를 압도하기 위한 무서운 동맹관계를 마련해놓았다고 생각하게 된 것은 엄연한 사실이다.

페테르스부르크에 보낸 비스마르크 자신의 「비밀전보(이른바 1887년의 재보증조약⟨Reinsurance Treaty⟩이라는 것)」가 독일과 러시아가 정식으로 갈라서는 것을 막아주었지만 거기에는 1880년대 후반의 프랑스와 러시아의 동맹관계를 지향한 꾸준한 흐름을 제지하려는 비스마르크의 흑심을 품은 기기묘묘하고 자연스럽지 못한, 필사적인 그 무엇인가가 있었다. 알사스·로렌을 되찾으려는 프랑스의 욕구나 동유럽으로 팽창하려는 러시아의 욕구는 모두 주로 독일에 대한 두려움 때문에 억제되었다. 이들 두 나라에게는 유럽대륙 안에 이렇다 할 다른 동맹국이 없었다. 그리하여 러시아에 대한 프랑스의 차관과 무기 그리고 프랑스에 대한 러시아의 군사원조라는 상호이익이 이들 두 나라를 서로 접근시키게 된 것이다. 부르좌적 프랑스와 반동적인 제정 러시아 정권간의 이데올로기적 차이가 한동안 이같은 접근에 제동을 걸기는 했지만 비스마르크의 은퇴와 빌헬름 2세 치하의 독일 정부의 보다 위협적인 움직임은 이 문제를 결론지었다. 1894년이 되자 독일·오스트리아-헝가리 그리고 이탈리아의 삼국동맹에 맞서 프랑스와 러시아의 2국동맹이 성립하게 되었는데 이 정치적·군사적 결합은 삼국동맹만큼 지속되었다.

이같은 새로운 사태발전은 여러 모로 유럽정세를 안정시키는 듯 보였다. 두 동맹 진영은 대략적인 균형을 이루면서 강대국간에 전쟁이 터졌을 때의 결과를 한결 예측하기 어렵게 함으로써 이전보다 전쟁발발 가능성을 줄였다. 고립에서 벗어나게 된 프랑스와 러시아는 아프리카와 아시아 쪽으로 관심을 돌렸다. 알사스와 불가리아의 긴장상태가 완화된 것도 이같은 변화를 도왔다. 실제로 1897년이 되자 빈과 페테르스부르크는 발칸문제를 덮어두기로 합의하였다. 게다가 독일도 세계정치 쪽으로 주의를 돌렸고 이탈리아는 타의 추종을 불허하는 독특한 방법으로 아비시니아에 얽혀들었다. 1890년대 중반에는 남아프리카·극동·나일강변·페르시아 등이 사람들의 관심거리가 되었다. 해군과 식민지는 나란히 발전한다는 신념에서 강대국 모두가 해군력 강화에 노력하는 가운데 이 시기는 또 「신해군주의(new navalism)」의 시대가 되었다. 그러므로 이 시기는 대체로 유럽문제에 대해 초연한 입장을 취해왔던 영국이 프랑스나 러시아와 같은 오랜 라이벌 국가와 독일·일본·미국과 같은 새로운 도전자들로부터 전에 없이 심한 압력을 받게 된 시대이기도 했다. 이와 같은 상황에서는 유럽 동맹의 군사적 내용이 지니는 중요성이 점점 무관한 것이 되었는데 그것은 파쇼다에서의 영국과 프랑스의 충돌(1898), 보어전쟁 또는 중국에서의 이권쟁탈전과 같은 것들에 의해 대전이 촉발될 것은 아니었기 때문이다.

그렇지만 다소 길게 보면 이와 같은 제국주의적 라이벌관계는 심지어 유럽적 맥락에서까지 강대국들의 관계에 영향을 미치게 된다. 20세기로 바뀔 무렵에 이르러서는 영국이 느끼는 압력이 워낙 큰 것이었으므로 체임벌린 식민장관을 에워싼 일부측에서는「명예로운 고립(splendid isolation)」에 종지부를 찍고 독일과의 동맹을 제창하는가 하면 밸푸어(Balfour)나 랜스다운(Lansdowne)과 같은 동료 각료들은 외교적 타협의 필요성을 인정하기 시작하는 판이었다. 파나마운하·알래스카 경계선·물개어로문제에 있어 미국에 대한 일련의 양보—「영·미친선」이라는 말로 위장되었다—로 인해 영국은 서반구에서의 지위를 전략적으로 지탱할 수 없었으며 더 중요하게는 19세기의 정치인들이 당연한 것으로 여겼던, 영국·미국관계는 언제나 냉담하고 인색하며 때로는 적대적이라는 생각은 크게 변화하였다. 1902년 영·일동맹을 구상함에 있어서 영국 정치가들은 상황에 따라서는 일본을 지원하면서라도 중국에서의 전략적인 부담을 덜 것을 희망했다. 그리하여 1902~1903년이 되면 앞선 파쇼다사건 때에 나일강을 에워싸고 전쟁을 벌이지는 않겠다는 결의를 보여주었던 프랑스와 식민지문제를 가지고 타협할 수 있다고 생각하는 유력한 세력이 영국내에 형성되었다.

이러한 모든 추세들은 처음에는 유럽 밖에서 일어나는 일에만 관계되는 듯이 보였으나 간접적으로는 강대국들의 유럽내 지위와 연관되었다. 서반구에서의 영국의 전략적 딜레마의 해소와 영국이 극동지역에서 일본 함대로부터 받은 지원은 영국 해군이 함대배치상 겪어야 했던 무리한 처지를 다소 완화시켜 주었으며 전시에 전력을 정비할 수 있는 가능성을 증대시켜 주었다. 그리고 프랑스와의 대립관계의 해소는 영국 해군의 안전보장을 더욱 증대시키게 됨을 의미할 것이었다. 이러한 모든 것들은 이탈리아에도 영향을 미쳤는데 이 나라는 영국·프랑스의 결합에 맞서는 진영에 속하기에는 그 해안선이 너무나도 취약했다. 아무튼 20세기 초가 되자 프랑스와 이탈리아는 관계개선을 위한 나름대로의 이유(재정적인 것과 북아프리카)를 갖게 되었다. 그러나 이탈리아가 삼국동맹에서 이탈하는 방향으로 표류한다면 그것은 어정쩡한 상태로 덮어놓고 있던 오스트리아-헝가리와의 싸움에 영향을 미치게 될 것이었다. 끝으로 서로 멀리 떨어진 영국과 일본간의 동맹관계마저도 유럽 국가체제에 파문을 던지게 마련이었다. 그것은 일본이 1904년 한국과 만주의 장래를 에워싸고 러시아에 도전했을 때 제3자가 개입하게 될 가능성이 크게 줄어들었기 때문이었다. 더욱이 전쟁이 터지자 영·일동맹과 프랑스·러시아동맹의 구체적인 조문*으로 말미암아 두 동맹 당사국인 영국과 프랑스는 그 전쟁에 말려드는 것을 피하기 위해 서로 협조할 수밖에 없었다. 그러므로 극동에서 싸움이 벌어지자 영국과 프랑스가 재빨리 그들의 식민지 분규를 종결짓고 1904년 4월의 협약을 체결하게 된 것도 당연한 일이었다. 본래 1882년 영국이 이집트를 점령함으로써 촉발되었던 영국·프랑스의 대립단계는 이제 끝나게 되었다.

그러나 다른 두 가지 요인이 작용하지 않았다면 1904~1905년의 그 유명한 「외교혁명」은 일어나지 않았을 것이다. 첫째는 독일의 목적에 대한 영국과 프랑스의 의구심의 증대였다. 즉 독일의 목적이 명확한 것은 아니었지만 뷜로 수상과 그가 떠받드는 제국주의의 영수 빌헬름 2세가 「독일의 세기」가 다가오고 있다고 외치는 가운데 야심적이며 위험스런 것을 꾀하고 있는 듯이 보였다. 1902~1903년에 이르러서는 독일 원양함대의 행동영역과 함정건조 상황이 주로 영국을 의중에 두었음을 시사하자 영국 해군본부는 대책을 강구하였다. 게다가 오스트리아-헝가리에 대한 독일의 목적은 프랑스를 불안하게 만들었고 메소포타미아에 대한 그들의 야심은 영국 제국주의자들의 반감을 샀다. 이들 두 나라는 1904년 극동에서 전쟁이 터졌을 때 그들을 거기에 말려들게 하려던 뷜로의 외교적 획책에 분노하였다—극동에서 전쟁이 터

---

* 영국은 일본이 하나의 적국과 싸울 때에는 일본에게 「호의적 중립(benevolently neutral)」으로 임하지만 일본이 하나 이상의 적과 싸우는 경우에는 군사원조를 하도록 되어 있었다. 러시아를 원조하기로 한 프랑스의 합의도 이와 유사하였다. 그러므로 런던과 파리가 전쟁에 개입하지 않기로 합의하지 않는다면 그들이 새로 이루어놓은 우호관계가 파탄될 것이었다.

진다면 베를린이 가장 큰 혜택을 입을 것이었다.

  유럽의 세력균형과 상호관계에 이보다 더 크게 작용한 것은 그 전쟁에서 일본의 해군과 육군이 거둔 괄목할 만한 승리와 그와 때를 같이하여 발생한 1905년 러시아의 광범위한 소요사태였다. 러시아는 그 후 몇년 동안 뜻밖에도 이등국가로 전락하게 되었고 유럽의 군사적 세력균형은 결정적으로 독일에게 유리해졌다. 그리고 독일과 맞서고 있던 프랑스의 처지는 1870년 당시보다 더 불리하게 되었다. 만약 독일이 서쪽으로 진격하기에 좋은 시기가 있었다고 한다면 그것은 1905년 여름이었을 것이다. 그러나 국내의 사회적 불안에 대한 황제의 관심, 러시아와의 관계를 개선해보려는 그의 의욕 그리고 중국으로 갔던 전함들을 불러들여 본국 수역에 배치하는 한편 독일이 공격해올 경우 프랑스의 지원호소를 고려하고 있던 영국에 대한 그의 불확실한 심정 등이 제각기 여기에 영향을 미쳤다. 독일은 전쟁에 돌입하기보다는 차라리 원수로 여겨왔던 프랑스 외무장관 델카세를 축출하고 모로코에 대한 프랑스의 권리주장을 제지하기 위한 국제회의의 소집을 요구함으로써 외교적 승리를 거두는 쪽을 택했다. 그러나 알헤시라스회의(Algeciras Conference)의 결과는 회의에 참석한 나라 거의 모두가 모로코에 대한 특별한 지위를 내세우는 프랑스의 주장을 지지하는 가운데 독일이 비록 산업력과 해군력과 육군력은 성장했지만 외교적 영향력은 비스마르크 시대가 지나간 후로 얼마나 쇠퇴했는가를 여지없이 확인해주었다.

  제1차 모로코사건은 국제적 대립관계를 아프리카로부터 유럽대륙으로 다시 끌어들였다. 이같은 경향은 곧 보다 중요한 세 가지 사건에 의해 더욱 조장되었다. 첫째는 페르시아·티베트·아프가니스탄을 에워싼 1907년의 영국과 러시아의 협약이었다. 이 협약은 그 자체로서는 하나의 지역적인 사건이었지만 다른 모든 강대국들이 19세기를 일관하여 당연시해왔던 아시아를 에워싼 영국과 러시아간의 싸움을 해소시킴으로써 영국의 인도방위를 수월하게 해주었을 뿐 아니라 신경이 곤두선 독일인들이 유럽에서「포위」당해 있다고 말하기에 이르렀으니 그 함축적 의미는 한결 큰 것이었다. 영국에는 특히 자유당 정부 인사들을 비롯하여 아직도 자기 자신을 독일과 맞서기 위한 동맹세력의 일부로 간주하지 않는 사람들이 많았는데 제2차 모로코사건은 이러한 사람들의 입장을 약화시켰다. 이 사건은 티르피츠의 조선계획 추가확장과 북해에서마저 제해권을 상실하게 될지도 모른다는 영국의 두려움으로 1908~1909년 영국과 독일간에「해군력경쟁」이 가열된 데서 비롯되었다. 이후 3년 동안 이 경쟁을 줄이려고 노력하던 영국은 유럽에서 전쟁이 벌어질 경우 영국이 중립을 지켜야 한다는 독일의 요구에 부딪치자 불신감에 사로잡힌 나머지 그 노력을 단념하게 되었다. 그들과 프랑스는 1908~1909년의 발칸사건을 초조하게 지켜봤는데 이 사건에서 오스트리아-헝가리가 보스니아·헤르체고비나(Herzegobina) 양주를 합병한 데 대해 러시아가 분격하자 독일은 러시아에 대해 그것을 기정사실로 인정하든지 아니면 그에 따르는 결과를 각오하라고 요구했던 것이다. 그 무렵 일본과의 전쟁으로 쇠약한 상태에 있었던 러시아는 굴복했다. 그러나 이 외교적 위협은 러시아 안에 애국주의적 반응을 불러일으키고 방위예산의 증액을 가져왔으며 동맹과의 유대를 강화하려는 결의를 다져놓았다.

그러므로 1909년 이후로 국가간에 긴장완화를 위한 시도가 간혹 있기는 했지만「경직화」의 경향은 더해갔다. 영국이 프랑스를 위해 독일에 맞서 강력하게 개입했던 1911년의 제2차 모로코사건은 프랑스와 독일에 애국주의적 바람을 불러일으켜서 민족주의자들이 전쟁의 임박을 노골적으로 들먹이는 가운데 군대의 규모가 엄청나게 커진 한편 영국 정부는 이 사건으로 인해 유럽전쟁에 참전하게 될 경우의 여러가지 육·해군 계획을 본격적으로 다루게 되었다. 1년 후 외교적 임무를 띠고 베를린으로 갔던 영국 외무장관 홀데인경(Lord Richard Burdon Haldane)이 실패하고 독일 해군이 추가 증강되자 영국은 1912년 11월 영국·프랑스 해군협정을 타결짓게 되었다. 그 무렵 투르크에 대한 이탈리아군의 기회주의적 공격을 발칸동맹 국가들이 흉내내게 되었는데 이들은 오토만제국을 사실상 유럽으로부터 몰아낸 후 전리품의 분배를 놓고 서로 반목하게 되었다. 이 해묵은 「동방문제」의 재연은 무엇보다도 심각한 사태였는데 그 이유의 일단은 서로 대립하고 있는 발칸국가들의 이권을 에워싼 열띤 다툼을 강대국들이 제대로 다스릴 수 없었다는 사실에 있었고 또 다른 일단의 이유는 새로운 사태발전의 일부가 강대국 일부의 중대한 이권을 위협하는 것으로 보였다는 점에 있었다. 즉 세르비아의 득세는 빈의 경계심을 불러일으켰고 투르크에 대한 독일의 군사적 영향력의 증대 가능성은 러시아를 불안하게 했다. 1914년 6월에 페르디난트 황태자가 암살당하자 오스트리아-헝가리가 세르비아에 대해 행동을 개시하고 다음으로 러시아가 응수하게 된 상황은 황태자의 죽음이 화약고에 불을 붙여준 도화선에 불과한 것이었다는 해묵은 말이 상당한 진실성을 내포한 것임을 보여주었다.

1914년 6월의 암살은 어떤 특정 사건이 전반적인 위기를 촉발하여 세계 전쟁으로 발전한 가장 유명한 사례의 하나이다. 오스트리아-헝가리의 세르비아에 대한 요구, 세르비아의 회유적 응답에 대한 오스트리아-헝가리 측의 거부 그리고 세르비아에 대한 오스트리아-헝가리의 공격은 동맹국인 세르비아를 지원하기 위한 러시아의 군사동원으로 이어졌다. 그러나 이로 인해 다시 프로이센 총참모부는 실리펜계획의 즉각적인 단행을 촉구하게 되었는데 이는 벨기에를 통해 프랑스를 겨냥한 서쪽으로의 선제공격을 하자는 것이었다―그것은 다시 영국을 끌어들이는 효과를 가져왔다.

이 위기에서 강대국들은 제각기 자신이 생각하는 국가이익에 따라 행동했으나 그들의 참전결정이 기존의 작전계획으로부터도 영향을 받은 것은 사실이었다. 1909년 이래 독일은 오스트리아-헝가리에게 외교적으로만이 아니라 군사적으로도 공약을 해왔는데 그 공약의 정도는 비스마르크가 결코 생각하지 않았던 것이었다. 게다가 독일의 작전계획에는 이제 전쟁의 구체적인 원인이야 어떠한 것이건간에 벨기에를 경유하여 프랑스에 대한 대대적인 공세를 당장에 취하는 것이 포함되었다. 이와는 대조적으로 빈의 군사전문가들은 아직도 여러 전선을 놓고 갈팡질팡하는 불안한 상태에서 우선 세르비아에 일격을 가하자는 쪽으로 결심을 굳혀가고 있었다. 프랑스의 자금으로 힘을 얻은 러시아는 전쟁이 터지기만 하면 아주 신속히 군사력을 동원하여 서쪽으로 진격하기로 마음먹고 있었다. 한편 프랑스는 그다지 뚜렷한 명분 없이 1910년 그 유명한 17호 계획(Plan XVII)을 채택했는데 그것은 무턱대고 알사스·로렌으로 쳐들어가려는 작전계획이었다. 그리고 이탈리아가 삼국동맹편에서 싸우게 될 공산은 이제 많이 줄어든 반면 독일이 벨기에와 프랑스를 공격할 경우 영국이 유럽에 군사적으로 개입하게 될 공산은 커졌다. 두말 할 것도 없이 각국 총참모부에서는 속도가 필수요인이라는 것이 당연히 전제되었다. 바꿔 말해서 전쟁이 터질 가능성이 농후해지기만 하면 군대를 동원하여 경계선에 배치함으로써 적측에게 그러한 동원 기회를 주지 않는 것이 무엇보다도 중요하였다. 이와 같은 생각은 육군이 서부 전선에서 통렬한 타격을 주고 다시 동부 전선으로 되돌아와 동작이 느린 러시아군과 대적하기로 결정을 보았던 베를린의 경우에 특히 해당되었는데 다른 곳에서도 주류를 이루었다. 실제로 큰 위기가 조성될 경우 전략가들이 일을 주관하기에 앞서 외교관들이 움직여볼 만한 시간적 여유는 별로 없게 되었다.

돌이켜보건대 이들 전쟁계획 모두에서 주목되는 점은 비단 그것들이 어느 하나가 넘어지면 함께 넘어지게 되는 도미노게임을 방불케 하는 것이었다는 점만이 아니다. 마찬가지로 중요했던 것은 1859년이나 1870년보다 동맹전쟁이 벌어질 공산이 훨씬 컸으므로 전쟁이 장기화될 공산도 그만큼 더 커졌다는 사실인데 그 시대의 사람들 가운데 이 점을 깨닫게 된 사람은 거의 없었던 것 같다. 1914년 7~8월에 시작된 전쟁이「크리스마스까지는 끝날 것」이라는 어처구니없는 오산은 속사포와 기관총 때문에 기동작전(guerre de manœuvre)이 불가능해지면서 대부대가 참호에 포진하게 되고 따라서 그곳으로부터 몰아내기가 대단히 어려워지는 상황을 예상하지 못했던 데 기인한 것으로 일반적으로 풀이되어왔다. 그리고 포격은 땅만 파헤침으로써 공격이 어디에서 감행될 것인가를 적게 알려주게 되었으므로 나중에 장시간의 포격과 대대적인 보병공세에 호소하는 방법도 해결책이 되지 못하리라는 것을 예측하지 못했던 것이다. 이와 대동소이하게 유럽의 해군 당국자들도 다가올 전쟁을 그릇 판단하여 함대들끼리 맞부딪쳐서 결판을 내게 될 작전에 대한 준비태세를 갖추는 한편 북해와 지중해의 지리적 조건과 기뢰·어뢰·잠수함과 같은 신형 무기들의 등장으로 재래식 함대작전이 매우 어렵게 되리라는 사실을 제대로 인식하지 못했던 것이다. 그러므로 바다와 육지에서 똑같이 기술적 이유로 말미암아 속전속결의 가능성은 희박했다.

물론 이런 이야기는 모두가 사실이지만 동맹체제 자체의 맥락에서 파악해볼 필요가 있다. 결국 따지고 보면 러시아가 단독으로 오스트리아-헝가리를 공격하도록 내버려두고 다른 강대국들이 중립적인 입장을 취하는 가운데 독일이 단독으로 프랑스를 공격하여 1870년의 전쟁을 재연시키도록 내버려뒀다면 그들이 승리(비록 시간이 좀 걸릴지라도)했으리라는 데는 반론이 없을 것 같다. 그러나 동맹체제의 등장으로 말미암아 비록 어느 교전국이 한 작전에서 큰 타격을 받거나 혹은 그의 자원이 전쟁을 계속 지탱해나가기에는 부족한 것이라고 생각되는 경우에도 동맹국들로부터 원조가 오리라는 기대—와 약속—에 힘입어 전쟁을 계속하게 되었다. 좀더 후일로 내려와 살필 때 동맹국들로부터 제때에 지원이 없었던들 프랑스가 니벨(Nivelle)의 처참한 공격과 1917년의 반란 이후에 계속 지탱하기는 어려웠을 것이고, 이탈리아가 1917년에 카포레토(Caporetto)에서 패배한 후에도 붕괴를 면하거나, 오스트리아-헝가리제국이 1916년의 끔찍한 손실(아니면 1914년의 갈리시아와 세르비아에서의 실패)을 겪고서도 그대로 지탱하기는 불가능하였을 것이다. 이처럼 동맹체제 자체가 사실상 전쟁의 속결은 없음을 보장해주었으며 또 장기화된 전쟁에서는—18세기의 대동맹전쟁에서와 같이—육군과 해군 그리고 재정·산업·기술자원을 골고루 가장 많이 가진 측에게로 승리가 돌아감을 의미했다.

356 / 제Ⅱ부 산업화 시대의 전략과 경제

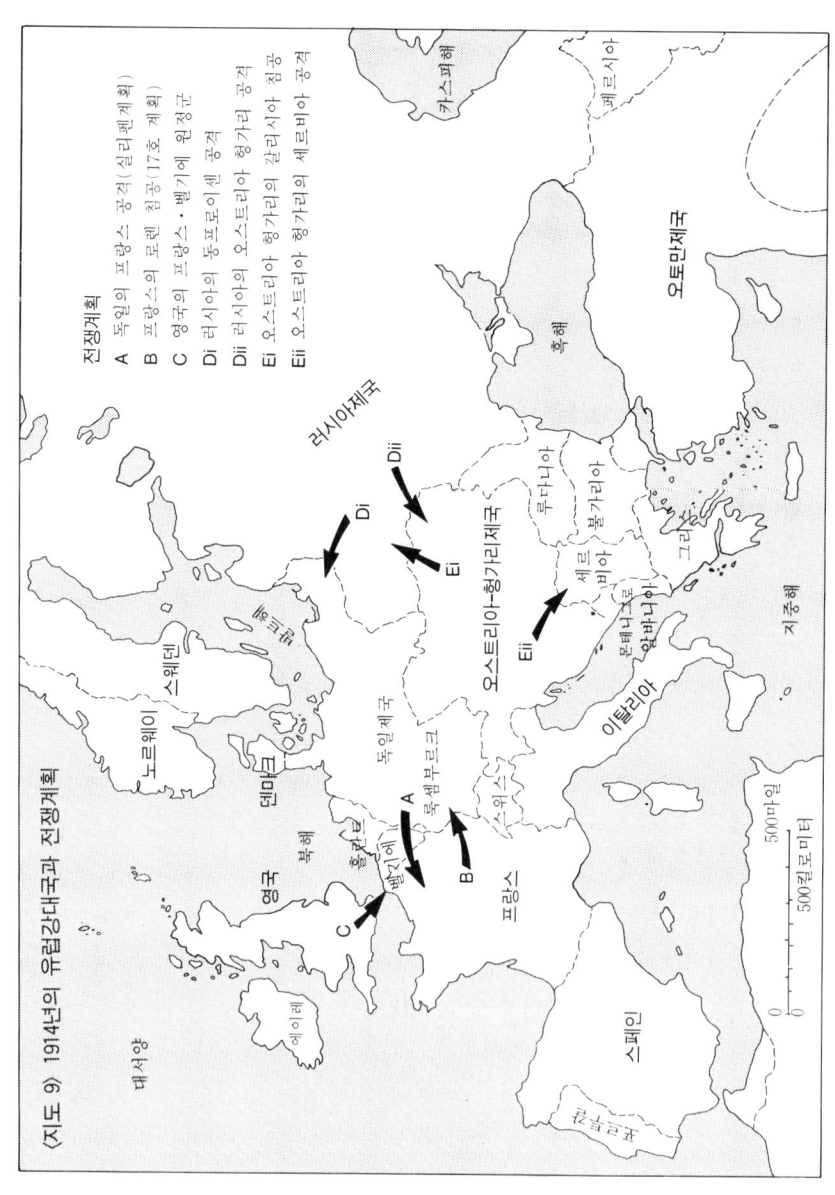

〈지도 9〉 1914년의 유럽강대국과 전쟁계획

총력전과 세력균형, 1914~1918

두 동맹체제의 대전략과 그들이 활용할 수 있었던 군사·산업자원에 비추어 제1차세계대전을 검토하기에 앞서 1914년의 국제체제내의 강대국 하나하나의 지위를 살펴두는 것이 좋을 것 같다. 미국은 권외에 있었다―비록 영국과 프랑스에 대한 상업적·재정적 유대 때문에 윌슨이 호소했던 것과 같은「행동뿐 아니라 생각의 중립」은 불가능한 처지이기는 했지만. 일본은 영·일동맹의 조문을 적당히 해석하여 중국과 중부 태평양에 있는 독일의 속령들을 점령했다. 이러한 행동이나 멀리 원양으로 뻗은 해군의 호위임무는 그 어느 것도 결정적인 것이 아니었으나 동맹국으로서는 분명히 일본을 적으로 돌리기보다는 가까이 하는 편이 훨씬 유리했다. 이와는 대조적으로 1914년 이탈리아는 중립을 택했는데 군사적·사회경제적 허약성에 비추어볼 때 그 정책을 유지하는 것이 현명한 조치였을 것이다. 1915년 동맹국(Central Powers)에 대항하여 참전하기로 한 이탈리아의 결정이 오스트리아-헝가리에게는 타격을 주었을지 몰라도 동맹국 외교관들이 희망했던 것과 같은 큰 혜택을 영국·프랑스·러시아에게 주었다고 보기는 어렵다. 마찬가지로 투르크가 1914년 11월 독일측에 가담하여 참전하기로 한 결정이 누구에게 가장 큰 혜택을 주었는지도 말하기 어렵다. 흑해로 통하는 해협을 봉쇄하여 러시아의 곡물수출과 무기수입을 제지한 것은 사실이다. 그러나 1915년에 이르러서는 러시아의 소맥수송은 어디에서나 어렵게 되었고 서방의 어디에도「남아도는」무기는 없었다. 반면에 투르크의 결정은 근동 지역을 프랑스와 (특히) 영국 제국주의의 팽창에 노출시키게 되었다―그것은 또 인도와 영국 정부의 제국주의자들의 주의가 서부 전선에만 쏠리는 것을 방해하기는 했지만.

그러므로 그야말로 결정적으로 중요한 것은「5대 강대국」이 유럽에서 차지한 지위였다. 이 단계에 이르러 오스트리아-헝가리를 독일과는 전혀 별개의 것으로 다루기는 무리한 일이다. 그 까닭은 비록 빈의 목적이 여러 문제에 있어서 베를린과 흔히 어긋나기는 했지만 오스트리아-헝가리는 다만 강력한 동맹국의 요청에 의해서만 전쟁이나 강화—그리고 독자적 강대국으로서의 생존—를 할 수 있었기 때문이다. 오스트리아와 독일의 결합은 막강한 것이었다. 이들의 일선 병력은 프랑스 및 러시아의 일선 병력보다 현저히 적었으나 능률적인 내부 조직을 가지고 운영되고 있었으며 엄청난 수의 신병들을 보충받을 수 있었다. 아래 〈표 22〉에서 볼 수 있는 바와 같이 그들은 산업과 기술력에 있어서도 2국동맹을 크게 능가하였다.

물론 프랑스와 러시아의 처지는 정반대였다. 유럽의 반 이상을 사이에 두고 갈라져 있는 처지였으므로 프랑스와 러시아는 그들의 군사전략을 상호조정하기가 어려웠다. 그리고 전쟁 시초에는 병력면에서 크게 우세한 듯이 보였지만 그 우위는 독일인들이 일선전투에서 훈련된 예비군을 현명하게 활용함에 따라 삭감되었고 1914년 가을 프랑스와 러시아군이 벌인 무모한 공세로 더욱 줄어들었다. 승리는 이제 더 이상 신속한 작전을 펴는 측으로 돌아가는 것이 아니었으며 시간이 지남에 따라 강자에게로 돌아가게 될 공산이 커져갔다. 그리고 산업지표는 고무적이지 못했다. 프랑스와 러시아만이 동맹국을 상대로 장기적인 「총력전」을 치러야 했다면 어떻게 승리가 가능했겠는지 상상하기 어렵다.

그러나 물론 벨기에를 경유하여 프랑스에 대한 선제공격을 전개하기로 한 독일의 결정은 개입을 제창하는 영국인들을 유리하게 만들었다. 비록 장기복무제의 소규모 영국 육군이 전반적인 군사균형에 미칠 수 있는 영향은—적어도 영국군이 징집된 대병력으로 구성되는 군대로 탈바꿈을 하여 유럽대륙 전선에 등장하게 되기까지는—제한된 것이었지만「세력균형」이라는 전통적 이유에서건 혹은「불쌍한 소국 벨기에」를 방위하기 위해서건간에 영국이 독일에 대해 선전포고를 하게 된 것은 중대한 일이었다. 그런데 전쟁이 몇달 안으로 끝나지 않고 오래 계속될 것이었으므로 영국의 힘은 괄목할 만한 것이었다. 영국 해군은 독일 해군을 무력하게 하고 동맹국들을 봉쇄할 수 있었다

―그렇다고 해서 그들이 무릎을 꿇게 될 것은 아니었지만 유럽대륙 밖으로부터의 보급로는 차단될 수 있었다. 반대로 협상국(Allied Powers)측에게는(뒤에 작전 때문에 중단된 경우를 제외하고) 보급로를 확보해주었다. 그리고 영국이 전세계에 걸쳐 광범한 무역관계와 어마어마한 해외투자를 가진 부유한 무역국가로서 적어도 그 일부를 달러구매에 대한 결제에 활용할 수 있었다는 사실은 이같은 유리한 점을 더 보태는 것이었다. 외교적으로 이와 같은 해외유대는 영국의 참전결정이 극동에서의 일본의 행동, 이탈리아의 중립선언(그리고 후일의 전환) 그리고 대체로 호의적인 미국의 태도에 영향을 미쳤다. 당연한 일이었지만 자치령들과 인도는 그들의 군대를 신속히 독일의 식민지로 이동시키고 다음으로 투르크에 맞서는 등 보다 직접적인 지원에 나섰다.

게다가 여전히 막대한 영국의 산업·재정자원은 프랑스·벨기에·러시아·이탈리아 등지에서의 기채와 그곳으로의 군수품 보급 그리고 헤이그(Douglas Haig)가 서부 전선에서 운용할 대규모 군대의 보급 및 유지비용에 동원되었다. 〈표 22〉의 경제지표들은 힘의 차원에서 본 영국 개입의 의의를 보여준다.

확실히 협상국측의 물질적 우위는 압도적이지는 않지만 중요한 것이었으며 1915년 이탈리아의 가담을 계기로 이 우위가 더 크게 벌어지지는 않았다. 그런데 만약 강대국간의 장기전에서는 보통 생산기반이

〈표 22〉 1914년 동맹간의 산업·기술 비교

(표 15~18에 의거)

	독일·오스트리아-헝가리	프랑스·러시아	+	영국		
세계제조업생산 구성비 (1913)	19.2%	14.3%	+	13.6%	=	27.9%
에너지소비(1913) 석탄으로 환산, 100만톤	236.4	116.8	+	195.0	=	311.8
강철생산(1913) 100만톤	20.2	9.4	+	7.7	=	17.1
총산업잠재력 (1900년의 영국=100)	178.4	133.9	+	127.2	=	261.1

가장 큰 동맹세력에게로 승리가 돌아가는 것이라면 어째서 2, 3년이 지난 후까지도 협상국측이 승세를 잡지 못했고—1917년까지는 패세도 더러 나타났다—또 어째서 미국의 개입을 얻는 것을 지극히 중요하게 생각하게 되었는가 하는 의문이 자연히 제기된다.

이에 대한 해답의 일단은 협상국들이 강했던 분야가 동맹국들에 대한 신속하고도 결정적인 승리를 갖다 줄 공산이 큰 것들이 아니었다는 데에서 찾아야 한다. 독일이 1914년에 보유한 식민지들은 경제적으로 그다지 중요하지 않았으므로(나우루〈Nauru〉의 인산광물을 제외하고) 그것을 상실한다고 해서 크게 문제될 것이 없었다. 독일의 해외무역 봉쇄는 확실히 그보다는 타격이 큰 것이었지만 그렇다고 해서 영국의 「제해권」 제창자들이 생각했던 만큼 심한 것은 아니었다. 독일의 수출무역은 전시생산으로 전환되었고 동맹국들은 수송체제만 유지되면 사실상 식량은 자급자족할 수 있었으며 군사점령(예컨대 룩셈부르크의 원광석, 루마니아의 소맥과 석유)은 많은 원료의 부족을 상쇄시켜주는 한편 중립적인 이웃나라들을 경유하여 다른 물자들이 공급되었다. 해운봉쇄가 타격이기는 했지만 모든 전선에서의 군사적 압력에 곁들였을 경우에만 그랬고 그나마 타격은 매우 서서히 나타났던 것이다. 끝으로 1808~1814년의 반도전쟁의 각본에 의거한 영국군의 전통적 장기인 외곽작전이 독일 해안에 대해서는 사용될 수 없었는데 그것은 독일의 해상·육상방어가 너무나 막강하였기 때문이다. 그리고 약한 상대에 사용될 때에는—예컨대 갈리폴리(Gallipoli)나 살로니카에서—협상국측의 작전상의 실수와 방어하는 측의 신형 무기들(지뢰 매설지대·해안 속사포)로 말미암아 소기의 성과를 거두지 못했다. 제2차세계대전에서와 같이 적측의 「취약점」을 찾으려고 할 적마다 협상국은 프랑스에서의 전투를 중지하고 그 방면으로 병력을 돌려야 했다.

협상국측의 압도적인 해군력 우위에 대해서도 똑같은 점을 지적할 수 있다. 북해와 지중해의 지뢰로 협상국측의 주요 통신·수송로는 항구 안에서 적의 함정들을 색출하거나 적의 해안에 대한 위험한 근접 봉쇄를 할 필요없이도 안전하게 유지될 수 있었다. 반면 독일과 오스트리아-헝가리 함대가 「제해권」을 얻으려면 밖으로 나와 영국·프랑스·이탈리아의 함대에 도전해야 했다. 항구 안에 머물러 있는 한 그들은 무용지물이었다. 그러나 동맹국 해군은 그 어느 쪽도 월등하게 우세한 적을 상대로 사실상 자살행위와도 같은 작전을 벌이기 위해 출동하려 들지는 않았다. 이처럼 몇번 안되었던 실제 해상충돌은 우연한 것으로서(예컨대 도거뱅크〈Dogger Bank〉와 유틀란트〈Jutland〉에서의 해전) 협상국측의 수로장악을 확인해준 것을 제외하고는 전략적 중요성이 없는 것들이었다. 양측 해군간의 해전 가능성은 기뢰·잠수함·정찰기나 체펠린(Zeppelin)비행선이 군함에게 주는 위협 때문에 줄어들었는데 이러한 것들은 양측의 지휘관들로 하여금 해안으로 적측 함정이 다가오고 있는 경우(대단히 가능성이 희박한 일이었다)가 아닌 한 함대출동에 매우 신중을 기하게 했다. 이처럼 해상전투를 할 수 없는 상황이었으므로 동맹국측은 차츰 협상국측 상선에 대한 유보트공격으로 전환하게 되었는데 이것은 한결 심각한 위협이었다. 그러나 바로 그 성질상 무역에 대한 잠수함 작전이란 지지부진하고 따분한 것으로서 실질적인 성과는 다만 상실된 상선의 톤수를 협상국 조선소에서 진수시키는 톤수——그리고 파괴된 유보트의 수——와 대비시키는 것으로만 측정될 수 있었다. 그것은 결코 재빠른 승리를 약속하는 형태의 전쟁은 못되었다.

  협상국측의 수적·산업적 우위가 상대적으로 무력했던 둘째 이유는 전쟁 자체의 성격에 있었다. 양편이 다같이 수백만의 군대를 수백마일에 달하는 지역에 광역 배치해놓은 상황에서는 예나(Jena)나 자도바에서와 같이 일격에 결정적 승리를 거두기는 어려운(서유럽에서는 불가능한) 일이었다. 심지어 몇달 전부터 치밀하게 구상하여 준비한 「대공세」조차도 보통 수백의 소규모 전투로 분산돼버리면서 통신과 수송이 거의 완전히 끊기다시피 하는 사태가 뒤따랐다. 일선 곳곳에서 밀고 당기고 하는 변동이 있을 수는 있었지만 실제로 돌파할 수 있는 수단이 없었으므로 쌍방은 예비병력을 동원하여 끌어들이고, 새로 포탄을 장만하며, 철조망을 치고, 포를 다시 확보하여 교착상태에서 벌이는 다음 차례의 전투에 대비할 수밖에 없었다. 전쟁 종반에 이르기까지 어떤 군대도 무서운 대응사격에 노출되거나 혹은 사전 포격으로 땅을 파헤쳐놓는 일없이 4마일이나 깊은 적진을 뚫을 방법을 찾아내지 못했으므로 전진은 어려운 일이었다. 간혹 기습공격으로 적의 방어선 한두 개를 뚫었을 경우에조차도 그러한 상황을 유리하게 활용하기 위한 장비가 없었다. 철도는 멀리 후방에 떨어져 있었고 기병대는 너무나 취약했으며(마초 보급이 이어져야 했다) 많은 짐을 휴대해야 했던 보병은 멀리 이동할 수가 없었고 중요한 역할을 하는 포의 동원은 보급품을 운반하고 마차가 따라다녀야 하기 때문에 제약되었다.

전장에서 신속히 승리하기 위한 이같은 일반적인 문제 말고도 독일은 두 가지의 구체적인 이점을 더 누리고 있었다. 첫째는 1914년 8월과 9월에 프랑스·벨기에로 진격하면서 서부 전선을 굽어보는 높은 지대의 능선을 점거한 사실이었다. 그후 베르됭(Verdun)과 같은 드문 예외가 있었을 뿐 독일군은 계속하여 서부 전선에서 방어태세만을 유지하면서 영국·프랑스군으로 하여금 불리한 조건에서 공격을 해오도록 했는데 영국·프랑스군은 비록 수적으로는 우세했지만 이처럼 기본적으로 불리한 조건을 극복하지는 못했다. 둘째로 독일은 지리적으로 유리한 진지를 차지한데다가 내부적으로 통신과 수송이 원활하였기 때문에 「포위」라는 불리한 조건을 어느 정도까지 극복하면서 팔켄하인(Erich von Falkenhayn)이나 루덴도르프(Erich von Ludendorff)와 같은 장군들은 한 전선으로부터 다른 전선으로 몇개 사단을 빼돌리기도 하고 병력을 한 주 사이에 중앙유럽을 횡단하여 이동시키는 작전을 펼 수 있었다.

그리하여 1914년 육군의 태반이 서부에서 공격을 하고 있는 판인데도 프로이센 총참모부는 노출된 동부 전선의 증강을 위해 2개 군단을 신경질적으로 재배치하였다. 이 행동은 서부 공세에 치명적인 타격을 주지는 않았는데 그 공세는 어차피 병참상으로 건실한 것이 아니었다. 또한 그 행동으로 독일은 마주리아호(Masurian Lake)를 우회하는 독자적인 작전을 폄으로써 동프로이센에 대한 러시아의 시기상조의 공세에 대응할 수 있었다. 1914년 11월 이프르(Ypres) 혈전으로 서부에서 재빨리 승리를 거두기가 불가능함을 깨달은 팔켄하인은 8개 사단을 추가로 동부 전선으로 돌렸다. 오스트리아-헝가리군이 세르비아 작전에서 치욕적인 패배를 당하고 프랑스의 1914년의 17호 계획이 로렌에서 60만 이상의 인명피해를 내면서 교착상태에 빠졌으므로 다만 러시아령 폴란드와 갈리시아의 평지에서만 어떤 돌파구가 생길 수 있을 것으로 보였다—그러나 러시아가 렘베르크(Lemberg)에서 오스트리아-헝가리에 대한 승리를 재연하는 것으로 이루어질 것인지 아니면 독일이 탄넨베르크(Tannenberg)·마주리아호에서의 경험을 재연하는 것으로 이루어질 것인지는 미지수였다. 1915년 내내 영국·프랑스군이 서부 전선에서 연타당하고 있을 때에(거기서 프랑스는 다시 150만의 병력을 잃었고 영국군은 30만을 잃었다) 독일군은 동부 전선에서 일련의 야심적인 공격을 준비했는데 그것은 부분적으로는 카르파티아(Carpathia)에서 궁지에 몰린 오스트리아-헝가리군을 구출하려는 데에 목적이 있었으나 주목적은 그 전선에서 러시아군을 무찌르는 데에 있었다. 사실 러시아군은 여전히 규모가 컸으므로 (그리고 불어나고 있었으므로) 그것을 무찌른다는 것은 불가능하였다. 그러나 1915년 말이 되자 러시아군은 전술과 병참면에서 우세한 독일군에게 연속적으로 강타당하여 리투아니아·폴란드·갈리시아에서 밀려났다. 남부에서는 독일 증원군이 오스트리아군과 기회주의적인 불가리아 군대와 합류하여 마침내 세르비아를 휩쓸었다. 서방 협상국이 1915년에 시도했던 일들은—작전면에서 그릇 처리되었던 갈리폴리 공세에서 시작하여 아무런 성과도 없었던 살로니카 상륙작전과 이탈리아를 전쟁으로 끌어들이는 것에 이르기까지—그 어느 것도 러시아를 제대로 돕지 못했으며 동맹국측이 단합된 진영에 도전하는 것처럼 보이지도 않았다.

1916년 팔켄하인의 현명치 못한 독일전략 전환—베르덩에 대한 반복적인 공격으로 프랑스에게 치명적인 타격을 주기 위한 서부 전선으로의 병력이동—은 다만 기왕의 방책이 옳았음을 확인해주었을 뿐이다. 독일군의 여러 사단이 베르덩 작전에서 몰락한 한편 러시아군은 동부 전선에서 브루실로프(Brusilov) 장군의 지휘 아래 1916년 6월 마지막 대공세를 감행하여 혼란 속의 합스부르크 육군을 멀리 카르파티아산까지 몰고 가서 붕괴 직전상태에 몰아넣었다. 거의 같은 시기에 영국군은 헤이그의 지휘 아래 솜(Somme)에 대한 대대적인 공세를 개시하여 능선에 잘 포진된 독일군을 몇달 동안 압박하였다. 협상국의 이 두 작전으로 베르덩 작전의 맥이 풀리자(그리고 팔켄하인이 물러나고 힌덴부르크〈Paul von Hindenburg〉와 루덴도르프가 1916년 8월 하순 지휘를 맡게 되자) 독일군의 전략적 지위가 호전되었다. 솜에서의 독일군의 손실은 대단한 것이었으나 헤이그의 영국군 손실보다는 적었다. 그리고 서부 전선이 방어태세로 전환하자 독일군은 다시금 병력을 동부 전선으로 빼돌려 그 무렵 루마니아를 공략하고 있던 오스트리아-헝가리군을 강화해주고 뒤이어 남쪽에서 불가리아군을 도왔다.

이처럼 독일군이 누리고 있었던 내부연결의 이점과 능률적인 철도 그리고 훌륭한 방어진지 말고도 이와 관련된 타이밍이라는 문제가 있었다. 협상국측의 총자원은 더 많았지만 1914년에 승리를 쟁취하기 위해 당장에 동원할 수는 없었다. 러시아 육군은 거듭되는 전선에서의 병력손실을 메우기 위해 언제나 신병을 새로 징집할 수 있었지만 일정한 한계 이상의 병력을 확보하기에는 무기나 기간요원이 부족했다. 서부 전선에서는 1916년에 이르러서야 헤이그 휘하 병력이 100만을 넘어서게 되었으나 그런 후에도 유럽 아닌 다른 지역에서의 작전에 군대를 빼돌리려는 충동 때문에 독일군에게 가할 수 있는 위력이 줄어들게 마련이었다. 이 때문에 전쟁 초기의 2년간은 주로 러시아와 프랑스가 독일을 제지하는 주역을 맡게 되었다. 이들 양국 군대는 당당하게 싸웠으나 1917년 초가 되자 그로 인한 무리한 부담이 역력히 나타났다. 베르덩 작전은 프랑스군을 거의 능력의 한계점까지 몰고 갔다. 그리고 브루실로프의 공세는 합스부르크의 군대를 사실상 결단내놓았으나 독일군 자체에는 아무런 피해도 주지 못한 채 훈련된 러시아군 병력을 많이 소모시키면서 러시아의 철도·식량재고·국가재정에 보다 큰 무리를 강요하였다. 헤이그의 새 부대가 프랑스군의 약화를 보완해주기는 했으나 그렇다고 해서 서부 전선에서 협상국이 승리할 수 있는 가능성을 보여준 것은 아니었다. 그리고 정면공세를 감행하여 영국군 병력까지도 함부로 써버린다면 독일군은 동부 전선에서 진격을 계속하면서도 플랑드르에서 그들의 위치를 유지할 수 있을 것이었다. 끝으로 이탈리아가 필사적으로 원조를 청하고 있던 알프스 남쪽으로부터 어떤 도움이 있기를 기대한다는 것도 불가능하였다.

양측의 군사적 희생의 증가추세는 재정과 산업 분야에서도 불가피하게 똑같은 양상으로 이어지면서 (적어도 1917년까지는) 마찬가지의 교착상태를 결과하였다. 제1차세계대전이 국민경제를 강화하여 근대 산업이 처음으로 여러 지역에 번지게 하고 군수품생산이 엄청나게 증가하는 결과를 가져오게 된 과정에 대해서는 최근 많은 연구가 이루어졌다. 그런데 지금 돌이켜보면 이것은 결코 놀라운 일이 아니었다. 자유주의자들을 비롯한 일부 사람들이 1914년 이전의 군비경쟁에 따르는 비용을 그토록 개탄했음에도 불구하고 다만 국민소득의 극히 적은 부분(평균적으로 4% 약간 상회)만이 군비에 배정되고 있었다. 「총력전」의 대두로 이 비율이 25~33%로 증가함에 따라 — 다시 말해서 교전국 정부들이 산업·노동·재정을 결정적으로 관장하게 됨에 따라 — 군수품생산량이 증가하게 되는 것은 필연적이었다. 그리고 모든 나라의 장군들이 1914년 말과 1915년 초에는 「탄약부족」에 강력한 불만을 토로하고 있었으므로 그러한 부족사태로 인한 결과를 염려한 정치가들이 기업 및 노동계와 제휴하여 필요한 물자를 생산하는 체제로 들어가게 된 것도 당연한 귀추였다. 근대적 관료국가의 기채능력과 세금징수능력에 비추어보건대 18세기 국가들을 마비시키던 장기전의 수행을 불가능하게 하는 재정적 장애는 이제 없었다. 그 필연적인 결과로 이러한 새로운 여건에 적응하기 위한 초기의 재조정이 끝나자 모든 나라에서 군수품생산은 강화되었다.

그러므로 여러 참전 국가들의 전시경제가 어디에서 약점을 보이고 있었는가를 살피는 것이 중요하다. 그 이유는 보다 나은 처지에 있는 동맹국의 원조에 의해 보완되지 않는 한 붕괴로 이어질 것이었기 때문이다. 이 점에서 강대국들 중에서 가장 약한 두 나라인 오스트리아-헝가리와 이탈리아에게는 별로 지면을 할애하지 않겠는데 그것은 오스트리아-헝가리는 광범위한 작전에서 (특히 이탈리아 전선에서) 괄목할 정도로 잘 지탱해내기는 했지만 이 합스부르크제국을 독일의 위성국으로 더욱 전락시킨 독일의 거듭된 군사개입이 없었더라도 러시아와의 전쟁에서 붕괴되었을 것이기 때문이다. 그리고 카포레토에서 참변을 당하기까지 그 정도의 직접적인 군사원조를 필요로 하지는 않았던 이탈리아는 식품·석탄·원료의 꼭 필요한 보급과 해운 그리고 군수품을 비롯한 물자의 대금을 지불할 29억 6,000만달러의 차관을 위해 보다 부유하고 보다 강력한 동맹국들에게 크게 의존하였다. 이탈리아가 1918년에 거둔 궁극적「승리」는 합스부르크제국의 궁극적 패배나 해체와 마찬가지로 본질적으로 다른 곳에서의 작전과 결정에 기인한 것이었다.

1917년까지 이탈리아·오스트리아-헝가리 그리고 러시아가 붕괴를 향해 서로 경쟁을 벌이고 있었다고들 이야기되어 왔다. 러시아가 맨 먼저 나가 떨어질 것이라는 관측은 주로 이탈리아나 오스트리아-헝가리가 갖지 않았던 두 가지 문제를 안고 있었다는 사실에 입각한 것이었다. 첫째로 러시아는 수백마일에 달하는 경계선에 걸쳐 훨씬 더 능률적인 독일군의 격렬한 공격에 노출되어 있었다. 둘째로 투르크가 참전하게 된 후는 물론 1914년 8월에조차도 전략적으로 고립되어 있어서 어마어마한 군사작전을 지탱하는 데 필요한 군사원조나 경제원조를 동맹국으로부터 받을 수가 없었다. 러시아는 다른 교전국들과 마찬가지로 탄약이 전쟁 전에 추산했던 것보다 10배 가량 빨리 소비되고 있다는 것을 재빨리 깨닫고는 국내생산을 대대적으로 늘렸다. 이같은 조치로 비록 자원의 일부가 이기적인 모스크바의 기업인들 수중에 떨어지게 되었지만 크게 지연되는 해외 주문품의 도착을 기다리는 것보다는 훨씬 더 믿음성이 있었다. 그러나 전쟁 초기 2년간의 러시아의 무기생산량과 전반적인 산업·농업생산의 괄목할 만한 팽창은 군대와 기병대의 마초 등을 수송하기에도 벅찬 불충분한 수송체제에 상당한 무리를 강요하였다. 그러므로 포탄 보급품은 전선에서 수 마일 떨어진 곳에 쌓이게 되었다. 특히 도시지역을 비롯한 식량이 부족한 곳으로 식량을 수송할 수가 없었다. 협상국에서 온 보급물자는 무르만스크(Murmansk)와 아르한겔스크(Archangelsk)의 부두가에 몇 달씩이나 쌓여 있었다. 러시아의 비능률적인 소규모 관료조직으로는 이같은 하부구조의 결함을 극복할 수가 없었고 서로 옥신각신하며 마비상태에 있었던 최고 정치지도층도 문제해결에 이렇다 할 도움을 줄 수 없었다. 그와는 반대로 제정 정권은 무모한 불균형 재정정책으로 스스로 무덤을 파는 일을 재촉했다. 주정거래(수입의 1/3을 점했다)를 폐지하고 철도(평화시의 큰 수입원이었다)에서 큰 적자를 내며—로이드 조지와는 달리—부유층에 대한 소득세 인상을 거부하면서 갈수록 많은 채권과 지폐를 발행하여 전쟁비용을 마련하는 방법에 호소했다. 물가지수는 1914년 6월의 명목치 100에서 1916년 12월에는 398로, 1917년 6월에는 다시 702로 상승하여 그 무렵 식량난과 심한 인플레이션이 겹쳐 파업이 잇달아 일어났다.

　산업생산에서와 같이 러시아의 군대도 전쟁 초기 2, 3년 동안에는 믿음직스러운 성적을 올렸다. 비록 유럽을 헤치며 지나가는「러시아의 증기롤러」라는 전쟁 전의 미련스런 이미지에는 부합하지 못했지만 그런대로 완고하고 끈덕지게 잘 싸운 군대는 서방에서는 예를 볼 수 없을 만큼 어려움과 규율을 잘 참아냈다. 1914년 9월 렘베르크(Lemberg) 승리에서 시작하여 찬란한 브루실로프 작전에 이르기까지 오스트리아-헝가리군에 대한 러시아군의 전투기록은 투르크군에 대한 코카서스 작전과 상통하는 연속적인 승리의 한 사례였다. 그러나 무장이 훌륭하고 기동력이 빠른 독일군을 상대하게 되면서 이 기록은 뒤집혔다. 그렇지만 이 점도 바른 시각에서 파악해야 하는데 그 이유는 한 작전(예컨대 1914년의 탄넨베르크·마주리아호 또는 1915년의 카르파티아전투)에서의 손실은 매년 징집된 신병들로 보충되어 차기 작전에 대비했기 때문이다. 물론 시일이 경과하면서 이 막대한 병력손실 — 탄넨베르크·마주리아호에서 25만, 1915년 초의 카르파티아전투에서 100만, 마켄젠(August von Mackensen)이 중부 폴란드의 돌출부를 공격했을 때 다시 40만, 브루실로프의 공세로 시작되어 루마니아에서의 참패로 끝났던 1916년의 전투에서 자그마치 100만 — 은 군대의 질과 사기에 영향을 미치게 마련이었다. 1916년 말까지 러시아군의 사상자 수는 약 360만에 이르렀으며 210만이 포로로 잡혔다. 이 무렵에 이르자 러시아는 제2종 신병(가계를 지탱하고 있는 독자)의 징집을 결정함으로써 농촌 농민들 사이에 무서운 동요를 불러일으켰을 뿐 아니라 극도의 불만을 품은 수많은 징집병들을 군대로 끌어들이게 되었다. 이에 못지 않게 중요했던 것은 훈련된 하사관들의 수적 감소, 일선에서의 무기·탄약·식량보급의 부족 그리고 러시아의 의도를 사전에 샅샅이 파악하고 있으면서* 압도적인 포사격을 퍼부어오고 누구보다도 빨리 움직이는 독일 군대에 대한 열등감의 증대였다. 1917년 초가 되자 일선에서의 거듭된 패배는 도시의 불안상태, 토지분배에 관한 풍문과 겹쳐 군대 내부에 광범한 분열을 조장했다. 케렌스키(Aleksandr Kerensky)의 1917년 7월의 공세 — 이번에도 역시 처음에는 오스트리아군에게 성과를 올렸으나 마켄젠의 반격으로 산산조각났다 — 는 결정타를 자초했다. 군대는 『평화에 대한 공통적인 갈망과 공통적인 실망에 의해 뭉치게 된 제대로 급식받지 못하고, 지치고, 초라하며, 분노에 찬 사람들의 대집단에 불과한』 것이었다고 「스타브카(Stavka)」는 결론지었다. 이제 러시아가 바라보게 된 것은 패배와 1905년의 경우보다 훨씬 더 심각한 국내혁명뿐이었다.

　니벨의 분별없는 공세에 뒤이어 수십만의 군대가 반란을 일으킨 1917년 중반에 이르러서는 프랑스도 러시아와 비슷한 운명으로 다가서고 있었던 것이 아닌가 하는 추측은 부질없는 노릇이다. 왜냐하면 러

---

* 그도 그럴 것이 러시아군은 무선통신운영에 믿어지지 않을 정도로 부주의하였다.

시아 상황과의 외관적인 유사성에도 불구하고 프랑스는 그 무렵 전쟁을 지탱해나갈 수 있는 핵심적인 강점들을 지니고 있었던 것이다. 첫째로 독일의 침략자들을 라인으로 몰아내려는 강도높은 국민적 단결과 결의가 있었다—물론 이같은 감정은 프랑스가 독자적으로 싸우는 경우라면 퇴색해버릴 수도 있었을 것이다. 둘째로 프랑스는 동맹전쟁을 수행함으로써 러시아가 누리지 못한 혜택을 누릴 수 있었다. 1871년부터 프랑스는 혼자 힘으로는 독일을 당해낼 수 없음을 알고 있었다. 1914~1918년의 전쟁은 이같은 판단을 입증해주었다. 그러나 이렇게 말한다고 해서 군사적으로나 경제적으로 프랑스가 전쟁에 기여했던 바를 깎아내리려는 것은 아니며 다만 그것을 바른 맥락에서 파악하려는 것이다. 선철생산능력의 64%, 강철생산능력의 24%, 석탄생산능력의 40%가 대번에 독일의 수중으로 떨어진 사실을 감안할 때 1914년 이후에 이룩한 산업부흥은 괄목할 만하였다(공교롭게도 이 사실은 프랑스가 19세기에 그같은 정치적 결의를 가졌더라면 어떠한 일을 해낼 수 있었겠는가를 생각해보게 한다). 전국에 걸쳐 크고 작은 공장들을 세워놓고 부녀자들과 재향군인 그리고 심지어 군대에서 제대한 기능공들까지 징용하여 취업시켰다. 기획전문가들·기업인들·노동조합이 되도록 많은 포탄과 중포·항공기·트럭·탱크를 생산하기 위해 힘을 합쳤다. 이로 인한 생산량증가를 두고 한 학자는 『제1차 세계대전중에 영국 나아가서는 미국보다도 프랑스가 민주주의의 조병창이 되었다』고 말하였다.

그러나 군수품생산에 대한 이같은 치중—기관총생산은 170배, 소총생산은 290배나 증가했다—도 영국과 미국의 원조가 없었다면 불가능한 일이었는데 이들의 원조는 군수산업을 새로 일으키는 데에 없어서는 안될 석탄·코크스·선철·강철·공작기계가 꾸준히 수입되는 형태로, 프랑스가 해외로부터 원료를 사들이도록 영국과 미국이 36억달러 이상을 차관하는 형태로, 이러한 물자의 수송을 위해 영국이 많은 선박을 배정해주고 식량을 공급해주는 형태로 이루어졌다. 평화시에는 언제나 잉여생산되던 식량이 그 당시에 부족했다는 사실은 이상하게 여겨질 것이다. 그러나 사실상 프랑스는 유럽의 다른 교전국들(영국은 예외)과 마찬가지로 농촌으로부터 너무 많은 남자들과 말을 징발하여 기병대와 수송임무에 돌리는 한편 비료나 농기계보다도 폭약과 대포생산에 주력함으로써 농업생산에 타격을 주었던 것이다. 흉작의 해였던 1917년에는 식량이 귀하여 값이 치솟았으며 프랑스군의 곡물재고량이 2일분으로 줄어들었다 ― 혁명이 잠재된 상황(특히 반란이 있은 직후였으므로)은 영국이 선박을 비상 배정하여 미국 곡물을 수송해줌으로써 간신히 무마되었다.

 이와 마찬가지로 프랑스는 서부 전선에서 영국 후일에는 미국의 군사원조에 차츰 크게 의존하였다. 전쟁 초기 2, 3년 동안은 프랑스가 전투의 주역을 맡아 엄청난 피해를 입었다 ― 1917년의 니벨 공세 이전에 이미 300만 이상의 사상자를 내었다. 게다가 독일·러시아·영국과 같이 훈련받지 않은 예비병력이 많았던 것이 아니므로 병력손실을 보충하기가 그만큼 힘들었다. 그러나 1916~1917년이 되자 서부 전선의 헤이그 군대가 프랑스군의 2/3에 달하는 규모로 증강되어 80마일의 전선을 담당하게 되었다. 그리고 영국군 총사령부는 좌우지간에 공세를 취할 것을 열망했던 것이다. 솜 작전으로 베르덩에 대한 압력이 늦추어졌다는 점에는 의문의 여지가 없다 ― 이것은 마치 1917년 페탱(Philippe Pétain)이 반란 이후 군대의 사기진작을 필사적으로 시도하면서 새로운 트럭·항공기와 중포가 도착하여 보병의 힘으로는 도저히 해낼 수 없는 일들을 해주기만을 기다리고 있던 때에 파센데일(Passchendaele)전투가 프랑스군이 맡고 있었던 전선으로부터 독일군의 힘을 빼준 것과도 같았다. 끝으로 1918년 3월부터 8월까지 일진일퇴를 거듭하던 서부 전선의 용맹한 전투에서 프랑스는 영국 속령의 사단만이 아니라 늘어나는 미국군 사단에도 의존할 수 있었다. 그리하여 1918년 9월에 그의 마지막 역공세를 통합적으로 전개한 포시(Foch)는 프랑스군 102개 사단, 영국군 60개 사단, 미국군 42개 사단(2배 규모의 사단), 벨기에군 12개 사단으로 정원미달의 독일군 197개 사단과 대결할 수 있었다. 이같은 결합에 의해서만 막강한 독일군을 마침내 프랑스 땅에서 축출하고 나라를 해방시킬 수 있었다.

1914년 8월에 참전한 영국 역시 궁극적 승리를 위해서는 다른 강대국에게 의존할 수밖에 없다는 것을 미처 생각하지 못했다. 전쟁 전의 계획과 준비에 입각해 전략가들이 추리했던 것은 영국 해군이 해상으로부터 독일 상선들(과 어쩌면 독일의 원양함대)을 몰아내고 영국 속령과 인도의 군대가 독일 식민지들을 점령하는 가운데 소규모이지만 중요한 역할을 할 영국의 원정군이 해협을 건너 러시아의 증기 롤러와 프랑스의 17호 계획이 독일 땅으로 깊숙이 진척될 무렵까지 프랑스군과 벨기에군의 공백을 메워 독일군의 공세를 견제한다는 것이었다. 영국인들은 그들의 미묘한 국제적 신용·상업네트워크가 갑자기 위기에 처하게 되는 것을 피하기 위한 조치들을 더러 강구하기는 했지만 다른 강대국들과 마찬가지로 장기전에는 대비하지 않았다. 또한 다른 강대국들과는 달리 유럽대륙에서의 대규모 작전에 대한 준비도 하지 않았다. 그러므로 영국군 100만이 프랑스에서 임전태세에 들어가는 데는 1~2년의 준비가 필요했으며 소총·포·기관총·항공기·트럭·탄약을 위한 폭발적인 지출은 생산면의 많은 결함을 드러내어 로이드 조지의 군수당국이 간신히 시정해나갈 수밖에 없었던 것도 당연하였다. 〈표 23〉에서 볼 수 있듯이 믿기 어려울 정도의 생산량증가가 이루어졌다.

그러나 영국의 군사비가 1913년의 9,100만파운드에서 1918년에는 19억 5,600만파운드에 달하여 정부지출의 80%, 국민총생산의 52%를 차지하게 되었다는 사실을 감안한다면 조금도 놀랄 일이 아니다.

그러므로 중요한 것은 영국과 그 속령의 사단·비행중대·중포대대

〈표 23〉 영국의 군수품생산, 1914~1918

	1914	1915	1916	1917	1918
포	91	3,390	4,314	5,137	8,039
전 차	-	-	150	1,110	1,359
항 공 기	200	1,900	6,100	14,700	32,000
기 관 총	300	6,100	33,500	79,700	120,900

의 어마어마한 수적 증가를 세부적으로 제시하는 일이 아니라 제1차 세계대전으로 드러난 영국의 전반적인 전략적 지위의 약점을 지적하는 것이다. 첫째로 지리적 조건과 대함대(Grand Fleet)의 수적 우위는 해상전투에서는 협상국의 제해권을 유지해 주었으나 1917년 초에 독일군이 전개한 무제한 유보트작전에는 전혀 대처할 준비가 되어 있지 않았다. 둘째로 몇 가지 비교적 값싼 전략수단들(봉쇄작전, 식민지에 대한 작전, 수륙양면작전)이 동맹국처럼 광범한 자원을 가진 적에 대해서는 실효성이 없는 것으로 보였지만 그렇다고 해서 대체전략인 독일군과의 정면 군사대결도—놀라울 정도의 인명손실을 빚으면서도—뚜렷한 결과를 빚지는 못하는 것으로 보였다. 1916년 11월 솜 작전이 끝날 무렵 이 전투에서 영국군의 사상자는 40만을 넘어섰다. 이 전투에서 영국군은 가장 우수한 지원병들을 무더기로 잃게 되어 정치가들에게 큰 충격을 주었지만 최후의 승리에 대한 헤이그의 자신감은 흔들리지 않았다. 1917년 중반에 이르러서는 이프르로부터 동북쪽에 대한 또 한 차례의 공세를 준비하였다—흙탕속에서의 악전고투는 다시 30만의 사상자를 내면서 프랑스에 나와 있던 영국군 전체의 사기를 크게 떨어뜨렸다. 그러므로 헤이그 장군과 로버트슨(William Robertson) 장군의 항의에도 아랑곳하지 않고 로이드 조지와 제국주의 성향의 전시내각(War Cabinet)이 영토상의 큰 이득이 기대되고 게다가 독일군의 견고한 진지를 공격할 때보다 병력손실도 한결 적은 근동지역으로 더 많은 사단을 빼돌리려는 충동을 느끼게 된 것은 너무도 당연하였다.

그러나 파센데일 이전에도 영국은(이같은 식민지 작전에도 불구하고) 독일에 대한 투쟁에서 주도적 역할을 맡고 있었다. 프랑스와 러시아군의 일선 병력이 여전히 더 많았을 수도 있지만 많은 대가를 치른 니벨 공세와 브루실로프 공세에 대한 독일군의 반격으로 탈진상태에 있었다. 경제적 차원에서의 영국의 주도적 역할은 더욱 두드러져서 영국은 자신뿐만 아니라 러시아·이탈리아 심지어 프랑스가 차용하는 돈에 대해 보증을 함으로써 그 동맹국들을 위해 세계신용시장에서 은행가와 기채자의 역할을 했다— 해외로부터 수입되는 막대한 군수품과 원료의 대금을 지불할 정도의 금이나 해외투자를 보유한 동맹국은 하나도 없었으므로 이같은 영국의 역할이 필요했다. 실제로 1917년 4월 협상국들간의 전쟁차관이 43억달러에 이르렀는데 그 가운데 88%를 영국 정부가 보증하였다. 이것은 흡사 19세기의 「동맹세력의 금융가(banker to the coalition)」로서의 영국 역할의 재판이었지만 한 가지 중대한 차이점이 있었다. 그것은 협상국들에게(그러나 해군봉쇄 때문에 동맹국측에게는 공급되지 않았다) 수십억달러 어치의 군수품과 식량을 공급하면서도 그것에 대한 막대한 규모의 대상물자를 거의 요구하지 않았던 미국에 대한 막대한 규모의 무역적자였다. 금의 이전이나 막대한 달러표시 증권의 매도에 의해서도 이 격차는 메울 수가 없었다. 다만 미국 군수업자들에게 달러로 지불하기 위해 뉴욕과 시카고의 자금시장에서 차입하는 길만이 이 문제를 풀 수 있었다. 이것은 다시 협상국들이 전쟁수행을 위해 미국의 재정지원에 의존해가게 되었음을 의미했다. 1916년 10월 영국의 재무장관은 『내년 6월이나 그 이전에 미국 대통령은 그가 바라기만 한다면 언제라도 우리들에게 그의 조건을 지시할 수 있는 입장에 서게 될 것』이라고 경고하기에 이르렀다. 그것은 「독자적인」 강대국들이 처하게 된 입장치고는 터무니없이 놀라운 것이었다.

그렇지만 독일의 경우는 어떠했는가? 독일의 전쟁수행 실적은 놀라운 것이었다. 노드에지(F. S. Northedge) 교수가 지적하듯이 『동맹국들로부터의 큰 원조없이 독일은 나머지 세계를 견제했고 러시아를 무찔렀으며 2세기 남짓 유럽의 군사대국으로 군림해온 프랑스를 속수무책의 궁지로 몰고 갔는가 하면 1917년에는 영국이 굶주려 항복하기 직전 상황에까지 사태를 몰고 갔다.』 이유의 일단은 위에서 밝힌 것과 같은 이점들에 있다. 즉 잘 갖추어진 내부의 커뮤니케이션망, 방어하기 쉬운 서부의 진지 그리고 동부의 비능률적인 지점에 대해 기동작전을 펼 수 있는 탁 트인 공간이 그것이었다. 그리고 어느 나라 군대보다도 새로운 전투여건에 재빨리 적응해내는 현명하고 탐색적인 자질을 가지고 1916년 방어전과 공격전의 성질을 재고하여 전략을 재설정한 참모장교들을 가진 독일군의 전투자질에도 기인하였다.

끝으로 독일은「총력전」의 수행을 위해 많은 인구와 막강한 산업기반을 활용할 수 있었다. 사실 이 나라는 러시아보다도 많은 인원을 동원했는데—1,325만 대 1,300만—이것은 이들 두 나라의 인구를 생각할 때 놀라운 것이다. 그리고 언제나 러시아보다도 더 많은 사단을 일선에 배치하고 있었다. 총사령부뿐만이 아니라 카르텔을 형성하여 중요한 물자를 배정하고 병목(bottleneck) 현상이 일어나는 것을 막아주었던 라테나우(Walther Rathenau)와 같은 현명한 관료기업인(bureaucrat-businessman)의 감독 아래 군수품생산량이 급격히 증가했다. 민첩한 화학전문가들은 영국 해군의 봉쇄로 공급이 차단된 물건들(예컨대 칠레산 질산염)의 대용품을 만들어냈다. 점령지인 룩셈부르크와 북부 프랑스에서는 원광석과 석탄을 캐내고 벨기에의 노동자들을 징용하여 독일 공장에 투입했으며 1916년의 침공 이후 루마니아의 소맥과 석유를 조직적으로 약탈했다. 나폴레옹이나 히틀러처럼 독일의 군부지도층은 정복에서 이득을 얻으려고 했다. 1917년 초에 이르러서는 러시아가 붕괴되고 프랑스가 위축되는 한편 영국이 유보트에 의해「역봉쇄」된 가운데 독일의 승리가 임박한 것만 같았다. 사태가 역전되기까지의 다음 12개월 동안 런던과 파리의 정치가들은 『끝까지 싸운다』고 떠들어대면서도 평화적 타결의 가능성을 열심히 모색하였다.

그러나 독일의 이같은 외관상의 군사력과 산업력의 밑바닥에는 상당한 문제들이 도사리고 있었다. 1916년 여름 이전, 즉 독일군이 서부에서 방어전을 벌이면서 동부에서는 대대적인 공세를 펴고 있던 시기에는 이러한 문제점들이 뚜렷하게 드러나지 않았다. 그러나 베르덩과 솜의 전투는 동원된 화력과 거기에서 입은 피해를 고려할 때 전혀 새로운 차원의 전쟁이었다. 그리고 1915년에 85만이던 서부 전선의 독일군은 1916년에는 근 120만으로 증강되었다. 특히 솜 공세는 독일인들에게 감명을 수었는데 그것은 영국이 마침내 일선에서의 승리를 위해 국가자원을 총동원하고 있음을 보여주었기 때문이었다. 그리하여 이

작전은 1916년 8월의 이른바 힌덴부르크계획이라는 것을 낳게 되었는데 이것은 총력전의 수요를 충족시키기 위해 군수품생산을 대대적으로 늘이고 독일의 경제와 사회에 대한 통제를 더욱 강화할 것을 요구했다. 한편으로는 국민들에 대해 온갖 권한을 행사하는 독재정권과 또 한편으로는 소득세와 이익배당세를 인상하는 대신 정부차입과 지폐발행의 대폭 증가—이것은 다시 고도의 인플레이션을 조성했다—를 결합시킨 것이었는데 이같은 대전략의 구성요소에 대해 루덴도르프는 로이드 조지나 클레망소(Georges Clemenceau)와 같은 정치가들만큼 이를 이해할 수 있는 소양이 부족했다.

심지어 경제조치로서도 힌덴부르크계획에는 문제가 있었다. 믿기 어려울 정도로 높은 총생산량—화약생산량은 2배로, 기관총생산량은 3배로—설정은 이같은 수요를 충족시키기 위해 악전고투하고 있는 독일 산업에 온갖 부담을 주었다. 그것은 많은 노동자들을 추가로 필요로 했을 뿐 아니라 새로운 용광로에서 라인강의 교량에 이르기까지 대대적인 하부구조사업에 대한 투자를 필요로 하여 거기에도 다시 노동력과 자원이 투입되게 했다. 그러므로 얼마 안가서 그 계획은 군복무를 하고 있는 기능직 노동자들이 돌아와야만 수행될 수 있음이 명백해졌다. 그래서 1916년 9월 120만명을 제대시키고 1917년 7월에는 다시 190만명을 제대시켰다. 서부 전선에서의 심각한 병력손실과 동부 전선에서의 상당한 사상자 수를 감안하건대 그와 같은 제대조치는 독일의 온전한 남성 인구가 많다고는 하지만 한계점까지 무리를 강요한 것이었다. 그런 점에서 비록 파센데일전투가 영국군에게 하나의 파국이었지만 군대의 40만이 소모되어버린 사태를 맞은 루덴도르프에게도 역시 하나의 파국이었다. 1917년 12월이 되면 독일군의 총병력은 6개월 전에 이룩했던 최고 수준인 538만을 밑도는 수준에 꾸준히 머물게 되었다.

힌덴부르크계획의 무리한 점으로 들 수 있는 마지막 것은 고질적인 농업경시였다. 농업 부문의 인력과 말·연료를 군대나 군수산업으로 돌렸는데 그 실태는 프랑스나 러시아의 경우보다도 더 심했다—독일은(프랑스처럼) 해외로부터 식량을 도입하여 부족량을 채움으로써 그와 같은 기획상의 잘못에 대한 시정책을 강구할 수 있는 처지가 아니었기 때문에 이로 인한 불균형은 거의 광적이었다. 독일의 농업생산이 급격히 줄어들면서 식량가격이 급등하는 바람에 사람들은 도처에서 식량난에 대해 불평하였다. 한 학자는 『군수품생산에만 편중함으로써 독일 군부의 경제운용자들은 1918년 말이 되자 나라를 기아 직전 상황으로 몰고 갔다』라고 혹평했다.

그러나 당시의 상황은 협상국측이 전쟁으로 큰 압박을 받고 있었고 러시아는 혼란 속에 실제로 붕괴하고 있었으며 프랑스와 이탈리아도 멀지 않아 같은 운명에 처할 것으로 생각되던 1917년 초와는 아주 딴판이었다. 독일의 총사령부가 1917년의 첫 몇달 동안 미국에 대해 취한 터무니없는 정책들은 양 동맹진영이 전쟁으로 지친데다 독일은 아직 전반적인 군사적 우위에 있었던 사실을 바탕으로 하는 큰 전략적 맥락에서 파악되어야 한다. 미국 정부가 그 이전에 이미 협상국 쪽으로 쏠리고 있었다는 것은 큰 비밀도 아니었다. 해군봉쇄를 에워싸고 간혹 빚어진 의견대립에도 불구하고 협상국들의 민주주의에 대한 일반적인 이데올로기상의 동조와 서유럽 시장에 대한 미국 수출업자들의 의존도 증대 때문에 워싱턴은 독일에 대해 완전한 중립에는 못 미치는 입장을 취하였다. 그러나 상선들에 대한 무제한 유보트작전 발표와 멕시코에 대한 독일의 비밀동맹 제의(치머만 전보〈Zimmemann Telegram〉)에 놀란 윌슨과 의회는 참전을 결정하였다.

미국 참전의 중요성은 적어도 1917년 4월 이후의 12~15개월간은 전혀 군사적인 것이 아니었는데 그것은 1914년 당시의 유럽국가들만큼도 현대전에 대한 준비태세가 없었기 때문이었다. 그러나 수십억달러에 달하는 협상국들의 전쟁물자주문에 의해 진작된 생산력은 타의 추종을 불허하는 것이었다. 미국의 산업잠재력과 세계 제조업생산량에서 차지하는 비중은 초긴장상태를 이룬 독일 경제능력에 비해 2.5배나 되었다. 이 나라는 수백척의 상선을 진수시킬 수 있었는데 유보트의 공격으로 한 달에 50만톤 이상에 달하는 영국과 협상국 선박이 침몰하고 있는 실정에서 그것은 매우 의의가 큰 것이었다. 미국은 3개월이라는 짧은 시간 안에 구축함을 건조할 수 있었다. 세계 식량수출량의 반을 생산하는 이 나라는 전통적인 영국 시장과 함께 프랑스와 이탈리아에도 식량을 공급할 수 있었다.

그러므로 경제적 측면에서 볼 때 미국의 참전은 세력균형에 큰 변화를 가져왔으며 그 무렵의 러시아의 붕괴를 보완하고도 남는 것이었다. 〈표 24〉(이것은 〈표 22〉와 비교해봐야 한다)가 보여주듯이 이제 동맹국에 대해서 사용할 수 있는 생산적 자원은 엄청난 것이 되었다.

이같은 경제적 잠재력을 군사력으로 전환시키는 데에 소요되는 시차 때문에 미국의 참전의 즉각적인 결과는 착잡한 것이었다. 미국이 짧은 시간 안에 필요한 만큼의 전차와 야포·항공기를 생산하기란 불가능하였다(그래서 프랑스와 영국으로부터 이러한 중무기들을 빌려써야 하는 실정이었다). 그러나 영국과 프랑스·이탈리아가 그토록 크게 의존하고 있던 소화기 탄약을 비롯한 보급품을 대량으로 생산해낼 수 있었다. 그리고 이러한 물자의 대금결제를 위한 민간차관을 금융가들로부터 인수하여 정부간 채무로 전환시킬 수 있었다. 게다가 어느 시기가 지나고 나서는 미국군이 잘 급식되어 생기있고 자신감에 찬 수백만의 대군으로 팽창하여 유럽전선에 투입될 수 있을 것이었다. 그렇게 되기까지 영국군은 파셴데일의 흙탕을 헤치고 다녀야 했고 러시아군은 지리멸렬된 한편 독일군의 증원에 힘을 얻은 동맹국은 카포레토에서 이탈리아에게 참패를 안겨주었으며 루덴도르프는 힘

〈표 24〉 미국을 포함시키고 러시아를 제외한 산업·기술의 비교

	미국·영국·프랑스	독일·오스트리아-헝가리
세계제조업생산 구성비 (1913)	51.7	19.2
에너지소비량(1913) 석탄으로 환산, 100만톤	798.8	236.4
강철생산(1913) 100만톤	44.1	20.2
총산업잠재력 (1900년의 영국=100)	472.6	178.4

이 빠진 영국군과 프랑스군의 전선에 마지막 일격을 가하기 위해 동부 전선의 병력 일부를 뺐다. 유럽 밖의 근동지역에서는 영국이 투르크에 대해 큰 전과를 올렸다. 그러나 독일이 유럽의 다른 곳에서 했던 것과 똑같은 일을 마침내 서부에서도 해내게 된다면 예루살렘이나 다마스쿠스를 점령한다 해서 프랑스의 상실을 상쇄할 수는 없을 것이었다.

주요 교전국의 지도층이 한결같이 1918년에 있을 작전을 전쟁 전체를 좌우하는 결전으로 간주했던 것은 이 때문이었다. 독일은 동부에서 새로 점령한 방대한 지역—볼셰비키는 1918년 3월의 브레스트 리토프스크조약(Treaty of Brest-Litovsk)에서 독일의 점령을 마침내 인정했다—에 100만도 더 되는 점령군을 남겨놓기는 했으나 루덴도르프는 1917년 11월부터 매월 10개 사단의 비율로 병력을 서부로 이동시켰다. 1918년 3월 하순에 이르러 마침내 공세를 개시할 태세를 갖춘 독일군은 영국·프랑스군보다 무려 30개 사단이나 많은 병력을 확보했는데 그들 중에는 브루크뮐러(Bruchmüller)를 비롯한 참모장교들로부터「돌격대」기습작전에 관한 새로운 전술을 훈련받은 부대가 많았다. 만약 그들이 협상국측 전선을 뚫고 파리나 영국해협으로 진출하는 데에 성공한다면 그것은 이 전쟁에서의 가장 큰 군사적 성과가 될 것이었다. 그러나 거기에 따르는 위험도 대단히 큰 것이었는데 루덴도르프는 이 작전 하나를 위해 독일의 남은 자원을 온통 투입하였던 것이다. 그것은「모든 것을 건(all or nothing)」대담무쌍한 도박이었다. 속으로는 독일 경제가 심상치 않은 약세국면을 보였다. 산업생산량은 57% 줄어들어 1913년 수준으로 후퇴했다. 농업은 전에 없이 경시된데다가 일기가 불순하여 생산이 줄었다. 식료품가격의 앙등은 국민들의 불만을 조장했다. 혹사당한 철도차량들은 동부 지역으로부터의 원료수송을 계획대로 해내지 못했다. 루덴도르프가 서부에 배치한 192개 사단 가운데 56개 사단은「공격사단(attack divisions)」이라 명명되었는데 그것은 사실 장비와 탄약의 재고가 줄어드는 사태에 대처함에 있어서 그들이 선봉에 나서야 하는 사실을 위장한 것이었다.

그것은 총사령부가 성공해야만 한다고 믿었던 도박이었다. 만약 이 공격이 실패로 돌아가는 날이면 독일의 자원은 결단나게 되는데 공교롭게도 미국이 마침내 30만 가까운 병력을 매달 프랑스에 투입할 태세를 갖추게 되고 협상국측의 호위작전으로 아무런 제약이 없었던 유보트작전이 완전히 제지되는 시기에 그러한 상황에 처하게 되었다.

루덴도르프가 초기에 거둔 성과들—수적으로 우세한 영국군의 제5군을 무찌르고 프랑스군과 영국군 사이에 쐐기를 박으면서 1918년 6월초까지는 파리에서 37마일되는 곳까지 진출하여 그런 식으로 한 번만 더 돌진하면 파리를 공략할 수 있었다—로 협상국은 깜짝 놀라 포시에게 서부 전선에 배치된 군대의 최고 조정권을 위임했고 영국·이탈리아·근동으로부터 증원병력을 투입했으며 다시 (내심으로) 평화타결을 고려하였다. 그런데 사실 독일은 일을 너무 크게 벌여놓은 실정이었고 방어에서 공격으로 전환하는 데에 따르는 통상적인 결과에 시달리고 있었다. 예컨대 영국군 전구에 대한 두 차례의 첫 공세에서 영국군 24만, 프랑스군 9만 2,000명의 사상자를 내게 했으나 독일측의 사상자도 34만 8,000에 달했다. 7월이 되자 『독일군은 약 97만 3,000명의 병력을 잃었고 100만 이상이 병상자로 등록되었다. 10월에 이르러서는 서부의 병력이 겨우 250만명뿐이었고 신병모집은 절망적인 상황이었다.』 7월 중순부터는 협상국측이 생기있는 신규 전투병력면에서 우위에 있었을 뿐 아니라 포·전차·항공기에 있어서는 더욱 큰 우위에 서게 되면서 포시는 영국·미국·프랑스 군대의 공세를 결집하여 힘을 잃은 독일군에게 숨돌릴 겨를을 주지 않는 작전을 펼 수 있었다. 이와 동시에 연합군측의 군사적 우위와 보다 큰 지구력은 시리아·불가리아·이탈리아에서의 승리를 통해 그 위세를 발휘했다. 1918년 9월과 10월 겁에 질린 루덴도르프가 보기에는 독일이 주도해온 진영이 갑자기 붕괴하면서 내부의 불만과 혁명이 일선의 패배와 서로 작용하여 항복과 혼란과 정치적 소용돌이를 불러일으키는 것 같았다. 결국 독일의 군사적 시도가 끝장났을 뿐 아니라 유럽의 구질서도 허물어졌다.

싸움터에서와 함께 후방에서 개인이 겪은 손실·고난과 파괴 그리고 제1차세계대전은 유럽의 문명과 세계적 영향력에 대한 치명타였다는 관측에 비추어볼 때 여기서 또 하나의 통계(표 25 참조)를 든다는 것은 어설픈 실물주의적 발상으로 여겨질 수도 있다. 그렇지만 이들 수치는 위에서 이야기해온 바를 부각시켜준다. 즉 동맹국들이 누렸던 유리한 점들 — 내부의 훌륭한 커뮤니케이션망, 독일군의 우수성, 많은 지역의 점령 및 활용, 러시아의 고립과 패배 — 을 가지고도 경제력에서 크게 열등한 처지와 동원가능 인원의 총규모면의 커다란 열세를 보완할 수 없었던 것이다. 1918년 7월에 이르러 가용병력이 급격히 줄어드는 상황에 직면한 루덴도르프의 한탄이 병력의 불균형을 반영했던 것과 마찬가지로 그 해 봄 협상국 진지를 유린한 독일군의 일반 병사들이 협상국측 병사의 보급이 훌륭한 사실에 감탄했던 사실은 양자간의 생산력의 불균형을 시사하는 것이었다.

그렇다면 제1차 세계대전의 결과가 처음부터 이미 결정된 것이었다고 주장하는 것은 아주 잘못이겠지만 여기에 제시한 증거들은 전쟁의 전반적인 과정 — 쌍방간의 초기의 교착상태, 실효성이 없었던 이탈리아군의 참전, 러시아의 점진적인 피폐, 협상국측의 압력을 살려나가

〈표 25〉 전비와 총동원병력, 1914~1919

	전비 1913년 시가(10억달러)	총동원병력 (100만)
대 영 제 국	23.0	9.5
프 랑 스	9.3	8.2
러 시 아	5.4	13.0
이 탈 리 아	3.2	5.6
미 국	17.1	3.8
기 타*	−0.3	2.6
협 상 국 측 계	57.7	40.7
독 일	19.9	13.25
오스트리아헝가리	4.7	9.00
불가리아·투르크	0.1	2.85
동 맹 국 측 계	24.7	25.10

* 벨기에·루마니아·포르투갈·그리스·세르비아

는 데에 있어서 미국 개입의 결정적 기여 그리고 동맹국측의 궁극적인 몰락—은 전쟁의 각 단계에서 양측의 경제·산업생산과 그들이 실제로 동원할 수 있는 가용병력이 서로 밀접한 상관관계에 있음을 말해준다. 물론 작전은 어디까지나 장군들이 지휘하는 것이었고 적진을 공격하기 위해서는 장병들의 개인적인 용기가 필요했으며 해상에서는 해전의 고역을 견디어낼 수 있는 수병들이 필요했다. 그러나 이같은 자질과 재능은 쌍방이 다 같이 가지고 있었으며 어느 한쪽이 월등하게 우위에 있었던 것이 아님을 기록은 시사하고 있다. 특히 1917년 이후로 어느 한쪽이 두드러지게 우세를 보인 것은 생산력에서였다. 과거의 동맹세력간의 장기전에서와 마찬가지로 이 경우에도 이것은 궁극적인 결정요인이 되었다.

6

양극세계의 도래와「중위권 국가」의 위기 Ⅱ : 1919~1942

전후의 국제질서

 강화의 체결을 위해 1919년 초 파리에 모인 강대국을 비롯한 여러 중위권 국가 지도자들이 직면한 일련의 문제들은 1856년, 1814~1815년 또는 1763년에 전시대인들이 겪었던 것보다 훨씬 더 광범위하고 까다로웠다. 의제에 오른 사안의 대부분은 베르사유조약(1919.6.28)에 반영되었지만, 적대적 민족들이 다투어「계승국가(successor states)」를 세우고 동유럽은 러시아의 내전과 간섭전쟁에 휘말렸으며 투르크 민족주의자들은 소아시아 분할의도에 반발하는 등으로 하여 1920년까지도 많은 문제들이 산적해 있었으며 몇 가지 문제는 1923년이 되어서야 타결되었다. 그러나 설명의 간결함을 위해 이 일단의 협정은 체결의 연대적 순서를 무시하고 전체적으로 다룰 작정이다.
 영토적·사법적 차원에서 볼 때 유럽의 가장 두드러진 변화는 전날

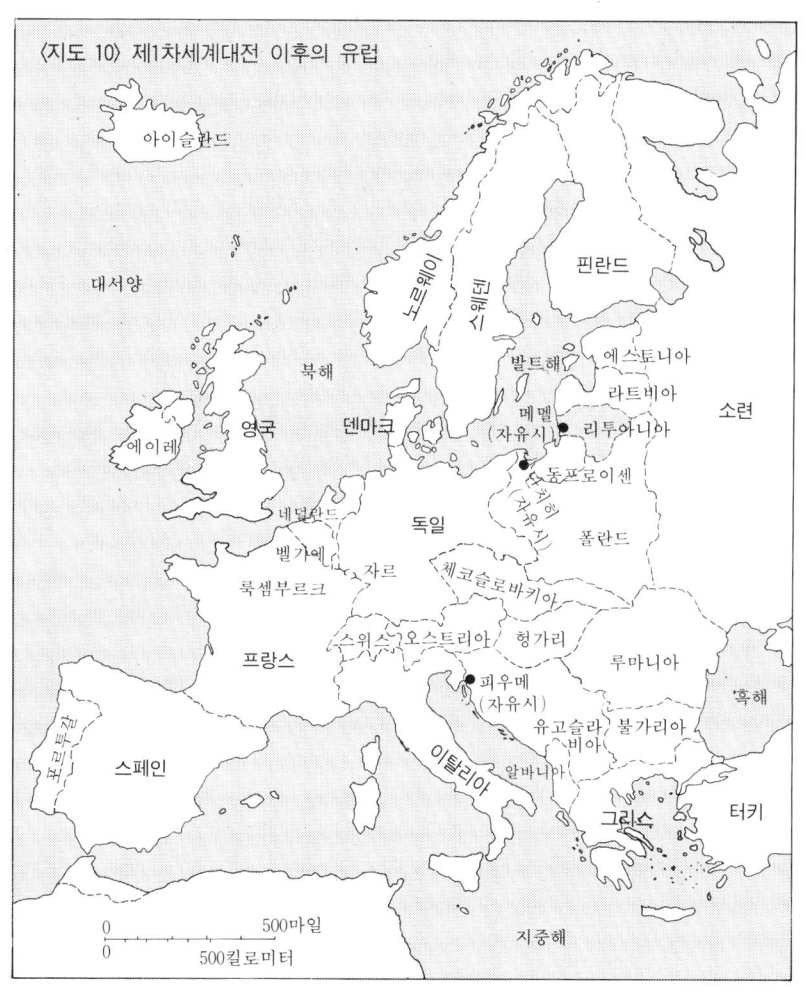

〈지도 10〉 제1차세계대전 이후의 유럽

의 합스부르크·로마노프·호엔촐레른제국의 자리에 폴란드·체코슬로바키아·오스트리아·헝가리·유고슬라비아·핀란드·에스토니아·라트비아·리투아니아 등 일단의 국민국가가 태어난 점이었다. 소련이나 완전 해체된 오스트리아-헝가리제국에 비해 민족적으로 응집된 독일은 동유럽의 영토상실은 적었으나 알사스·로렌의 프랑스 반환, 벨기에·덴마크와의 국경조정, 협상국 군대의 라인란트 점령, 자르

(Saar)지방에 대한 프랑스의 경제적 착취, 유례없는 「비무장화」 규정 (소규모의 육군과 해안경비 해군, 공군·전차·잠수함의 보유 금지, 프로이센 총참모부의 해체) 그리고 거액의 배상 등으로 세력이 크게 위축되었다. 게다가 독일은 방대한 식민지를 영국에 넘겨주어야 했고 자치령과 프랑스를 잃었다 — 그것은 마치 근동의 투르크 영토가 영국과 프랑스의 위임통치령으로 넘어가 새로운 국제연맹의 간접적인 통제를 받게 된 것과 마찬가지였다. 극동에서는 일본이 적도 이북의 독일령 도서들을 인계받는 대신 1922년 산둥(山東)반도를 중국에 돌려주었다. 1921~1922년의 워싱턴회의(Washington Conference)에서 강대국들은 태평양과 극동의 현상태의 영토를 인정하고 비례에 따른 함대규모의 제한에 합의함으로써 영·미·일의 해군경쟁의 예기를 꺾었다. 이로써 동과 서의 국제체제는 1920년대 초 안정된 모습을 갖추었으며 남은 문제들은 (장래 일어날 문제까지도) 국제연맹이 다루게 되었다. 국제연맹은 미국이 갑작스럽게 탈퇴하는 일이 있었지만 제네바에서 정기적인 모임을 가졌다.

미국이 적어도 상대적인 외교적 고립으로 돌연 후퇴한 것은 1920년 이후의 고립주의 경향 때문이었는데 그것은 앞서 언급한 바와 같이 1890년 이후 지속되어온 세계강대국들의 추세와는 모순되는 것이었다. 이 시기 초에 세계정치 관측자들은 국제무대가 3대 신흥 강대국, 즉 독일·러시아·미국에 의해 지배되지는 않는다 해도 가속적으로 영향을 받으리라는 것을 자명한 사실로 받아들였다. 그러나 독일은 결정적인 패배를 당했고 러시아는 혁명을 거쳐 볼셰비키 주도하의 고립주의로 빠져들었으며 1919년 당시 가장 명백한 최강대국이었던 미국은 외교무대의 중심부에서 물러난 입장이었다. 결과적으로 1920년대와 그 이후의 국제문제는 비록 제1차세계대전의 상처를 크게 받았지만 여전히 영국과 프랑스가 주역이었으며 영국과 프랑스의 정치가들이 두각을 나타내고 있는 국제연맹의 판단에 좌우되는 형편이었다. 오스트리아-헝가리제국은 이제 사라졌다. 무솔리니(Benito Mussolini)가 이끄는 파시스타당(Partito Nazionale Fascista)이 1922년 이후 발판을 굳혀가고 있던 이탈리아는 비교적 조용하였다. 1921~1922년의 워싱턴회의 결정 이후의 일본 역시 조용했다.

따라서 이상스럽고 (앞으로 알게 되겠지만) 인위적인 듯 보였지만 아직은 유럽중심의 세계였다. 이 시대의 외교사는 독일의 장래 부흥에 대비한 프랑스의「안보모색(search for security)」이 압도적인 비중을 차지했다. 또한 미국 상원의 베르사유조약 비준거부와 때를 같이 해서 특수한 성격의 영국・미국의 군사적 보장이 소멸됨에 따라 프랑스는 여러가지 대안을 탐색하게 되었다. 즉 동유럽「체제고수파(anti-revisionist)」국가 진영의 형성 모색(이른바 1921년의 소협상⟨Little Entente⟩), 벨기에(1920)・폴란드(1921)・체코슬로바키아(1924)・루마니아(1926)・유고슬라비아(1927)와의 개별동맹 체결, 배상금 지불을 이행하지 않는 독일을 위압할 수 있는 대규모 육군과 공군의 유지— 1923년 루르(Ruhr) 사건 때처럼—그리고 영국 내각이 바뀔 때마다 프랑스 국경에 대한 새로운 군사적 보장을 얻기 위한 노력 등이 그것이다. 마지막의 군사적 보장은 1925년 다국간의 로카르노(Locarno)조약에 의해 간접적으로만 성취되었을 뿐이다. 이 시기는 또한 압도적인 금융외교의 시기이기도 했다. 그것은 독일의 배상금과 협상국의 전시부채가 맞물려 전승국과 패전국 사이의 관계뿐 아니라 미국과 그 동맹국간의 관계도 악화되었기 때문이다. 도즈계획(Dawes Plan, 1924)은 금융적 타협을 서둘러 이같은 분란의 대부분을 완화하고 다음해의 로카르노조약의 바탕을 마련했다. 이어서 독일이 국제연맹에 가입하고 영계획(Young Plan, 1929)에 의해 수정된 금융타결이 매듭지어졌다. 1920년대 말이 되자 유럽에 번영이 회복되고 국제체제에서 국제연맹이 분명한 주요 요소로 받아들여지며 많은 국가들이 장래의 분규를 전쟁으로는 해결하지 않겠다고 엄숙히 합의하게 됨으로써(1928년의 파리부전조약⟨Pact of Paris⟩) 외교무대는 정상으로 복귀한 듯한 인상을 주었다. 시트레제만(Gustav Stresemann), 브리앙(Aristide Briand), 오스틴 체임벌린(Austen Chamberlain)과 같은 정치가들은 그들대로 메테르니히나 비스마르크를 흉내내어 여러 온천장에서 모임을 갖고 세계문제를 협의했다.

그러나 이같은 외형적인 인상과는 달리 1919년 이후 국제체제의 골격은 반세기 이전과는 판이하게 달랐고 그때보다 훨씬 더 연약했다. 우선 4년 반에 걸친「총력전」이 끼친 인구감소와 경제적 타격은 막심하였다. 전투에서 입은 인명손실만 800만이었고 700만이 불구가 되었으며 무려 1,500만이 중경상을 입었다 — 이들 대부분은 최적 생산연령층이었다. 게다가 러시아를 제외한 유럽의 500여만 민간인이「전쟁이 유발한 원인」—『전투행위뿐 아니라 전쟁에 수반된 질병·기아와 궁핍』— 으로 죽었으며 내전으로 인한 막대한 희생까지 합친 러시아의 총손실은 이보다 훨씬 컸다. 전시의「저조한 출생률(birth deficits)」 (많은 남자가 전선에 투입된 결과로서 인구는 전쟁 전의 정상 비율을 회복할 수 없었다) 역시 엄청난 것이었다. 마지막으로 비록 주요 전쟁이 중지되어도 예컨대 동유럽·아르메니아·폴란드의 전후 국경충돌 때문에 전투와 학살은 끊이지 않았다. 이들 전쟁으로 피폐한 지역은 모두 1918~1919년의 가공할 인플루엔자 전염병으로 또다시 수백만의 목숨을 잃었다. 이같이 전쟁 전후 기간의 희생자 수는 약 6,000만으로 추산되는데 이 가운데 절반 가까이가 러시아인이었고 프랑스·독일 그리고 이탈리아의 피해도 컸다. 이같은 대재앙이 개인에게 끼친 불안과 심리적 충격을 측정할 방법은 없지만 — 정치가이건 농민이건 — 참가자들이 그렇게 깊이 상처받은 이유는 쉽게 짐작할 수 있다.

전쟁의 물질적 피해도 유례없는 것으로 북부 프랑스와 폴란드·세르비아의 황폐한 풍경을 목격한 사람들의 충격은 한층 심각하였다. 수십만 채의 집이 파괴되었고, 농촌은 약탈당했으며, 도로·철도·전신선은 엉망이 되었고, 가축은 도살되고, 숲은 황폐화되었으며, 들판은 불발탄과 지뢰로 인해 경작할 수 없는 땅이 되었다. 여기에 선박의 피해, 직·간접의 동원비용, 교전국의 전비를 가산한다면 전체 손실은 실제로 계산할 수 없을 정도일 것이다. 사실 한 추산에 따르면 약 2,600억달러라고 하는데 이 금액은『18세기 말부터 제1차세계대전 전야까지 세계의 국가부채 총액의 6.5배에 해당하였다.』수십년간의 성장 뒤에 세계제조업생산은 급격히 쇠퇴하여 1920년에는 1913년의 7% 미만에 불과하였고 농업생산은 평균치의 1/3이었으며 수출규모는 전쟁 이전의 절반 수준이었다. 유럽 전체의 경제성장률이 8년 정도 지체되었고* 개별 국가가 받은 타격은 더욱 심각했다. 1920년의 소요사태로 러시아는 1913년의 7%에 불과한 최저의 산업생산량을 기록한 데 반해 독일·프랑스·벨기에와 대부분의 동유럽 국가의 산업생산량은 전쟁 전에 비해 30% 정도 축소되었다.

전쟁으로 극심한 피해를 입은 나라가 있는 반면에 가까스로 이를 모면한 나라도 있었고 그들의 지위를 향상시킨 나라도 많았다. 사실을 말하자면 근대 전쟁과 그로 인해 촉진된 산업생산성은 긍정적인 효과도 지닌다. 엄밀한 경제적·기술적 의미로 볼 때 이러한 전쟁기간 동안 자동차와 트럭생산, 항공산업, 정유 및 화학산업, 전기·염료·합금강철산업, 냉동과 통조림산업 그리고 그밖의 산업전반에 걸쳐 많은 진보가 있었다. 전선의 파괴행위와 동떨어진 경제가 그같은 진보의 혜택을 받아 약진한다는 것은 지극히 자명하다. 바로 이 때문에 미국 자신은 물론 캐나다·오스트레일리아·남아프리카·인도 그리고 라틴아메리카 일부의 경제는 소모전에 돌입한 유럽의 제품·원료·식료품 수요로 크게 고무되었다. 과거의 중상주의적 충돌에서와 같이 전비부담을 면하거나 전쟁의 참화로부터 벗어날 수 있는 나라는

〈표 26〉 세계 제조업생산 지수, 1913~1925

	1913	1920	1925
세 계	100	93.6	121.6
유 럽*	100	77.3	103.5
소 련	100	12.8	70.1
미 국	100	122.2	148.0
그밖의 세계	100	109.5	138.1

* 영국·프랑스·벨기에·네덜란드·독일·덴마크·노르웨이·스웨덴·핀란드·스위스·오스트리아·이탈리아·체코슬로바키아·헝가리·폴란드·루마니아·그리스·스페인

---

* 예컨대 전쟁이 일어나지 않고 1913년 이전의 성장률이 지속되었더라면 1921년에 달성되었을 생산량이 1929년에야 달성되었다.

다른 나라의 손실에서 이득을 얻을 수 있었던 것이다.

　세계제조업생산에 관한 수치는 이런 점에서 시사하는 바가 크다. 그것은 유럽(과 특히 러시아)이 전쟁으로 상처를 받은 반면에 다른 지역이 실속있는 이득을 본 정도를 말해주기 때문이다. 물론 그것은 어느 정도 19세기 후반부터 실증적으로 나타난 경제적 추세의 계속일 뿐이다. 산업화는 이미 유럽에서 미국·일본·인도·오스트레일리아로 이동하고 있었으며 이들 나라가 세계무역에서 차지하는 비중은 증가일로에 있었다. 앞서 제시한 불가해한 통계에 의하면 1914년 이전 미국의 성장은 1925년에는 유럽의 총생산량을 능가할 추세였는데 전쟁으로 성장이 가속화되어 6년이 앞선 1919년에 그것이 실현되었다. 한편 1880~1913년의 변화와는 달리 세계경제균형의 이같이 특수한 경향은 수십년간에 걸친 평화시에 시장세력과 일치해서 일어난 적이 없다. 그 대신 전쟁과 봉쇄행위는 자체의 독자적인 수요를 창출하여 세계적 생산과 무역의 자연스런 양상을 크게 왜곡시켜 놓았다. 예컨대 조선능력(특히 미국의)은 전쟁중반 유보트에 의한 침몰에 대비하느라 급격하게 신장하였는데 1919~1920년 이후 조선산업은 세계적으로 깊은 침체에 빠졌다. 전쟁기간 유럽대륙의 강철생산량은 줄어든 반면 미국과 영국의 생산량은 비약적으로 늘었다. 유럽의 생산량이 회복되자 엄청난 과잉현상이 일어났다. 이 문제가 또한 더 큰 경제 부문인 농업에 파급되었다. 전쟁 동안 유럽대륙의 농업생산량이 줄어들고 러시아의 전쟁 전 곡물수출무역이 사라졌다. 한편 북아메리카와 라틴아메리카 그리고 오스트레일리아의 농업생산량이 크게 늘면서 이 지역의 농민들은 전쟁 덕을 톡톡히 보게 되었다. 그러나 1920년대 말 유럽의 농업이 회복됨에 따라 세계의 농업은 수요 격감에 직면하였고 곡물가격이 폭락했다. 이와 같은 구조적 왜곡은 모든 지역에 파급되었는데 동부와 중부 유럽은 다른 어느 곳보다 심한 충격을 받았다. 즉 새로운 경계선 설정에 골몰한 이 지역의 취약한「계승국가」들은 뒤바뀐 시장과 엉망이 된 커뮤니케이션을 복구하지 않으면 안되었다. 베르사유강화 그리고 민족에 따른 유럽국경의 재설정 그 자체가 경제안정의 회복을 보장해준 것은 아니었다.

 마지막으로 전비의 마련이 유례없이 복잡한 경제적—나중에는 정치적—문제를 야기시켰다. 교전국 중 극소수만이(영국과 미국은 예외였다) 세금을 늘려 전비의 일부나마 갚아보려 했을 뿐 대부분의 나라들은 1871년의 프랑스처럼 패전국이 배상하는 것이 당연하다는 전제 아래 전적으로 차용에 의존했다. 지금의 뒷받침없이 발행되는 공채가 급격히 늘었고 재무부가 발행하는 지폐는 물가를 치솟게 했다. 전쟁으로 인한 경제적 황폐와 뒤엉킨 영토 때문에 어느 유럽국가도 미국을 따라 금본위제도를 채택할 태세가 되어 있지 않았다. 허술한 화폐·재정정책으로 인플레이션이 끊임없이 격화되어 중부와 동부 유럽에 재앙이 초래되었다. 수출을 촉진하기 위해 경쟁적으로 화폐를 평가절하하는 바람에 재정적 불안과 정치적 반목만 늘었고 더욱이 미묘한 협상국간 차관문제와 전승국(특히 프랑스)의 가차없는 막대한 배상요구로 상황은 더욱 복잡하게 되었다. 유럽의 협상국은 한결같이 영국과 그리고 규모는 더 적으나 프랑스에 빚지고 있었다. 그리고 이 두 나라는 그들대로 미국에 엄청난 채무를 지고 있었다. 볼셰비키들이 막대한 대미채무 36억달러의 지불을 거부하고 미국이 변제를 요구하는가 하면 독일이 배상하기 이전에는 부채를 갚을 수 없다고 프랑스가 버티고 이탈리아와 그밖의 나라들이 지불을 거부하며 독일은 할당된 배상액의 지불이 도저히 불가능하다고 선언하고 나서는 등 수년간 치고 받는 공방전이 계속되었다. 서유럽과 불만스런 미국간의 정치적 공감대의 균열은 날로 심각해졌다.

 1924년의 도즈계획으로 이같은 분쟁이 완화된 것은 사실이나 그같은 대립이 끼친 사회적·정치적 영향은 특히 그 전해 독일의 초인플레이션에서 적나라하게 나타났다. 당시에는 실감하지 못했던 또 한 가지 놀라운 사실은 1920년대 중반 세계경제의 금융적·상업적 안정은 제1차세계대전 이전보다 훨씬 더 불안한 기반 위에 서 있었다는 것이다. 당시 대부분의 국가가 금본위로 복귀하였으나 런던금융가를 본거지로 한 1914년 이전의 교묘한(그리고 거의 자체조절능력을 지닌) 국제무역과 화폐유통의 메커니즘은 아직 회복되지 않았다. 런던은 그 역할을 되찾기에 필사적이었다―물론 1925년 환율을 1파운드에 4.86달러라는 전쟁 전 수준으로 고정한 것도 포함되었는데 그럼으로써 영국 수출업자에게 큰 타격을 주었다. 그리고 대규모 해외차관도 재개했다. 그러나 유럽의 국제채무가 늘고 미국이 세계 최대의 채권국이 됨에 따라 세계의 금융중심지는 1914~1919년 사이에 자연히 대서양 건너로 넘어갔다. 한편 판이하게 다른 미국의 경제구조―해외무역의 미비와 세계경제 참여폭의 저조 그리고 자유무역이라기보다는(특히 농업의) 보호무역경향―때문에 잉글랜드은행과 같은 것이 부재한 상태여서 호황과 불황의 교차가 격심했고 정치가들은 국내 로비의 직접적인 영향을 많이 받았으며 국제금융·상업체제는 가변적이고 허약한 중심점을 맴도는 형편이었다. 이제 세계경제 기간구조의 발전과 국제회계상의 일시적인 단절을 안정시키기 위한 장기차관을 제공해줄 실질적인「최종적인 대부자(lender of last resort)」가 사라진 셈이었다.

미국 경제의 이같은 구조적 불합리성은 1920년대 말 방대한 달러가 높은 이자를 수반한 단기차관으로 유럽 정부와 지방 정부에 흘러 들어가 발전과 수지균형을 위한 적자보전 자금으로 활용될 당시는 그다지 두드러지지 않았다. 단기자금이 이처럼 장기계획에 동원되고 투자의 상당량이 아직도 농업에 유입되어 농산물가격의 하락을 촉진하고 부채 상환금액이 증가하는데다 수출이 아니고 차관도입으로 메워나가야 하는 체제는 이미 1928년 여름 미국의 호황으로 인한 자본유출의 급속한 중단으로 무너지기 시작했다.

이같은 호황이 1929년 10월의「주식대폭락」으로 끝장나고 미국의 대출이 더욱 축소됨에 따라 걷잡을 수 없는 연쇄반응이 야기되었다. 준비된 신용대부자금이 부족했기 때문에 투자와 소비가 다같이 위축되었다. 산업화된 국가간에 수요가 침체됨으로써 타격을 받게 된 식료품·원료생산자들은 공급을 늘림으로써 이에 필사적인 대응을 하였으나 가격의 전반적인 폭락만을 야기하게 되어 결국 제품은 구입할 수 없게 되었다. 디플레이션과 금본위 폐지 그리고 화폐가치의 평가절하, 상업과 자본에 대한 일련의 제한조치, 국제채무에 대한 지불유예 등이 당시의 여러 비법이었다. 그러나 이같은 조치들은 세계무역・신용체제에 또 하나의 결정타를 주었을 뿐이었다. 철저한 보호무역주의 법안인 스무트 홀리관세법(Smoot-Hawley Tariff)이 (미국 농민을 돕기 위해) 실질적인 무역흑자를 내는 유일한 국가에서 통과됨으로써 다른 나라의 달러 획득을 더욱 어렵게 만들고 불가피하게 보복을 유발하여 미국의 수출은 수렁에 빠지고 말았다. 1932년 여름 대다수 나라의 산업생산이 1928년의 절반 수준으로 축소되었고 세계무역은 1/3이나 줄었다. 유럽의 무역량은(1928년 580억달러) 1935년에도 여전히 208억달러 수준에 머물렀는데 이같은 퇴조는 해운과 조선・보험업 등을 강타했다.

 이같은 세계적 디플레이션과 그에 따른 대량실업으로 국제정치는 충격적인 영향에서 헤어날 길이 없었다. 제조업・원료와 농산물 부문의 치열한 경쟁은 국민의 원성을 샀으며 선거구민의 불만을 의식한 많은 정치가들은 외국인의 호주머니를 노리게 되었다. 극단적인 집단, 특히 우파는 경제적 왜곡을 이용하여 자유・자본주의체제를 공격하면서 필요하다면 무력으로라도 단호한 「국가주의적(national)」 정책을 펼 것을 요구하였다. 특히 바이마르(Weimar)공화국과 스페인・루마니아 등 민주주의가 취약한 나라들은 이같은 정치・경제적 긴장에 시달렸다. 일본을 지배한 신중한 보수세력은 국수주의와 군국주의 세력에게 밀렸다. 서방의 민주주의 진영이 이같은 파동을 잘 극복한 경우라도 이들 정치가들은 가난한 이웃의 티를 내가면서 국내경제의 관리에 몰두하도록 압력을 받았다. 부의 주된 잉여국인 미국과 프랑스는 누구도 채무국들을 구제하려 들지 않았다. 사실상 프랑스는 점점 독일의 태도를 감시하고 자신의 유럽외교를 강화하는 데 재정력을 동원했다. 마찬가지로 독일 배상금에 대한 「후버의 유보조치(Hoover moratorium)」에 화가 난 프랑스가 미국에 대한 전시부채의 감면(궁극적으로는 불이행) 요구로 맞서 미국을 곤란하게 만들었다. 화폐의 경쟁적인 평가절하와 1933년 세계경제회의(World Economic Conference)의 달러・파운드화 환율 조정실패로 이러한 어두운 상황은 절정에 달하였다.

이 무렵이 되자 세계주의적 질서가 다양한 적대적인 소단위로 분해되었다. 즉 영국의 무역관행을 바탕으로 하고 1932년 오타와회의(Ottawa Conference)의 「제국내 호혜관계(imperial preferences)」로 활기를 띠게 된 파운드화 블록, 프랑스가 이끄는 금본위 블록, 일본에 의존하는 극동지역의 엔화 블록, 미국이 이끄는 달러화 블록(루스벨트도 금본위제를 중단한 이후)이 있고 그 격동과 완전히 격리된 소련은 「일국 사회주의」 건설에 꾸준히 매진하였다. 이같은 경제적 자급자족 경향은 해외무역을 특수거래와 「바터」협정으로 축소시킬, 이른바 자기 충족적인 천년왕국 건설구상을 아돌프 히틀러가 주창하기 훨씬 이전에 이미 상당한 기반을 확립해놓았다. 프랑스가 독일 배상금에 대한 미국과 영국의 간섭에 줄기차게 반대하고 루스벨트 대통령은 영국과의 협상에서 미국만 계속해서 잃는다고 주장하는가 하면 영국의 네빌 체임벌린(Neville Chamberlain)은 미국의 정책이란 「말」뿐이라고 확신하고 있는 터여서 이미 금간 1919년의 세계질서로 인한 영토적 부담을 보상해달라는 점증하는 요구를 민주주의 진영이 협조정신으로 해결할 마음은 조금도 없었다.

구세계의 정치가나 외무당국은 경제문제를 이해하고 다루는 데 언제나 어려움을 겪었지만 19세기의 내각외교(cabinet diplomacy)의 추억이 생생한 사람들에게 더욱 분열양상으로 보인 것은 1920년대와 1930년대 국제문제에 대한 대중여론의 영향력 증대이었다. 어떤 면에서 이것은 불가피했다. 제1차세계대전 이전에도 유럽의 정치집단들은 「구식 외교」의 비밀스런 막후 흥정과 엘리트주의적 편견을 비판하고 대신 국민과 국민의 대표자들에게 나라일을 개방하는 참신한 체제를 요구하였다. 이같은 요구는 1914~1918년의 전쟁으로 한층 강화되었는데 그것은 지도층이 총동원을 요구하는 대가로 희생에 대한 보상과 평화에 대한 발언권을 요구한 데도 이유가 있었지만 협상국 선동가들이 민주주의와 민족자결을 위한 투쟁으로 규정한 제1차 세계대전이 사실상 동부와 중부 유럽의 독재정부를 쓸어버렸기 때문이었다. 게다가 강력하고 설득력있는 인물인 우드로 윌슨(Woodrow Wilson) 대통령이 클레망소와 로이드 조지가 완전한 승리의 필요성을 외치는 가운데서도 새롭고 계몽된 세계질서의 주창을 늦추지 않은 것도 하나의 원인이었다.

그러나 1919년 이후의 「여론」은 국제주의의 이상과 공리주의 그리고 법에 의한 통치를 존중하는 자유주의적이고 교양을 갖춘 공정한 대중에 대한 글래드스턴과 윌슨의 바람직한 이상상과는 동떨어진 것이라는 데 문제점이 있었다. 아르노 메이어(Arno Mayer)가 지적했듯이 「구식 외교」는 세계대전을 유발한 혐의까지 받고 있는 터여서 1917년 이후 윌슨의 개혁주의뿐 아니라 기존 질서에 대한 볼셰비키의 보다 체계적인 비판—양 교전진영내의 조직화된 노동자계급에게는 상당히 매력있는 비판이었다—으로 도전받게 되었다. 로이드 조지같은 재빠른 정치가는 이같은 비판의 영향을 받아 진보적인 국내외 정책의 「종합안(package)」을 창안하여 윌슨의 주장을 희석시키고 노동자의 사회주의 편향을 견제할 속셈이었으나 협상국 진영의 보다 보수적이고 민족주의적 인사들에게 미친 영향은 전혀 달랐다. 그들이 볼 때 윌슨의 원칙은 국가 「안보」를 위해 단호히 거부되어야 했는데 국가이익이란 국경의 조정, 식민지 획득 그리고 배상금과 같은 실리로만 측정될 수 있었다. 더욱 가공스러운 레닌의 위협은 볼셰비키 조국과 (특히) 서방에서 발흥중인 아류 소비에트내에서 가차없이 압살해버려야 할 성질의 것이었다. 평화를 지향하는 정치와 외교는 다시 말해 1856년과 1878년의 회의 당시에는 상상도 못했을 정도로 이면의 이데올로기와 국내정치적 요인의 비난을 받았다.

그뿐이 아니었다. 1920년대 말 서방 민주주의 국가들에 만연한 제1차 세계대전의 인상은 죽음·파괴·공포·낭비 그리고 허무 그것이었다. 1919년의 「카르타고식 강화(Carthaginian peace)」, 국민 희생의 보상에 대한 정치가들의 전시약속 외면, 수백만의 상이군인과 전쟁 미망인, 1920년대의 경제불황, 신념의 상실과 빅토리아여왕 시대의 사회·개인 관계의 붕괴, 이 모든 것의 책임이 1914년 7월의 어리석은 정책결정에 돌려졌다. 그러나 전쟁과 군국주의에 대한 이같은 광범위한 반발은 여러 분야에서 국제연맹이 다시는 그같은 재앙을 재발하지 못하도록 할 것이라는 희망과 뒤섞인 것으로 교전국 모두가 공감한 것은 아니었다. 유럽대륙의 수십만 참전군인들은 실업과 인플레이션 그리고 부르좌적 질서의 권태로움에 환멸을 느낀 나머지 전쟁의 추억은 지겹지만 긍정적—상무정신의 가치, 전우애, 폭력과 행동의 짜릿함—으로 보게 되었다. 그같은 집단, 특히 패전 독일과 헝가리 그리고 불만에 가득찬 승전국 이탈리아뿐 아니라 프랑스 우파에서는 신파시즘 운동의 이상—질서, 규율, 국가의 명예 그리고 유태인, 볼셰비키, 지적 허무주의자, 자족적인 자유주의적 중산계급의 척결—이 큰 호응을 얻었다. 이들의 눈에는(일본의 동류들도 마찬가지였지만) 투생과 힘과 영웅주의가 삶의 영원한 참모습이며 윌슨의 국제주의 신조는 그릇되고 시대착오인 것으로 비쳤다.

 이것이 의미한 바는 1920년대와 1930년대의 국제관계가 이데올로기와 한편으로는 세계가 앞서 언급한 경제블록과는 부분적으로밖에 일치하지 않는 정치블록으로의 분화로 인해 더욱 복잡한 양상을 띠게 되었다는 것이다. 한편에서는 서방 민주주의 진영, 특히 영어권 세계가 가공할 제1차세계대전에 위축되어 국내(특히 사회경제적) 문제에 치중하고 방위규모를 대담하게 줄여나갔다. 또한 프랑스의 지도층이 독일의 재부상을 우려한 나머지 대규모 육·공군을 유지했지만 국민 대다수가 이러한 전쟁혐오와 사회재건 요구에 동조하였음은 사실이다. 반면 여러 측면에서 세계 정치·경제체제로부터 고립된 소련은 특히 대공황을 회피한「새로운 문명」을 제시함으로써—많은 사람이 그를 혐오했음에도 불구하고—서방의 경탄을 자아냈다. 끝으로 적어도 1930년대 말이 되자 독일·일본·이탈리아 등 파시즘「체제수정파」국가들이 철저한 반볼셰비키주의를 내걸었을 뿐 아니라 1919년에 확립된 자유·자본주의체제를 공공연하게 비난하고 나섰다. 따라서 민주주의를 신봉하는 정치가가 외교정책을 운영하기란 지극히 어려웠는데 이들은 파시즘이나 볼셰비키의 의식구조를 거의 파악하지 못한 채 전쟁이 여지없이 파괴해버린 에드워드 시대의「정상(normalcy)」상태로 되돌아가기만 열망할 뿐이었다.

이런 문제들에 비해 1919년 이후 열대지역에서 일어나기 시작한 유럽중심의 세계질서에 대한 도전은 덜 위협적이었지만 상당히 중요한 것이었다. 여기에서도 1914년에 앞서 전조들―이집트의 아라비 파샤(Arabi Pasha)의 반란, 1908년 이후의 청년터키당(Young Turks)의 활약, 인도 국민회의운동(Indian Congress movement)을 급진화하려는 틸라크(Tilak)의 시도, 서방의 중국지배에 대한 쑨원(孫文)의 저항―을 찾아볼 수 있다. 똑같은 맥락에서 역사학자들은 1905년 러·일전쟁에서 일본의 승리, 같은 해의 좌절된 러시아혁명과 같은 사건이 얼마나 아시아와 중동 등지의 갓 형성된 민족주의 세력을 사로잡아 흥분시켰는지를 주목해왔다. 아이로니컬하게도 식민지주의가 저개발지역에 침투하여 이들을 세계적인 무역·금융 네트워크에 편입하고 서양의 사상을 주입할수록 점점 더 심한 토착적 저항에 직면하게 되었음은 자명한 이치이다. 그들의 전통적 생활과 무역관행을 제약하는 데 대한 민족적 저항이나 보다 중요하게는 서양에서 교육받은 변호사와 지식인이 대중정당을 구성하고 민족자결을 요구하는 형태이건간에 그 결과는 유럽의 식민지통치에 대한 점증하는 도전이 되었다.

제1차세계대전은 이같은 경향을 여러 방면으로 부추겼다. 첫째로 열대지역의 원료에 대한 경제적 착취의 가중과 본국의 전쟁노력을 위한 식민지 공출―인력과 세금―은 유럽의 노동자계급과 마찬가지의「보상」문제를 야기할 수밖에 없었다. 게다가 서부·남서부 그리고 동부 아프리카와 근동아시아·태평양의 전쟁은 식민제국 전반의 생존능력과 항구성에 의문을 제기했는데 그와 같은 경향은 협상국측의「민족자결」과「민주주의」선전 그리고 마그레브(Maghreb)·아일랜드·이집트 및 인도에 대한 독일의 역선전활동으로 더욱 첨예화되었다. 1919년 유럽강대국들이 테일러(A. J. P. Taylor)의 표현대로 제국주의적 야욕을 아주 정교한 무화과나뭇잎으로 가리면서 국제연맹의 위임

통치령을 책정할 당시 파리에서는 범아프리카회의(Pan African Congress)가 열려 자신들의 주장을 관철시킬 태세였고 이집트에서는 와프드당(Wafd Party)이 결성되었으며 중국에서는 5·4운동이 일고 있었다. 한편 케말 아타튀르크(Kemal Ataturk)는 근대 터키의 건설자로 부각되었으며 튀니지(Tunisia)에서는 데스토우당(Destour Party)이 새로운 전술을 들고 나왔고 인도네시아의 사레하트 이슬람(Sarehat Islam)교도가 2,250만에 달하였으며 간디(Mohandas K. Gandhi)는 영국의 지배에 대한 각계의 저항을 일원화하였다.

더 중요한 것은 이같은「서양에 대한 저항」으로 강대국들은 자신들의 견해 차이가 무엇이든 그들과 저개발국 인민 사이에는 심연이 가로놓여 있다는 가정 위에 더 이상 단결하지는 않게 되었다는 사실이다. 이것은 베를린 서아프리카회의 이후의 또 다른 큰 변화였다. 그같은 약소국의 단결은 일본의 강대국 대열 진입으로 더욱 강화되었는데 일본의 일부 사상가들은 1919년 초에 이미「대동아공영권」을 구상하기 시작했던 것이다. 그리고 이와 같은 단결은 레닌과 윌슨이 제기한「새로운 외교」의 두 가지 해석에 도취되었다. 이들 카리스마적인 두 지도자는 여러 정치적인 차이에도 불구하고 유럽의 구식민지질서를 혐오하고 새로운 전환을 바라는 공통점이 있었던 것이다. 여러가지 이유 때문에 그중 누구도 국제연맹 위임통치하의 식민지지배의 확대를 막을 수 없었지만 그들의 웅변과 영향력은 제국간의 경계선을 넘어 토착 민족주의자들의 저항과 연계되었다. 이러한 양상은 1920년대 말 중국에서 두드러지게 나타났는데 불평등조약·상업적 침투와 잦은 함포작전으로 지탱해온 낡은 유럽질서가 소련·미국·일본이 제기한 효과적인 대안으로 힘을 잃기 시작하여 중국민족주의의 부활 앞에 주저앉게 되었다.

그렇다고 해서 서양의 식민지주의가 몰락하기 시작했던 것은 아니다. 1919년 엄리처(Amritsar)에서 영국이 날카롭게 대응하고 1920년대 말 네덜란드가 수카르노(Achmed Sukarno)를 비롯한 인도네시아 민족주의 지도자들을 체포하고 노동조합을 해산하였으며 쌀과 고무의 농업발전으로 야기된 통킹만의 소요사태에 프랑스가 강경대응한 것 등은 유럽 군대와 무기의 여력을 입증해주는 것이었다. 1930년대 중반 이탈리아가 뒤늦게 아비시니아에 대해 제국주의적 위협을 가한 것도 그와 같은 맥락에서 볼 수 있다. 제2차세계대전이 야기할 더욱 큰 충격만이 현실적으로 제국주의적 지배를 동요시킬 수 있었지만 그런 식민지 저항은 1920년대와 특히 1930년대의 국제관계에 중요한 의미를 지녔다. 우선 그것은 강대국의 관심을 유럽의 세력균형에서 돌려놓았다. 특히 지도층이 수데텐란트(Sudetenland)나 단치히(Danzig)보다 팔레스타인・인도・싱가포르에 더 관심을 둔 영국이 대표적인 경우로서 1919년 이후 나타난「제국」방위정책에 잘 반영되었다. 아프리카에 개입한 프랑스도 그랬고 이탈리아 군부의 관심도 달라지게 되었다. 더욱이 경우에 따라서는 비유럽 지역과 식민지문제가 다시 떠올라 1914~1918년의 동맹구조가 갈라지기 시작했다. 제국주의문제로 말미암아 미국은 영국과 프랑스의 정책을 더욱더 불신하게 되었으며 이탈리아의 아비시니아 침공과 일본의 중국대륙 침략과 같은 사건으로 1930년대 로마와 도쿄는 런던・파리와 갈라서면서 독일 체제수정파들에게 동맹 가능성을 제의했다. 이렇게 해서 국제문제는「구식 외교」의 처방으로는 더욱 다루기 힘들게 되었다.

　전후 불안정의 마지막 원인은「독일문제」가 해결되기는커녕 더욱 해결곤란한 화근이 되었다는 난감한 사실에 있었다. 독일군이 벨기에에서 우크라이나에 이르는 유럽을 지배하고 있던 1918년 10월 독일이 순식간에 붕괴하였다는 사실에 민족주의・우파세력은 큰 충격을 받아 굴욕적인 항복을 한「내부의 배신자들」을 비난하고 나섰다. 파리에서의 타결에 더욱 큰 굴욕감을 느낀 대다수 독일인들은「노예조약(slave treaty)」과 그러한 조건에 합의한 바이마르공화국의 정치가들을 성토하였다. 배상금문제와 그에 따른 1923년의 극심한 인플레이션으로 독일은 불만으로 팽배하였다. 국가사회주의자(National Socialists)들과 같은 극단적인 세력은 극소수로서 그들은 1920년대를 통해 광적인 선동집단으로 간주되었다. 그렇지만 어떤 형태건 체제수정파 아닌 독일인 역시 극소수였다. 배상금, 폴란드 회랑(Polish corridor), 군비제한 그리고 독일어권 지역을 조국(Fatherland)에서 분리하는 행위는 더 이상 용납될 수 없었다. 문제는 다만 언제 이러한 제약에서 벗어나며 현상태를 개선하기 위해 얼마만큼 외교력을 강화하는가 하는 것이었다. 이런 점에서 볼 때 1933년 히틀러의 집권은 독일의 체제수정운동을 강화시키는 데 불과하였다.

독일을 유럽내의「적절한」위치에 자리잡게 하는 문제는 제1차세계대전 이후 세력이 미묘하고 불균등하게 배분됨에 따라 더욱 복잡하게 되었다. 영토의 상실, 군비제한, 경제적 불안에도 불구하고 1919년 이후의 독일은 여전히 잠재적으로 거대한 강대국이었다. 독일의 강점과 약점에 대해서는 후에 상세히 분석하게 되겠지만 우선 독일은 프랑스보다 더 많은 인구를 포용하고 있었으며 철강설비는 거의 3배에 달하였다. 국내의 통신망은 손상되지 않았으며 화학과 전기 분야의 공장, 대학과 기술연구소도 온존하였다. 『1919년 당시 독일은 몰락한 상태였다. 긴박한 문제는 독일의 약점이었지만「정상적」인 몇년이 지나면 다시 독일의 힘이 문제될 것이었다.』 더구나 테일러가 지적했듯이 독일의 팽창주의를 견제하는 데 도움되던 세력균형도 더 이상 존재하지 않았다. 『러시아는 철수하고 오스트리아-헝가리는 사라졌다. 인력과 특히 경제자원에서 뒤진 프랑스와 이탈리아만이 남았으나 그들도 전쟁으로 완전 피폐하였다.』 시간이 흐름에 따라 처음엔 미국이, 다음에는 영국이 유럽개입을 점점 기피하고 독일을 억눌러두려는 프랑스의 노력을 외면하게 되었다. 보장받지 못한 데 대한 우려로 인해 프랑스는 독일의 부활을 무슨 수단을 써서라도 막아야 한다는 판단 아래 배상금의 완납을 주장하고 방대한 군대를 막대한 비용을 들여 유지하며 국제연맹을 현상유지에 공헌하는 기구로 전환시키려고 노력하는 한편 프랑스 수준으로「무장화」를 인정하려는 일체의 움직임을 극력 저지하고 나섰다. 짐작컨대 이러한 사실에 대해 독일인은 더욱 한을 품었고 극우세력은 자극을 받게 되었을 것이다.

프랑스의 외교적·정치적 전략의 다른 공격수단은 동유럽「계승국가」들과의 연계였다. 표면상 1919~1921년의 협정으로 혜택을 본 폴란드・체코슬로바키아 등 그 지역국가들에 대한 원조는 그럴 법하고 유망한 전략으로 그것을 통해 독일의 팽창주의를 요소요소에서 견제할 수 있었다. 그러나 현실적으로 그러한 계획에는 난관이 따랐다. 과거의 다민족적인 제국 아래 다양한 인구가 지리적으로 분산되어 있었던 탓으로 민족적으로 단일화된 영토설정이 1919년 당시에는 불가능하였다. 따라서 수많은 소수민족 집단이 각 나라의 주변지역에 거주하게 되어 내부적인 약점뿐 아니라「외국인」이 원한을 갖는 원천이 되었다. 다시 말해 독일만이 파리에서 맺어진 조약들의 개정을 바란 것이 아니었다. 또 설사 프랑스가 현상의 어떠한 변화도 극력 거부한다 하더라도 영국이든 미국이든 급조된 이 지역의 불규칙한 국경에 그다지 개입하고 싶은 생각이 없었음은 분명하였다. 1925년 런던이 공언했듯이 동유럽에는 로카르노조약과 같은 보장은 있을 수 없었다.

　동유럽과 중부 유럽의 경제사정이 상황을 더욱 악화시켰는데 신생국가들이 설정한 관세장벽이 지역적인 대립을 증가시켜 전반적인 발전을 저해했던 것이다. 전쟁 전 14개이던 화폐의 종류가 24개로 늘고 국경이 1만 2,500마일이나 더 늘어났으며 복잡한 국경선으로 인해 공장과 원료산지가 분리되고 제철소와 탄광이 갈라졌으며 농촌은 시장을 잃었다. 더욱이 1919년 이후 프랑스와 영국의 은행과 기업이 이들 계승국가에 침투해 들어갔음에도 불구하고 1930년대에 경제적 안정을 회복한 독일은 이들 계승국가들의「자연스러운」무역상대가 되었다. 독일은 도로나 철도로 동유럽 시장과 밀접하게 연결되었을 뿐 아니라 헝가리산 밀과 루마니아산 석유 그리고 긴급한 기계와 (나중에는) 무기를 제공하는 대가로 이 지역의 잉여농산물을 자연스럽게 흡수할 수 있었는데 농산물이 남아도는 프랑스나 제국의 인구를 우선적으로 먹여야 하는 영국은 그렇게 할 수 없었다. 더구나 이들 나라는 독일과 마찬가지로 통화상의 난점을 안고 있어서「바터」방식의 무역이 훨씬 간편했다. 따라서 경제적인 측면에서 중부 유럽은 서서히 독일 지배권으로 다시 편입되었다.

1919년 파리협상 참석자들은 위에 언급한 문제점을 약간은 간파하고 있었다. 이들은 로이드 조지와 마찬가지로 새로 발족한 국제연맹이 『치유하고 개선하며 시정하는 등 항소법원(Court of Appeal)이 되어 조잡한 것, 어긋난 것, 바르지 못한 것을 바로잡아 줄』것으로 기대했다. 이제 국가간의 해결되지 않은 모든 정치적·경제적 분쟁은 제네바의 테이블에 둘러앉은 현명한 사람들이 해결해줄 것이었다. 이는 1919년 당시에는 그럴 듯한 가설이었지만 냉혹한 현실 앞에 무너질 수밖에 없었다. 미국은 연맹에 가입하려고 하지 않았다. 소련은 부랑자로 취급되어 배척되었다. 최초의 몇년간은 패전국도 마찬가지의 대우를 받았다. 따라서 체제수정파 국가들은 1930년대에 공세에 나서면서 이내 연맹을 탈퇴했다.

더구나 연맹의 역할을 둘러싼 프랑스와 영국의 해석차이—경찰 또는 중재 역할—로 연맹은 강제력을 결여한 상태였고 집단안보를 위한 실질적인 기구가 되지 못했다. 때문에 아이로니컬하게도 국제연맹은 전쟁방지는커녕 민주진영의 혼란에 기여하는 꼴이 되고 말았다. 전쟁에 지친 서방세계 여론의 인기를 얻은 한편 많은 사람들이 이제 연맹이 어떻든 전쟁을 막아줄 것이므로 국방에 신경쓸 필요가 없다는 주장을 팽배시켰다. 따라서 국제연맹이 있음으로 인해 내각과 외무당국은「구식」과「신식」외교 사이를 오락가락했지만 그 어느 쪽도 별다른 도움이 안되었음은 만주와 아비시니아 침략이 충분히 입증해주었다.

위의 여러 난점과 유럽이 베르사유조약을 체결한 지 20년만에 또다시 전쟁에 돌입했다는 점에서 역사학자들이 이 시기를「20년간의 휴전(twenty years' truce)」으로 규정하고 위기와 기만, 잔인함과 불명예로 가득찬 음울한 좌절의 시기로 묘사한 것은 조금도 이상할 것이 없다. 「갈라진 세계(A Broken World)」,「잃어버린 평화(The Lost Peace)」,「위기의 20년(The Twenty Years' Crisis)」등의 저서들은 바로 이 20년간을 다루고 있는데 이것만으로는 1920년대와 1930년대의 차이를 간과해버릴 우려가 있다. 앞서의 언급을 부연하자면 1920년대 말까지는 로카르노조약과 켈로그 브리앙(Kellogg-Briand)조약(파리부전조약), 많은 독일·프랑스 현안의 해결, 국제연맹회의 그리고 전반적인 부흥으로 비로소 제1차세계대전이 국제적 차원에서 최종적으로 끝났다고 봐야 할 것이다. 그러나 그후 1~2년만에 금융·산업의 급속한 전락으로 그같은 조화는 무너졌고 일본과 독일(나중에는 이탈리아) 국수주의자들의 기존질서 도전에 대응하지 않으면 안되었다. 순식간에 전쟁의 먹구름이 다시 몰려들었다. 민주주의 진영이 군사적으로나 심리적으로나 대응준비가 전무하다시피 한 순간 민주주의는 근본적인 위협에 직면하게 되었다. 민주주의 진영은 1919년 강화 이래 협조가 가장 잘 안되는 때였다. 불행했던 1930년대에 특정「유화주의자」가 지닌 결함과 우둔함이 어떤 것이었건간에 당시의 정치가가 전례없이 복잡한 문제와 씨름해야 했다는 것은 기억해야 할 것이다.

이 시기의 국제위기가 어떻게 전쟁으로 발전했는가를 알아보기 전에 강대국들의 강점과 약점을 검토해두는 것이 중요하다. 이들은 다같이 1914~1918년 전쟁의 영향을 받았고 전쟁 기간중의 경제적·군사적 발전의 영향도 받았다. 경제적·군사적 발전과 관련하여 앞서 언급한 강대국 사이의 생산균형을 보여주는 〈표 12~18〉은 계속 재론될 것이다. 재무장을 위한 경제적 상황에 대하여 우선 두 가지를 여기서 언급해두고 싶다. 첫째는 상이한 성장률이다. 그것은 1930년대에 1914년 이전보다 훨씬 큰 격차를 보였다. 여러 블록으로 분열된 세계경제, 판이하게 다른 경제정책의 추구로 생산량과 부가 한 나라에서는 치솟고 다른 나라에서는 급격히 위축되었다. 둘째로 전쟁 기간중의 군사기술의 발전으로 국가의 생산력에 대한 군대의 의존도가 이전보다 더 높아졌다. 활기찬 산업기지와 그리고 보다 중요하게는 새로운 무기발전에 발맞추기 위해 국가가 동원할 수 있는 방대하고 발전된 과학단지없이 또 한 차례의 대전에서 승리한다는 것은 상상하기 어려운 일이었다. 미래가 (스탈린의 표현을 빌자면)「대형 대대(big battalions)」의 손에 달려 있었으므로 근대적 기술과 대량생산에 대한 의존도 역시 증가되었다.

도전자들

국가의 지도력이 대단히 활기차고 야심만만하였더라도 강대국의 경제적 취약성은 1930년대의 이탈리아에서 가장 선명하게 나타났다. 표면상으로 무솔리니의 파시스트 정부는 낙후된 나라를 외교계의 선두주자로 끌어올렸다. 영국과 함께 로카르노조약의 외부 중재자였고 영국·프랑스·독일과 함께 1938년의 뮌헨(München)협정의 공동서명자였다. 코르푸(Corfu) 침공(1923), 리비아「평정」의 강화, 스페인내전에 대한 대대적인 개입(이탈리아군 5만) 등으로 지중해에 대한 종주권을 주장하였다. 1935년과 1937년 사이 무솔리니는 아비시니아를 가차 없이 정복함으로써 아두와(Adowa)의 패배를 설욕하고 국제연맹의 제재와 서방의 적대적인 여론을 비웃었다. 그는 또 한때 1934년 히틀러의 오스트리아 합병을 저지하기 위해 브렌너(Brenner)에 출병하고 1935년 스트레자(Stresa)에서의 반독협정에 서슴없이 서명하는 등 현상고착을 지지하였다. 그는 볼셰비즘에 대한 비난연설로 1920년대 많은 외국인들(처칠 포함)의 찬사를 받았고 1930년대에는 사방의 환호를 받게 되었는데 1939년 1월 영국의 체임벌린은 이탈리아가 독일 진영으로 완전히 넘어가지 않도록 로마 방문길에 나섰다.

그러나 외교적 우세만이 이탈리아의 새로운 힘에 대한 유일한 평가는 아니다. 당파적인 정당정치를 청산하고 자본과 노동의 대립 대신 「조합적(corporatist)」 경제계획을 내세우며 정부주도방식을 채택한 이 파시스트 국가는 전후의 미몽에서 깬 유럽사회에 새로운 모델로 부각되었으며 볼셰비키가 제시한 대안적「모델」에 겁을 먹은 사람들에겐 매력적인 것으로 비쳤다. 산업화는 협상국의 투자로 1915~1918년 사이에 급격히 진행되었는데 적어도 무기생산과 관계되는 중공업에서는 크게 두드러졌다. 무솔리니 시대의 이탈리아 현대화계획은 퐁틴(Pontine) 습지대 배수공사에서 수력발전과 철도체제의 인상적인 개선에 이르기까지 야심적이었다. 전기·화학산업도 활기차 레이온과 기타 화학섬유들이 발전했고 자동차산업도 괄목할 만했다. 특히 항공산업은 세계의 선두주자격이었으며 그 항공기는 속력과 고공기록에서 단연 선두였다.

군사력 역시 이탈리아의 욱일승천하는 기상을 말해주는 좋은 지표였다. 1920년대에는 군대 분야에 투자가 적었지만 무솔리니의 무력과 팽창에 대한 신념과 영토확장에 대한 열망으로 1930년대에 들어와 군사비가 획기적으로 늘었다. 국민소득의 10% 이상, 정부수입의 1/3가량이 1930년대 중반의 이탈리아 방위예산이었다. 절대치로 보면 프랑스·영국보다 더 많이 투입한 셈이고 미국보다도 많았다. 프랑스 해군과 영국의 지중해 함대를 견제하기 위해 그리고 지중해가 진정한 땅 사이의 연못(mare nostrum)이 되어야 한다는 무솔리니의 주장을 뒷받침하기 위해 당당한 전함들이 쏟아져 나왔다. 이탈리아가 전쟁에 돌입할 당시의 잠수함 보유수는 113척으로『소련을 제외하고 세계 최대였을 것이다.』공군에도 더 많은 군사비가 투입되었는데 공군(Regia Aeronautica)은 1940년 이전 수년간 근대성·과학·속력과 외양을 강조한 파시즘 바람에 잘 조화되어갔다. 아비시니와 (특히) 스페인에서 그들 자신은 물론 외국인에게 이탈리아 공군이 세계 최강임을 확신시켰다. 이처럼 해군과 공군에 많은 군사비가 투입되는 바람에 육군에 돌아온 군사비는 신통치 않았으나 1930년대 말 13개 사단이 내실있게 재건되었고 새로운 전차와 대포가 설계되었다. 그밖에도 파시스트 돌격대(Squadristi)와 훈련부대를 보유하고 있어 무솔리니는 다음번의 총력전 때는 이탈리아가「800만 병력」을 갖추게 될 것으로 믿었다. 이 모든 것은 제2로마제국의 창건을 위한 좋은 징조였다.

그같은 희망에도 불구하고 파시스트 이탈리아는 권력정치면에서 허약하기 짝이 없었다. 핵심적인 문제점은『제1차세계대전 종료시점의 이탈리아는 경제적으로 준선진국에 불과했다』는 사실이었다. 1920년의 1인당 소득은 19세기 초반의 영국·미국과 수십년 전의 프랑스 수준이었다. 국민소득 자료에 의하면 1인당 소득은 북부가 평균치보다 20%

높고 남부가 30% 낮았으며 더구나 그 격차는 확대되어갔다. 지속적인 이민유출로 인해 양대전 사이 20년간의 인구증가는 연간 1% 수준이었고 연간 국내총생산이 2% 늘었기 때문에 연평균 소득증가율은 1%였다. 비참한 것은 아니었으나 그렇다고 경제적인 기적은 결코 아니었다. 이탈리아 약점의 뿌리는 영세농업에 대한 계속적인 의존에 있었는데 1920년의 경우 농업이 국민총생산의 40%를 차지했고 총노동인구의 50%를 포용하였다. 1930년까지 가계지출의 50%가 식료품 분야였다는 사실도 낙후된 경제의 또 다른 징후라 하겠다. 농촌생활의 장점을 크게 강조한 파시즘은 높은 엥겔계수를 낮추기보다는 보호관세와 광범위한 농토개간 그리고 밀시장의 완전통제 등 일련의 조치로 농촌지원에 힘을 기울였다. 정부가 크게 신경쓴 것은 외국 식료품생산자에 대한 의존도의 축소, 실업자 수를 늘리고 사회문제를 악화시키는 농촌인구의 도시유입 방지였다. 이런 정책으로 농촌에 엄청난 불완전 취업사태가 일어났고 부수적으로 생산성저하, 문맹, 지역적 불균형의 심화현상이 나타났다.

 이탈리아 경제의 상대적 낙후성, 군비와 마을농업의 유지를 위한 집중투자를 고려할 때 기업투자에 필요한 저축량이 낮은 것은 당연하였다. 제1차세계대전이 국내자본의 축적을 대폭 방해하였다고 볼 때 경기침체와 보호무역주의 전환은 또 다른 타격을 주었다. 물론 정부의 항공기·트럭주문으로 크게 고무된 기업들은 돈을 벌었지만 이탈리아의 산업발전이 자급자족지향에서 도움을 얻었을 까닭이 없다. 관세는 무능한 생산자들만 감싸주었고 당시의 전반적인 신중상주의는 이전에 이탈리아의 산업화를 크게 자극한 해외의 국내투자진입을 막았다. 1938년 당시 이탈리아는 세계제조업생산의 2.8%에 머물렀는데 강철은 2.1%, 선철 1.0%, 원강 0.7%, 석탄 0.1%였다. 근대식 연료에 의한 에너지소비는 다른 강대국에 비해 훨씬 낮았다. 마지막으로 무솔리니의 공공연한 대프랑스 전쟁 심지어 영국·프랑스와의 전쟁욕구에 비추어 이탈리아가 비료·석탄·석유·고철·고무·구리를 비롯한 기간원료를 압도적으로 수입에 의존하였으며 그것도 80%가 지브롤터나 수에즈운하를 통과하는데다 수송선은 대부분이 영국 선박이었다는 사실은 주목할 만하다. 이같은 수입이 중단되는 돌발사태에 대비한 계획이 서 있지 않았고 전략물자의 비축정책같은 것도 문제삼지 않았다. 1930년대 말 이탈리아는 당장 필요한 것에 대해 지불할 외화도 없었다. 이탈리아는 이같은 만성적 외화부족으로 1935년 이후 개발된 현대적 항공기·전차·대포·함정의 생산에 없어서는 안될 독일의 기계장비를 사들일 수가 없었다.

이같은 경제적 낙후성 때문에 무솔리니 정부는 육군에 배려와 지원을 아끼지 않았지만 실질적인 성과와 여건은 초라한 채 악화되어 갔다. 해군은 3군 가운데 장비가 가장 뛰어났으나 지중해에서 영국 해군을 몰아내기엔 역부족이었다. 이탈리아는 항공모함이 없었기 때문에 — 무솔리니가 건조를 금지하였다 — 공군에 의존할 수밖에 없었는데 3군간의 협동체제가 없는 터라 그것은 옹색한 조치일 수밖에 없었다. 순양함은 좋은 날씨에나 움직이는 그런 함정이었고 대대적인 잠수함 선단은 퇴물에 대한 과잉투자에 지나지 않았다. 『이들 잠수함은 공격계산기를 장치하지 않았고 냉각장치는 해저공격으로 배관이 파열될 때 유독가스를 품어내었으며 잠수속도가 더뎌 항공기가 접근하면 당혹해하였다.』 공군에도 비슷한 낙후성이 엿보인다. 물론 아비시니아의 원주민을 폭격하고 스페인내전 때 올린 실적은 많은 관측자들에게 깊은 인상을 준 것은 물론이다. 그러나 1930년대 말 피아트 쌍엽비행기(Fiat CR42)는 영국과 독일의 단엽비행기들에 의해 완전히 빛을 잃었고 폭격기도 경폭격기 내지는 중폭격기밖에 없는데다 엔진도 약하고 폭탄도 시원치 않았다. 그러나 해군과 공군은 군사비의 증액에 따른 몫을 확보할 수 있었다. 이와 대조적으로 육군의 몫은 1935~1936년 58.2%에서 1938~1939년에는 44.5%로 떨어졌다. 바로 이 시기는 현대적 전차·대포·트럭 그리고 통신체제가 절대적으로 필요할 때였다. 제2차세계대전이 발발할 당시 이탈리아 육군의「주력 전차」인 3.5톤짜리 피아트 엘 3(Fiat L.3)는 무선이 없고 시야도 좁았으며 기관포도 2문뿐이었다. 이 무렵 독일·프랑스의 최신 설계된 전차는 20

톤에 육박했고 중무기를 장비하고 있었다.

파시스트 치하의 이탈리아 경제를 괴롭힌 거의 불치의 약점을 놓고 볼 때 이탈리아가 다른 어떤 강대국과의 전쟁에서 승리할 수도 있었다고 주장하는 것은 성급하다. 그러나 재무장이 빠른 바람에 육군은 급격히 구식이 되어버리는 사실로 전망은 더욱 흐려졌다. 이것은 1920년대의 프랑스・러시아에도 똑같이 영향을 준 공통현상이므로 이탈리아의 약점에 대한 세밀한 분석에 들어가기에 앞서 더욱 상세히 알아볼 필요가 있다.

핵심적인 요소는 이 시기에 과학과 기술이 군사발전에 대폭 이용된 사실인데 이로 인해 각군의 무기체제에 획기적인 전환이 초래되었다. 예컨대 전투기는 조작이 쉽고 시속 200마일의 속력을 낼 수 있는(천으로 덮인 경무장) 쌍엽기에서 『듀랄루민으로 덮이고 복식 기관포와 장갑조정석・자동방루식 연료탱크를 갖춘』시속 400마일의 강력엔진 단엽기로 재빨리 대체되었다. 폭격기도 달라졌다. 쌍발 중거리 폭격기에서 값비싼 4발의 적재량이 엄청난 항속거리 2,000마일 이상의 중폭격기로 변했다. 워싱턴조약 이후의 전함들(예컨대 킹 조지 V, 비스마르크, 노스캐롤라이나 등)은 더 빠르고 더 강화되었으며 훌륭한 대공무장을 갖추었다. 크고 뛰어난 형태의 항공모함은 1920년대의 신식 수상비행기 탑재함이나 전투순양함보다 큰 공격력을 갖추었다. 전차 연구가들은 더 무겁고 더 우수한 무장과 장갑을 갖춘 1935년 이전 모델보다 강력한 엔진의 전차를 개발하는 데 심혈을 기울였다. 더구나 이같은 모든 무기체제는 항해・항공장치와 대잠수함 탐지장치의 개선, 레이다, 신형 무전의 영향을 받았는데 이로 인해 신무기는 그만큼 비싸졌고 조달과정도 복잡해졌다. 이같은 개선된 새로운 모델에 적용할 수 있는 기계공구나 계기들은 충분했는가? 군수품공장과 전력산업은 이같은 수요를 충당하였는가? 그들은 충분한 예비공장과 숙련된 기술자들을 확보하고 있었는가? 신용할 만하지만 시대에 뒤진 모델의 생산을 과감히 중단하고 새로운 모델을 시험하여 도입할 때까지 기다릴 수 있었는가? 마지막으로─그리고 중요한 것은─이같은 필사적인 재무장이 국가의 경제상태와 어떻게 연관되며 해외 및 국내자원에 대한 접근상태 그리고 대금지불과는 어떻게 관계되었는가이다. 이것은 물론 새삼스런 딜레마는 아니었지만 1930년대 정책결정자들에게는 전례없는 초미의 압력이 되었다.

이같은 기술적·경제적 맥락에서만이 1930년대 강대국 재무장의 다양한 양상을 가장 잘 이해할 수 있을 것이다. 이 시기 각국의 연간 실질 군사비 통계는 그 방법상 여러가지의 불균형이 엿보인다. 그러나 〈표 27〉은 사태의 추이에 대한 공정한 길잡이가 될 것이다.

비교시각에서 볼 때 이탈리아의 문제점은 한결 선명해진다. 소련을 제외한 여러 나라들보다 국민소득의 더 많은 몫을 군대에 투자할 수밖에 없었다고 해도 절대액으로 볼 때 1930년대 전반의 이탈리아는 결코 군비의 과다투자국이 아니었다. 그러나 확대된 아비시니아 침공은 스페인 개입과 중복되어 1935~1937년의 군사비지출이 대폭 증가했다. 이 시기 이탈리아의 군사비 중 이 부문에 대한 지출은 눈 앞의 전투

〈표 27〉 강대국의 군사비 지출, 1930~1938

(100만달러, 현시가)

	일 본	이탈리아	독 일	소 련	영 국	프랑스	미 국
1930	218	266	162	722	512	498	699
1933	183 (356) [387]	351 (361)	452 (620)	707 (303)	333 (500)	524 (805)	570 (792)
1934	292 (384) [427]	455 (427)	709 (914)	3,479 (980)	540 (558)	707 (731)	803 (708)
1935	300 (900) [463]	966 (966)	1,607 (2,025)	5,517 (1,607)	646 (671)	867 (849)	806 (933)
1936	313 (440) [488]	1,149 (1,252)	2,332 (3,266)	2,933 (2,903)	892 (911)	995 (980)	932 (1,119)
1937	940 (1,621) [1,064]	1,235 (1,015)	3,298 (4,769)	3,446 (3,430)	1,245 (1,283)	890 (862)	1,032 (1,079)
1938	1,740 (2,489) [1,706]	746 (818)	7,415 (5,807)	5,429 (4,527)	1,863 (1,915)	919 (1,014)	1,131 (1,131)

에 투입된 것으로 군대의 건설이나 군수품공장에 들어간 것은 아니다. 오히려 아비시니아와 스페인 모험으로 이탈리아는 결정적으로 약화되었다. 전투의 패배로 인해서뿐 아니라 전쟁을 오래 끌면 끌수록 더 많이 수입해야 했기 때문이었다. 기간전략자원의 수입대금 지출로 1939년 당시 이탈리아은행(Bank of Italy)의 외환보유고가 바닥났다. 공군과 육군의 근대화에 필요한 기계류와 기타 장비를 마련하지 못한 이탈리아는 1940년 이전 수년간 계속 약화되었다. 육군은 개편되어도 별 성과가 없었다. 1개 사단의 3개 연대를 2개 연대로 편성하여 사단을 50% 늘렸으나 장교의 진급만 있었지 전투력 증강은 별로 없었다. 1915~1918년보다 생산성이 더 저하된 한 산업의 지원을 받아온 이탈리아 공군은 8,500대 이상의 항공기를 보유하고 있다고 주장했지만 그 뒤 더욱 축소해서 폭격기 454대, 전투기 129대로 수정했다. 그 가운데 다른 나라 공군의 1급으로 분류될 비행기는 거의 없었다. 적정수준의 전차, 대공포, 빠른 전투기, 적절한 폭탄, 항공모함, 레이다, 외환, 병참을 갖추지 못한 채 무솔리니는 1940년 또 하나의 강대국 전쟁에 뛰어들었다. 이미 승리는 자명한 것처럼 믿었으나 실제로는 기적 또는 독일만이 그같은 서사시적인 망상의 참화를 방지해줄 수 있었다.

   무기와 숫자에 치중하는 것은 결국 지도력의 요소와 개인의 자질, 국민의 전투성향을 무시하는 것이 되는데 슬픈 사실은 그같은 요소도 이탈리아의 물질적인 부족을 메워주기는커녕 상대적 약점만 부가시키는 꼴이 되었다는 점이다. 표면상 파시즘의 주입에도 불구하고 이탈리아의 사회나 정치·문화는 1900~1930년 사이 아무런 변화가 없어 재능있고 야심에 찬 젊은이들의 매력있는 출세길이 되지 못했다. 오히려 집단적 무능·동기결여가 팽배했고 개인적 출세에 대한 관심마저도 부질없는 것이었다. 독일의 현지 무관 등을 비롯한 군사관측자들은 대경실색하였다. 군대는 무솔리니의 고분고분한 꼭둑각시가 아니었다. 군대는 무솔리니의 소망을 짓밟을 수 있었을 뿐 아니라 실제로 그것을 행동으로 나타내기도 하는 등 일이 잘 풀려나가지 않는 이유를 수없이 부각시켜 주었다. 군대는 사전 협의도 없이 무언가 손을 대지 않으면 안될 분쟁에 말려들도록 강요되었다. 겁많고 잘못 훈련된 고급장교들이 지배한 육군은 노련한 하사관의 부재로 강대국 전쟁에서는 절망적인 양상을 드러냈으며 해군도 별로 나을 것이 없었다. 공군이 더 잘 교육받고 훈련된다 해도 낡은 비행기에다 비행기 엔진이 사막의 모래 앞에 무용지물이 되고 폭격이 강에 돌던지기식이 되며 화력이 절망적인데 무슨 소용이 되었겠는가. 각군을 연결시킬 조직적인 계획을 세우고 방위의 우선순위를 검토할(결정은커녕) 참모제도가 없었다.

끝으로 무솔리니 자신이 제1차적인 전략책임자였다. 그는 히틀러처럼 자신의 계획을 가진 일사불란한 전권적 지도자가 아니었다는 것이 지배적인 주장이다. 비토리오 에마누엘레 3세(Vittorio Emanuele Ⅲ)는 자신의 특권유지에 적극적이어서 대부분의 관료와 장교단의 충성을 확보하는 데 성공했다. 교황은 독립적인 라이벌이었으며 많은 이탈리아인들에겐 권위의 상징이었다. 1930년대의 대기업인이나 완고한 농민들은 정부에 대해 전혀 열정이 없었으며 파시스타당 자체는 물론 지방의 실력자들은 국가 영광의 추구보다는 일자리의 배분에 더 관심을 두는 듯했다. 그러나 무솔리니의 지배가 절대적이었다 해도 그의 자기기만, 호언장담과 협박, 선천적인 거짓말, 끊고 맺는 데가 없는 행동과 사고, 정부의 무능 등이 버티고 있는 한 이탈리아의 지위는 나아질 수가 없었다.

1939년과 1940년 서방 연합군은 이탈리아가 중립을 지키지 않고 독일편에서 싸울 때의 장·단점을 검토했다. 대체로 영국군 참모부는 이탈리아가 전쟁에 끼어들지 않고 지중해와 근동의 평화를 유지해주기를 바라는 쪽이었다. 그러나 강력한 반론이 제기되었는데 돌이켜보면 그쪽이 옳았다. 인간의 싸움에서 적진에 새로운 적이 가세하여 이쪽보다는 적진을 크게 해친다는 주장은 좀체로 내세우기 힘든 것이다. 그러나 무솔리니의 이탈리아는 적어도 그 점에서 독특했다.

현상에 대한 일본의 도전은 매우 개별적인 성질의 것이었으나 기존 강대국들은 보다 신중히 다루어야 했다. 1920년대와 1930년대의 세계에서는 인종적·문화적 편견에 압도된 많은 서양인들이 일본인을「작은 황색인(little yellow men)」으로 업신여겼다. 진주만(Pearl Harbor)이 쑥밭이 되고 말라야(Malaya)·필리핀이 유린당하고서야 근시안적이고 왜소하며 무표정한데다 기계학이라고는 전혀 모르는 전형으로 비쳤던 일본인이 사실은 그게 아니었다는 사실이 어이없게도 입증되었다. 일본 해군은 주간전투와 야간전투에 대비해 맹훈련을 쌓고 착실히 배웠다. 해외 무관들은 도쿄의 계획입안자와 선박설계자들에게 계속 정보를 보냈다. 육군과 해군의 항공대도 잘 훈련되었으며 유능한 조종사와 승무원을 확보하고 있었다. 육군에서는 걸맞게도 확신에 찬 극단적인 국수주의 장교단이 무사도 정신이 밴 군대의 앞에 섰고 공격에서나 방어에서 무서운 자세를 보여주었다. 이른바 연약한 관료들을 암살한 환상적 열기는 전투장의 분투로 변용되고 있었다. 다른 나라 군대가 말로만 떠드는『최후의 한 사람까지 싸운다』는 구호를 일본군은 문자 그대로 실천했다.

일본군이 줄루(Zulu)족의 전사들과 다른 점은 군사기술과 용맹의 우위를 동시에 지녔다는 점이다. 1914년 이전 산업화는 제1차세계대전으로 크게 가속화되었다. 그것은 협상국의 군수품주문과 일본 해운업에 대한 급격한 수요 때문이기도 했지만 일본의 수출업자들이 서양이 더 이상 공급하지 않게 된 아시아 시장에 발을 들여놓았기 때문이다. 전쟁 기간 수출입은 3배로 늘고 강철·시멘트생산은 2배로 늘었다. 화학과 전기산업도 크게 늘었다. 미국과 마찬가지로 일본은 전쟁 기간 중 외채를 변제하여 채권국이 되었다. 일본은 또 주요 조선국이 되어 1914년 8만 5,000톤에 불과하던 조선실적이 1919년에는 65만톤으로 늘었다. 국제연맹의「월드 이코노믹 서베이(World Economic Survey)」에 의하면 전쟁으로 제조업 부문의 생산량은 미국을 능가하였고 1919~1938년 기간 그같은 성장을 지속하여 신장률은 소련 다음이었다(표 28 참조).

〈표 28〉 제조업생산의 연도별 지수, 1913~1938

(1913년=100)

	세 계	미 국	독 일	영 국	프랑스	소 련	이탈리아	일 본
1913	100.0	100.0	100.0	100.0	100.0	100.0	100.0	100.0
1920	93.2	122.2	59.0	92.6	70.4	12.8	95.2	176.0
1921	81.1	98.0	74.7	55.1	61.4	23.3	98.4	167.1
1922	99.5	125.8	81.8	73.5	87.8	28.9	108.1	197.9
1923	104.5	141.4	55.4	79.1	95.2	35.4	119.3	206.4
1924	111.0	133.2	81.8	87.8	117.9	47.5	140.7	223.3
1925	120.7	148.0	94.9	86.3	114.3	70.2	156.8	221.8
1926	126.5	156.1	90.9	78.8	129.8	100.3	162.8	264.9
1927	134.5	154.5	122.1	96.0	115.6	114.5	161.2	270.0
1928	141.8	162.8	118.3	95.1	134.4	143.5	175.2	300.2
1929	153.3	180.8	117.3	100.3	142.7	181.4	181.0	324.0
1930	137.5	148.0	101.6	91.3	139.9	235.5	164.0	294.9
1931	122.5	121.6	85.1	82.4	122.6	293.9	145.1	288.1
1932	108.4	93.7	70.2	82.5	105.4	326.1	123.3	309.1
1933	121.7	111.8	79.4	83.3	119.8	363.2	133.2	360.7
1934	136.4	121.6	101.8	100.2	111.4	437.0	134.7	413.5
1935	154.5	140.3	116.7	107.9	109.1	533.7	162.2	457.8
1936	178.1	171.0	127.5	119.1	116.3	693.3	169.2	483.9
1937	195.8	185.8	138.1	127.8	123.8	772.2	194.5	551.0
1938	182.7	143.0	149.3	117.6	114.6	857.3	195.2	552.0

1938년 일본은 사실상 이탈리아보다 경제적으로 강화되었을 뿐 아니라 제조업과 산업생산의 모든 지표에서 프랑스를 앞질렀다. 만약 일본의 군사지도자가 1937년 중·일전쟁에 뛰어들지 않고 더욱 치명적이었던 1941년의 태평양전쟁을 일으키지 않았다면 1960년대 중반 훨씬 이전에 영국을 따라잡았을 것이라는 예상도 가능하다.

그렇다고 일본이 힘 안들이고 자신의 모든 경제문제를 극복했다는 얘기가 아니라 단지 힘찬 성장을 보였다는 뜻이다. 초보적인 은행제도 때문에 일본은 제1차세계대전 당시 채권국 행세를 하기 어려웠고 통화공급조작으로 초인플레이션을 야기했으며 또 1919년「쌀소동」이 발생하였다. 유럽이 직물·상선 등의 분야에서 정상적인 생산을 재개하자 일본은 또다시 경쟁의 압박을 받기 시작했는데 당시 일본 제품의 생산단가는 아직 대체로 서양보다 높았다. 더구나 고밀도 인구가 대부분 영세농업에 의존하였고 타이완과 한국으로부터의 쌀수입 증가 때문에 고통받았을 뿐 아니라 1930년 미국의 수요가 끊임에 따른 견직 수출의 단절로도 수난을 겪었다. 이같은 고충을 완화하기 위한 제국주의적 팽창은 고민에 찬 야심적인 일본 정치가들에게는 언제나 유혹이었다. 예컨대 만주정복은 경제적 이점과 동시에 군사적 거점을 제공해주었다. 한편 재무장과 예속적인 동아시아 시장 착취로 일본의 산업과 상업이 1930년대에 중흥기미를 보임에 따라 수입원료에 대한 의존도가 늘었다. 일본의 강철산업이 확대되면서 중국과 말레이시아산 선철과 철광석이 대량으로 필요하게 되었다. 석탄과 구리의 공급도 기업의 수요를 따르지 못했지만 거의 전면적으로 해외에 의존한 각종 석유연료의 심각성에는 비할 바가 못되었다. 절대절명한「경제안보」는—열정적인 국수주의자들과 군부지배자들에겐 자명한 목적이었다—일본을 전진시키는 원동력이 되었지만 착찹한 결과를 초래하였다.

이같은 경제적 곤란에도 불구하고—물론 어떤 의미에서는 바로 그 때문에—다카하시(高橋是淸) 휘하의 대장성은 1930년대 초 적극적으로 외자를 도입하여 군사비에 돌림으로써 1931~1932년 정부예산의 31%이던 방위예산이 1936~1937년에는 47%로 급신장했다. 그는 결국 엄청난 경제적 파급효과에 놀라 더 이상의 증가를 억제하려 들었다가 군국주의자들에게 암살당했으며 군사비지출은 계속 늘어만 갔다. 다음해의 군사비는 정부예산의 70%로서 민주주의 진영의 어느 부자나라보다 군사비 절대액이 많았다. 이처럼 1930년대 말의 일본 군대는 이탈리아보다 우위였고 아마 프랑스·영국도 당해내지 못했을 것이다. 워싱턴조약에 의해 법적 제약을 받은 일본 해군은 영국과 미국의 절반수준을 약간 상회하는 규모였지만 실질적으로는 이들보다 위력이 컸다. 양대 해군 선두주자인 영국과 미국이 1920년대와 1930년대 초에 절약하는 동안 일본은 자기의 몫을 채웠을 뿐 아니라 몰래 그 한계를 초과해버렸다. 예컨대 대형 순양함은 조약에 명시된 8,000톤을 훨씬 초과한 1만 4,000톤에 육박했다. 일본의 주력 군함은 모두 빠르고 중무장이었으며 낡은 군함들은 현대화되었고 1930년대 후반에는 세계 최대의 야마토(大和)급 군함을 건조하게 되었다. 전함의 제독들이 제대로 실감하지는 못했지만 3,000대의 항공기와 3,500명의 조종사를 갖춘 정예의 해군 항공대는 무엇보다도 중요한 요소였다. 해군 항공대는 해군의 항공모함 10척에 주력이 배치되었는데 지상의 폭격기 및 어뢰운반 항공대를 거느렸다. 일본의 어뢰는 화력과 성능면에서 타의 추종을 불허했다. 끝으로 일본은 세계 제3위의 해운국이었다. 그러나 일본 해군이 대잠수함작전을 무시한 것은 의문이 아닐 수 없다.

징병제도 덕분에 일본은 병력확보가 쉬웠고 신병들은 절대복종과 집단총력화의 전통으로 길들여졌다. 초기에는 군대 규모를 억제했으나 증강계획으로 말미암아 1937년 24개 사단, 54개 비행중대이던 것이 1941년에는 51개 현역사단, 133개 항공대로 늘어났다. 거기에다 10개 예비사단(훈련용)과 많은 독립여단 그리고 거의 30개 사단과 맞먹는 규모의 수비대가 있었다. 따라서 개전 직전 일본은 100만 대군에다 훈련된 200만 예비군을 갖춘 셈이었다. 동아시아 대부분의 지형에도 맞지 않고 나무로 된 교량이 많아 전차는 강하지 못했으나 기동성이 뛰어났고 정글이동·도하·상륙의 기술이 뛰어났다. 육군의 제1선 항공기에는 해군과 마찬가지로 당시 유럽에서 생산되는 어떤 전투기에도 뒤지지 않는 속력과 기동력을 갖춘 제로(Zero) 전투기가 포함되어 있었다.

일본군의 정예성은 대단한 수준이었으나 약점이 없지 않았다. 1930년대 일본의 정책결정은 분파간의 분규와 군·민 대립 그리고 암살 등으로 착오가 많았고 때로는 모순투성이었다. 게다가 육군과 해군간의 적절한 조정이 전무했다. 그것은 일본만의 특이한 현상은 아니었으나 각군마다 전혀 다른 적과 작전지역을 가상하였기 때문에 특히 위험스러웠다. 해군은 영국이나 미국과의 전쟁을 상정했고 육군은 아시아대륙만을 상정하고 그곳에서 일본 이권을 위협하는 소련을 주목하고 있었다. 육군이 일본 정치에 미치는 영향력이 강했고 또 제국 참모부를 지배하고 있었기 때문에 육군의 견해가 우선했다. 1937년 조작된 루거우차오(蘆溝橋) 사건을 계기로 중국에 대한 전쟁확대를 육군이 주장했을 때 해군과 외무성은 주저주저하면서도 분명한 반대입장을 취하지 않았다. 만주지역으로부터 북중국에 대한 대거 침공과 해안 상륙을 감행한 일본군은 그러나 결정적 승리가 어렵다고 판단했다. 일본의 특공대와 항공기에 쫓겨 많은 병력을 상실하면서도 장제스(蔣介石)는 내륙으로 이동해 항전을 계속하였다. 일본 참모부의 걱정은 이 전투가 남긴 병력손실 — 육군 사상자 7만 — 이 아니라 밑도 끝도 없는 광역 전쟁에 드는 엄청난 전비였다. 1937년 당시 중국에는 70만의 일본군이 주둔하고 있었다. 병력은 계속 증가하였으나(1938년 150만에 달했다는 윌모트〈H. P. Willmott〉의 주장은 과장된 듯하다) 중국의 항복을 얻어내는 데는 실패했다. 도쿄가 이름붙인「지나사변」은 하루 전비가 500만달러나 들었으므로 군사비를 대폭 증액시킨 요인이 되었다. 1938년 배급제가 도입되었는데 이는 일본을 사실상의「총력전」동원체제로 밀어넣은 일련의 조치였다. 방대한 군사비에 쏟아넣기 위해 정부는 계속 공채를 발행했다.

이같은 전략을 더욱 지탱하기 어렵게 만든 것은 외환보유고와 원료의 고갈 그리고 그들을 승인하지 않는 미국·영국·네덜란드로부터의 수입에 대한 의존도의 증대였다. 공군이 중국작전에서 막대한 양의 연료를 소모한 뒤『공장은 37%, 선박은 15%, 자동차는 65%나 연료를 절감하라는 명령이 떨어졌다.』일본인들로서 이런 상황을 더욱 참기 어려웠던것은 장제스군은 오직 버마통로, 프랑스령 인도차이나나 다른 루트를 통한 서양의 물자공급을 통해서만 항일전을 지속하고 있다는 사실이었다. 일본이 남부를 공격하여 중국을 고립시키고 동남아시아·네덜란드령 동인도·보르네오 등지의 석유와 자원을 확고히 장악해야 한다는 신념이 굳어지게 된 것은 논리적 필연이었다. 물론 이것은 일본 해군이 선호한 방향이었지만 소련에 대한 관심과 중·일전쟁의 확장을 우선시킨 육군도 남방진격이 일본의 경제안보 확립에 필요하다는 것을 서서히 인정하게 되었다.

그러나 이로 인해 일본은 가장 중대한 국면에 처하게 되었다. 일본은 1930년대 말에 조성한 군사력으로 인도차이나에서는 프랑스를, 동인도에서는 네덜란드를 쉽게 밀어낼 수 있었다. 영국까지도 일본에 맞서 대항할 수가 없었다. 그 점은 이미 1930년대 런던의 전략수립가들이 은밀히 인정하고 있었으며 막상 유럽에서 전쟁이 터지자 극동에 대한 영국의 전면개입은 불가능하게 되었다. 그러나 일본이 소련이나 미국과 전쟁을 치르는 문제는 전혀 차원이 달랐다. 예컨대 1939년 5월과 8월 사이 노몬한(Nomonhan) 근처의 붉은 군대와의 장기간에 걸친 유혈 국경충돌을 통해 일본의 참모부는 충격을 받았다. 소련의 포와 항공기는 명백히 한 수 위였고 덩치가 더 큰 소련 전차의 화력은 놀라운 것이었다. 관동군(關東軍)은 몽고와 시베리아에 배치된 소련 사단의 절반 수준인데다 많은 병력이 중국 전선에 묶여 있었다. 가장 극단주의적인 장교까지도 소련과의 전쟁은 적어도 국제상황이 더 유리해질 때까지는 피해야 한다고 주장하였다.

북방전쟁이 일본의 한계를 노출시켰다면 미국의 개입을 초래할 수도 있는 남방전쟁 역시 마찬가지였다. 일본의 중국 침략을 정면으로 반대해온 미국이 네덜란드령 동인도지역과 말라야를 점령하여 미국의 경제적 압력으로부터 벗어나려는 일본을 보고만 있었을까? 1938년 6월 항공자재의 「도덕적 금수조치(moral embargo)」, 다음해의 미·일 무역협정 파기 그리고 무엇보다도 일본의 1941년 7월 인도차이나 점령을 계기로 취해진 영국·네덜란드·미국의 석유 및 철광석의 대일 수출금지는 「경제안보」란 미국과의 전쟁을 각오해야만 가능한 것임을 명백히 드러냈다. 그러나 인구에서 2배에 가깝고 국민소득은 17배인 미국은 연간 강철생산은 5배, 석탄은 5배, 자동차는 8배를 넘어서고 있었다. 미국의 산업잠재력은 보잘것없던 1938년을 기준으로 해도 일본의 7배 이상 강했고 수년안에 9~10배에 이를 수 있었다. 일본인의 드높은 애국열기와 훨씬 우세한 적수에 대한 1895년(청)과 1905년(러시아)의 양대 승전보를 감안한다 해도 진행중인 계획은 위험수위에 이른 어리석은 짓이었다. 실제로 야마모토(山本五十六) 제독같은 냉철한 전략가들은 미국과 같은 강대국에 대한 공격을 어리석은 짓으로 간주하였으며 더구나 일본 육군이 중국에 묶여 있는 판이라 더 고려할 필요조차 없었다. 그러나 1941년 7월 이후의 상황은 미국을 공격하지 않더라도 일본은 서양의 경제적 착취대상이 될 수밖에 없는 역시 견딜 수 없는 상황이었다. 물러설 수도 없게 된 일본의 군사지도자들은 밀어붙이기로 작정했다.

1920년대의 독일은 전후의 영토적·경제적 조치에 실망을 느낀 강대국 중에서 가장 취약하고 가장 많은 곤란을 겪은 나라였다. 베르사유조약의 군사조항에 묶인 채 배상의 짐을 짊어진 상태에서 국경이 프랑스와 폴란드에게 잠식되고 포위당한데다 국내는 인플레이션·계급대립으로 시끄러웠고 이에 따른 선거민과 정당의 혼란 등으로 독일은 이탈리아나 일본이 누리던 외교상의 자유를 누릴 수가 없었다. 전반적인 번영과 독일을 격상시킨 성공적인 시트레제만 외교 덕택에 1920년대 말에는 형편이 많이 나아졌으나 1929~1933년의 금융·상업위기로 말미암아 경제가 파국에 처하고 인기없는 바이마르 민주주의가 좌초되는 등「반자유(half-free)」의 강대국에 지나지 않았다.

히틀러의 출현이 독일의 유럽에서의 지위를 수년만에 변동시켰다 해도 그러기까지의 요체는 미리 만들어졌다는 것을 기억할 필요가 있다. 사실상 독일인은 정도의 차이는 있었지만 모두「체제수정파」였으며 초기 나치의 외교정책 프로그램도 과거의 독일 민족주의자들과 억압당한 군부의 그것과 일맥상통하는 것이었다. 1919~1922년의 중부 유럽의 국경설정은 많은 국민과 민족의 불만을 샀는데 그들은 훨씬 이전부터 그 시정을 위해 베를린과 손잡을 의향을 보여왔다. 독일은 영토와 인구·자원을 잃었지만 유럽의 최강이 될 수 있는 산업잠재력을 보유하고 있었다. 독일 세력의 부활을 억제하는 데 필요한 국제적 균형은 1914년 이전과 근본적으로 달랐으며 제대로 협조가 되지 않는 상태였다. 히틀러가 손쉽게 독일의 외교적·군사적 지위의 개선에 성공한 것은 분명하지만 기존 상황의 대부분이 그의 철저한 기회포착을 도왔다는 것도 명백한 사실이다.

이 책의 주제와 관련되는 범위내에서 히틀러의 「특기(specialness)」는 두 방면에 걸쳐 있다. 첫째는 그가 창설하려고 했던 국가사회주의(나치) 독일의 특이한 격렬함과 광기에서 찾을 수 있다. 유태인과 집시 그리고 그밖의 비독일계를 제거함으로써 인종적으로 「순수화」된 사회, 정부에 대한 무조건 지지에 심혼을 다 바침으로써 종래의 계급·교회·지역·가문에 바탕한 전통적인 충성파를 대체한 국민, 언제고 아무리 많은 강대국에 대항해서도 독일(Deutschtum)의 팽창에 필요하다고 지도자가 선언한 목표를 위해 동원되고 관리되는 경제, 적의 격파를 즐거워하고 타협의 정신을 비웃는 힘·투쟁·증오의 이데올로기를 창출하려 시도했다. 20세기 독일 사회의 규모와 복합성에서 볼 때 이같은 발상이 비현실적인 꿈임은 새삼 지적할 필요도 없을 것이다. 나라 전반에 걸쳐『히틀러의 권력에는 한계가 있었다.』 1932~1933년은 물론 1938~1939년까지 그를 지지하는 개인과 이익집단이 있었지만 열의는 식어갔으며 공개적으로 정부에 반대한 사람 말고도 많은 사람들이 내면적으로 저항하고 있었다. 그러나 이와 같은 예외에도 불구하고 나치 정부는 인기가 대단했고—더욱 중요한 것은—국가자원의 동원이란 면에서는 절대적이었고 그에 대한 저항이 전무했다. 정치문화는 전쟁과 정복 일변도였고 1938년의 경우 정부지출의 52%, 국민총생산의 17%가 군비에 들어갈 만큼 정치·경제의 불균형이 심했던 독일은 서유럽 국가와는 전혀 다른 길로 접어들었다. 나치를 상대로 서방이 굴욕적인 뮌헨협정을 체결하던 1938년 독일이 무기에 쏟은 군사비는 영국·프랑스·미국의 그것을 합친 것보다 많았다. 국가기구가 무기에 집중투자할 수 있는 한 국가 전체가 새로운 전쟁준비에 동원되었다.

독일 재무장의 두번째 주된 특징은 이같은 군비확장기에 국민경제가 과열된 나머지 매우 위험한 상내에 처하게 되었다는 점이다. 위에서 지적한 바와 같이 이탈리아와 일본은 1930년대 말 똑같은 문제점을 드러내고 있었다. 만약 영국과 프랑스도 환상적인 양상의 군비증강에 뛰어들었다면 똑같은 상황에 직면했을 것이다. 그러나 이들 국가는 독일처럼 졸속한 군비증강을 하지 않았다. 히틀러의 등장 훨씬 이전부터 7개 사단을 21개 사단으로 늘리려는 비밀계획이 있긴 했지만 1933년 1월 당시의 병력은 10만 미만이었다. 독일은 또 내밀히 공군과 기갑부대의 편성 등 베르사유조약이 금지한 군대의 재건에 나섰다. 『가능한 한 최강의 군대를 창설하라』는 1933년 2월 히틀러가 폰 프리치(von Fritsch)에게 내린 일반교시를 기획담당자들은 기존 계획의 실시 시작으로 받아들였다. 결국 재정과 병력상의 제약에서 풀린 것이다. 어떻든 1935년이 되자 징집이 발표되고 육군의 규모는 36개 사단으로 불어났다. 1938년 오스트리아군 합병, 라인란트 헌병대 인수, 기갑사단 창설, 국방군의 개편 등으로 규모가 크게 늘어났다. 1938년 말의 위기 당시 육군은 42개 현역사단, 8개 예비사단, 21개 국토방위사단이었는데 다음해 여름 전쟁이 시작되자 독일 야전군은 103개 사단을 거느렸으니 1년만에 32개 사단이 증강된 셈이었다. 공군의 팽창은 규모도 더 크고 빨랐다. 1932년 항공기 생산량이 고작 36대이던 것이 1934년에는 1,938대로 뛰었고 1936년에는 5,112대로 치솟았다. 항공대는 26개(1933.7)이던 것이 전쟁발발시에는 302개로 늘었으며 전선에 배치된 항공기는 4,000대가 넘었다. 해군의 규모가 대단치 않게 보인 까닭은 대체로 강력한 전투함대의 건설이 10~20년 걸린다는 사실에 있을 것이다. 그러나 1939년 레더(Erich Raeder) 제독은 수척의 빠른 현대적 전함을 보유하고 있었고 해군병력도 1932년보다 5배나 증강되었으며 군사비도 히틀러 등장 이전에 비해 12배나 많았다. 지상·공중에서와 마찬가지로 독일 해군의 재무장계획의 초점은 가급적 빨리 세력균형을 개선하는 데 있었다.

이런 것들은 외관상으로는 인상적이지만 내면적으로는 허약했다. 베르사유조약의 영토적 조치가 독일 경제에 끼친 타격, 1923년의 초인플레이션, 배상조치, 1914년 이전의 해외시장에 대한 진입의 어려움 등으로 독일의 생산량은 1927~1928년에야 제1차세계대전 이전의 수준에 도달할 수 있었다. 그러나 이같은 회복은 그후 수년간의 충격적인 경제위기로 일거에 물거품이 되어버렸다. 독일은 다른 어떤 나라보다 큰 타격을 받았다. 1932년 산업생산은 1928년의 58%에 불과했다. 수출입은 절반 수준이었고 국민총생산은 890억마르크에서 570억마르크로 내려갔으며 실업자는 140만에서 560만으로 불었다. 히틀러가 초반에 얻은 인기는 주로 광범위한 도로건설·전기화·산업투자로 실업자를 대폭 줄인데다 징집이 또한 이를 더욱 가속시킨 데 기인하였다. 그리고 1936년 환상적인 군비지출로 경기가 차츰 회복되기 시작했다. 단기적으로 보면 이같은 지출은 또 다른 케인스식의 정부의 자본투자·산업성장 촉진책이었다. 그것은 장기적으로는 말할 것도 없고 중기적으로도 놀라운 경제적 성과였다. 아마도 별 어려움없이 이같은 수준의 군비지출에 따른 긴장을 견디어낼 수 있었던 것은 미국 경제뿐이었을 것이다. 독일 경제가 역부족임은 명백하였다.

당시의 외부 관측자들도 거의 예상하지 못한 가장 심각한 문제는 나치 정책결정의 아주 무질서한 구조 그것이었는데 히틀러는 자신의 궁극적인 권위를 유지하기 위해 이를 조장한 흔적이 있다. 4개년계획을 공표하기는 했지만 군비건설을 독일의 경제력과 연결지어 각군의 우선순위를 정한 일관된 계획은 없었다. 명목상 계획의 책임자였던 괴링(Hermann Goering)은 절망적인 관리자였을 뿐이다. 오히려 각군은 나름대로 과잉 팽창을 추구하여 새로운 목표를 설정하고 필요한 투자자본의 배정, 특히 원료쟁탈전에 나섰다. 만약 정부가 엄격한 노동통제에 나서고 정부가 승인한 제조업에 이윤을 재투자하도록 사기업을 강제하며 높은 세금과 적자차입, 임금과 개인소비 억제 등을 통한 국민생산의 군수산업 투자를 강행하지 않았다면 상황은 더욱 혼란스러웠을 것이다. 그러나 정부지출이 1938년 국민총생산의 33%로 치솟자(그리고 이때가 되면 「사적」투자의 대부분이 정부의 강요에 의해 이루어졌다) 자원은 중복되고 과대망상적이기까지 한 군부의 수요를 당해내기 어렵게 되었다. 제트계획(Z-Plan)에 의해 건설된 함대는 600만톤(1938년 독일 전체 연료소비량과 맞먹는 양)의 연료를 필요로 했고 1942년 1만 9,000대의 전선배치 항공기와 예비항공기는 『세계 석유생산량의 85%』를 필요로 하고 있었다. 그 동안 각군은 더 많은 기술인력, 더 많은 강철과 볼베어링·석유 등의 전략물자를 확보하느라 안간힘을 썼다.

　마지막으로 이와 같은 광란적인 군비증강으로 독일은 원료수입에 크게 의존하게 되었다. 석탄만 풍부할 뿐 제3제국은 방대한 양의 철광석·구리·보크사이트·니켈·석유·고무 등 현대 산업과 무기체제가 필요로 하는 자원이 부족했다. 이와는 대조적으로 미국·영국·소련은 이런 자원들이 넉넉했다. 1914년 이전의 독일은 이런 물자의 수입을 제품수출로 메웠지만 1930년대에 들면서 그것도 불가능하게 되었는데 그것은 독일의 산업이 군대가 필요로 하는 전차·대포·항공기생산에 다시 돌입했기 때문이다. 더구나 제1차세계대전의 전비와 그후의 배상금, 전통적인 수출무역의 상실로 독일의 외화는 사실상 거의 바닥났고 1938년 당시 세계 전체로 보아 독일의 금 및 재정자산은 고작 1%인데 미국은 54%, 프랑스와 영국은 각각 11%였다. 따라서 금이나 외화를 축내지 않고 주요 수입대금을 결제하느라 정부기관은 외화통제·물물교환 등 특별조치를 강구할 수밖에 없었다. 따라서 4개년계획에 의해 수입의존을 벗어나려는 노력의 일환으로 합성대체품 생산이 외쳐지게 되었다. 그 모두가 도움이 된 것은 사실이지만 어느 것도 심지어 모두를 합쳐도 군비건설에서 오는 수요를 충당할 수 없었다. 바로 이 때문에 국내 원료재고가 바닥나고 새로운 공급을 위한 자금이 모자랄 때마다 독일의 군수산업은 연이어 위기에 몰리게 되었다. 1937년 레더 제독은 자재가 확보되지 않는 한 전반적인 해군건설은 중지될 수밖에 없다고 경고했다. 1939년 1월 히틀러는 군대에 대한 강철·고무 등의 원료공급을 대폭 줄이도록 명령하면서 외화획득을 위한 경제상의 「수출전쟁」을 지시했다.

　이상에서 독일의 힘과 정책에 대한 세 가지의 연관된 결론을 끌어낼 수 있다. 첫째 1938~1939년의 독일은 히틀러가 자랑하고 서방이 두려워한 만큼 군사적으로 강하지는 못했다는 사실이다. 개전 당시 275만 병력을 자랑하던 야전군 중에는 기동성있는 정예사단이 얼마되지 않았고 장비가 부족한 예비사단이 압도적이었다. 경험있는 장교와 하사관들은 대량의 신병을 교육시키는 데 거의 투입되다시피 했다. 탄약재고도 아슬아슬한 수준이었다. 개전 때부터 기갑부대의 전차 보유대수는 영국·프랑스보다 적었다. 1940년대 중반의 전쟁을 목표로 추진해온 해군건설도 유보트가 전력의 균형을 도와주는 경우라 할지라도『영국과의 대접전에는 전혀 무장이 부족하다』고 스스로 인정할 정도였는데 이는 군함에 대한 냉철한 평가였다. 주로 적진영의 만성적인 취약성 때문에 공군만은 강했지만 예비부대와 지원부대가 모자라 고민이었다. 1930년대 말기의 국제적인 위기 때도 독일 공군은 적진영이 생각한 만큼 막강하지 못했고 독일의 항공산업도 승무원도 「제2세대」 항공기에 적응하지 못하였다. 예컨대「완전태세를 갖춘」항공승무원은 뮌헨사건 당시「일선」요원으로 산정된 숫자보다 훨씬 적었으며 런던을 철저하게 폭격한다는 것은 말도 되지 않았다.

그러나 독일이 1939년에 전쟁준비가 되어 있지 않았다는 최근의 수정된 견해에 동조하는 것은 현명치 못할 것이다. 결국 군사력은 상대적인 것이다. 어떤 군대도 완비를 주장할 수는 없을 것이며 독일군의 약점도 그들이 상대한 적진과 비교하여 측정되어야 할 것이다. 그럴 경우 베를린이 훨씬 유리했다. 그것은 특히 작전교범상의 우수성 때문이다. 육군은 기갑부대에 초점을 맞추게 되어 있었고 무전망에 의한 야전 지휘권을 부여받았으며 공군은 전략적 임무를 우선하는 특징에도 불구하고 육군의 돌진을 지원하도록 훈련되었다. 비교적 소규모였지만 유보트는 전술에 기민했다. 이 모든 것이 독일의 물자부족을 메워주었다.

여기에서 두번째 결론을 이끌어낼 수 있다. 독일군은 너무 급속히 재무장하는 바람에 경제를 긴장시켰고 히틀러측으로서는 난관돌파를 위한 전쟁돌입의 유혹이 강렬했을 것이다. 누구나 알고 있듯이 오스트리아 합병은 5개 사단 병력과 철광석·유전과 그밖에 상당량의 금속산업뿐 아니라 2억달러 상당의 금과 외화자산을 가져다주었다. 수데텐 지방은 경제적으로 별쓸모가 없었으며(탄광은 있었지만) 1939년 초 독일의 외화사정은 심각했다. 따라서 히틀러가 체코슬로바키아의 나머지를 노리고 1939년 3월 프라하(Prague)를 침공해 노획물을 획득한 것은 당연하였다. 체코슬로바키아 국립은행의 금과 외화자산 외에도 독일은 대량의 철광석·금속을 획득하여 독일 산업을 지원하는 데 활용했고 수익성 높은 대규모 군수산업은 발칸지역을 고객으로 삼아 판매함으로써 외화를 확보하는 데 이용되었다. 실속있는 체코군의 항공기·전차·무기 등의 일부가 독일 신설사단의 장비로 이용되었고 일부는 외화를 위해 매각되었다. 이런 것들은 체코슬로바키아의 산업생산과 함께 유럽내의 독일 지위를 향상시키는 데 한 몫을 했고 히틀러의 열광적인 재무장계획을 다음의 위기 때까지 지속시켜준 발판이 되었다. 『독재와 재무장에 의해 야기된 구조적 긴장과 위기에 처한 정부에게 열려져 있는 「유일한 탈출구」는 가속적인 독재와 재무장 그것이었다』는 것이 팀 메이슨(Tim Mason)의 지적이다. 『나치하의 독일 경제발전의 가공스러운 논리에서는 인력과 물자의 약탈을 위한 전쟁이 정당화되었다.』

세번째의 결론 — 과 문제 — 은 독일이 과잉팽창하지 않고서는 이같은 점령과 약탈정책을 얼마만큼 유지할 수 있었겠는가 하는 것이다. 재무장이 시작되어 독일군이 현대 무기를 갖추게 된 초기에 약한 이웃을 점령하여 새로운 영토·자원·외화를 획득하는 행위는 자기충족적인 듯 보였다. 1939년 4~5월경 다음 차례가 폴란드임이 명백해졌다. 그러나 폴란드가 쉽게 정복된다 해도 아직도 대부분을 수입원료에 의존하고 있는 경제로 과연 독일이 영국과 프랑스를 상대로 하는 전쟁에 돌입할 수 있었을까? 증거로 보면 히틀러는 1939년 서방 민주주의 진영과의 일전을 각오하면서도 영국과 프랑스가 또다시 한 걸음 후퇴하여 독일이 폴란드만을 상대로 한 제한된 약탈전쟁을 하도록 내버려두기를 바라고 있었다. 그렇게만 되면 1940년대 중반쯤에 가서는 독일이 최초의 강대국 전쟁에 뛰어들 수 있는 준비에 나설 경제력 배양이 가능하다고 본 것이다. 프랑스와 영국의 약화된 경제, 1939년경 이들 나라 정치지도자들의 망설임을 고려할 때 히틀러는 때이른 일전을 치러볼 만하다고 생각한 듯하다. 군사작전이 제1차세계대전 당시의 전선에서 교착상태에 빠져서 독일 현대무기의 초반 우세가 점차 탈색된다 해도 뛰어들었을지 모른다. 그러나 히틀러의 승리는 미국이 연합국을 원조할 경우 또는 소련으로 전선이 확대될 경우 더욱 불투명해질 수밖에 없었다. 소련의 경우 영토의 크기 자체가 장기 소모전을 의미했기 때문에 경제적 지구력이 관건이 되었다.

한편 나치 정부는 정복에 익숙했고 히틀러는 차례차례 강점해나갔기 때문에 어디에서 어떻게 멈추느냐가 문제였다. 그의 과대망상증이 갖는 빈틈없는 논리에 의하면 유럽에서는 독일에 도전할 나라가 없고 세계에도 없었던 것이다. 그 정도면 적은 섬멸되고「유태인문제」는 해결되며 천년왕국은 확고한 기반 위에 세워질 수 있었다. 모든 상황이 지속되었음에도 불구하고 독일의 히틀러는 세계제패라는 환상적인 구상과 그 실현에 가로놓인 장벽들을 철저히 외면했다는 점에서 프리드리히대왕이나 비스마르크 수상과는 전혀 달랐다. 광기에 가까운 장기적인 야망과 동시에 단기적인 위기에서 벗어나야 할 필요성에 쫓긴 히틀러는 일본과 마찬가지로 가능하면 빨리 국제질서를 뒤흔들려고 나서게 되었다.

프랑스와 영국

이같이 밀려드는 회오리를 눈 앞에 둔 프랑스와 영국의 사정은 심각하게 증폭되는 고민 그것이었다. 비록 두 나라는 중요한 차이점이 있었지만 다같이 자유・자본주의체제의 민주주의 국가였고 전쟁의 상처가 컸다. 어떤 노력으로도 아련한 꿈인 에드워드 시대의 경제를 회복할 능력이 없었으며 가중되는 국내 노동운동의 압력을 피부로 느끼고 있었다. 그리고 여론은 전쟁을 피하라고 아우성이었으며 대외문제보다는 나라 안의「사회적」문제들에 큰 관심을 두었다. 그렇다고 영국과 프랑스의 외교가 일치했다는 뜻은 아니다. 그들의 전혀 다른 지정학적・전략적 위치와 양국 정부가 받는 압력의 차이로 말미암아 두 민주주의 국가는「독일문제」를 어떻게 처리하느냐 하는 문제로 종종 충돌했다. 그러나 방법을 둘러싸고 싸우긴 했어도 목적에서는 일치하여 1919년 이후의 시련기에 프랑스와 영국은 엄연한 현상유지를 지향하였다.

　1930년대 초반 적어도 아주 중요한 유럽무대에서는 프랑스가 더 강대하고 영향력이 큰 듯 보였다. 이 시기 프랑스는 강대국 가운데 두번째 규모의 육군(소련 다음)을 보유하였고 공군 역시 소련에 이어 큰 규모였다. 외교적으로도 프랑스는 거대한 영향력을 행사했는데 제네바와 동유럽에서 특히 강했다. 프랑스는 1919년 직후 영국과 미국의 지원에 의존하기 어렵게 되고 독일의 배상금 역시 기대대로 이행되지 않았기 때문에 경제적 혼란으로 인한 홍역을 치르게 되었다. 그러나 1926년 푸앵카레(Raymond Poincare)의 통화안정정책으로 프랑스 산업은 호황을 맞게 되었다. 선철생산은 1926년 340만톤에서 1929년 1,030만톤으로 늘어났고 강철은 300만톤에서 970만톤으로, 자동차는 4만대에서 25만 4,000대로 비약했다. 화학제품・염료・전기제품 역시 전전의 독일 지배에서 벗어났다. 프랑화의 유리한 환율로 프랑스의 무역이 활기를 띠었고 프랑스 중앙은행의 방대한 금보유고로 중부와 동부 유럽에 대해 영향력을 행사할 수 있었다. 「대공황」이 닥쳤을 때도 프랑스는 타격을 적게 받았다. 그 이유는 금보유고와 유리한 통화에도 있었지만 프랑스 경제가 영국에 비해 국제시장에 대한 의존도가 낮았던 데도 있었다.

　그러나 1933년 이후 프랑스 경제는 체계적으로 꾸준히 충격과 붕괴의 길로 접어들었다. 다른 주요 무역국가들이 금본위제를 포기하자 이에 프랑화의 가치하락을 피해보려 공연히 애쓰는 바람에 프랑스의 수출경쟁력은 점점 약화되어 해외무역은 결국 주저앉고 말았다. 수입은 60%, 수출은 70%가 줄었다. 수년간의 마비상태 끝에 단행된 1935년의 디플레이션 정책은 빈사상태의 프랑스 산업을 강타했으며 엎친 데 덮친 격으로 1936년 인민전선(Front Populaire) 내각이 주 40시간 노동제와 임금인상을 강행함으로써 기진맥진하였다. 1936년 10월의 프랑화 평가절하 조치는 이미 격화된 프랑스 금의 해외유출을 가속시켜 프랑스의 국제신용을 크게 손상시켰다. 프랑스 국민의 절반을 수용하는 농업 부문의 생산성은 서유럽에서 가장 낮았다. 잉여농산물 생산으로 그 가격이 낮아 그렇지 않아도 바닥인 국민총생산을 더욱 악화시켰는데 그것은 공장지대에서 실직하면 귀향하는 데서 야기되는 현상이었다. 귀향으로 인한 유일한 이득은 이탈리아에서와 마찬가지로 실업자의 참된 숫자를 감추어주는 것 바로 그것이었다. 주택건설은 엄청나게 부진했다. 자동차와 같은 새로운 산업은 다른 나라에서는 회복될 때도 프랑스에서는 침체상태 그대로였다. 1938년 프랑화는 1928년의 36% 수준이었고 산업생산은 10년 전의 83%, 강철은 64%, 건축은 61%였다. 가장 놀라운 — 프랑스 국력의 관점에서 볼 때 — 통계는 1938년의 국민소득이 1929년보다 18% 적었다는 것인데 당시는 망상에 사로잡힌 독일을 눈 앞에 두고 방대한 재무장이 절실한 바로 그런 시기였다.

따라서 경제적 조건만으로도 1930년대 프랑스의 군사력의 붕괴를 설명할 수 있다. 1920년대 말 상대적 번영에 고무된 한편 독일의 비밀스런 재무장에 겁먹은 프랑스는 1929~1930년 예산과 1930~1931년 예산에 군사비 몫을 크게 늘렸다. 제네바군축회담(Geneva disarmament talks)에 걸었던 꿈이 무산된 데 이어 디플레이션 영향이 닥쳐 피해가 막심했다. 1934년 군사비지출은 여전히 1930~1931년 국민소득의 4.3% 수준이었으나 절대액은 400만프랑 미만으로서 경제침체가 그만큼 심했다. 레온 블룸(Leon Blum)이 이끄는 인민전선 내각은 이같은 군비지출 감소추세를 역전시키려고 시도했으나 1937년에야 1930년의 군사비를 능가할 수 있었다. 증액분의 대부분이 야전군의 뚜렷한 결함의 보충과 증강에 들어갔다. 따라서 이런 결정적 시기에 독일은 경제적으로나 군사적으로 앞설 수밖에 없었다.

프랑스는 자동차생산에서 영국·독일에 뒤졌다. 항공기생산에서는 제4위로 10년 사이에 1위에서 그만큼 처진 것이다. 강철생산은 1932년과 1937년 사이 고작 30% 늘었으나 독일의 산업이 거둔 실적은 300%였다. 프랑스의 석탄생산 역시 같은 5년간 놀랍도록 격감하였는데 이는 주로 1935년 초의 자르탄전 반환과 이에 따른 독일측의 생산 증가로 설명될 수 있다.

급격하게 쇠퇴하는 경제와 부채 그리고 전체 공공지출의 절반을 차지하는 1914~1918년 전쟁연금 때문에 프랑스는 1937년과 1938년의 경우와같이 총예산의 30%를 군사비에 충당했음에도 불구하고 3군을 충분하게 재무장시킬 수 없었다. 아이로니컬하게도 명예롭지 못한 프랑스 해군이 가장 나은 지원을 받아 1939년에는 균형있고 현대적인 함대를 보유하게 되었다. 그러나 실제로 해군에 대한 지원은 육지에 퍼붓는 독일군의 폭격을 저지하는 데는 아무런 도움도 되지 못했다. 프랑스 공군은 3군 중에서 가장 열악한 상황에 처해 줄곧 자금부족에 시달렸다. 소규모의 분산된 항공산업은 1933~1937년 사이에 매월 녹일 총생산량의 1/10에 해당하는 50~70대의 항공기만을 생산해냄으로써 겨우 명맥을 유지했다. 예컨대 1937년 프랑스는 단지 370대(어떤 자료에 의하면 734대)만을 생산했는데 독일은 5,606대의 항공기를 생산했다. 1938년이 되어서야 프랑스 정부는 항공산업에 집중투자하기 시작했다. 더 새롭고 성능이 우수한 항공기의 설계—그리고 운항—상의 난점은 차치하더라도 너무 급작스러운 항공산업의 확장으로 인해 장애현상이 불가피하게 나타났다. 예컨대 유망한 기종으로 처음 생산된 데와탱(Dewoitine) 520 전투기 80대는 1940년 1~4월이 되어서야 공군에 인도되었고 조종사들은 전격전이 발발해서야 비로소 전투기 시험비행을 시작할 정도였다.

그러나 대부분의 역사학자들은 이러한 경제적 및 생산의 곤경 뒤에는 더욱 심각한 사회적·정치적 문제가 놓여 있다는 사실을 지적한다. 제1차 세계대전으로 인한 손실에 충격받고 거듭되는 경제적 타격에 낙담한 프랑스 정치가들은 화폐의 평가절하, 디플레이션, 주당 40시간 노동, 높은 세금과 재무장문제들을 제대로 다루지 못했다. 이에 따라 가열된 계급과 이데올로기의 분열현상이 나타나 1930년에 접어들면서 공공도덕과 단결이 완전히 붕괴되었다. 신성한 단결(union sacrée)을 이루기는커녕 유럽에서 파시즘이 대두하자 — 적어도 스페인 내전기까지 — 극우세력은 (가두에서 제창되는 구호와 같이) 블룸보다 히틀러를 선호했고 좌파 대다수는 군비증강이나 주당 40시간 노동제 폐기제안 모두를 거부함으로써 프랑스내의 여론은 더욱 분열되었다. 이러한 이데올로기적 충돌은 정당의 변덕과 양대전간 프랑스 정부의 만성적인 불안정(1930~1940년 사이에 24차례나 정권이 바뀌었다)과 상호작용하여 때때로 내란이 곧 일어날 듯한 사회적 분위기를 조성하였다. 따라서 프랑스는 히틀러의 대담한 행동과 무솔리니의 난동에 과감하게 대처하기 어려웠다.

과거의 프랑스 정치에서 종종 그래왔듯이 이 모든 것은 시민과 군대의 관계 및 사회에서의 군대의 지위에 영향을 미쳤다. 그러나 프랑스의 지도자들이 겪어야 했던 전반적으로 회의적이고 침울한 분위기 말고도 그 곳에는 일련의 특수한 약점이 존재하였다. 영국의 제국방위위원회(Committee of Imperial Defense)나 참모부 소위원회(Chiefs of Staff Sub-Committee)와 같이 전략적 계획수립을 위해 체계적인 방법으로 정부의 군사적인 부문과 비군사적인 부문을 결합하거나 더 나아가 라이벌 군대 사이의 이견를 조정할 수 있는 효과적인 기구가 전혀 존재하지 않았다. 군대의 지도적 인물인 가멜랭(Gustave-Maurice Gamelin), 조르주(Georges), 위강(Maxime Weygand), (배후의) 페탱 등은 모두 6, 70대에 접어든 인물들로서 수동적이고 신중하며 전술적인 혁신에는 별 관심이 없었다. 소규모의 현대적인 기갑부대를 건설하자는 드골(Charles De Gaulle)의 제안을 단호히 거부한 그들은 전쟁시에 신예무기를 사용하는 다른 방법을 궁리하지도 않았다. 합동작전정책은 실행에 옮겨지지 않았다. 전투지휘와 통신대책(예컨대 라디오 등)은 무시되었다. 항공기의 역할은 격하되었다. 또한 프랑스의 정보원들이 독일이 지금 무엇을 생각하고 있는가에 대한 많은 정보를 제공했지만 거의 주목하지 않았다. 독일군의 작전에서 보듯이 대규모 무장대형의 효과를 사람들은 공공연하게 불신했다. 그리고 구데리안 (Heinz Wilhelm Guderian)이 쓴 「전차를 주목하자(Achtung Panzer)」

라는 책의 번역본이 프랑스군의 모든 주둔지 도서관에 보내졌으나 전혀 읽혀지지 않았다. 이로 인해 상당한 숫자의 전차—대부분은 소무아 35(SOMUA-35)와 같이 성능이 우수하였다—를 생산해낼 정도로 프랑스 산업이 활기를 띠게 되었을 때도 프랑스에는 전차의 운용에 필요한 적절한 교본이 없었다. 지휘와 훈련상의 그같은 실패로 인해 또 다른 세계대전에서 프랑스군이 조국의 사회정치적인 불안과 경제적 퇴조를 보상하기란 극히 어려웠을 것이다.

　1914년 이전의 경우를 보더라도 그러한 약점은 프랑스의 외교적 성공이나 유리한 동맹전략에 의해 극복될 수 있는 것이 아니었다. 오히려 1930년대에 들면서 프랑스 대외정책의 모순이 점점 드러나게 되었다. 첫번째 모순은 마지노선(Maginot Line)안에서의 전략적 방위라는 로카르노조약 이후의 결의와 필요하다면 협정에 명시된 바에 따라 대륙의 동맹국을 지원하여 전진함으로써 동유럽에 대한 독일의 팽창을 저지한다는 입장 사이의 대립이었다. 1935년 독일이 자르지방을 탈환하고 비무장지대인 라인란트를 재점복함으로써 군부의 지도자들이 공격적인 군사작전을 심사숙고했다 해도 프랑스의 진격은 더 이상 불가능하게 되었다. 그러나 이것도 1936년 프랑스의 외교적・전략적 입장에 가해진 타격에 비하면 아무것도 아니었다. 아비시니아 사건을 둘러싼 이탈리아와의 분쟁은 독일에 대항해 잠정적 동맹관계에 있던 이탈리아를 잠정적인 적으로 돌려세웠고 스페인내전이 시작되면서 프랑스 배후에 또 다른 파시스트 정권이 수립될 가능성이 보였으며 벨기에가 중립으로 후퇴한 사실은 전략적으로 중요한 의미를 띤 것이었다. 재난의 해가 끝나갈 무렵 프랑스는 더 이상 혼자서는 북쪽 국경을 지켜낼 수 없게 되었고 동부의 동맹국을 지원하기 위해 라인란트로 돌진한다는 생각은 현실성을 잃어갔다. 따라서 뮌헨위기 당시 많은 지도적 프랑스인들은 그들이 체코슬로바키아에 대한 의무를 수행해야만 하는 현실에 망연자실했다. 끝으로 일단 뮌헨협정이 조인되자 소련이 서방과의 제휴에 대하여 훨씬 더 적대적인 태도를 취했으며 1935년의 프랑스・소비에트 조약을 더 이상 유효한 것으로 생각하려고 하지 않는다는 사실을 프랑스는 깨닫게 되었다.

　이렇게 전망이 어두운 외교적・군사적 그리고 경제적 상황 속에서 장차 있을 독일과의 전쟁에 있어서 프랑스의 전략은 기본적으로 영국의 전면적인 지원에 의존했다는 사실은 조금도 놀랍지 않다. 거기에는 분명한 경제적 이유가 있었다. 프랑스는 석탄(30%)・구리(100%)・석유(99%)・고무(100%)와 그밖의 필수 원료의 상당량을 수입에 의존하고 있었다. 수입품 중 많은 부분이 대영제국에서 들어왔고 그것도 영국 상선으로 운송되었다. 만약 「총력전」이 일어나면 시세가 떨어진 프랑화는 세계의 빚을 갚기 위해 다시 잉글랜드은행의 도움을 필요로 하게 될 것이었다. 실제로 1936~1937년에 이미 프랑스는 영국・미국의 재정원조에 크게 의존하고 있었다. 거꾸로 말하면 영국 해군의 지원을 통해서만 독일에 대한 해외의 물자공급을 다시 한번 고립시킬 수 있었다. 1930년대 말이 되자 영국 공군의 지원이 또한 필요했으며 갓 조직된 영국 원정군도 마찬가지였다. 이러한 모든 관점에서 볼 때 전략적 수동주의라는 프랑스의 정책에는 장기적인 논리가 있었다고 주장되어왔다. 즉 만약 서유럽에서 독일의 어떠한 침공도 1914년 때와 같이 저지될 수 있다면 영국・프랑스제국이 보유한 월등히 풍부한 자원은 마침내 우세를 지키게 될 것이고 동유럽에서 일시적으로 잃었던 체코슬로바키아와 폴란드의 영토도 분명 회복할 수 있었을 것이다.

　그래도 「영국에 의존하는(waiting for Britain)」 프랑스의 전략이 무조건적인 축복이었다고 말하기는 어렵다. 분명히 프랑스는 주도권을 히틀러에게 넘겨주었고 1934년 이후 히틀러는 프랑스를 어떻게 다루어야 하는지 알고 있음을 보여주었다. 게다가 히틀러는 프랑스를 속수무책으로 만들었다(비록 보네⟨Bonnet⟩와 가멜랭같은 이들은 속박되는 편을 더 선호했다는 증거가 충분했지만). 1919년 이래 영국은 프랑스가 독일에 대하여 좀더 유연하고 타협적인 정책을 펼 것을 촉구해왔고 프랑스의 비타협적인 태도를 강력하게 반대했다. 그리고 히틀러가 정권을 장악한 이후 수년 동안 영국 정부와 국민은 프랑스의 안보상의 딜레마를 전혀 심각하게 여기지 않았다. 더 정확하게 말하면 영국은 동유럽의 「계승국가」들에 대한 프랑스의 군사적 공약에 절대 반대하였고 영국·프랑스 협력이 불가피해지자 프랑스에게 그 공약을 철회하도록 압력을 가했다. 심지어 체코슬로바키아 사건 이전에도 영국은 아무런 실제적인 대안도 제시하지 않은 채 베를린에 대한 프랑스의 전통적인 강경정책을 방해하고 그 토대를 잠식하였다. 1939년 봄이 되어서야 양국은 비로소 진정한 군사동맹을 맺었지만 그때에도 상호 간의 정치적 의혹은 완전히 해결되지 않았다. 뒤에 살펴보겠지만 영국은 「불성실」했다기보다는 근시안적이었고 낙관적인 전망을 하였으며 산더미같은 국내 및 제국 문제에 사로잡혀 있었다고 보는 편이 공정할 것이다. 그러나 이 사실은 독일의 팽창주의가 다시 대두될 때 프랑스 정책이 전적으로 의존하기에 영국은 갈대와 같이 너무 연약하고 불확실한 존재임을 의미할 뿐이었다.

아마도 프랑스의 가장 큰 계산착오는 1914년과 같이 1930년대 말에도 영국이 독일의 도전을 저지하는 것을 지원해줄 것이라고 생각한 점일 것이다. 물론 영국은 그때까지도 당당한 강대국으로 많은 전략적 이점을 누리고 있었고 제조업생산량이나 산업잠재력이 프랑스의 2배에 달했지만 20년 전과 비교해 영국의 지위는 그렇게 실질적이고 확고한 것이 아니었다. 영국은 제1차세계대전으로 인해 정신적으로 엄청난 상처를 받았고 그에 뒤이은 「카르타고식 강화」의 허무함(대중들이 그것을 깨달은 한)에 의해 미몽에서 깨어났다. 군국주의와 대륙개입 그리고 세력균형에 대한 관심에서 정식으로 벗어나자 (1918년과 1928년의 선거권 확대를 통해) 의회민주주의가 완벽한 형태로 출범했고 노동당(Labor Party)이 부상했다. 아마 이 시기의 영국 국내정치는 프랑스보다도 더「사회적」문제에 몰두한 것처럼 보였다. 이 사실은 사회복지(46.6%)에 배당된 금액에 비해 1933년까지 군대에 배당된 예산이 소액(10.5%)이었던 점에서 잘 나타난다. 볼드윈(Stanley Baldwin)과 체임벌린은 종종 각료들에게 지금은(영국 정부의 시각에서 볼 때) 덜 신성하게 여겨지는 동·중부 유럽의 미묘한 국경문제에 관여함으로써 지지표를 획득할 수 있는 상황이 아니라는 점을 상기시켰다.

사회적 문제나 선거전략보다는 해외문제에 더 몰두한 정치집단과 전략가들에게조차 1919년 이후의 국제적 상황은 주의와 무공약을 요하는 것이었다. 전쟁이 끝나자마자 대영제국의 자치령은 그들의 지위에 대한 재규정을 요구했다. 1926년 밸푸어선언(Balfour Declaration)과 1931년 웨스트민스터조례(Statute of Westminster)를 통해 그것이 결실을 본 후 자치령들은 (스스로 원한 경우) 개별적인 외교정책과 함께 진정한 독립국가로 발전하였다. 그들 중 아무도 유럽문제로 싸우려 하지 않았다. 에이레(Eire)와 남아프리카공화국 그리고 캐나다와 같은 몇몇 국가는 어떤 일에도 싸우려고 하지 않았다. 영국은 제국단합의 이미지를 고수하기를 원했으므로 자치령의 지원을 끌어낼 수 있는 문제일 때만 전쟁을 일으킬 수 있었다. 그리고 독일·이탈리아와 일본의 위협이 증대되면서 그러한 분리독립주의가 수정되었을 때도 런던은 비유럽권 차원의 모든 외교정책결정의 중요성을 유념하였다. 그 당시 더욱 중요한 활동은 육군과 공군(RAF)이 함께 인도·이라크·이집트·팔레스타인 등지에서 벌였던 것으로 군사적으로 엄밀하게 말하면 「제국정책(imperial-policing)」활동이었다. 양대전 사이의 여러 해 동안 사실상 영국 육군은 빅토리아 시대의 역할로 복귀하였다. 인도에 대한 소련의 위협은 (상당히 추상적이었지만) 가장 큰 전략적 위험으로 여겨졌다. 그리고 원주민들을 조용하게 하는 일이 일상적인 작전활동이었다. 끝으로 영국의 대전략 가운데 이같은 제국 치중추세는 해군이 「주력 함대를 싱가포르에 파견」하는 것에 몰두하고 영국 정부가 멀리 떨어진 취약한 속령들을 일본의 공격으로부터 방위하는 데 몰두함에 따라 한층 강화되었다.

영국의 어정쩡한 전략적 「양면성(Janus)」은 몇 세기 전부터 지속되어 온 것이 사실이다. 그러나 크게 놀라운 것은 훨씬 약화된 산업기반에도 불구하고 그것이 계속 수행되었다는 점이다. 1920년대의 영국의 제조업생산량은 침체상태에 있었는데 그 부분적인 이유는 파운드화의 금본위제로의 복귀가 너무 높은 수준으로 결정된 것이었다. 영국은 비록 이 때문에 독일이나 미국처럼 극적으로 타격받은 것은 아니었지만 휘청거리는 영국 경제는 1929년 이후 세계적인 불황에 의해 뿌리채 흔들렸다. 영국 수출의 40%를 점한 직물생산은 2/3로 축소되었고 수출의 10% 정도를 차지한 석탄은 1/5이나 떨어졌으며 조선산업은 가장 큰 타격을 받아 1933년의 생산이 전쟁 전의 7% 수준으로 떨어졌다. 또한 강철생산은 1929~1932년의 3년 동안 45% 줄었고 선철생산은 53%나 떨어졌다. 국제무역의 쇠퇴와 통화블록에 부딪혀 영국의 세계 상업 점유율은 하락추세를 보여 14.15%(1913)에서 10.75%(1929), 9.8%(1937)로 하락했다. 더구나 해운・보험과 해외투자에서 얻는 무역외 수입은 1세기 이상이나 무역적자를 훌륭하게 벌충해왔는데 이제는 더 이상 그렇게 할 수 없었다. 1930년대 초까지 영국은 그들의 자본만으로 영위했다. 노동당 정부의 몰락과 금본위제의 정지 결정을 포함한 1931년 위기의 충격은 모든 정치가들에게 조국의 경제적 취약성을 단단히 자각시켰다.

사실상 지도자들의 우려는 어느 정도 과장된 것일지도 모른다. 1934년이 되자 경제가 조금씩 회복되기 시작했다. 북부의 전통적 산업들이 쇠퇴한 반면 새로운 산업 — 항공・자동차・석유화학・전기제품 — 은 성장하였다. 「파운드화 블록」내의 무역은 영국 수출업자들에게 일종의 버팀대가 되었다. 식료품과 원료가격의 하락은 영국 소비자들에게 도움을 주었다. 그러나 그러한 완화제는 영국의 허약한 해외신용과 계속적인 파운드화 폭락을 염려하고 있는 재무당국으로서는 충분한 것이 아니었다. 그들의 견해로는 당시의 압도적인 선결문제는 국제수지를 맞추어나가는 일이었는데 그것은 정부수지의 균형을 이루고 세금을 최소화하여 국고의 지출을 조절함을 의미하는 것이었다. 심지어 만주사변으로 인해 1932년 정부가 유명한 10년 규정(Ten-Year Rule)*을 포기할 수밖에 없었을 때도 재무당국은 재빨리 『이것은 현

---

* 즉 육군은 이후 10년간은 대전쟁에 돌입하지 않는다는 가정하에 그들의 예산을 작성해야 한다는 1919년 이후의 지침이다.

재까지도 계속되고 있는 아주 심각한 재정적·경제적 상황을 도외시한 채 국방당국이 군사비를 확대해온 것을 정당화해주는 것으로 간주되어서는 안된다』라고 선언했다.

국내의 정치적·경제적 압력의 결합으로 인해 영국은 프랑스와 마찬가지로 독재국가들이 늘어나기 시작한 바로 1930년대 초에 군사비를 삭감했다. 아비시니아사건에 뒤이은 히틀러의 공공연한 재무장으로 이중 충격을 받은 영국은 조국의 「방위 취약점」에 대해 몇년간 연구한 후 1936년이 되어서야 처음으로 군대에 대한 실질적인 투자증대를 허용했으나 그래도 그 해에 배정한 금액은 이탈리아보다 적었고 독일의 1/3~1/4 정도밖에 안되었다. 그리고 그때에도 재무당국의 통제와 국내 여론에 대한 정치가들의 우려 때문에 전면적인 재무장에는 들어가지 못했다. 영국군의 재무장은 1938년의 위기 때 실질적으로 시작되었다. 어쨌든 그 이전에도 영국군은 『우리의 무역과 영토 그리고 독일·이탈리아·일본을 상대로 한 중대한 이익을 동시에 수호』하는 것이 불가능함을 경고하였고 정부에게 『우리의 잠재적인 적의 수를 줄이고 잠재적인 동맹국의 지원을 얻을 것』을 촉구하였다. 다시 말해 극동과 지중해 그리고 유럽의 위협으로부터 경제적으로 쇠퇴하고 전략적으로 과도하게 팽창한 제국을 방위하기 위한 외교, 즉 유화적인 외교정책이 요구되었다. 참모부는 전쟁터가 외국의 어디건 영국은 충분한 태세가 되어 있지 않다고 느꼈다. 그리고 이 우울한 사실조차 독일 공군의 놀라운 증강으로 인해 뒷전으로 밀려남으로써 영국 국민들은 최초로 적의 군사작전에 직접적으로 노출되었다.

실제로 다른 모든 나라의 군사전문가들과 같이 영국의 참모진들 또한 조국의 장래에 대해 상당히 비관적이었음을 보여주는 몇몇 증거가 있다. 제1차세계대전을 겪고난 후 그들은 신중하고 비관적이 되었다. 그러나 영국이 1936~1937년이 되자 공군에서 독일에 뒤졌음은 의심의 여지가 없었다. 그리고 영국의 소규모 장기복무 육군은 유럽대륙에서 거의 아무것도 할 수 없었고 해군은 유럽해상의 통제와 주력 함대의 싱가포르 파견이 불가능하게 되었다. 아마도 영국의 정책결정자들을 가장 괴롭힌 문제는 참모부가 요구한 「잠재적 동맹국」을 판별하기가 극히 어렵다는 점이었을 것이다. 영국이 나폴레옹에 대항하기 위하여 함께 맺었던 제휴, 즉 1900년 이후 큰 효과를 거두었던 성공적인 「우호(ententes)」와 「화해(rapprochements)」가 이제는 더 이상 가능하지 않았다. 일본은 태도를 바꾸어 동맹국에서 적대국으로 돌변하였다. 이탈리아도 같은 입장을 취하였다. 한편 영국과 함께 꾸준히 대륙 패자의 출현을 꺼려왔던 (데히오의 표현대로)「주변」세력인 러시아는 당시 외교적으로 고립되어 있으면서 서방 민주주의 국가들에 대해 깊은 의구심을 품게 되었다. 적어도 좌절감에 사로잡힌 영국 정부로서는 1930년대 초에서 중반까지의 미국 정책이 불가해하고 예측할 수 없는 것이었다. 즉 미국은 외교 및 군사행동을 회피하였고 국제연맹 가입에 미온적인 태도를 보였다. 또한 체제수정파 국가들에게 특혜를 줌으로써 타협하려고 하는 영국의 다양한 시도(예컨대 동아시아에서 일본의 특별한 지위를 인정해준다거나 독일에게 특별한 보상과 환시세의 조정을 해주는 등)에 강력하게 반대하였다. 설상가상으로 1937년 미국은 중립국임을 법률화함으로써 영국이 1914년과 1917년 사이에 전쟁을 수행하기 위한 방법으로 이용했던 미국 시장에서의 차관도입이 불가능하게 되었다. 결국 미국은 계속해서 영국의 대전략을 좌절시켰는데 그것은 우연히도 영국이 프랑스의 동유럽 전략을 좌절시키는 방법과 일치하였다. 따라서 이로 인해 앞으로 프랑스와 대영제국의 나머지 국가들만이 잠재적인 동맹국이 될 수 있었다. 어쨌든 프랑스는 외교상의 필요 때문에 영국을 중부 유럽에 관여하도록 유도하였다. 대영제국 자치령은 이에 강력히 반대하였으며 그것은 또한 대영제국의 「제국방위」의 전체적인 구조로는 방어할 수 없는 것이었다. 한편 영국은 비유럽 지역에 관심을 돌림으로써 독일의 위협을 저지하는 데 필요한 주의력과 자원을 등한히 하게 되었다. 결과적으로 1930년대 영국은 뾰족한 해결책도 없는 세계외교·전략상의 딜레마에 깊이 빠지게 되었다.

 이상은 볼드윈, 체임벌린 혹은 그 동료들이라면 더 잘 헤쳐나갈 수 있었을 것이라는 점을 부인하는 것은 아니다. 또한 영국의 유화정책 결정자들의 입김이 너무 거세어 처칠을 비롯한 유화정책 비판자들이 제시한 모든 대안들이 실행에 옮겨질 수 없었다는 주장도 아니다. 영국 정부는 여러 반증에도 불구하고 나치 정권에 접근할 「타당한」 이유가 있다고 믿으려 들었다. 그들은 또한 감정적으로 공산주의를 매우 혐오하여 소련이 반파시스트 동맹의 일원이 될 수도 있다는 점을 늘 무시하거나 일축해버렸다. 체코슬로바키아·폴란드와 같은 동유럽 약소국가들을 항상 성가신 존재로 여겼고 프랑스가 직면한 난제들을 외면함으로써 치명적인 정신적 천박성을 드러냈다. 또한 극히 희미한 증거를 들어 독일과 이탈리아의 힘은 계속 과대평가한 반면 자신의 방위 취약점들은 활동하지 않은 탓이라고 변명하였다. 유럽의 세력균형에 대한 영국 정부의 견해는 매우 자기중심적이고 근시안적이었다. 처칠 등의 유화정책 비판자는 체계적인 검열에 시달려야 했고 무력화되었다. 그러면서도 정부는 자기들이 (주도했다기보다는) 단지 국민의 여론에 따랐을 뿐이라고 공언할 정도였다. 영국 정부가 독재국가들에 대해 분연히 싸우기를 꺼리는 마음 뒤에 자리잡고 있는 신빙성있고 객관적으로 타당한 근거에도 불구하고 상당부분은 오랜 시간이 흐른 지금 보아도 의심스러울 정도인 그들의 관대하지 못하고 편협한 태도에 기인하였다.

한편 당시의 경제적·전략적인 현실을 조사해보고 받아들일 수밖에 없는 사실은 1930년대 말이 되자 영국의 대전략에 영향을 주는 근본적인 문제들은 단지 그들이 태도를 바꿨다거나 나아가 수상들이 빈번하게 바뀌었어도 해결되지 못했을 것이라는 점이다. 체임벌린이 히틀러의 공세강화와 영국 여론의 폭발로 인해 유화정책을 포기하도록 종용받음에 따라 근본적인 문제점들은 더욱 분명하게 되었다. 예컨대 참모부가 군사비지출을 대폭 늘릴 것을 역설했지만 재무당국은 그러한 지출은 경제적 파국만을 초래할 것이라고 맞섰다. 프랑스와 마찬가지로 영국도 1937년에 이미 1914년 이전 전운이 감돌던 당시 두 나라 중 한 나라가 지출한 것보다도 많은 부분을 국민총생산에서 군사비로 지출하고 있었다. 그러나 그와 같은 막대한 지출에도 불구하고 안보면에서는 별다른 향상이 없었는데 그것은 독일이 더 많은 군사비를 거의 광적으로 지출했기 때문이다. 어쨌든 영국의 군사비가 1937년 국민총생산의 5.5%에서 1938년 8.5% 그리고 1939년 12.5%로 증가함에 따라 민감한 경제도 진통을 겪기 시작했다. 심지어 군비증강에 돈을 투자했지만 영국 공장들이 무기생산에 적합치 못한데다가 설상가상으로 숙련기능공의 절대부족까지 겹쳐서 그들이 원하는 항공기·전차 그리고 함정의 생산에 어려움이 따랐다. 이것을 타개하기 위하여 군대는 전례없이 엄청난 무기와 철판·볼베어링을 비롯한 품목들을 스웨덴이나 미국 등의 중립국에 주문할 수밖에 없어 결국 외환보유고는 급격히 줄고 국제수지가 위협을 받게 되었다. 영국의 금과 달러보유고가 줄어들자 국제신용도는 전례없는 위기에 처했다. 재무당국은 1939년 4월에 제출된 새로운 재무장 안을 놓고 다음과 같이 냉담하게 지적했다.『우리가 1914년 당시와 같이 지구전을 잘 수행할 수 있으리라고 생각하는 것은 현실을 직시하려 하지 않는 태도다.』물론 그것은 영국인들에게 별로 달가운 예언이 아니었다. 영국의 전략수립자들은 단기전에서 그들이 승리할 공산은 적지만 지구전에서는 어느 정도 우세하리라는 희망을 가지고 있었기 때문이다.

 한편 마찬가지로 심각한 모순점들이 대전 전야 군부에서도 표면화되고 있었다. 영국은 1939년 프랑스에 대한 형식적인「대륙공약」을 재확인하는 동시에 유사시 해군력의 전개에 있어 싱가포르보다는 지중해에 우선순위를 둔다는 결정을 내림으로써 장기간 지속되어왔던 전략적 현안을 해결하였으나 극동의 이권은 일본의 다음 공세에 완전히 무방비상태로 노출되어 버렸다. 마찬가지로 모순된 방식으로 영국은 그리스·루마니아 그리고 터키 등에 이어 1939년 봄에는 폴란드에 대해서도 조속한 안보공약을 하였는데 그것은 영국 정부가 대륙의 세력균형에 있어 발칸국가들과 동유럽이 지니는 중요성을 재인식하였다는 증거였지만 사실 영국군이 이미 예상되는 독일의 공격에 대항해서 그 나라들을 방어할 수 있는 가능성은 극히 희박하였다.

요컨대 1939년 3월 이후 체임벌린이 더욱 강경한 대독일정책을 펴고 1940년 5월 처칠이 수상직을 승계했어도 영국이 처한 전략적·경제적 딜레마를 「해결」하지는 못했다. 그들이 한 일이라고는 단지 문제들을 재정의한 데 지나지 않았다. 그 역사의 마지막 무대에 선 지나치게 팽창한 세계제국 — 아직도 지구의 1/4을 차지하고 있기는 했지만 생산능력과 「전쟁수행능력」면에서는 세계의 9~10%만을 점하였다 — 으로서는 유화정책이나 반유화정책 모두가 손실만을 가져왔고 불운한 선택 밖에 남아 있지 않았다. 하지만 점증하는 히틀러의 침략에 맞서 대항한 그들의 선택은 옳은 것이었다. 그 무렵 유럽에서의 영국의 이권, 더욱 심각하게는 극동에서의 이권에 대항한 동맹세력과의 세력균형이 불리하게 됨으로써 중립적인 강대국들의 개입없이 파시즘과 싸워서 확실한 승리를 얻을 방법을 찾기란 참으로 어렵게 되었다. 그 점 역시 많은 문제를 야기하였다.

무대 뒤의 초강대국들

위에서 언급한 바와 같이 영국과 프랑스의 정책결정자들이 1930년대의 외교적·전략적 도전에 대응하면서 겪은 가장 큰 어려움 가운데 하나는 조금은 서로 떨어져 있는 거대한 두 강대국인 미국과 소련의 불확실한 향방이었다. 실질적으로 소련과 미국의 요구조건을 수락하여 자국내의 비난을 유발하더라도 그 두 나라를 설득해서 동맹국으로 끌어들인 다음 파시스트 국가들에 대항하려는 노력은 과연 계속할 가치가 있는 것인가? 어떤 관점에서 어떤 나라를 더욱 강력히 설득해야 하는가? 말하자면 혹시 소련에 대한 공개적인 접근이 일본이나 독일의 반발을 저지하기보다는 오히려 자극하지 않겠는가? 독일이나 일본의 관점에서 보면 (이탈리아는 그다지 그렇지 않았지만) 소련이나 미국의 태도는 양국에게 똑같이 중요한 의미를 지니고 있었다. 히틀러가 중부 유럽의 국경선을 재설정한다면 이 강대국들은 수수방관만 하고 있겠는가? 일본의 계속적인 중국 팽창과 동남아시아에 있는 유럽 식민지들에 대한 침략에 이들은 어떻게 대응할 것인가? 미국이 과연 1914년과 1917년 사이에 했던 대로 서방 민주주의 국가들에게 최소한 경제원조나마 제공할 것인가? 그리고 소련이 경제적·영토적 흥정에 의해 회유될 것인가? 결국 수수께끼같고 조심스럽기만 한 이들 두 나라가 현실적으로 문제가 될 것인가? 실제로 그들은 얼마나 강하며 변화무상한 세계질서 속에서 어느 정도의 중요성을 지니고 있는가?

 소련과 같이「폐쇄된」사회의 경우 그러한 질문에 섣불리 대답하기란 더욱 어려운 일이다. 그렇지만 그 시기 소련의 경제성장과 군사력의 윤곽이 지금은 확실히 밝혀진 상태이다. 그 첫번째의 가장 분명한 사실은 1914년과 1918년 사이의 전쟁과 그후의 혁명 그리고 내란으로 인해 국력상 다른 어느 강대국들보다도 심각한 타격을 입었다는 점이다. 1914년 1억 7,100만이던 인구가 1921년 1억 3,200만으로 급격히 감소해버렸다. 폴란드·핀란드 그리고 발트해 연안국가들을 잃어버림으로써 많은 공장·철도 그리고 농장들을 상실했고 오래 계속된 전쟁은 그나마 남은 것마저 앗아가버렸다. 제조업 부문의 엄청난 쇠퇴로 말미암아 — 1920년경에는 1913년 생산량의 13%수준까지 하락했다 — 몇몇 주요 제품들은 큰 규모로 감소했다. 실례로 전쟁 전 생산되던 철광석의 1.6%, 선철의 2.4%, 강철의 4% 그리고 면화의 5%만이 당시 생산됐던 것이다. 해외무역은 자취마저 감추었고 1인당 국민소득은 60% 이상이나 감소하여 매우 비참한 지경에까지 이르렀다. 하지만 이와 같이 극심한 폭락현상들은 주로 1917년에서 1921년 사이의 정치적 혼란으로 인해 야기된 것이었기 때문에 소련의 체제(실제로 어떤 체제이든)가 확립되면 곧 회복될 성질의 것이었다. 전쟁 전과 전쟁중에 이루어진 소련 산업의 발전으로 볼셰비키들은 일련의 공장과 철도제작소 그리고 제강소 등을 보유하게 되었다. 또한 철도·도로와 전신시설 등의 기간시설이 남아 있었고 내란이 수습되면 언제라도 공장에 배속될 수 있는 산업노동자들도 있었다. 또한 농업생산과 도시 식료품판매체계가 이미 서 있었기 때문에 레닌이(1921년 신경제정책〈New Economic Policy〉하에서) 농민들을「집단화」한다는 실효성없는 시도를 포기하고 개인영농을 허용함에 따라 즉시 복원되었다. 그리하여 1926년이 되자 농산물생산량은 전쟁 전의 수준으로 회복되었고 2년 후에는 제조업생산량도 전쟁 전의 수준으로 회복되었다. 전쟁과 혁명으로 인하여 소련은 13년간의 경제성장에 맞먹는 희생을 감수하였지만 이제 비로소 발전을 재개할 수 있는 태세를 갖추었던 것이다.

하지만 그「발전」은 그다지 비약적인 것은 아니었는데—특히 독재를 강화하고 있던 스탈린에게는—그것은 아직도 러시아가 기존의 경제적 약점들 아래에서 신음하고 있었기 때문이다. 당장 해외투자를 유치할 수 없었기 때문에 대규모의 산업발전과 더불어 적대감이 팽배해 있는 국제관계 속에서 확고한 군사력을 육성하기 위해서는 국내자원을 통해 자본을 동원할 수밖에 없었다. 소련 중산계급이 존속하였다면 자본창출을 독려하거나 갖고 있는 부를 빼앗을 수도 있었겠지만 그렇지도 못했다. 또한 소련 인구의 78%(1926)가 농업 부문에 종사하고 있었는데 대부분이 개인소유였다. 위의 사실들로 보아 스탈린이 국가수입을 늘리는 동시에 농업 부문을 산업 부문으로 점차 바꿀 수 있는 방법은 한 가지밖에 없었다. 즉 농업의 집단화를 꾀함으로써 농민들을 코뮨으로 편성하고 부농(kulak)을 없애며 생산량을 통제하여 농민의 임금과 (훨씬 고가인) 식료품 소매가를 조정하는 방법이었다. 이리하여 위협적일 만큼 가혹한 방법으로 정부는 농촌생산자와 도시소비자 사이를 가로막았다. 그리고 제정 정부는 엄두도 내지 못했을 정도로 엄청난 자금을 양측에게서 착취했다. 이것은 고의적인 가격 인플레이션, 수많은 세금과 국가채권매입을 통해 국가에 대한 충성을 보이도록 강요하는 압력 등에 의해 두드러졌다. 대략적인 거시경제적 통계에 나타나듯이 전체적인 결과는 러시아 국민총생산 중 민간소비 부문이 산업화로의「도약」을 거친 다른 나라들은 80% 정도인 데 반해 놀라울 정도로 낮은 수준인 51~52%로 곤두박질한 것으로 나타났다.

사회주의「계획경제」를 지향하는 특이한 시도에서 파생된 두 가지 대조적인 경제적 결과가 예상대로 나타났다. 첫째는 부농들이 강제적인 집단화에 저항한 끝에 제거됨으로써 야기된 소련 농업생산의 극심한 저조현상이었다. 농장가축의 가공스런 선매 도살 —『말이 1928년 3,350만마리에서 1935년 1,660만마리로, 소는 7,050만마리에서 3,840만마리로 줄었다』— 의 여파로 육류와 곡물수확량뿐 아니라 이미 비참한 상태에 있던 생활수준에도 엄청난 후퇴를 초래했다. 이것은 흐루시초프(Nikita Khrushchev) 시대에 가서야 회복되었다. 후에 트랙터나 전기화사업의 형태로 농업 부문에 환원시킨 국민소득의 비율에 대해 은밀한 계산이 행해져 왔지만 — 이것은 집단화나 가격조절 등에 의해 흡수된 액수와 모순되었다 — 이것은 우리의 목적을 위해 은밀하게 따져본 계산일 뿐이다. 왜냐하면 (예컨대) 트랙터공장들은 설립될 때 경형 전차생산으로 전환할 수 있도록 설계되었기 때문이다. 물론 농민들은 독일군을 막는 데 그렇게 유용하지는 않았다. 분명한 것은 그 당시 소련 농산물생산량이 곤두박질했다는 사실이다. 특히 1933년 기근의 피해자는 수백만을 헤아릴 정도였다. 1930년대 생산량이 회복되기 시작했을 때 농업은 수십만대의 트랙터와 많은 영농과학자들, 강력하게 통제되는 집단농장에 의해 촉진되었다. 하지만 인간적인 측면에서 대가는 막대한 것이었다.

  두번째 결과는 적어도 소련의 경제·군사력을 위해서는 대체로 희망스런 것이었다. 다름아닌 민간소비가 국민총생산에서 차지하는 비율이 근대 역사상 어디에도 비길 수 없게 바닥으로 떨어진 것으로 — 아마 이것은 예컨대 독일의 나치 정부가 생각할 수 있던 것보다도 훨씬 낮은 수준일 것이다 — 소련은 국민총생산의 25%라는 엄청난 부분을 산업투자에 할당하고도 교육과 과학·군사 부문에 상당량을 투자할 수 있었던 것이다. 소련 국민의 일자리가 많은 부문에서 놀라울 정도로 바뀌고 1928년에서 1940년 사이 12년간에 농업인구가 전체의 71%에서 51%로 줄어드는 한편 국민들도 전례없는 속도로 교육의 혜택을 받게 되었다. 이것은 두 가지 면에서 중요했다. 왜냐하면 소련은 독일이나 미국과 비교해 훈련이 덜 되고 문맹상태인 산업노동력으로 고생해왔을 뿐 아니라 제조업 부문의 더 높은 목표설정과 지속적 성장에 필수적인 기술자・과학자・관리자의 절대적 부족에 시달려왔기 때문이다. 공장부설 학교나 기술전문대학에서 교육받고 있는 수백만 노동자들과 (약간 나중의) 대학교의 엄청난 증설로 인해 소련은 마침내 지속적인 성장에 필요한 간부들을 확보했다. 예컨대「국민경제」내의 대졸 기술자의 수는 1928년 4만 7,000명에서 1941년 28만 9,900명으로 증가했다. 소련 선전가들이 즐겨 들먹이던 이 기간의 통계숫자들은 의심의 여지없이 늘려잡은 것들이고 또한 약점이 많은 것들이다. 그러나 성장을 위한 자원의 정교한 배치에는 의문의 여지가 없었다. 또한 수많은 발전소・제철소・공장들은 서부 유럽이나 일본의 공격으로부터 안전하게 보호될 수 있는 우랄산맥 동쪽에 설치되었다.

그 결과 제조업생산량과 국민소득의 상승은—비록 더 신중한 평가를 내리더라도—산업화의 역사상 전례가 없는 것이었다. 초반기의 (예컨대 1920년은 차치하고 1913년의 경우만 봐도) 실질적 생산량이나 생산가치는 아주 낮았기 때문에 비록 위의 〈표 28〉이 소련의 제조업생산이 대공황중에 얼마나 성장했는지 보여주는 유용한 자료이지만 증가율의 변화는 거의 의미가 없다. 어떻든 1928년에서 1937년 사이 2차에 걸친 5개년계획 기간만 볼 경우 러시아 국민소득은 244억루블에서 963억루블로, 석탄생산은 354만톤에서 1,280만톤으로, 강철생산은 400만톤에서 1,770만톤으로, 전력생산은 7배로, 공작기계는 20배 이상으로, 트랙터생산은 거의 40배 정도로 각각 증가했다. 1930년대 후반에 이르면 소련의 산업생산량 사실상 프랑스・일본・이탈리아를 훨씬 넘어설 뿐 아니라 영국도 거의 앞지르게 되었다.

그러나 이런 인상적인 성장 뒤에는 아직도 많은 결점이 숨겨져 있었다. 1930년대 중반에는 농산물생산량이 천천히 증가했지만 소련 농업은 수출할 수 있는 잉여생산은 물론 예전에 비해 식량자급도 이룰 수 없었다. 1에이커당 생산량은 당시까지도 엄청나게 낮았다. 철도에 대한 새로운 투자에도 불구하고 교통망은 초보적 수준으로서 늘어나는 요구를 감당할 만큼 충분하지 못했다. 많은 산업 부문이 외국 기업과 기술에 대한 심한 의존에서 벗어나지 못했는데 특히 미국에 대한 의존이 컸다. 공장과 전체 제조공정의 「거대화」로 인해 제품다양화 (product mix)의 빠른 조정이나 새로운 디자인의 채용 등이 어려웠고 특정 부문에 편중한 성장계획이 원료나 기술인력의 조달문제와 조화를 잘 이루지 못하는 피할 수 없는 장애요인도 발생했다. 1937년 이후 대규모 군비계획을 위한 소련 경제의 노선 재조정은 어쩔 수 없이 산업의 일관성에 악영향을 미치고 당초 계획의 차질을 초래했다. 무엇보다도 대숙청이 있었다. 소련 국민에 대한 스탈린의 편집광적인 탄압의 이유가 무엇이든간에 경제에 끼친 영향은 심각했다. 『공무원·관리자·전문기술자·통계학자 심지어 공장감독까지』 강제수용소로 쫓겨나게 됨으로써 전문인력의 부족은 어느 때보다도 심각해졌다. 체제에 대한 스타하노프(Stakhanov)적 충성을 강요하는 공포의 시대가 사람들을 몰아치게 되자 『가장 하기 쉬운 일도 책임을 회피하며 상사의 허락을 얻은 것만 하고 제 조건을 무시하고 받은 지시만 기계적으로 이행하였다.』 그렇게 해서 사람의 생명은 건질 수 있었지만 복합경제의 성장을 촉진할 수는 없었다.

전쟁 끝에 탄생한데다 폴란드·일본·영국 등 잠재적인 적대국의 위협을 절실하게 느낀 소련은 1920년대의 지출에 상당하는 국가예산의 12~16%를 군사비로 지출했다. 소련 정규 군사력이 안정되어 60만명에 이르고 비효율적이지만 그 두 배에 이르는 민병의 지원까지 받게 된 제1차 5개년계획 기간의 초기에 이르러서야 군사비지출이 줄어들었다. 만주사변과 히틀러의 집권으로 군사력은 다시 1934년에는 94만명, 1935년에는 130만명으로 급격히 증가하게 되었고 5개년계획에서 거둔 산업생산량과 국민소득의 증가에 힘입어 많은 전차와 항공기가 도입되기에 이르렀다. 투하체프스키(Mikhail Tukhachevsky) 중심의 혁신적인 장교들이 두에이(Douhet), 풀러(Fuller), 리들 하트(Liddell Hart) 구데리안을 비롯한 서방 전략가들의 이론을 연구하게 된 한편 1930년대 초 기갑부대뿐 아니라 공수부대도 보유하게 되었다. 소련 해군은 당시 규모도 작고 허약했지만 항공산업은 1920년대 말에 시작되어 초기 수년간은 다른 나라들을 합한 것보다 더 많은 항공기를 생산하기도 했다(표 29 참조).

그러나 이 통계수치들에도 중대한 약점이 숨어 있었다. 소련의 「거대화」로 예견된 현상은 수량에 대한 지나친 강조였다. 계획경제 덕분에 소련은 1930년대 초 수많은 항공기와 전차를 생산했다. 실제로 1932년 소련은 전차 3,000대, 항공기 2,500대 이상을 생산했는데 이는 놀랍게도 지구상의 어떤 나라보다도 많은 양이었다. 1934년 이후 정규군의 급속한 증강으로 소련은 기갑부대와 항공대를 지휘할 고도로 훈련된 장교와 하사관을 확보하는 데 큰 어려움을 겪어야만 했다. 더군다나 과다한 농업인구에다 절망적일 정도로 기술자의 부족에 시달리는 나라로서 현대식 육군과 공군요원을 확보하기란 그보다 훨씬 어려운 일이었다. 대중교육계획에도 불구하고 1930년대 소련의 주요 약점은 잘 교육받지 못한 많은 노동자와 군인에 있었다. 게다가 소련은 프랑스처럼 1930년대 초 항공기와 전차에 대한 과도한 투자의 희생자였다. 즉 스페인내전에서 이런 제1세대 무기들이 속도·기동성·사정거리와 강도상의 한계를 보이자 더 빠르고 강한 항공기와 전차생산을 위한 경쟁이 가속화되었지만 바다에 뜬 대형 선박과도 같이 소련의 군수산업은 그 항로를 재빨리 전환할 수 없었던 것이다. 그렇다고 신형 무기를 만들어 시험하는 동안 구형 무기생산을 중단하는 것 또한 어리석은 짓이었다(이것과 관련해서『1941년 6월 작전수행중이던 소련제 전차 2만 4,000대 중에서 그 당시 독일제 전차에 필적하는 신형 전차는 967대뿐』이었다는 것은 재미있는 사실이다). 이런 사태가 절정일

〈표 29〉 강대국의 항공기 생산대수, 1932~1939

	1932	1933	1934	1935	1936	1937	1938	1939
프 랑 스	(600)	(600)	(600)	785	890	743	1,382	3,163
독 일	36	368	1,968	3,183	5,112	5,606	5,235	8,295
이탈리아	(500)	(500)	(750)	(1,000)	(1,000)	(1,500)	1,850	(2,000)
일 본	691	766	688	952	1,181	1,511	3,201	4,467
영 국	445	633	740	1,140	1,877	2,153	2,827	7,940
미 국	593	466	437	459	1,141	949	1,800	2,195
소 련	2,595	2,595	2,595	3,578	3,578	3,578	7,500	10,382

때 일대 숙청이 단행됐다. 붉은 군대의 숙청 — 장성의 90%, 영관급의 80%가 스탈린의 광적인 숙청에 희생되었다 — 은 숙련된 장교들을 대량으로 제거하는 전반적인 효과와 함께 군대를 엄청나게 손상시키는 특별한 결과도 가져왔다. 즉 투하체프스키와 「현대전」 열광자들, 독일의 전법과 영국의 이론을 연구한 인물들을 숙청함으로써 군부는 정치적으로는 믿음직하지만 지적인 면에서는 뒤지는 보로실로프(Kliment Voroshilov)나 쿠루크(Kuluk)같은 인물들이 장악하게 되었다. 숙청의 초반 결과로 7개의 기계화부대가 해체되었는데 이는 전차 대형은 전장에서 독자적으로 공격임무를 수행할 수 없으며 수송장비는 보병을 지원하는 소총지원부대에 배치되어야 한다는 사실이 스페인내전에서 입증되었다는 주장에 따른 결정이었다. 그와 마찬가지로 티비 3 (TB-3) 전략폭격기는 소련에 별도움이 안된다는 결정도 내려졌다.

공군이 시대에 뒤떨어지고 기갑부대가 해체된데다 군부는 숙청의 두려움 때문에 맹목적인 복종만 일삼게 된 나머지 1930년대 말 소련은 5년이나 10년 전보다도 더 약화되고 말았다. 반면에 독일과 일본은 무기생산을 크게 늘리면서 더욱 강력해져갔다. 1937년 이후의 5개년계획은 군비증강은 독일과 대등한 수준으로 그리고 다른 여러 부문 — 예컨대 항공기생산 — 에서는 능가할 정도로 한다는 데 중점이 두어졌다. 하지만 무기생산에 대한 투자가 더욱 거대해지고 장비가 잘 갖추어진 모습의 군사력으로 효과를 발휘할 때까지 스탈린은 러시아가 최소한 1919~1922년의 기간처럼 「위험구역」을 통과하고 있다는 생각을 버릴 수 없었다. 이런 외부 환경들은 1930년대 소련 외교정책의 무상한 변화를 설명하는 데 도움이 된다. 일본의 만주침략과 그보다 더 심한 히틀러를 상당히 우려했던 스탈린은 수천마일 떨어진 지역에서 일어날지도 모르는 잠재적인 양면전쟁의 가능성에 직면했다(정확히 말하면 그것은 영국의 정책결정자들을 무력케 한 전략적 딜레마였다). 그러나 1934년 소련의 국제연맹 가입과 1935년 프랑스 및 체코슬로바키아와의 조약을 포함한 서방에 대한 외교조치로도 소련이 원했던 집단안보의 강화는 이루어지지 않았다. 폴란드의 동의가 없이는 소련은 프랑스나 체코슬로바키아를 원조할 수 없었고 그 역도 마찬가지였다. 또한 영국은 독일에 대항한 외교적「인민전선」을 형성하려고 하는 이러한 노력들에 난색을 표했는데 이 때문에 스탈린은 스페인내전 기간중 신중을 기하지 않을 수 없었다. 즉 모스크바는 스페인내전에서 사회주의 공화국이 승리하게 되면 프랑코(Franco)를 지지하는 이탈리아·독일과의 공공연한 충돌에 휩쓸릴 뿐 아니라 영국과 프랑스가 우익으로 돌아서지나 않을까 우려하였다.

1938~1939년의 외부 정세는 지금까지 어리석고 납득하기 힘든 숙청을 자행해온 스탈린이 보기에 어떤 시기보다도 위협적이었다. 뮌헨협정은 중·동부 유럽에 대한 히틀러의 야망을 확인했을 뿐만 아니라 — 더욱 우려스럽게도 — 서유럽은 아직 히틀러에 대항할 준비가 되어 있지 않았으므로 독일의 힘을 훨씬 더 동쪽으로 이동시키는 것이 이로울 것이라는 점을 암시해주었다. 또한 1938~1939년 극동에서는 소련과 일본군 사이에 실질적인 국경충돌이 빚어졌는데 이로 인해 소련령 시베리아에 대규모 병력증강이 필요했다. 그래서 스탈린은 독일에 대해「유화」정책을 취하기로 결정하게 되었는데 그것이 비록 이데올로기적인 적과 동석하는 것을 의미하였지만 별로 놀라운 일이 아니었다. 소련은 동유럽에 정치적 야심을 가지고 있었으므로 소련의 몫이 실속있는 것인 한 그 지역 독립국가들의 분할에 거의 단서를 달지 않았다. 1939년 8월에 체결된 놀라운 독·소불가침조약으로 소련은 최소한 서부 국경의 완충지대와 함께 히틀러의 폴란드침공 이후 서방이 독일과 전쟁을 치르는 동안 재무장할 수 있는 많은 시간을 벌 수 있었다. 처칠의 표현을 빌자면 악어에게 잡아먹히는 것보다는 먹이를 내주는 편이 훨씬 나았던 것이다.

이러한 요인들로 인해 1930년대 말 소련의 힘을 측정하기란 매우 어렵다. 특히「상대적 전쟁수행능력」에 관한 통계는 국내의 사기나 군사력의 질 또는 지리적 요건도 제대로 반영하고 있지 않다. 확실히 붉은 군대는 매킨토시(M. Mackintosh)가 1936년의 군대 그 자체를 묘사했듯이『발달된 장비로 중무장한 용감한 현대식 군대와 특히 강인한 전사들』을 더이상 닮지 않았다. 그러나 얼마만큼 달라졌는지는 분명하지 않았다. 1939~1940년 핀란드와의 「겨울전쟁」은 소련의 급격한 쇠퇴를 입증한 결과로 나타났지만 그다지 잘 알려지지 않은 1939년 노몬한에서의 대일본전에서는 소련군이 훌륭하게 지휘되는 군대라는 면에서 현대적 군대임을 과시하였다. 1940년 독일군의 파괴적인 전격전식 승리에 깜짝 놀란 스탈린이 히틀러가 전쟁을 유발하지 않도록 열망했으리라는 것 또한 명백하다. 스탈린의 큰 걱정거리는 일본이 동쪽의 어느 지역에 일격을 가해올 것인가 하는 점이었다. 그러한 그의 걱정은 일본이 불구대천의 적이기 때문이 아니라 시베리아의 방어가 병참면에서 너무 소모적일 뿐 아니라 나아가 앞으로 독일의 위협에 대항하는 소련의 역량을 더욱 악화시킬 것이기 때문이었다. 일단 일본과 동부 국경상의 휴전이 체결되자 1939년 9월 주코프(Georgy Zhukov)의 기갑부대를 신속하게 철수해 동부 폴란드 공격에 돌린 것은 러시아의 불안정한 전략적 궁여지책을 말해주는 것이었다. 한편 그때가 되자 붉은 군대는 타격에서 빠르게 회복되기 시작했고 규모도(1941년 432만명으로) 증강되었다. 소비에트의 전반적인 경제는 전시생산으로 재편되어 러시아 중부에는 거대한 새 공장이 건설되고 있었고 개선된 항공기와 (괴력을 지닌 티 34를 포함한) 전차는 시험중이었다. 군사비로 할당된 예산이 1937년 16.5%이던 것이 1940년에 들어서는 32.6%로 껑충 뛰었다. 이 시기의 다른 모든 강대국과 마찬가지로 소련도 시간을 다투었다. 스탈린은 소련 국민들에게 1931년 당시보다 더 강조점을 두어 생산력격차를 줄일 것을 촉구했다. 『속도를 늦추는 것은 뒤짐을 의미한다. 그리고 뒤진 자는 침략당한다.……』제정러시아는 산업생산력과 군사력이 뒤졌기 때문에 「끝없는 침략」에 시달렸다. 더욱 전제적이고 무자비한 지도자 밑에서 소비에트 정부는 더 빨리 따라잡기로 결심하였다. 히틀러가 그것을 내버려둘 것인지는 확인하기 어려웠다.

양 대전 사이의 기간 동안 세계문제에서 미국의 상대적인 힘은 이상하게도 소련·독일의 힘과 반비례했다. 다시 말해서 미국은 1920년대에는 지나치게 강하였지만 불황기였던 1930년대에는 다른 어느 강대국보다 더 쇠약해졌으며 이 시기의 막바지에 이르러 약간(부분적인) 회복세를 보였다. 20년대 초반 미국이 월등히 우세했던 이유는 앞에서 상세히 기술하였다. 미국은 제1차세계대전시에 일본을 제외하고는 유일하게 이익을 본 나라였다. 이미 제품과 식료품 부문의 가장 큰 생산국이었던 데 이어 세계에서 가장 막강한 금융과 채권국이 되었다. 미국은 당시 가장 많은 금을 보유하였다. 국내시장은 대단히 광범위하여 규모의 경제가 대기업들과 대리점들에 의해 운영되고 있었는데 특히 번창한 자동차산업이 그러하였다. 높은 생활수준과 투자자본의 획득 용이성은 제조업 부문에서 더 많은 투자를 끌어내는 방향으로 상호작용하였는데 이 때문에 소비자의 수요는 실제적으로 증가된 제품 생산량을 모두 흡수할 수 있었다. 예컨대 1929년 미국은 프랑스의 21만 1,000대, 영국의 18만 2,000대, 독일의 11만 7,000대에 비해 450만대 이상의 자동차를 생산했다. 이러한 제조업 부문의 호황을 지속시키기 위해서 고무나 주석·석유를 비롯한 원료의 수입이 놀랄 만큼 증가된 것은 당연하였다. 그러나 수출, 특히 자동차와 농기계·사무용품과 같은 제품의 수출은 1920년대를 통해 증대되었는데 이것은 미국 해외투자의 급속한 증대라는 전반적인 흐름에 힘입은 것이었다. 비록 이러한 것들이 잘 알려져 있지만 그 당시 미국은 『다른 6대 강대국을 합친 것보다 더 많은 량』을 생산해내고 있었으며 『엄청난 생산력증대로 미국의 1인당 생산제품의 총가치는 영국이나 독일의 거의 두 배에 해당하고 소련·이탈리아와 비교하면 10~11배 이상이었다』는 사실을 주목할 필요가 있다.

　한편 이렇게 쓴 저자는 또한 『세계에서 미국의 정치적 영향력은 그의 뛰어난 산업력과 전혀 일치하지 않았다』고 덧붙였는데 1920년대에는 이 사실이 그다지 중요하지 않았을 수도 있다. 우선 미국인들은 지도적 입장이 되면 필연적으로 외교와 군사 부문의 분쟁을 초래할 것이라는 이유로 세계정치에서의 지도적 역할을 단호하게 거부했다. 미국의 상업적 이해관계가 다른 국가의 활동에 의해 침해받지 않는다면 미국이 해외 사건, 특히 동유럽과 북아프리카 북동부(Horn of Africa)

에서 일어나고 있는 일에 관여할 이유가 없었다. 두번째로 미국의 수출과 수입의 절대적인 증가에도 불구하고 국민경제에서의 그것들의 위치는 그리 대단한 것이 아니었는데 그것은 미국은 국내에서 자급자족이 가능했기 때문이다. 실제로 『미국의 총생산량에 대한 제조업 수출품의 비율은 1914년 10%에서 1929년에는 8% 이하로』줄어들었으며 국민총생산의 한 부분인 해외직접투자의 장부가격은 그대로였는데 이 사실은 원칙적으로 세계시장이라는 관념이 널리 받아들여졌음에도 불구하고 왜 미국의 경제정책이 국내수요에 더 민감했는가를 이해하는 데 도움을 준다. 몇몇 원료의 확실한 수입통로를 제외하고 외부 세계는 미국의 번영에 그다지 중요한 것이 아니었다. 끝으로 1919년 이후의 국제문제들은 미국의 입장에서 볼 때 그리 위협적인 것이 못되었다. 유럽은 아직도 분쟁중이었지만 1920년대 초반보다는 상당히 안정되었으며 러시아는 고립되었고 일본은 잠잠했다. 워싱턴조약으로 해군력의 경쟁이 완화되었다. 이러한 상황하에서 미국은 상당히 대규모인 현대적 공군을 창설하고 해군의 항공모함·대형 순양함 계획의 추진을 허용했지만 육군은 상당히 작은 규모(정규군 약 14만명)로 축소시킬 수 있었다. 장군과 제독들이 의회의 불충분한 재정지원을 불평하는 사이 (『신사는 다른 사람의 우편물을 읽지 않는다』는 논리에서 암호해독 업무를 폐지하기로 한 1929년 스팀슨〈H. Stimson〉의 결정과 같이) 국가안보에 타격을 줄 조치들이 취해졌다. 사실 이 시기의 미국은 경제적으로는 대국이었지만 군대는 중류급 수준이었다. 미국에는 영국의 제국방위위원회 또는 그 후신인 국가안보위원회와 같이 전략적 문제를 연구할 민간 군사위원회가 없었다는 사실은 이 평온한 시기의 징후였던 것이다. 미국 국민들이 전쟁이라는 생각을 단호히 거부하는데 그런 기관이 존재할 필요가 어디 있었겠는가?

  1929년에 금융공황을 초래한 미국의 지도적 역할에 대해서는 앞에서 기술하였다. 국력을 비교측정하려는 목적에서 볼 때 가장 중요한 사실은 뒤이은 불황과 관세전쟁이 다른 어느 선진경제보다도 유독 미국을 강타했다는 점이다. 이는 부분적으로는 미국 자본주의의 비교적 무통제적이고 불안정한 속성에 기인한 것이지만 1930년 스무트 홀리관세법으로 보호무역주의를 채택한 치명적인 조치 때문이기도 하였다. 불공정한 해외경쟁에 대한 미국 농민들과 몇몇 산업 로비스트의 불평에도 불구하고 국내 산업·농업생산성은 매우 높아서 ― 수입에 대한 수출초과가 명확히 보여주듯이 ― 개방적인 세계무역질서를 파괴하면 다른 누구보다도 수출업자가 가장 큰 피해를 입을 정도였다. 『미국의 국민총생산은 1929년 984억달러에서 3년 후에는 거의 절반수준으로 하락했다. 1933년의 제품의 가치는 1929년의 1/4에도 못미쳤다. 거의 1,500만명에 달하는 노동자가 다른 아무런 생계수단도 없이 일자리를 잃었다. …… 같은 기간중에 미국 수출가치는 52억 4,000만달러에서 16억 1,000만달러로 무려 69%가 하락했다.』 다른 나라들이 보호무역정책으로 급속히 전환함에 따라 수출에 크게 의존해온 미국의 일부 산업이 쇠퇴하였다. 『10년 전에는 2억달러이던 밀수출이 1932년 500만달러로 감소되었다. 또한 자동차수출은 1929년 5억 4,100만달러에서 1932년에는 7,600만달러로 떨어졌다.』 세계무역이 전반적으로 쇠퇴하긴 했지만 해외무역에서 미국이 차지하는 비중은 훨씬 더 심해서 1929년의 13.8%에서 1932년에는 10% 미만으로 축소되었다. 게다가 몇몇 다른 강대국들이 1930년대 중반에서 후반 사이에 어느 정도 지속적인 회복세에 있을 때 미국은 이전 5년 동안 획득한 발판의 상당부분을 앗아간 1937년의 극심한 경제불황으로 더욱 시달렸다. 그러나 「해체된 세계경제」, 다시 말해 1920년대보다 훨씬 더 자족적인 무역블록화 추세로 인해 이같은 미국의 두번째 경기침체는 다른 나라에게 그렇게 심각한 피해를 주지 않았다. 전반적인 결과는 뮌헨위기 때에 세계 제조업생산량에서 미국이 차지하는 비중이 1910년경 이래 최저가 된 것으로 나타났다(표 30 참조).

이런 경기침체의 심각성과 국민총생산에서 해외무역이 점하는 비중의 축소 때문에 후버(Herbert Hoover)와 특히 루스벨트 정권의 정책은 더욱 내성적으로 되어갔다. 국내문제에 대한 고립주의자들의 완강한 견해와 루스벨트가 직면한 절박한 국내문제들 때문에 그가 코르델

〈표 30〉 강대국의 세계 제조업생산량 구성비, 1929~1938

(%)

	1929	1932	1937	1938
미 국	43.3	31.8	35.1	28.7
소 련	5.0	11.5	14.1	17.6
독 일	11.1	10.6	11.4	13.2
영 국	9.4	10.9	9.4	9.2
프 랑 스	6.6	6.9	4.5	4.5
일 본	2.5	3.5	3.5	3.8
이탈리아	3.3	3.1	2.7	2.9

헐(Cordell Hull)과 국무부가 원했던 만큼 국제문제에 대해 집중적인 관심을 두리라고는 거의 기대할 수 없었다. 그럼에도 불구하고 세계경제에서 미국이 점유해온 결정적인 지위 때문에 『국내 경기회복에 치중』한다거나 『즉각적인 조치와 결과를 기대』한다든지 또는 『미국의 계획이 다른 나라에 미치는 충격을 고려하지 않고 정책을 입안한다』든가에 대한 비난 속에는 일부 본질적인 점들이 개재되어 있었다. 미국은 1934년 전시부채를 갚지 않은 외국 정부에 대한 차관을 금지하고 1935년에는 전쟁시의 무기수출을 금지했으며 곧이어 몇몇 교전국에 대한 차관을 금지함으로써 영국과 프랑스로 하여금 파시스트 정당의 반발보다도 더욱 신경을 쓰게 만들었다. 1935년 이탈리아의 탄핵에 이어 미국 정부는 무솔리니 정권에 대량의 석유를 공급함으로써 영국의 해군본부를 크게 당황하게 만들었다. 독일과 일본의 침략에 대한 부분적 보복조치로 내려졌던 다양한 상업적 제한은 『이들 나라에 반대하는 국가들에게 의미있는 도움을 주지 못한 채 두 나라의 반발만 샀다.』 루스벨트의 경제외교는 장래의 우방국을 지원하거나 동맹국을 얻지 못하고 적대국만 만들었다. 아마도 가장 심각한 결과는 — 비록 그 책임은 여러 곳에 있지만 — 독재국가가 전쟁을 준비하고 있는 바로 그 시기에 영국 정부와 워싱턴 사이에 상호불신이 생겼다는 점일 것이다.

그러나 1937년과 1938년이 되자 루스벨트는 미국의 여론과 경제적 어려움이 그의 주도권을 방해했음에도 불구하고 파시스트의 위협에 대해 더 염려하는 것 같았다. 베를린과 도쿄로 보낸 그의 메시지는 냉담한 것이었으나 영국과 프랑스에 보낸 메시지는 (미국이 이 두 나라를 빠른 시일내에 도와주지는 못했다 할지라도) 우호적이었다. 1938년의 영국·미국 비밀해군회담에서는 일본과 독일의 동맹침략에 어떻게 대처할 것인가라는 문제를 논의했다. 대통령은 독재 정권에 대해 경제적 차별정책으로 대처하겠다는 연설을 함으로써 이들 나라에 대해 「고립화정책」을 펴나갈 것임을 일찍이 시사했다. 무엇보다도 루스벨트는 군사비를 대규모로 증액할 것을 주장했다. 위의 〈표 26〉이 보여주듯이 미국은 1938년에 영국이나 일본보다도 더 적은 군사비를 지출하였고 독일과 소련이 지출한 비용의 일부에 불과한 방위예산을 책정하였다. 그럼에도 불구하고 항공기생산은 실제적으로 1937년과 1938년 사이에 두 배로 증가하였고 다음해에 의회는 「해군최우선(Navy Second to None)」법안을 통과시켜 함대에 대한 거액의 지출을 승인하였다. 그때가 되면 비 17 폭격기 시험비행이 실시되고 있었고 해병대는 합동작전전술을 다듬고 있었다. 육군은 (비록 최신형 전차를 갖추지는 못했지만) 전차전과 대규모 병력동원계획을 논의하였다. 유럽에서 전쟁이 발발했을 때 미국의 어떤 군대도 완전한 준비상태를 갖추지는 않았지만 1914년의 경우보다는 현대전에 비교적 더 적합한 태세를 갖추었다.

그러나 이러한 재무장방법도 미국의 경제규모에는 별다른 영향을 주지 못했다. 1930년대 후반 미국 경제에 관한 중요한 사실은 경제가 충분히 활용되지 못했다는 점이다. 실업인구는 1939년 1,000만에 이르렀고 인시당 산업생산성은 컨베이어 벨트와 전기모터(증기기관 대신)에 대한 투자와 보다 발전된 경영기술 덕택에 상당히 향상되었다. 그렇지만 노동력에 의한 노동시간이 상당히 축소되었기 때문에 절대 생산량은 그다지 증가되지 않았다. 여러 유형의 뉴딜(New Deal)정책은 경제를 자극시키고 비활용된 생산력을 이용하는 데는 불충분했다. 예컨대 1938년 미국은 독일(2,070만톤)·소련(1,650만톤)·일본(600만톤)을 앞지른 2,640만톤의 강철을 생산했다. 이들 세 나라의 강철산업은 완전가동상태에 있었지만 미국은 제강소의 2/3가 가동되지 못하였다. 결국 낮은 가동률은 곧 대규모의 재무장계획에 따라 변화를 맞게 되었다. 1940년 해군 전함의 2배(!) 증강승인, 7,800대의 전투기로 84개 항공대를 만든다는 육군항공단의 계획(선별복무 및 훈련법을 통한), 100만에 가까운 육군의 육성 등 모든 것은 심각한 구조적 문제로 시달리고 있는 이탈리아·프랑스·영국과는 달리 공황으로 인해 단지 가동되지 못하고 있을 뿐인 경제에 영향을 끼쳤다. 말하자면 다른 나라의 경제가 너무 과열된 반면 미국은 막대한 여력을 보유하고 있었기 때문에 아마도 미래의 전쟁결과를 예측하는 데 가장 중요한 통계는 1938년의 강철생산이나 제조업생산량의 수치가 아니라 국민소득(표 31)과 부정확한 것이긴 하지만 「상대적 전쟁수행능력」을 따져본 것일 것이다(표 32 참조). 각각의 경우는 미국이 대공황기간 동안 심하게 피해를 보았다 하더라도 (야마모토 제독의 말처럼) 잠자는 거인으로

〈표 31〉 1937년 강대국의 국민소득 및 군사비 비율

	국민소득(10억달러)	군사비 비율(%)
미 국	68	1.5
영 국	22	5.7
프 랑 스	10	9.1
독 일	17	23.5
이탈리아	6	14.5
소 련	19	26.4
일 본	4	28.2

〈표 32〉 1937년 강대국의 상대적 전쟁수행능력

미 국	41.7%
독 일	14.4%
소 련	14.0%
영 국	10.2%
프 랑 스	4.2%
일 본	3.5%
이탈리아	2.5%
	(7개 강대국 90.5%)

남아 있었음을 우리들에게 상기시켜준다.

　1938년, 특히 1940년 이후 잠자는 거인이 깨어나기 시작함으로써 당시 군비경쟁과 전략적 계산에서 중요한 시기(timing)문제가 최종적인 결정을 보게 된다. 영국과 소련이 앞서 그랬듯이 미국은 당시 파시스트 국가의 과중한 군사비지출에 따라 발생한 군비격차를 줄이기에 노력하고 있었다. 만약 정치적인 의지가 국내에 팽배했다면 통계수치에서 정확히 볼 수 있듯이 다른 나라보다도 더 많이 지출할 수 있었다. 1939년 후반에도 미국 군사비는 겨우 총지출의 11.7%로 국민총생산의 1.6%를 차지했는데 이것은 다른 강대국에 비해 훨씬 낮은 비율이었다. 파시스트 국가와의 군사비 차이를 줄이기 위한 미국의 군사비 증가는 미국을 자동적으로 세계에서 가장 강력한 군대를 보유한 국가로 만들었다. 또한 베를린과 도쿄에서는 그러한 미국의 발전으로 인해 자신들의 장래의 팽창기회가 얼마나 축소될 것인지에 대해 많은 논의가 일고 있었다. 히틀러의 경우 미국을 퇴폐적이고 이종족이 뒤섞인 강대국으로 보는 경시태도로 인해 문제가 훨씬 복잡해졌지만 그는 자신의 정복욕구를 실현하고자 한다면 1940년대 중반까지 기다려서는 안된다는 것을 느끼고 있었다. 왜냐하면 그때 가서는 군사균형이 결정적으로 영국·프랑스·미국 쪽으로 기울 것이기 때문이었다. 일본은 미국을 상당히 심각하게 고려해왔기 때문은 계산이 분명해졌다. 그래서 일본 해군은 그 세력이 1941년 후반 미국 해군력의 70%라는 훌륭한 수준에 이를 것이지만 1942년에는 65%로 떨어질 것이고 1943년에는 50%, 1944년에는 위험수위인 30%로 하락할 것임을 예견하였다. 일본 역시 독일처럼 강대국들에 의해 갈수록 퇴색하는 세계 속의 중위권 국가로서의 운명을 벗어나고자 곧바로 강력한 전략적 공격을 전개할 의도를 가지고 있었다.

계속되는 위기, 1931~1942

　1930년대의 국제외교 과정을 확실하게 이해하기 위해서는 강대국들의 상대적인 힘과 취약점을 전체 속에서 개관하고 당시의 경제적·군사기술적 역동성을 종합해볼 필요가 있다. 이것은 만주든 에티오피아이든 수데텐이든 여러가지 위기의 국지적인 근원이 전혀 상호관련성이 없다거나 강대국들이 조화를 이루었다면 국제적인 문제가 발생하지 않았으리라는 것을 의미하지는 않는다. 그러나 국지적인 위기가 일어났을 때 주요 국가의 정치가들이 넓은 외교적 시각과 특히 긴급한 국내문제라는 두 가지 면을 고려하면서 그런 사건들을 바라보아야 했다는 것은 당연하다. 영국의 수상 맥도널드(James MacDonald)는 1931년 일본의 만주침략 사건이 제2차 노동당 정부의 붕괴와 파운드화 위기와 맞물리는 것을 보고 그러한 생각을 그의 동료 볼드윈에게 다음과 같이 토로하였다.

> 우리 모두는 매일매일의 고난으로 마음이 혼란해져서 전체 상황을 개관하고 그것에 관한 정책을 만들어낼 기회를 갖지 못한 채 처음부터 끝까지 동요 속에서 살 수밖에 없었다.

정치가의 관심이 흔히 장기적이고 전략적이기보다는 즉각적이고 현실적임을 이 말은 잘 상기시켜준다. 영국 정부는 위기를 회복한 후에조차도 일본의 만주정복에 대한 신중한 정책에 변화를 가져올 어떠한 조짐도 보이지 않았다. 경제문제의 취급에 대한 계속적인 요구나 극동문제 개입에 대한 영국 여론의 가혹한 비난은 차치하더라도 영국 지도자들은 평화를 요구하는 자치령의 압력을 받았고 일본이 전략적 이점을 만끽하는 지역에서의 제국방위가 매우 지친 상태에 있음을 알고 있었다. 어쨌든 격분한 중국 민족주의자를 다루는 일본의 결정을 많은 영국인들은 인정했고 또 일본과 우호관계를 유지하기를 원했다. 일본의 계속된 침략으로 그러한 감정이 약화되었을 때도 영국이 강력한 행동으로 옮길 수 있는 유일한 방법은 국제연맹이나 다른 강대국과 협력하는 것이었다.

그러나 원칙은 훌륭했지만 국제연맹 그 자체는 주도 국가의 군대보다 더 효과적으로 일본의 만주침략을 예방할 수단을 갖고 있지 못했다. 그래서 국제연맹조사위원회(리튼조사단 〈Lytton Commission〉)에 의뢰한 행위는 일본이 계속해서 침략하고 있는 동안에 강대국이 행동을 연기할 수 있는 구실만을 위한 것이었다. 그 주도 국가 중 이탈리아는 극동지역에 아무런 이해관계도 없었다. 독일은 중국과 상업적·군사적 유대를 맺고 있기는 했지만 수수방관한 채 일본의 「체제수정노력」이 유럽에 쓸 만한 선례를 남겨줄 수 있을 것인가를 보고만 있었다. 소련은 일본의 침략에 대해 관심은 있었지만 다른 강대국이 협력요청을 해올 것 같지도 않았고 또 독자적으로 앞으로 밀고 나갈 의향도 가지고 있지 않았다. 프랑스는 예상했던 대로 진퇴양난에 빠졌다. 그들은 기존의 국경을 변경하거나 국제연맹의 결의를 조롱하기 위해 만들어진 선례를 원하지 않았다. 한편 극비리에 진행되고 있는 독일의 재무장과 유럽의 현상유지에 관한 우려가 높아지는 가운데 프랑스는 군사자원과 직접적인 관심을 독일문제로부터 극동으로 돌려놓은 극동의 분쟁고조에 매우 고심하게 되었다. 파리는 형식적으로는 국제연맹의 원칙들을 확고하게 지킨 반면 사적으로는 일본에게 그들이 중국에서의 일본의 입장을 이해하고 있음을 알렸다. 이와 대조적으로 미국 정부—적어도 스팀슨이 국무장관으로 재직할 당시의—는 일본의 행동을 결코 용인하지 않았는데 그들은 이론적으로 미국적 생활방식이 바탕하고 있는 문호가 개방된 세계에 대한 위협을 일본에게서 직접적으로 느꼈던 것이다. 그러나 스팀슨의 높은 도덕성에서 우러나온 비난은 계속적인 분쟁을 두려워하고 있는 후버나 응징보다는 중립을 더 선호하는 영국 정부의 관심을 끌지 못했다. 그 결과 그들 각각의 회고록 속에 스팀슨·후버분쟁이 실리게 되었고 (더욱 중요하게는) 워싱턴과 런던 사이에 불신의 유산이 계승되었다.

일본 정부의 승인없이 일본군이 1931년 만주로 침략하였는가 아닌가의 문제는 일본의 침략행위가 성공했고 계속적으로 팽창일로에 있으며 서방은 사실상 아무런 실질적 조치도 취하지 못하고 있었다는 사실에 비하면 아무것도 아니다. 더 중요한 것은 국제연맹이 침략을 저지하는 데는 전혀 효율성이 없는 기구임이 판명되었고 서방 민주주의 3국이 통일된 행동을 취하지 못했다는 점이었다. 이것은 또한 육군과 공군의 군비철폐를 논의한 동시대의 제네바회담에서도 명백히 드러났는데 이때 물론 미국은 불참했다. 그러나 독일이 요구하는「평등」에 어떻게 반응할 것인가에 대한 영국·프랑스의 견해 차이와 프랑스의 우려를 덜어주기 위한 보장을 계속적으로 기피하는 영국의 태도는 히틀러의 신정권이 회담사항을 준수하지 않을 수도 있으며 어떤 보복도 두려워하지 않고 현존하는 조약을 부인할 수도 있음을 의미하였다.

1933년 다시 대두된 독일의 위협은 세계경제회의가 붕괴되고 민주주의 3국이 그들 자신의 통화·무역블록을 세우고 있는 바로 그때에 영국·프랑스·미국의 외교적 협력관계에 긴장을 고조시켰다. 프랑스가 독일의 위협에 더 직접적인 피해를 입었는지는 몰라도 실제적으로 전략적 자유가 더 많이 침해받은 것은 영국이었다. 1934년 내각과 방위준비위원회(Defense Requirements Committee)는 일본이 훨씬 즉각적인 위협인 반면 독일은 더 큰 장기적 위협임을 인정하였다. 그러나 당시로서는 이 양자에 대항할 만큼 강력해질 수는 없기 때문에 둘 중의 어느 한 나라와는 화해하는 것이 중요한 문제로 부각되었다. 일부 집단은 독일에 훌륭히 대항하기 위해 일본과의 관계를 개선할 것을 희망했으나 외무당국은 극동에서의 영국·일본의 이해관계가 미국과의 미묘한 관계를 붕괴시킬 것이라고 주장했다. 한편 동방에서 영국의 방위를 강화하는 데 우선권을 두자는 제국과 해군관계자들에게는 독일의 체제수정노력에 대한 프랑스의 우려를 외면하는 것이 불가능하며 (1935년 이후)독일 공군으로부터의 증대된 위협이 치명적이라는 사실을 납득시킬 수 있었다. 남은 수년 동안 영국의 정책결정자들은 지구 양쪽 끝에 있는 잠재적인 두 적에 직면해야만 하는 전략적 딜레마에서 벗어나고자 안간힘을 썼다.

그러나 1934년과 1935년에 그러한 딜레마는 격심하지는 않았지만 골치아픈 문제인 것처럼 보였다. 전격적으로 폴란드와 협정을 체결하려고 한 히틀러 정권에게는 분명 불유쾌했을지 모르나 어쨌든 독일은 프랑스나 소련보다 군사적 측면에서는 상당히 뒤떨어져 있었다. 게다가 1934년 돌푸스(Engelbert Dollfuss) 암살 이후에 오스트리아를 침공하려는 독일의 시도는 무솔리니로 하여금 하나의 경고로서 브렌너 통로에 군대를 배치하게 만들었다. 현상유지를 추구하는 나라와 동맹을 맺으려 한 이탈리아는 1935년 4월 「스트레자 전선(Stresa Front)」에서 반독일동맹을 결성하려고 노력했던 프랑스에게는 특히 위안이 되었다. 거의 동시에 스탈린은 또한 「평화애호」국가와의 유대를 바란다고 표명하고 1935년 국제연맹에 가입했을 뿐만 아니라 파리·프라하와 함께 안보조약을 체결했다. 비록 히틀러는 「로카르노조약의 동부판」에 대한 반대입장을 솔직하게 표명했지만 독일은 사방이 포위된 듯한 인상이었다. 그리고 극동에서 일본은 조용히 침묵하고 있었다.

그러나 1935년 후반 이같은 고무적인 상황은 히틀러가 미동도 하지 않았지만 빠른 속도로 붕괴되고 있었다. 이것은 「안보문제」에 대한 영국과 프랑스의 상이한 시각, 프랑스가 소련과의 관계를 새롭게 정립한 데 대한 영국의 불안감 한편으로는 1935년 6월에 체결된 영국과 독일의 해군협정에 대한 프랑스의 두려움에서 이미 나타났다. 양국은 자국의 안보를 더욱 강화하기 위하여 다음의 두 가지 조치를 일방적으로 취하였다. 프랑스는 소련을 끌어들임으로써 유럽에서의 세력균형을 노리고 있었으며 영국은 유럽해역과 극동에서 요구하는 자국의 해군력 조정에 힘썼다. 그러나 다른 인접 국가들은 이러한 조치가 베를린에게 오판의 기회를 줄 것으로 보았다. 그렇다 할지라도 그와 같은 모순은 불리한 것이기는 하지만 파국을 초래할 만한 것은 아니었다. 그러나 일련의 국지전 끝에 자신의 로마제국을 건설하려는 야망에 따른 무솔리니의 허망한 아비시니아 침공은 전혀 다른 문제였다. 이 경우는 지역분쟁이 엄청난 결과를 남길 수 있다는 좋은 예가 되었다. 독일에 대항하는 동맹 후보국이 자국에 대한 강력한 적으로 될 수도 있다는 사실에 전전긍긍한 프랑스에게 아비시니아 침공은 적지 않은 충격이었다. 국제연맹 원칙의 악의적인 유린을 방치하는 것은 무솔리니의 무력과시(다음에는 그가 어느 곳을 공격할 것인가)와 마찬가지로 혼란을 조성할 뿐이었다. 반면에 이탈리아가 독일 진영에 가담하도록 방치한다는 것은 엄격한 실리정치면에서 몹시 어리석은 행동이었다. 그러나 이탈리아에 대해 이렇게 고려한다고 해도 이상주의적인 영국의 생각은 요지부동인 것처럼 보였다. 영국 정부는 이탈리아가 함부로 국제연맹의 원칙을 위반한 것에 대한 영국 국민의 불안감에 대처해야 했을 뿐 아니라 서유럽 여러 나라가 지중해의 분쟁에 개입할 경우 일본이 극동에서 어떠한 행동을 취할 것인가에 대해서도 우려하고 있었으므로 큰 딜레마에 빠져 있었다. 프랑스는 이탈리아와의 분쟁이 히틀러를 라인란트로 유인할지 모른다고 우려한 반면 영국은 그것이 아시아에서 일본의 팽창에 기여할지 모른다고 의심하였는데 더구나 바로 그때 일본은 해군조약을 공공연하게 위반하여 무제한으로 해군과 공군을 증강하려 하고 있었다. 사실 더 넓은 의미에서 영국과 프랑스의 생각은 옳은 것이었다. 어려움은 언제나처럼 장기적인 분쟁과 당면한 분쟁을 조정하는 문제에 있었다.

먼저 프랑스의 우려가 현실로 입증되었다. 이탈리아에 유리하도록 북동아프리카의 영토를 재조정하기 위한 1935년의 영국과 프랑스의 제안(호르・라발조약 〈Hoare-Laval Pact〉)은 특히 영국 국민의 분노를 폭발시키는 계기가 되었다. 영국과 프랑스가 이러한 분위기에 호응해야 할지 아니면 여전히 이탈리아와 전쟁을 해서는 안되는 타당한 전략적・경제적 이유를 개별적으로 내세워야 할지 망설이고 있을 동안에 히틀러는 비무장지대인 라인란트의 재점령을 명령했다. 엄밀한 군사적 견지에서 본다면 그 침공은 뜻밖의 충격이 아니었다. 그때까지 프랑스가 독일에 대해 공세를 취하리라고는 거의 생각할 수 없었으며 영국의 경우에도 마찬가지였다. 그러나 이와 같이 베르사유조약이 더욱 약화되고 로카르노조약이 사실상 완전히 붕괴되자 현상타파를 위해 국제적으로 채택될 수 있는 방법과 그렇지 않은 방법에 관한 전반적인 문제들이 제기되었다. 국제연맹의 주도국가들이 1935년과 1936년에 무솔리니의 침공을 막지 못하자 연맹은 거의 신뢰를 상실하였다. 연맹은 스페인내전이나 1937년 일본이 중국을 공공연히 침략할 때에도 거의 아무런 역할도 해내지 못했다. 기존 영토질서상의 큰 변화가 억제되거나 최소한 조절되기 위해서는 「체제수정파」 국가들에 대항하여 주요 「체제고수파」 강대국들의 단호한 조치가 필요하였다.

그러나 후자에 속하는 어느 나라도 무기에 호소할 위협을 가할 것 같지는 않았다. 사실상 파시스트 국가들은 더욱 가까와지고 있었던 반면(1937년 11월 독일과 일본은 무솔리니가 로마·베를린 추축을 공포한 바로 직후 반코민테른협정에 조인하였다) 향후 그들의 적이 될 나라들은 국내문제에 더욱 몰입함으로써 결속력이 약화되고 있었다. 일본이 중국을 침략하고 미국의 군함 파나이(Panay)호를 폭격한 데 대한 미국인들의 분노에도 불구하고 1937년은 루스벨트가 외교정책상의 어떤 결정적인 조치를 취하고자 하는 욕구를 가졌다 하더라도 시기적으로 적당한 때가 아니었다. 경제는 새로 시작된 경기침체로 타격을 받았으며 의회는 이전보다 더욱 엄격한 중립을 지키기 위한 법안을 통과시켰다. 루스벨트가 제공할 수 있었던 것은 구체적인 행동의 확약이 없이 단지 비난만 하는 선언뿐이었으므로 그의 정책은 미국이 과연 믿을 만한가 하는 영국과 프랑스의 의구심을 더욱 심화시켰다. 이와는 다른 면에서 스탈린 역시 그가 주도하던 숙청과 공개재판이 당시 절정에 달한 상황에서 국내문제에 주로 신경을 쓰고 있었다. 스탈린은 내전을 겪고 있는 스페인공화국에 조심스럽게 원조를 제공하고 있었지만 서유럽의 여러 나라들이 「검은 셔츠(black shirts)」보다는 「붉은 셔츠(red shirts)」를 더 싫어한다는 것을 알고 있었다. 그는 또한 더 나아가 추축국과 공공연한 분쟁을 일으키는 것은 위험천만한 일이 되리라는 것을 잘 알고 있었다. 극동에서의 일본의 움직임과 반코민테른협정 조인 때문에 그는 더욱 조심스러워졌다.

그러나 이들 강대국 중에서 1936년에서 1937년에 이르는 기간중 가장 최악의 상태에 있었던 것은 바로 프랑스였다. 프랑스는 경제가 약화되고 정치적 분열이 심하여 일부 관측자들은 프랑스가 내전의 상태에 이를지도 모른다고 생각하였다. 뿐만 아니라 프랑스가 유럽에서 가지고 있던 정교한 안보체제는 일련의 파괴적인 공격으로 인하여 거의 완전히 파괴된 상태였다. 독일이 라인란트를 다시 점령함에 따라 프랑스군이 베를린에 압력을 가하기 위해 공세를 취할지도 모른다는 일말의 가능성마저 없어졌다. 프랑스는 이제 독일 공군에 대해 위험할 정도로 무방비상태에 놓이게 되었으며 설상가상으로 무력해지고 있었다. 아비시니아 침공과 로마·베를린 추축으로 인하여 이탈리아는 잠재적인 동맹국의 위치에서 가장 예측하기 힘든 위협적인 적국으로 변했다. 벨기에가 중립국으로 돌아서자 프랑스의 북부 전선을 방어하기 위한 기존의 계획들은 모두 쓸모없게 되었다. 경제적 부담 때문에 프랑스는 방위의 공백을 메우기 위한 마지노선을 확장할 도리가 없었다. 스페인내전은 프랑스 후방에 파시스트 국가이자 친추축 국가가 탄생할지도 모른다는 무서운 전망을 야기하였다. 동유럽에서는 유고슬라비아가 정책을 바꾸어 이탈리아에 접근하고 있었으며 소협상은 소멸하는 듯 보였다.

 이와 같이 거의 마비된 암울한 상황 속에서 네빌 체임벌린이 볼드윈의 후임으로 수상이 되자(1937.5) 영국의 역할은 결정적으로 중요한 것이 되었다. 영국의 경제적·전략적 취약성을 우려하고 개인적으로도 전쟁발발의 가능성을 걱정하고 있던 체임벌린은 독재자들의 불만을 무마하기 위하여「긍정적인」제안을 함으로써 유럽에서 장래에 있을지도 모르는 어떤 위기를 막아보려고 결심하였다. 그는 소련을 의심하고 루스벨트의 장황한 말들을 경멸하였으며 비타협적 태도와 즉흥성으로 일관한 프랑스의 혼란된 외교정책을 참지 못하고 있었다. 그뿐만 아니라 그는 국제연맹이 이제는 완전히 무력해졌다고 생각했으므로 유화정책을 씀으로써 영구적인 평화를 확보하려는 자신의 전략에 착수했다. 그 이전에도 영국 정부는 독일 정부에게 상업·식민지상의 양보에 관한 의견을 개진한 바 있었다. 체임벌린의 기여는 유럽 자체의 영토변화를 고려함으로서 그 속도를 가속화시킨 것이다. 당시 체임벌린은 독일에게서 가장 큰 위험성을 간파하고 있었으므로 이탈리아와의 관계를 개선함으로써 추축국으로부터 이탈리아를 분리시킬 것을 기대하였다. 이러한 그의 견해는 모두 논란의 여지가 있었다. 그의 생각은 무엇보다도 1938년 초 외무장관(앤소니 이든〈Anthony Eden〉)의 해임을 초래했으며 아직 그 수는 적으나 점점 증가하는 국내 반유화론자들의 비난을 불러일으켰다. 동시에 미국과 소련에서는 그의 의도에 대해 점차 의심을 품게 되었다. 그러나 이는 과거 외교역사상의 수많은 과감한 조치들과 마찬가지로 논란이 따를 수밖에 없었다고 치부할 수도 있다. 대다수는 아니더라도 일부의 영국인들이 느끼고 있었던 것처럼 체임벌린의 전략에 있어서 사실상의 허점은 히틀러는 기본적으로 유화책으로 설득할 수 없는 인물이며 장래의 영토질서에 대해서는 단호한 결단을 가지고 있었으므로 약간의 조정만으로는 결코 그를 만족시킬 수 없다는 데 있었다.

이러한 결론이 1939년이나 1940~1941년에는 더욱 분명해졌을 수도 있지만 위기의 해인 1938년의 영국 정부와 프랑스 정부에게는 이 사실이 그리 명확하지 않았다. 1938년 봄에 있었던 오스트리아 영토점령은 히틀러가 사전에 공포하지 않는 조치를 좋아한다는 불유쾌한 실례를 보여주었다. 그러나 독일 민족이 또다른 독일 민족과 합류한다는데 어떻게 반대할 수 있겠는가? 오히려 오스트리아의 점령은 체코슬로바키아내의 독일어를 사용하는 소수민족의 문제는 이러한 위기로 인해 강대국들이 전쟁에 돌입하기 이전에 해결되어야 한다는 채임벌린의 확신을 강화해주었다. 사실 수데텐문제가 훨씬 논란의 여지가 많다는 것은 명백하였지만—체코슬로바키아 역시 국제적으로 보장된 주권을 가지고 있었으며 서방 강대국들이 히틀러를 만족시키고자 하는 희망은 이제 긍정적인 이상보다는 부정적인 이기적 공포의 영향을 더 많이 받게 되었다—사실은 총통이야말로 당시 전쟁을 치를 준비가 된 유일한 지도자였으며 체코슬로바키아를 분쇄할 수 있는 가능성이 뮌헨회의에서 얻어낸 양보 때문에 무산되었다는 사실에 화가 나 있었다. 어느 때나 마찬가지로 강대국간에 전쟁이 일어나기 위해서는 힘의 우열을 가릴 수 없는 두 대국이 필요하다. 그러나 1938년에는 히틀러에 대항할 만한 적수가 아무도 없었다.

군사균형이 여러 유화 옹호론자들이 주장하는 만큼 독일에게 유리한 것이 아니었다는 사실은 주목해야 하지만 서방측에서는 정치권이나 국민들 사이에 전쟁도 불사하겠다는 의지가 부족했으므로 영국이나 프랑스가 체코슬로바키아를 위하여 싸웠을 경우의 결과를 놓고 오랫동안 논쟁을 한다는 것은 불필요한 일이다. 명백한 것은 군사균형이 뮌헨협정 이후 히틀러에게 훨씬 유리하게 기울었다는 점이다. 1939년 3월이 되자 독일은 유럽에서 실질적으로 중급 군사력을 지닌 체코슬로바키아를 제거하고 그 군장비와 공장·원료를 점령하였으며 스탈린이 점차 서방 여러 나라들을 의심하기 시작함으로써 영국 군비생산의 상당한 증가, 더욱 긴밀한 프랑스와의 군사적 협조, 히틀러에 대항하자는 지배적 의견의 대두 등 영국 정부에게 유리하게 작용할 만한 요소들이 무색해졌다. 동시에 체임벌린은 이탈리아를 추축국에서 이탈시키거나 이탈리아의 발칸반도 침공을 억제하는 데 실패하였다. 그러나 무솔리니는 자신의 급박한 사정 때문에 강대국들간의 세계대전에서 서방국가들에 대하여 그의 동료 독재자와 함께 즉시 싸우려고 하지는 않았다.

히틀러가 1939년 늦은 봄 폴란드에 압력을 가하기 시작했을 때 분쟁을 피할 수 있는 가능성은 그 전에 비해 더욱 줄어들었다. 그리고 전쟁이 발발할 경우 영국과 프랑스가 승리를 얻을 전망도 더욱 불투명해지고 있었다. 독일이 1939년 3월 체코슬로바키아의 나머지 지역을 합병하고 한 달 뒤 이탈리아가 알바니아 영토를 침공함에 따라『히틀러를 저지하라』는 국민들의 압력이 점증하자 서방 민주주의 국가들은 폴란드·그리이스·루마니아와 터키에 대하여 보호를 약속하였다. 그리하여 영국이 이전에는 전혀 생각조차 하지 못했을 정도로 서유럽의 국가들은 동유럽국가들의 운명과 연결되었다. 하지만 폴란드는 서유럽 국가들의 직접적인 지원을 받지 못하였으며 간접적인 지원 역시 프랑스군이 전략적으로 방어태세를 취하고 영국이 많은 자원을 국내 방위강화에 집중하였으므로 미미한 정도에 그쳤다. 폴란드가 직접적인 지원을 얻을 수 있는 유일한 길은 동쪽으로부터였는데 체임벌린 정부는 모스크바와의 협정에 대해 별로 신통한 반응을 보이지 않은 한편 폴란드인들도 그들의 영토에 붉은 군대를 진주시키는 것에 대해 강력하게 반발했다. 스탈린의 가장 큰 관심사는 시간을 벌고 전쟁을 피하는 것이었으며 히틀러는 서유럽국가들에게 폴란드를 포기하도록 계속해서 압력을 강화할 필요가 있었다. 따라서 양국의 독재자는 그들의 이데올로기가 다름에도 불구하고 바르샤바를 희생시키는 모종의 「흥정」에 관심을 보였다. 몰로토프·리벤트로프조약(Molotov-Ribbentrop Pact, 1939. 8. 23)의 충격적인 발표는 독일의 전략적인 입장을 강화시켜주었을 뿐 아니라 폴란드를 둘러싼 전쟁을 사실상 불가피하게 만들었다. 이번에는 비록 경제적·군사적 상황들이 강대국들간의 대전을 피할 것을 요구하고 있었으나 영국과 프랑스 정부가「유화」정책을 더 이상 펼 수는 없었다.

   제2차세계대전이 발발하자 영국과 프랑스는 1914년과 마찬가지로 다시 독일에 대항하였으며 영국과 프랑스 해군이 해상봉쇄를 하고 있는 동안 영국 원정군이 해협을 건너 파견되었다. 그러나 다른 여러가지 관점에서 이번 대전의 전략적인 윤곽은 과거의 대전과는 전혀 달랐으며 연합국측에 불리하였다. 이번에는 동부 전선이 없었을 뿐 아니라 폴란드를 분할하려는 베를린과 모스크바 사이의 정치적 협정 역시 상업상의 조정으로 이어져 소련으로부터의 정기적인 원료유입이 증가함에 따라 해상봉쇄는 독일 경제에 별다른 영향을 주지 못했다. 대전 첫해에 사실 독일은 석유를 비롯한 원료의 비축이 절대적으로 부족한 상태였으나 대체품생산과 스웨덴 철광석 그리고 소련으로부터의 점증하는 공급으로 부족을 메울 수 있었다. 더욱이 서부 전선에서 동맹이 이완됨으로써 독일이 석유와 탄약을 확보하는 데 별다른 어려움이 없었다. 마지막으로 독일에게는 1914~1918년 대전 당시처럼 오스트리아-헝가리 같은 도와주어야 할 성가신 동맹국이 없었다. 만약 이탈리아가 1939년 9월 분쟁에 가담하였다면 경제적 부실로 인하여 독일제국의 부족한 비축물에 부담을 주었을 것이며 따라서 독일은 1940년 서부에 대한 공세를 취하지 못했을지도 모른다. 물론 이탈리아가 참가했더라면 지중해에서의 영국과 프랑스의 사정이 더욱 복잡해졌을 것이다.

로마가 중립을 지킴으로써 독일은 이탈리아를 통해 쉽게 무역거래를 할 수 있었다. 그 때문에 베를린의 많은 전략수립가들은 무솔리니가 뒤에 물러나 있기를 바랐던 것이다.

이런「엉터리 전쟁(phony war)」이 독일의 경제적 취약성을 악화시키지는 않았으며 오히려 이 전쟁으로 인하여 독일은 국방군(Wehrmacht)이 압도적인 위치를 점하는 국가전략—예컨대 작전교리·혼성부대·전술공군력 그리고 분산된 공격 등—을 완성하게 되었다. 폴란드 침공은 특히 전격전의 효과를 확인해주었으나 (당시에는 수정될 수 있는) 몇 가지 약점을 노출시켰다. 또한 이 침공은 독일로 하여금 빠르고 기습적인 공격과 적당한 지역에 적절한 공군·기갑부대를 집중함으로써 적을 섬멸할 수 있다는 자신감을 심어주었다. 이러한 것은 덴마크와 네덜란드에 대한 신속한 공략에서도 다시 한번 입증되었는데 노르웨이는 지리적인 조건으로 인하여 독일의 기갑사단이 접근할 수 없는 곳이어서 영국 해군의 영향을 받고 있었다. 독일 공군의 우위가 확립될 때까지 한동안 그 공세가 어려움에 빠져 있었던 것은 이 때문이었다. 그러나 독일의 군사이론과 작전 전술능력이 우월하다는 것을 가장 잘 보여준 것은 1940년 5~6월에 걸친 프랑스 공세였다. 병력규모는 크지만 조직력이 뒤떨어진 연합군의 보병과 기갑부대는 구데리안의 기갑부대와 기동성을 갖춘 보병에 의해 격퇴되었다. 이 모든 접전에서 독일은 제공권을 장악했다. 따라서 어느 쪽도 새로워진 전쟁 양상을 요리할 능력이 없었던 1914~1916년의 전투와는 달리 이 1940년의 전투에서는 장기적인 경제적 취약성에서 벗어난 듯 보이는 독일의 우위가 돋보였다.

더욱이 1939~1940년 전쟁에서 결정적으로 승리함으로써 독일의 전쟁기구는 석유와 원료자원을 확보할 수 있었다. 자기들이 격퇴한 적을 무자비하게 약탈할 수 있었을 뿐만 아니라 프랑스와 영국이 중요한 군사적 공세를 취할 여력마저 아주 없애버림으로써 광범위한 군사행동에 있어서도 독일군은 비축물의 심각한 부족을 걱정할 필요가 없었다. 게다가 스페인의 원료에 접근할 수 있는 지상통로가 개설되어 있었으며 스웨덴의 철광석은 연합군의 공격으로부터 안전한 상태였고 히틀러가 빠른 시일에 성공을 거두자 겁을 집어먹은 소련은 공급을 늘렸다. 이러한 상황에서 프랑스가 몰리고 있던 바로 그 순간에 이탈리아가 참전함으로써 그 전에 참전했다면 야기했을지도 모를 독일의 경제적 어려움을 거의 안겨주지 않았다. 비록 철저하게 실패로 끝난 이탈리아의 군사행동이 1930년대를 통하여 이탈리아의 군사력이 얼마나 과대평가되었는가를 잘 보여주긴 했지만 이탈리아의 참전으로 인하여 영국의 자원은 유럽으로부터 근동지역으로 분산되었다.

만약 전쟁이 단지 이들 세 교전국에 의해서만 계속되었더라면 얼마나 오래 계속되었을지는 추측하기 힘들다. 처칠이 지도한 대영제국은 전쟁을 계속하려는 단호한 생각을 가지고 많은 수의 병력과 비축된 군수품들을 이동시키고 있었다. 실례로 영국은 1940년 항공기나 전차 생산에서 독일을 앞질렀다. 그리고 영국이 자신들이 보유한 금이나 달러만으로는 미국의 공급물자 대금을 지불하기가 힘에 부친 상태에 있는 동안 루스벨트는 의회를 설득하여 불이익을 끼치는 중립법안을 폐기하고 영국을 지탱시켜주는 것 ─ 무기대여(Lend-Lease),「기지 구축함(destroyers for bases)」협정, 수송선단보호 등 ─ 이 미국의 안보와 직결됨을 납득시키기 위해 안간힘을 썼다. 전반적인 결과는 두 주된 교전국이 상대방에게 서로 결정적인 피해를 줄 수 없는 입장에 놓이게 되었다는 것이다. 독일군은 해협을 건너 영국을 침공할 수 없었을 뿐 아니라 영국군은 지상 군사력의 불균형 때문에 유럽 진격이 불가능했다. 독일에 대한 폭격기 공격이 영국의 사기를 높여주었는지는 모르지만 이 단계에서는 별다른 피해를 주지 못했다. 북대서양에 대한 간헐적인 공습에도 불구하고 독일의 함대는 영국 해군과 겨룰 만한 입장이 아니었다. 반면 유보트 공격은 아주 위협적이었는데 이는 되니츠(Karl Doenitz)의 새로운 전술과 여분의 잠수함 덕분이었다. 북아프리카・소말리아(Somalia) 그리고 아비시니아에서 영국군은 이탈리아군이 점령하고 있는 지역은 탈환하기 쉽지만 롬멜(Erwin Rommel)의 아프리카군단(Afrika Korps)과 그리스에 있던 독일 침공군이 수행한 전쟁의 폭발적인 양상에는 대처하기가 극히 어렵다는 것을 발견했다.「마지막 유럽전쟁」이라고 불리는 이 대전의 두번째 해는 서사시적인 교전이나 정복보다는 방어에 의한 승리와 국지적인 점령으로 특징지어졌다.

히틀러의 운명적인 러시아 침공 결정은 이 전쟁의 전국면을 바꿔놓을 수밖에 없었다. 전략적으로 보면 그의 결정으로 말미암아 독일은 이제 여러 개의 전선에 걸쳐 전투를 해야 했으며 이것은 1914~1917년의 딜레마로 다시 되돌아간 것이었다. 이것은 특히 서부와 동부 그리고 지중해 지역에 편대를 분산 배치함으로써 약화된 독일 공군에게는 특히 심각한 문제였다. 또한 중동에서의 대영제국의 위치—이는 히틀러가 바르바로사 작전(Operation Barbarossa)에 투입한 병력과 항공기의 1/4만 투입하였다면 쉽게 전복될 수 있었다—는 본토와 마찬가지로 앞으로의 적들에 대한 방어 도약대로 남아있을 것이 확실했다. 어쨌든 가장 중요한 것은 지리적인 광활함과 러시아 국경 수백마일 안으로 뻗친 원정의 지리적 광활함과 병참수요가 국방군의 가장 큰 우위를 망쳐버렸다는 사실이었다. 국방군의 우위란 결국 군수품이 바닥나고 전쟁기구가 약화되기 이전에 적을 압도하기 위해 한정된 범위 내에서 기습공격을 펴는 것이었다. 1941년 6월 독일과 그 동맹국들이 일선 병력을 막강하게 배치해놓은 것과는 대조적으로 특히 빈약한 도로망의 관점에서 지원과 후속자원은 극히 미미했다. 전쟁이 3개월 안에 끝나리라는 생각에서 겨울전쟁은 대비하지 않았던 것이다. 독일의 항공기생산량은 1941년 미국은 물론 영국·소련보다도 뒤졌으며 국방군은 소련보다도 훨씬 적은 수의 전차를 보유했다. 석유와 군수품의 공급은 원격작전 때문에 동이 났다. 비록 국방군이 지상전에는 눈부시게 성공적이었지만—또는 임박한 공격에 직면해 스탈린이 부당한 배치명령을 내림으로써 독일군이 전투 초기 4개월간 300만의 러시아군을 죽이거나 포획할 수 있었지만—이런 지상전에서의 승리가 문제를 해결해주지는 않았다. 러시아는 엄청난 인명과 장비의 손실을 입었고 100만평방마일의 영토를 빼앗겼지만 여전히 물러서지 않았다. 그러나 그 엄청난 자원을 생각할 때 모스크바 점령 심지어 스탈린 자신의 체포도 항복을 끌어내지는 못했을 것이다. 한마디로 끝이 없는 전쟁이었다. 그리고 제3제국은 엄청난 승리와 눈부신 업적에도 불구하고 소련과 대적할 만큼은 무장이 갖추어지지 않았던 것이다.

 소련이 모스크바의 문턱에 들이닥친 독일군에 대항해 살아남고 1941년 11월 시베리아에서 일본의 엄청난 공격을 받아도 살아남을 수 있었겠는가는 대답하기 어려운 별개의 문제이다. 독일·이탈리아와 3자 협정(Tripartite Pact, 1940. 9)을 맺고 1941년 4월 소련과 중립조약을 체결할 당시 일본은 소련의 견제를 기대하여 그 동안에 남방진격에 집중할 계획이었다. 그러나 도쿄의 많은 사람들은 독일이 모스크바를 공격했다는 소식을 듣자 소련에 전쟁을 걸려고 했다. 만약 일본군이 남진하는 대신 아시아에서 전통적인 적인 소련에 싸움을 걸었더라면 루스벨트가 자국민에게 그와 같은 전쟁에 전적으로 동참하자고 설득하기란 무척 힘들었을 것이다. 그리고 영국이 극동에서 소련에게 줄 지원은 미미했을 것이다. 이런 2개 전선에서의 가공할 상황에 직면하지 않았기 때문에 스탈린은 1941년 말경 시베리아에서 겨울에 잘 견디는 잘 훈련된 병력을 독일의 공격을 분쇄하기 위해 투입할 수 있었다. 도쿄의 관점에서 볼 때 남방진격 결정은 완전히 논리적이었다. 서방의 일본에 대한 금수조치와 7월의 일본재산 동결조치(일본의 프랑스령 인도차이나 점령에 이은)가 일본 육군과 해군에게 다음과 같은 사실을 잘 환기시켰다. 즉 미국의 정치적인 요구에 굴복하거나 동남아시아의 석유와 원료를 획득하려고 시도하지 않는 한 일본은 수개월 안에 경제적으로 망하게 되리라는 사실이었다. 따라서 일본은 1941년 7월 이래 소련에 대한 북침은 사실상 불가능했으며 남쪽으로의 팽창은 불가피했다. 그러나 미국인들이 일본의 보르네오(Borneo)·말라야·네덜란드령 동인도 점령을 묵인하지 않을 것 같다는 판단이 서자 일본은 서태평양의 미국 군사기지와 진주만의 해군기지를 제거할 필요를 느꼈다. 「지나사변」의 기세를 단지 지속시키기 위해서 일본군 수뇌들은 본국에서 수천마일이나 떨어진 금시초문의 표적을 상대로 대규모 작전을 지원하는 것이 필요함을 깨닫게 되었다.

  1941년 12월은 이제 세계대전이 되어버린 그 전쟁의 두번째 전환점이 되었다. 그 달에 있었던 소련의 모스크바 반격은 적어도 전격전이 실패했음을 입증하였다. 6개월간 계속된 일본의 엄청난 승리가 연합국에게 충격적인 타격을 주었지만 대전략적 견지에서는 잃어버린 지역들(싱가포르나 필리핀까지도)이 그다지 중요한 것들은 아니었다. 중요한 것은 일본의 행동과 히틀러의 대미 전쟁선포가 세계에서 가장 힘있는 미국을 전쟁에 뛰어들도록 했다는 점이었다. 분명 산업생산성만이 군대의 효율을 보장해주는 것은 아니며 특히 독일의 전술이 보여주었듯이 병력과 병력, 달러와 달러의 비교는 어리석은 것이지만 처칠이 즐겨 말한 대연합은 물질적인 면에서는 추축국보다 우세했으며 연합국의 생산기지는 독일군이나 일본군으로부터 격리되어 일찍기 어떤 파시스트 적수도 감히 생각하기 어려울 정도로 압도적인 군사력을 조성할 수 있었다. 바로 다음해 토크빌이 1835년에 예언한 양극세계의 출현이 마침내 실현되기에 이르렀다.

제 Ⅲ 부

현대 세계의 전략과 경제

7

양극세계의 안정과 변화, 1943~1980

　미국의 참전소식을 들은 처칠은 드러내놓고 기뻐했다. 나중에 그는 그 까닭을 이렇게 설명했다. 『이것으로 히틀러의 운명은 결정되었다. 무솔리니의 운명도 결정되었다. 일본도 산산조각나게 되었다.』 그러나 1942년과 1943년 초 연합국측의 보다 신중한 인사들은 이같은 확신이 크게 잘못된 것이라고 생각했다. 진주만공격 이후 6개월 동안 일본군은 태평양과 동남아시아를 휩쓸고 유럽 식민지제국을 압도하고 중국을 남쪽에서부터 포위하는 한편 인도·오스트레일리아 및 하와이를 위협했다. 독·소전쟁에서도 1941~1942년 겨울철이 지나가자 독일 국방군이 야만적인 공세를 재개하여 코카서스산맥으로 진격해 들어갔으며 또한 거의 같은 시기에 이보다 규모가 훨씬 작은 북아프리카의 롬멜 휘하의 독일군도 알렉산드리아에서 55마일 떨어진 곳까지 밀고 갔다. 연합국 호송함대에 대한 독일 유보트의 공격은 그 어느 때보다도 심해져서 1943년 봄에는 최대의 상선단 손실이 기록되었다. 그러나 전략폭격에 의한 미국·영국의 독일 경제 「역봉쇄」는 소기의 목적을 달성하지 못한 채 항공요원의 엄청난 손실만을 초래하였다. 설사 1941

년 12월 이후 추축국들의 운명이 결정되었다 하더라도 추축국들 자신이 이를 인정하고 있다는 시사는 별로 없었다.

「압도적 군사력의 적절한 사용」

그렇지만 처칠의 기본적인 가정은 옳았다. 유럽전쟁이 참다운 세계전쟁으로 전환함에 따라 영국 자신의 전략적 공작이 어려워졌을지도 모르지만—많은 역사학자들이 지적하듯이 영국이 싱가포르를 상실한 것은 공군력과 훈련받은 사단들을 지중해 전장에 집결시킨 때문이었다—이로 인해 새로운 교전국들이 정식으로 등장함으로써 전체적인 세력균형이 전면적으로 뒤바뀌게 되었다. 당분간은 독일과 일본의 전쟁기구가 정복을 계속할 수 있겠지만 무리하게 판도를 확장하면 할수록 연합국측이 꾸준히 준비하고 있던 반격에 대응할 능력은 더욱더 줄어들었다.

최초의 반격은 태평양에서 이루어졌다. 니미츠(Nimitz) 제독의 항공모함 탑재기들은 이미 산호해(Coral Sea, 1942. 5)와 미드웨이(Midway, 1942. 6)에서 일본군의 예봉을 꺾음으로써 해군 항공력이 광활한 태평양 해역에서 얼마나 중요한가를 입증하였다. 그 해 말에는 일본군이 과달카날(Guadalcanal)에서 철수하고 미국·오스트레일리아 연합군은 뉴기니(New Guinea)로 진격하였다. 1943년 말 중부 태평양에서 반격이 개시되었을 때 길버트제도(the Gilberts) 침공을 엄호한 미국의 막강한 2개 함대는 제공권을 완전히 장악한 4개 고속 항공모함 기동타격대(항공모함 12척)의 보호를 받고 있었다. 군사력의 불균형이 더욱 심해진 덕분에 영국군은 1942년 10월 엘 알라메인(El Alamein)의 독일군 진지들을 분쇄하여 롬멜의 부대를 튀니지로 격퇴할 수 있었다. 몽고메리(Bernard Montgomery)가 이 공격을 명령할 당시 영국군은 적군에 비해 전차는 6배, 병력은 3배나 많이 보유하고 있었으며 제공권도 거의 완전히 장악하고 있었다. 그 다음달 아이젠하워(Dwight D. Eisenhower)가 이끄는 미국·영국의 육군 10만명이 프랑스령 북아프리카에 상륙하여 서쪽으로부터 독일・이탈리아군에 대한「협공작전」을 개시하여 1943년 5월에 적군의 대량 항복을 받아내었다. 이때가 되자 독일의 되니츠도 어쩔 수 없이 북대서양에서 간교한 유보트부대를 철수하게 되었다. 이곳에서 독일 유보트에게 막대한 피해를 입었던 호송함대는 이제 장거리 폭격기 리버레이터(Liberator)와 호위 항공모함 그리고 최신 레이다와 폭뢰를 장치한 요격 호위단의 호위를 받고 있었으며 또한 유보트의 움직임을「울트라(Ultra)」암호해독으로 사전에 파악하고 있었다. 설사 연합군측이 유럽에서「제공권」을 장악하여「제해권」을 보완하는 과정이 늦어졌다 하더라도 그 해결책은 1943년 12월부터 미국 공군의 장거리 폭격기들을 호위하기 시작한 장거리 무스탕(Mustang) 전투기에 의해 쉽사리 마련되었을 것이다. 무스탕이 등장한 지 몇달만에 제3제국의 군대・공장・민간인을 지키기 위한 독일 공군의 방공능력은 회복불능의 상태로 약화하고 말았다.

독일 국방군 참모부에게 더욱 불길한 징조는 동부 전선에서의 세력 변화였다. 여러 관측자들이 이미 소련이 강대국으로서의 지위를 매듭짓는 과정에 들어섰다고 관측했던 1941년 8월 이미 독일의 할더(Franz Halder)장군은 참모부 일지에 다음과 같이 비관적인 고백을 기록하였다.

> 우리는 적군 약 200개 사단을 예상했다. 그런데 지금 벌써 360개 사단을 헤아리고 있다.…… 아군측보다는 무장과 장비가 못하고 전술적 지도력도 빈약한 경우가 많지만…… 소련군은 우리가 12개 사단을 분쇄하면 새로이 12개 사단을 내보낸다.…… 적군은 자기들의 자원이 있는 곳으로 가까워지고 아군은 우리들의 자원으로부터 날로 더 멀어지고 있는 한 시간은…… 적군에게 유리하다.

이런 종류의 무모하고 잔인한 대규모 전쟁 때문에 사상자 수는 제1차 세계대전중의 사상자 총수를 무색케 할 정도였다. 개전 초 5개월만에 독일은 소련군 300만 이상을 살상하거나 포로로 잡았다고 주장했다. 그러나 스탈린과 스타브카가 모스크바 외곽에서 최초의 반격작전을 계획할 당시와 같은 특정한 시기에 붉은 군대의 야전군 규모는 여전히 420만명이나 되었고 전차나 항공기에서도 수적인 우위를 차지하였다. 분명코 붉은 군대는 육지에서나 하늘에서나 독일 직업군인들의 적수가 되지 못했으며—1944년 말까지도 소련군의 손실은 독일군 1명에 대해 5,6명에 달했다—이 때문에 1941~1942년의 엄동설한이 지나가자 히틀러의 전쟁기구는 다시—이번에는 스탈린그라드(Stalingrad)를 향해 그리고 파국을 향해—공세를 취할 수 있었다. 스탈린그라드전투가 끝난 1943년 여름 쿠르스크(Kursk) 포위를 위해 기갑전력을 끌어모아 모두 17개 사단에 달하는 엄청난 기갑부대를 편성했다. 그러나 제2차세계대전중 최대의 전차전이라고 불리는 이 전투에서 녹일군의 전차 2,700대에 맞서 소련군은 34개 기갑사단 약 4,000대의 전차를 동원했다. 비록 개전 초 1주일만에 소련군 전차 수가 절반으로 줄어들기는 했지만 이 과정에서 소련군은 히틀러의 기갑부대를 대부분 섬멸하고 그 여세를 몰아 베를린을 목표로 무자비한 반격을 시작할 태세를 갖추게 되었다. 이 시점에서 연합군이 이탈리아에 상륙함으로써 히틀러는 명백한 파국으로부터 군대를 철수할 구실을 찾게 되었고 적군이 포위망을 어느 정도까지 좁혀왔는가를 확인할 수 있었다.

그러면 이 모든 것이 단순한「압도적 군사력의 적절한 사용」의 결과였는가? 분명히 경제력은 1939~1945년의 기계화된 총력전에서조차도 군사적 효율성에 영향을 미치는 유일한 요소는 결코 아니었다. 클라우제비츠의 말을 빌면 전투에 대한 경제의 관계는 펜싱 기술에 대한 도장(刀匠) 기술의 관계와 동일한 것이다. 또한 독일과 일본의 지도층이 1941년 이후 중대한 정치·전략적 과오를 범해 값비싼 대가를 치른 실례는 수없이 많다. 독일의 경우 작게는 1943년 초 북아프리카에 증원군을 투입하여 곧 포로로 잡히게 한 어리석은 결정에서부터 스탈린 치하를 탈출한 우크라이나인 등 소련의 비러시아 소수민족을 잔인하게 억압한 나치의 엄청나게 어리석은 범죄적 행동에 이르기까지 수많은 예를 들 수 있다. 또한 에니그마 암호문(Enigma codes)은 절대로 누설되지 않는다는 오만한 자부심을 가진 것도 또 독일의 적들이 모두 여성이라는 미개발 노동력을 활용했음에도 독일만은 이념적 편견 때문에 여성을 군수품공장에 고용하지 않은 것도 그 예이다. 이같은 문제점은 군부 고위층 자체내의 라이벌 관계로 더욱 악화되었는데 군부는 이 때문에 스탈린그라드와 쿠르스트 공세 등에 대한 히틀러의 광적인 집착을 저지할 수 없었다. 무엇보다도 라이벌 관계에 있는(군부·친위대〈SS〉·관구지도관〈Gauleiter〉·경제부서 등의) 정부내 하위제국(subempires)간에 학자들이 말하는 이른바 「다중체제의 혼란(polycratic chaos)」이 존재하여 이른바 「대전략」을 만들어내지 못한 것은 물론이고 어떤 일관성있는 평가나 자원분배도 할 수 없었다는 것이 문제였다. 이런 방식으로는 전쟁을 진지하게 치를 수 없었다.

일본군의 전략적 과오는 이에 비하면 터무니없고 비생산적인 면이 덜했지만 그래도 어처구니없는 면이 많았다. 일본은 육군의 지배적 영향하에 「대륙」정책을 추진하고 있었기 때문에 태평양과 동남아시아 작전은 최소한의 병력으로—만주의 13개 사단 그리고 중국의 22개 사단에 대해 불과 11개 사단만 가지고—수행하고 있었다. 더구나 미국이 중부 태평양에서 반격을 진행하고 있을 때조차도 이 지역에 대한 일본군의 병력 및 항공기 증원은—특히 1943~1944년의 대규모 중국침략에 배정된 자원에 비해—더디고 그 규모도 작았다. 아이로니컬하게도 1945년 초 니미츠 함대가 일본을 죄어 공습으로 도시를 폐허로 만들 당시 중국에 100만, 만주에 78만의 병력이 그대로 남아 있었지만 이 병력은 이미 미국 잠수함의 작전 때문에 본국으로 철수할 수 없는 상황에 있었다.

그러나 일본 해군에도 책임의 일단이 있었다. 미드웨이해전과 같은 주요 전투에서의 작전이 과오투성이었음이 드러났음에도 불구하고 야마모토의 사망 후 일본 제독들은 태평양전쟁에서 항공모함의 우위가 입증된 후에도 여전히 전함에만 집착하여 제2의 쓰시마해전을 꿈꾸고 있었다 — 1944년의 레이테만(Leyte Gulf) 작전이나 보다 상징적인 것으로는 전함 야마토호의 일방적인 자살공격이 이를 잘 말해준다. 막강한 어뢰를 장착한 일본 잠수함들은 적의 병참선 차단을 위해 배치되지 않고 오히려 함대의 정찰선으로 활용되거나 포위된 섬에 물자를 실어나르는 보급선으로 투입되는 등 완전히 오용되고 있었다. 반면에 일본 해군은 자국의 상선단보호에 실패했으며 또한 일본의 수입원료 의존도가 영국보다 훨씬 큼에도 불구하고 호송체제라든가 대잠수함 전술·호위 항공모함·요격단 등의 개발 활용에 뒤떨어졌다. 전함에 대한 이같은 집착을 잘 말해주는 것은 일본 해군이 야마토급 전함의 건조에 재원을 배정하면서도 1941~1943년 기간 중 호위 구축함은 단 한 척도 건조하지 않았다는 사실(이 기간중 미국은 331척을 건조했다)이다. 일본은 또한 첩보전과 암호 및 암호해독에서도 완패했다. 이 모든 것이 대동아공영권의 유지에 전혀 도움이 안되는 것이었음은 독일군의 실책이 「천년왕국」의 유지에 도움이 안되었던 것과 마찬가지였다.

    이러한 오류들을 (경제학자들의 운치없는 용어대로)「요인분석(factoring out)」하고 또한 이같은 오류가 없었을 경우 추축국들이 어떤 행동으로 나왔을지를 가늠해볼 방도는 지금으로서는 없다. 그러나 연합국들 자신도 똑같이 중대한 전략적·정치적 실책을 범한 사실을 무시하고는 그들의 생산력 우위가 장기간 지속되지 못한 이유가 무엇인지 밝혀내기 힘들다. 분명히 1941년 12월 독일의 모스크바 점령이 성공했더라면 소련의 전쟁수행능력(그리고 스탈린 정권)에 큰 타격을 주었을 것이다. 그러나 소련이 멸망의 기로에 서 있던 — 또한 소련이 그 수천마일 동쪽에 아직 대규모의 생산력과 군사력을 보유하고 있던 — 그 당시에 과연 소련이 순순히 굴복했을까? 「바르바로사 작전」에 의한 경제적 손실(석탄생산 57% 감소, 선철생산 68% 감소 등)에도 불구하고 소련의 항공기생산량은 독일에 비해 1941년에는 4,000대, 1942년에는 1만대가 많았으며 더구나 독일이 3개의 전선을 가지고 있었음에 반해 소련은 1개의 전선뿐이었다는 사실에 주목할 필요가

7. 양극세계의 안정과 변화, 1943~1980 / 477

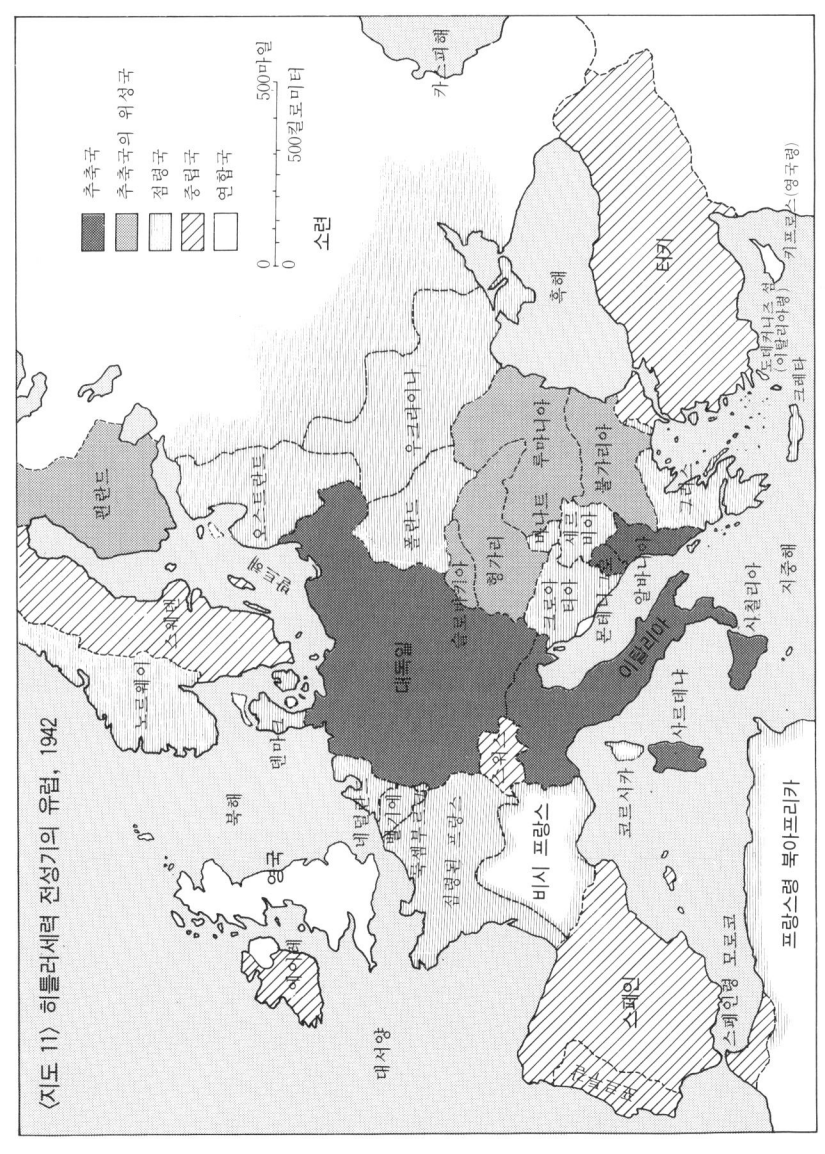

〈지도 11〉 히틀러세력 전성기의 유럽, 1942

있다. 붉은 군대는 병력·전차·대포·항공기 등에서의 우위가 계속 확대되었기 때문에 대전 둘째 해에는 실제로 5:1 내지 6:1의 비율로 손실을 감당할 여력이 있었으며 (비록 자체의 군대에 엄청난 부담을 주기는 했지만) 약화되어가는 독일을 계속 밀어붙일 수 있었던 것이다. 백러시아와 우크라이나 전선에서만 해도 1945년 초에는 『소련군의 우위가 절대적이고 엄청나서 독일군에 비해 병력은 5배, 장비는 5배, 대포는 7배 그리고 항공기는 17배나 많았다.』

그 몇달 전 프랑스에 주둔한 영·미 연합군이 『전차 20:1 및 항공기 25:1의 실질적 우위』를 점하고 있었음에 비추어 당시 독일이 장기간 잘 버텨냈다는 것은 놀라운 일이 아닐 수 없다. 즉 1944년 말까지도 독일은 1918년 당시와 마찬가지로 전쟁발발 당시의 자체 영토보다 훨씬 더 넓은 영토를 점령하고 있었다. 이 문제에 관해 전쟁사가들의 견해는 사실상 일치하고 있다. 즉 융통성과 전투 현장에서의 분권적인 결정을 강조하는 독일의 작전교리가 신중하면서도 단편적인 영국의 전술, 잔인한 소련식 전면공격전술 그리고 열성적이면서도 비전문적인 미국식 돌격전술에 비해 훨씬 우수했다는 점, 독일군의 「합동작전」경험이 어느 나라보다도 뛰어났다는 점 그리고 독일군의 참모장교·하사관의 능력과 훈련이 전쟁 마지막 해까지도 극히 우수했다는 점 등을 들고 있다.

그러나 오늘날 여러 책들에서 엿볼 수 있는 독일군 작전에 대한 찬사로 인해 그 당시 독일도 일본과 마찬가지로 지나치게 판도를 확장했다는 분명한 사실을 간과해서는 안된다. 1943년 11월 요들(Alfred Jodl) 장군은 동부 전선에서 550만 소련군과 대치하고 있는 독일군이 390만명(추축국 군대는 불과 28만 3,000명)이라고 추정했다. 그밖에 독일군 17만 7,000명이 핀란드에 주둔해 있었으며 노르웨이와 덴마크에도 48만 6,000명이 주둔하고 있었다. 프랑스와 벨기에에는 137만명이 주둔했다. 『그밖에도 61만 2,000명이 발칸반도에 묶여 있었고 이탈리아에는 41만 2,000명이 있었다.……히틀러 육군은 유럽 곳곳에 흩어져 있었기 때문에 모든 전선에서 병력과 장비면의 열세에 있었다.』 버마에서 알류샨열도에 이르는 극동 전역에 흩어져 있던 일본군의 경우도 마찬가지였다.

『전쟁의 향배를 돌려놓은』 것처럼 보이는 전투에서조차 설사 연합국이 아니고 추축국측이 이겼다고 해서 과연 궁극적인 결과가 지연되었는가에 관해서는 의문이 있다. 예컨대 니미츠가 미드웨이전투에서 1척 이상의 항공모함을 상실했다고 가정하더라도 미국은 그 해에 신형 항공모함 3척, 경형 항공모함 3척 그리고 호위 항공모함 15척으로 대체했을 것이며 또 1943년에는 항공모함 5척, 경형 항공모함 6척, 호위 항공모함 25척으로 그리고 1944년에는 항공모함 9척과 호위 항공모함 35척으로 대체했을 것이다. 또한 중요한 대서양전투(Battle of the Atlantic) 기간중인 1942년과 1943년 연합국측은 각각 830만톤과 400만톤의 선박을 상실했지만 각각 700만톤과 900만톤의 새로운 상선을 진수함으로써 이를 보완하였다. 이는 주로 미국의 폭발적인 조선능력 증대 덕분이거니와 미국은 1942년 중반에 벌써 독일 유보트에 의한 격침보다 훨씬 빠른 속도로 선박을 건조하고 있었기 때문에 한 저명한 권위자는 『제2차세계대전중 독일 유보트 작전이 지속되었더라도 결과는 마찬가지였을 것』이라고 결론지었던 것이다. 또한 지상에서도—유럽에서의 제2차세계대전은 포병전·전차전 일변도이었다—독일의 대포·자주포 및 전차생산량은 연합국은 물론 소련 한 나라의 생산량보다도 훨씬 적었다(표 33 참조).

그러나 가장 의미가 큰 통계는 항공기생산 통계(표 34)이다. 왜냐하면 제공권이 없으면 육·해군의 효과적인 작전이 불가능한 반면 제공권을 가지고 있으면 전투에서 승리할 수 있을 뿐 아니라 적국의 전시경제에 큰 타격을 줄 수 있기 때문이었다.

더구나 이 통계에는 미국·영국의 생산량에는 다수의 4발엔진 중폭격기들이 포함되어 있다는 사실이 가려져 있다. 따라서 항공기의 엔진 수 또는 순중량을 가지고 비교하면 추축국에 대한 연합국측의 우위가 더욱 두드러지게 된다. 제공권을 확보하고자 하는 독일의 비상한 노력에도 불구하고 독일의 도시와 공장·철도들이—거의 완전한

〈표 33〉 1944년의 전차 생산대수

독 일	17,800
소 련	29,000
영 국	5,000
미 국	17,500(1943년에는 29,500)

〈표 34〉 강대국의 항공기 생산대수, 1939~1945

	1939	1940	1941	1942	1943	1944	1945
미 국	5,856	12,804	26,277	47,836	85,898	96,318	49,761
소 련	10,382	10,565	15,735	25,436	34,900	40,300	20,900
영 국	7,940	15,049	20,094	23,672	26,263	26,461	12,070
영 연 방	250	1,100	2,600	4,575	4,700	4,575	2,075
연합국 계	24,178	39,518	64,706	101,519	151,761	167,654	84,806
독 일	8,295	10,247	11,776	15,409	24,807	39,807	7,540
일 본	4,467	4,768	5,088	8,861	16,693	28,180	11,066
이탈리아	1,800	1,800	2,400	2,400	1,600	—	—
추축국 계	14,562	16,815	19,264	26,670	43,100	67,987	18,606

무방비상태에 있었던 일본 본토와 마찬가지로 — 철저하게 폐허화한 궁극적 원인은 바로 여기에 있었다. 또한 되니츠의 유보트가 수면 위로 떠오르지 못한 이유도, 슬림(Slim)의 버마군(Burma Army)이 임팔(Imphal)에 증원군을 보낼 수 있었던 이유도, 미국 항공모함이 서태평양 전역에 걸쳐 일본군 기지들을 거듭 공격할 수 있었던 이유도 여기에 있었으며 또한 연합군이 독일군의 완강한 저항에 부딪칠 때마다 항공지원을 요청하여 적군을 분쇄하고 계속 공격해 들어갈 수 있었던 이유도 바로 여기에 있었다. 디데이(1944.6.6) 당일만 하더라도 서부 전선에서 연합국측이 항공기 1만 2,837대를 동원한 데 반해 독일은 불과 319대만을 동원할 수 있었다는 사실도 주목해야 할 것이다. 다시 클라우제비츠의 말을 빌면 펜싱 기술은 (전쟁 기술처럼) 사실 숙련과 경험을 필요로 하지만 그러나 그것도 칼이 없으면 선수에게 별 쓸모가 없는 것이다. 연합국측은 칼제조 경쟁에서 분명한 승리를 거두고 있었다.

그것은 독일과 일본제국의 팽창 이후에도 양측의 경제력과 생산력이 제1차세계대전 당시보다 훨씬 심한 불균형상태에 있었다는 간단한 사실에 기인한 것이었다. 앞서 살펴본 개관적인 추정에 따르더라도 1938년 대독일은 세계 제조업생산량에서 차지하는 비중면에서나「상대적 전쟁수행능력」면에서 모두 영국과 프랑스를 합한 것과 대체로 맞먹었다. 아마도 영국과 프랑스제국을 합한 총자원과 전쟁수행능력은 독일보다 우세했겠지만 이 두 나라는 전쟁발발 당시 독일만큼 동원태세를 갖추지 못하였으며 또한 전술한 바와 같이 연합국은 작전능력이라는 중요한 분야에서 뒤떨어져 있었다. 독일은 1939년과 1940년의 영토획득으로 말미암아 처칠이 지도하는 고립되고 다소 분열된 대국을 결정적으로 앞서게 되었다. 그러므로 프랑스의 붕괴와 이탈리아의 참전으로 영국은 전쟁수행능력면에서 거의 2배나 강한 군사력 집합체와 대처하게 되었다. 베를린·로마 추축은 지상에서는 난공불락이고 해상에서는 열세이며 공중에서는 대체로 비슷한 전력을 가지고 있었다 ─ 이 때문에 영국은 유럽보다는 북아프리카에서 싸우기를 바랐던 것이다. 독일의 소련 침공도 처음에는 이 균형을 뒤바꾸지 못했는데 그것은 오직 붉은 군대가 겪은 엄청난 인명손실과 그 이후의 소련 영토 및 공장시설의 상실 때문이었다.

그러나 1941년 12월의 결정적 사건들은 이같은 균형을 전면적으로 뒤바꾸어 놓았다. 소련의 모스크바 반격은 이 나라가 전격전술로는 넘어가지 않는다는 것을 보여주었고 또한 일본과 미국이 세계전쟁에 참전함으로써 엄청난 산업생산 지구력을 가진「대동맹」이 등장하게 되었다. 그래도 그것이 전쟁의 향방에 즉각적인 영향을 주지 못한 것은 독일이 1942년 여름 소련에서 공세를 재개할 만큼 여전히 강력했으며 일본 또한 처음 6개월 동안은 미처 준비태세를 갖추지 못한 미국·네덜란드 및 영국을 상대로 손쉬운 승리를 거두고 있었기 때문이었다. 그러나 이 모든 사실에도 불구하고 연합국측은 프랑스까지를 합한 추축국에 비해 제조업생산력에서 2배(미국의 비중을 낮게 잡은 1938년의 왜곡된 통계에 의하더라도),「전쟁수행능력」면에서 3배, 국민소득면에서도 3배의 우위를 점하고 있었다. 1942~1943년이 되자 이러한 잠재적 힘의 통계는 항공기·대포·전차·선박 등의 경화로 전환되었는데 실제로 1943~1944년에 와서는 미국 단독으로 매일 1척의 선박, 매 5분마다 1대의 항공기를 생산해내게 되었던 것이다! 더구나 추축국이 단지 선진무기(제트 전투기·23형 유보트)들을 비교적 소량으로만 생산한 데 반해 연합국측은 여러가지 신형 무기(초공중요새 〈Superfortress〉·무스탕·경형 항공모함)들을 생산해내었다.

이 결정적인 균형변화는 주요 교전국들의 군비생산에 관한 바겐퓌르(Wagenführr)의 통계에 잘 나타나 있다(표 35 참조).

여기서 알 수 있듯이 1940년 당시 영국의 군비생산은 독일보다 크게 뒤떨어져 있었지만 그래도 성장속도가 빨랐기 때문에 그 다음해—독일 경제가 비교적 여유있게 운영된 마지막 해—에는 독일보다 약간 앞서게 되었다. 1943년에는 스탈린그라드와 북아프리카에서의 군사적 충격과 시페르(Albert Speer)의 경제장관 취임으로 독일의 무기생산이 엄청나게 증가하였으며 일본 역시 생산량을 배 이상 증가하였다. 그래도 이 두해 동안 영국과 소련의 생산을 합하면 그 증가액이 추축국 전체를 앞섰기 때문에 (1941~1943년 영국·소련은 100억달러 증가, 추축국은 98억달러 증가) 이 두 나라의 무기생산 총액은 계속 독일을 능가하였다. 그러나 가장 눈부신 변화는 1941~1943년 기간중 미국의 군비생산이 8배 이상 증가한 것이었다. 이로 인해 1943년 연합국측의 총생산량은 적측을 3배 이상 능가하게 되었고 이에 따라 처음부터 싹

〈표 35〉 강대국의 군비생산, 1940~1943

(10억달러, 1944년 달러가치 기준)

	1940	1941	1942
영 국	3.5	6.5	11.1
소 련	(5.0)	8.5	13.9
미 국	(1.5)	4.5	37.5
연합국 계	3.5	19.5	62.5
독 일	6.0	6.0	13.8
일 본	(1.0)	2.0	4.5
이탈리아	0.75	1.0	—
추축국 계	6.75	9.0	18.3

터 있었던 「전쟁수행능력」과 국민소득상의 불균형이 최종적으로 현실화되었다. 독일 국방군이 전쟁 마지막까지 제아무리 서부 및 동부 전선에서 전술적 반격을 잘 해냈다고 하더라도 독일은 결국 연합국측의 엄청난 화력에 압도당할 수밖에 없도록 되어 있었다. 1945년에 와서 수천대의 미국·영국 폭격기가 매일처럼 독일을 두들기고 붉은 군대가 베를린과 빈으로 밀어닥치게 된 것은 모두 이 엄연한 사실을 다른 각도에서 설명해준 것에 불과하다. 여기서도 장기적이고 전면적인 동맹전쟁에서는 돈 많은 나라가 결국은 이기게 되어 있음이 입증된 것이다.

이 말은 태평양전쟁에서 붕괴한 일본의 경우에도 해당된다. 이제 와서 분명해진 것은 1945년의 원자폭탄 투하는 세계전쟁사에서 하나의 분수령을 이룬 것으로 강대국이 원자폭탄을 사용할 경우 인류가 살아남겠는가 하는 의문을 제기하였다는 점이다. 그러나 1945년 당시의 상황에서 보면 원자폭탄 투하는 당시 미국이 일본의 항복을 강요하기 위해 사용할 수 있었던 여러가지 수단 중의 하나에 불과했다. 미국의 잠수함 작전은 일본을 굶겨 죽였을 것이며 비 29(B-29) 폭격기는 일본의 마을과 도시들을 잿더미로 만들었고(1945년 3월 9일의 도쿄 공습에서는 인명피해가 약 18만 5,999명, 건물파괴가 26만 7,000동이었다) 또한 미국과 그 연합국들은 당시 대대적인 일본 본토침공을 계획하고 있었다. 원자폭탄 투하를 결정하도록 만든 여러가지 동기 — 연합국측 희생을 줄이고 스탈린에게 경고를 발하며 또한 방대한 원자폭탄 개발 비용을 정당화하는 등 — 에 관해서는 지금까지도 논란이 많지만 여기서 지적해두고자 하는 것은 그 당시 미국은 두 개의 대규모 재래식 전쟁을 동시에 전개하고 또한 원자폭탄 개발을 위해 과학자와 원료와 돈(약 20억달러)을 투입할 생산력과 기술력을 갖춘 유일한 나라였다는 점이다. 히로시마(廣島)가 입은 참화는 붉은 군대에 의한 베를린 함락과 함께 또 하나의 전쟁 종식을 상징할 뿐 아니라 나아가서는 새로운 세계질서의 시작을 의미하는 것이었다.

새로운 전략적 전망

전쟁이 절정일 때부터 이미 미국의 군사계획 입안자들은 새로운 질서의 개요를 그리고 있었다. 미국의 한 정책보고서는 이렇게 쓰고 있다.

현재의 적국에 대한 전쟁을 성공적으로 종식시키면 이 세계는 국가의 상대적 군사력면에서 심대한 변화를 겪게 될 것이다. 이 변화는 로마 멸망 이후 1500년 동안에 일어난 그 어떤 변화보다도 바로 로마의 멸망에 의해 일어났던 변화에서 그 유례를 찾을 수 있을 것이다.……일본의 패망 후에는 미국과 소련이 유일한 일급의 군사대국이 될 것이다. 이것은 두 나라가 갖고 있는 지리적 위치와 크기 그리고 방대한 군수조달능력에 기인하는 것이다.

지난 1500년 동안 유례를 찾아볼 수 없는 사건이었다는 주장에는 역사학자들이 이의를 제기할 수도 있겠지만 한 가지 분명한 것은 대전 후 세계세력균형은 그 이전과 전혀 다른 모습이 되리라는 점이었다. 기존의 강대국 중 프랑스와 이탈리아는 이미 빛을 잃고 있었다. 독일의 유럽 지배권 시도는 좌절되었고 일본의 극동 및 태평양 지배노력은 수포로 돌아갔다. 영국도 처칠의 노력에도 불구하고 쇠퇴하고 있었다. 19세기와 20세기 초에 자주 예견되었던 양극세계가 마침내 도래한 것이다. 드포르트(A. DePorte)의 말대로 국제질서는 이제 『한 체제에서 다른 체제로』옮겨간 것이다. 이제는 미국과 소련만 남은 것으로 볼 수 있게 되었는데, 그중에서도 미국이라는 「초강대국」이 크게 우세했다.

세계의 나머지 나라들은 모두 전쟁으로 피폐했거나 아직 식민지적 「저개발」단계에 있었기 때문에 1945년의 미국은 마치 1815년의 영국과 마찬가지로 말하자면 부자연스럽게 강대한 상황이었다. 그럼에도 불구하고 미국의 실제적 힘은 절대적 의미에서 사상 유례가 없는 것이었다. 전비지출의 급증에 자극되어 이 나라의 국민총생산은 1939년 886억달러에서 1945년에는 불변가격 기준으로 1,350억달러 그리고 경상가격 기준으로는 2,200억달러로 급격히 늘어났다. 마침내 뉴딜정책으로 없애지 못했던 경제의 「찌꺼기」가 말끔히 치워졌고 유휴자원과 인력도 적절히 이용되게 되었다. 『전쟁기간중 생산공장의 규모는 거의 50%나 커졌고 재화생산량도 50% 이상 늘어났다.』 실제로 1940~1944년 기간중에 미국의 산업은 연간 15%가 넘는 전무후무한 빠른 속도로 성장하였다. 이같은 성장의 대부분은 군수품생산에 기인한 것이지만(총생산량에서 차지하는 비중이 1939년의 2%에서 1943년에는 40%로 급증) 그러나 비군수품생산도 증가했기 때문에 다른 교전국들과는 달리 미국의 민간부문 경제는 별로 침식당하지 않았다. 미국의 생활수준은 다른 어느 나라보다도 높았고 1인당 생산성도 마찬가지였다. 강대국 중에 전쟁으로 인해 가난해지지 않고 더 부자―실제로는 훨씬 더 큰 부자―가 된 나라는 미국뿐이었다. 전쟁종결 당시 미국의 금보유고는 200억달러로서 세계 전체 금보유고 330억달러의 약 2/3에 달했다. 또한 『……세계 제조업생산의 반 이상이 미국에서 이루어졌으며 미국은 실제로 세계의 각종 재화생산의 1/3을 담당했다.』 또한 미국은 세계 최대의 수출국이었으며 종전 수년 후까지도 세계수출의 1/3을 차지했다. 조선설비의 대대적인 확장 때문에 미국은 이제 세계 선박공급량의 절반을 소유하게 되었다. 경제적인 면에서 세계는 미국 이익의 대상이었다.

이같은 경제력은 군사력에 그대로 반영되어 미국은 종전 당시 해외파견군 750만을 포함하여 모두 1,250만명의 병력을 보유하였다. 이 숫자는 물론 평화시에는 축소되었지만(1948년 병력이 4년 전의 1/9로 축소되었다) 그것은 실질적인 군사적 잠재력이 아니라 정치적 선택을 반영한 것이었다. 종전 직후 미국의 해외역할 한정에 관한 가정들을 감안해볼 때 당시 미국의 군사력은 현대식 무기에 관한 통계를 가지고 가늠해보는 것이 좋을 것이다. 당시 미국 해군은 주력 군함 1,200

척(전함보다는 수십척의 항공모함이 주였다)을 가진 자타가 공인하는 「첫째 가는」 해군으로서 영국 해군보다 훨씬 더 컸으며 그밖에는 이렇다 할 해군력이 존재하지 않았다. 미국은 항공모함 기동타격대와 해병사단을 통해 바다와 접한 곳이면 세계 어느 지역이든지 세력을 뻗칠 수 있음을 충분히 과시했다. 보다 위압적인 것은 미국의 「제공권」이었다. 히틀러의 유럽을 분쇄한 2,000여대의 중폭격기와 일본의 여러 도시들을 잿더미로 만든 1,000대의 초장거리 비 29 폭격기는 비 36과 같은 보다 강력한 제트추진 전략폭격기들에 의해 보완되었다. 무엇보다도 미국은 미래의 어떤 적국이라도 히로시마와 나가사키처럼 폐허로 만들 수 있는 원자폭탄을 독점하고 있었다. 후일의 분석가들이 지적한 것처럼 미국의 군사력은 실제로는 겉보기보다 약했을지도 모르고(원자폭탄의 수는 극소수였고 투하 때에는 큰 정치적 문제가 따랐다) 또한 소련처럼 멀리 떨어져 있는 불가사의하고 미심쩍은 나라의 행동에 영향을 주기 위해 원자폭탄을 사용한다는 것도 어려운 일이었다. 그러나 미국이 자타가 공인하는 우위를 누리고 있다는 인상은 한국전쟁 때까지도 논란의 여지가 없었으며 수많은 나라들이 미국의 차관·무기 그리고 군사지원 약속을 간청함에 따라 이러한 인상은 더욱 강화되었다.

　미국이 누렸던 이처럼 극히 유리한 경제적·전략적 지위를 생각할 때 1945년 이후 미국의 해외진출은 국제정치사를 아는 사람들에게는 전혀 놀라운 일이 아니었다. 전통적 강대국들이 물러나면서 미국은 이들이 남긴 공백을 착실하게 메워나갔다. 일단 세계 제일의 국가가 된 이상 미국은 이제 더 이상 자국의 영토 아니 서반구에만 머물러 있을 수 없게 되었다. 분명히 제2차세계대전은 미국의 힘과 영향력의 대외 팽창을 가져온 일차적인 원인이었다. 이 때문에 예컨대 1945년 미국은 유럽에 69개 사단, 아시아·태평양지역에 26개 사단을 보유하면서도 미국 본토에는 단 1개 사단도 두지 않았던 것이다. 미국은 일본과 독일(그리고 오스트리아)의 재편에 정치적으로 얽혀 있었기 때문에 그 「현장」에 가 있을 수밖에 없었고 제2차세계대전 당시 여러 섬들을 경유하여 태평양·북아프리카·이탈리아·서유럽 등에서 군사행동을 전개했기 때문에 이러한 영토들에도 군대를 파견해야만 했다. 그러나 대다수의 미국인(특히 군인)들은 자기들이 조속한 시일내에 귀국하여 미국의 군대 배치가 1941년 이전의 상태로 복귀하게 될 것이라고 기대했다. 그러나 처칠과 같은 사람들은 이러한 생각에 경계심을 가졌고 미국 공화당의 고립주의자들은 매력을 느꼈지만 시계를 거꾸로 돌리는 것은 어차피 불가능한 일이었다. 1815년 당시의 영국처럼 이번에는 미국이 여러 나라에 대한 자국의 비공식 영향력이 일종의 공식적 영향력으로 굳어가고 더욱 복잡한 관계에 얽혀드는 상황에 처하게 되었다. 과거의 영국처럼 이제는 미국이 원하기만 하면 언제든지「불안정한 새로운 프런티어(new frontiers of insecurity)」을 설정할 수 있는 자리에 올라서게 되었다. 「미국 지배하의 평화(Pax Americana)」가 무르익었다.

 이 새로운 질서의 경제적 측면은 적어도 충분히 예측할 수 있는 것이었다. 대전중에 헐과 같은 국제주의자(internationalist)들이 1930년대의 세계적 위기가 보호관세, 불공정경쟁, 원료개발권의 제한, 정부의 자급자족정책 등으로 인한 국제경제의 기능상실에 그 큰 원인이 있었다고 주장한 데는 상당한 근거가 있다. 『제약없는 무역이 평화를 가져온다』고 하는 이 18세기 계몽주의적 신념은 수출지향적 국가들의 압력으로 더욱 강화되었으니 이런 나라들은 새로운 해외시장을 열어 생산성이 늘어난 미국 제품들을 흡수해주지 않으면 전후의 경기침체 때문에 미국 정부의 지출이 감소할 것이라고 우려했던 것이다. 여기에 미국이 석유·고무·광석 등 주요 전략물자를 통제(또는 무제한 이용)할 수 있어야 한다는 군부의 확고하고 어느 의미에서는 불필요한 주장이 가세했다. 이 모든 요인이 결합되어 미국은 서방 자본주의의 필요 그리고 그중에서도 가장 번영하는 미국의 필요에 도움이 될 새로운 세계질서의 창설에 뛰어들게 되었는데 여기에는 『제약없는 무역으로 보다 효율적인 자원분배가 실현되면 모두의 생산성이 향상되어 각자의 구매력이 늘어난다』고 하는 애덤 스미스적인 장기적 확신이 개재되어 있었다. 이렇게 해서 1942~1946년 기간중에 국제통화기금(IMF)·세계은행(IBRD) 등을 설치하는 일련의 국제협정이 마련되고 관세무역일반협정(GATT)이 체결되었다. 이 새로운 경제체제하에서 경제재건과 개발을 위해 약간의 돈이라도 얻어쓰고 싶은 나라는 미국이 요구하는 자유태환과 공개경쟁을 준수하지 않을 수 없었으며 (영국도 영연방내의 관세특혜를 유지하고자 노력하면서도 응할 수밖에 없었다) 아니면 이것이 사회주의적 통제와 양립할 수 없음을 감지하고 거부한 소련처럼 아예 이 체제를 통째로 멀리하는 수밖에 없었다.

이러한 제도들이 갖는 현실적인 결함으로는 첫째 이용 가능한 자금이 6년간의 총력전으로 야기된 폐허를 복구하기에는 태부족이었다는 점, 둘째 자유방임체제는 불가피하게 경쟁력이 가장 강한 나라—이 경우는 전쟁피해가 없고 생산력이 극히 높은 미국—에게만 유리한 반면 경쟁력을 갖추지 못한 나라—국경이 변경되고, 피난민이 많고, 주택이 폭격맞고, 기계가 노후하고, 엄청난 빚을 지고, 시장을 상실한, 전쟁으로 피폐한 나라—에게는 불리하게 작용한다는 점이었다. 「자유세계」의 대규모 산업재개발을 위해 자금이 방출된 것은 나중에 미국이 유럽내 사회적 불만의 만연과 소련의 영향력 증대라는 이중의 위험을 깨닫고 마셜플랜(Marshall Plan)의 창설을 추진하면서부터였다. 그러나 이 당시 미국의 경제적 영향력의 팽창은 전세계에 걸친 일련의 군사기지 및 안보조약의 구축과 밀접하게 연관되어 있었다. 여기서도 1815년 직후 영국의 기지 및 조약관계 확대와의 유사성을 발견할 수 있지만 가장 주목해야 할 차이점은 영국은 전반적으로 경직되고 복잡한 동맹관계를 회피할 수 있었으나 미국은 현재 이같은 동맹관계를 떠맡고 있다는 점이었다. 미국의 이 모든 개입은 냉전의 전개에 따른 「사태에 대한 반응」이었던 것이 사실이지만 그 명분이야 어찌됐든 한 가지 냉엄한 사실은 이러한 개입으로 인해 미국이 전세계 각 지역에 지나치게 광범위하게 말려들게 됨으로써 미국 자체의 역사에 전적으로 모순되는 결과를 가져왔다는 점이다.

1945년 당시의 정책결정자들은 이 점을 별로 우려하기는커녕 이것은 「팽창의 천명」일 뿐 아니라 이로써 미국이 기존의 강대국들이 망쳐놓은 것을 바로잡을 수 있는 절호의 기회를 맞이하게 되었다는 생각을 갖고 있었다. 「라이프(Life)」지의 헨리 루스(Henry Luce)는 『미국의 경험이야말로 미래의 열쇠이다.…… 미국은 인류의 친선관계에서 여러 나라들의 맏형 노릇을 해야 한다』고 우쭐대었다. 큰 희망이 걸려 있는 중국뿐 아니라 얼마 후 제3세계로 불릴 다른 모든 나라들도 자조·기업가 정신·자유무역·민주주의라는 미국적 이상을 모방하도록 격려되었다. 헐은 이렇게 예언했다. 『이 모든 원리와 정책은 세계 모든 나라 자유인민의 정의·권리·복지의식에 매우 유리하고 매력적이기 때문에 전체 국제사회는 얼마 안가서 매우 만족스럽게 운영되게 될 것이다.』 이 사실을 깨닫지 못하는 우둔한 자가 있다면 누구든지 — 구태의연한 영국과 네덜란드의 제국주의자들이건 유럽의 좌익 정당들이건 아니면 무서운 표정의 몰로토프이건 — 위협과 유화책으로 설득하여 올바른 방향으로 이끌어주어야 할 것이었다. 미국 정부의 한 관리는 『이제는 우리가 아시아에서 타석에 나설 때』라고 말했는데 비단 아시아뿐 아니라 세계의 거의 모든 지역이 마찬가지였다.

 미국의 영향력이 침투할 가망성이 별로 없는 지역의 하나는 1945년 (그리고 그 이후에도) 파시즘과의 투쟁에서 참다운 승자라고 자처하고 나선 소련 지배하의 지역이었다. 붉은 군대의 통계에 따르면 소련은 제2차세계대전중 독일군 506개 사단을 분쇄하였으며 살상하거나 포로로 잡은 1,360만 중에서 1,000만명이 동부 전선에서 거둔 전과였다. 그러나 스탈린은 독일이 붕괴하기도 전에 벌써 수십개 사단을 극동으로 돌렸다. 스탈린은 시기가 무르익으면 만주에 있는 무방비상태의 관동군을 덮칠 생각이었는데 놀랄 것도 없이 그 시기는 결국 히로시마 원자폭탄 투하가 있은 지 3일 후로 귀착되었다. 한편 서부 전선으로의 소련의 전투확대는 1917년 이후 침체된 유럽에서의 소련의 지위를 역전시키고도 남음이 있었으니 실제로 소련은 러시아의 대군이 중·동부 유럽에서 헌병 노릇을 했던 1814~1848년의 기간과 맞먹을 정도로 자국의 지위를 회복시킬 수 있었다. 소련의 영토는 북쪽으로는 핀란드 그리고 중부 유럽에서는 폴란드 영토를 희생시키면서 크게 확장되었고 남쪽에서는 루마니아를 침식하여 베사라비아(Bessarabia)를 회복했다. 에스토니아·라트비아·리투아니아 등 발트해 연안 3국은 소련에 합병되었다. 소련은 또 동프로이센의 일부를 취하고 동부 체코슬로바키아의 일부(루테니아〈Ruthenia〉)를 복속시켜 헝가리와 직접 국경을 접하게 되었다. 이렇게 해서 더욱 강대해진 소련은 그 서쪽과 서남쪽에 폴란드·동독·체코슬로바키아·헝가리·루마니아·불가리아 그리고 (나중에 빠져나갔지만) 유고슬라비아와 알바니아 등의 위성국가들로「방역선」을 쳐놓았다. 이 위성국가들과 서방 사이에 이른바「철의 장막」이 드리워졌고 이 장막 안에서는 공산당 간부와 비밀경찰이 전 지역을 헐의 기대와는 정반대되는 원리하에서 운영하기로 결정하였다. 사정은 극동 지방에서도 마찬가지였다. 소련은 만주·북한 및 사할린을 신속하게 점령함으로써 1904~1905년 전쟁의 패배를 설욕했을 뿐 아니라 역시 자유방임적 자본주의의 복음을 받아들이려 하지 않는 마오쩌둥(毛澤東)의 중국공산당과 연결을 맺을 수 있게 되었다.

그러나 이처럼 소련의 영향력 증대가 위협적인 양상을 띠었다고 하더라도 소련의 경제적 기반은 전쟁으로 인해 크게 손상되어 순조롭게 호황을 누린 미국 경제와 대조를 보였다. 소련의 인명손실은 엄청났다. 군인 750만명에 민간인 600~800만명이 독일군에 의해 살해된 데다가 식량배급 감축, 강제노동, 노동시간의 대폭적 연장 등「간접적」인 전쟁손실까지 합하면『1941~1945년 사이에 약 2,000~2,500만의 소련 시민이 제 명대로 살지 못하고 사망했을 것이다.』사망자는 주로 남자였기 때문에 이로 인한 남녀간의 불균형은 소련의 인구구성에 큰 영향을 미쳤고 출생률을 크게 떨어뜨렸다. 특히 독일 점령지역이었던 유럽 쪽의 우크라이나와 백러시아가 입은 피해는 일반인이 상상할 수 없을 정도였다.

점령지역에서는 말 1,160만마리 중 700만마리, 돼지 2,300만마리

중 2,000만마리가 도살되거나 징발되었다. 트랙터 13만 7,000대, 콤바인 4만 9,000대 그리고 외양간 등 농가건물의 대다수가 파괴되었다. 철로 6만 5,000킬로미터가 파괴되고 기관차 1만 5,800대, 화차 42만 8,000량, 하천선박 4,280척 그리고 점령지역내 철교의 절반이 파손되어 수송이 큰 타격을 입었다. 이 지역에서는 도시 주거공간의 약 50%인 주택 120만채와 농촌주택 350만채가 파괴되었다.

수많은 도시들이 폐허화하고 수천의 마을들이 박살났다. 사람들은 땅굴을 파고 살았다.

그러므로 소련이 독일 「점령지대」에 진주했을 때 모든 이동 가능한 재산·공장시설·철로 등을 뜯어가려고 시도했다든가 그밖의 동유럽지역들에 대해서도 각종 보상(루마니아의 석유, 핀란드의 목재, 폴란드의 석탄 등)을 요구한 것은 당연한 일이었다.

소련이 대독일에 대해 일선 전투와 군비경쟁에서 모두 승리한 것은 사실이지만 이러한 승리는 소련이 믿을 수 없을 정도의 강한 집념을 가지고 군수산업생산에 집중하고 또한 그밖의 모든 부문―소비재·소매업 및 농산품공급(단 식량생산 감소는 주로 독일군의 약탈 때문이었다)―을 철저하게 축소시킨 결과로 이루어진 것이었다. 그러므로 1945년의 소련은 본질적으로 군사대국이면서도 경제적으로는 가난하고 피폐하고 불균형한 나라였던 것이다. 미국의 무기대여가 중단된 데다가 나중에는 미국의 자금마저도 그에 따른 정치적 조건을 이유로 거부했기 때문에 소련은 자체의 자원을 가지고 경제성장을 강행한다는 1928년 이후의 계획으로 복귀했다. 소련은 그 당시와 마찬가지로 소비재와 농업의 희생 위에 생산재(중공업·석탄·전기·시멘트) 및 수송 부문에 중점을 두는 한편 당연히 군사비도 전시수준보다 감축했다. 그 결과 최초의 난관을 겪은 후 적어도 중공업은 「작은 경제기적」을 이룩하여 생산량이 1945~1950년 사이에 거의 배로 늘어나게 되었다. 스탈린 정권은 국력의 원동력을 재건하는 데 몰두한 나머지 이 조잡한 목표를 달성하기 위해 소련인들의 생활수준을 혁명전 수준으로 떨어뜨리는 일도 서슴치 않았다. 그러나 또 한 가지 주목할 것은 이같은 산업생산의 「회복」은 1922년 직후와 마찬가지로 주로 전쟁전 생산수준으로의 복귀를 의미한다는 점이다. 예컨대 우크라이나에서는 야금생산과 발전량이 1950년 무렵에 와서야 1940년 수준에 도달하거나 약간 초과하는 정도였다. 여기서도 소련 경제가 전쟁으로 인해 10여년 후퇴했음을 알 수 있다. 장기적인 면에서 더욱 심각한 문제는 농업 부문의 계속적인 실패였다. 전시의 비상 장려책이 취소된 데다가 투자가 전적으로 부적절하고 잘못 지도되었기 때문에 농업이 쇠퇴하여 식량생산이 침체하였다. 스탈린은 죽을 때까지 농민들의 사유지 선호경향에 적대했기 때문에 소련 농업의 전통적인 저생산성과 비능률이 계속될 수밖에 없었다.

반면 스탈린은 전후세계에서 고도의 군사적 안보를 유지하고자 하는 분명한 의도를 가지고 있었다. 1945년 이후 경제재건의 필요성을 감안하여 거대한 붉은 군대가 2/3나 감축되었음에도 여전히 175개 사단을 거느린 대군으로서 2만 5,000대의 전차와 1만 9,000대의 항공기를 보유한 사실은 그다지 놀라운 일이 아니다. 그러므로 소련군은 여전히 세계 최대의 방위체제로 남게 되었는데—이는 (적어도 소련의 관점에서는) 장차의 침략군을 격퇴할 필요와 보다 평범하게 말하면 새로 얻는 유럽의 위성국들과 극동의 정복지들을 계속 장악할 필요에 의해 정당화되었다. 이것은 엄청난 군사력이기는 했지만 대부분의 사단들은 명색만의 부대였으며 본질적으로는 수비대에 불과했다. 더구나 이 군대는 거대한 러시아군이 1815년 이후 수십년 동안 처했던 것과 같은 위험, 즉 새로운 군사적 발전추세에 뒤떨어질 위험을 무릅쓴 것이었다. 이를 극복하자면 육군 사단을 개편하고 근대화하는 한편 소련의 경제·과학 부문의 자원을 투입하여 새로운 무기체계를 개발해야만 했다. 1947~1948년 경에는 막강한 미그(MIG)15 제트전투기가 도입되고 미국과 영국을 모방한 장거리 전략공군이 창설되었다. 포로로 잡은 독일의 과학·기술자들을 활용하여 여러가지 유도미사일을 개발했는데 전쟁중에 이미 원자폭탄 개발을 위해 자원을 배정하고 있었다. 또한 대독전쟁에서 보조적 전투력에 불과했던 해군도 크게 변모하여 새로운 대형 순양함이 추가되는 한편 원양 잠수함들도 늘어나게 되었다. 이러한 무기들의 대부분은 재래식으로 서방의 기준으로 보면 조잡한 것이었다. 그러나 여기에는 뒤떨어지지 않겠다는 소련의 결의가 분명히 나타나 있었다.

소련의 힘을 뒷받침한 세번째의 중요한 요소는 1930년대 말 국내의 규율과 절대적 순응을 새삼 강조한 스탈린의 태도에 있었다. 이것이 스탈린의 날로 심해지는 편집광 증세 때문이었는지 아니면 그의 독재적 지위를 강화하기 위한 계산된 행동이었는지—아니면 이 두 가지가 혼합된 것이었는지—는 단언할 수 없다. 그러나 당시의 여러가지 사태를 볼 때 그 해답은 자명하다. 외국과 관련있는 자는 누구나 의심을 받았고 귀환 포로는 총살당했으며 이스라엘의 건국으로 유태인들의 충성 대상이 생겨나자 소련내에 새로운 반유태인 운동이 일어났다. 군부지도층의 실력대결 끝에 1946년 존경받던 주코프 원수가 지상군 사령관 직에서 밀려났다. 공산당 내부의 징계와 입당요건의 강화로 말미암아 1948년에는 스탈린이 싫어했던 레닌그라드 당지도부 전원이 숙청되었다. 검열도 강화되어 문학과 창작예술뿐 아니라 자연과학·생물학·언어학 등도 검열을 받게 되었다. 이같은 전반적인 체제「강화」는 물론 전술한 농업집단화의 재강조와 냉전시대 긴장의 대두에 꼭 맞는 조치였다. 또한 이와 유사한 이데올로기적 억압과 전체주의적 통제가 소련 지배하의 동유럽 위성국가들에서도 일어나 경쟁 정당들의 제거, 겉치레 재판, 개인의 권리 및 재산의 억제 등이 유행하게 된 것도 당연한 일이었다. 이 모든 조치, 특히 폴란드와 체코슬로바키아(1948)에서의 민주주의 말살은 소비에트체제에 대한 서방인들의 열의를 크게 퇴조시키는 결과를 가져왔다. 이 모든 조치가 세밀한 계산에서 나온 것이었는지(소련 엘리트들은 그때나 지금이나 소련 인민뿐 아니라 그 위성국들까지도 서방의 이념과 풍요로움으로부터 고립시키고자 하는 노골적인 논리를 가지고 있다) 아니면 순전히 죽음을 앞둔 스탈린의 편집광 증세를 반영한 것에 불과한지는 불분명하다.

그 원인이 어디에 있건간에 이렇게 해서「미국 지배하의 평화」로부터 완전히 벗어난 광대한 영토가 형성되어 실제로 양자택일의 대안을 제시하게 되었던 것이다.

이같은 소비에트 제국(Soviet Empire)의 성장은 매킨더 등의 지정학적 예언, 즉 하나의 거대한 군사대국이 유라시아대륙의「심장부(Heartland)」를 장악하게 될 것이며 이 나라가 외곽 또는「주변부(Rimland)」로 더욱 팽창하는 경우 주요 해양국가들은 세계의 세력균형을 유지하기 위해 이에 대항해야 할 것이라고 한 예언을 확인해주는 것처럼 보였다. 미국 행정부가 한국전쟁 때문에 용기를 잃어 종전의「하나의 세계(One World)」라는 이념을 포기하고 국제무대에서 가차없이 초강대국 전쟁을 벌이기로 한 것은 그로부터 수년이 지난 후의 일이었다. 그러나 이러한 사태는 이미 1945년 당시의 상황에 내재되어 있었으니 미국과 소련은 이제 토크빌의 지적대로 세계의 반을 지배할 수 있는 유일한 나라가 되었으며 따라서 두 나라가 모두「세계주의적(globalist)」사고방식에 빠지게 되었던 것이다. 『소련은 이제 세계 최강국 중의 하나가 되었다. 이제 소련없이는 국제관계의 어떠한 중요 문제도 결정할 수 없게 되었다……』라고 주장한 몰로토프(Vyacheslav Molotov)의 이같은 발언은 전에 미국이 소련에 대해『이 세계전쟁에서는 정치적인 문제이건 군사적인 문제이건 미국의 관심사가 아닌 것은 문자 그대로 하나도 없다』고 협박하던 말을 그대로 흉내낸 것이었다(미국은 아마도 처칠과 스탈린이 동유럽문제에 관해 비밀합의를 할지도 모른다는 생각에서 이러한 협박을 했던 것으로 보인다). 이제 심각한 이해관계의 충돌은 불가피하게 되었다.

그러나 과거에 강대국이었다가 이들 초강대국의 등장과 함께 쇠퇴하여 중위권 국가로 전락한 나라들은 어떻게 보아야 할 것인가? 한 가지 분명히 해두어야 할 점은 독일·일본·이탈리아 등 패전한 파시스트 국가들은 종전 직후의 영국 그리고 아마 프랑스와도 전혀 다른 범주에 속하게 되었다는 것이다. 전쟁이 끝나자 연합국은 독일이나 일본이 다시는 국제질서를 위협하지 못하도록 다져놓기 위한 여러가지 계획을 밀고 나갔다. 여기에는 두 나라의 장기적 군사점령뿐 아니라 독일의 경우는 4개 점령지역으로 분할하고 나중에 이를 다시 2개의 독일로 분리시키는 조치가 포함되었다. 일본은 (1943년 이탈리아의 경우처럼) 해외영토를 빼앗겼으며 독일은 유럽의 점령지들과 동부 지방의 옛 영토(실레지아·동프로이센 등)를 박탈당했다. 전략폭격에 의한 황폐화, 수송체제의 마비, 주택부족 그리고 원료와 수출시장 부족은 연합국의 산업통제에 의해, 특히 독일의 경우는 공장시설 해체에 의해 더욱 가중되었다. 독일의 1946년 국민소득과 생산량은 1938년의 1/3 미만으로 떨어지는 끔찍스러운 감소를 보였다. 일본에서도 이와 비슷한 경제적 침체가 일어났으니 1946년의 실질 국민소득은 1934~1936년의 57%에 불과했고 같은 기간중 제조업 실질임금은 30% 수준으로 떨어졌으며 해외무역은 너무나 미미하여 2년 후에 가서도 수출과 수입이 각각 1934~1936년의 8%와 18% 수준에 머물렀다. 일본의 해운업은 전쟁으로 전멸되었고 면직 방추수는 1,220만추에서 200만추로 감소하고 석탄생산도 반감하는 등의 추세를 보였다. 군사적으로뿐 아니라 경제적으로도 일본의 전성시대는 끝난 것처럼 보였다.

이탈리아는 1943년 연합군측으로 돌아섰지만 경제적 어려움이 혹독하기는 거의 마찬가지였다. 연합국은 2년간에 걸쳐 이탈리아반도를 거슬러 올라가며 전투를 벌이고 폭격을 가했기 때문에 무솔리니의 전략적 방종으로 야기된 손실은 한층 더 심했다. 『1945년에……이탈리아의 국민총생산은 1911년 수준으로 퇴보하여 1938년에 비해 실질가격으로 40%나 감소했다. 전쟁중의 인명손실에도 불구하고 인구는 해외 식민지로부터의 귀환 그리고 이민송출의 중단 등으로 인해 크게 늘어났다. 생활수준은 위험할 정도로 낮아져 미국 등으로부터의 국제 원조에도 불구하고 수많은 사람들이 아사지경에 있었다.』 1945년 당시 이탈리아의 실질임금은 1913년 당시의 26.7% 수준에 불과했다. 이상의 세 나라는 이 기간중 미국 원조에 크게 의존하는 사실상의 경제적 위성국이나 다름없었다.

경제적으로는 프랑스도 독일과 별로 다를 것이 없었다. 독일에 의한 4년간의 약탈 끝에 1944년에는 여러 달 동안 대규모 전쟁이 계속되었기 때문에 『대부분의 수로와 항만은 폐쇄되고 교량은 파괴되었으며 철도도 한동안 사용할 수 없었다.』 프랑스의 수출입에 관한 폴렌(Fohlen)의 지수는 1944~1945년에 사실상 영으로 떨어졌고 같은 기간중 프랑스의 국민소득 역시 불황의 해였던 1938년의 절반에 불과했다. 프랑스의 외환보유고가 바닥났으며 프랑화는 외환시장에서 인정받지 못했다. 프랑화가치는 1944년에 달러당 50프랑으로 정해졌으나 그것은 「순전한 허구」여서 1년만에 달러당 119프랑으로 하락했으며 사태가 비교적 안정된 1949년에는 달러당 420프랑을 기록했다. 프랑스의 정당정치, 특히 공산당의 역할은 경제재건·국유화·인플레이션 등 순수한 경제문제들과 상호작용관계에 있었음이 분명하다.

반면에 자유프랑스(la France Libre)는 이른바「대동맹」의 가맹국으로서 파시즘에 대항하여 주요 전투를 치뤘으며 또한 서아프리카·레반트지방 및 알제리의 친비시(Vichy) 정부세력과의 「내전」에서 승리를 거두었다. 전쟁중 독일의 프랑스 점령과 프랑스 국민의 분열 때문에 드골의 조직은 영국과 미국의 원조에 크게 의존했는데 드골은 더 많은 원조를 요구하면서도 두 나라에 분개하였다. 그러나 영국은 소련에 대한 견제세력으로서 붕괴해가는 독일보다는 프랑스를 유럽의 군사대국으로 재건하고자 열망했기 때문에 프랑스는 독일 분할점령 참여라든가 국제연합 안전보장이사회 상임이사국의 지위 등 강대국으로서의 여러가지 신분을 획득할 수 있었다. 프랑스는 비록 시리아와 레바논 등 과거의 위임통치령을 되찾지는 못했지만 인도차이나·튀니지·모로코 등 보호령의 종주권을 되찾고자 시도했으며 실제로 수많은 해외영토를 가지고 있어 아직도 세계 제2의 식민제국으로서 군림하겠다는 확고한 결의를 가지고 있었다. 여러 외부 관측자들, 특히 미국인들이 보기에는 경제적으로 취약하여 미국의 재정지원에 크게 의존하는 프랑스가 이처럼 일등국가의 지위를 되찾으려고 시도하는 것은 단순한 허장성세에 불과했으며 실제로 그러한 면이 강했다. 이러한 허장성세의 결과는 다만 몇년 동안만이라도 전쟁으로 뒤바뀐 세계의 전략적 전망을 눈가림하려는 노력으로 나타났다.

1945년 당시 대부분의 영국인은 이같은 비교에 분개했겠지만 세계강대국으로서의 영국의 지속적인 외관은 또한 새로운 전략적 균형을 눈가림하는 것이었으며 런던의 정책결정자들이 쇠퇴하는 국가의 정치상황에 적응하는데 심리적인 어려움을 안겨주었다. 영국은 유일하게 제2차세계대전의 처음부터 마지막까지 싸운 자타가 공인하는「3대 강대국(Big Three)」의 하나였다. 영국 육·해·공군의 전과는 제1차세계대전 당시보다 훨씬 뛰어났다. 1945년 8월에는 홍콩을 포함한 국왕의 모든 영토가 다시 영국의 수중에 돌아왔다. 영국의 군대와 공군기지들은 북아프리카·이탈리아·독일·동남아시아 등 각지에 널려 있었다. 영국 해군은 큰 손실을 입기는 했지만 여전히 1,000척 이상의 군함과 약 3,000척의 소형 함정 그리고 약 5,500척의 상륙용 함정을 보유하고 있었다. 영국 공군의 폭격기 사령부는 세계에서 두번째로 큰 전략공군이었다. 그렇지만 바네트는 이렇게 지적하지 않을 수 없었다.

> 〔「승리」는……〕 영국의 힘의 보전과 동의어가 아니었다. 이러한 힘의 보전에서 독일의 패전은 중요한 요인의 하나에 불과하다. 독일의 패전과 함께 영국의 힘도 끝장나는 경우도 있을 수 있는 것이다. 중요한 것은「승리」그 자체가 아니라 승리를 가져온 상황, 특히 영국이 처하게 된 상황인 것이다. ……

엄연한 사실은 영국은 승전을 이룩하기 위해 지나치게 국력을 소모한 나머지 금 및 외환보유고가 바닥나고 국내의 생산시설이 노후화했기 때문에(국내자원과 국민의 엄청난 동원에도 불구하고) 전쟁을 계속하자면 군수품·선박·식량 등을 더욱 미국에 의존할 수밖에 없었다는 점이다. 이같은 각종 물자의 수입이 매년 늘어났음에도 불구하고 영국의 수출은 줄어들어 1944년에는 1938년 실적의 불과 31% 수준으로 떨어졌다. 노동당 정부가 1945년 7월 처음 들어서자마자 읽게 된 문서는 이 나라가「재정상의 됭케르크(financial Dunkirk)」에 처해 있다고 한 케인스(John Maynard Keynes)의 비망록이었다. 영국은 엄청난 무역적자, 취약한 산업기반, 거대한 해외기지 등을 안고 있었기 때문에 감축된 무기대여에 대신할 미국 원조를 절실히 필요로 하고 있었다. 실제로 이 원조가 없었다면 영국은『전쟁중에 겪었던 것보다도 더욱 심한 내핍이 필요한 실정이었다.……』이렇게 해서 또 다시 제1차세계대전 종전 직후와 마찬가지로 영웅들에게 알맞은 터전을 마련해준다는 목표가 수정될 수밖에 없게 되었다. 그러나 더 이상 영국이 세계정치의 중심이라고 생각할 수는 없게 되었다.

그러나 노동당 정부는「복지국가」건설을 추진하면서도 여전히 강대국 지위에 관한 환상을 버리지 못하였다. 그러므로 그후 수년 간의 역사에서는 이 조화시킬 수 없는 문제 — 국내의 생활수준을 향상시키고「혼합경제(mixed economy)」로 이행하여 무역적자를 줄이는 한편 독일·근동·인도 등 넓은 지역에 흩어져 있는 해외기지들을 지탱하고 대소련 관계의 악화에 직면하여 대규모 군대를 유지해야 하는 문제 — 를 해결하고자 하는 영국의 진지한 노력으로 점철되었다. 애틀리(Clement Attlee) 정부에 대한 연구결과가 말해주듯이 이 노력은 여러 부문에서 상당한 성과를 거두어 산업생산은 늘어나고 무역적자는 좁혀 졌으며 사회개혁이 실시되고 유럽의 정세는 안정되었다. 노동당 정부는 또한 힘에 벅찬 해외부담을 다소라도 덜기 위해 인도에서 철수하고 팔레스타인의 혼란에서 발을 빼며 그리스와 터키에 대한 보장도 철회하는 것이 현명하다는 결론을 내렸다. 다른 한편 경제적 회복 자체는 케인스가 1945년 워싱턴에서 교섭해준 대규모 차관과 마셜플랜 원조를 통한 대대적인 지원과 무역경쟁 대상국들의 파멸상태에 크게 힘입은 것이기 때문에 미묘하고 제한된 경제부흥일 수밖에 없었다. 장기적으로 볼 때 1947년 영국의 철수계획의 성공 여부도 불확실했다. 그 계획은 분명히 영국의 부담을 크게 덜어주는 것이었다. 그러나 그 전략적인「발놀림 곡예(fancy footwork)」는 몇몇 지역을 포기함으로써 해외기지를 영국에 실질적 이해관계가 걸린 지역으로 — 즉 팔레스타인에서 수에즈운하로, 인도에서 아라비아 유전지대로— 재배치할 수 있다는 전제하에 성립된 것이었다. 이 단계에서 영국 정부가 과거 어느 때보다도 큰 경제적 중요성을 띠게 된 그밖의 종속국들을 포기할 의사가 없었음은 분명하다. 영국의 국제적 위치를 재평가하게 된 것은 한층 심한 충격으로 인해 현상유지 비용이 더욱 증가한 후의 일이었다. 그러나 한편 영국은 비록 과잉팽창하기는 했지만 그래도 아직은 강력한 국가였으며 세계가 양대 진영으로 분할되고 있는 상황에서 자국의 안보를 미국에 의존하기는 했지만 그래도 미국의 가장 필요한 동맹국이며 가장 중요한 전략적 협력자였다.

그러나 영국 정부와 프랑스 정부의 온갖 노력에도 불구하고 「유럽의 시대가 지나가고 있음」은 의심할 여지가 없었다. 전쟁 기간중 미국의 국민총생산은 50% 이상의 실질성장을 이룩한 데 반해 유럽 전체(소련은 제외)의 국민총생산은 25% 가량 감소했다. 세계 제조업생산량에서 차지하는 유럽의 비중은 19세기 초 이래 최저 수준으로 떨어져 전쟁피해가 대체로 복구된 1953년에 와서도 그 비중은 26%(미국은 44.7%)에 불과했다. 이제 유럽의 인구는 세계 총인구의 15~16% 정도에 불과하였다. 1950년 유럽의 1인당 국민소득은 미국의 절반 수준이었다. 더구나 이제는 〈표 36〉에서 보는 바와 같이 소련이 바짝 따라오고 있었다.

유럽의 이같은 쇠퇴는 병력 수와 군사비에 더욱 뚜렷이 반영되었다. 예컨대 1950년 미국은 병력이 138만명, 군사비는 145억달러였고

〈표 36〉 1950년 강대국의 국민총생산과 1인당 국민소득

(10억달러, 1964년 달러가치 기준)

	국민총생산	1인당 국민소득
미 국	381	2,536
소 련	126	699
영 국	71	1,393(1951)
프랑스	50	1,172
서 독	48	1,001
일 본	32	382
이탈리아	29	626(1951)

소련은 430만명의 병력에 155억달러의 군사비를 지출했다. 이 양대 초강대국은 두 가지 면에서 모두 영국(68만명, 23억달러)·프랑스(59만명, 14억달러)·이탈리아(23만명, 5억달러)를 크게 앞섰으며 군대를 해체당한 독일과 일본은 말할 필요도 없었다. 한국전쟁으로 이들 유럽의 중위권 국가들의 군사비는 1951년에 크게 증가했지만 그래도 미국(333억달러)과 소련(201억달러)에 비하면 아무것도 아니었다. 그 해 영국·프랑스·이탈리아 세 나라를 모두 합해도 군사비는 미국의 1/5, 소련의 1/3에 불과했다. 경제력과 군사력 양면에 걸쳐 유럽은 이제 결정적으로 쇠퇴한 것으로 보였다.

  이러한 인상은 핵무기와 장거리 운반체제의 개발로 더욱 굳어지게 되었다. 기록을 볼 때 분명한 것은 원자폭탄 개발에 참여한 많은 과학자들은 그들이 전쟁·무기체제 및 파괴력의 역사 전반에 걸쳐 하나의 분수령에 도달하고 있음을 절감하였으며 또한 1945년 7월 16일 앨라모고도(Alamogordo) 실험의 성공으로 관측자들은 『우리 생활에 큰 영향을 준 전기 등 그밖의 어떤 위대한 발견보다도 더욱 중요한 무언가 크고 새로운 것이 이루어졌음』을 확신하게 되었다. 실제로 히로시마와 나가사키의 대량살륙을 통해 『최후의 심판을 경고하는 강력하고 지속적이며 소름끼치는 굉음』이 재현되었을 때 이 무기의 위력은 의심의 여지가 없었다. 원자폭탄의 등장으로 미국의 정책결정자들은 이것이 미래에 가져올 여러가지 실제적인 문제들과 씨름하게 되었다. 원자폭탄은 재래식 전쟁에 어떠한 영향을 미칠 것인가? 이 무기를 전쟁 초에 즉각 사용할 것인가 아니면 최후의 무기로만 사용할 것인가? 보다 큰 핵무기(수소폭탄)와 보다 작은 핵무기(전술 핵무기)를 개발할 경우 어떠한 함축적 의미와 잠재적 가능성이 예견되는가? 핵무기에 관한 지식을 다른 나라들과 공유해야 할 것인가? 그것은 또한 소련의 기존의 핵무기 개발노력을 더욱 촉진시켰으니 스탈린은 히로시마에 원폭이 투하된 다음날 그의 안보보좌관 베리야(Lavrenty Beriya)를 원자폭탄 개발사업 책임자로 임명했다. 이 당시만 해도 소련은 원자폭탄제조와 운반체제에서 미국이 예상한 것보다 훨씬 빠른 속도로 따라붙었다. 1945년 이후 수년 동안은 미국의 핵무기 우위가 소련의 재래식 군사력 우세와 「균형」을 이루었다는 견해가 타당한 것처럼 보였다. 그러나 국제관계의 역사에서는 이러한 일이 오래 지속되지 않는 법이어서 소련은 오래지 않아 미국을 따라잡기 시작함으로써 미국의 핵무기 독점은 일시적인 국면에 불과하다는 주장이 입증되고 말았다.

핵무기의 등장은 「전략적 전망」을 변모시켜 핵무기를 소유하는 나라는 어떤 나라든지 인류 자신을 포함한 무차별 대량파괴능력을 보유하게 되었다. 시야를 좀더 직접적인 문제로 좁혀 보면 무기기술의 새로운 차원이 열림에 따라 전통적인 유럽국가들은 이를 따라잡느냐 아니면 이등국가로 전락했음을 스스로 인정하느냐 하는 문제로 더욱 압력을 받게 되었다. 물론 독일과 일본 그리고 경제적·기술적으로 취약한 이탈리아는 핵클럽(nuclear club)에 가입할 전망이 없었다. 그러나 영국 정부로서는 심지어 애틀리가 처칠을 대신한 후에도 핵무기를 보유하지 말아야 한다는 논의는 생각할 수도 없는 것이었다. 그것은 핵무기가 전쟁억지력이기는 하지만『순전히 병력 수로만 따지면 매우 불충분한 영국의 군사력이 의존해야만 할 과학적·기술적 우월성의 표현』이기 때문이었다. 다시 말하면 핵무기는 강대국으로서의 독자적인 영향력을 유지하기 위한 상대적으로 값싼 방법으로 간주되었던 것인데 이같은 계산은 곧 프랑스에서도 호소력을 갖게 되었다. 그러나 이러한 논리는 아무리 호소력이 있다 하더라도 몇 가지 현실적인 요인들 때문에 흔들릴 수밖에 없었으니 그것은 두 나라가 수년 안에는 핵무기와 운반체제를 보유할 가망이 없다는 점, 이 나라들의 핵무기 비축은 어차피 초강대국들보다는 소규모일 수밖에 없으며 기술이 더욱 발전함에 따라 뒤떨어진 무기가 될 것이라는 점이었다. 비록 영국과 프랑스가 (그리고 나중에는 중국도) 핵클럽에 가입하고자 열망했지만 1945년 이후 최초의 10여년 동안만 해도 이들의 노력은 마치 1914년 이전 오스트리아-헝가리나 이탈리아가 독자적으로 드레드노트급 전함을 보유하고자 애쓴 것과 비슷한 상황이었다. 다시 말해 그같은 노력은 힘의 반영이라기보다는 그 나라가 가진 취약성을 반영하는 것이었다.

이제 이 세계를 전통적인 전략적·정치적 다극세계가 아닌 양극세계로 파악함에 있어서 마지막으로 강조해야 할 요소는 이데올로기의 역할이 커졌다는 점이다. 고전적인 19세기 외교에서도—메테르니히, 니콜라이 1세, 비스마르크, 글래드스턴 등의 행동에서 보는 바와 같이—이데올로기 요인이 일정한 정치적 역할을 한 것이 사실이다. 양대전 사이의 기간에는 이러한 경향이 더욱 강화되어「극우파」와「극좌파」가 생겨나「부르좌적 자유주의 중도파」의 지배적 가설들에 도전하기도 했다. 그럼에도 불구하고 1930년대 말의 다극적인 라이벌간의 복잡한 역학관계(처칠 등 영국의 보수파가 나치 독일에 대항하여 소련과 제휴하고자 했다든가 미국의 자유주의 세력이 유럽에서 영국·프랑스 외교를 지원하고자 하면서도 유럽 이외의 지역에서는 영국·프랑스의 식민지제국의 해체를 바랐다는 등의 관계)는 이데올로기로 세계문제를 설명하기가 매우 힘들게 만들었다. 더구나 전쟁중에는 파시즘과 싸운다는 절박한 필요성 때문에 정치적·사회적 원칙의 차이를 덮어둘 수 있었다. 1943년 스탈린의 코민테른(Komintern) 억압과 바르바로사 작전 당시의 소련측 저항에 대한 서방측의 찬탄도 종전의 의혹을 많이 불식시켜 주었다고 할 수 있다. 특히 미국에서는 1943년「라이프」지가『소련인은 미국인처럼 생겼고 미국인처럼 옷을 입으며 미국인처럼 생각한다』고 주장했으며 그 1년 후「뉴욕 타임스」지도『소련에서는 마르크스적 사고방식이 끝났다』고 주장했다. 이러한 순진한 감정 때문에 많은 미국인들은 전후세계가 국제적 조화라고 하는 그들의 환상과 일치하지 않는다는 사실을 받아들이기를 주저했고 따라서 많은 사람들이 1946년 3월 처칠의 유명한「철의 장막」연설에 불쾌감과 분노에 찬 반응을 보였던 것이다.

그러나 한두 해가 더 지나면서 소련과 서방간의 냉전이 갖는 이데올로기적 성격이 분명히 드러나게 되었다. 소련이 동유럽에 의회민주주의를 허용하지 않으리라는 징조가 더욱 뚜렷해진 점, 대규모의 소런 군사력, 그리스와 중국 등지에서 공산당과 그 반대세력이 벌인 내전 그리고 마지막의 중요한 요소로서 미국내의 「적색 위협(Red menace)」, 간첩망과 전복활동 등에 대한 점증하는 우려 때문에 미국의 국민감정에 큰 변화가 일어났으며 트루먼(Harry Truman) 행정부는 이러한 변화에 민첩하게 대응해나갔다. 영국이 그리스·터키에 대한 보장을 철회함으로써 생긴 공백상태에 소련이 파고들 것이라는 우려 속에서 행해진 1947년 3월의 「트루먼 독트린」 연설에서 트루먼은 현세계가 두 개의 상이한 이데올로기 원칙간의 선택문제에 직면해 있다고 설명했다.

첫번째 생활방식은 다수의 의지에 토대를 둔 것으로서 자유로운 제도, 대의정체, 자유선거, 개인적 자유의 보장, 언론 및 종교의 자유 그리고 정치적 억압으로부터의 자유에 의해 특정지어지는 생활방식이다. 두번째 생활방식은 다수에 대한 소수 의지의 강요에 토대를 둔 것으로서 테러와 억압·언론통제·조작선거 그리고 개인적 자유의 억압에 의존한다.

트루먼은 계속해서 미국의 정책은 『자유 인민이 전체주의적 정체를 강요하려는 침략세력에 대항하여 자신의 제도와 완전성을 유지하도록 돕는 것』이 될 것이라고 밝혔다. 좀 과장해서 말하면 그 이후의 국제문제는 마니교적인 투쟁양상을 띠게 되었다. 아이젠하워는 이렇게 말했다. 『지금처럼 선과 악이 무리를 짓고 무장하여 서로 대결한 것은 역사상 드문 일이다. 자유가 노예제도와 대적하고 빛이 어둠과 대적하고 있다.』

물론 이같은 과장논법은 대개의 경우 국내용이었다. 미국뿐 아니라 영국·이탈리아·프랑스 등에서도 이러한 논법은 보수세력이 정적을 헐뜯거나 또는 자국 정부의 「대공 유화(soft on Communism)」 입장을 공격하기에 편리한 논리였다. 또 한 가지 확실한 것은 이같은 논법이 서방에 대한 스탈린의 의혹을 더욱 깊게 만들었으리라는 점이다. 소련의 언론은 즉각 서방측이 동유럽내의 소련「영향권」을 문제삼고 있으며 소련을 사방에서 포위하고 전진기지를 설치하는 한편 공산당에 대항하고 반동 정권들을 지원하며 국제연합을 의도적으로「독점」하려 한다고 비난했다. 소련의 주장에 따르면『미국의 새로운 외교정책 노선은 과거의 반소 노선으로 복귀하여 전쟁을 일으키고 미국·영국의 세계지배를 강요하려는 데 목적을 둔 것』이었다. 이러한 설명은 한편 소련 정권에게 국내의 반대세력을 탄압하고 동유럽에 대한 통제를 강화하며 산업화를 강행하고 군비에 막대한 예산을 투입할 구실을 주게 되었다. 이처럼 냉전의 대내외적 요건은 서로 구실을 주면서 이데올로기 원칙에 대한 호소로 장식되었다. 자유주의와 공산주의는 모두가 보편적 이념으로서「상호배타적」이었기 때문에 양측은 서로 이 세계를 이데올로기 분쟁이 권력정치적 우위와 불가분의 관계에 있는 하나의 전쟁터로서 이해하고 묘사하였다. 어떤 나라든지 미국이 이끄는 진영에 가담하거나 소련 진영에 가담했다. 그 중간의 선택은 없었으니 스탈린과 조 매카시(Joe McCarthy) 시대에 그런 가능성을 생각한다는 것은 현명치 못한 일이었다. 바로 이것이야말로 분할된 유럽 인민들뿐 아니라 아시아·중동·아프리카·라틴아메리카의 모든 인민들이 적응할 수밖에 없었던 전략적인 현실이었던 것이다.

냉전과 제3세계

나중에 밝혀진 바와 같이 그후 20년 동안의 국제정치에서는 미국·소련간의 경쟁에 적응해나가는 일 그리고 나중에는 이를 부분적으로 거부하는 일이 주된 관심사였다. 처음에는 유럽의 경계선을 다시 긋는 문제가 냉전의 중심 문제였다. 그러므로 그 밑바닥에는 여전히「독일문제」가 깔려 있었으니 그것은 1945년 승전국들이 유럽에 어느 정도의 영향력을 행사하는가 하는 것이 이 문제의 해결에 달려 있기 때문이었다. 소련은 20세기 초 독일의 침략으로 가장 큰 피해를 입은 나라였고 또 스탈린 자신이 안보문제에 대해 편집광적인 집착을 갖고 있었기 때문에 20세기 후반에는 결코 이같은 일이 반복되지 않도록 할 결심이었다. 부차적인 문제이기는 했지만 세계공산혁명을 촉진하는 것도 도외시할 수 없는 문제였다. 왜냐하면 또 다른 마르크스주의 국가들이 창설되어 소련의 지도를 구하게 되면 소련의 전략적·정치적 위치가 크게 높아질 것이 확실하기 때문이었다. 비록 여러가지 문제가 미해결로 남아 있기는 했으나 1945년 이후 소련의 세계정책은 수세기 전부터 내려온 부동항 획득노력보다도 오히려 세계공산화라는 고려사항에 의해 지배된 측면이 훨씬 강하다. 그러므로 우선은 1918~1922년의 영토협정을 해소하여 전략적 목적을 위해「마무리」짓고자 하는 결의가 있었다. 앞서 살펴본 것처럼 이것은 발트해 연안국가들에 대한 소련의 지배를 재확립하고, 폴란드·소련 국경선을 서쪽으로 밀어내고, 동프로이센을 말살하고, 핀란드·헝가리 및 루마니아에서 영토를 취득하는 것을 의미했다. 이것은 서방측에 별로 근심거리가 되지 못했다. 실제로 그 내용은 대부분 전쟁중에 이미 합의된 것이었다. 서방측을 괴롭힌 것은 이보다도 소련이 중부 및 동부 유럽에 있는 종전의 독립국들을「소련에 우호적인」정권으로 묶어두려는 조짐이었다.

이 점에 관해 폴란드의 운명은 다른 지역에서 일어날 사태를 예고해주는 전조가 되었다. 더구나 영국이 1939년 이 나라의 독립보존을 위해 싸우기로 결정했고 또 폴란드의 대표단(그리고 망명 정부)들이 서방에서 활동했기 때문에 폴란드 사태는 더욱 민감한 문제였다. 소련내 카틴(Katyn)에 있는 대규모 폴란드군 장교 무덤의 발견, 소련의 바르샤바봉기 불찬성, 스탈린의 폴란드 국경선 변경고집, 루블린(Lublin)에서의 폴란드인 친소파의 등장 등으로 처칠 등은 소련의 의도에 의혹을 품게 되었다. 몇년이 더 지나 폴란드에 괴뢰 정권이 수립되고 친서방파가 권력에서 사실상 제거됨으로써 이러한 우려는 그대로 현실화되었다.

폴란드문제에 대한 소련의 태도는 모든 면에서「독일문제」와 관련되어 있었다. 영토면에서는 국경선이 서쪽으로 이동함으로써 독일 영토의 규모가 축소되었을 뿐 아니라(동프로이센의 합병과 마찬가지로)

폴란드는 장차 독일의 어떠한 오데르-나이세(Oder-Neisse)선 수정에도 반대하게 되었다. 전략적인 면에서 폴란드를 안전한 「완충지대」로 만들자는 소련의 주장은 1941년과 같은 독일 침공의 재판을 방지하려는 의도에서 나온 것이었다. 그러므로 소련이 독일의 운명도 함께 결정하자고 주장한 것은 논리적으로 당연하였다. 정치적인 면에서는 「루블린파」 폴란드에 대한 지지와 병행하여 망명중인 독일 공산주의자들을 훈련시켜 귀국시에 이에 유사한 역할을 맡도록 하려는 노력이 경주되었다. 경제적으로 폴란드 등 인접 동부 유럽국가들에 대한 소련의 착취는 독일의 경제적 해체를 예고하는 전조가 되었다. 그러나 그러한 조치는 독일인의 지지획득을 불가능하게 만들 뿐 아니라 독일을 철저하게 빈궁하게 만든다는 것을 깨닫게 되면서부터 이같은 해체작업은 중단되고 몰로토프의 어조가 다시 되살아 나게 되었다. 그렇지만 이같은 전술적 변화는 소련이 독일의 장래 결정에 중요한 발언권을 행사하고자 한다는 명백한 메시지에 비하면 별로 중요한 것이 아니었다.

그렇다면 폴란드 및 독일 모두에서 소련의 정책은 서방측과 충돌하지 않을 수 없는 것이었다. 정치적·경제적인 면에서 미국·영국·프랑스는 유럽 전역에 걸쳐 자유시장원리와 민주적 선거제도를 확립하고자 했다(다만 영국과 프랑스는 자유방임적인 미국인이 희망한 것 이상으로 더욱 큰 면적을 점령하고자 하는 의사를 분명히 했다). 전략적으로 서방측은 소련에 못지 않게 독일 군국주의의 부활을 예방할 결심이 확고했으며 특히 프랑스는 1950년대 중반까지도 이 문제를 우려했지만 그렇다고 해서 독일군 대신에 붉은 군대가 유럽을 지배하도록 내버려두고 싶은 나라는 없었다. 그리고 비록 프랑스와 이탈리아 정부가 1945년 이후 공산당을 포용하기는 했지만 마르크스주의 정당의 정권장악에 대해서는 깊은 불신을 가졌다 ─ 동유럽 국가들이 비공산계 정당들을 꾸준히 제거함으로써 이러한 감정은 더욱 굳어지게 되었다. 그래도 소련과 서방간의 화해를 희망하는 목소리는 여전히 계속되었지만 양측의 목표는 도처에서 충돌을 빚을 수밖에 없었다. 어느 일방의 계획이 성공하면 다른 일방은 위협을 느낄 수밖에 없었으며 이러한 의미에서 적어도 양측이 각자의 보편적 가정들에 대해 어떠한 합의를 이룩하지 못하는 한 냉전은 불가피한 실정이었다.

따라서 여기에서 긴장의 고조과정을 단계적으로 설명하는 것은 불필요할 것이다. 세계 역학관계의 전개에 관한 분석에 있어서 이러한 단계적 설명은 메테르니히 외교에 관한 앞 장의 상세한 설명만큼이나 중요하다. 어쨌든 1945년 이후의 냉전은 오늘날까지도 국제관계의 움직임에 계속적인 영향을 미치고 있기 때문에 그 주요 특징을 검토해 볼 가치가 있다.

첫번째 특징은 2개 진영으로의 유럽의 「분열」이 더욱 심화되었다는 점이다. 이러한 분열이 1945년에 당장 발생하지 않은 데는 그럴 만한 이유가 있다. 그 당시 연합국 점령군은 물론 독일군의 철수 후 은신처와 망명지에서 돌아온 「계승(successor)」정당들의 주된 과제는 통신과 전기시설을 복구하고, 도시에 식량을 공급하고, 난민에게 주택을 제공하며, 범법자를 소탕하는 등의 긴박한 행정적 과제였다. 이 때문에 이데올로기의 차이가 크게 흐려질 수밖에 없었다. 독일 점령지역내에서 미국은 소련뿐 아니라 프랑스와도 다투는 처지가 되었고 유럽 각국에 들어선 의회와 내각들을 보면 동독에서는 사회당원들이 공산당원들과 자리를 함께 했고 서독에서는 공산당원들이 기독교민주당원들과 자리를 함께 하고 있었다. 그러나 1946년 말과 1947년 초에 와서는 그 간격이 뚜렷하게 벌어져 독일 점령지역에서 실시된 각종 국민투표와 지역선거 결과는 『서독의 정치적 색채가……동독과 뚜렷이 달라지기 시작했음』을 보여주었다. 폴란드·불가리아·루마니아의 비공산세력 제거는 1947년 4월 프랑스의 내정 위기에 그대로 반영되어 공산당원들이 정부에서 사퇴를 강요당하는 결과를 가져왔다. 한달 후 이탈리아에서도 같은 일이 일어났다. 유고슬라비아에서는 티토(Josip Broz Tito)의 정치적 지배(권력분담에 관한 연합국측의 전시협정에 위배되었다)가 서방측에 의해 소련의 계획적인 조치로 해석되었다. 이러한 불화는 소련의 국제통화기금 및 세계은행 가입거부와 함께 전후 소련과의 선린관계 유지를 희망했던 미국인들에게 특히 큰 실망을 주었다.

그러므로 스탈린 역시 상황이 허락하면 서부 및 남부 유럽을 장악하려고 계획했으며 실제로 그러한 상황을 촉진시키고자 노력했다는 서방측의 의혹은 그다지 심한 논리적 비약은 아니었다. 비록 터키에 대한 소련의 압력이 미국을 자극하여 1946년 동지중해에 해군 기동타격대를 상주시키게 되었지만 소련의 서부 및 남부 유럽지배는 실현가능성이 없었다. 오히려 이러한 일은 소련의 앞잡이들이 전쟁으로 야기된 지속적인 경제적 혼란과 정치적 경쟁관계를 이용할 수 있는 능력이 있어야만 가능한 일이었다. 그리스 공산당원의 반란이 이같은 가능성을 보여주는 한 가지 징조로 간주되었으며 프랑스에서 일어난 공산당이 지원한 파업도 마찬가지였다. 독일의 여론에 호소하고자 하는 소련의 노력도 의혹을 샀지만 정작 가장 걱정해야 할 것은 북부 이탈리아 지방의 강력한 공산당세력이었다. 오늘날의 역사학자들은 이러한 움직임들이 과연 어느 정도 소련측의 「종합기본계획」에 의해 조종된 것인가에 대해 회의적인 입장을 취하고 있다. 그리스 공산당과 티토, 마오쩌둥 등은 각기 범세계적 마르크스주의 질서보다는 국내의 적을 물리치는 데 관심을 두었으며 서방의 공산당과 노동조합들은 무엇보다도 먼저 국내 추종자들의 기분을 맞춰주어야만 했다. 한편 이런 나라들에서의 공산당의 득세는 이로 인해 큰 전쟁이 일어나지 않는 한 소련측에는 환영할 만한 일이었음에 틀림없다. 그러므로 그 당시 조지 케넌(George Kennan) 등 소련문제 전문가들이 소련 「봉쇄」론을 주장하여 동조를 얻은 것은 충분히 이해할 만하다.

급속히 전개된 「봉쇄전략」의 여러가지 요소들 중에서 중요한 것은 두 가지이다. 첫째 요소는 군부가 공고한 안전보장책으로 선호했음에도 케넌은 본질상 소극적인 요소라고 시인한 것으로서 『우리나라가 적대적인 나라의 수중에 넘어가도록……허용할 수 없는』 지구상의 지역들을 소련측에 밝혀두는 것이었다. 따라서 이러한 나라들에게는 저항력을 키울 수 있도록 군사원조를 제공할 것이며 그에 대한 소련의 공격은 사실상 개전 이유가 되는 것으로 간주한다는 것이었다. 그러나 보다 적극적인 요소는 이 나라들이 제2차세계대전으로 인한 『물질적 설비와 정신적 활력의 엄청난 피폐』로 말미암아 소련의 전복활동에 대한 저항력이 약화되어 있음을 미국이 인정했다는 점이었다. 그러므로 봉쇄정책을 장기적으로 수행하는 데 필요한 가장 중요한 요소는 미국의 대대적인 경제원조로 유럽과 일본의 파괴된 산업・농업 및 도시들을 재건하는 것이었다. 왜냐하면 이러한 원조는 그 나라들이 공산당의 계급투쟁과 혁명이론에 유혹되지 않도록 할 뿐 아니라 세력균형을 미국에 유리하도록 재조정하는 데도 도움이 될 것이기 때문이었다. 만일 케넌의 그럴 듯한 주장대로 『이 세계에 우리나라의 국가안보상 중요한 산업・군사력의 5대 중심권(즉 미국, 그 라이벌인 소련, 영국, 독일 및 중부 유럽 그리고 일본)』만 존재한다고 할 때 마지막 세 중심권을 서방 진영에 묶어두고 그 힘을 키워준다면 그 결과 소련 측의 영구적인 열세를 보증하는 「힘의 상관관계」가 이루어질 수 있을 것이었다. 또 한 가지 분명한 것은 스탈린의 소련이 이 전략에 커다란 의혹을 가질 것이란 점으로 특히 이 전략이 최근까지의 2대 적국인 독일과 일본의 부흥을 포함하고 있기 때문에 더욱 그러했다.

그러므로 여기서도 「결정적인 해」인 1947년과 그 이후 양측이 취한 여러가지 조치를 연대기적으로 정확히 살펴보는 것은 그 전반적인 결과를 살펴보는 것보다 덜 중요한 일이라 하겠다. 그리스・터키에 대한 영국의 보장을 미국의 보장으로 대체한 것은—종전의 세계경찰로부터 새로운 경찰로의 책임이양을 상징하는 것이지만—지역적인 한계를 두지 않은 「독트린」의 형태로 트루먼에 의해 정당화되었다. 그러나 유럽의 입장에서 볼 때 『자유인민들이 자체의 제도를 유지하도록 지원』하고자 하는 미국의 공공연한 의지는 그 당시 유럽대륙을 휩쓸고 있던 광범위한 경제적 곤경과 식량부족・석탄부족 등의 해결방안을 둘러싼 진지한 논의와도 관련된 것이었다. 미국 정부의 해결책—「유럽의 경제적 자립」을 위한 대규모 원조계획인 이른바 마셜플랜—은 의도적으로 공산국・비공산국을 불문하고 전체 유럽인민을 상대로 제시되었다. 그러나 소련이 이 원조를 받는 데 어떠한 매력을 느꼈든 지간에 마셜플랜은 소련 경제가 가장 엄격한 형태의 사회주의화·집단화로 복귀한 바로 그 시점에서 서유럽과의 공동협력을 의미하는 것이었다. 그리고 마셜플랜의 존재이유가 모든 유럽인들에게 번영을 이룩하는 데는 개인기업이 공산주의보다 낫다는 것을 확신시키는 데 있음은 누구나 알 수 있는 일이었다. 그 결과 몰로토프가 파리회담에서 퇴장하고 소련이 폴란드·체코슬로바키아에게 이 원조를 신청하지 말도록 압력을 가함으로써 유럽은 전보다 훨씬 뚜렷하게 분열되기에 이르렀다. 서유럽 국가들(특히 영국·프랑스·이탈리아·서독 등 큰 나라들)은 수십억달러의 미국 원조에 힘입어 경제가 급성장하여 북대서양 무역권을 형성하게 되었다. 동유럽 국가들에서는 공산당의 통제가 더욱 강화되었다. 1947년 반위장조직인 코민테른에 대신하여 코민포름 (Cominform)이 설치되었다. 1948년에는 체코슬로바키아의 연립정부가 공산당의 쿠데타로 붕괴되었다. 티토의 유고슬라비아는 스탈린의 폐소공포증적인 품안에서 벗어날 수 있었지만 그밖의 다른 위성국들은 숙청을 겪은 끝에 1949년 코메콘(Comecon, 경제상호원조협의회)에 강제로 편입되었는데 이 기구는 소련판 마셜플랜이기는커녕 단지「위성국들을 착취하기 위한 새로운 기구」에 불과했다. 처칠이 1946년「철의 장막」이라고 묘사한 것은 다소 성급한 감이 있었을지 모르지만 오랜 후 그의 말이 실제로 실현되는 것처럼 보였다.

 동·서간의 경제적 대립의 심화는 군사적 차원으로까지 번졌는데 여기서도 독일이 분쟁의 핵심이었다. 영국과 프랑스는 1947년 3월 됭케르크조약을 체결하여 장차 독일의 침공이 있을 경우 서로 전면적인 군사지원을 제공하기로 약속했다(다만 영국 외무부는 조약상의 비상사태는「상당히 비현실적」이라고 주장하고 서유럽의 내부적인 취약성에 보다 큰 관심을 두었지만). 1948년 3월 이 조약은 브뤼셀조약으로 범위가 확대되어 베네룩스 3국을 포함시키게 되었다. 브뤼셀조약은 독일이라는 이름을 명시하지는 않았지만 그 당시 서유럽(특히 프랑스)의 여러 정치가들은 여전히「소련문제」보다는「독일문제」에 더욱 집착하고 있었다고 보아야 할 것이다. 그들의 이러한 시대착오적인 관심은 1948년에 들면서 크게 뒤흔들렸다. 브뤼셀조약이 체결된 바로 그 달 소련은 서방측과의 사이에 독일의 경제적·정치적 장래에 관해 화해할 수 없는 의견차이가 있다고 주장하면서 독일에 관한 4개국 관리이사회(Four-Power Control Council)에서 탈퇴하고 말았던 것이다. 그로부터 3개월 후 독일내의 암시장과 화폐혼란을 종식시키고자 하는 노력에서 서방측 3개국은 새로운 마르크화의 창설을 발표했다. 소련은 이 일방적 조치에 대한 반응으로 자기측 구역내에서 서독 화폐의 유통을 금지했을 뿐만 아니라 한걸음 더 나아가 서방측 구역에서 100마일 떨어져 고립되어 있는 도시인 베를린의 출입을 봉쇄했다.

대립을 본격화시킨 사건 하나를 든다면 그것은 1948~1949년의 베를린위기였다. 미국과 영국의 관리들은 벌써부터 소련과의 전쟁이 발발할 경우에 대비하여 유럽국가·영연방 자치령 그리고 미국을 한데 묶어 집단화하는 방안을 검토하고 있었다. 미국은 마셜플랜의 경우처럼 유럽이 먼저 군사적 안보계획을 내놓기를 희망했지만 이 단계에서 미국이 공산진영의 도전을 심각하게 받아들이고 있었음은 틀림없다. 국내의 본격적인 「빨갱이 소동(Red scare)」은 해외의 보다 강경한 조치들에 의해 보완되었다. 1948년 3월 트루먼은 징병제도의 부활까지 의회에 요청했는데 이 요청은 그 해 6월의 선별징병법(Selective Service Act)으로 구현되었다. 이 모든 조치는 소련의 베를린 지상통로봉쇄로 더욱 강화되었다. 미국과 영국은 우세한 공군력으로 스탈린의 으름장에 도전하여 지상통로가 재개될 때까지 11개월 동안 베를린에 물자를 공수했는데 많은 사람들은 이 도시의 개통을 위해 군대를 파견해야 한다고 주장하기에 이르렀다. 이 정도의 조치로도 전쟁이 일어나지 않은 것이 이상할 정도였다. 실제로 미국은 새로운 조약하에 비29 폭격기 편대를 영국군 비행장들에 이동시켜 이 사태를 중요시하고 있음을 과시했다.

이러한 상황에서는 미국 상원내의 고립주의자들도 미국이 정회권국으로 가입해 있고 또한 소련이 침략할 경우 유럽국가들에 대한 미국의 원조 제공을 주된 전략적 목적으로 삼는 북대서양조약기구(NATO)의 창설 제안을 지지할 수밖에 없었다. 처음 몇년 동안 북대서양조약기구는 어떤 군사적 고려보다는 정치적 관심을 반영하여 미국이 서방의 주도적인「주변」세력으로서 유럽의 균형유지에 헌신하는 역할을 영국으로부터 떠맡는 데 따른 미국 외교전통의 역사적 변화를 상징하는 데 그쳤다. 미국 및 영국 정부의 입장에서 볼 때 북대서양조약기구의 주된 과제는 오히려 미국 및 캐나다를 브뤼셀조약국들과 연결시키고 상호지원 약속범위를 취약지역인 노르웨이와 이탈리아 등에까지 확대시키는 데 있었다. 실제로 북대서양조약이 체결될 당시 유럽주둔 미국군의 규모는 1945년의 300만명에서 불과 10만명으로 줄어 있었으며 소련의 서진에 맞설 군대는 12개 사단(프랑스 7개 사단, 영국 2개 사단, 미국 2개 사단, 벨기에 1개 사단)에 불과했다. 이 시기의 소련군도 일부 서방측 인사들이 주장한 것과 같은 규모와 능력을 갖고 있지는 못했지만 그래도 두 진영의 군사력 불균형은 우려할 정도에 달해 있었으며 얼마 후에는 한국전쟁중 공산군이 압록강을 신속하게 도강한 것처럼 북부 독일의 평야지대도 손쉽게 횡단할 수 있으리라는 생각 때문에 이러한 우려는 더욱 팽배하였다. 이것은 북대서양조약기구의 전략은 소련의 침공시 미국의 장거리 폭격기에 의한「대량보복」에 더욱 치중한 가운데 대규모의 재래식 군사력도 함께 증강할 필요가 있음을 의미하였다. 이것은 또한 서방의「주변」3개국 — 미국・캐나다・영국 — 모두에게 1930년대의 전략수립가들은 상상도 못했을 정도로 영구적인 군사적 의무를 지우는 것을 의미하는 것이기도 했다.

나토는 마셜플랜이 경제 분야에서 한 것과 같은 역할을 군사 분야에서 했다. 즉 그것은 1945년의 유럽의 양극분할을 심화시켜 이제 아무 진영에도 속하지 않는 나라는 전통적인 중립국(스위스・스웨덴), 프랑코의 스페인과 몇몇 특수한 국가(핀란드・오스트리아・유고슬라비아)들만 남게 되었다. 당연히 소련 주도하의 바르샤바동맹(Warszawa Pact)이 이에 맞섰다. 이같은 분할의 심화는 독일의 재통일을 더욱 요원하게 만들었다. 프랑스의 우려를 무릅쓰고 1950년대 말에는 서독 군대가 나토 구조내에서 증강되기 시작했다. 그것은 서방이 전체 군사력상의 격차해소를 진정으로 원하는 한 당연한 일이었다. 그러나 그로 인해 소련은 비록 특별한 통제하에서이기는 하지만 동독의 군대를 육성하게 되었다. 두 독일이 각각 군사동맹에 통합된 후 양진영은 독일의 어떠한 중립화 노력도 경계심과 의혹을 가지고 바라보면서 이를 자기 진영의 안보에 대한 타격으로 간주하게 되었다. 소련의 경우 1953년 스탈린의 사망 후 이러한 입장은 일단 공산화된 국가가 그 신조를 버리도록 허용해서는 안된다는 확신(후일의 용어로「브레즈네프 독트린」)에 의해 더욱 강화되었다. 1953년 10월 국제연합 안전보장이사회는 동유럽 국가들이『전면 전쟁이나 소련 자신에 의해서만 해방될 수 있다』는 입장을 받아들였다. 그러나 바틀렛(C. J. Bartlett)이 지적한 것처럼 그 두 가지는「모두 불가능」하였다. 역시 1953년에 동독에서 일어난 봉기는 신속하게 진압되었다. 1956년에는 소련이 헝가리의 바르샤바동맹 탈퇴결정에 깜짝 놀라 다시 군대를 진입시켜 이 나라의 독립을 억압했다. 1961년에는 흐루시초프가 패배를 시인하고 우수인력의 서방 탈출을 저지하기 위해 베를린장벽의 구축을 지시했다. 1968년에는 체코슬로바키아가 비록 유혈사태는 덜했지만 12년 전의 헝가리와 동일한 운명을 겪었다. 이상의 모든 조치는 서방측이 갖는 이데올로기적・경제적 매력에 맞설 능력을 상실한(국가적인 선전사업에도 불구하고) 소련 지도층이 내린 것으로서 모두 양대 진영의 분열을 더욱 심화시키는 요인이 되었다.

 냉전의 두번째 주요 특징은 그것이 유럽으로부터 세계의 다른 지역으로 측면적으로 꾸준히 파급되었다는 사실인데 이 역시 당연한 현상이었다. 제2차세계대전 대부분의 기간에 걸쳐 소련은 오로지 독일의 위협에 대처하는 데만 총력을 집중했지만 그렇다고 해서 소련이 터키・페르시아 및 극동에서의 정치적 이해관계까지를 완전히 포기한 것은 아니었으니 이같은 점은 1945년 8월에 이미 분명히 드러나고 있었다. 그러므로 유럽을 둘러싼 소련과 서방간의 분쟁이 지리적으로 유럽대륙에만 국한될 가능성은 매우 희박했으며 특히 분쟁대상이 된 원리가 자치정부냐 국가안보냐, 자유경제냐 사회주의 계획경제냐 등의 보편적 적용에 관한 것이었다는 점에서 더욱 그러했다. 더욱 중요한 것은 전쟁 그 자체가 발칸반도에서 동인도제도에 이르기까지 엄청난 사회적·정치적 혼란을 일으켰으며 심지어 침략군에 의해 직접 유린당하지 않은 나라들(예컨대 인도나 이집트)에서조차도 인력동원과 자원 그리고 사상이 큰 변혁을 겪었다는 사실이다. 전통적 사회질서가 붕괴되고 식민지 정권들은 불신된 한편 지하의 민족주의 정당들이 번성하고 저항운동이 성장하여 군사적 승리뿐 아니라 정치적 변혁까지도 추구하게 되었다. 다시 말해 1945년의 세계정세에서는 커다란 정치적 혼란이 일어났는데 그것은 조속한 시일내에 평화시의 안정을 회복하고자 한 강대국들에게 위협이 될 수 있는 사태였다. 이것은 한편 보편주의적 독트린에 물든 초강대국들에게는 붕괴된 구질서의 잔해속에서 일어서려는 방대한 규모의 인민들간에 지지를 얻을 수 있는 절호의 기회를 마련해준 사태이기도 했다. 대전 기간중 연합국측은 독일과 일본에 대항하여 싸우는 모든 저항운동에 원조를 제공해주었기 때문에 이 저항단체들이 1945년 이후 경쟁집단들과 권력다툼을 하면서도 계속 그같은 원조를 기대했다는 것은 당연한 일이었다. 이러한 파르티잔 그룹의 일부는 공산당원이었고 일부는 철저한 반공주의자였기 때문에 소련과 미국의 정책결정자들은 이같은 지역적 분규를 각자의 세계적 관심사와 분리시키는 데 더욱 큰 어려움을 겪었다. 그리스와 터키는 지역적·국내적 분쟁이 곧장 국제적 중요성을 띠게 된다는 것을 일찍부터 보여주었다.

유럽 밖에서 소련과 서방이 벌인 최초의 분쟁은 이란 사태였는데 이것은 임시적인 전시협정이 남긴 유산의 성격이 강한 분쟁이었다. 이란은 1941~1943년에 3개국 군사보호하에 놓여졌는데 그것은 이 나라를 연합국 진영에 묶어두기 위한 것이기도 했지만 또한 연합국 중 어느 나라도 테헤란(Teheran) 정권에 지나친 영향력을 행사하지 못하도록 보장하기 위한 조치이기도 했다. 1946년 초 소련이 수비대를 철수시키지 않은 대신 북부 지방의 친공 독립운동을 지원하는 기미가 나타나자 이 지역에 대한 소련의 부당한 영향력에 반대하는 영국의 입장이 강화되었으나 트루먼 정부가 강력한 항의를 제기한 후로는 영국의 반대가 오히려 무색해졌다. 소련군의 철수에 이어 곧 이란군이 북부 지역과 「투데당(Tudeh party, 공산당)」을 제압하여 미국 정부에게 커다란 만족을 주면서 소련에 대한 「강경입장」의 효용성을 믿는 트루먼의 입장을 강화해주었다. 울람(A. Ulam)의 말대로 이란 사태는 『(트루먼) 독트린이 선언되기도 전에 봉쇄정책이 갖는 의미』를 드러내주었으며 또한 미국이 다른 지역에서도 소련의 동향에 대해 유사한 반응을 밀고 나갈 심리적 준비를 갖추도록 해주었다. 이렇게 해서 그리스 내전의 계속, 터키에 대해 보스포러스·다르다넬스해협과 카르스(Kars) 국경지방을 할양하라는 소련의 압력 그리고 그리스와 터키에 대한 보장을 더 이상 지속할 수 없다는 영국 정부의 1947년 선언 등이 결국은 벌써부터 싹터왔던 미국의 공개적인 반응(「트루먼 독트린」)을 불러일으키게 된 것이다. 미국 국무부는 이미 1946년 4월 「영국 및 영연방이라는 연락망」에 대한 원조제공의 필요성을 강조하였다. 이러한 견해가 점차 찬성을 얻게 되었다는 사실 그리고 미국이 동지중해·중동에 대한 소련의 진출을 저지하는 「북부층(northern tier)」의 여러가지 위기를 한데 묶어 연결시키기 시작했다는 사실은 미국 외교정책이 설사 전적인 지정학적 계산으로 대체되지는 않았다 하더라도 얼마나 신속하게 그 이상주의적 요소들을 결합시켜 나갔는가를 잘 보여주는 것이다.

서방 강대국들은 극동에서 일어난 변화 역시 공산주의의 세계진출이라는 시각에서 보았다. 얼마 있지 않아 아흐메드 수카르노의 독립운동에 의해 그들의 「동인도제도」에서 쫓겨나게 된 네덜란드의 경우라든가 호치민(胡志明)이 이끄는 베트민(Vietminh, 베트남민주동맹)과의 전쟁에 휘말리게 되는 프랑스 또는 말라야에서 대게릴라 전쟁을 치르게 되는 영국의 경우도 옛 식민지제국으로서의 이 나라들의 반응은 설사 수에즈 동쪽에 공산주의가 존재하지 않았더라도 마찬가지였을 것이다 (한편 1940년대 말에는 반란군이 소련에 의해 조종되고 있다는 주장이 미국의 동정을 얻고 〈프랑스의 경우에는〉 군사원조를 얻는 데 유리했다). 그러나 미국에게는 중국의 「상실」이 먼 남쪽 지방의 도전보다 훨씬 더 큰 충격이었다. 미국은 선교사들이 활동한 19세기 이래로 이 크고 인구가 많은 나라에 엄청난 규모의 문화적·정신적 (더구나 재정적)자본을 투자해왔는데 전쟁 기간중의 장제스 정부에 대한 언론보도로 인해 그 대부분이 물거품이 되고 말았던 것이다. 종교적 의미에서도 미국은 중국에 대해 「사명감」을 느끼고 있었다. 그리고 국무부와 군부의 직업공무원들은 국민당의 부패와 무능을 잘 알고 있었으나 국민여론은 대체로 이러한 인식을 같이 하지 않았으며 특히 1940년대 말부터 국제정치를 엄격한 흑백논리로 파악하기 시작한 공화당 우파 인사들은 더욱 그러했다.

이 기간중 동양 전역에 걸친 정치적 혼란과 불확실성은 미국 정부를 거듭 딜레마에 빠뜨렸다. 즉 미국은 부패한 제3세계 정권들이나 멸망해가는 식민지제국의 후원자로 인식되기를 원치 않은 한편 「혁명세력」이 더욱 확산되어 소련의 영향력이 제고되는 것(미국의 주장처럼)도 원치 않았다. 1947년 영국이 인도에서 철수하도록 권하기는 비교적 쉬웠는데 이때는 단지 정권을 네루(Jawaharlal Nehru)가 이끄는 의회주의적 민주정부에게 넘겨주기만 하면 되었기 때문이다. 인도네시아의 경우는 미국이 공산반란군의 세력확대를 우려하기는 했지만 그래도 1949년 네덜란드가 이 나라에서 손을 떼도록 압력을 가하기가 쉬웠으며 필리핀의 경우(1946년에 독립을 허용)도 마찬가지였다. 그러나 다른 지역들에서는 「불안정」이 뚜렷이 나타났다. 예컨대 미국은 일본에서 초기의 전면적인 사회개혁과 비무장화 구상을 밀고 나가지 않고 점차 재벌을 통해 일본 경제를 재건하는 방향으로 전환했다. 미국은 심지어 일본의 독자적인 군대창설을 촉구하기도 했는데 그것은 미국의 경제적·군사적 부담을 줄이고 나아가서는 일본을 아시아의 반공 보루로 만들고자 하는 목적에서였다.

1950년대에 미국 정부의 입장이 강경해진 데는 두 가지 요인이 있었다. 첫째 요인은 트루먼과 애치슨(Dean Acheson)의 융통성있는

「봉쇄」정책에 대해 공화당 비판자들과 「공산당 탄압자(red-baiter)」 매카시뿐만 아니라 존슨(Louis Johnson), 덜레스(John Foster Dulles), 러스크(Dean Rusk), 니츠(Paul Nitze) 등 행정부내의 신흥 강경파들까지도 공격을 퍼부어 트루먼으로 하여금 국내의 정치적 지지세력을 보호하기 위해 보다 단호한 행동을 취하도록 강요했다는 점이다. 두번째 요인은 1950년 6월 북한이 38선을 넘어 공격해온 것이었는데 미국은 즉각 이를 소련이 지휘하는 침략계획의 일부라고 해석해버렸다. 이 두 가지 요인이 합해짐으로써 미국 정부내에서 보다 적극적이고 심지어 호전적인 정책을 바라는 세력이 우위를 차지하게 되었다. 영향력이 큰 미국 언론인 올솝(Stewart Alsop)은 핀 10개를 쓰러뜨리는 볼링경기를 예로 든 평범한 비유를 쓰면서 『우리는 아시아에서 빠른 속도로 지고 있다』고 썼다. 소련은 강력하고 야심적인 볼링선수로 비유되었다.

헤드핀은 중국이었다. 그것은 이미 쓰러졌다. 둘째 줄에 놓인 2개의 핀은 버마와 인도차이나이다. 이것들이 쓰러지면 그 다음 줄에 있는 타이·말라야·인도네시아 등 3개의 핀이 차례로 넘어질 것은 아주 확실하다. 아시아의 나머지 국가들이 모두 넘어가면 이에 따른 심리적·정치적·경제적인 인력 때문에 넷째 줄에 있는 인도·파키스탄·일본·필리핀 등 4개의 핀도 쓰러질 것이다.

이같은 의식의 변화는 결과적으로 동아시아 전역에 대한 미국 정책에 영향을 주었다. 그 가장 대표적인 표현은 한국 — 불미스럽고 억압적인 정권으로서 분쟁의 책임을 분담해야 하지만 그 당시에는 무고한 희생자로 간주되었다 — 에 대한 군사적 지원의 급속한 확대였다. 초기의 미국 공군 및 해군의 지원은 곧이어 육군 및 해병대에 의해 보강되었으며 맥아더(Douglas MacArthur)는 그의 인상적인 반격(인천상륙)작전과 마침내 국제연합군의 북진으로 1950년 10~11월에 중국군의 개입을 촉발하기에 이르렀다. 원자폭탄 사용을 금지당한 미국군은

1914~1918년 당시와 같은 참호전을 수행할 수밖에 없었다. 1953년 7월 휴전이 이루어지기까지 미국은 약 500억달러의 전비를 지출하고 200만명이 넘는 병력을 파병하여 그중 5만 4,000명 이상을 잃었다. 북한을 저지하기는 했지만 동시에 남한에 대한 장기적인 대규모 군사공약에 말려들어 군대를 철수시키기가 어려운 — 비록 불가능하지는 않더라도 — 상황에 처하게 되었다.

　이 전쟁은 또한 아시아의 다른 지역에서도 미국 정책의 큰 변화를 가져왔다. 1945년까지만 해도 트루먼 행정부내의 여러 사람들은 타이완(臺灣)의 장제스 정권을 「잔당」정부라고 멸시하면서 그에 대한 지원을 포기했으며 또한 영국을 따라 마오쩌둥의 공산정권을 승인하는 문제를 검토하였다. 그러나 그로부터 1년 후 타이완은 미국 함대에 의해 지원·보호되고 중국은 철천지 원수로 간주되어(적어도 맥아더는) 중국의 침략을 저지하기 위한 원자폭탄의 사용을 검토하기에 이르렀다. 원료와 식량의 공급원으로서 매우 중요한 인도네시아에서는 공산반란군과 싸울 수 있도록 새 정부에 원조를 제공하기로 했고 말라야에서는 영국에게 마찬가지 조치를 취하도록 권유했다. 또한 인도차이나에서는 프랑스에 대해 보다 대표성있는 정부를 설립하도록 압력을 가하는 한편 이제는 미국 자신이 베트민과 싸우기 위한 무기와 돈을 투입할 태세를 갖추었다. 미국은 특히 덜레스가 국무장관이 된 후 미국 문명의 도덕적·문화적 호소력만으로는 공산주의의 확산을 막기에 불충분하다고 판단한 나머지 더욱더 군사적·영토적 보장으로 방향을 돌리게 되었다. 1951년 8월에 벌써 필리핀내의 미국 공군 및 해군 기지 이용권과 필리핀 방위를 위한 미국 공약을 재확인하는 조약이 체결되었다. 그 며칠 후 미국은 오스트레일리아 및 뉴질랜드와 3개국 안전보장조약을 체결했다. 또 그 1주일 후에는 마침내 일본과 강화조약을 체결하여 태평양전쟁을 법적으로 종식시키고 일본에 완전한 주권을 회복시켜주는 한편 같은 날 안전보장조약도 체결하여 일본 본토와 오키나와(沖繩)에 미국군을 주둔시킬 수 있도록 조치했다. 미국의 대중국 정책은 무자비할 정도로 적대적인 반면 타이완에 대해서는 진먼(金

門)섬과 마쭈(馬祖)섬과 같은 작은 전초기지에 대해서조차도 지원을 강화해나갔다.

냉전이 갖는 세번째의 중요 요소는 양대 진영이 군사동맹 창설과 함께 군비경쟁을 강화했다는 것이다. 군사비 지출규모로 볼 때 그 추세는 〈표 37〉에서 보는 바와 같이 결코 균형적이지는 않았다.

1950년 이후 수년간 미국 군사비의 급격한 증가는 한국전쟁 비용과 함께 험난해지는 세계에서 재무장이 필요하다는 미국 정부의 신념을 반영하는 것이었다. 1953년 이후의 감소추세는 「군산복합체(military-industrial complex)」가 미국 사회와 경제를 망치기 전에 이를 통제

〈표 37〉 강대국의 방위비 지출, 1948~1970

(10억달러)

연 도	미 국	소 련	서 독	프랑스	영 국	이탈리아	일 본	중 국
1948	10.9	13.1		0.9	3.4	0.4		
1949	13.5	13.4		1.2	3.1	0.5		2.0
1950	14.5	15.5		1.4	2.3	0.5		2.5
1951	33.3	20.1		2.1	3.2	0.7		3.0
1952	47.8	21.9		3.0	4.3	0.8		2.9
1953	49.6	25.5		3.4	4.5	0.7	0.3	2.5
1954	42.7	28.0		3.6	4.4	0.8	0.4	2.5
1955	40.5	29.5	1.7	2.9	4.3	0.8	0.4	2.5
1956	41.7	26.7	1.7	3.6	4.5	0.9	0.4	5.5
1957	44.5	27.6	2.1	3.6	4.3	0.9	0.4	6.2
1958	45.5	30.2	1.2	3.6	4.4	1.0	0.4	5.8
1959	46.6	34.4	2.6	3.6	4.4	1.0	0.4	6.6
1960	45.3	36.9	2.9	3.8	4.6	1.1	0.4	6.7
1961	47.8	43.6	3.1	4.1	4.7	1.2	0.4	7.9
1962	52.3	49.9	4.3	4.5	5.0	1.3	0.5	9.3
1963	52.2	54.7	4.9	4.6	5.2	1.6	0.4	10.6
1964	51.2	48.7	4.9	4.9	5.5	1.7	0.6	12.8
1965	51.8	62.3	5.0	5.1	5.8	1.9	0.8	13.7
1966	67.5	69.7	5.0	5.4	6.0	2.1	0.9	15.9
1967	75.4	80.9	5.3	5.8	6.3	2.2	1.0	16.3
1968	80.7	85.4	4.8	5.8	5.6	2.2	1.1	17.8
1969	81.4	89.8	5.3	5.7	5.4	2.2	1.3	20.2
1970	77.8	72.0	6.1	5.9	5.8	2.4	1.3	23.7

하고자 한 아이젠하워의 노력을 반영한 것이며 1961~1962년의 증가는 베를린장벽과 쿠바 위기를 그리고 1965년 이후의 급증추세는 미국의 동남아시아 개입을 반영한 것이었다. 소련측 통계가 추정치일 뿐이고 소련의 정책이 신비에 싸여 있기는 하지만 1950~1955년중의 군비증강은 소련이 항공기와 미사일을 대폭 증강하지 않으면 서방과의 전쟁시 소련 본토가 괴멸적인 공습을 받게 될지도 모른다는 우려에서 빚어진 것이다. 또한 1955~1957년의 감소는 흐루시초프의 데탕트 외교와 소비재 증산노력을 반영한 것이며 1959~1960년 이후의 대폭적인 군비증강은 대서방 관계의 악화와 쿠바 위기시에 당한 굴욕 그리고 전군을 모두 강화하고자 하는 결의를 나타낸 것이었다. 중국의 군비증강이 보다 완만한 것은 무엇보다도 이 나라의 경제성장을 반영한 것이지만 1960년대의 군사비 증액은 소련과의 단절을 보복하겠다는 베이징의 의지를 보여준 것이라 할 수 있다.

서유럽 국가들의 경우는 〈표 37〉에서 보는 바와 같이 영국과 프랑스 모두가 한국전쟁 당시 군사비 지출을 크게 늘렸으며 특히 프랑스의 경우는 인도차이나전쟁 때문에 이 추세가 1954년까지 계속되었다. 그러나 그후로는 이 두 나라와 서독·이탈리아·일본 등이 모두 군사비의 완만한 증가(그리고 때로는 감소)추세를 나타내었다. 중국의 군비증강(이 역시 극히 부정확한 수치이지만)을 제외하면 1950년대와 1960년대까지만 해도 군사비 지출양상은 여전히 양극세계의 인상을 나타내었다.

그러나 단순한 통계수치보다 더욱 중요한 것은 군비경쟁이 갖는 다차원적이고 다면적인 성격이라고 해야 할 것이다. 미국은 1949년 소련의 독자적인 원자폭탄 제조에 충격을 받기는 했지만 그래도 핵전쟁이 일어날 경우 상대방에게 훨씬 더 큰 피해를 입힐 수 있다는 생각을 갖고 있었다. 그러나 한편 이데올로기적 성격이 매우 강한 「국가안전보장회의 비망록 68(NSC-68, 1950.1)」이 지적했듯이 『가능한 한 조속히 미국과 그 동맹국들의 일반적인 육·해·공 전력을 증대시켜 핵무기에 지나치게 의존하지 않도록 할 것』이 절실히 요구되었다. 실제로 1950~1953년중 미국의 지상군 규모는 3배로 커졌다. 이같은 증강은 대부분 한국전쟁 수행을 위한 예비역소집에 기인한 것이기는 하지만 이밖에도 나토를 일반적인 군사동맹체에서 현장(on-the-grond) 동맹체로 전환시켜 그 당시 미국과 영국이 모두 우려했던 소련의 서유럽 유린을 저지하겠다는 결의가 작용한 것도 사실이었다. 비록 1952년의 리스본협정에 따라 총 90개 연합군 사단을 창설한다는 구상은 실현될 전망이 희박했지만 그런 가운데서도 유럽에 대한 군사적 공약은 크게 증가하였다―1953년까지 미국군은 1개 사단에서 5개 사단으로 늘어났고 영국도 서독에 4개 사단을 주둔시키기로 합의함으로써 1950년대 중반에는 상당한 균형이 이루어졌으며 이때는 영국과 프랑스가 군대를 감축했지만 서독 군대가 증강되어 이를 상쇄하였다. 또한 나토는 공군력에도 엄청난 군사비를 지출하여 1953년에 와서는 약 5,200대의 항공기를 보유하게 되었다. 이 기간중 소련의 육·공군의 증강 상황에 관해서는 별로 알려진 것이 없지만 분명한 것은 스탈린의 사망 후 주코프가 대대적인 군대개편에 착수하여 전투태세가 불비한 부대들을 대거 해체하고 단위부대들을 보다 기동성있고 치밀하고 강력한 부대로 개편하고 대포를 미사일로 대체하는 등 소련군의 공격작전 능력을 서방측의 우려가 가장 컸던 1950~1951년 당시보다도 훨씬 더 증강시켜 놓았다는 것이다. 또 한 가지 분명한 것은 이 당시 소련도 증액된 방위예산의 대부분을 방어적·공격적인 공군력 증강에 투입했다는 것이다.

  동·서간 군비경쟁의 두번째의 전혀 새로운 분야는 비록 불규칙한 양상을 보이기는 했지만 해상에서 전개되었다. 미국 해군은 고속 항공모함 기동타격대와 잠수함 함대의 감명적인 전과에 힘입어 태평양전쟁을 승리로 장식했고 영국 해군도 역시 스스로「선전」하여 교착상태에 빠졌던 1914~1918년의 해전보다 훨씬 결정적인 전투를 했다는 생각을 갖고 있었다. 그러나 장거리 전략폭격기나 미사일에 의해 운반되는 원자폭탄의 등장(특히 비키니〈Bikini〉섬에서 군함들을 상대로 행한 원자폭탄 실험)은 해군의 전통적 전쟁수단의 장래는 물론이고 항공모함 자체에 대해서도 암운을 드리운 것처럼 보였다. 1945년 이후 군사비 삭감과 각군을 통합된 국방부 안에 두는「합리화조치」로 인해 두 나라의 해군은 모두 큰 압력을 받았다. 그러나 한국전쟁에서 육·해·공 합동 상륙작전과 항공모함을 기지로 한 공습작전이 재등장하는 등 서방 해군력의 민첩한 활용이 이루어짐으로써 해군이 다소나마 구제될 수 있었다. 미국 해군은 또한 거대한 신형 항공모함을 건조하고 핵무기를 적재한 공습용 폭격기를 보유하게 됨으로써 핵클럽에도 가입하게 되었으며 1950년대 말에는 장거리 탄도미사일 발사능력을 갖춘 핵추진 잠수함의 건조도 계획하게 되었다. 영국 해군은 현대식 항공모함에서는 뒤떨어졌지만 소규모 해전용으로 개조한「특공(Commando)」항공모함을 보유했고 프랑스처럼 잠수함에 기반을 둔 억지력을 창설했다. 1965년 서방 해군의 함정과 병력은 1945년보다 적었지만 타격력은 훨씬 더 컸다.

그러나 이같은 해군력의 지속적인 증강에 가장 큰 자극을 준 것은 소련 해군의 증강이었다. 소련 해군은 제2차세계대전중에도 대규모 잠수함 함대를 갖고 있었지만 전과는 매우 미미하였고 해군 병력의 대부분은 육지에서 싸우거나 육군의 도하작전을 돕는 데 그쳤다. 1945년 이후 스탈린은 우수한 독일 설계를 이용하여 연안방위에 폭넓게 투입할 수 있는 잠수함을 더 많이 만들 것을 승인하는 한편 전함과 항공모함 등 대규모 해상해군을 창설하고 싶은 마음이 있었다. 그의 야심적인 계획은 흐루시초프에 의해 곧 중단되었다. 흐루시초프는 핵미사일 시대에 값비싼 대형 군함의 건조는 부질없는 짓이라고 생각했는데 이러한 견해는 서방의 여러 정치가들과 공군 장성들의 견해와 일치하였다. 이같은 가설은 소련 최대의 가상적들이 여러 차례 해상전투력을 사용함으로써 흔들렸는데 예컨대 1956년 수에즈운하에 대한 영국과 프랑스의 해상기지 공격, 1858년 미군의 레바논 상륙(이를 통해 소련이 지원하는 시리아를 격퇴했다) 그리고 특히 1962년 쿠바 미사일위기 당시 미국 군함들이 쿠바 주변에 쳤던 방역선 등이 그러하였다. 이들 사건에서 소련 정부가 (영향력있는 해군제독 고르슈코프

〈Sergei Georgievich Gorschkov〉의 촉구에 의해) 배운 교훈은 소련이 강력한 해군을 갖지 않는 한 앞으로도 세계 권력다툼에서 심각한 열세에 놓이게 되리라는 것이었다. 이같은 결론은 미국 해군이 1960년대 초 폴래리스(Polaris) 미사일적재 잠수함으로 신속히 이행함으로써 더욱 굳어지게 되었다. 그 결과 소련 해군은 사실상 모든 등급의 군함 ─ 순양함·구축함·각종 잠수함·혼성 항공모함 등 ─ 을 대대적으로 증강했으며 또한 해외배치도 대폭 확대함으로써 예컨대 지중해나 인도양 등에서 스탈린은 상상도 못했을 정도로 서방의 제해권에 도전하기에 이르렀다.

그러나 이러한 형태의 도전은 과거에도 있었던 것으로 관측자들이 고르슈코프 제독의 해군증강을 40년 전 티르피츠 제독의 해군증강에 비유한 데서도 알 수 있다. 설사 소련이 새로운 「해군경쟁」에 뛰어들더라도 엄청난 비용이 드는 미국 해군의 항공모함 기동타격대에 맞설 수 있으려면 최소한 수십년이 걸려야 했다. 1945년 이후 군비경쟁의 정말로 혁명적인 국면은 다른 분야, 즉 핵무기와 이를 운반할 장거리 미사일 분야에서 일어나고 있었다. 히로시마와 나가사키에서 발생한 끔찍한 인명피해에도 불구하고 아직도 많은 사람들은 핵무기를 인류역사상 파괴력의 분수령을 이루는 무기라기보다는 「단지 또 하나의 폭탄」에 불과한 것으로 생각하였다. 더구나 원자력 개발을 국제화하고자 한 1946년의 바루크계획(Baruch Plan)이 실패한 후로는 미국이 핵무기를 독점하고 있으며 따라서 소련 지상군의 우위는 전략공군사령부(Strategic Air Command)의 폭격기가 상쇄해줄 것이라는 안일한 생각이 지배하게 되었다. 특히 서유럽 국가들은 소련군이 침공해오면 미국(나중에는 영국)이 핵무기 공중폭격으로 대응해주리라는 생각을 받아들이고 있었다.

기술혁신, 특히 소련의 기술발전이 이 모든 것을 바꿔놓고 말았다. 1949년 소련의 핵실험 성공(서방측의 예상을 훨씬 앞지른 것이었다)으로 미국의 핵무기독점이 깨진 것이다. 더욱 놀라운 것은 소련의 장거리 폭격기 생산이었다. 특히 1950년대 중반 바이슨형(Bison-type) 폭격기는 미국에 도달할 능력을 갖춘 것으로 추정된데다 그 수도 많아서 미국·소련간에 「폭격기 격차」가 존재한다는 그릇된 추측을 불러일으켰다. 이를 둘러싼 당시의 논쟁은 소련 능력에 관한 확실한 증거를 입수하기 힘든데다가 미국 공군의 과장벽까지 겹쳐서 일어난 것이기는 하지만 사실상 미국이 무적이던 시대는 그후 수년만에 끝장나고 말았다. 1949년 미국 정부는 엄청난 파괴력을 가진 새로운 「초급 폭탄(수소폭탄)」의 생산을 승인했다. 이로써 미국은 다시 한번 결정적인 우위를 보장받은 듯 보였고 따라서 1950년대 초반에서 중반까지 덜레스의 충격적인 연설과 미국 공군의 자체 계획에는 언제나 전쟁이 발발할 경우 소련이나 중국에 대해 「대량보복」을 가한다는 내용이 들게 되었다. 이 새로운 정책은 트루먼 행정부와 아이젠하워 행정부내에 개인적인 우려를 상당히 조성하였지만(그 결과 대결전을 회피하기 위한 대안으로 재래식 군사력과 전술 핵무기를 늘리게 되었다) 막상 이 전략에 대한 최대의 타격은 소련측으로부터 가해졌다. 미국의 수소폭탄 실험이 있은 지 불과 9개월만인 1953년 소련도 수소폭탄을 실험한 것이다. 더구나 소련 정부는 상당한 자원을 투입하여 독일인의 로킷 기술을 활용하였다. 1955년 소련은 중거리 탄도미사일(SS-3)을 대량 생산하기 시작했고 1957년에는 사정거리가 5,000마일이 넘는 대륙간 탄도미사일을 발사하는 한편 그 해 10월에는 같은 로킷엔진을 이용하여 지구 최초의 인공위성인 스푸트니크(Sputnik)호를 쏘아올려 궤도에 진입시켰다.

 소련의 이같은 발전과 이로 인해 소련의 기습시 미국의 도시와 폭격기들이 취약성을 드러낼 것이라는 암시에 충격을 받은 미국 정부는 예상되는 「미사일 격차」를 좁히기 위해 막대한 자원을 들여 독자적인 대륙간 탄도미사일을 생산하였다. 그러나 핵무기경쟁은 여기에만 국한되지 않았다. 1960년대 이후 미국·소련 양국은 잠수함에서 탄도미사일을 발사하는 능력을 급속히 발전시켰으며 온갖 종류의 전술 핵무기와 단거리 로킷을 제조하였다. 이 모든 과정에는 두 나라의 전략입안자들과 「두뇌집단」내의 민간인 전문가들이 참여하여 여러가지 확전

단계의 대처방안에 관한 두뇌씨름을 벌인 끝에 이른바「유연한 대응(flexible response)」전략이 마련되었다. 이들 해결방안이 아무리 완전하다 하더라도 핵무기는 전통적인 재래식 전쟁에 사용하기 어렵다(불가능하지는 않더라도)는 엄연한 문제를 해결해주지는 못했다(예컨대 전술 핵무기만으로도 독일의 대부분을 파괴할 수 있음이 밝혀졌다). 더구나 고성능 수소폭탄이 소련과 미국 영토에 발사되는 상황이 벌어진다면 서로의 인명피해와 파괴는 엄청날 수밖에 없었다. 처칠이 말한 공포의 상호균형(mutual balance of terror)에 갇혀 각자의 대량파괴무기를 해체할 수도 없게 된 미국과 소련은 더욱 많은 자원을 핵무기 전술개발에 투입하기만 했다. 그리고 1950년대에는 영국과 프랑스도 독자적인 핵폭탄과 운반체제 개발을 추진하였지만 당시의 항공기·미사일·핵폭탄의 수적인 면에서 볼 때 이 분야에서도 역시 문제되는 것은 초강대국들뿐이었다.

군비경쟁의 마지막 주요 요소는 소련과 서방측 모두가 세계 전역에 걸쳐 동맹체제를 창설하고 나아가서는 새로운 동맹국을 얻기 위해 — 또는 적어도 제3세계 국가들이 상대방에 가담하지 못하도록 막기 위해 — 경쟁을 벌였다는 점이다. 처음 몇년 동안 이 분야는 1945년에 유리한 입장에 있던 미국의 독무대였는데 그것은 미국이 서반구 이외의 지역에 이미 수많은 주둔군과 공군기지를 보유한 사실 그리고 이에 못지 않게 중요한 것으로 대부분의 나라들이 미국에서 경제원조나 군사적 지원을 얻고자 고대하였다는 사실에서 연유하는 것이다. 이에 반해 소련은 국내 재건이 절박했기 때문에 자국에 유리한 조건으로 국경선을 안정시키는 것이 대외적인 주요 관심사였으며 또한 그 이상 멀리 진출할 경제적·군사적 수단도 갖고 있지 못했다. 발트해 연안·핀란드 및 극동 지방에서 영토를 얻기는 했지만 소련은 상대적으로 말하면 여전히 육지로 둘러싸인 초강대국이었다. 더구나 외부 세계에 대한 스탈린의 견해는 조심과 의심으로 가득차 있었다. 그는 서방이 공산권의 공공연한 영토획득을 용인하지 않으리라고 우려했고 (예컨대 1947년의 그리스) 또한 티토와 마오와 같은 공산지도자들은 분명코「소련의 앞잡이」가 아니었던 것이다. 1947년의 코민포름 결성과 해외 혁명세력을 지지하는 강력한 선전활동은 1930년대(심지어 1918~1921년 당시)를 방불케 했지만 이 기간중 소련은 해외의 분쟁에 말려들기를 회피하였다.

  그런데도 전술한 바와 같이 미국 정부는 세계공산화의 기본계획이 착착 진행되고 있으며 따라서 이를「봉쇄」할 필요가 있다는 견해를 갖고 있었다. 이러한 노선변화의 첫번째 징조는 1947년 그리스와 터키에 대한 보장 제공으로 나타났고 1949년의 나토조약은 그 극적인 표본이었다. 1950년대에 나토 회원국이 더욱 늘어난 것은 미국이『유럽 대부분과 근동의 일부 지역 — 스피츠베르겐(Spitzbergen)에서 베를린장벽 나아가서는 멀리 터키의 아시아 경계선에 이르는 지역의 방위』를 떠맡기로 했음을 의미하는 것이었다. 그러나 그것은 미국의 과잉팽창의 시작에 불과했다. 리오조약(Rio Pact)과 캐나다와의 특별협정에 의해 미국은 서반구 전체의 방위를 책임지게 되었다. 태평양안전보장조약(ANZUS treaty)으로 미국은 서남태평양 지역에 대한 책임을 떠맡았다. 1950년대 초 동아시아의 대결사태로 여러가지 쌍무조약을 체결한 미국은 일본・한국・타이완・필리핀 등「환태평양 연안」국가들에 대한 원조제공을 떠맡았다. 이러한 책임은 1954년 동남아시아조약기구(SEATO)의 결성으로 더욱 강화되어 미국은 영국・프랑스・오스트레일리아・뉴질랜드・필리핀・파키스탄・타이 등과 함께 이 방대한 지역에서 침략을 물리치기 위한 상호지원을 약속하게 되었다. 중동에서도 미국은 영국・터키・이라크・이란 및 파키스탄이 전복활동 및 침략에 대항하여 결성한 또 하나의 지역기구, 즉 1955년 바그다드조약(Baghdad Pact, 나중에 중앙조약기구〈CENTO〉로 발전)의 주된 후원국이 되었다. 중동의 그밖의 지역에서도 미국은 이스라엘・사우디아라비아・요르단 등과 특별협정을 체결하거나 추진중에 있었는데 그것은 미국・유태인간의 강력한 유대 때문이거나 또는 아랍국가들에 대한 원조제공을 약속한 1957년의「아이젠하워 독트린」에 의한 것이었다. 1970년 초에 한 관측자는 이렇게 지적했다.

미국은 30개국에 100만 이상의 병력을 파견했고 4개 지역방위체의 가맹국인데다가 1개 지역방위체에 적극 참여하고 있었으며 42개국과 상호방위조약을 체결했고 53개 국제기구의 회원국이며 전세계의 거의 100개국에 군사 또는 경제원조를 제공하고 있었다.

이것은 루이 14세와 파머스턴조차도 다소 겁내었을 정도로 방대한 공약이었다. 그러나 세계가 날로 좁아져 각국의 관계가 밀접해져가는 상황에서 이같은 단계적 공약들은 모두 나름대로의 논리가 있었다. 양극세계에서—특히 미국이 한국을 중요한 나라가 아니라고 정의한 탓으로 그 다음해의 공산군의 침략을 불러일으켰다는 주장이 제기되고 있는 터에—미국은 어디까지 선을 그어야 할 것인가? 딘 러스크는 1965년 5월 이렇게 주장했다.『지구는 매우 좁아졌다. 우리는 지구의 모든 것, 지구의 모든 육지·바다·대기 그리고 이를 둘러싼 우주에 관심을 가져야 한다.』

소련의 힘과 영향력의 해외진출은 이보다 훨씬 덜 광범했지만 스탈린의 사후 주목할 만큼 확대되었다. 분명한 것은 흐루시초프가 소련을 두려움의 대상이 아닌 존경과 사랑의 대상으로 만들기를 원했다는 점이다. 그는 또한 군사자원을 농업투자와 소비재로 전환하고자 원했다. 그의 전반적 외교정책 구상은 냉전을「해빙」하고자 하는 그의 희망을 반영한 것이었다. 그는 몰로토프의 의견을 물리치고 오스트리아에서 소련군을 철수시켰고 포르칼라(Porkkala) 해군기지를 핀란드에, 뤼순항을 중국에 되돌려주었으며 유고와의 관계를 개선하고「사회주의로 가는 독자적인 길」이 있다고 주장함으로써 마오는 물론이고 소련 최고회의 간부회의 동료들의 반감을 사기도 했다. 비록 서독의 나토 가입에 대항하여 1955년 바르샤바동맹를 공식으로 발족시키기는 했지만 흐루시초프는 여전히 서독에 대해 외교문호를 열어놓고 있었다. 또한 비록 그의 변덕스러운 행동과 함께 소련의 모든 행동에 대한 미국 정부의 만성적 불신감이 참다운「데탕트」를 불가능하게 만들기는 했지만 그는 미국과의 관개개선도 열망하였다. 1955년 흐루시초프는 인도·버마 및 아프가니스탄을 순방했다. 더욱 많은 아시아·아프리카 나라들이 새로 독립을 얻기 시작한 이 무렵부터 소련은 제3세계를 진지한 자세로 대하게 되었다.

이 변모과정은 원기왕성한 흐루시초프가 바라는 대로 완전하거나 순조롭게 진행되지는 않았다. 1956년 4월 스탈린주의자들이 통제하던 코민포름이 해체되었다. 난처하게도 2개월 후에는 헝가리 폭동 — 사회주의로부터 벗어난 「독자적인 길」— 을 스탈린주의 방식으로 진압해야만 했다. 중국과의 분쟁이 악화하여 후술하는 바와 같이 공산세계에 심각한 균열이 생겼다. 유 2(U-2)기사건(1960), 베를린위기(1961), 미국·소련간의 쿠바위기(1962) 등으로 데탕트도 좌초하고 말았다. 그러나 그 어느 것도 소련의 세계정책을 되돌려놓을 수는 없었다. 즉 수많은 신생국들과의 외교관계 수립과 국제연합을 통한 신생국 대표들과의 접촉만으로도 소련의 국제관계는 성장할 수밖에 없었던 것이다. 더구나 흐루시초프는 소련의 체제가 자본주의보다 우수하다는 것을 과시하고 싶은 나머지 새로운 우방국들을 모색할 수밖에 없었고 1964년 이후에는 보다 실용주의적인 그의 후임자들이 소련을 둘러싼 미국의 방역선을 깨는 한편 중국의 영향력을 저지하는 데 부심했다. 더구나 제3세계 국가들 중에는 이른바 「신식민주의」에서 벗어나 자유방임경제가 아닌 계획경제 — 이 경우 대체로 서방 원조의 중단을 초래했다 — 를 도입하고자 하는 나라가 많았다. 이 모든 요인들로 인해 소련의 외교정책은 뚜렷한 「대외지향성」을 띠게 되었다.

이러한 움직임은 매우 결정적인 형태로 시작되어 1953년 12월 인도와 무역협정이 체결(닉슨 부통령의 뉴델리 방문에 때맞추어)되었고 이어 1955년에는 빌라이(Bhilai) 제철소 건설약속과 대규모 군사원조가 뒤따랐다. 소련이 이처럼 제3세계의 가장 중요한 나라와 연결을 맺게 되자 미국과 중국은 동시에 우려하였으며 파키스탄은 바그다드조약에 가입하게 되었다. 거의 같은 시기, 즉 1955~1956년중에 소련과 체코슬로바키아는 이집트에 대한 원조를 개시하여 미국을 대신해 아스완댐(Aswan Dam) 건설을 지원하게 되었다. 소련은 또 이라크·아프가니스탄·북예멘에도 차관을 제공했다. 가나(Ghana)·말리(Mali)·기니 등 반제국주의를 표방한 아프리카 나라들도 소련의 부추김을 받았다. 1960년에 미국과 분규를 빚던 카스트로(Fidel Castro)의 쿠바와 최초의 통상협정을 체결함으로써 라틴아메리카에서 중요한 돌파구를 마련하였다. 이 모든 양상은 흐루시초프의 몰락 이후에도 뒤바뀌지 않았다. 요란한 반제국주의 선전활동을 벌여온 소련이 신생 독립국들에게 「우호조약」·무역차관·군사고문관 등을 제공하는 것은 아주 당연한 일이었다. 소련은 또 중동에서 미국의 이스라엘 지원 덕분에 유리한 위치에 설 수 있었다(예컨대 소련은 1960년대에 시리아·이라크·이집트 등에 대한 원조를 증대했다). 소련은 북베트남에 군사·경제원조를 제공함으로써 명성을 얻었고 심지어 멀리 라틴아메리카의 민족해방운동에 대한 지원을 선언하였다. 이처럼 국제적 영향력을 위한 노력에서 소련은 이제 스탈린의 편집광적인 신중함을 크게 덜게 되었다.

그러나 미국·소련간의 세계의 호감을 얻기 위한 경쟁 그리고 조약·차관·무기수출 등을 통한 상호간의 영향력 다툼은 과연 양극세계가 실제 이루어져 모든 중요한 국제문제들이 미국과 소련이라는 두 개의 대립되는 중심을 둘러싸고 움직이게 되었음을 의미하는 것일까? 덜레스나 몰로토프의 관점에서 볼 때 당시 세계질서의 실상은 그러했다. 그러나 이 두 진영은 전세계에 걸쳐 경쟁을 벌이는 동안 1941년까지만 해도 두 나라가 알지 못했던 전혀 새로운 추세를 맞이하고 있었다. 바로 이 시기에 제3세계가 등장하고 있었던 것이다. 그리고 전통적인 유럽제국의 통제에서 막 벗어난 제3세계 여러 나라들은 멀리 떨어져 있는 어떤 초강대국이 제아무리 요긴한 경제적·군사적 원조를 제공해준다 하더라도 그의 단순한 위성국으로 전락할 생각은 조금도 없었다.

실제로 20세기 권력정치에서 하나의 중요한 추세인 초강대국의 등장이 또 하나의 새로운 추세인 세계의 정치적 세분화와 상호작용하기 시작한 것이 그 당시의 상황이었다. 1900년 전후를 지배했던 사회진화론적·제국주의적 분위기에서는 모든 권력이 소수의 국가에 집중된다고 생각하기 쉬웠다. 그러나 오만하고 야심만만한 서양 제국주의는 스스로 멸망의 씨앗을 뿌려놓았던 것이니 세실 로즈(Cecil Rhodes)의 과장된 민족주의나 범슬라브주의 또는 오스트리아-헝가리 군부 등은 보어인·폴란드인·세르비아인·핀란드인들간에 반발을 불러일으켰으며 독일과 이탈리아의 통일운동 명분으로 내세웠던 민족자결주의 원칙이라든가 1914년 협상국의 벨기에 지원결정은 동쪽과 남쪽으로, 이집트·인도·인도차이나로 거세게 번져나갔던 것이다. 영국·프랑스·이탈리아·일본 제국주의 국가들이 1918년 추축국에 승리하여 1919년 윌슨의 새로운 세계질서 구상을 저지시킨 결과 이같은 민족주의적 동향은 선별적으로만 고무되었다. 즉 동유럽인들은 「문명화된」 유럽인이기 때문에 이들에게 민족자결을 허용하는 것은 좋지만 중동·아프리카·아시아에까지 이 원칙을 확대하는 것은 옳지 않다는 생각에서 제국주의 강대국은 이 지역의 독립운동을 억압하면서 계속 영토를 확장하였다. 1941년 이후 극동에서의 식민지제국의 붕괴, 전쟁 기간중 종속국들의 경제동원과 인력징발, 대서양헌장(Atlantic Charter)이 갖는 이념적 영향력 그리고 유럽의 쇠퇴 등 이 모든 요소가 합쳐진 결과 변화를 일으켜 1950년대에 이른바 제3세계가 형성되기에 이른 것이다.

 이를 「제3세계」라고 부르게 된 것 자체가 바로 이 나라들이 미국과 소련 지배하의 두 진영으로부터 구별되기를 고집한 때문이었다. 그렇다고 해서 1955년 4월 최초의 반둥회의(Bandung Conference)에 참석한 나라들이 모두 초강대국들에 조금도 얽매이지 않은 나라들인 것은 아니었다—예컨대 터키·중국·일본·필리핀 등 일부 참가국들은 「비동맹국」이라고 부르기에 적합하지 않은 나라들이었다. 그러나 참가국들은 모두 탈식민지화의 촉진을 요구하고 국제연합이 냉전문제 이외의 것들에 관심을 집중할 것과 아직도 백인의 지배하에 있는 세계경제를 변화시킬 것을 한 목소리로 주장하였다. 1950년대 말과 1960년대 초 탈식민지화가 제2단계에 접어들자 당초의 제3세계 운동에는 수십년(또는 수백년)간의 외국통치에 분개하면서 독립이 남겨준 수많은 경제적 난관 해결에 분투노력하는 여러 신생국들이 가담하게 되었다. 수적으로 크게 불어난 제3세계 그룹은 이제 국제연합 총회를 지배하게 되었다. 당초 50개국(주로 유럽과 라틴아메리카 국가들)으로 발족된 국제연합은 이제 수많은 아시아·아프리카 신생국들의 가입으로 100개국이 훨씬 넘는 기구로 변모하였다. 물론 그렇더라도 안전보장이사회 상임이사국으로서 거부권—신중한 스탈린이 고집했던 조건—을 가진 강대국들의 행동을 억제하지는 못했다. 그러나 그것은 초강대국 중의 어느 한 나라가 「세계여론」에 호소하고자 할 때는(1950년 미국이 국제연합을 한국에 끌어들일 때처럼) 이제 소련이나 미국 중 어느 한쪽의 편견에 동조하지 않는 회원국들의 동의를 얻어야만 하게 되었음을 의미하였다. 1950년대와 1960년대에 탈식민지화 문제와 「저개발」을 종식시켜야 한다는 요구가 팽배하고 또 소련이 이 두 운동을 교묘하게 결합시킨 결과 제3세계의 견해는 1956년의 수에즈 위기에서 베트남문제, 중동전쟁, 라틴아메리카와 남아프리카 사태 등에 이르기까지 명백하게 반서방 색채를 띠었다. 비동맹국의 공식 정상회의에서 조차도 반식민지주의가 더욱 강조되기에 이르렀고 이런 회의의 장소(1961년의 베오그라드, 1964년의 카이로 그리고 1970년의 루사카〈Lusaka〉)만 보더라도 유럽중심의 문제의식을 탈피하였음을 알 수 있다. 세계정치의 문제를 이제는 더 이상 군사적·경제적 대국들만 독점할 수 없게 된 것이다.

초기 비동맹운동의 주창자들—티토, 나세르, 네루—의 면모에도 이러한 변화가 상징되어 있다. 유고슬라비아는 스탈린과 단절하고서도 소련의 침략을 받지 않고 독립을 유지한 주목할 만한 나라였다(이 나라는 1948년 이미 코민포름에서 축출되었다). 이 정책은 스탈린의 사후에도 확고하게 유지되었으니 최초의 비동맹 정상회의가 베오그라드에서 열린것도 우연이 아니었다. 나세르는 1956년 영국·프랑스 및 이스라엘과 싸운 후 아랍세계에서 명성을 날린 열렬한 서양 제국주의 비판자로서 소련 원조를 기꺼이 받아들였지만 소련의 꼭둑각시는 아니었으며 『국내의 자생적 공산주의자들을 탄압하고 1959년과 1961년 사이에는 격렬한 반소련 라디오·신문 캠페인을 벌였다.』 범아랍주의 (Pan-Arabism), 특히 회교 정통파는 현지 마르크스주의 지식인들의 융합노력에도 불구하고 무신론적 유물론의 파트너로는 어울리지 않았다. 오랫동안 「온건파」 비동맹국들의 상징적 지도자 역할을 해온 인도의 경우 소련의 군사·경제원조를 계속 받아들여 중국·인도 분쟁과 파키스탄·인도 분쟁시에는 그 규모가 절정에 달했지만 그래도 네루는 다른 지역에서의 소련 행동에 대해 비판을 멈추지 않았고 인도 공산당에 대해서도 깊은 의심을 품고 있었다. 네루가 영국의 수에즈 정책을 비난한 것은 모든 강대국들의 해외개입을 싫어했기 때문이었다.

  이 기간중 너무나 많은 신생국들이 국제사회에 등장했고 또 소련은 이들의 국내사정을 제대로 알지도 못한 채 서방과 떼어놓으려고 노력했기 때문에 소련의 외교적 「성과」에는 「손실」이 따를 때가 많았다. 그 대표적인 예는 중국으로서 이에 관해서는 후술하겠지만 그밖에도 많은 예를 들 수 있다. 1958년에 있었던 이라크의 정권 교체로 이 나라의 친구 행세를 할 수 있게 된 소련은 차관을 제공했으나 4년 후에는 바아드(al Baath)당의 쿠데타로 공산당이 잔인하게 탄압되었다. 소련의 계속적인 인도 원조는 파키스탄을 분노케 만들 수밖에 없었으니 한 나라를 기쁘게 하려면 다른 나라를 잃을 수밖에 없었다. 버마에서는 출발은 순조로웠으나 이 나라가 모든 외국을 배척하게 됨에 따라 좌절되고 말았다. 인도네시아의 사정은 더욱 나빴다. 수카르노 정부는 소련과 동유럽에서 대규모 원조를 받고 나서 1963년 친중국으로 선회했다. 2년 후 인도네시아 정부는 공산당을 잔인하게 숙청했다. 기니의 세쿠 투레(Sékou Touré)는 소련대사가 1961년 국내파업에 개입했다는 이유로 그를 추방해버렸고 쿠바 위기중에는 소련이 특별히 만든 코나크리(Conakry) 비행장에서 소련 항공기들이 재급유를 받지 못하도록 했다. 소련은 1960년 콩고 위기 때 루뭄바(Patrice Lumumba)

를 지원함으로써 그의 장래를 망쳐놓았고 그의 후계자 모부투(Joseph Mobutu)는 소련대사관을 폐쇄했다. 이러한 좌절 중에서 가장 대표적인—그리고 소련에 가장 큰 타격을 준—사태는 1972년 이집트의 사다트(Anwar Sadat)가 소련 고문관 2만 1,000명의 출국을 명령한 것이었다.

이처럼 제3세계와「최초의 두 세계」간의 관계는 언제나 복잡하고 가변적이었다. 물론 이웃나라로부터 위협을 느껴 시종일관 친소 입장을 취한 나라(쿠바·앙골라)와 강력한 친미 입장을 취한 나라(타이완·이스라엘)도 있었다. 티토의 초기 입장처럼 참다운 비동맹을 추구한 나라도 있었다. 원조를 제공하는 진영에 기울어지면서도 지나친 의존에는 강력히 저항하는 나라도 있었다. 걸핏하면 혁명·내전·정변·국경분쟁 등이 일어나 소련과 미국을 놀라게 하는 나라도 있었다. 키프로스, 오가덴(Ogaden), 인도·파키스탄 국경, 캄푸치아 등의 분쟁에서는 분쟁 쌍방이 각기 원조를 요청한 탓으로 초강대국들을 난처하게 만들기도 했다. 종전의「강대국」들과 마찬가지로 소련과 미국 역시 자국의「보편적」메시지가 다른 사회나 문화에 뜻대로 먹혀 들어가지 않는 냉혹한 현실에 부딪쳐야만 했다.

양극세계의 균열

1960년대가 지나 1970년대에 접어들어서도 여전히 미국·소련 관계를 세계문제 중에서 가장 중요시해야 할 충분한 이유가 있었다. 군사적으로 소련은 미국을 바싹 따라잡아 두 나라는 다른 모든 나라와 큰 차이를 유지하였다. 예컨대 1974년 미국과 소련의 군사비는 각기 850억달러와 1,090억달러에 달했는데 이것은 중국(260억달러)의 3~4배 그리고 유럽 선진국(영국 97억달러, 프랑스 99억달러, 서독 137억달러)의 8~10배에 달하는 규모였다. 또한 미국과 소련의 군대 규모는 각각 200만, 300만명에 달해 유럽국가들보다 훨씬 방대했으며 중국군 300만명보다 훨씬 우수한 무장을 갖추었다. 두 초강대국의 전투기 보유대수는 각각 5,000대가 넘어 종전「강대국」들의 10배 이상에 달했다. 두 나라의 군함 톤수—1974년 당시 미국 280만톤, 소련 210만톤—는 영국(37만톤)·프랑스(16만톤)·일본(18만톤) 및 중국(15만톤)을 훨씬 앞질렀다. 그러나 가장 큰 격차는 〈표 38〉에 나타난 바와 같이 핵무기 운반체제에 있었다.

두 초강대국은 각기 상대방(과 다른 모든 나라들)을 말살할 수 있는 능력을 보유했기 때문에—이러한 상태를「상호확증파괴(MAD, Mutually Assured Destruction)」라고 부른다—두 나라는 백방으로 핵무기경쟁제한문제를 협의하기 시작했다. 쿠바 미사일 위기 이후 쌍방이 위기 발생시에 연락을 취하기 위해「핫라인(Hotline)」을 설치했고 1963년에는 핵실험금지조약이 영국의 참여하에 체결되어 대기권·해저 및 외계에서의 핵실험이 금지되었다. 쌍방의 대륙간 탄도미사일 보유수를 제한하고 소련의 탄도탄요격 미사일체제 구축을 제한하는 전략무기제한협정(SALT Ⅰ)이 타결되고 이어 1975년 블라디보스토크에서 그 범위가 확대되었으며 또한 1970년대 말에는「전략무기제한협정 Ⅱ」(1979년 6월 체결되었으나 미국 상원이 비준을 거부했다) 협상이 시작되었다. 그러나 이러한 여러가지 협정들과 양측이 이러한 협정을 맺도록 만든 경제적·국내정치적 및 대외정책적인 여러가지 동기에도 불구하고 군비경쟁은 멈추지 않았으니 설사 어느 한 가지 무기를 금지 또는 제한해도 그것은 기껏해야 그 자원을 다른 분야로 전환시키는 데 불과했던 것이다. 1950년대 말 이래 소련은 꾸준히 그리고 냉혹하게 군사비 지출을 늘려왔으며 미국의 경우는 비록 베트남전쟁 비용

〈표 38〉 1974년 강대국의 핵무기 운반체제 보유수

	미 국	소 련	영 국	프랑스	중 국
대륙간 탄도미사일	1,054	1,575	—	—	—
중거리 탄도미사일	—	600	—	18	약 80
잠수함발사 탄도미사일	656	720	64	48	—
장거리 폭격기	437	140	—	—	—
중거리 폭격기	66	800	50	52	100

과 반전여론 때문에 군사비 지출양상이 왜곡되기는 했지만 역사상 최고 수준으로 늘어났다. 불과 수년마다 새로운 무기체제가 추가되었으니 양측 모두 로킷에 다탄두를 부착했고 양측 해군은 모두 미사일적재 잠수함을 늘렸다. 또한 전략 미사일의 핵교착상태(이 때문에 유럽국가들은 미국이 미국 도시에 대한 핵공격을 유발시킬까 두려워한 나머지 소련이 서방을 공격하더라도 장거리 미사일로 반격하지 못할 것이라고 우려하였다)로 인해 미국은 소련의 중거리 탄도미사일에 대항하기 위해 퍼싱(Pershing) Ⅱ와 크루스미사일 등의 새로운 중거리 또는 「전역(戰域)」 핵무기들을 개발하게 되었다. 군비경쟁과 여러가지 군비제한협상은 동전의 양면과 같은 관계였지만 미국과 소련을 항상 무대의 중앙에 올려놓는 배경이 되었다.

다른 분야에서도 미국과 소련의 대결이 중심을 이루었다. 전술한 바와 같이 1960년대 이후 소련의 군비증강에서 가장 괄목할 만한 분야의 하나는 해상함대의 엄청난 증강이었다. 물리적인 면에서 소련 해군은 보다 강력한 미사일적재 구축함과 순양함을 건조하고 이어 중형의 헬리콥터모함과 항공모함을 건조했으며 지리적으로는 지중해는 물론 인도양·서아프리카·인도차이나·쿠바 등 기지를 사용할 수 있는 보다 먼 해역에까지 많은 함정들을 파견하기 시작했다. 이같은 사태발전은 바로 미국·소련의 대결이 제3세계로 연장되었음을 반영하는 것이었으며 과거에 주로 서방이 영향력을 독점해왔던 지역에 소련이 침투하는 데 성공했음을 의미하였다. 중동지역의 계속적인 긴장, 특히 1967년과 1973년의 아랍·이스라엘전쟁(미국의 이스라엘에 대한 무기공급이 결정적이었다)으로 인해 시리아·리비아·이라크 등 여러 아랍국가들은 계속 소련의 원조를 바라게 되었다. 남예멘과 소말리아(Somalia)의 마르크스주의 정권들은 소련에 해군기지를 제공하여 소련을 홍해의 새로운 해상세력으로 만들어주었다. 그러나 언제나 그렇듯이 성공에는 좌절이 뒤따랐다. 이집트가 소련 고문관들을 축출한 지 불과 수년 후인 1977년 소말리아는 소련의 에티오피아 선호에 반발하여 소련 군인과 선박들을 축출하고 말았다. 이 지역의 소련 진출에 대항하여 미국은 오만(Oman)과 디에고 가르시아(Diego Garcia)섬에 파병을 늘리고 케냐(Kenya)와 소말리아의 해군기지 사용권을 얻은 한편 이집트·사우디아라비아·파키스탄 등에 대한 무기공급을 늘렸다. 그러나 그 훨씬 남쪽 앙골라의 인민해방전선(MPLA)에 대한 소련·쿠바의 군사원조, 소련의 지원을 받는 리비아의 카다피(Muammar Qaddafi) 정권의 빈번한 혁명 수출기도 그리고 에티오피아·모잠비크·기니·콩고 등 서아프리카 국가들에서의 마르크스주의 정권수립은 소련이 국제적 영향력 싸움에서 이기고 있음을 말해주는 것이었다. 1979년 소련군의 아프가니스탄 침공 — 제2차세계대전 이후 소련군 최초의 해외파병(동유럽 제외) — 과 쿠바의 니카라과(Nicaragua) 및 그레나다(Grenada) 좌익정권 지원은 미국·소련간의 경쟁이 무제한 계속되고 있다는 인상을 더욱 부각시켜 미국의 여러가지 대응책과 군사비 증액을 초래하였다. 1980년 미국에 새로운 공화당 정부가 들어서서 소련을 「악의 제국(devil empire)」이라고 비난하면서 오직 대규모 군사력과 비타협적인 정책으로 대항하고 나서자 사태는 덜레스 당시와 별로 달라진 것이 없는 것처럼 보였다.

  그러나 1960년대와 1980년대의 기간중 미국·소련 관계를 주축으로 한 이같은 여러 차례의 기복에도 불구하고 그밖의 다른 여러가지 추세들 때문에 국제권력체제의 양극화현상은 종전보다 훨씬 줄어들었다. 제3세계가 복잡한 문제로 등장했을 뿐 아니라 지금까지 획일적인 것처럼 보였던 미국·소련 지배하의 두 진영에도 중대한 균열이 일어났다. 그중 가장 중요한 사태는 아직껏 그 영향을 완전히 파악하기는 힘들지만 역시 중·소분쟁이라고 해야 할 것이다. 돌이켜보면 마르크스주의의 이른바 「과학적」이고 「보편적」인 주장들도 국내여건, 고유한 문화 그리고 상이한 경제발전단계 때문에 좌초하지 않을 수 없었던 것이다 — 어쨌든 레닌 자신도 1917년 혁명을 성공시키기 위해서는 원래의 변증법적 유물론에서 크게 이탈하지 않을 수 없었다. 그리고 1930년대와 1940년대 마오쩌둥의 공산주의 운동을 지켜본 일부 관측자들은 적어도 그는 노동자와 농민의 상대적 중요성에 관한 스탈린의 교조적 입장을 맹종하지 않을 것이라는 인상을 받았다. 이들은 또한 소련은 소련대로 중국공산당을 전폭적으로 지지할 마음이 없음을 알고 있었으며 실제로 소련은 1946년과 1948년까지만 해도 오히려 중국공산당이 장제스의 국민당과 서로 견제하도록 만들려고 시도하였다. 소련은 이렇게 함으로써 『소련보다 인구가 3배나 많은 나라에 붉은 군대의 지원없이 강력한 공산 정권이 들어서서 세계 공산주의 운동의 경쟁적인 구심점으로 등장하는 것』을 막으려고 했던 것이다.

이런 점을 감안하더라도 중·소분쟁의 심각성은 관측자들을 놀라게 만들었다. 그러나 미국은 이것이 세계 공산주의의 음모일지도 모른다는 우려 때문에 이 분쟁을 여러 해 동안 간과하였다. 한국전쟁과 뒤이은 타이완을 둘러싼 미국·중국간의 분쟁으로 중국·소련 관계의 냉각은 주목을 받지 못했지만 사실상 스탈린은 중국에 소액의 원조를 줄 때마다 항상 그 대가로 몽고와 만주에 대한 특권을 요구하는 실정이었다. 마오쩌둥은 비록 1954년 협상에서 소련과의 불화를 시정할 수 있었지만 진먼섬 위기로 인해 미국에 적대감을 갖고 있던데다가 자본주의와의 충돌이 필연적이라는 확고한(적어도 그 당시에는) 신념을 갖고 있던 그로서는 흐루시초프의 초기 데탕트정책을 크게 의심할 수밖에 없었다. 그러나 소련으로서는 1950년대 말에만 해도 핵우위를 차지하고 있던 미국을 불필요하게 자극하는 것은 어리석은 짓이었다. 또 중국이 1959년 소련의 제3세계 정책상 매우 중요한 인도와 국경충돌을 일으켰을 때도 중국을 지원한다는 것은 외교적인 후퇴라고 생각했으며 중국의 독자성향을 감안할 때 어떤 통제수단을 갖지 못한 채 중국의 핵무기 개발계획을 지원해준다는 것도 매우 현명치 못하다고 생각했다—그러나 마오쩌둥은 이 모든 것을 계속되는 배신행위로 간주하였다. 1959년 흐루시초프는 중국과의 원자력협정을 파기하고 중국에 제공했던 것보다 훨씬 큰 규모의 차관을 인도에 제공했다. 그 다음 해 모스크바에서 열린 국제공산당대회에서는 「분열」이 누가 보기에도 공공연하게 드러났다. 1962~1963년에는 사태가 더욱 악화하여 마오쩌둥은 소련이 쿠바 사태에서 굴복했다고 비난하고 뒤이어 소련이 미국・영국과 부분적인 핵실험금지조약을 체결한 점과 인도에 대한 원조를 늘리면서 중국과 그 동맹국인 알바니아(Albania)에 대한 원조를 전면 중단한 점을 비난했으며 결국 제1차 중・소국경충돌이 발생했다 (다만 1969년의 국경충돌보다는 심각하지 않았다). 더욱 중요한 사태는 1964년 중국이 최초의 원자폭탄 실험을 실시하고 운반체제 개발에 박차를 가하고 있다는 소식이었다.

전략적인 면에서 볼 때 중・소분쟁은 1945년 이후의 모든 사건 중에서 가장 중요한 사건이었다. 1964년 9월 「프라우다(Pravda)」지는 중국이 19세기에 청조가 러시아에게 빼앗긴 아시아 영토의 반환을 요구할 뿐 아니라 소련이 쿠릴열도(Kurile Islands)와 폴란드의 일부, 동프로이센 및 루마니아의 일부를 차지한 점에 대해서도 비난하고 있다고 보도함으로써 독자들에게 충격을 주었다. 마오쩌둥의 주장은 소련의 영토가 150만평방킬로미터나(!) 축소되어야 한다는 것이었다. 이 고집센 중국 지도자의 말이 어느 정도까지 진심이었는지는 알 수 없지만 이 모든 주장이—여러 차례의 국경충돌과 중국의 핵무기 개발과 함께—소련 지도층을 크게 놀라게 만들었음은 틀림없었다. 실제로 1960년대에 있었던 소련의 군비증강은 케네디(John F. Kennedy) 행정부의 군사비 증액에 대한 대응이라는 면과 함께 적어도 그 일부는 동방으로부터의 이 새로운 위협에 대한 인식에서 나온 것이라고 볼 수 있다. 『중국 접경지역에 배치된 소련군은 1967년 15개 사단에서 1969년에는 21개 사단 그리고 1970년에는 30개 사단으로 증가했다.』— 특히 1970년의 급증은 1969년 3월의 다만스키(Damansky, 천파오〈珍寶〉)섬 충돌사건에 따른 것이었다. 『1972년이 되자 소련군 44개 사단이 4,500마일의 중국 접경에 배치되고(이에 비해 동유럽에는 31개 사단) 소련 공군의 1/4이 서방에서 동방으로 이동배치되었다.』 중국이 수소폭탄을 보유하게 되자 소련은 로프노르(Lop Nor, 羅布泊)의 중국 핵무기 기지에 대한 선제공격을 검토하게 되었으며 이에 따라 미국은 소련의 중국 분쇄를 허용할 수 없다는 생각에서 독자적인 비상 계획을 세우게 되었다. 중국이 핵강대국으로 발전하는 것을 저지하기 위해 1964년 소련과 함께 「예방적 군사조치」까지도 검토했던 미국이 이렇게까지 변한 것이다!

마오쩌둥의 중국이 명실상부한 제3의 초강대국으로 등장했다고 말하기는 곤란하다. 경제적인 면에서 중국은 엄청난 문제들을 안고 있었다—이 문제들은 마오의 「문화대혁명」 추진결정으로 단점과 불확실성 속에 더 한층 악화되었다. 최대의 육군을 자랑한다고 하지만 인민해방군(PLA)은 자동차 소총사단의 적수가 될 수 없었다. 중국 해군은 증강되는 소련 함대에 비하면 보잘것없는 것이었고 공군은 규모는 크지만 구식 항공기가 주종을 이루고 있었으며 핵무기 운반체제는 아직 초보단계에 있었다. 그럼에도 불구하고 소련은 중국에 대한 대규모 핵무기 공격으로 미국을 도발하고 세계여론을 악화시킬 모험을 감수할 태세가 되어 있지 못했으며 그보다 낮은 차원의 전투도 즉시 엄청난 인명손실을 초래할 가능성이 있었다. 중국은 이러한 인명손실을 감수할 의사가 있었겠지만 브레즈네프(Leonid Brezhnev) 시대의 소련 정치가들은 그러한 열의까지는 없었다. 그러므로 중국·소련 관계가 악화함에 따라 소련이 서방과의 핵무기제한협상에 관심을 쏟을 뿐 아니라 서독 등과의 관계개선을 촉진해야만 할 처지에 놓이게 된 것은 당연하였다. 빌리 브란트(Willy Brandt)하의 독일연방공화국(Federal Republic of Germany)도 아데나워(Konrad Adenauer) 시절보다 데탕트에 훨씬 더 큰 관심을 가지고 있었다.

정치·외교 분야에서 중·소분쟁은 소련측에 더 큰 부담을 주었다. 흐루시초프 자신은 「사회주의로 가는 독자적인 길」(길이 너무 벗어나지만 않으면!)을 용인할 마음이 있었다고 하지만 소련이 참다운 마르크스주의 원칙을 버렸다고 공공연하게 비난받는 것은 용인할 수 없는 문제였다. 또한 소련의 위성국들과 보호국들에게 소련의 「멍에」를 벗어던지라고 촉구하는 것도, 중국의 경쟁적 원조와 선전활동으로 소련의 제3세계 외교활동이 난관에 봉착하는 것도—특히 마오의 농민공산주의(peasant-based Communism)가 산업 프롤레타리아를 강조하는 소련의 입장보다 설득력있는 것으로 부각되는 상황에서—용인할 수 없는 사태였다. 그렇다고 해서 동유럽의 소비에트 제국이 중국의 주도에 따른 어떤 실질적 위험에 처한 것은 아니었고 중국을 따르는 나라는 괴팍한 알바니아 정권뿐이었다. 그러나 소련으로서는 1968년 체코슬로바키아의 자유화 개혁을 억압한 것과 1979년의 아프가니스탄에 대한 조치 때문에 중국의 비난이 당혹스럽기는 마찬가지였다. 더구나 중국은 제3세계에서 소련의 영향력을 저지하기에 다소 유리한 위치에 있었다. 중국은 북예멘에서 벅찬 경쟁상대였고 탄자니아(Tanzania) 철도부설의 대부분을 맡았으며 미국과 싸우는 베트민과 베트남민족해방전선(Vietcong)에게 소련이 충분한 원조를 제공해주지 않는다고 비난하는 한편 일본과 관계를 개선하면서 그에 대해 시베리아 개발을 위해 소련과 지나친 경제협력을 하지 말라고 경고하기도 했다. 물론 여기서도 대등한 싸움은 될 수 없었으니 소련은 제3세계 국가들에 대해 보다 많은 차관과 신식 무기를 제공할 수 있었으며 쿠바와 리비아를 대리인으로 내세워 영향력을 미칠 수도 있었다. 그러나 미국에 더하여 동료 마르크스주의 국가와도 동시에 경쟁해야 한다는 사실만으로도 이 시기의 싸움은 예측 가능했던 20년 전의 양극적인 경쟁에 비해 더욱 당혹스러웠다.

　이처럼 중국의 단호한 독자노선은 모든 면에서 외교관계, 특히 아시아에서의 외교관계를 더욱 복잡하고 미묘하게 만들었다. 중국은 소련이 인도에 접근하는 데 충격을 받았고 인도·중국 국경충돌 후 소련이 인도에 군수물자를 보급한 것에 더 큰 충격을 받았다. 그러므로 중국은 인도·파키스탄 충돌시에 파키스탄을 지원했고 소련군의 아프가니스탄 침공에 강직한 분노를 표시했다. 1970년대 말 소련이 북베트남의 팽창정책을 지원함으로써 중국은 더욱 소외되었고 북베트남의 코메콘 가입과 소련 해군의 베트남 항구 사용으로 더 한층 소외되었다. 1978년 12월 베트남이 캄푸치아를 침공하자 중국은 소련제 무기로 중무장한 이 남쪽의 이웃나라와 직접 유혈 국경충돌을 벌였으나 별로 성공을 거두지 못했다. 이 시기에 소련은 타이완에 더욱 추파를 던졌고 중국은 미국에 대해 인도양과 서태평양의 해군력을 증강하여 소련 함대에 대항하라고 촉구했다. 중국은 소련의 대서방 유화정책을 비난하기 시작한 지 불과 20년만에 이제는 스스로가 나토의 군사력 증강을 촉구하고 일본과 유럽공동시장에 대해 소련과의 경제관계를 강화하지 말라고 경고하는 입장에 서게 된 것이다!

1960년대 초 이후 미국의 패권에 대한 드골의 반대운동 등으로 야기된 서방진영 내부의 분열은 — 비록 양진영이 모두 붕괴되고 있다는 인상을 강화시켜준 것은 확실하지만 — 장기적인 심각성면에서 이에 비할 정도가 못되었다. 제2차세계대전 당시의 기억을 생생하게 간직하고 있던 드골은 프랑스가 미국과 동등한 대우를 받지 못하는 데 분개했고 1956년 수에즈 위기 당시의 미국 정책에 분노했으며 또한 덜레스가 습관적으로 진먼섬 사건과 같은 문제로 핵전쟁을 위협한다고 화를 냈다. 드골은 1958년 이래 알제리 철수문제로 몹시 바빴지만 그런 가운데서도 미국에 대한 서유럽의 굴종을 비판하고 나섰다. 그는 10년 전의 영국인들처럼 핵무기를 통해 강대국의 지위를 보존할 수 있다고 보았다. 1960년 프랑스 최초의 원자폭탄 실험보고를 접한 드골은 『프랑스 만세! 오늘 아침 프랑스는 더욱 강하고 당당해졌다』고 외쳤다. 전적으로 독자적인 프랑스의 핵억지력을 고집했던 그는 폴래리스 미사일을 제공하겠다는 미국 정부의 제의를 케네디 행정부가 내세운 부대조건을 이유로 거절했다. 이렇게 해서 프랑스의 총방위예산에서 차지하는 핵무기계획의 비중(약 30%)이 다른 나라보다 훨씬 더 커지게 되었지만 드골과 그의 후임자들은 이 정도의 대가는 치를 가치가 있다고 생각했다. 그는 또한 나토에서 탈퇴하고 1966년에는 파리에서 나토군 사령부를 추방하고 프랑스 영내에 있는 모든 미국군 기지를 폐쇄하였다. 이와 병행하여 그는 소련과의 관계개선을 모색 — 이 조치는 소련의 따뜻한 환영을 받았다 — 하는 한편 유럽이 자립할 것을 끊임없이 주장하였다.

드골의 극적인 행동들은 프랑스인의 과장벽과 문화적 긍지에서 비롯된 것만은 아니었다. 마셜플랜 등 미국의 원조와 1940년대 말 이후 유럽의 전반적인 경제부흥의 혜택을 입어 프랑스 경제는 거의 20년 동안 급속한 성장을 거두었다. 인도차이나(1950~1954)와 알제리(1956~1962) 등 식민지 전쟁으로 프랑스의 자원이 잠시 분산되었지만 치유 불가능한 정도는 아니었다. 프랑스는 1957년 유럽경제공동체(EEC) 결성 당시에 국가이익에 매우 유리한 조건들을 타결지었기 때문에 자체의 농업을 개편하고 산업을 근대화하는 과정에서 이 거대한 시장을 활용할 수 있었다. 드골은 미국을 비판하고 영국의 유럽경제공동체 가입을 단호하게 배제하면서도 1963년 아데나워의 서독과 극적으로 화해했다. 이 과정에서도 그는 줄곧 유럽의 자립과 초강대국으로부터의 해방을 역설하고 유럽의 영광스러운 과거를 잊지 말 것과 이에 못지않게 영광스러운 미래를 추구하기 위해—물론 프랑스의 주도하에— 협력할 것을 역설했다. 그것은 무모한 발언이었으나 그의 말은 「철의 장막」 양쪽에서 호응을 얻었고 미국과 소련의 외교정책과 그 정치문화를 싫어하는 많은 사람들에게 호소력을 발휘했다.

그러나 1968년 학생·노동자 폭동으로 드골 자신의 정치적 생명이 끝장나고 말았다. 근대화로 인한 긴장은 물론이고 프랑스의 경제 규모가 아직은 상대적으로 미약했기 때문에(1963년 현재 세계제조업생산의 3.5%) 이 나라는 드골 장군이 꿈꾼 것과 같은 큰 영향력을 행사할 수 없었고 따라서 드골이 어떤 특별협정을 요구하는 경우에도 서독은 결정적 순간에 크게 의존할 수밖에 없는 미국과의 긴밀한 관계를 포기하려고 하지 않았다. 더구나 소련은 1968년 체코슬로바키아의 개혁운동을 무자비하게 분쇄함으로써 자기 영역 안에 있는 나라들이 프랑스 주도하의 범유럽연합에 가담하는 것은커녕 독자적인 정책을 추구하도록 방치할 의사가 없음을 드러냈다.

그러나 그 모든 오만함에도 불구하고 드골에 의해 상징되고 가속화된 일련의 추세는 이미 멈출 수 없는 것이었다. 미국과 소련에 비해 군사적 열세에 있기는 했지만 서유럽 국가들의 군대는 1945년 직후보다 상대적으로 훨씬 강대해져 그중 두 나라는 이미 핵무기를 보유하고 운반체제를 개발하고 있었다. 경제적인 면에서는 후술하는 바와 같이 「유럽의 부흥」이 빛나는 성과를 거두고 있었다. 더구나 1968년 소련의 체코슬로바키아 침공에도 불구하고 유럽을 밀폐된 진영으로 분할한 냉전의 시대는 시들고 있었다. 빌리 브란트의 소련·폴란드·체코슬로바키아와의 극적인 화해정책, 특히 1945년 국경협정의 항구적 수락을 기반으로 하여 이루어진 1963~1973년 사이의 동독 정권과의 화해정책(처음에는 미온적이었지만)은 동서접촉 시대를 활짝 열어놓았다. 서방의 투자와 기술이 「철의 장막」안으로 쏟아져 들어갔고 이같은 「경제적 데탕트」는 여러가지 문화교류, 인권문제에 관한 헬싱키협정(Helsinki Accords, 1975)과 장차 군사적 오해를 피하고 상호군축을 달성하고자 하는 여러가지 노력으로 확산되었다. 초강대국들은 각자의 특수한 이유 때문에 몇 가지 불가피한 유보조항을 붙여(특히 소련의 경우) 이 모든 노력을 지지해주었다. 그러나 가장 중요한 사실은 유럽인들 스스로가 화해를 이룩하기 위해 끈질긴 압력을 가했다는 점이다. 그러므로 미국과 소련은 양국관계가 냉각되는 경우라 할지라도 더 이상 이 과정을 멈추기가 매우 어렵게 되어갔던 것이다.

미국은 새로운 다원적 국제환경에 적응하기가 소련보다 훨씬 유리한 입장이었다. 드골의 반미 태도는 그 심각성에서 중·소분쟁에 비할 바가 못되었다. 중국·소련간의 국경분쟁, 양국간 무역의 중단, 이념논쟁, 전세계에 걸친 외교적 논란은 1969년이 되자 일부 관측자들이 중·소전쟁의 불가피성을 점칠 정도로 악화되었다. 그러나 미국 행정부는 프랑스의 태도에 아무리 분개하더라도 그것 때문에 군대를 재배치해야 할 정도는 아니었다. 어쨌든 나토는 여전히 프랑스를 가로지르는 영공통과권과 송유관을 보유하고 있었으며 프랑스는 서독과 특별방위조약을 맺고 있어 만일 바르샤바동맹 군대가 서쪽으로 진격할 경우 프랑스 군대도 전쟁에 말려들 수밖에 없었다. 마지막으로 1945년 이후 미국의 외교정책은 강력하고 독자적인(물론 소련으로부터) 유럽이 미국의 장기적 이익과 부합되며 미국의 군사비 부담을 줄이는 데도 도움이 된다는 ― 설사 유럽이 경제적·외교적인 경쟁자가 되는 한이 있더라도 ― 것을 기조로 삼고 있었다. 이러한 이유 때문에 미국은 유럽통합을 위한 모든 노력을 지지했으며 영국의 유럽경제공동체 가입을 촉구하기도 했다. 이에 반해 소련은 강력한 유럽연합체가 등장할 경우 군사적으로 불안을 느끼는 것은 물론이고 그것이 루마니아·폴란드 등 위성국들에게 미칠 자석과 같은 유인효과도 우려해야 할 처지였다. 소련의 서방에 대한 선별적인 데탕트와 경제협력은 기술 및 무역면의 이익을 가져올 수 있고 유럽을 미국으로부터 더욱 떼어놓을 수 있으며 또한 아시아 전선에서 중국이 소련에 도전하고 있는 점 등을 감안할 때 별문제가 없었다. 그러나 장기적으로 볼 때 유럽이 부활한다는 것은 군사 부문을 제외한 모든 분야에서 소련의 빛을 흐리게 만들 것이기 때문에(물론 유럽이 군사 부문에서도 강해지겠지만) 소련의 최선의 이익과는 도저히 부합될 수 없었다.

더구나 돌이켜볼 때 미국이 세계권력의 양상변화에 적응하기에 유리한 입장에 있었다고 하지만 이것도 1960년 이후 수년 동안은 분명치 않았다. 우선 미국은 오래 전부터 「아시아 공산주의」를 싫어해왔으며 많은 미국인들은 마오의 중국이 흐루시초프의 소련을 대신하여 세계혁명의 선동자로 나서는 것을 못마땅하게 생각했다. 1962년 미국이(소련처럼) 환심을 사려고 애쓰던 인도와 중국간에 국경충돌이 발생했을 때 이 사건은 진먼섬 충돌 당시의 중국의 침략국 이미지를 되살려 주었으며 따라서 1960년대 초에 미국과 중국간의 데탕트는 생각할 수도 없었다. 더구나 당시 중국의 선전기관은 소련이 쿠바에서 물러서고 서방과 핵실험금지조약을 체결했다고 비난하였다. 끝으로 1965~1968년 중국은 마오의 문화혁명으로 격변을 겪고 있었다. 문화혁명은 중국을 미국 정부에 대해 더 한층 적대적으로 만든 것은 물론이고 나라 전체를 만성적인 불안정 속에 빠뜨리는 것처럼 보였다. 그 어느 것도 『미국과의 관계개선을 향한 커다란 진전이 가능한 상황』과는 거리가 멀었다.

물론 이 기간중 미국은 무엇보다도 베트남전쟁으로 인한 여러가지 문제로 큰 소동을 겪고 있었다. 대부분의 미국인들은 북베트남과 베트남민족해방전선이야말로 바로 섬뜩한 「아시아 공산주의」의 새로운 표현에 불과한 것이기 때문에 이들이 더 이상 피해를 주기 전에 강력히 견제해야 한다고 생각하였다. 그런데 이들 혁명세력은 중국과 소련에게서 격려와 원조를 받고 있었기 때문에 이 두 강대국(그중에서도 특히 몹시 비판적인 베이징 정부)을 「자유세계」에 적대적인 마르크스주의 연합세력의 일부로 간주할 수밖에 없다고 생각하였다. 실제로 존슨(Lyndon B. Johnson) 행정부가 베트남 파견군을 계속 증강했을 때 워싱턴의 정책결정자들 중에는 중국이 언젠가는 한국전쟁 때처럼 개입하도록 자극받을 수밖에 없으리라고 우려하였다. 중국 정부는 북쪽에서 진행되는 소련과의 충돌이 과연 남쪽에서 날로 증강되고 있는 미국의 군사작전만큼 불길한 사태인가 하는 문제를 1960년대를 통해 진지하게 검토했음에 틀림없다. 그러나 실제로는 민족이 다른 중국과 베트남은 전통적으로 적대관계였고 중국은 소련이 베트남에 제공하는 대량의 군사장비에 깊은 의혹을 품고 있었는데도 케네디 및 존슨 행정부의 전 기간을 통해 대부분의 서방인들은 이러한 긴장감을 눈치채지 못했다.

실제적이고 상징적인 여러가지 점에서 베트남 등 동남아시아에서 전개된 장기간의 미국군 작전이 국제권력체제—또는 미국 국민 자신의 국민의식—에 미친 영향은 작지 않았다. 대부분의 미국인들이 자기 나라의 세계적 역할에 대해 갖고 있던 생각은 비록 다른 차원에서이긴 하지만 베트남전쟁의 영향을 여전히 크게 받고 있었다. 이 전쟁은 「개방사회」가 벌인 전쟁으로서 국방부 보고서(Pentagon Papers) 등의 누설과 학살이라든가 전쟁의 무익성에 관한 매일같은 텔리비전 및 신문보도로 전쟁상황이 상당히 공개되었다는 사실, 이 전쟁은 미국이 명백하게 패배한 최초의 전쟁이며 제2차세계대전 승리의 경험을 모호하게 만들어 4성장군에서부터 「똑똑하고 우수한」 지식인에 이르기까지 미국의 위신을 크게 손상시켰다는 사실, 이 전쟁은 국가적 목표와 우선순위에 관한 미국 사회의 국민적 합의와 시기적으로 일치하고 또 그 주요 원인이 되었으며 그 위에 인플레이션, 사상 유례없는 학생시위와 도시 저소득층의 소요사태 그리고 대통령의 위신을 잠시 실추시킨 워터게이트 사건(Watergate crisis) 등을 수반했다는 사실, 이 전쟁은 건국선조(Founding Fathers)들의 가르침과는 전혀 상반되는 것으로서 전세계에 걸쳐 미국의 평판을 떨어뜨렸다는 사실 그리고 마지막으로 베트남 참전군인들에 대한 냉대가 10년 후 반발을 일으켜 이 전쟁에 관한 기억이 전몰기념관·책·텔리비전 기록물·개인적 비극 등의 형태로 국민의식을 계속 괴롭히게 되었다는 사실—이 모든 사실은 베트남전쟁이 비록 인명피해면에서는 훨씬 소규모이지만 제1차 세계대전이 유럽인들에게 미친 것과 같은 큰 충격을 미국 국민에게 끼쳤음을 말해주었다. 그 결과는 개인적이고 심리적인 차원에서 압도적으로 나타났다. 그것은 한걸음 더 나아가 미국 문명 및 헌정제도의 위기로 해석되었다. 이러한 결과는 이 전쟁이 갖는 전략적 및 강대국적 차원과는 전혀 관계없이 그 자체만으로도 계속 중요한 의미를 갖게 되었다.

그러나 이 마지막 측면은 이 연구에서 가장 중요한 것이기 때문에 좀 더 언급해둘 필요가 있다. 우선 이 전쟁은 군사장비와 경제적 생산력의 대폭적 우위가 항상 저절로 군사적 효율성을 가져다주는 것은 아니라는 점을 분명히 깨우쳐주었다. 이 말은 모두 승리를 다짐하는 「강대국」들 간의 대규모의 장기전(그리고 대개는 동맹전쟁)에서는 경제와 기술이 중요함을 강조하고 있는 이 책의 기조와 어긋나는 말이 아니다. 미국은 경제적으로는 북베트남보다 생산력이 50~100배쯤 컸다고 할 수 있으며 군사적으로는 적을 쑥밭으로 만들 수 있는(일부 강경파의 주장처럼) 화력을 보유하고 있었다—실제로 미국은 핵무기를 사용하여 동남아시아 전체를 말살할 능력을 가지고 있었다. 그러나 이 전쟁은 그러한 우월성이 제대로 효과를 발휘할 수 있는 그러한 전쟁이 아니었다. 미국은 국내여론과 국제적 반응에 대한 두려움 때문에 미국 자체에는 결코 치명적인 위협이 될 수 없는 적에 대해 핵무기를 사용할 수 없었다. 그 정당성과 유효성이 날로 의문시되는 전쟁에서 큰 인명손실이 일어날 경우 예상되는 미국의 반대여론에 대한 우려는 또한 미국 정부의 재래식 전쟁수단의 사용까지도 제약하는 요인이 되었다. 미국 정부는 이 때문에 폭격작전에 제한을 가했고 중립국인 라오스(Laos)를 통과하는 「호치만 통로(Ho Chi Minh Trail)」를 점령할 수 없었으며 하이퐁(Haiphong)항으로 무기를 실어나르는 소련 선박들을 나포할 수도 없었다. 두 공산주의 대국이 합세하여 참전하지 않도록 하는 일이 중요했기 때문에 전쟁은 기본적으로 정글과 논에서 전개되는 일련의 소규모 전투로 변모하여 미국의 화력과 기동력(헬리콥터 공수)이 갖는 이점이 무디어지는 대신 정글전 기술과 부대의 응집력(정예부대의 경우보다는 병력이동률이 높은 뜨내기 징집병의 경우가 큰 문제였다)이 중요시되었다. 케네디에 이어 존슨도 베트남 파병규모를 계속 늘렸지만(1969년에는 54만 2,000명) 그래도 웨스트모얼랜드(William C. Westmoreland) 장군의 요구를 충족시킬 수는 없었다. 미국 정부는 이 전쟁이 제한전쟁이라는 입장을 고수하면서 예비군 동원이라든가 경제의 전시체제화를 거부하였다.

  미국이 자신의 실질적 군사력을 발휘할 수 없는 전쟁을 치르는 동안 커다란 정치적 문제가 생겨났다―그것은 클라우제비츠의 말을 빌리면 수단과 목적의 모순이라고 할 수 있을 것이다. 북베트남과 베트남민족해방전선은 확고한 신념을 가지고 싸웠으며 이러한 신념이 결여된 사람들은 전체주의적이고 민족주의적인 정권에 의해 제재를 받았다. 이에 반해 남베트남 정권은 부패하고 인기가 없는 소수파 정부로서 불교 승려들의 반대에 봉착했으며 착취당하고 전쟁에 지친 농민들의 지지를 상실했다. 이 정권에 충성하는 일부 토착인 부대들이 잘 싸운 경우가 가끔 있었지만 이같은 내부적 침식을 상쇄할 수는 없었다. 전쟁이 격화됨에 따라 많은 미국인들은 사이공(Saigon) 정권을 위해 싸울 필요가 있는가 하는 의문을 품게 되었고 이 모든 것이 미국 자신의 보다 큰 전략적 입장을 침식함은 물론이고 사기의 저하, 냉소주의의 대두, 마약, 매음, 「구크(gook)」에 대한 인종적 경멸, 전투시의 잔혹행위 등이 미국 자체를 썩게 하고 있다는 우려가 팽배하였다. 호치민은 그의 병사들이 미국군 1명에 대해 10명의 비율로 죽을 각오가 되어 있다고 선언했는데 실제로 그들이 1968년 「테트(Tet)」공세 때 성급하게 정글을 뛰쳐나와 도시를 공격한 것처럼 그런 일이 벌어지곤 했다. 그러나 호치민은 이러한 인명손실에도 불구하고 싸움을 계속하겠다고 선언했다. 남베트남에서는 이런 식의 의지력을 찾아볼 수 없었다. 전쟁의 여러가지 딜레마로 동요하고 있던 미국 사회 자체도 승리를 위해 모든 것을 희생할 각오는 되어 있지 않았다. 양측의 처지를 생각할 때 미국의 그같은 생각은 충분히 이해할 만한 것이었지만 중요한 것은 개방적인 민주사회가 마음내키지 않는 전쟁을 해서 이기기란 불가능하다는 것이 이 전쟁에서 입증되었다는 사실이다. 이것이야말로 맥나마라(Robert S. McNamara)의 체제분석이나 괌(Guam)에 기지를 둔 비 52 폭격기로도 풀 수 없는 근본적인 모순이었다.

사이공 함락(1975. 4) 이후 10년이 지나 베트남전쟁에 관한 온갖 책들이 쏟아져 나올 때가 되도록 이 전쟁이 미국의 세계지위에 어떠한 영향을 미쳤는가를 분명히 평가한다는 것은 여전히 힘든 일이었다. 장기적인 시각, 예컨대 서기 2000년이나 2020년에 돌이켜본다고 가정할 때 이 전쟁은 미국의 오만함(또는 풀브라이트〈William Fulbright〉 상원의원의 말대로 「권력의 오만〈arrogance of power〉」)에 충격을 주어 미국으로 하여금 정치적 · 전략적 우선순위를 재고하여 1945년 이후 크게 변한 세계에 보다 현명하게 적응하도록 깨우쳐준 바람직한 전쟁이었다고 평가할 수 있을 것이다. 다른 말로 하면 이 전쟁은 러시아가 크림전쟁에서 받은 충격이나 영국이 보어전쟁에서 받은 충격처럼 바람직한 개혁과 재평가를 야기하였다는 것이다.

그러나 전쟁이 미친 단기적인 영향은 해로운 것일 수밖에 없었다. 존슨의 「위대한 사회(Great Society)」를 위해 국내지출이 급증하고 있던 바로 그 시기에 전비지출이 크게 증가한 것은 후술하는 바와 같이 여러가지 면에서 미국 경제에 악영향을 미쳤다. 더구나 미국이 베트남전쟁에 돈을 쏟아붓는 동안 소련은 거액을 들여 꾸준히 핵전력을 키웠고(이로 인해 전략적으로 비슷한 수준에 도달했다) 해군도 증강하여 이 기간중 소련 해군은 세계 함포외교의 강자로 등장하게 되었다. 그리고 이러한 불균형은 미국 유권자들이 1970년대 거의 전기간을 통해 군사비 증액에 반대함으로써 더욱 악화되었다. 1978년 미국의

「국가안보예산」은 국민총생산의 5%에 불과하여 30년만의 최저 수준을 기록하였다. 전쟁중과 종전 후의 예산삭감으로 인해 군대의 사기는 땅에 떨어졌다. 비록 권력남용을 시정하기 위해 필요한 것이기는 했지만 중앙정보국(CIA) 등 관계기관의 개편은 이들 기관의 효율성을 속박했다. 미국이 베트남전쟁에 전념함으로써 동정적인 동맹국들 사이에서조차도 우려를 불러일으켰다. 부패한 정권을 지원한 이 전쟁의 방식은 제3세계는 물론이고 서유럽의 여론도 악화시켜 한 작가의 표현대로 미국을 지구상의 다른 나라들로부터 「소외」시키는 한 가지 중요한 계기가 되었다. 이 전쟁은 또한 미국이 라틴아메리카를 경시하는 경향을 초래하여 케네디가 주창했던 「진보를 위한 동맹(Alliance for Progress)」은 비민주적인 정권을 위한 군사적 지원이라든가 반혁명 군사행동(1965년의 도미니카공화국 개입 등)으로 대체되었다. 베트남전쟁 후 미국이 장차 어떤 지역에서 전쟁을 하고 어떤 지역에서 전쟁을 하지 말아야 할 것인가 하는 문제를 둘러싸고 공개적인 토론이 벌어졌는데 이러한 토론은 기존의 동맹국들을 동요시키고 적측을 고무하였으며 또한 갈팡질팡하던 중립국들을 상대편에 가담토록 만드는 결과를 가져왔다. 국제연합의 토론장에서도 미국 대표는 더욱더 고립되는 양상을 보였다. 미국이 인류의 친선관계에서 여러 나라의 맏형 노릇을 해야 한다는 헨리 루스의 주장과 비교하면 참으로 격세지감을 느끼게 하는 사태였던 것이다.

  베트남전쟁이 권력정치에 미친 또 한 가지 영향은 미국 정부로 하여금 10년이 넘도록 중·소분쟁의 실상을 파악—따라서 이미 대처할 정책을 강구—하지 못하도록 만들었다는 것이다. 그러므로 공산주의에 몹시 적대적인 리처드 닉슨(Richard Nixon)이 1969년 1월 취임하면서 이같은 과오를 시정할 책임을 떠맡게 된 것은 상당히 인상적이었다. 그러나 개디스(J.L. Gaddis) 교수의 말대로 닉슨은 『이념적 엄격성과 정치적 실용주의를 겸비한』 사람으로서 특히 그의 실용주의적 면모는 다른 강대국들과의 여러 협상에서 여실히 드러났다. 닉슨은 국내 과격파를 싫어하고 사회주의 정책을 표방한 아옌데(Salvador

Allende)의 칠레를 증오하면서도 국제외교 분야에서는 비이념적인 태도를 취했다. 그로서는 1972년 북베트남에 대한 대규모 폭격(남베트남으로부터의 미국군 철수를 위한 협상에 하노이측을 끌어들이기 위해)을 명령하는 일과 같은 해 마오와 화해하기 위해 중국을 방문하는 일 간에는 아무런 모순이 없었다. 더욱 중요한 것은 그가 헨리 키신저(Henry Kissinger)를 국가안보보좌관(나중에는 국무장관)으로 발탁한 사실이었다. 키신저의 세계문제 접근방법은 사실(史實)적이고 상대론적이었다. 즉 모든 사건은 큰 흐름 속에서 상호관련된 것으로 파악해야 한다. 「강대국」들은 국내 이데올로기가 아니라 대외적인 행동에 의해 평가되어야 하며 절대적인 안보 추구는 유토피아적인 것으로서 다른 나라들을 절대적으로 불안하게 만든다. 따라서 한 나라가 기대할 수 있는 것은 상대적 안보로서 그것은 세계문제에 있어서의 합리적인 세력균형, 세계정세가 완전한 조화를 이루기란 불가능하다는 성숙된 인식 그리고 협상에 임할 용의 등에 기반을 둔다는 식의 접근방법이었다. 그의 저서에서 키신저는 다른 정치가들(메테르니히, 캐슬레이, 비스마르크)처럼 『인간문제와 국제문제에서 지혜의 시초는 멈출 때를 아는 것이다』라고 썼다. 그가 남긴 여러가지 격언 중에는 파머스턴적인 것(『영원한 적은 없다』)도 있고 비스마르크적인 것(『중국・소련간의 적대관계는 우리가 그들 상호간의 관계보다 더 긴밀한 관계를 그들 각각과 유지할 때 우리의 목적에 가장 큰 도움을 줄 수 있다』)도 있었다. 케넌 이래로 미국 외교사에서 이런 말을 한 사람은 그가 처음이었다. 그러나 키신저는 그가 존경한 19세기 정치가들에 비해 직접 정책을 집행할 수 있는 훨씬 큰 기회를 손에 쥐고 있었다.

끝으로 키신저는 미국의 힘의 한계를 인식하고 있었다. 그것은 미국이 동남아시아 정글에서 장기전을 펴면서 동시에 더욱 중요한 다른 이익을 지킬 여력을 갖고 있지 못하다는 의미에서만이 아니고 한걸음 더 나아가 그와 닉슨이 세계의 균형은 변화하고 있으며 새로운 요소들이 나타나 지금껏 도전받지 않았던 양대 초강대국의 지배를 무너뜨리고 있다는 사실을 인식하였기 때문이다. 초강대국들은 엄밀한 군사력면에서는 훨씬 앞서 있었지만 다른 분야에서는 세계가 더욱 다극화 되었다. 그는 1973년『경제면에서는 최소한 5개의 주요 집단이 있다. 정치적으로는 보다 많은 세력권이 등장했다……』고 썼다. 그는 케넌의 방식에 따라 세계를 미국·소련·중국·일본·서유럽 등 5개 주요 지역으로 구분하면서 미국과 소련의 대다수 사람들과는 달리 이러한 변화를 환영했다. 강대국들이 서로 균형을 이루면서 어느 한 나라가 다른 나라를 지배하는 일이 없는 협조체제가『일방의 승리가 다른 일방에게 절대적 패배』가 되는 양극세계보다『더욱 안전하고 더욱 나은 세계』라는 것이었다. 키신저는 이같은 다원화된 세계에서 미국의 이익을 지킬 능력을 자신하였기에 이 말과 같이 미국 외교정책을 근본적으로 개편할 것을 촉구했던 것이다.

1971년 이후 미국·중국의 꾸준한 국교회복이 가져온 외교적 혁명은 「범세계적 힘의 상관관계」에 큰 영향을 미쳤다. 일본은 미국의 조치에 놀라면서도 마침내 중화인민공화국과 국교를 수립함으로써 호황을 맞은 아시아 무역을 더욱 확대할 수 있다고 판단하였다. 아시아에서는 냉전이 끝난 것처럼 보였다—그러나 냉전이 오히려 더욱 복잡해졌다고 하는 편이 더 적절한 표현일 것이다. 미국·중국간 비밀 메시지의 외교적 통로역할을 한 파키스탄은 1971년 인도와의 충돌시 미국·중국 양측으로부터 지원을 받았다. 소련은 물론 인도를 강력히 지원했다. 유럽에서도 균형이 바뀌었다. 소련은 중국의 적대행위와 키신저 외교에 놀란 나머지 전략무기제한협정을 타결짓고 그밖에도「철의 장막」의 바깥 세계와 여러가지로 관계개선을 촉진하는 것이 현명하겠다고 판단하였다. 1973년 아랍·이스라엘전쟁 당시 미국·소련간의 긴장된 대치가 끝난 후 키신저가 이집트와 이스라엘을 화해시키기 위한「왕복외교(shuttle diplomacy)」를 개시하여 소련을 아무런 역할을 하지 못하도록 묶어놓았을 때도 소련은 행동을 망설이고 있었다.

워터게이트 사건으로 1974년 8월 닉슨이 백악관에서 밀려나 미국 국민들의 정부에 대한 불신감이 더 깊어지는 일이 일어나지 않았다 하더라도 과연 키신저가 그의 비스마르크식 사기행각을 얼마나 오래 계속할 수 있었을지는 의문이다. 키신저는 실제로 포드(Gerald R. Ford) 대통령 밑에서도 국무장관 자리에 머물러 있었지만 행동의 자유는 계속 줄어들었다. 의회는 걸핏하면 방위예산 요구액을 삭감하였다. 1975년 2월 남베트남·캄보디아·라오스에 대한 추가원조가 모두 삭감되고 그 몇달 후 이 나라들은 모두 몰락하고 말았다. 비상대권법(War Powers Act)은 대통령의 해외파병 권한을 대폭 축소했다. 의회는 소련·쿠바의 앙골라 개입에 대해서도 이곳의 친서방 세력에 중앙정보국의 자금과 무기를 보내지 못하도록 의결했다. 공화당 우파가 미국의 이같은 쇠퇴에 점차 반발하여 키신저가 국가이익(파나마운하)과 옛 친구(타이완)를 팔아먹었다고 비난하고 나섬에 따라 키신저의 위치는 1976년 선거로 포드가 대통령 직에서 밀려나기 전부터 흔들리게 되었다.

1970년대 미국이 여러가지 심각한 사회·경제문제와 씨름하고 여러 정치집단들이 영락한 미국의 국제적 지위에 적응하려고 노력하는 동안 미국의 대외정책은 평온했던 시기보다 시행착오가 많을 수밖에 없었다. 그러나 그후 몇년 동안 모든 면에서 주목할 만한 정책적「전환」이 이루어졌다.「공정한」세계질서를 창조할 필요성에 관한 글래드스턴·윌슨적 신념 중에서도 가장 훌륭한 부분을 물려받은 카터(Jimmy Carter)가 태평스럽게 국제체제에 뛰어들었지만 다른 나라들(특히「분쟁지역」의 나라들)은 유태·기독교 교리에 따라 정책을 실시할 의사를 갖고 있지 않았다. 제3세계가 1973년의 석유위기로 더욱 악화된 남북간의 경제적 격차에 불만을 품고 있었음을 감안할 때 카터가 남북협력을 추진한 것은 신중하고도 아량있는 행동이었으며 또한 파나마 운하조약을 유리한 조건으로 경신했다든가 라틴아메리카의 개혁운동을 마르크스주의와 동일한 것으로 보기를 거부한 그의 행동도 상식과 부합되는 것이었다. 카터는 또한 이집트와 이스라엘이 1978년 캠프 데이비드협정(Camp David agreement)을 맺도록「중재역할」을 한 공을 인정받을 만했다. 다만 그는 이로 인해 다른 아랍국가들의 반발을 불러일으켜 소련이 강경파 중동국가들과 유대를 강화할 기회를 마련해주리라는 것을 예상했어야 했다. 그러나 카터 행정부는 그 모든 훌륭한 의도에도 불구하고 미국의 충고를 들으려 하지 않는 복잡한 세계와 미국 자신의 일관성없는 정책(행정부 내부의 의견충돌에 기인한 경우가 많았다) 때문에 좌절할 수밖에 없었다. 미국은 인권을 침해하는 전세계의 우익 독재정권을 꾸짖으면서도 여전히 자이르의 모부투 대통령과 모로코의 하산(Hassan) 2세를 지원하였으며 이란의 국왕(Shah)도 지원—적어도 그가 사망한 1979년까지—함으로써 결과적으로 인질사태와 인질을 구출하려다 실패하는 사태를 불러일으켰던 것이다. 니카라과에서 앙골라에 이르는 세계의 다른 지역에서 카터 행정부는 지원해줄 만한 민주주의·자유주의 세력을 찾기가 힘들었으며 마르크스주의 혁명세력에 대항하는 개입을 주저했다. 카터는 또한 군사비 삭감을 희망했지만 소련과의 데탕트가 미국·소련 두 나라의 제3세계에 대한 군사비 지출이나 군사활동을 멈추지 못했다는 사실에 당혹할 수밖에 없었다. 1979년 말 소련군이 아프가니스탄을 침공하자 당시 이미 대규모 군비증강에 착수했던 미국은 전략무기제한협정(SALT Ⅱ)을 철회하고 소련에 대한 곡물판매를 취소하는 한편 카터가 불과 4년 전에 매도했던「세력균형」정치를—특히 브레진스키(Zbigniew Brzezinski)의 유명한 중국 및 아프가니스탄 방문을 통해—추구하기 시작했다.

카터 행정부는 복잡한 세계를 다룰 일련의 소박한 처방을 가지고 등장했지만 1980년에 집권한 그 후임자의 처방도—비록 크게 다르기는 했지만—마찬가지로 소박했다. 미국이 지난 20년 동안 겪은 온갖「잘못」에 대한 반발과 굴욕적인 이란 사태로 인한 대통령선거 압승에 힘을 얻은 레이건(Ronald Reagan) 행정부는 그 당시 마니교적 양상을 띠고 있던 세계에 대해 확고한 이념적 견해로 무장한 채 미국이라는 배를 전혀 새로운 방향으로 몰고 갈 생각이었다. 소련의 팽창주의에 가면을 제공해준 것에 불과한 데탕트는 이제 끝났다. 군비는 백방으로 증강해야 한다. 인권이라는 말이 의제에서 제외되고「권위주의 정권」들이 지지되었다. 놀랍게도 공화당 우파의 타이완 지지운동 때문에 이른바「중국 카드(China card)」조차도 불신의 대상이 되었다. 예상했던 대로 이 소박한 정책도 역시 바깥 세상의 복잡한 현실에 부딪쳐 좌초하고 말았다. 레이건의 소박한 애국심에 호감을 가지면서도 그의 냉전정책을 불신한 의회와 국민의 저항이 있었음은 두말할 필요도 없다. 라틴아메리카에 대한 개입이나 베트남을 연상시키는 정글로 덮여 있는 그밖의 어떤 지역에 대한 개입도 부단히 저지되었다. 핵무기 경쟁의 확대는 광범한 불안감을 조성했기 때문에 레이건 지지자들이 소련과의 핵무기 대결에서 『이길 수 있다』고 말하게 된 시점에서 군축회담을 재개하라는 압력이 팽배하기 시작했다. 열대지방의 권위주의 정권들이 무너지기는 했지만 미국 정부와의 관계 때문에 더욱 국민적 지지를 상실하는 경우가 많았다. 유럽국가들은 미국이 자기나라의 농산물은 소련에 팔면서 그들에 대해서는 소련에서 천연가스를 사지 말라고 하는 논리에 어리둥절할 수밖에 없었다. 중동에서는 베긴(Menachem Begin)의 이스라엘 정부에 압력을 넣지 못했기 때문에 아랍세계를 묶어 반소련 전선을 구축하려던 전략이 차질을 빚었다. 국제연합에서는 더욱 고립되어 1984년에는 유네스코(UNESCO)에서 탈퇴하고 말았는데 이것은 프랭클린 루스벨트가 상상도 못했던 사태였다. 미국은 5년 동안 방위예산을 배 이상 증액했기 때문에 군사장비가 1980년 당시보다 대폭 증강될 것이 확실시되지만 국방부가 3군간의 경쟁을 제대로 통제할 수 있을지가 의문이었을 뿐 아니라 군사비 지출이 제대로 효과를 거두고 있는지도 의문이었다. 그레나다 침공이 대성공이었다고 떠들어댔지만 여러가지 작전면에서 볼 때 길버트와 설리반(Gilbert and Sullivan)류의 익살극에 흡사했다. 끝으로 미국에 동정적인 관측자조차도 미국 행정부가 일관성있는 대전략을 밀고 나갈 수 있을지에 의문을 품었다. 그것은 (헤이그 국무장관이 물러난 후에도) 여러 부처가 서로 다투었을 뿐 아니라 대통령이 중요한 문제에 별관심을 기울이지 않았으며 또 미국 정부는 (거의 예외없이) 타민족을 경시하는 색안경을 끼고 세계문제를 보고 있었기 때문이다.

이 문제들은 대부분 마지막 장에서 다시 다룰 것이다. 여기서 카터 행정부와 레이건 행정부의 여러가지 문제점들을 한데 묶어 열거하는 것은 이 문제들이 한데 합쳐져서 당시 세계 권력정치를 형성하고 있던 보다 큰 요인들—특히 일찌기 키신저가 간파하여 적응노력을 시작했던 양극세계로부터 다극세계로의 이행—로부터 관심을 돌려놓았기 때문이다(후술하는 바와 같이 새로 등장한 3대 정치·경제적 강대국—서유럽·중국·일본—들도 문제가 없었던 것은 아니지만 여기서는 논하지 않기로 한다). 더욱 중요한 것은 미국은 니카라과·이란·앙골라·리비아 등의 여러 속출하는 문제에 관심을 쏟느라고 1970년대 세계정치에 일어난 변혁으로 가장 큰 영향을 받은 나라가 바로 소련 자신일지도 모른다는 사실을 간과하였다는 점이다. 이 절을 끝내기 전에 이 문제에 관해 간략히 살펴보고자 한다.

소련이 이 기간중 군사력을 증강했다는 것은 의문의 여지가 없다. 그러나 울람 교수가 지적한 바와 같이 그밖의 다른 사태발전들 때문에 소련의 군사력 증강이 갖는 의미는 다음과 같을 수밖에 없었다.

소련 지도층은 40년대와 50년대에 수많은 미국인들이 깨달은 기분 나쁜 발견—특히 핵무기 시대에는 힘이 커진다고 해서 저절로 국가의 안보가 증진되는 것은 아니다는 발견—을 이해할 수 있었다. 브레즈네프하의 소련은 거의 모든 관점 그리고 절대적이나 상대적인 의미에서 스탈린 통치하의 소련보다 훨씬 강대해져 있었다. 그런데도 이처럼 힘이 크게 강대해짐과 동시에 새로운 국제적 사태가 일어나고 해외파병이 불가피해진 결과 소련은 예컨대 1952년 당시에 비해 세계정치의 동요와 대외적 위험에 더욱 취약성을 드러내게 되었던 것이다.

더구나 미국은 카터 행정부의 마지막 몇년 동안 이미 군사력 증강을 재개하여—뒤이은 레이건 행정부에 의해 더욱 가속화되었지만—미국이 전략 핵무기에서 군사적 우위를 되찾고 제해권을 더욱 강화하는 한편 과거 어느 때보다도 첨단기술을 크게 강조하는 등의 움직임을 보였다. 초조해진 소련은 군사비나 화력면에서 뒤떨어지지 않겠다는 자세로 나왔지만 그러자면 이미 심각하게 침체된 소련 경제가 더욱 큰 압박을 받게 되리라는 사실과 소련은 첨단기술경쟁에 뛰어들 입장이 못된다는 사실을 감출 수가 없었다. 소련은 1970년대 말 기술은 제쳐두고라도 외국산 곡물을 대량으로 수입해야만 하는 난처한 입장에 빠졌다. 동유럽의 위성국들은 일부 선택된 공산당 간부들을 제외하고는 점차 이탈하고 있었다. 특히 폴란드의 반체제운동은 지독한 문제거리였지만 1968년 체코슬로바키아 사태 때처럼 침공해봐야 별소용이 없을 형편이었다. 남쪽으로는 완충국가인 아프가니스탄을 외국(아마도 중국)의 영향권에게 빼앗길 조짐이 생기자 1979년 쿠데타를 일으켰지만 이로 인해 군사적 수렁에 빠졌을 뿐 아니라 대외적 입장에도 괴멸적인 타격을 입었다. 소련은 체코슬로바키아·폴란드·아프가니스탄에서의 행동 때문에 서유럽에서건 아프리카에서건「모범국」으로서의 매력을 크게 상실했다. 중동의 정통파 회교국가들도 골치거리여서(이란의 경우처럼) 친미집단 뿐 아니라 현지 공산당원들까지도 적대하였다. 무엇보다도 중국의 끊임없는 적대행위가 문제였다. 중국의 적대행위는 아프가니스탄과 베트남문제 때문에 1970년대 말에는 연대 초보다 더욱 두드러지게 나타났다. 두 초강대국 중에서 중국을「잃은」쪽은 소련이었다. 끝으로 소련은 자기민족 중심주의와 전반적인 개혁에 대한 늙은 통치자들의 편협한 의구심과 국내 엘리트, 즉 노멘클라투라(nomenklatura)의 방해 때문에 새로운 세계균형에 성공적으로 적응하기란 미국보다 더욱 힘들었다.

 이 모든 것이 다소 위안이 되었던지 미국은 외교정책문제가 예측할 수 없는 불쾌한 양상을 띨 때도 다소 여유있고 세련된 견해를 유지할 수 있었다. 레이건 행정부는 타이완에 대한 지원정책을 수정하는 등 일부 문제에 관해서는 보다 실용주의적이고 타협적인 입장을 취했다. 그러나 1979~1980년 선거운동시의 공약을 뒤집기는 어려웠다. 그것은 그 공약이 단순한 수사가 아니라 세계질서와 그 안에서의 미국의 숙명적 지위에 관한 정통주의적 견해를 나타낸 것이었기 때문이다. 과거에도 그런 일이 자주 있었지만 이러한 감정을 간직하고 있는 나라가 대외문제를 현실에 맞게 처리하기란 힘든 법이다.

경제균형의 변화, 1950~1980

리처드 닉슨은 1971년 7월 캔자스시티(Kansas City)에 모인 언론기관 간부들에게 현재의 세계 경제력은 미국·소련·서유럽·일본·중국 등 5대 세력권에 집중되어 있다는 견해를 되풀이했다. 『이들 5대 강대국이 장래의 경제를 결정할 것이며 경제력이 다른 종류의 힘의 핵심이므로 금세기 마지막 1/3 동안 다른 분야에서도 세계의 장래를 결정하게 될 것이다.』 경제력의 중요성을 강조한 대통령의 이 말이 옳다면 냉전의 초기 단계 이후 세계경제에 일어난 변혁의 깊은 의미를 이해할 필요가 있다. 비록 국제무역과 번영은 어떤 비상한 격동(1970년대의 경우처럼)에 의해 좌우되기는 하지만 그래도 예측할 수 있는 장래에 세계정치 상황을 결정하게 될 어떤 기본적인 장기적 추세를 찾아낼 수 있는 법이기 때문이다.

이 책에서 다룬 과거의 모든 시기와 마찬가지로 여기서 사용한 비교경제통계는 엄밀한 정확성을 기대할 수는 없다. 각국 정부와 국제기구들이 고용하는 통계전문가들의 수가 늘어나고 멀홀(Mulhall)의 「통계학 사전」이 나온 이후 개발되어온 정교한 통계기법은 정확한 통계비교가 얼마나 힘든 일인가를 잘 말해준다. 「닫힌」 사회들의 통계 공표기피, 각국별로 상이한 소득 및 생산 집계방법 그리고 환율변동 (특히 금본위제를 변동환율제로 전환한 1971년의 결정 이후) 등으로 인해 경제통계의 어느 한 가지 자료로는 그 정확성을 의심받을 수밖에 없게 되었다. 반면에 여러가지 통계 지표를 사용하면 상호간의 상관관계 속에서 시간적 추세를 어느 정도 정확히 가려낼 수 있다.

첫번째의 가장 중요한 특징은 베어로크가 적절히 지적한 바와 같이 제2차세계대전 이후 수십년 동안에 나타난 「세계 제조업생산량의 미증유의 증가속도」이었다. 증가율은 1953~1975년중 연평균 6%(1인당 증가율 4%)나 되었으며 1973~1980년중에도 역사적 기준으로 보아 매우 높은 연평균 2.4%를 기록했다. 베어로크가 계산한「세계제조업생산」— 로스토우(W. W. Rostow)의「세계산업생산」통계에 의해 기본적으로 확인된다 — 은 다음과 같이 급속히 증가하였다(표 39 참조).

베어로크도 지적한 바와 같이『1953년과 1973년 사이의 세계 총제조업생산량은 양적인 면에서 1800년과 1953년사이의 1세기 반과 맞먹는 것이었다.』전쟁피해로부터의 회복, 새로운 기술의 발달, 농업으로부터 산업으로의 지속적인 이행,「계획경제 국가」들의 국가자원 동원 그리고 제3세계로의 산업화 확대 등이 모두 이같은 극적인 변화를 초래한 요인이었다.

마찬가지 이유로 세계무역 규모도 양세계대전 사이의 왜곡과는 대

〈표 39〉 세계제조업생산, 1830~1980

(1900년=100)

	총생산량	연간 증가율
1830	34.1	(0.8)
1860	41.8	0.7
1880	59.4	1.8
1900	100.0	2.6
1913	172.4	4.3
1928	250.8	2.5
1938	311.4	2.2
1953	567.7	4.1
1963	950.1	5.3
1973	1730.6	6.2
1980	3041.6	2.4

〈표 40〉 세계무역 규모, 1850~1971

(1913년=100)

1850	10.1	1938	103
1896~1900	57.0	1948	103
1913	100.0	1953	142
1921~1925	82	1963	269
1930	113	1968	407
1931~1935	93	1971	520

조적으로 1945년 이후 더욱 뚜렷한 증가를 나타내었다.

더욱 고무적인 것은 애슈워스(W. A. Ashworth)가 지적한 바와 같이 공산품의 무역이 사상 최초로 농산물 무역을 앞서게 되었다는 사실이다. 그것은 이 기간중 농산물과 광산물 생산이 매우 인상적인 증가를 이룩하기는 했지만 전체적으로 공산품 생산이 이보다 훨씬 높은 증가율을 기록한 결과이다(표 41 참조).

이같은 성장률의 차이는 어느 정도까지는 선진 산업국들(특히 유럽경제공동체 국가들)의 산업생산증가 및 이들간의 대폭적인 무역증가에 의해 설명될 수 있다. 그러나 선진국들의 농산물 수요가 급증하고 제3세계 국가들 중 산업화를 시작한 나라가 늘어났기 때문에 제3세계 국가들의 경제도 이 기간중 20세기에 들어와 가장 높은 증가율을 나타냈다. 서양 제국주의가 끼친 여러가지 피해에도 불구하고 제3세계 국가들 중 산업화를 시작한 나라들은 선진국들이 팽창시기에 들어선 기회를 한껏 이용하여 혜택을 누렸다. 포먼 펙(Foreman-Peck)에 따르면 저개발국가(LDCs)들은 선진국들이 불황에 빠졌던 1930년대에 가장 큰 피해를 입은 것처럼 영국 등「개방」경제체들이 급속도로 팽창해 간 19세기중에 급속한 성장을 이룩하였다. 이 나라들은 1950년대와 1960년대에 선진국들이 호황을 맞이하고 원료수요가 늘어나 산업화가 확대됨에 따라 다시 한번 급속한 성장을 이룩하였다. 베어로크에 따르면 제3세계가 세계제조업생산에서 차지하는 비중은 1953년(6.5%)을 최저점으로 해서 1963년에는 8.5%, 1973년에는 9.9% 그리고 1980년에는 12.0%로 꾸준히 증가하였다. 미국 중앙정보국 보고에서도 저개발국가들이「세계총생산」에서 차지하는 비중은 11.1%(1960)에서 12.3%(1970), 14.8%(1980)로 계속 증가하였다.

〈표 41〉 세계 생산증가율, 1948~1968

	1948~1958	1958~1968
농산물	32%	30%
광산물	40%	58%
공산품	60%	100%

그러나 제3세계의 인구를 감안한다면 세계총생산에서 차지하는 제3세계의 비중은 아직도 크게 낮아서 그들의 빈곤상을 여실히 드러내고 있다. 1980년 현재 선진국들의 1인당 국민소득은 평균 1만 660달러였으나 브라질 같은 중간소득 국가들의 1인당 국민소득은 1,580달러에 불과했고 제3세계에서도 가장 가난한 자이르같은 나라의 경우는 250달러라는 비참한 수준에 머물렀다. 제3세계 전체로서는 세계총생산과 제조업생산량에서 차지하는 비중이 늘어나고 있지만 모든 저개발국가들이 모두 똑같은 증가를 기록한 것은 아니었다. 식민지주의자들이 물러간 후에도 일부 열대지방 국가들간의 부의 격차가 제국주의 시대에 못지 않게 큰 경우가 많았다. 이같은 격차는 이들 나라의 생산품에 대한 고르지 못한 수요와 이들이 받는 원조 규모의 차이 그리고 기후·정치·환경의 변화, 이들의 통제력을 벗어나 있는 여러가지 경제적 요소들 때문에 더욱 벌어졌다. 가뭄은 한 나라를 여러 해 동안 황폐케 했다. 내전·게릴라활동 또는 농민들의 강제이주로 농업생산과 무역이 줄어들기 일쑤였다. 땅콩이나 주석 등의 국제시세가 떨어지면 단일생산경제(simple-product economy)가 거의 마비되곤 했다. 금리가 오르거나 달러화가치가 상승하면 치명적인 타격을 입었다. 서양의학의 보급에 따른 인구의 급증으로 식량재고에 대한 압력이 가중되어 전체적인 국민소득 증가가 무위로 끝날 징조를 보였다. 반면에 영농기술과 신품종개발로 농업생산이 증대되어 「녹색혁명」을 이룩한 나라들도 있었다. 또한 운이 좋아 1970년대에 산유국이 된 나라들은 큰 돈을 벌어 ─ 비록 1980년대 초에는 석유가격 폭락으로 이른바 「석유수출국기구 저개발국가들(OPEC-LDCs)」이 큰 피해를 입기는 했지만 ─ 새로운 경제적 범주를 형성하기에 이르렀다. 끝으로 가장 중요한 사회발전의 한 가지는 제3세계 국가들 중에서 한국·타이완·싱가포르·말레이시아 등 로즈크랜스가 말하는 이른바 「무역국가」들이 속출하게 되었다는 것이다. 이 나라들은 세계시장을 상대로 공산품을 생산한다는 점에서 일본·서독·스위스를 모방했다.

저개발국가간의 이같은 불균형은 지난 수십년 동안에 일어난 거시

경제적 변화의 두번째 주요 특징이다. 여러 나라간의 성장률 차이는 군소국가들뿐 아니라 산업화된 대국들간에도 나타났다. 이러한 추세는—전 세기의 역사기록에 비추어볼 때—궁극적으로 국제세력균형에 가장 큰 영향을 미치는 것이므로 최근 수십년 동안 이 추세가 주요 국가들에 미친 영향에 관해 좀더 상세히 살펴볼 필요가 있다.

1945년 이후 일본의 경제적 변모야말로 이 기간중 지속적인 근대화의 가장 훌륭한 본보기임은 의심의 여지가 없다. 일본은 통상 및 기술분야의 경쟁국이었던 기존의 거의 모든 「선진국」들을 능가함으로써 아시아의 다른 「무역국가」들에게 모방해야 할 모델을 제시해주었던 것이다. 물론 일본은 아시아 국가로서는 경제적·군사적인 제국주의라는 면에서 가장 먼저 서방을 흉내냄으로써 거의 1세기 전부터 두각을 나타낸 나라였다. 1937~1945년의 전쟁에서 큰 피해를 입고 또 전통적인 시장과 원료공급지를 상실하기는 했지만 일본은 수리해서 쓸 수 있는 산업기반과 유능하고 교육수준이 높으며 사회적 응집력이 강한 인구를 가지고 있었기에 이들의 향상의욕을 평화적인 상업활동으로 연결시킬 수 있었다. 1945년 이후 몇년 동안 일본은 패전한 피점령국으로서 미국의 원조에 의존하였다. 1950년에 사정이 바뀌었는데 아이로니컬하게도 그것은 주로 한국전쟁중 미국의 엄청난 군사비 지출이 수출지향적인 일본 기업들을 키워준 덕분이었다. 예컨대 도요타(豊田)회사는 파산위기에 처해 있던 중 미국 국방부로부터 최초의 트럭 발주를 받아 구제되었는데 그밖의 여러 회사들도 이와 비슷한 혜택을 입었다.

물론 「일본의 기적」에는 한국전쟁과 베트남전쟁시의 미국 군사비 지출이라는 요인보다 훨씬 더 큰 요인이 작용했던 것이 사실이다. 실제로 일본이 어떻게 해서 스스로를 이처럼 변모시켰는가, 어떻게 하면 다른 나라들이 이 성공사례를 모방할 수 있을까를 설명하는 일이 최근에는 조그마한 성장산업이 되고 있을 정도이다. 한 가지 중요한 이유는 최고의 품질관리를 달성해야 한다는 광적인 신념을 가지고 서방의 정교한 경영관리기법과 생산방법을 도입·개선했다는 데 있다.

그것은 국민의 강열하고 높은 교육열, 전자·자동차 등 분야의 수많은 기술자들 그리고 거대한 재벌과 진취적인 중소기업의 도움을 크게 받았다. 거기에는 근면·애사심 그리고 타협과 복종을 통한 노사간의 화합을 중시하는 사회적 풍조가 있었다. 일본 경제는 지속적인 성장에 필요한 엄청난 자본을 조달할 수 있었는데 그것은 일본이 미국의 전략적 보호하에 있는「비무장」국가여서 군사비 지출이 매우 적은 탓이기도 했지만 그보다는 투자재원을 조달하기 위해 재정·조세정책을 통해 개인저축을 매우 높은 수준으로 끌어올린 것이 더욱 큰 도움이 되었다고 보아야 할 것이다. 일본은 또한 통산성(MITI)의「노후·사양산업 정리와 새 산업 및 기술개발촉진」정책의 도움을 입었다. 이 모든 것은 미국의 자유방임정책과 전혀 다른 것이었다.

그밖에도 일본의 사회·문화적 요인을 지적하는 전문가들도 있고 국민적 긍지라든가 궁지에 몰린 국민의 의지력 등 정의할 수 없는「플러스 요인」을 거론하는 전문가들도 있지만 그 원인이야 어디에 있건 간에 일본이 큰 경제적 성공을 거두었다는 것은 부인할 수 없는 사실이다. 1950년과 1973년의 기간중 일본의 국내총생산(GDP)은 선진국 가운데 가장 높은 연평균 무려 10.5%라는 성장률을 기록했으며 심지어 일본이 큰 타격을 입은 1973~1974년의 석유위기 이후에도 다른 경쟁국들보다 거의 배나 높은 성장률을 유지했다. 일본이 세계 제일의 생산국으로 된 제품을 열거해보면 카메라·부엌용구·전기제품·악기·스쿠터 등 넓은 범위에 미친다. 일본 제품은 스위스제 시계에 대항하였으며 서독의 광학산업을 앞질렀고 영국·미국의 오토바이산업을 유린했다. 불과 10년만에 일본 조선소들은 세계 선박건조량의 반 이상을 차지하게 되었다. 1970년대에 와서는 일본의 근대화된 제철소들이 미국 철강산업과 맞먹는 생산량을 기록하였다. 자동차산업의 변모는 더욱 극적이어서 1960년과 1984년 사이에 세계 자동차생산에서 차지하는 일본의 비중은 1%에서 23%로 급증했으며 이에 따라 수백만 대의 일본제 승용차와 트럭이 전세계에 수출되기에 이르렀다. 일본은 꾸준히 그리고 거침없이 낮은 기술제품에서 높은 기술제품 — 컴퓨터·전기통신·항공우주·로봇·생명공학— 으로 이행하였다. 일본의 무역흑자가 꾸준히 증가하여 산업대국은 물론 금융대국으로 변모하였으며 세계총생산 및 시장점유율도 높아졌다. 연합국의 점령이 종식된 1952년 당시『일본의 국민총생산은 프랑스나 영국의 1/3 남짓한 수준이었다. 1970년대 말 일본의 국민총생산은 영국과 프랑스를 합친 것만큼 그리고 미국의 절반 수준으로 커졌다.』불과 1세기 동안에 세계 제조업생산량 및 세계총생산에서 차지하는 일본의 비중은 불과 2~3% 정도에서 10% 내외로 증대했으며 이 추세는 지금도 멈추지 않고 있다. 이에 견줄 만한 성장을 이룩한 나라로 소련을 들 수 있지만 일본은 훨씬 더 어려운 여건 속에서나마 더욱 감동적이고 넓은 범위에 걸쳐 이같은 성과를 이룩했던 것이다.

　일본에 비할 때 모든 강대국은 경제적 침체에 빠진 것처럼 보일 수밖에 없었다. 그러나 1949년 중화인민공화국이 수립되어 두각을 나타내기 시작했을 때 이를 심각하게 받아들이지 않은 관측자는 별로 없었다. 그것은「황하(黃禍)」에 대한 전통적인 우려를 반영하는 것이기도 했다. 동방의 잠자는 거인으로 불리던 이 나라가 8억 인구를 국가적 목적을 위해 동원할 경우 세계문제의 중요 요소로 등장하리라는 것은 분명했기 때문이다. 더욱 중요한 것은 중국이 정권수립과 거의 동시에 다른 강대국들에게 보이기 시작한 두드러진 (크게 침략적이라고는 할 수 없지만) 역할이었다. 그것은 자기나라가 포위되었다고 느끼는 초조감에서 나온 반응일 수도 있었다. 한국과 진먼·마쭈섬에서의 미국과의 충돌, 티베트(Tibet) 진입, 인도와의 국경충돌, 소련과의 단절과 분쟁지역에서의 군사적 대결, 북베트남과의 유혈충돌 그리고 서양 제국주의와「소련 패권주의」를 비판하면서 전세계에 걸친 인민해방전쟁을 촉구하는 중국(특히 마오하의) 선전기관들의 전투적인 논조 등을 통해 중국은 신중하고 교활한 일본에 비해 세계문제에서 훨씬 더 중요하고 예측할 수 없는 존재로 부상되었다. 중국이 세계인구의 1/4을 차지하고 있다는 한 가지 이유만으로도 이 나라의 동태는 심각하게 받아들여질 수밖에 없었다.

그럼에도 불구하고 엄밀한 경제적 기준에서 볼 때 중국은 아직도 전형적인 경제적 후진국이었다. 예컨대 1953년 당시 중국은 세계제조업생산에서 불과 2.3%만을 차지하였고 이 나라의「총산업잠재력」은 1900년 당시 영국의 71%에 불과했다! 연간 수천만명씩 늘어나는 인구의 대부분은 1인당 생산량이 비참할 정도로 적어「부가가치」면에서 별로 보탬이 되지 않는 가난한 소농민들이었다. 군벌, 일본의 침략 그리고 1940년대 말의 내전으로 인한 왜곡은 인민공사가 지주들로부터 토지를 몰수한 1949년 이후에도 계속되었다. 그럼에도 불구하고 경제전망이 어둡기만 한 것은 아니었다. 중국은 도로와 철도 등 기본적인 산업기반을 보유하고 있는데다가 직물산업이 상당한 수준에 달해 있었고 도시와 항구에서는 기업활동이 활발했으며 특히 만주지역은 1930년대중 일본에 의해 많이 개발되어 있었다. 산업도약에 필요한 것은 장기간의 안정과 대규모의 자본투자였다. 1950년대에 접어들면서 이 두 가지 조건이 모두(공산당의 집권과 소련의 원조 덕분에) 어느 정도 충족되었다. 1953년의 5개년계획은 중공업육성과 철강 및 석탄의 증산에 중점을 둔 스탈린식 우선순위를 의식적으로 모방한 것이었다. 1957년이 되자 산업생산량이 배증했다. 그러나 국내자본 조달이건 소련으로부터의 차관도입이건간에 투자자본은 중국의 경제적 수요를 충족시키기에 크게 부족했으며 그나마 중·소분쟁으로 인해 소련의 자금 및 기술원조가 갑자기 중단되고 말았다. 더구나 수천개의 소형 제철소 육성에 중점을 둔 마오의「대약진(大躍進)운동」과「문화대혁명」(기술자, 전문경영인, 교육받은 경제전문가들을 소외시켰다)은 경제발전을 크게 지연시켰다. 끝으로 1950년과 1960년대를 통해 중국은 거의 모든 이웃나라들과 외교적·군사적 충돌을 벌였기 때문에 빈약한 자원을 그나마 대부분 군사 부문에 돌려야만 했다.

「문화혁명」기간이 경제적으로 해를 끼치기만 한 것은 아니었다. 적어도 문화혁명은 농촌의 중요성을 강조했고 영농기술개량과 중소기업의 육성을 촉진했으며 농촌부락에 기초적인 의료 및 사회보장 혜택을 제공했다. 그러나 국민생산을 대폭 늘리려면 더 한층의 산업화와 산업기반의 확충, 장기투자 등이 있어야만 했는데 문화혁명이 진정되고 미국·일본 등 선진국들과의 무역이 성장함으로써 이러한 문제들도 해결되어갔다. 중국의 석유와 석탄자원 그리고 여러가지 값진 금속도 신속하게 개발되었다. 1980년에 와서 중국의 강철생산량은 3,700만톤으로 영국이나 프랑스를 훨씬 앞질렀으며 근대식 에너지소비량도 유럽 최대의 에너지소비국을 배 이상 상회하게 되었다. 이때가 되면 세계제조업생산에서 차지하는 비중도 5.0%(1973년에는 3.9%)에 달해 서독에 육박하게 되었다. 최근의 이같은 성장에는 여러가지 문제가 뒤따른 것도 사실이어서 중국공산당은 「4개현대화(四個現代化)」목표를 하향조정할 수밖에 없었다. 또 한 가지 밝혀두어야 할 것은 경제적 부 또는 생산에 관한 중국의 모든 통계를 1인당 수치로 환산하면 역시 상대적 후진성을 드러내게 된다는 사실이다. 그러나 이같은 제약에도 불구하고 아시아의 거인이 마침내 「강대국」 역할에 적합한 경제적 기반을 착실하게 닦고 있다는 사실만은 시간이 갈수록 더욱 분명해지고 있다.

 닉슨이 1971년 7월의 연설에서 제시한 다섯번째의 경제권은 「서유럽」이다. 이것은 물론 중국·소련·미국 등 확고한 통일국가를 형성하고 있는 강대국들에 비해 지역적인 성격이 강한 표현이다. 이 용어 자체도 나라마다 의미하는 바가 다르다. 예컨대 소련 지배영역 밖에 있는 모든 나라(따라서 스칸디나비아반도의 여러 나라, 그리스, 터키를 포함)들을 가리키기도 하고 원래의(또는 확대된) 유럽경제공동체 국가들을 가리키기도 하며 또는 미국 국무부의 소련이나 중동에 관한 정책수립시 협의대상이 되는 종전의 강대국(영국·프랑스·서독·이탈리아)들을 가리키는 경우도 있다. 그렇다 하더라도 이 명칭이 갖는 어의상의 혼란이 가시지 않는 것은 이 기간중 영국은 「유럽」이 영국해협 건너에 존재하는 것으로 생각하는 경향이 강했기 때문이다. 더구나 수많은 유럽통합론자들은(서독의 민족주의자들은 말할 것도 없고) 1945년의 유럽대륙 분할은 잠정적인 것이며 언젠가는 양측이 하나의 큰 연합체로 통합되어야 한다는 생각을 가지고 있었다. 그러므로 「유럽」또는「서유럽」이란 용어는 정치적·제도적인 의미를 부여하기가 어렵고 기껏해야 연설상의 용어—또는 막연한 문화적·지리적 개념—로 사용할 수 있는 데 불과한 것이다.

그러나 경제적 차원에서는 이 기간중 유럽 전역이 한 가지 기본적인 유사성을 경험하고 있었으니 그 가장 두드러진 특징은「지속적인 고도 경제성장」이었다. 대부분의 유럽국가들은 1949~1950년 무렵 생산면에서 전쟁전의 수준으로 회복되고 그중 일부 국가(특히 전시 중립국)들은 전쟁전 수준을 크게 상회하였다. 그리고 그후로는 매년 제조업생산량이 늘어나고 수출은 사상 최고 수준으로 증가하여 완전고용이라는 괄목할 만한 실적을 이룩한 한편 투자자본과 가처분소득이 모두 역사적으로 높은 수준에 도달했다. 그 결과 유럽은 일본을 제외하면 세계에서 가장 빠른 고도성장 지역이 되었다.『1950~1970년 기간중 유럽의 국내총생산은 연평균 약 5.5%, 1인당 생산은 연평균 4.4%의 성장률을 기록하여 같은 기간중 전세계 평균인 5.0%, 3.0%를 크게 상회했다. 산업생산은 더욱 빠른 속도로 증가하여 7.1%(세계 평균 5.9%)의 성장률을 기록했다. 이렇게 해서 1970년 당시 유럽의 1인당 생산량은 1950년의 거의 2배 반에 달하게 되었다.』흥미있는 것은 그같은 현상이 유럽대륙 각지, 즉 서북유럽의 산업중심지, 지중해 국가, 동유럽 등 각지에 걸쳐 공통적이었다는 점이다. 심지어 지지부진한 영국 경제도 이 기간중에는 종전에 비해 빠른 성장을 이룩했다. 이에 따라 금세기 초부터 하강길에 접어들었던, 세계경제에서 차지하는 유럽의 상대적 비중이 곧 확대되기 시작한 것은 당연한 일이었다.『1950년과 1970년의 기간중 유럽이 세계 재화 및 용역 생산량(국내총생산)에서 차지하는 비중이 37%에서 41%로 커졌고 산업생산에서 차지하는 비중은 39%에서 48%로 더욱 크게 확대되었다.』1960년과 1970년 두 차례에 걸쳐 미국 중앙정보국이 작성한 통계자료는—물론 신빙성은 논란의 여지가 있지만—「유럽공동체(European Community)」가 세계총생산에서 차지하는 비중은 미국보다 크고 소련의 2배에 해당한다고 밝힌 바 있다.

돌이켜보면 유럽 경제가 이처럼 회복된 것은 놀라운 일이 결코 아니다. 유럽대륙의 대부분 지역은 너무나 오랫동안 침략과 장기적인 전투, 외국의 점령을 겪었고 또한 도시·공장·도로 및 철도의 폭격, 경제봉쇄로 인한 식량 및 원료의 부족, 수많은 주민의 동원과 수많은 가축의 도살 등을 겪었다. 전쟁이 일어나기 전에도 유럽의 「자연스러운」 경제발전—즉 새로운 에너지 및 생산자원이 나타나고 새로운 시장이 등장하며 새로운 기술이 확산됨에 따라 이 지역 저 지역으로 전개되는 경제의 성장—은 민족주의 성격이 강한 권력국가(Machtstaat)의 여러가지 조치에 의해 왜곡되었다. 날로 높아지기만 하는 관세장벽이 수출업자를 시장에서 격리시켰다. 정부의 보조금이 비능률적인 회사와 농민들을 대외경쟁으로부터 보호해주었다. 상업활동이 아닌 군비에 갈수록 많은 국민소득이 투입되었다. 그러므로 이같은 『봉쇄와 자급자족, 경제적 민족주의의 풍토 그리고 다른 나라를 해침으로써 이익을 얻는 풍토』에서는 유럽의 경제성장 극대화가 불가능했던 것이다. 그러나 1945년 이후의 유럽에는 모네(Jean Monnet), 스파크(Spaak), 할슈타인(Walter Hallstein) 등 과거의 잘못을 되풀이하지 않을 경제구조를 창조하려는 의도를 가진 「새로운 유럽인」들이 있었을 뿐 아니라 협력사업(마셜플랜 등의 원조사업)을 통해 유럽의 부흥을 지원할 의사를 가진 미국이라는 조력자가 나타났다.

이렇게 해서 한때 전쟁과 정략으로 인해 왜곡되고 제대로 활용되지 못했던 유럽의 경제잠재력은 이제 그 결함을 바로잡을 수 있는 기회를 맞이하게 되었다. 동·서유럽 양쪽에 모두 「재건」에 대한 광범한 결의와 1930년대의 어리석음에서 교훈을 배우고자 하는 의욕이 팽배했다. 케인스 방식 또는 사회주의 방식에 따른 국가계획은 이같은 사회·경제적 개선의 욕구에 집중적인 추진력을 제공해주었다. 낡은 구조의 붕괴(또는 불신)로 혁신의 노력이 쉽게 이루어졌다. 미국은 수십억달러 규모의 마셜플랜 원조—「시의적절한 한 대의 주사」라고 적절히 묘사되었다—를 제공해주었을 뿐 아니라 방위우산도 제공해주었다(영국과 프랑스는 한국전쟁 기간과 식민지들을 상실하기 이전의 기간중에 거액의 군사비를 지출한 것이 사실이지만 이 두 나라와 모든 이웃나라들은 만일 미국의 보호가 없었더라면 그들의 부족한 국가자원 중 훨씬 더 큰 부분을 군비증강에 돌려야만 했을 것이다). 관세장벽이 줄어들었기 때문에 회사와 개인들은 훨씬 더 커진 시장을 상대로 번영을 누릴 수 있었다. 특히 선진국 상호간의 무역(여기서는 유럽국가들 상호간의 무역)은 서로 상대방의 수요가 크다는 이유만으로도 다른 지역과의 무역보다 이익이 훨씬 더 많았다. 그러므로 이 기간 중 유럽의 「해외」무역이 다른 무엇보다도 급속도로 증가한 것은 주로 역내무역이 활발한 데 기인하였다. 1950년 이후 한 세대 동안의 1인당 소득증대는 그 이전 1세기 반 동안의 증대와 맞먹는 것이었다! 이 변화에 따른 사회경제적 변화속도는 정말 괄목할 만한 것이었다. 서독의 농・어업 인구비중은 1950년 24.6%에서 1973년에는 7.5%로 떨어졌으며 프랑스의 경우는 같은 기간중 28.2%에서 12.2%(그리고 1980년에는 8.8%)로 떨어졌다. 산업화의 확산에 따라 가처분소득도 급증하여 서독의 1인당 소득은 1949년 320달러에서 1978년에는 9,131달러로 그리고 이탈리아의 경우는 1960년의 638달러에서 1979년에는 5,142달러로 증가했다. 인구 1,000명 당 자동차 대수는 서독의 경우 6.3대(1948)에서 227대(1970)로 그리고 프랑스의 경우는 37대에서 252대로 각각 증가했다. 비록 지역적 격차가 여전하기는 했지만 어느 모로 보나 실질적 향상의 증거가 역력했다.

이같은 전반적인 경제성장이 가져온 결과와 다양한 변화속도의 영향은 기존「강대국」들의 상황을 하나하나 검토해볼 때 더욱 분명히 드러난다. 알프스산맥 남쪽에서는 언론이 「이탈리아의 기적」이라고 과장해서 부른 사태가 발생하여 1948년 이후 실질 국민총생산은 양대전 사이의 기간에 비해 거의 3배나 빠른 속도로 증가했다. 실제로 성장속도가 둔화된 1962년까지만 해도 이탈리아의 경제성장속도는 일본과 서독을 제외한 다른 어느 나라보다도 높았다. 그러나 이 역시 돌이켜보면 놀라운 일이 아니었다. 이탈리아는 유럽「4대 강대국」중 언제나 가장 뒤떨어진 나라로서, 다시 말하면 개발잠재력이 충분히 활용되지 못한 나라였다고 할 수 있다. 파시즘의 불합리한 경제정책에서 풀려나 미국 원조로 큰 혜택을 받게 된 이탈리아 산업은 낮은 임금비용과 명망 높은 디자인 솜씨를 이용하여 수출, 특히 유럽공동체 역내수출을 놀라운 속도로 늘려나갔다. 국내산 석탄공급이 부족했지만 수력발전과 값싼 수입석유로 이를 보충했다. 자동차조립이 큰 자극제가 되었다. 자동차 생산업체인 피아트(FIAT, 이탈리아 자동차회사)는 국내수요가 급증함에 따라 여러 해 동안 국내시장에서 독보적인 존재로 군림하고 이를 기반으로 알프스 이북지역으로 수출공세를 펴나갔다. 신발·고급 의류 등의 전통적인 제조업에 새로운 제품들이 추가되었다. 예컨대 이탈리아제 냉장고는 1960년대까지 유럽의 어느 나라 제품보다도 많이 팔렸다. 이같은 성과는 결코 저절로 이루어진 것은 아니었다. 이탈리아 남·북간의 만성적인 격차는 여전했다. 도시와 농촌 빈민지역의 사회적 조건은 북부 유럽보다 훨씬 열악했다. 정치적 불안정, 거대한 「지하경제」 그리고 큰 재정적자가 평균보다 높은 인플레이션과 함께 리라(lira)화의 가치에 영향을 미침으로써 경제적 부흥의 기반이 취약함을 드러내었다. 유럽 전체에 걸쳐 소득이나 산업화 진도를 비교해보면 이탈리아는 언제나 선진적인 이웃나라들과 비교가 되지 못했다. 그러나 성장률의 비교에서는 형편이 훨씬 좋았다. 이 역시 다른 말로 표현하면 이탈리아의 출발이 크게 뒤늦은 것이었음을 말해주는 것이라 할 수 있다.

 이에 반해 1945년 당시 영국은 적어도 유럽의 강대국들 중에서는 크게 앞서 있었다. 이 때문에 영국은 그후 40년 동안 다른 나라들에 비해 상대적인 경제적 쇠퇴를 경험하게 된다. 다시 말해 영국은(바로 미국처럼) 전쟁피해가 별로 크지 않았기 때문에 여러 해 동안의 군사점령과 전쟁피해로부터 부흥을 서둘러야 했던 다른 나라들만큼 성장률이 높을 수는 없었다. 전술한 바와 마찬가지로 영국은 심리적으로도 패전국이 아니었고 포츠담(Potsdam)회담의 「3대 강대국」이었으며 전세계의 식민지를 모두 되찾은 터였기 때문에 국민들은 철저한 경제체제 개혁의 필요성을 인식하기 어려웠다. 전쟁은 새로운 구조를 탄생시키기는커녕 노동조합, 문관제도, 옛부터 내려오는 대학제도 등을 그대로 보존시켰다. 1945~1951년의 노동당 정부가 국유화계획과 「복지국가」 건설계획을 밀고 나갔지만 경제적 관행이라든가 태도 등의 보다 근본적인 개혁은 일어나지 못했다. 아직도 이 세계에서 특별한 위치에 있다는 의식을 갖고 있던 영국은 자기 수중에 있는 식민지 시장에 의존하면서 파운드화의 가치를 유지하려고 헛되이 몸부림치고 값비싼 해외기지들을 유지했으며(이 때문에 통화가 낭비되었다) 초기의 유럽통화 노력에 가담하기를 거절하는 한편 미국을 제외한 나토 회원국들 중에서 가장 많은 군사비를 지출했다.

 1945년 이후 최초의 몇년 동안 영국의 취약한 국제적·경제적 입장이 호도될 수 있었던 요인으로는 다른 나라들이 더욱 취약했다는 점 외에도 인도와 팔레스타인으로부터의 신중한 철수, 수출의 난기석인 급증 그리고 중동 및 아프리카 식민지의 유지 등을 들 수 있다. 그러므로 1956년 수에즈에서의 굴욕은 커다란 충격으로 받아들여졌다. 이 사건은 파운드화의 취약성을 드러냈을 뿐만 아니라 영국도 미국의 승인이 없으면 제3세계에서 어떠한 군사작전도 펼 수 없다는 냉혹한 사실을 드러내었다. 그렇지만 이때까지도 쇠퇴해가는 현실이 호도되었다고 말할 수 있다. 군사 부문에서는 대규모의 재래식 군대보다 비용이 훨씬 적게 들면서도 「강대국」 지위를 지켜준 1957년 이후의 핵억지력 의존정책에 의해 그리고 경제 부문에서는 영국이 아직도 1950년대와 1960년대의 전반적인 호황을 타고 있었다는 사실에 의해 이같은 쇠퇴의 현실이 호도되었던 것이다. 영국의 성장률이 비록 유럽에서 가장 낮기는 했지만 그래도 이전 수십년 동안에 비하면 높은 것이었기 때문에 맥밀런(Harold MacMillan)은 유권자들에게 『이렇게 좋아진 적은 없었다!』고 주장할 수 있었다. 가처분소득이나 세탁기 및 자동차 대수를 기준으로 따져볼 때 그 주장은 역사적으로 옳은 것이었다.

 그러나 훨씬 더 빠른 성장을 이룩한 나라들과 비교해볼 때 영국은 독일인들의 말처럼 「영국병(English disease)」에 걸려 있다고 말할 수밖에 없었으니 호전적인 노동조합, 빈약한 경영관리, 정부의「스톱 고 (stop-go)」정책 그리고 근면과 기업가 정신에 대해 부정적인 문화적 태도 등이 그것이다. 새로운 번영은 디자인이 훌륭한 유럽 제품과 값싼 아시아 상품의 수입을 대폭 늘려 국제수지상의 어려움과 파운드화의 위기·평가절하 등을 불러일으킴으로써 인플레이션과 임금인상 요구를 부채질했다. 영국의 역대 정부는 인플레이션을 억제하고 지속적인 성장환경을 조성하기 위해 여러 차례에 걸쳐 가격통제, 임금인상 규제, 재정적인 디플레이션정책 등을 실시했으나 그 효과는 오래가지 못했다. 영국 자동차산업은 계속 외국 경쟁업체들에 의해 침식당했고 한때 호황을 누렸던 조선산업은 거의 해군본부의 발주에만 의존하게 되었으며 전기제품과 오토바이 생산업체들은 더 이상 경쟁력을 발휘할 수 없게 되었다. 임페리얼 화학공업회사(ICI)처럼 몇몇 예외적인 회사들도 있었고 런던금융가의 금융업도 잘 버텨나갔으며 소매업체들도 여전히 호황을 누렸다. 그러나 영국의 산업기반이 침식당하고 있는 것만은 어쩔 수 없는 사실이었다. 1971년의 유럽공동시장 가입도 기대했던 것만큼의 효과는 없고 오히려 유럽경제공동체의 높은 농산물가격 정책에 묶이게 되어 영국 시장은 더욱 심한 경쟁에 노출되는 결과를 가져왔다. 북해석유 개발도 하늘의 선물과는 거리가 멀었으니 이로 인해 막대한 외화를 벌어들이기는 했지만 그 대신 파운드화가 강세를 나타내어 공산품수출에 타격을 주었다.

경제통계를 살펴보면 베어로크가 말하는「영국 산업쇠퇴의 가속화」가 더욱 분명히 드러난다. 세계제조업생산에서 차지하는 영국의 비중은 1953년 8.6%에서 1980년에는 4.0%로 줄어들었다. 세계무역에서 차지하는 비중도 19.8%(1955)에서 8.7%(1976)로 급속히 떨어졌다. 1945년 세계 제3위였던 영국의 국민총생산도 서독에게 추월당한 데 이어 일본과 프랑스에게도 추월당하고 말았다. 1인당 가처분소득도 유럽의 여러 부유한 소국들에 의해 차례차례 추월당해 1970년대 말에는 서독·프랑스·베네룩스 3국보다는 지중해 국가들과 비슷한 수준으로 전락했다. 분명한 것은 세계무역이나 세계총생산에서 차지하는 비중이 이처럼 하락한 것은 영국이 과거에는 특별한 기술적·역사적 환경 덕분에 격에 어울리지 않게 큰 부와 상업을 누릴 수 있었으나 이제는 이같은 특별한 환경이 사라지고 다른 나라들도 자체의 산업화 잠재력을 개발할 수 있게 되었다는 데 기인한 것이라는 점이었다. 이렇게 되니 영국의 상대적 지위가 하락할 수밖에 없었던 것이다. 하락의 폭과 속도가 지나치지 않았는가 하는 것은 별개의 문제이며 다른 유럽국가들에 비해 앞으로 얼마나 더 하락하겠는가도 속단하기 어렵다. 1980년대 초에 와서는 이 하락추세가 소강상태로 접어들어 영국은 그런대로 세계 제6위의 경제규모를 유지하면서 매우 큰 군대를 보유할 수 있었다. 그러나 로이드 조지 시대의 영국은 물론이고 1945년의 애틀리 당시와 비교하더라도 영국은 이제 보통의 일개 대국에 불과하며 결코 「강대국」이라고는 부를 수 없게 되었다.

영국 경제가 상대적 쇠퇴를 겪는 동안 서독은 경제기적(Wirtschaftswunder)을 누리고 있었다. 여기서 다시 한번 이같은 사태발전이 「자연스러운」 것이었음을 강조해둘 필요가 있다. 비록 허리가 잘린 나라이기는 했지만 서독은 유럽에서도 가장 발달한 산업기반을 보유하고 있었고 거대한 국내자원(석탄에서 공작기계 공장에 이르기까지)을 가지고 있었으며 또한 특히 경영인·기술자·과학자 등 교육수준이 높은 인구를 보유한데다 동독으로부터의 인재유입으로 이러한 인적 자원이 더욱 불어났다. 물론 과거 반세기 남짓 동안 독일의 경제력은 군사기구의 요구에 의해 왜곡되어왔다. 그러나 이제는 국민적 에너지를 오직 상업적 성공을 위해 집중할 수 있게 되었으므로(일본의 경우처럼) 경제부흥의 정도만이 문제였다. 제2제국·바이마르공화국 그리고 나치 통치시기에도 손쉽게 적응했던 독일의 대기업들은 이제 새로운 상황에 적응하여 미국식 경영이념을 받아들여야 하는 처지에 놓이게 되었다. 대은행들은 다시 한번 산업의 향방을 결정하는 데 큰 역할을 맡게 되었다. 화학 및 전기업체들은 곧 유럽의 거대기업으로 재등장했다. 폴크스바겐(Volkswagen)과 메르세데스(Mercedes) 등 대규모 자동차회사들은 필연적으로 수백개 군소 부품공급업체에 대해 「승수

효과(multiplier effects)」를 미쳤다. 수출붐이 일어남에 따라 — 서독은 미국에 이어 세계 제2위의 수출국이 되었다 — 수많은 기업들과 현지 지역사회는 급증하는 비숙련노동의 수요를 충족시키기 위해 외국으로부터 「초빙 노동자(guest workers)」들을 끌어들여야만 하게 되었다. 이렇게 해서 독일 경제는 100년 동안에 세번째로 다시 한번 유럽 경제성장의 중심국이 되었다.

통계상으로 볼 때 독일 경제는 시종 성공으로 일관했다고 할 수 있다. 1948~1952년 기간중에도 이미 독일의 산업생산은 110%, 실질국민총생산은 67%라는 높은 증가율을 보였다. 독일의 총투자가 유럽에서 가장 높은 수준에 도달한 탓으로 이 나라 기업들은 자본조달면에서 큰 혜택을 입었다. 1946년에만 해도 사실상 전무했던 강철생산량이 곧 유럽 최대의 수준으로 증가했고(1960년 3,400만톤) 그밖의 대부분 산업들도 비슷한 양상을 보였다. 독일은 매년 가장 높은 국내총생산 성장률을 기록했다. 1952년 당시 320억달러에 불과했던 국민총생산은 10년 후에는 유럽의 최고 수준(890억달러)로 뛰어올랐으며 1970년대 말에는 6,000억달러를 상회하게 되었다. 1인당 가처분소득은 1960년 불과 1,186달러(같은 해 미국은 2,491달러)에서 1979년 말에는 1만 837달러로 급증하여 미국의 9,595달러를 뛰어넘게 되었다. 매년 무역흑자가 쌓여 독일 마르크화는 수시로 평가절상해야만 했고 이 과정에서 사실상 준비통화의 성격을 띠게 되었다. 물론 경쟁력면에서 한발 앞선 일본과의 경쟁이 우려되지 않는 바가 아니었지만 서독은 의심할 바 없이 대규모 「무역국가」들 중에서 제2위의 지위를 고수하였다. 이같은 성과는 서독이 영토의 40%와 인구의 35% 이상을 분리당한 나라임을 생각할 때 더욱 인상적이었다. 아이로니컬하게도 독일민주공화국(German Democratic Republic) 역시 수십만의 유능한 노동력을 서방측에 빼앗겼음에도 불구하고 곧 1인당 생산성 및 산업화수준면에서 동유럽 국가들(소련을 포함) 중에서 가장 앞선 나라가 되었다. 만일 1937년의 국경선을 되찾아 통일 독일을 이룩했더라면 단연코 유럽 최대의 경제국으로서 소련에도 그다지 뒤지지 않는 나라가 되었으리라고 보아야 할 것이다.

　그러나 독일은 패전국인 동시에 분단국이며 그(와 베를린)의 국제적 지위가 여전히 「조약 강대국(treaty powers)」들에 의해 규제되었기 때문에 이같은 경제적 비중이 그대로 정치적 힘으로 연결되지는 못했다. 동독에 대해 자연스러운 책임의식을 느낀 서독은 나토·바르샤바동맹의 관계가 개선 또는 냉각될 때마다 특히 민감한 반응을 보였다. 서독은 일단 전쟁이 재발하면 최일선에 놓이게 될 나라이면서도 동유럽 및 소련의 최대 무역상대국이 되었다. 소련과(정도는 다소 덜했지만) 프랑스가 「독일 군국주의」의 부활을 경고하고 있는 상황에서 서독은 결코 핵강대국이 될 수 없었다. 서독은 폴란드와 체코슬로바키아 등의 이웃나라에 죄의식을 느끼고 소련에는 취약성을 드러내는 한편 미국에 크게 의존하게 되었다. 서독은 드골이 제안한 독일·프랑스간의 특별한 관계를 고마운 마음으로 환영하면서도 자신의 경제력을 가지고 독단적인 프랑스의 정책에 영향을 미칠 생각은 하지 못했다. 자신의 과거에 대해 심한 지적 갈등을 겪고 있는 서독인들은 그들이 국제문제상의 결정적인 지도자가 아니고 국제사회의 일개 선량한 일원으로 받아들여진다는 사실을 몹시 기뻐하였다.

　이같은 태도는 전후세계에서의 프랑스의 역할, 더 정확하게 말하면 드골이 집권한 1958년 이후의 역할과 크게 대조되었다. 전술한 1945년 이후 모네 수상의 계획입안자들이 이룩하고자 했던 경제발전은 식민지 전쟁, 정당정치의 불안정, 프랑화의 약화 등의 영향을 받았다. 그러나 프랑스 경제는 인도차이나와 알제리의 군사행동 기간중에도 급속히 성장하였다. 수십년만에 처음으로 인구가 증가하여 국내수요를 부추겼다. 프랑스는 부유하고 다양한 나라이면서도 개발이 덜 된 탓에 1930년대 초부터 경제적으로 침체하였다. 성장이 가능하려면 평화와 미국 원조, 공익사업의 국유화와 시장확대라는 자극이 있어야만 했다. 더구나 프랑스는(이탈리아처럼) 소도시가 많고 농업중심의 경제구조를 가진 탓으로 1인당 산업화수준은 상대적으로 낮았고 따라서 그 신장률이 돋보일 수밖에 없었다. 즉 1인당 산업화수준(1900년의 영국=100)은 1953년 95에서 1963년에 167 그리고 1973년에는 259로 급상승하였다. 연평균 성장률은 1950년대의 4.6%에서 1960년대에는 유럽공동시장이라는 자극제 덕분에 5.8%로 뛰어올랐다. 유럽공동시장은 프랑스 농업을 세계시장 가격으로부터 보호해주었을 뿐 아니라 유럽 내의 커다란 시장을 제공해주었다. 서방세계의 전반적인 호황으로 프랑스의 전통적으로 부가가치가 높은 상품(의류·신발·포도주·보석류)의 수출과 나중에는 항공기와 자동차의 수출도 호조를 보였다. 1949~1969년 기간중 자동차생산은 10배로 늘었고 알루미늄은 6배, 트랙터와 시멘트는 4배, 철강은 2배 반의 증산을 기록했다. 프랑스는 산업화는 덜 되었더라도 항상 상대적으로 부유한 나라였는데 1970년대에 와서는 더욱 부유해지고 현대화된 모습을 보이게 되었다.

그럼에도 불구하고 프랑스의 성장은 라인강 건너의 이웃나라만큼 광범한 산업기반의 뒷받침이 없었기 때문에 조속한 시일내에 서독 경제를 따라잡겠다는 퐁피두(Georges Pompidou) 대통령의 희망은 실현될 가망이 희박했다. 전기·자동차·항공 등 몇몇 산업을 제외하면 프랑스 기업들은 아직도 대부분 영세하고 자본이 부족했으며 제품가격은 서독에 비해 너무 높았다. 농업의 「합리화」에도 불구하고 영세농이 아직 많았으며 유럽공동시장의 보조금정책은 사실상 이 영세농들을 오히려 키워주는 역할을 했다. 그런데도 프랑스 농촌에 미친 여러가지 압력과 산업근대화(낡은 제철소 폐쇄 등)에 따른 사회적 긴장은 노동자계급의 불만을 폭발시켰으니 그 대표적인 것이 유명한 1968년의 폭동이었다. 국내 에너지공급이 부족한 프랑스는 수입석유에 크게 의존하게 되었고 따라서 (야심적인 핵에너지사업에도 불구하고) 프랑스의 에너지수급은 국제 석유가격의 변동에 크게 영향받게 되었다. 대서독 무역적자가 꾸준히 늘어난 탓으로 서독 마르크화에 대해 정기적으로(번거롭더라도) 프랑화를 평가절하할 필요가 생겼는데 이 마르크·프랑화환율의 변동이야말로 달러·프랑화환율보다도 프랑스의 경제적 상황을 나타내주는 더 신빙성있는 척도였다고 할 수 있다. 이처럼 프랑스 경제에는 지속적 경제성장 기간중에도 일정한 불안이 잠재해 있었기 때문에 조심스러운 부르좌들은 무슨 충격이 닥칠 때마다 가계저축을 지니고 스위스 국경을 넘어가곤 했다.

그런데도 프랑스는 세계총생산의 불과 4%만을 차지하는 있는 나라 치고는 매우 큰 영향을 국제문제에 미쳤는데 그것은 드골의 대통령 재직기간중에만 국한된 현상이 아니었다. 그것은 순전히 민족적·문화적 적극성에 기인하는 것이라고도 할 수 있지만 시기적으로 미국·영국의 영향력이 쇠퇴하고 소련의 매력이 더욱 상실되고 독일이 고분고분해진 때와 일치했기 때문이라는 측면도 있다. 유럽이 지도자와 대변인을 필요로 할 경우 고립주의적인 영국이나 기가 죽어 있는 독일보다는 당연히 프랑스가 그 물망에 오르게 되었던 것이다. 더구나 역대 프랑스 정부는 유럽공동시장으로 하여금 농산물 관세, 첨단기술, 해외원조, 국제연합과의 협력, 중동분쟁 등에 관해 특정한 노선을 취하도록 설득함으로써 실질적으로 빈약한 힘을 보강할 수 있음을 재빨리 간파했으며 이렇게 해서 세계 최대의 통상블록을 프랑스편에 묶어둘 수 있었다. 그렇지만 프랑스는 필요할 때면 언제든지 구애받지 않고 일방적 조치를 취할 수도 있었다.

이상의 유럽 4대국이 모두 유럽의 작은 이웃나라들과 함께 이 기간 중 부와 생산량을 늘려갔다는 사실이 반드시 영속적인 행복을 보장해 준 것은 아니었다. 유럽의 긴밀한 정치적·제도적 통합을 지향한 초기의 희망은 회원국들간에 여전히 강력하게 남아 있던 민족주의 때문에 좌절되었다. 이러한 민족주의는 맨 먼저 프랑스의 드골과 이어 뒤늦게 마지못해 유럽경제공동체에 가입한 나라들(영국·덴마크·그리스)에 의해서도 표출되었다. 경제적 분쟁, 특히 농산물가격 지지정책을 둘러싼 분쟁으로 브뤼셀이나 스트라스부르(Strasbourg) 회의가 난항에 빠지기 일쑤였다. 중립국인 에이레가 회원으로 가입해 있어 공동방위정책의 실행이 불가능했기 때문에 이를 나토에 위임했다(프랑스는 나토의 명령계통에 참여하지 않았다). 1970년대의 석유가격 급등은 특히 유럽에 큰 타격을 주어 초기의 낙관론을 퇴색시켰다. 빈번한 경고와 브뤼셀에서의 계획입안에도 불구하고 일본과 미국의 도전에 맞설 첨단기술정책을 마련하기가 어려웠다. 그러나 이같은 난관에도 불구하고 유럽경제공동체의 경제적 규모만으로도 국제적 여건은 1945년이나 1948년 당시와는 크게 달랐다. 유럽경제공동체는 단연 세계 최대의 수입 및 수출단위로서(비록 그중 상당부분은 역내무역이긴 했지만) 1983년이 되면 세계 최대의 외환 및 금보유지역이 되었으며 자동차생산(34%)면에서도 일본(24%)이나 미국(23%)을 앞질렀고 세계 최대의 시멘트 생산지역인 동시에 조강생산에서도 소련에 이은 세계 제 2위를 차지하게 되었다. 1983년의 10개 유럽경제공동체 회원국 인구는 2억 7,200만명으로서 미국보다 훨씬 많고 소련과 비슷했으며 소련이나 심지어 코메콘 블록 전체에 비해 국민총생산면에서 크게 앞섰으며 세계제조업생산에서 차지하는 비중면에서도 앞섰다. 정치·군사면에서는 아직 성숙하지 못했지만 유럽공동체는 세계경제균형면에서 1956년 당시보다 강력한 존재로 부각되었다.

  소련의 경우는 이와 정반대였다. 전술한 바와 마찬가지로 1950~1980년 기간중 소련은 강력한 육군을 유지했을 뿐 아니라 미국과 대등한 핵전략균형을 획득했으며 원양해군을 육성하여 세계 도처에서 영향력을 확장해나갔다. 그러나 이렇게 세계무대에서 미국과 맞서려는 끈질긴 노력에도 불구하고 경제적 차원에서는 이에 상응하는 성과를 거두지 못했다. 아이로니컬하게도(사태 결정에서의 생산력 토대의 중요성을 강조한 마르크스 이론을 생각할 때) 공산세계의 종주국임을 자처하는 소련은 시간이 갈수록 더욱 경제적인 어려움을 겪게 되었다.

  물론 스탈린 말기 이래 소련과 소련 지배하의 진영이 매우 인상적인 경제발전을 이룩했다는 것은 부정할 수 없다. 비록 원래부터 유럽보다 훨씬 가난한 「저개발」지역이었던 탓도 있지만 이 지역은 여러가지 면에서 이 기간중에 서유럽보다 훨씬 크게 변모했다. 어쨌든 개략적인 통계만 보더라도 엄청난 증가를 엿볼 수 있다. 소련의 강철생산량은 1945년 불과 1,230만톤에서 1960년에는 6,530만톤 그리고 1980년에는 1억 4,800만톤으로 급증하여 세계 최대의 생산국이 되었다. 전력생산량은 이 기간중 4,320만킬로와트에서 2억 9,200만킬로와트, 12억 9,400만킬로와트로 늘었으며 자동차생산은 7만 4,000대에서 52만 4,000 대, 220만대로 증가했다. 이같은 증산의 예는 끝이 없을 정도로 많다. 총산업생산량은 1950년대중 연평균 10% 이상씩 증가하여 1953년을 100으로 할 때 1964년에는 421을 기록했다. 이것은 매우 괄목할 만한 성과로서 스푸트니크호·우주탐험·군사장비 등과 마찬가지로 소련인의 능력을 명백히 입증해준 것이라 할 수 있다. 흐루시초프가 정치적으로 몰락한 시기에 이르러 소련은 스탈린 시절보다 훨씬 더 번영하고 광범한 기반을 가진 경제를 보유하게 되었으며 이같은 절대적인 이득은 그후로도 꾸준히 커져갔다.

그러나 두 가지 심각한 결함이 이같은 성과에 암영을 드리우기 시작했다. 첫째 성장률이 장기에 걸쳐 꾸준히 떨어졌다는 점이다. 산업생산량 증가율은 1959년 이후 두 자리 수에서 계속 떨어져 1970년대 말에는 3~4%에 머물렀으며 그후로도 계속 떨어졌다. 초기의 인상적인 증가율이 주로 방대한 노동력과 자본의 결합에 기인한 것이었음을 돌이켜 생각해볼 때 이같은 현상은 아주 당연한 것이었다. 이제는 노동력공급이 한계를 드러내기(그리고 군대 및 농업의 노동력 요구와 상충되기) 시작했기 때문에 성장속도가 떨어질 수밖에 없었다. 자본투자의 경우 질적인 증가보다는 양적인 증가가 강조된 가운데 대규모 산업과 방위관련산업에 집중되었기 때문에 다른 많은 경제 부문들은 자본부족에 시달렸다. 흐루시초프 이래로 소련인들의 평균적인 생활수준이 향상되었다고는 하지만 중공업과 군사 부문에 우선적으로 자원을 배분하기 위해 개인소비를 의도적으로 억제하는 경제구조에서는 소비자수요가(서방과는 달리) 경제성장의 자극제가 될 수 없었다. 무엇보다도 소련 농업에 영향을 미친 만성적인 구조적·기후적 취약성이 해소되지 못한 상태였다. 소련 당국이 모든 관심과 자본을 아낌없이 쏟아부었음에도 불구하고 순생산량 증가율은 1950년대의 4.8%에서 1960년대에는 불과 3%, 1970년대에는 1.8%로 계속 떨어졌던 것이다. 소련 농업의 규모와 소련 인구가 1950년 이후 30년 동안 8,400만명이나 증가했다는 사실을 생각할 때 소련의 1인당 국민생산 증가율은 다소 「무리한」 성과를 거둔 산업생산량 증가율에 비해 크게 뒤떨어질 수밖에 없도록 되어 있었다.

두번째 결함은 물론 소련의 상대적인 경제적 지위에 관한 것이다. 1950년대와 1960년대 초에 걸쳐 세계 제조업생산량과 무역에서 차지하는 소련의 비중이 증가할 당시 마르크스주의적 생산양식이 우월하기 때문에 언젠가는 「자본주의를 매장」하게 되리라는 흐루시초프의 주장이 어느 정도 그럴 듯하게 들렸다. 그러나 그후의 추세는 소련에 불리하게 전개되었다. 서독을 선두로 한 유럽공동체가 부와 생산력면에서 소련을 크게 앞지르게 되었다. 조그만 섬나라인 일본이 매우 급속하게 성장하여 국민총생산에서 소련을 추월하는 것이 시간문제였다. 미국은 산업이 상대적으로 쇠퇴하기는 했지만 여전히 총생산량과 부에서 선두를 지키고 있었다. 소련과 동유럽 국가들의 생활수준은 서유럽과의 격차를 좁히지 못해 마르크스주의 국가의 인민들은 서방의 생활수준을 선망의 눈으로 바라보고 있었다. 소련과 그 위성국들은 컴퓨터·로봇·전기통신 등 첨단기술 분야에서도 경쟁력이 취약했다. 농업생산도 여전히 취약했다. 1980년 현재 미국 농민 1명이 65명분의 식량을 생산한 데 반해 소련 농민은 8명분의 식량을 생산하는 데 그쳤다. 이로 인해 소련의 식량수입은 더욱 늘어날 수밖에 없었다.

소련이 안고 있는 여러가지 경제적 난관은 그 위성국들에서도 그대로 나타났다. 소련의 위성국들도 1950년대와 1960년대 초 고도성장을 기록했는데 이 역시 서방보다 낮은 수준에서 성장을 시작한데다 중앙계획, 중공업, 농업의 집단화에 역점을 둔 정책적 우선순위가 가져온 결과였다. 동유럽 국가들간에는 번영과 성장률에서 큰 격차가 있었지만(그리고 지금도 벌어지고 있지만) 전체적으로는 초기의 성장속도가 나중에 둔화하는 추세여서 마르크스주의 계획입안자들의 선택을 어렵게 만들고 있다. 소련의 경우 경지면적을 늘릴 수는 있었지만 북부 지방의 겨울철 환경과 남부 지방의 사막은 경작지 확장의 가능성을 제약하였다(흐루시초프의 자신만만한 「처녀지」개간이 대부분 수포로 돌아갔음을 상기케 한다). 또한 원료의 집중적인 개발도, 예컨대 석유의 경우 개발의 효율성이 떨어졌으며 광업을 영구동결지대로까지 확대함에 따라 채굴비용이 급속도로 상승하게 되었다. 산업과 기술에 보다 많은 자본을 투입할 수도 있었겠지만 그러자면 군사 부문(지도층의 경질에 상관없이 줄곧 소련에서 제1 우선순위를 차지했다)이나 소비재 부문을 희생시켜야만 했다. 그러나 커뮤니케이션의 발달로 서방의 상대적 번영이 날로 더 잘 알려지고 있는 마당에(특히 동유럽의 경우) 소비재를 등한히 하는 정책은 인기가 없었다. 끝으로 소련과 그 동맹국들은 일련의 개혁을 도입할 수도 있었다. 즉 단순히 정기적인 부패 근절조치나 관료제도개편에 그치지 않고 체제 그 자체를 개혁하여 개인적인 동기를 제공하고 더 현실적인 가격기구를 도입함으로써 개인 영농을 늘리고 새로운 기술을 개발하기 위한 공개토론과 진취적인 기업가 정신을 고취하는 등의 개혁 — 다시 말해 헝가리가 1970년대에 기민하게 실시한 것처럼「잠행성 자본주의(creeping capitalism)」를 향한 개혁을 시도할 수도 있었다. 그러나 이러한 전략은 1968년 체코슬로바키아의 경험이 보여준 바와 마찬가지로「자유화」조치가 계획경제의 공산정권 자체에 대해 의문을 제기한 결과 브레즈네프 시대 전반을 통해 공산당 이론가와 군부의 반발을 불러일으켰다는 데 문제가 있었다. 그러므로 상대적인 경제적 쇠퇴를 역전시키려는 노력은 신중을 기할 수밖에 없었고 그러다 보니 큰 성공을 거둘 가망성이 없었던 것이다.

소련의 정책결정자들에게 한 가지 위안이 있었다면 그것은 소련의 숙적인 미국 역시 1960년대부터 경제적 난관에 봉착하여 1945년에 보유했던 세계의 부·생산 및 무역에서 차지하는 상대적 비중을 신속하게 상실하고 있었다는 점일 것이다. 미국의 상대적 쇠퇴를 이해하는 데 있어서도 1945년은 물론 중요한 해가 된다. 전술한 것처럼 당시 미국의 유리한 경제적 지위는 역사상 전례가 없는 것인 동시에 인위적이기도 한 두 측면을 가지고 있었다. 미국이 세계의 정상에 오른 것은 자체의 생산증가에 기인한 것이기도 하지만 다른 나라들의 일시적인 취약성에도 기인한 것이었다. 이러한 상황은 유럽과 일본의 생산량이 전쟁 전의 수준으로 회복됨에 따라 미국에 불리하게 바뀌어가게 마련이었다. 이 상황은 또한 세계제조업생산의 전반적 확대(1953~1973년 기간중 3배 이상 증가)에 따라 더욱 불리해질 수밖에 없었다. 그것은 지구상 전 지역에 걸쳐 새로운 공장과 산업설비가 설치되는 마당에 미국이 계속 1945년 당시처럼 세계제조업생산의 절반을 차지한다는 것은 불가능한 일이었기 때문이다. 베어로크의 계산에 따르면 미국이 차지하는 비중은 1953년 44.7%로 1980년에는 31.5%로 떨어졌으며 그 후로도 계속 떨어지고 있다. 마찬가지 이유로 미국 중앙정보국의 경제지표도 역시 세계총생산에서 차지하는 미국의 비중이 1960년 25.9%에서 1980년에는 21.5%로 떨어졌음을 보여주고 있다(다만 그후 몇년 동안은 달러화의 단기적인 강세로 미국의 비중이 상승했다). 사태의 핵심은 미국의 생산량이 크게 감소한 것이 아니라(서방세계의 일반적 사양산업은 그랬지만) 다른 나라들의 생산량이 크게 늘었다는 데 있다. 이 두 가지 추세를 단적으로 보여주는 사례로 자동차생산을 들 수 있다. 미국은 1960년 665만대의 자동차를 생산하여 세계총생산량 1,280만대의 무려 52%를 차지했으나 1980년대는 690만대로 늘어났는데도 세계총생산량이 3,000만대로 증가했기 때문에 미국이 차지하는 비중은 불과 23%로 떨어졌던 것이다.

그러나 이상과 같은 위안거리에도 불구하고(이같은 위안은 영국이 세계생산량에서 차지하는 비중이 떨어지기 시작한 70년 전 영국인들이 위안거리로 삼았던 논거와 비슷하다) 이같은 사태발전에는 한 가지 우려되는 측면이 있었다. 중요한 문제는 『미국이 상대적으로 쇠퇴해야만 했던가?』가 아니라 『미국이 그처럼 빨리 쇠퇴해야만 했던가?』하는 문제이다. 그것은 「미국 지배하의 평화」가 절정에 달했을 때조차도 미국의 연평균 1인당 생산량 증가율이 종전에 비해 크게 떨어져 미국의 경쟁력이 이미 침식당하고 있었기 때문이다(표 42 참조).

이같은 사태발전도 역시 역사적으로「자연스러운」것이었다고 말할 수 있다. 마이클 밸푸어의 말처럼 1950년까지 수십년 동안 미국은 표

〈표 42〉 연평균 1인당 생산량 증가율, 1948~1962

(%)

	(1913~50)	1948~62
미 국	(1.7)	1.6
영 국	(1.3)	2.4
벨 기 에	(0.7)	2.2
프 랑 스	(0.7)	3.4
독일(서독)	(0.4)	6.8
이 탈 리 아	(0.6)	5.6

준화와 대량생산방식의 창안자로서 다른 어떤 나라들보다도 빠른 속도로 생산량을 늘렸다. 그 결과 미국은 『인간욕구를 충족시키는 데 있어 다른 어떤 나라보다도 앞섰고 또한 능률(1인당 시간당 생산량 기준)면에서 이미 높은 수준에 도달했기 때문에 생산방식이나 기계를 개선하여 생산을 더욱 늘릴 가능성이 세계 다른 나라들에 비해 적었다.』 또한 그밖의 경제 부문의 여러가지 장기적 추세들도 미국에는 별로 도움이 되지 않았다는 점도 들어야 할 것이다. 미국의 재정 및 조세정책은 고도의 소비를 촉진함과 동시에 민간저축률을 떨어뜨렸고 군사 부문 이외의 연구개발 투자는 다른 나라들에 비해 서서히 줄어들었으며 국민총생산에서 군사비가 차지하는 비중은 서방진영 나라들 중에서 가장 높았다. 더구나 미국 인구의 큰 부분이 생산성이 낮은 분야로 옮겨갔다.

이같은 문제점들이 1950년대와 1960년대에 표면에 드러나지 않은 것은 미국이 첨단기술(특히 항공산업) 분야에서 빛나는 성과를 이룩한 탓이었다. 또한 고도의 번영으로 번듯한 승용차와 컬러텔리비젼의 수요가 급증했다는 점 그리고 해외원조·군사비 지출 또는 금융기관이나 기업체의 투자 등의 형태로 미국의 달러화가 세계의 가난한 나라들로 쏟아져 나갔다는 점도 이러한 문제들의 표면화를 지연시키는 요인으로 작용했다. 이 점에 관해서는 세르방·슈라이버(Servan-Schreiber)가 미국의 도전(le défi Americain)이라고 불렀던 1960년대 중반의 광범한 불안, 즉 유럽국가들을 이른바 경제적 위성국으로 만든 미국의 대유럽 투자의 급증, 엑슨(Exxon)이나 제너럴모터스(GM) 등 다국적기업들에 대한 두려움과 분노 그리고 이와 관련된 추세로서 미국의 경영대학원들이 전파한 정교한 경영기법에 대한 존경심같은 것들을 회상해볼 필요가 있을 것이다. 특정한 경제적 시각에서 볼 때 이같은 미국의 투자 및 생산의 이전은 경제력과 근대성을 나타내는 지표로서 값싼 노동력을 활용하여 해외시장 진출을 보장하기 위한 것이었다. 그러나 시간이 지나면서 이같은 자본의 흐름이 너무 커져 미국인들이 공산품·식료품 및 「무역외」용역을 수출하여 벌어들인 잉여를 앞서게 되었다. 이같은 국제수지 적자로 인해 1950년대 말 무렵 미국에서는 금고갈현상이 나타났으나 그래도 대부분의 외국 정부는 금으로 지불받기보다는 주된 준비통화인 달러화를 더 많이 보유하고자 했다.

그러나 1960년대에 접어들면서 이처럼 안락한 상황은 끝나고 말았다. 케네디와 (특히)존슨 두 대통령은 달러화를 물쓰듯 쏟아부은 베트남과 그밖의 지역에서 미국의 해외 군사비 지출을 늘려나갔다. 두 대통령은 국내지출의 증액을 공약했는데 이같은 추세는 1960년 이전에도 이미 나타났던 것이다. 두 행정부는 모두 인플레이션 억제를 위해 세금을 올리는 정치적 위험부담을 감수할 마음이 없었다. 그 결과 해가 갈수록 연방정부 적자가 늘어나고 물가가 치솟고 미국 산업의 경쟁력이 약화되었다 — 이것은 결국 국제수지 적자의 확대(존슨 행정부에 의한), 미국 기업의 해외투자 억제 그리고 미국 기업들의 유러달러 선호현상 등으로 이어졌다. 이 기간중 세계(코메콘지역 제외) 금보유고에서 차지하는 미국의 비중은 1950년 68%에서 1973년에는 불과 27%로 대폭 줄어들었다. 이들 여러가지 상호연관된 문제 때문에 국제 금융·통화체제가 송두리째 흔들리고 미국의 「인플레이션 수출」에 대한 드골의 반격으로 더욱 약화되자 닉슨 행정부는 금본위제를 폐지하고 달러화를 다른 통화들에 유동시키는 수밖에 없었다. 미국이 금융을 지배하던 시절에 창설된 브레튼우즈체제(Bretton Woods system)는 그 주된 기둥이 더 이상 긴장을 이겨내지 못하게 되었기 때문에 붕괴되고 말았다.

  자유변동환율제가 실시된 1970년대의 구체적인 달러화 등락상황은 여기서 설명하기에 적합치 않다. 또한 미국 역대 행정부의 인플레이션 억제 및 경기부양노력의 구체적 상황도 마찬가지이다. 1970년대에는 미국의 평균보다 높은 인플레이션으로 인해 달러화가 서독 및 일본 통화에 대해 대체로 약세를 나타냈다. 반면에 석유수출국기구 석유에 대한 의존도가 큰 나라들(예컨대 일본·프랑스)에게 타격을 준 석유위기, 세계 각지의 정치적 혼란 그리고 미국의 고금리는 1980년대 초에 보는 바와 같이 달러화를 강세화하는 경향을 보였다. 그러나 이같은 변화가 비록 중요한 것이고 세계경제의 불안정 요인이 되기는 했지만 이 책에서는 별로 중요한 것이 아니다. 여기서는 이보다도 뚜렷한 장기적 추세가 중요한 문제이다. 즉 민간 부문의 경우 2.4%(1965~1972)에서 1.6%(1972~1977), 0.2%(1977~1982)으로 계속 떨어진 생산성 증가율 둔화가 중요한 문제이다. 또한 미국 경제에 케인스형의 「붐」을 일으키는 대신 해외통화를 흡수해들이는(미국의 고금리에 의해) 희생을 치러야만 했기 때문에 달러화를 인위적으로 강세화하여 미국을 순채권국에서 순채무국으로 전락시킨 원인이 되었다고 할 수 있는 연방적자의 증대가 중요한 문제이며 더 나아가 미국 제조업체들이 자동차·전기제품·주방기기 등 수입공산품과 경쟁하는 데 더욱 어려움을 겪게 되었다는 사실이 중요한 문제인 것이다. 한때 세계에서 가장 높았던 미국의 1인당 국민소득이 뒤쳐지기 시작한 것도 놀라운 일이 아니다.

  미국 경제와 그 수요를 스위스의 국민소득이나 일본의 생산성 등과의 특정한 선택적 비교를 통해 보지 않고 보다 큰 시각에서 파악한다면 몇가지 위안거리가 없는 것은 아니다. 칼레오가 지적하듯이 1945년 이후의 미국 정책은 몇 가지 매우 기본적이고도 중요한 목표를 달성했다. 즉 1930년대와 같은 공황이 없이 국내번영을 이룩한 것, 전쟁없이 소련의 팽창주의를 봉쇄한 것, 서유럽 경제 — 와 민주적 전통 — 를 부흥시킨 데 이어 나중에는 일본이 이에 가담하여『군사적 문제는 물론이고 공동의 경제적 문제를 다루기 위한……다변적인 당당한 제도적 장치』를 갖춘『더욱 통합된 경제적 블록』을 이룩하게 되었다는 것 그리고 마지막으로『옛 식민지제국들을 세계경제에 밀접하게 통합된 독립국가들로 변혁시켰다는 것』등이 그것이다. 요컨대 미국은 자유를 존중하는 국제질서를 유지하면서 스스로 이 질서에 더욱 의존하게 되었으며 또한 세계의 생산 및 부에서 차지하는 미국의 비중은 필요 이상으로 줄어들었지만 그래도 개편된 세계경제 환경은 미국의 자유시장 및 자본주의 전통에 크게 적대적인 것이 아니었다는 것이다. 끝으로 미국의 생산면에서의 주도적 위치는 몇몇 고도성장국가들에 의해 잠식되기는 했지만 그래도 미국은 여전히 참다운 국력의 거의 모든 측면에서 소련에 대해 상당한 우위를 유지하고 있었으며 또한— 미국 자신의 진취적 신념을 준수함으로써—마르크스주의 국가들이 받아들이기 매우 어려운 경영자의 창의력과 기술변화 등의 자극제를 자유롭게 받아들였다.

이같은 경제적 동향이 갖는 함축적인 의미에 관해서는 마지막 장에서 보다 상세히 검토하고자 한다. 그러나 지금까지 설명한 추세의 본질적 요소를 통계(표 43)를 통해 살펴보는 것이 도움이 될 것이다. 이 통계는 세계경제 상황을 나타낸 것으로서 저개발국들이 세계총생산에서 차지하는 비중이 부분적으로 상승했다는 것, 일본과 중국이 괄목할 만한 성장을 기록했다는 것, 유럽경제공동체가 여전히 세계 최대의 경제블록이기는 하지만 세계경제에서 차지하는 비중은 잠식되었다는 것, 소련의 비중은 안정된 속에 서서히 감소하고 있다는 것 그리고 미국은 그 비중이 훨씬 더 빠른 속도로 감소했지만 그래도 여전히 막강한 경제력을 가지고 있다는 점 등을 보여주고 있다.

실제로 〈표 43〉의 마지막 해인 1980년에 와서 인구·1인당 국민소득 그리고 국민총생산에 관한 세계은행의 통계는 〈표 44〉에서 보는 바와 같이 세계경제균형의 다극적 재분배를 보여주고 있다.

마지막으로 생산균형의 이같은 장기적 변화추세는 그 자체보다는 그것이 갖는 권력정치적 의미 때문에 더 중요하다는 것을 지적해둘

〈표 43〉 각국의 세계총생산 구성비, 1960~1980

(%)

	1960	1970	1980
저개발국가	11.1	12.3	14.8
일 본	4.5	7.7	9.0
중 국	3.1	3.4	4.5
유럽경제공동체	26.0	24.7	22.5
미 국	25.9	23.0	21.5
그밖의 선진국	10.1	10.3	9.7
소 련	12.5	12.4	11.4
그밖의 공산국가	6.8	6.2	6.1

〈표 44〉 1980년의 인구·1인당 국민소득 및 국민총생산

	인구 (100만)	1인당 국민소득 (달러)	국민총생산 (10억달러)
미 국	228	11,360	2,590
소 련	265	4,550	1,205
일 본	117	9,890	1,157
유럽경제공동체(12개국)	317	—	2,907
서 독	61	13,590	828
프 랑 스	54	11,730	633
영 국	56	7,920	443
이탈리아	57	6,480	369
동·서독 통합	78	—	950
중 국	980	290 또는 450	284 또는 441

필요가 있다. 레닌이 1917~1918년에 지적한 것처럼 국가간의 불균등한 경제성장률은 필연적으로 한 나라를 흥하게 만들고 다른 나라는 쇠퇴하게 만드는 것이다.

반세기 전까지만 해도 독일은 그 당시의 영국과 비교해볼 때 자본주의적 힘에 관한 한 빈약하고 보잘것없는 나라였다. 일본도 러시아에 비해 역시 보잘것없는 나라였다. 앞으로 10년 또는 20년 후에 제국주의 강대국들의 상대적 힘이 변하지 않으리라고 생각할 수 있을까? 〔그것은〕 절대로 불가능하다.

레닌은 자본주의·제국주의 국가들에 관해 말했지만 이 법칙은 정치경제의 형태를 불문하고 모든 국가단위에 적용된다고 보아야 할 것이다. 즉 불균등한 경제성장률은 조만간 정치·군사균형에 변동을 일으키게 된다는 것이다. 이같은 양상은 지금까지 4세기에 걸친 「강대국」들의 동향에서도 찾아볼 수 있다. 그러므로 지난 20~30년간에 일어난 세계생산 중심권의 급속한 변동은 기존 주요 강대국들의 미래의 대전략에 영향을 미칠 수밖에 없다고 보아야 할 것이다. 이에 관해서는 마지막 장에서 다룰 것이다.

8

21세기를 향하여

역사와 고찰

이 장에 이와 같은 제목을 붙인 것은 단순히 연대가 달라졌다는 것뿐 아니라 방법론도 달라졌음을 뜻한다. 아주 최근의 과거도 역사는 역사이다. 비록 편견과 자료의 문제 때문에 지난 10년을 다루는 역사학자가 『단명한 것과 근본적인 것을 구분짓기는 어렵겠지만』 똑같은 학문적 원칙을 가지고 문제를 다루고 있다는 것에는 변함이 없다. 그러나 현재가 어떤 형태의 미래로 변화해가는가에 관한 저술은 비록 그것이 이미 진행되고 있는 경향에 관한 것이라 해도 역사적 진실이라고 주장할 수는 없을 것이다. 1차적인 자료가 문헌에 근거를 둔 논문에서 경제적 예측과 정치적 전망에 이르기까지 다양할 뿐 아니라 지금 쓰여지고 있는 사실의 정당성도 의문시된다. 「역사적 사실」을 다루는 데는 방법론상의 많은 어려움이 있다고 하더라도 대공의 암살이나 군사적 패배같은 과거의 사건은 실제로 일어났던 사실들이다. 우리가 미래에 대해 말할 수 있는 어떤 얘기도 그러한 확실성을 지닐 수는 없다. 예기치 못한 사건, 순전한 사고, 어떤 추세의 중단같은 것들이 가장 그럴 듯한 예측조차도 빗나가게 할 수 있다. 그렇지 않았다면 예측한 사람이 운이 좋았을 뿐이다.

예측은 잠정적이며 세계경제와 전략상에 지금 나타나고 있는 경향이 앞으로 어떻게 될 것인가에 대한 합리적인 가정에 불과할 뿐이지 예측한 것 모두가(또는 그중 어떤 것이) 실제로 그렇게 되리라는 보장은 없다. 지난 몇년간에 걸친 달러화의 국제적인 가치변동과 1984년 이후의 석유가격 폭락(이것이 소련·일본·석유수출국기구에 주는 의미는 서로 다르지만)은 경제적인 추세에서 결론을 끌어내서는 안된다는 좋은 경고이기도 하다. 정치와 외교의 세계는 일직선을 따라 진행된 적이 한 번도 없었다. 현대의 문제를 다룬 책들 중에는 불과 몇년 후에 때늦은 지혜를 동원하여 마지막 장을 고쳐써야 하는 경우가 많다. 따라서 지금의 이 장이 고쳐 쓰여지지 않는다면 놀라운 일이 될 것이다.

앞으로 올 일을 이해하는 가장 좋은 방법은 잠깐 과거로 돌아가 지난 5세기 동안의 강대국들의 흥망을 살펴보는 것이다. 이 책의 논지는 주로 경제적·기술적 발전에 의해 추진되는 변화의 역동성이 존재한다는 것 그리고 이 변화는 다시 각 국가와 제국의 사회구조·군사력·정치체제 및 지위에 영향을 미친다는 것이다. 이같은 세계경제의 변화속도는 일정치가 않았다. 그 이유는 개인투자와 기업의 여건·기후·질병·전쟁·지리적 조건·사회구조 등에 따라 기술혁신과 경제성장의 속도 자체가 기복이 심하기 때문이다. 마찬가지로 세계의 각 지역과 사회에서는 기술·생산·무역의 추세변화만이 아니라 늘어나는 생산과 부의 새로운 형태에 대한 수용태도에 따라 경제성장이 느려지거나 빨라졌다. 어떤 지역은 발전한 반면 어느 지역은 상대적으로(어떤 경우는) 절대적으로 낙후하게 되었다. 이는 전혀 놀랄 일이 못된다. 인간은 태어날 때부터 자기의 조건을 개선하려는 충동이 있기 때문에 세계는 가만히 정지해 있는 일이 없다. 르네상스 이래 지적

돌파구가 마련되고 계몽운동과 산업혁명 기간중의 「정밀과학(exact sciences)」의 대두로 더욱 촉진되었다는 것은 간단히 말해서 변화의 역동성이 앞으로는 과거보다 더욱 강력하고 자립적이 될 것임을 뜻하였다.

　이 책의 두번째 주된 논지는 고르지 않은 경제성장속도가 각 국가들의 상대적인 군사력과 전략적 위치에 아주 중요하고 장기적인 영향을 미쳐왔다는 것이다. 이것 역시 놀라운 사실은 아니다. 주장의 강도와 방법에는 차이가 있었지만 전에도 여러 차례 되풀이되어온 얘기이다. 세계는 엥겔스의 시대를 기다릴 필요도 없이 『육군과 해군만큼 경제적 조건에 좌우되는 것도 없다』는 사실을 알았다. 오늘날의 미국 국방부도 마찬가지겠지만 르네상스 시대의 영주들도 군사력은 부의 적정한 공급 여하에 따라 좌우되며 부는 번영하는 생산기지, 건전한 재정 및 남보다 우수한 기술에서 나온다는 사실을 알고 있었다. 이상의 사실이 보여주듯이 경제적 번영이 반드시 그리고 즉각적으로 군사적 효율성으로 바뀌는 것은 아니다. 군사적 효율성이란 지리적 조건, 국민의 사기, 전술적 능력 등 다른 많은 요소에 좌우되기 때문이다. 그러나 지금까지 세계 군사력균형상의 큰 변화는 모두 생산균형의 변화에 뒤이은 것임이 사실이며 한걸음 더 나아가 국제체제 속에서의 여러 국가와 제국의 흥망성쇠는 항상 물질적 자원이 많은 쪽이 이긴 강대국간의 전쟁결과에 의해 확인되어왔다는 것도 사실이다.

　앞으로 세계가 어떻게 될 것인가 하는 문제는 역사라기보다는 추측인 만큼 지난 5세기 동안 폭넓게 나타났던 경향이 앞으로도 계속될 것이라는 그럴 듯한 가정에 근거를 둘 수밖에 없다. 국제체제란 여섯 강대국이 지배하건 두 강대국만이 지배하건 언제나 무질서하기 마련이다. 주권을 가진 이기적인 국민국가보다 상위의 권위란 없는 것이다. 각 특정 기간마다 이 국가들 중 일부는 세속권력의 상대적인 몫이 늘기도 하고 줄기도 한다. 1987년과 2000년의 세계는 1870년이나 1660년의 세계와 마찬가지로 동결되지는 않을 것이다. 그 반대로 일부 경제전문가들은 국제적인 생산·무역구조 자체가 과거보다도 훨씬 빠른 속도로 변하고 있다고 주장한다. 즉 농산물과 원료는 상대적 가치를 잃고, 산업「생산」이 산업「고용」과 유리되고, 지식집약 상품이 모든 선진사회에서 주종을 이루고, 세계자본의 흐름이 무역양상과 점점 관련을 잃어가고 있다는 것이다. 이와 함께 과학 분야의 여러 새로운 발전들도 국제문제에 영향을 주게 될 것이다. 한마디로 말해서 신의 섭리의 개입이나 엄청난 핵전쟁 재난만 없다면 세계적인 힘의 역동성이 기술과 경제의 변화를 주된 추진력으로 하여 계속 움직여 나가리라는 것이다. 컴퓨터・로봇기술・생명공학 등이 몰고 올 변화에 관한 장미빛 예측이 옳고 여기에 덧붙여 제3세계 곳곳에서「녹색혁명」(인도와 심지어 중국마저도 곡물수출국이 되는)이 성공하리라는 예측이 맞아떨어진다면 21세기초 쯤에는 세계 전체가 지금보다는 풍족해질 것이다. 비록 기술적인 발전이 그렇게까지 대단치는 않더라도 경제는 성장할 것이다. 인구의 변화추세가 수요에 영향을 미치면서 경제성장이 보장될 것이고 원료활용방법이 더욱 세련됨에 따라서도 경제성장은 보장될 것이다.

또 한 가지 분명한 것은 변화의 여건에 따라 성장이 여기서는 빠르고 저기서는 느린 기복을 보일 것이라는 점이다. 미래에 대한 예측이 잠정적일 것일 수밖에 없는 것은 무엇보다도 바로 이 때문이다. 예컨대 지난 40년 동안 계속된 일본의 놀라운 경제성장이 향후 20년 동안에도 계속되리라는 보장은 없다. 또 1960년대 이후 내리막길에 있는 소련의 경제성장률이 경제정책과 경제체제의 변화로 1990년대에 상승 국면으로 돌아서는 것도 불가능한 것은 아니다. 그러나 현재의 추세로 보면 두 경우 모두 그렇게 될 가능성은 없다. 다시 말해 지금과 21세기 사이에 일본이 침체되고 소련에서 경제붐이 일어난다는 것은 현재의 추세에서 추론할 수 있는 것보다 훨씬 근본적인 환경과 정책상의 변화가 있어야만 가능하다는 것이다. 15년이나 25년 후에 세계가 갖게 될 모습에 대한 예측이 빗나갈 수도 있다고 해서 현재의 광범한 발전에 근거한 합리적인 예상보다 믿기 어려운 결과를 예측해야 한다는 말은 아니다.

예컨대 오늘날「세계적 추세」의 하나인 태평양지역의 상승세가 그 기반이 광범하다는 단순한 이유를 근거로 앞으로도 계속되리라고 예상하는 것은 타당하다. 태평양지역은 경제적 대국이라 할 수 있는 일본뿐 아니라 급속히 변신하고 있는 거인 중국을 포함하고 있다. 또 오스트레일리아와 뉴질랜드같은 잘사는 공업국가들이 있는가 하면 타이완・한국・홍콩・싱가포르와 같은 신흥 공업국으로서 대단한 성공을 거둔 국가들과 말레이시아・인도네시아・타이・필리핀 등 동남아국가연합(ASEAN) 회원국들도 있다. 더 확대하면 미국과 캐나다도 태평양국가에 포함된다. 이 광범한 지역의 경제성장은 여러가지 요인의 멋진 결합이 그 추진력이 되고 있다. 우선 수출지향적 국가들의 산업생산력이 크게 신장했고 이는 다시 해외무역・해운・재정의 대폭적인 성장이라는 결과를 가져왔으며 또 새로운 기술을 개발하면서 값싸고 노동집약적인 제품을 만들어내는가 하면 인구증가를 앞질러 농업생산(특히 곡물과 가축)을 증대시키려는 노력이 대단한 성공을 거두고 있다. 이러한 성공 하나하나가 다른 것들과 유리하게 상호작용하여 전통적인 서방 강대국들과 코메콘 회원국의 실적을 무색케 하는 경제성장률을 기록하고 있는 것이다.

예컨대 1960년에만 해도 아시아・태평양국가들(미국은 제외)의 국내총생산 합계는 전세계의 7.8%에 불과했으나 1982년에는 두 배로 늘어 16.4%를 차지했고 그후에도 이 지역의 경제성장률이 유럽・미국・소련을 크게 앞지르고 있다. 2000년에는 이 지역이 유럽 또는 미국과 맞먹는 20% 이상을 차지하게 될 가능성이 크다. 이러한 성과는 성장률 차이가 지난 25년에 걸쳐 기록된 것보다「훨씬 작은」경우에도 마찬가지로 나타날 것이다. 태평양 연안지역의 힘은 같은 기간 동안 미국 자체에서 나타난 경제균형의 변화에서도 느낄 수 있다. 미국의 아시아・태평양지역과의 무역량은 1960년만 해도 유럽(OECD 회원국들)과의 무역량의 48%에 지나지 않았는데 1983년에는 122%로 늘어났으며 이와 함께 미국의 인구와 소득이 태평양 쪽으로 재분배되는 변화가 일어나고 있다. 어떤 한 나라의 성장이 둔화되고 특정산업 부문에 문제가 생기는 일이 있더라도 이러한 추세는 전체적으로 지속될 것이 분명하다. 따라서 지금 현재 세계총생산의 43%를 점하는 태평양지역 전체가 2000년 말에는 그 절반을 차지할 것이며 『세계경제의 중심이 급속히 아시아·태평양지역으로 옮겨가고 있다』는 예측과 결론을 어느 경제전문가가 내린다 해도 놀라운 일은 아니다. 이런 식의 얘기는 물론 19세기 이후 자주 들어왔지만 1960년 이후 이 지역이 기록한 엄청난 상업적 성장과 생산력 신장이 그러한 예측에 현실감을 주고 있는 것이다.

마찬가지로 별로 좋은 것은 아니지만 과거보다 폭넓은 하나의 경향이 앞으로 수십년은 지속될 것이라는 예측도 무리는 아니다. 그 경향이란 군비경쟁에 드는 치솟는 비용이다. 군비경쟁 비용은 값비싼 신무기체제 개발과 국제적 대결상황 때문에 점점 많아지고 있다. 『역사상 변하지 않는 몇 가지 중의 하나는 군사비 규모가 항상 커져왔다는 사실』이라는 것이 일반적인 관측이다. 이 말이 무기기술 발전이 느렸던 18세기의 전쟁과 군비경쟁에 해당되는 말이라면(단기적으로 다소의 변동은 있었겠지만) 인플레이션을 감안하더라도 과거보다는 엄청나게 비싼 신형 항공기·군함·전차들이 나오고 있는 지금의 세기는 더하면 더했지 덜하지는 않을 것이다. 1914년 이전의 전함 1척 건조비가 250만파운드라는 사실에 깜짝 놀랐던 에드워드 시대의 정치가들이 요즘 프리깃함 1척을 보충하는 데 1억 2,000만파운드가 넘게 든다는 말에는 기절하고 말 것이다. 1930년대 말 비 17 폭격기 수천대의 생산비를 흔쾌히 승인했던 미국 의회가 신형 비 1 폭격기 100대의 생산비가 2,000억달러쯤 될 것이라는 국방부의 말에 질겁하는 것도 이해가 간다. 어떤 무기든 그 생산비는 엄청나게 치솟고 있다.

폭격기 생산비는 제2차세계대전 당시에 비해 200배가 올랐고 전투기의 경우는 100배 이상 비싸졌다. 또 항공모함은 20배, 전차는 15배나 값이 올랐다. 제2차세계대전 당시 가토(Gato)급 잠수함 건조비는 톤당 5,500달러였는데 지금 트라이던트(Trident) 잠수함 1척을 건조하려면 톤당 160만달러가 든다.

　문제를 더 복잡하게 만들고 있는 것은 오늘날의 군수산업이 상업적인 자유시장 제조업과 점점 유리되어가고 있다는 사실이다. 그 나라의 국방부와 특수한 관계를 맺고 있는 몇몇 대기업에 한정되어 있는 것이 보통인 군수산업은(미국·영국·프랑스가 그렇고 「계획경제」 국가인 소련은 더욱 심하다) 국가가 그 제품을 독점계약해주고 초과생산비까지 보증해주는 등으로 일반 시장경쟁에서 보호를 받는 경우가 많다. 그들이 만드는 제품은 해당 국가와 우방국들이 유일한 수요자가 된다. 이에 반해 일반업체는 아이비엠(IBM)이나 제너럴모터스와 같은 대기업이라 할지라도 제품의 질과 소비자의 기호 그리고 가격이 중요한 변수가 되는 변덕이 심한 국내외 시장에서 조그마한 몫을 확보하기 위해 피나는 경쟁을 치러야 한다. 군수업체는 모든 가능성을 감안한 (때로는 거의 있을 수 없는) 전투시나리오에 대처할 수 있는 가장 앞선 「최첨단」 무기를 군사지도자들이 원하기 때문에 더 값비싸고 정교한 제품만을 만들어내는 반면 생산량은 더욱더 줄이고 있다. 일반회사들은 처음에는 가정용품이나 사무용 컴퓨터의 견본제작에 엄청난 투자를 한 다음 대당 가격을 낮추게 되는데 그것은 시장경쟁과 대량생산 때문이다. 19세기 이후 폭발적인 기술적·과학적 발전으로 군수업체들이 어쩔 수 없이 「자유시장경쟁」 원칙에서 벗어나 정부와 특수관계를 맺은 것이 사실이라 하더라도 지금과 같은 속도로 그러한 경향이 확산되는 것은 놀라운 일이 아닐 수 없다. 2020년에는 미국 국방부가 항공기 1대 만드는 데 방위예산을 몽땅 털어넣을지도 모른다는 냉소적인 비판도 있다. 지금 미국에서 여러가지로 제기되고 있는 「군사개혁」 제안이 그러한 결과를 막아줄 수 있을지도 모르지만 더욱 비싼 값으로 더욱 적은 양의 무기를 만들려는 경향을 되돌리지는 못할 것이다.

　10만개의 부품이 들어가는 현대식 전투기처럼 고도의 정교한 무기를 만들다보니 그런 결과가 왔다고 하지만 그것은 지상·해상·해저·공중·외계에서 계속되고 있는 군비경쟁 때문이기도 하다. 그 군사대결 가운데 가장 큰 것이 나토와 바르샤바동맹(미·소 강대국간의 대결 덕분으로 세계 군비투자의 약 80%를 차지하며 전세계 군용기와 군함 중 60~70%를 보유하고 있다)간의 대립이며 그보다 규모는 작지만 무시할 수 없는 군비경쟁(전쟁은 말할 것도 없고)이 중동·아프리카·라틴아메리카 그리고 이란에서 한국에 이르는 아시아 전역에 걸쳐 벌어지고 있다. 그 결과는 제3세계 국가 군사비의 엄청난 증가였다. 아주 가난한 정권도 무기를 사들임에 따라 제3세계 국가들에 대한 무기판매와 공급이 크게 늘어났다. 1984년 세계의 무기수입은 350억달러로 세계 곡물무역규모(330억달러)를 넘어섰다. 주목할 만한 것은 그 다음해에 세계 군사비 지출이 약 9,400억달러에 이르렀는데 이는 전세계 인구의 절반을 차지하고 있는 빈민층의 전체 소득을 상회하는 것이라는 사실이다. 더 심각한 것은 무기에 대한 지출이 세계경제 및 대부분 국가의 경제성장속도보다 빠르게 늘고 있다는 사실이다. 당시 최대 지출국인 미국과 소련은 모두 2,500억달러를 넘어섰고 가까운 장래에 3,000억달러에 이를 전망이다. 대부분 국가의 경우 군사비가 정부예산과 국민총생산에서 차지하는 비중이 점점 커지고 있다. 이를 견제하는 요소가 있다면(일본과 룩셈부르크는 몇 안되는 예외에 해당하지만) 오로지 경제력의 약세와 경화의 부족이지 군비감축공약과는 무관하다. 세계감시협회(Worldwatch Institute)의 표현대로 「세계경제의 군사화」가 지난 세대보다 한층 가속화되고 있다.

　세계생산균형이 태평양지역으로 기울면서 나타난 성장의 불균형과 군사비 지출의 급증이라는 두 가지 경향은 물론 서로 별개의 것은 아니다. 이 두 가지 경향은 상호작용할 가능성이 크며 벌써 그렇게 되고 있다. 이 두 가지 경향은 모두 기술·산업변화의 역학관계에 의해 촉진되고 있다(물론 군비경쟁이 그 나름대로의 정치적·이데올로기적 동기를 가지고는 있지만). 이 두 경향은 모두 국민경제를 크게 침해한다. 그 첫째는 부와 생산력의 발전을 가속시키거나 지연시킴으로써 번영하는 사회와 그렇지 못한 사회 사이에 격차를 만들어놓는다. 둘째는 국가자원을 고갈시킨다. 국가자원은 단순히 투자자본과 원료로만 계산할 것이 아니라 방위산업 생산과 그 반대로 순수하게 상업적이고 수출주도적인 경제성장에 종사하고 있는 과학자·기술자·연구개발 요원의 비율이 어떤가도 따져야 한다. 군사비에서 상업적인 측면의 경제적 부산물도 더러 나오지 않겠는가 하는 주장도 있지만 과도한 군사비가 경제성장을 해치고 있다는 주장을 반박하기는 점점 어려워져 간다고 할 수 있다. 현대의 군사적으로 과분수인 사회가 겪고 있는 시련은 펠리페 2세 당시의 스페인, 니콜라이 2세 당시의 러시아, 히틀러 시대의 독일이 치렀던 시련의 재판에 불과하다. 거대한 군사력은 무슨 웅장한 기념탑처럼 남 보기에는 위풍당당할지 모른다. 그러나 그 군사력이 확고한 기반(이 경우는 생산적인 국민경제를 뜻한다)에 바탕을 둔 것이 아니라면 장차 몰락의 위험을 안고 있는 것이다.

한걸음 더 나아가 이 두 가지 경향이 갖는 경제적·정치적 의미도 상당히 크다. 어느 특정한 나라에서 경제성장이 둔화되면 국민의 사기가 떨어지고 불만이 생기면서 국가예산 지출의 우선순위를 놓고 격론이 벌어지게 된다. 기술과 산업성장이 빠른 경우(특히 산업화되지 않은 사회)에도 좋지 않은 결과를 가져올 수 있다. 대규모 군비지출 그 자체는 국민경제 테두리 안에 있는 특정 부문의 산업에 이로울 수가 있다. 그러나 또 한편으로는 사회 안의 다른 집단에게 돌아갈 자원을 박탈하는 결과를 빚을 수 있으며 또 국민경제가 다른 나라들의 상업적 도전에 맞설 수 있는 능력을 떨어뜨릴 수도 있다. 과다한 군사비 지출은 적이 바로 문 앞까지 쳐들어오지 않는 한 항상「군비 대 민생(guns versus butter)」의 논쟁을 불러일으킨다. 그것은 또 공개적인 것은 아니지만 경제력과 군사력 사이의 적정한 관계는 과연 무엇인가 하는 논쟁을 불러일으킨다.

그러므로 역사상 처음 있는 일은 아니지만 오늘날 한 나라가 무질서한 군사·정치세계에서 처한 상황과 자유방임적 경제세계에서 처한 상황 사이에 긴장감이 감돌고 있다. 최신 무기체제에 돈을 쏟고 국가

자원을 군사목적에 집중적으로 이용하는 등 전략적 안보에만 골몰하는 한편에서는 성장·생산량증가·국내외 수요증대(과도하게 군비에 지출하는 경우 모두 상처를 입게 될 것들이다)에 의한 국가번영을 도모하려고 경제적 안보에 골몰하고 있는 것이다. 군사력에 치중한 나라는 경제성장이 둔화되고 세계 제조업생산량에서 차지하는 비중이 줄어든다. 그에 따라 부도 줄고 힘도 준다. 그러므로 이 문제는 대규모 군사력이 제공하는 단기적인 안보와 생산·소득증가에 의한 장기적 안보 사이에서 어떻게 균형을 취할 것인가 하는 문제를 야기한다.

이 두 가지 서로 상반되는 목표간의 긴장은 특히 20세기 말에 들어 예리하게 나타난다. 그것은 서로 극을 달리하는 여러가지 선택적인 「모델」이 존재하게 되었기 때문이다. 한쪽에는 대성공을 거둔 「무역국가」들 — 일본·홍콩같이 대개가 아시아에 있는 국가들이지만 스위스·스웨덴·오스트리아도 포함된다 — 로서 1945년 이후 세계적으로 생산이 크게 늘어나고 상업적인 상호의존이 증대한 데 크게 힘입은 나라들이고 외교정책상 다른 사회와의 평화관계와 통상관계를 중시하는 국가들이다. 그래서 이 나라들은 군사비를 국가주권 보전에 필요한 정도로 제한하려고 노력하고 있으며 따라서 국내소비와 자본투자 촉진을 위해 국가자원을 개방하고 있다. 이와는 달리 다른 한쪽에는 경제를 「군사화」하고 있는 여러 국가들이 있다. 동남아시아의 베트남, 끝없는 전쟁을 치르고 있는 이란·이라크, 서로 적대관계에 있는 중동의 이스라엘과 그 이웃국가들 그리고 소련이 그런 나라들이다. 이 나라들은 모두 매년 국민총생산의 10% 이상(어떤 나라는 이보다 더 많지만)을 군사비에 할당하고 있다. 이들은 군사적 안보를 보장하기 위해서는 그 정도의 지출이 필요하다고 믿기 때문에 국가자원을 평화와 생산목적에 쓰지 못하는 고통을 겪고 있다. 상업국가와 군사국가라는 이 양극단 사이에 나머지의 대부분 국가들이 위치해 있다. 이 중간에 위치한 국가들은 군비지출을 일본처럼 비정상적으로 낮은 수준까지 내려도 괜찮을 만큼 세계가 안전한지 확신하지 못하고 있을 뿐 아니라 일반적으로 과다한 군비지출이 가져올 경제·사회적인 부작용을 우려하고 있다. 이들은 단기적인 군사적 안보와 장기적인 경제적 안보가 서로 장단점이 있다는 사실을 알고 있다. 일본과는 매우 대조적으로 대외적으로 피할 수 없는 군사적 의무를 폭넓게 지고 있는 국가들이 있는데 이들의 문제는 더욱 복잡하다. 더욱이 초강대국의 정책수립자들은 치솟는 무기비용이 생산적 투자뿐 아니라 점증하는 사회적 요구(특히 인구의 전반적인 노령화에 따른)와 균형을 취하도록 해야 한다는 것을 절감하고 있다. 그래서 지출 우선 순위를 정하기가 그 어느 때보다 어려운 것이다.

　세계가 21세를 향하면서 전부는 아니더라도 대부분의 통치기구에게 요구되고 있는 사항은 세 가지이다. 그 하나는 군사적 안보와 국가이익을 동시에 도모하는 것이고 또 하나는 국민의 사회·경제적 욕구를 충족시키는 것이며 나머지 하나는 지속적인 성장을 보장하는 것인데 이것은 당장 필요한 군비와 민생을 보장한다는 적극적인 목적뿐 아니라 장차의 군사·경제적 안보를 해치게 될 상대적 경제성장의 둔화를 피한다는 소극적 목적을 위해서도 매우 중요하다. 기술·상업적 변화의 속도가 고르지 않고 국제정치의 예상치 못할 동향을 감안할 때 이 세 가지를 일정 기간에 한꺼번에 성취한다는 것은 매우 어려운 일이다. 세번째의 사항을 빼놓고 처음 두 가지나 그중 하나만을 성취할 경우 장기간에 걸친 상대적 침체는 불가피하다. 이것은 물론 세계의 힘의 변화에 적응하지 못한 저속성장사회 모두가 부딪치는 운명이다. 한 경제전문가는 다음과 같이 침착하게 지적하였다.『상상하기 어려운 일이긴 하지만 한 세기에 걸쳐 다른 나라들에 비해 생산력 신장이 1% 뒤지는 국가는 영국의 경우처럼 자타가 공인하는 선진공업국에서 평범한 국가로 전락할 수도 있다.』

　이러한 어려운 과업을 수행하는 데 있어서 선진공업국들이 얼마나 좋은(또는 나쁜) 조건을 갖추었는가 하는 문제는 이 장의 나머지 부분이 초점을 맞추어야 할 문제이다. 군사비와 군사적 안보, 사회 및 소비자의 욕구 그리고 성장을 위한 투자, 이 세 가지 모두가 자원을 따내기 위한 상호경쟁관계에 있기 때문에 이 긴장관계를 해소할 완벽한 해결책이 없다는 것은 강조할 필요조차도 없다. 기껏해야 이 세 가지를 대충 조화시킬 수 있을 따름인데 어떻게 그러한 균형을 이룰 것인가 하는 것은 언제나 균형에 관한 이론적인 정의가 아니라 국가적인 조건에 의해 영향을 받을 것이다. 적대적인 이웃들로 둘러싸여 있는 나라는 비교적 위협을 받지 않는 나라보다 더 많은 몫을 군사적 안보에 할당하는 것이 좋다고 생각할 것이다. 또 천연자원이 풍부한 나라는 군비와 민생의 대금을 치르기가 한결 수월할 것이며 다른 나라를 따라잡기 위해 경제성장에 집착하는 나라는 전쟁이 터지기 직전에 있는 나라와는 우선순위가 다를 것이다. 지리적 조건·정책·문화의 차이 때문에 한 나라의 「해결책」이 다른 나라와 똑같을 수는 절대로 없다. 그럼에도 불구하고 한 가지 기본적인 논지는 역시 타당하다. 즉 방위와 소비와 투자라는 서로 경쟁관계에 있는 요구를 대충이라도 조화시키지 않고는 강대국이 그의 지위를 오래 보전하기가 어렵다는 것이다.

중국의 줄타기 곡예

무기현대화, 인민의 사회적 요구, 가용자원을 비군사적인 「생산」사업에 투입할 필요성, 이 서로 경쟁적인 세 가지의 요구가 가장 절실한 나라는 뭐니뭐니 해도 중국이다. 중국은 「강대국」 중에서도 가장 가난한 나라인데다 전략적인 여건도 가장 좋지 않다. 그러나 중국이 얼마간의 만성적인 시련을 겪고 있기는 하지만 현지도부는 미국·소련·일본(서유럽은 말할 것도 없다)보다는 훨씬 일관성있고 전진적인 대전략을 펴나가고 있는 것 같다. 중국은 물질적인 압박이 크지만 이를 경제성장으로 개선해나가고 있다. 중국의 이러한 노력이 지속될 수만 있다면 앞으로 수십년 안에 다른 모습을 갖추게 될 것이다.

중국이 지니고 있는 약점은 잘 알려져 있기 때문에 여기서는 간략하게 언급하겠다. 중국은 외교적·전략적으로 고립되고 포위되어 있다고 스스로 생각하고 있다(여기에는 상당한 타당성이 있다). 이것은 부분적으로 마오쩌뚱의 주변국가들에 대한 정책 때문이기도 하고 지난 수십년 동안 다른 아시아국가들이 가졌던 야망과의 대결관계가 낳은 결과이기도 하다. 일본 침략의 기억은 중국인들 마음에서 아직 지워지지 않고 있으며 일본의 폭발적인 경제성장에 대해 중국 지도부가 갖고 있는 경계심을 더욱 강화시키고 있다. 1970년 미국과의 관계가 해빙되었지만 중국은 아직도 미국을 다소 의심의 눈초리로 보고 있다. 공화당 정권하의 미국에 대해서는 의심을 더욱 많이 두고 있다. 그것은 공화당이 반소련 블록형성에 과도한 열성을 보이고 있고 타이완에 대한 호감을 버리지 못하고 있으며 중국이 호감을 갖고 있는 제3세계 국가와 혁명운동을 반대입장에서 간섭하고 있는 듯이 보이기 때문이다. 타이완과 연안도서들의 장래는 풀기 어려운 문제로 남아 있다. 인도와의 관계는 여전히 냉랭한데다 파키스탄 및 소련과의 관계 때문에 더욱 복잡해지고 있다. 요즘엔 소련의 접근노력에도 불구하고 중국은 소련을 첫째가는 위험한 외국으로 보지 않을 수 없다고 느끼고 있다. 그것은 소련이 많은 사단과 항공기를 중국 국경지역에 배치하고 있다는 단순한 이유에서만이 아니라 소련이 아프가니스탄을 침공하고 더욱 걱정스러운 것은 베트남이 소련의 지원 아래 남쪽을 향한 군사팽창정책을 추진하고 있다는 사실 때문이다. 금세기 초 독일이 그랬던 것처럼 중국은 힘이 지배하는 세계에서 자신의 지위를 향상시키려고 노력하면서도 스스로가 「포위」되어 있다는 생각을 깊이 간직하고 있는 것이다.

    더구나 다른 강대국에 대해 군사적·경제적으로 강한 힘을 지니지 못한 나라로서 이처럼 어려운 여러 갈래의 외교문제를 풀어나가지 않을 수 없는 것이 중국이 처한 입장이다. 중국군이 병력수에 있어서는 아무리 엄청나다 해도 현대 장비면에서는 비참할 정도로 형편없는 상태다. 중국군이 보유하고 있는 전차·대포·항공기·군함은 대부분 여러 해 전에 소련과 서방에서 들여온 구형이며 현대식 무기와는 비교도 되지 않는다. 외화가 없는데다가 다른 나라에 대한 지나친 의존을 원치 않기 때문에 외제 무기구입도 최소한에 머무르고 있다. 중국

지도자들에게 더 걱정스러운 것은 전투능력이 취약하다는 사실이다. 그것은 마오가 군의 전문성을 무시하고 농민민병대를 선호한 결과이다. 이러한 공상적인 전략은 1979년 베트남과의 국경전쟁 때 거의 도움이 되지 않았다. 당시 전투에 단련되고 훈련이 잘 된 베트남군에 맞선 중국군은 2만 6,000명이 전사하고 3만 7,000명이 부상하는 손실을 입었다. 경제적으로도 중국은 상당히 뒤져 있다. 중국식 통계에 의한 1인당 국민소득은 서방식 통계방식으로 환산한다 해도 500달러를 넘지 못한다. 이에 비하면 선진자본주의 국가들은 1만 3,000달러 이상이고 소련도 5,000달러나 된다. 인구는 지금의 10억에서 2000년에는 12~13억이 될 전망이다. 따라서 1인당 국민소득이 크게 늘어날 가능성도 크지 않다. 다음 세기에 가도 중국인들은 선진국 국민들에 비해 가난을 면치 못할 것이다. 더욱이 이렇게 인구가 과밀한 나라를 통치한다는 것, 여러 계층(당·군·관료·농민)을 조화시킨다는 것, 사회와 이데올로기의 혼란없이 경제성장을 이룩한다는 것은 아무리 신축성있고 현명한 지도부라도 절대 쉬운 일이 아니라는 것은 말할 필요도 없다. 중국이 지난 세기 동안 겪은 역사는 장기적인 개발전략에 고무적인 선례가 되지 못한다.

  그러나 지난 6~8년에 걸쳐 중국에서 나타난 개혁과 자체향상의 조짐은 괄목할 만한 것이다. 이는 역사가들이 콜베르의 프랑스와 프리드리히대왕의 초기 시대 그리고 메이지유신 이후의 일본을 보았던 식으로 덩샤오핑(鄧小平)의 시대를 보게될 것임을 시사하는 것이다. 말하자면 역사가들은 중국을 모든 실용적인 방법을 동원하여 힘을 기르려는 나라, 국가목표를 가능한 한 신속하고 순조롭게 달성하기 위해 진취성·창의력·변화에 대한 욕구와 일을 추진하려는 국가사회주의(étatiste)적인 결의간에 균형을 이루고 있는 나라로 보게 될 것이다. 그러한 전략에는 정부정책의 각각 다른 측면들을 서로 연관시킬 수 있는 능력이 필요하며 따라서 아주 섬세한 곡예를 해야 한다. 변화를 안전하게 이루려면 이를 어느 정도의 속도로 진행시킬 것인가, 장기적인 필요와 단기적인 필요에 자원의 얼마를 할당할 것인가, 국내외 필요요건을 어떻게 조정할 것인가, 수정된 마르크스주의체제를 아직 유지하고 있는 국가로서 이데올로기와 실천을 어떤 방법으로 조화시킬 것인가를 신중히 판단해야 한다. 그동안 많은 어려움이 있었고 앞으로도 새로운 어려움들이 나타나겠지만 지금까지의 실적은 매우 인상적이다.

일례로 1960년대의 격변 이후 중국 군대가 어떤 식으로 변모하고 있는가만 보아도 알 수 있다. 인민해방군(해·공군 포함)의 병력을 420만명에서 300만명으로 줄인다는 계획은 실질적인 군사력을 개선하기 위한 조치로서 사실상 병력 중 상당수가 지원병력으로서 철도공사와 대민업무에 동원되어왔다. 감축 결과 남게 되는 병력의 질은 높아질 것이다. 새로 제복을 지급하고 군사계급을 부활시킨 것(마오는 「부르좌적」이라고 해서 군사계급을 폐지했다)은 표면으로 나타난 신호이기도 하다. 앞으로 대부분의 지원병을 징집에 의한 병력(질이 좋은 인력의 확보책)으로 교체하고 군구(軍區)개편과 함께 참모진을 능률적으로 개편하며 마오 시대에 폐쇄되었다가 다시 문을 연 사관학교에서의 장교훈련체제를 개선하면 중국군은 상당히 강화될 것이다. 이와 함께 무기현대화도 대대적으로 이루어질 것이다. 중국군이 지금 가지고 있는 무기는 그 숫자는 많지만 낡아서 쓰지 못할 것이 많다. 해군에는 지금 구축함·호위함에서 기습공격함과 호버크라프트에 이르기까지 신형 함정들이 공급되고 있고 잠수함 함대(1985년 현재 107척)가 증강되어 지금은 이 방면에서 세계 3위를 차지하고 있다. 전차에는 레이저 거리측정기가 장치되었고 항공기는 현대식 레이다장비로 전천후화하였다. 이와 함께 중국은 현대식 전투조건 아래 대규모 기동훈련을 의욕적으로 실시하고 있다(1981년에 실시된 기동훈련에는 항공기의 지원 아래 6~7개 사단이 참가했다). 중국군은 소련과의 국경을 따라 「전진방위」한다는 전략을 수정하여 국경 후방에 반격을 가하는 전략을 검토하고 있다. 해군도 보다 규모가 큰 기동훈련을 실시하고 있다. 1980년에는 군함 18척으로 편성된 기동타격대가 대륙간 탄도미사일 발사실험과 관련하여 남태평양에서 8,000해리를 순항했다(이것은 15세기 초에 있었던 명 함대의 순항 이후 처음 있는 해군력의 시위가 아닐까?).

　더욱 인상적인 것은 중국의 핵무기 기술이 엄청난 속도로 발전하고 있다는 사실이다. 중국은 마오 시대에 첫 핵무기 실험을 했지만 당시 마오는 「인민전쟁(people's war)」의 장점을 들먹이면서 핵무기를 조롱했다. 중국의 현지도부는 이와는 대조적으로 가능한 한 빨리 중국을 현대 군사대국의 대열에 진입시키려 하고 있다. 중국이 사정거리 7,000해리의 대륙간 탄도미사일을 실험발사한 것은 1980년이었다(7,000해리의 사정거리라면 소련 전체뿐 아니라 미국 영토의 일부까지 미치는 거리이다). 그 1년 후 중국은 로킷 하나에 인공위성 3개를 실어 발사했다. 이는 다탄두 로킷기술을 터득했다는 암시이기도 하다. 중국의 핵무기는 대부분 지상발사용이고 장거리보다는 중거리가 많다. 그러나 중국의 핵전력은 신형 대륙간 탄도미사일과 미사일적재 잠수함 함대(이는 핵전력에 관한 한 매우 중요한 조치로 볼 수 있다)로 보강되고 있다. 1982년 이후 중국은 잠수함발사 탄도미사일 발사실험을 해오면서 사정거리와 정확성을 개선하기 위한 노력도 병행하고 있으며 전술 핵무기를 실험하고 있다는 보도도 있다. 이는 중국이 원자력연구를 대규모로 진행시키고 있으며 국제적인제한협정 아래 그의 핵무기 개발을 「동결」시키기를 거부하고 있다는 사실로 뒷받침된다. 중국이 핵무기제한협정에 참여하기를 거부하는 것은 그것이 오히려 다른 강대국들을 돕는 결과가 되기 때문이다.

　군사기술이 이처럼 발전하고 있다고는 하지만 취약점도 쉽게 지적할 수 있다. 어떤 무기의 첫 견본이 나와서 실험을 거치고 대량생산에 들어가 군에 실전배치되기까지 시간이 너무 지체된다. 자본과 과학적 자원이 넉넉치 않은 나라는 특히 그렇다. 중국의 경우 잠수함에서 미사일 발사실험을 하다가 잠수함이 폭발할 가능성도 있고 무기개발계획이 취소되거나 지연될 수도 있다. 또 금속공학・레이다・항법・통신시설・제트엔진 분야의 전문지식도 부족하다. 이러한 것들이 군사적으로 미국・소련과 대등해지려는 중국의 노력을 가로막고 있는 것이다. 중국 해군의 함대는 태평양에서 기동훈련을 했다지만 「원양(blue water)」함대가 되려면 아직도 멀었고 미사일적재 잠수함도 미국·소련의 잠수함에 비해 한참 뒤진다. 미국·소련은 더 깊이 잠수하고 더 빨리 항진할 수 있는 초대형 잠수함(오하이오급·알파급)개발에 돈을 쏟아붓고 있다. 돈얘기가 나왔지만 결국 중국이 다른 강대국의 1/8 정도밖에 안되는 예산을 군사비에 쓰는 한 이들과 군사적으로 대등해질 도리는 없다. 따라서 온갖 종류의 무기를 빠짐없이 갖춘다거나 상상할 수 있는 모든 위협에 대처할 수 있는 계획은 마련할 수가 없다.

그러나 현재 중국이 갖고 있는 군사력은 몇년 전보다는 훨씬 실질적인 영향력을 발휘하고 있다. 군사훈련·조직·장비의 개선으로 중국군은 베트남·타이완·인도같은 지역적 적대국들을 상대할 수 있는 능력이 20년전에 비해 향상될 것이 틀림없다. 소련과의 군사균형조차도 지금은 엄청나게 소련에게 유리한 쪽으로 치우쳐 있는 것 같지는 않다. 앞으로 아시아에 분쟁이 생겨 중국과 소련 사이에 전쟁이 일어날 경우 소련 지도부가 중국에 격렬한 핵무기 공격을 가하기로 결정내리기는 정치적으로 어려울 것이다. 그것은 세계가 보일 반응 때문이기도 하지만 미국의 반응을 예측할 수 없기 때문이기도 하다. 그러나 소련이 핵무기 공격으로 나간다 하더라도 중국의 보복공격이 있기 전에 앞질러서 중국의 지상 및 해상발사 미사일을 파괴할 수 있다는 보장은 더욱더 줄어들었다. 한편으로 재래식 전투만 한다고 해도 소련이 심각한 궁지에 몰리기는 마찬가지다. 소련이 중국과의 전쟁 가능성을 심각하게 받아들이고 있다는 사실은 우랄 동쪽의 두 군구에 약 50개 사단(6~7개 기갑사단 포함)의 병력을 배치하고 있는 데서 엿볼 수 있다. 소련으로서는 이 정도의 병력으로 국경지역에 배치된 70개 사단이 넘는 중국 병력을 감당해낼 수 있을지 모르지만 소련의 이러한 조치는 결정적인 승리를 보장할 수 있을 만큼 충분치 못하다. 특히 중국이 소련군의 전격전 효과를 약화시키기 위해 시간전략을 공간전략으로 바꿔칠 때는 더욱 그렇다. 중국과 소련은 중앙아시아에서 대체로「세력균형」을 이루고 있다고 많은 관측자들은 보고 있다. 이것이 사실이라면 세력균형의 전략적 파급효과는 바로 이웃한 몽고를 넘어 멀리까지 미칠 것이다.

그러나 중국의 장기전 수행능력은 다른 곳에서 가장 두드러지게 나타난다. 그것은 경제의 괄목할 만한 고속성장으로서 이러한 경제성장은 지난 수십년 사이에 나타났고 앞으로도 지속될 가능성이 있다. 앞장에서도 언급했지만 중국은 공산당이 확고한 권력을 잡기 이전에도 상당한 제조능력을 보유하였다. 다만 이 나라의 엄청나게 큰 영토, 인구의 대부분이 농민이라는 사실 그리고 전쟁과 내전이 몰고온 혼란에 가려 보이지 않았을 뿐이다. 마르크스 정권이 들어서고 국내상황이 평온해지자 농업과 공업의 성장을 적극 권장하게 되었고 이에 따라 생산이 신장되기 시작했다. 마오 시대에도 괴팍하고 비생산적인 방법이기는 했지만 농·공업 발전을 장려한 일이 종종 있었다. 한 관측자는 1983~1984년에 쓴 글에서 『1952년 이후 중국의 공업과 농업 성장률은 각각 10%와 3%를 기록했고 국민총생산 성장률은 6%에 이르렀다』고 지적했다. 이러한 숫자는 싱가포르와 타이완 같은 수출지향적인 아시아「무역국가」들이 기록한 실적과는 상대도 되지 않지만 중국 같이 영토가 크고 인구가 많은 나라로서는 대단한 실적이 아닐 수 없다. 한 통계에 따르면 1970년대 말의 중국의 산업경제는 1961년의 소련과 일본에 맞먹는 것으로 되어 있다. 더욱이 다시 한번 언급할 가치가 있는 것은 중국이 그 기간 동안 이른바 대약진운동(1958~1959), 소련과의 단교, 소련의 원조중단과 과학자철수, 문화혁명의 혼란을 겪으면서도 그 정도의 성장을 이룩했다는 사실이다. 문화혁명은 근 한 세대에 걸쳐 산업계획을 일그러뜨렸을 뿐 아니라 교육·과학제도를 통째로 뒤흔들어 놓았다. 문화혁명이 없었더라면 중국의 경제규모는 훨씬 빨리 성장했을 것이다. 이는 덩샤오핑이 개혁을 시작한 5년 동안 농업이 8%, 공업이 무려 12%의 성장을 기록한 사실에서도 추론할 수 있다.

농업 부문은 중국에게 여러 모로 하나의 기회이자 약점이기도

하다. 동아시아의 벼농사는 헥타르당 수확률이 매우 높지만 극히 노동집약적이기 때문에 미국에서 하는 것처럼 대규모 기계화영농으로의 전환이 어렵다. 그러나 중국으로서는 농업이 국내총생산의 30%를 차지하고 인구의 70%를 포용하고 있기 때문에 이 부문이 쇠퇴하면(또는 단순히 둔화되기만 해도) 전체 경제가 부담을 받게 된다. 이런 일은 소련에서도 있었다. 이 문제는 인구라는 시한폭탄 때문에 더 복잡해지고 있다. 중국은 지금 경작 가능한 땅 2억 5,000만에이커로 10억 인구를 먹여살리려 하고 있다(미국의 경우는 인구 2억 3,000만명에 경작지는 4억에이커이다). 그렇다면 2000년이 되면 중국의 인구는 2억이 더 늘어날 텐데 식량수입에 의존하지 않고도 늘어난 인구를 먹여살릴 수 있을까? 식량을 수입하게 되면 국제수지와 전략이 타격을 받게 된다. 이 문제에 대한 분명한 해답을 얻기는 어렵다. 그것은 전문가들이 서로 다른 답을 제시하고 있기 때문이다. 중국의 전통적인 식량수출은 지난 30년 동안 서서히 줄어들다가 1980년에는 아주 짧은 기간 동안 순수입국이 되었다. 한편 정부는 과학자원을 대량 투입하여 인도식의 「녹색혁명」을 시도하고 있으며 덩샤오핑의 경제개혁과 농산물가격의 대폭상승(도시에 부담을 전가함이 없이)으로 지난 5년 사이에 식료품생산이 급격히 늘었다. 1979년에서 1983년 사이에(다른 나라들은 대부분 경제침체를 겪은 시기다) 8억에 달하는 지방인구의 소득이 70%나 늘었고 칼로리섭취량도 브라질과 말레이시아의 수준까지 높아졌다. 『1985년 중국은 10년 전에 비해 1억톤의 곡물을 더 생산했다. 이는 기록적인 생산증가이다.』 인구가 늘고 육류소비가 많아짐에 따라(그래서 곡물수요도 늘겠지만) 농산물소비 확대압력은 더욱 강해질 것이다. 그러나 경작 가능면적은 제한되어 있고 비료를 이용한 수확량의 증가도 둔화될 것이다. 그럼에도 불구하고 중국은 이 방면에서도 상당히 성공적인 줄타기 곡예를 해내고 있는 것 같다.

중국의 산업화노력의 미래는 더욱 중요하다. 그러나 내면적으로 볼 때 여기서도 중국은 아주 교묘한 재주를 부리고 있다. 중국의 산업화노력은 소비자의 구매력결여와 여러 해에 걸친 소련·동유럽식의 고압적인 계획 때문에 지장을 받고 있다. 중국은 국영산업으로 하여금 제품의 질·가격·시장수요 등 상업적인 현실여건에 따르도록 하고 개인이 운영하는 소규모 업체의 설립을 장려하고 해외무역의 대폭확대를 허용하는 등 지난 몇년에 걸쳐 「자유화」조치를 단행했다. 이 조치로 제조업생산량은 크게 늘었지만 문제도 많이 생겼다. 수만개의 개인기업이 생겨나자 당이론가들은 아연했고 물가상승(시장가격에 맞추다보니 그렇게 되었지만 자주 지적된 「횡령」과 「부정축재」 때문이기도 하다)은 농민이나 상인만큼 급속히 소득이 늘지 않는 도시노동자들 사이에 불만의 요인이 되었다. 거기다 급속한 대외무역 붐으로 수입상품이 밀려 들어왔고 그 결과 무역적자가 생겼다. 1986년 국무원총리 자오쯔양(趙紫陽)이 사태가 다소 「걷잡을 수 없는」 상황에 이르렀다면서 당분간 「조정」이 필요하다고 말한 것은(높은 성장목표들도 낮춘다는 발표가 있었다) 국내적이고 이데올로기적인 문제가 여전함을 시사하는 것이다.

그런데 놀라운 것은 하향조정된 성장률목표도 7.5%로 매우 높은 수준이라는 것이다(1981년 이후는 10%). 그 정도만 해도 중국의 국민총생산은 10년 안에 배로 늘어날 것이다(성장률 10%인 경우는 7년). 여러가지 이유로 전문가들은 중국이 그러한 목표를 달성할 수 있을 것으로 생각하고 있다. 우선 중국의 저축률과 투자율이 1970년 이후 국민총생산의 30%를 계속 넘고 있다. 이것은 문제가 되기도 하지만(그렇게 되면 소비율이 줄게 된다. 이는 물가안정과 소득평준화라는 효과를 가져오지만 기업의 발전을 막는다) 상당한 돈을 생산적 투자에 쓸 수 있다는 뜻이기도 하다. 둘째로 중국은 커다란 원가절감 요인을 지니고 있다. 중국은 에너지 낭비가 가장 심한 나라 가운데 하나이다(그래서 석유비축량이 상당히 줄었다). 그러나 1978년 이후 단행한 에너지개혁조치로 산업의 중요한 「투입요소」 중의 하나인 에너지비용이 크게 줄었으며 그 결과 자금을 다른 곳이나 소비에 활용할 수 있게 되었다. 더욱이 중국은 지금에서야 겨우 문화혁명이 가져온 피해를 털어버리기 시작하고 있다. 중국은 또 지난 10여년간 대학과 연구소를 폐쇄하거나 전혀 비생산적인 방법으로 운영해왔기 때문에 그동안 다른 곳에서 이루어진 과학·기술발전을 따라잡으려면 상당한 시간이 걸리리라고 예상된다. 몇년 전 이런 이야기를 한 사람이 있다.

이러한 배경에서 볼 때 중국이 1970년대 말 수천명의 과학자들을 1~2년 또는 그 이상의 연구를 위해 미국과 서방 여러 나라에 파견한 사실이 갖는 중요성을 우리는 이해할 수 있다. 빠르면 1985년 아무리 늦어도 1990년에 틀림없이 중국은 여러 분야의 미개척영역에 정통한 수천명의 과학자와 기술자들을 보유하게 될 것이다. 그밖에도 국내외에서 훈련을 받은 수만명의 과학자와 기술자들이 연구소와 기업체에 자리를 잡고 최소한 전략적인 분야에서 중국의 산업기술을 국제 최고 수준까지 끌어올릴 수 있는 계획을 실행에 옮기게 될 것이다.

중국 시장을 과대평가한 서방정부와 기업들이 다투어 내놓은 신기술제품·특허·생산시설을 보고 경영자와 기업인들이 골라잡을 수 있는 기회를 제대로 갖게 된 것도 중국이 (선별적이긴 하지만) 해외무역과 투자를 장려하기 시작한 1978년 이후부터일 수밖에 없었다. 중국정부는 해외무역의 수준과 내용을 통제하고자 하지만 그럼에도 불구하고 혹은 오히려 그 때문에 수입이 의도적으로 선별되어 경제성장을 촉진시킬 가능성도 있다.

중국의「성장을 향한 돌진」이 지니는 마지막이자 가장 주목할 만한 측면은 정부가 군사비를 확고하게 통제하고 있어서 다른 분야에 필요한 자원을 군이 소비하지 못한다는 사실이다. 덩샤오핑의 생각은 중국이 추진하고 있는「4개현대화」대상 중 군은 농업·공업·과학 다음으로 맨 마지막이 되어야 한다는 것이다. 중국의 군사비 규모가 정확히 어느 정도인지는 알기 어렵지만(가장 큰 이유는 계산방법이 다르기 때문이다) 국민총생산 중 군이 차지하는 몫은 지난 15년 동안 급격히 축소되었다. 한 소식통에 따르면 1971년 17.4%이던 것이 1985년에는 7.5%까지 떨어졌다고 한다. 이 때문에 군부에서는 불만의 소리가 터져나오고 경제 우선순위와 정책을 둘러싸고 논란이 격화되고 있다. 그러나 중국의 북쪽이나 남쪽 국경에서 심각한 국경충돌이 발생할 경우 이러한 정책은 뒤바뀔 것이 분명하다. 그러나 중국이 군사비 지출을 하위순위에 두고 있다는 사실은 중국이 경제성장에 총력을 기울이고 있다는 가장 강력한 암시이기도 하다. 중국의 이러한 태도는 소련이 「군사적 안보」에 집착하고 레이건 대통령이 군비에 자금을 쏟아붓고 있는 것과는 아주 대조적이다. 많은 전문가들이 지적했듯이 중국의 국민총생산과 그중 저축과 투자가 차지하는 비율을 놓고 볼 때 중국이 군사비를 현재의 300억달러보다 더 지출하더라도 별문제는 없을 것이다. 그런데 중국이 그러지 않는 것은 현재의 생산과 부가 여러 배로 증식될 때만 장기적인 안보가 보장될 수 있다는 신념을 반영하는 것이다.

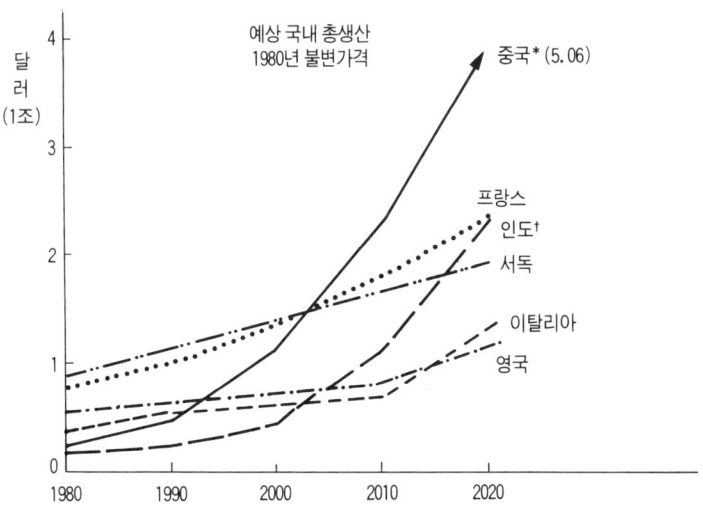

〈그림 2〉 중국・인도와 일부 서유럽국가의 예상 국내총생산, 1980~2020

* 1980~1985년 7%, 이후 8%로 가정
† 1980~1985년 5.5%, 이후 7%로 가정
그밖의 나라는 1970~1982년의 연평균 증가율로 가정
자료 : 이코노미스트・세계통화기금

요약하면 다음과 같다. 『중국의 이같은 성장을 정지시킬 수 있는 사건이 있다면 그것은 소련과의 전쟁이 터지거나 문화혁명과 같은 정치적인 격변이 장기간 계속되는 것뿐일 것이다. 중국의 경영관리·에너지·농업문제는 심각하다. 그러나 이 문제들은 모든 개발도상국들이 성장과정에서 겪었고 또 극복한 문제들이다.』 이것은 상당히 긍정적인 평가이지만 「이코노미스트(The Economist)」지가 얼마 전 내린 전망에 비하면 아무 것도 아니다. 이 경제전문지는 중국이 연평균 8%의 성장만 지속한다면 2000년이 되기 훨씬 이전에 영국과 이탈리아의 국민총생산을 추월할 것이고 2020년에는 모든 유럽국가를 크게 앞지를 것이라고 전망했다.

이러한 추정이 글자 그대로 현실화되리라고 생각한다면 큰 잘못이다. 그러나 일반적으로 볼 때 중국은 커다란 파국적 사태만 없다면 비교적 짧은 시간내에 국민총생산을 상당한 수준으로 올려놓을 것이고 1인당 국민소득도 비교적 풍족해질 것이다.

중국이 장래 국제무대에 어떤 영향을 미칠 것인가를 생각해보는 것도 가치있는 일일 것이다. 우선 중국의 경제성장이 해외무역을 촉진시키기는 하겠지만 그것으로 해서 중국이 제2의 서독이나 일본이 되기는 불가능하다. 중국같이 하나의 대륙을 영토로 가진 나라는 국내시장과 인구·원료가 엄청나기 때문에 그보다 규모가 작은 해양「무역국가」들처럼 해외무역에 의존할 가능성이 거의 없다. 중국은 노동집약적인 농업 부문이 차지하는 비중이 크고 정부가 수입식량에 너무 의존하지 않으려 하고 있다는 사실 또한 해외무역에 하나의 장애요인이 될 것이다. 한 가지 생각할 수 있는 것은 중국이 직물같이 생산원가가 낮은 제품의 생산국으로 점점 더 중요한 위치를 차지하게 될 것이며 이러한 사실은 서방이나 심지어는 소련의 기술을 사들이는 데 도움이 되리라는 점이다. 그러나 중국이 외국의 자본·제조업체·시장 또는 어떤 특정 국가나 특정 공급원에 의존할 생각이 없음은 분명하다. 중국은 줄타기 곡예를 하는 과정에서 필요한 것이 많이 나타나게 될 것이며 외국의 기술·공구·생산방식의 도입도 필요하게 될 것이다. 중국이 최근 세계은행과 국제통화기금에 가입한 것도 앞뒤가 맞지 않는 행동은 아니다(앞으로 관세무역일반협정과 아시아개발은행 〈Asian Development Bank〉에도 가입할 가능성이 있다). 이것은 중국이「자유세계」와 손을 잡겠다는 뜻이라기보다는 어떤 특정한 강대국이나 민간은행 대신 차라리 국제기구를 통해 장기차관이나 외국시장에 접근하는 것이 낫다는 고집스런 계산에서 나온 것이라고 할 수 있다. 바꾸어 말하면 중국의 지위와 독립성을 보호하기 위한 조치라는 것이다. 두번째로 지적할 사항은 첫번째와는 별개지만 서로 연관된 것으로서 1960년대의 마오 정권은 빈발하는 국경충돌을 즐기는 듯한 입장이었지만 지금의 정권은 이웃국가(중국이 의심스런 눈초리로 보는 국가일지라도)들과 평화관계를 지속하기를 바라고 있다는 사실이다. 앞서도 지적했듯이 평화는 덩샤오핑의 전략에 절대적으로 필요하다. 전쟁이 터지면 국지전이라 하더라도 자원을 군대로 돌리고「4개 현대화」의 우선순위도 바꾸어야 한다. 요즘 논란이 되고 있는 일이긴 하지만 중국은 자체의 군사적 향상으로 중앙아시아에 균형이 이루어졌기 때문에 소련과의 관계에 있어 전보다 느긋한 태도를 취하고 있는 것인지도 모른다.「힘의 상관관계」, 다시 말해서 최소한 어느 정도의 방위력을 구축해놓은 이상 중국은 경제발전에 전념할 수 있을 것이다.

 중국은 또 스스로의 독립성을 완전무결하게 유지하고 미국·소련의 해외 군사개입에 강력히 반대한다는 입장을 강조하고 있다. 심지어 일본에 대해서도 중국은 경계심을 늦추지 않고 있다. 그래서 베이징 정부는 수출입무역에서 일본이 차지하는 비중을 제한하는 한편 시베리아 개발에 너무 깊이 개입하지 말도록 경고하고 있다. 워싱턴과 모스크바에 대해서는 더욱 신중하고 비판적이다. 소련이 그토록 관계개선을 제의하고 1986년 초에는 소련 기술자들과 과학자들을 다시 파견하기까지 했지만 중국의 기본적인 입장은 변하지 않고 있다. 소련이 아프가니스탄 침공, 베트남지원, 중앙아시아 국경 및 안보문제 등 3대 현안 중 전부는 아니더라도 일부는 양보를 해야만 진정한 관계개선이 이루어질 수 있다는 것이 중국의 입장이다. 한편 미국에 대해서는 라틴아메리카·중동에 대한 개입(이 점에 있어서는 소련도 마찬가지)을 되풀이 비난하고 있다. 중국은 경제적으로 「저개발」국가인데다 백인의 세계지배를 근본적으로 의심하고 있기 때문에 강대국들의 해외개입에 비판적일 수밖에 없다. 간섭을 당하는 국가가 제3세계운동 회원국이 아닐 경우도 중국의 태도는 마찬가지다. 단지 비판의 강도가 마오가 펄펄 뛰던 1960년대와 달리 요즘에는 상당히 부드러워졌다는 것이 다를 뿐이다. 또 소련의 아시아 정책에 대한 적대적인 태도는 전이나 지금이나 마찬가지인 한편 미국이 진정으로 내놓은 「중국 카드」 얘기도 여전히 의심하고 있다. 중국으로서는 소련으로 기울거나 미국으로 기울어(중·소분쟁 이후는 더 자주 그랬지만) 소련의 핵무기 실험을 탐지하는 데 공동노력하고 아프가니스탄과 베트남에 관한 정보를 교환하는 것이 필요할지는 모른다. 그러나 가장 이상적인 입장은 두 강대국 사이에서 등거리를 유지하면서 두 강대국이 중국에 접근하도록 유도하는 것이다.

이처럼 현재(또는 미래)의 국제체제에서 진정한 중립적 행동주체로서 중국이 갖는 중요성은 중국이 다른 강대국들을 대하는 「태도」로 해서 더욱 커지고 있다. 폴랙(Jonathan Pollack)은 중국의 이러한 태도를 다음과 같이 정확하게 지적하고 있다.

　　무기·경제력·잠재력만 가지고는 세계적인 힘의 균형을 이루는 데 있어 중국이 지니는 중요성을 설명할 수 없다. 중국이 어느 정도의 전략적 중요성을 가지고 있다는 것 그리고 중국의 경제실적이 상당한 조화를 이루고 있다는 것만 가지고는 워싱턴과 모스크바가 중국을 상당히 중요하게 여기고 다른 주요 국가들이 중국에 신경을 쓰고 있는 이유를 설명할 수 없다. 그 해답은 중국이 스스로를 위협과 괴롭힘을 받고 있는 국가라고 규정하고 있음에도 불구하고 이용 가능한 정치적·경제적·군사적 자원을 매우 재치있게 그리고 천연덕스럽게 활용하고 있다는 사실에 있다. 「강대국」들에 대한 중국의 전반적인 전략은 때에 따라서 대결, 군사적인 충돌, 부분적인 화해, 비공식적인 제휴, 결별이나 다름없는 초연한 자세(사이사이에 귀에 거슬리거나 분노에 찬 언사를 던지기도 하지만)의 형태를 띠어왔다. 그 결과 중국은 모든 나라에게 있어 불투명한 것이 많고 장기적인 의도와 방향조차 종잡을 수 없는, 이것도 아니고 저것도 아닌 국가가 되어버렸다.

이러한 어정쩡한 전략 때문에 중국이 정치적·군사적 위험에 처한 때도 종종 있었다. 그러나 이러한 전략이 새로 등장하는 대국으로서의 중국의 위치에 상당한 신빙성을 부여한 것도 사실이다. 중국은 미국·소련 두 강대국이 원하는 것이나 요구를 무시하는 행동을 곧잘 했고 또 어떤 때는 전혀 예상 밖의 행동을 하기도 했다. 중국은 얻어맞을 가능성이 있는데도 미국이나 소련 어느 쪽에도 고분고분하지 않았다.……중국이 전후 중요한 정치적·군사적 분쟁에 많이 개입하면서도 스스로의 정치적 또는 이데올로기적 성격규정을 거부하는 특이한 국제적 지위를 지니게 된 것은 바로 이런 이유들 때문이다.…… 어떻게 보면 중국은 독자적인 성격을 지닌 미래의 강대국이라고 할 수도 있다. 이는 미국이나 소련 중 어느 나라도 모방하지 않고 세계정치에서 독특한 입장을 취하는 그런 국가라는 뜻이다. 장기적으로 볼 때 중국은 미국과 소련 중 어느 쪽에도 예속되지 않고 그렇다고 중립국도 아닌 특이한 정치적·전략적 세력이라고 할 수 있을 것이다.

마지막으로 다시 한번 강조할 것은 중국이 지금은 군사비 지출을 단단히 억제하고 있지만 그렇다고 앞으로도 전략적으로「가볍게」취급당하는 국가가 되기는 원치 않는다는 사실이다. 그 반대로 중국이 국가사회주의적인 스타일의 경제팽창을 추진하면 할수록 그러한 발전이 가지는 권력정치적 의미는 커질 것이다. 중국이 과학·기술의 기반을 확장하는 데 신경을 쓰고 있고 이러한 기반이 훨씬 좁았을 때도 로켓과 핵무기개발 분야에서만은 인상적인 업적을 이룩해냈다는 사실을 상기하면 더욱 그렇다. 중국의 군사지도자들은 군비에 대한 투자를 희생하면서까지 경제적 하부구조를 개선시키려는 노력에 만족할 리가 없을 것이다(중국의 군사지도자들이 장・단기 안보수단을 원하기는 다른 나라의 경우나 마찬가지다). 그러나 「이코노미스트」지는 이 문제에 관해 다음과 같이 훌륭하게 지적하였다.

중국의 군사지도자들이 경제개혁이 완결될 때까지 참고 기다린다면 그 대가를 받을 것이다. 덩샤오핑의 경제계획 전반이 예정된 진로를 갈 수만 있다면 그리고 계획한 대로 1980년과 2000년 사이에 생산량이 4배로 늘어난다면 그 이후 10~15년간은 민간경제가 군사 분야를 더 신속히 끌고갈 수 있을 만큼 충분한 힘이 생길 것이다. 그때가 되면 중국군과 이웃국가들 그리고 강대국들이 정말로 숙고해야 할 그 무엇이 나타날 것이다.

그것은 오직 시간문제일 뿐이다.

일본의 딜레마

중국이 동아시아의 장래에 어떤 의도를 가지고 있다는 바로 그 사실 때문에 일본의 이른바 「전방위(全方位)평화외교」(「모든 사람에게 모든 것이 되고자 하는」이라는 냉소적인 표현을 쓸 수도 있을 것이다)는 점점 큰 압력을 받고 있다. 일본의 딜레마를 요약한다면 다음과 같은 것이 될 것이다.

1945년 이후 경제적으로 어마어마한 성공을 거두었기 때문에 일본은 세계 경제・권력정치 질서에서 매우 독특하고 유리한 위치를 차지하고 있다. 그러나 그 위치는 극히 미묘하고 약해서 국제환경이 바뀌면 흉하게 일그러질 가능성이 있다(이것은 일본 스스로도 느끼고 있다). 따라서 일본의 입장에서 볼 때 가장 바람직한 것은 무엇보다 「일본의 기적」을 가져온 그 요인들이 앞으로도 지속되는 것이다. 하지만 우리가 사는 세계는 「불만을 가진」 국가가 「만족하는」 나라를 집적거리는 무질서한 세상이고 기술과 상업이 급속도로 변모하고 있기 때문에 그 유리한 요인들은 줄어들거나 아예 사라져버릴 것이다. 일본이 자신의 위치의 취약함을 알고 있다면 변화의 압력에 공공연하게 저항하기는 어려울 것이다. 그보다는 외교적인 타협을 통해 변화의 속도를 줄이거나 변화를 비켜가게 해야 할 것이다. 그 때문에 일본은 늘 국제문제의 평화적 해결을 제창하고 다른 나라들 사이에서 정치적인 십자포화를 맞으면 놀라고 당황하는 한편 더욱더 부자가 되면서 모든 사람들과 사이좋게 지내기를 바라는 것이다.

일본이 놀라운 경제적 성공을 거둔 이유는 이미 설명한 바 있다. 미국의 핵무기와 재래식 군사력은 40년 이상이나 일본땅을 지켜주고 있고 미국 해군은 일본의 해상항로를 보호해주고 있다. 바로 이 덕분에 일본은 국가의 에너지를 군사적 팽창이 아닌 다른 곳으로 돌릴 수 있었고 군사비에 투입할 자원을 다른 곳에 전용할 수 있었다. 이렇게 유리한 상황에서 일본은 지속적인 경제성장, 특히 수출시장의 확대에만 전념해온 것이다. 이러한 성공은 물론 일본 국민의 기업가 정신·품질개선 그리고 노력없이는 불가능했을 터이지만 일부 특수한 요인의 도움이 있었던 것도 사실이다. 수출신장을 위해 엔화가치를 지속적으로 낮은 수준에 묶어둔 것, 외국 제품의 수입구매를 공식·비공식으로 제한한 것(물론 산업에 절대적으로 필요한 주요 원료는 그러지 않았지만), 자유로운 국제무역질서 아래 일본 상품의 진출을 가로막는 장애물이 거의 없었으며 이런 「개방적」인 무역질서는 미국이 일본에게 점점 더 많은 부담을 지웠음에도 불구하고 지속되었다는 것 등이 바로 그 요인들이다. 지난 25년 동안 일본은 경제대국으로 탈바꿈할 수 있는 유리한 조건을 골고루 갖추었다. 역사적으로 그러한 성장에 뒤따르게 마련인 정치적인 책임과 영토상의 불이익마저도 일본에게는 없었다. 일본이 변화를 바라지 않는 것도 이상할 것이 없다.

일본이 거둔 성공의 요인은 전적으로 경제적인 영역에 있는 만큼 일본이 가장 걱정하는 것도 바로 이 분야임은 당연하다. 한편에서 볼 때(후술하는 바와 같이) 기술과 경제의 성장으로 일본은 그 찬란한 대가를 받고 있고 정치경제 역시 21세기를 위해 안성맞춤의 상태를 유지하고 있다. 일본이 이처럼 유리한 상황에 있다는 사실에 이의를 제기하는 사람은 몇 안된다. 다른 한편 일본의 이와 같은 성공은 벌써 수출주도형 성장을 저해하는 이른바「가위효과(scissors effect)」를 가져오고 있다. 이 가위의 한쪽 날은 한국·싱가포르·타이완·타이(생산규모가 낮은 중국은 말할 것도 없다) 등 신흥공업국들이 일본과 경쟁을 하게 되었다는 사실이다. 신흥공업국들은 모두 일본에 비해 노동비용이 매우 낮다.* 따라서 이들은 일본이 이제는 더 이상 결정적인 유리함을 누릴 수 없는 분야, 말하자면 직물·완구·가내공업제품·조선 심지어는(그 정도는 다소 낮지만) 강철·자동차 분야에서 일본에 강력히 도전하고 있다. 그렇다고 일본이 선박·자동차·트럭·강철생산에서 이제 운이 다했다는 것은 물론 아니다. 그러나 일본은 고성능 강철, 보다 정교하고 덩치가 큰 자동차 등「고급 상품시장」으로 자리를 옮겨야 할 필요성을 크게 느낄 정도에 이르게 되었다. 일본 통산성이 안고 있는 중요한 일 가운데 하나는 더 이상 경쟁력이 없는 산업 부문에서 단계적으로 빠져나오는 것이다. 이것은 상처를 덜 받기 위한 것이기도 하지만 자원과 인력을 보다 경쟁력이 있는 다른 부문으로 이전하기 위한 것이기도 하다.

가위의 두번째 날(첫번째 날보다 더욱 걱정스러운 것이지만)은 미국과 유럽이 일본 상품이 그들 국내시장에 파고드는 데 대해 점점 적대적인 반응을 보이고 있다는 사실이다. 해가 갈수록 일본제 강철·기계공구·오토바이·자동차·텔레비전 및 그밖의 전기제품이 미국과 유럽시장에 대거 몰려들었고 따라서 미국과 유럽경제공동체에 대한 일본의 무역흑자폭은 커지고 있다. 유럽은 일본 상품에 대해 수입쿼터제를 실시하고 관세장벽을 만드는 등 미국보다 더욱 강경한 반응을 보이고 있다(프랑스의 경우 일본의 전기제품은 반드시 직원이 적어

---

* 이 때문에 일본 기업들은 신흥공업국들에 공장을 세우고 있다.

손이 달리는 푸아티에〈Poitiers〉세관에서 통관하도록 하고 있다). 한편 미국 정부는 개방적인 세계무역체제를 신봉하기 때문에 일본 상품 수입을 막바로 금지하거나 제한하기를 꺼리는 대신 「자율」규제라는 어정쩡한 길을 택하고 있다. 그러나 자유무역을 강력히 옹호하는 미국인도 일본에 식량과 원료를 공급하는 대신 일본의 완제품을 수입하게 된 상황, 다시 말해서 1세기 반 동안이나 미국이 모르고 살았던 일종의 「식민지적인」 저개발 무역국가의 신세로 전락한 상황에는 점차 불안감을 느끼고 있다. 더군다나 일본에 대한 미국의 무역적자폭이 커지고(1986년 3월 31일로 끝난 회계연도의 경우 620억달러) 일본과의 정면경쟁에서 괴로움을 당하고 있는 미국 기업들의 원성이 높아지자 미국 정부는 일본에 대해 엔화가치를 상향조정하고 미국 상품수입을 늘리는 등 무역불균형을 시정하는 조치를 취하도록 강력히 요구하기에 이르렀다. 서방세계가 준보호무역주의 경향을 띠면서 일본에서 수입되는 직물이나 텔리비전의 수량에 제한을 가하려 한다는 것은 바꾸어 말해서 일본이 그 줄어든 시장을 아시아의 다른 경쟁국들과 나누어 가질 수밖에 없다는 뜻이 된다.

따라서 일본의 몇몇 대변인들이 일본의 상황이 좋다는 사실을 부인하고 있는 것도 놀라운 일은 아니다. 이들은 일본의 시장점유율과 번영에 가해지고 있는 위협이 놀랄 만큼 크다는 점을 지적한다. 즉 많은 산업 부문에서 아시아 신흥공업국들의 도전이 커지고, 서방정부들이 일본의 수출에 제한을 가하며, 세 법을 고쳐 저축을 소비로 전환시킴으로써 수입증대를 보장하라는 압력이 가중되고, 엔화가치가 급상승하고 있다는 것이다. 이 모든 것들은 일본의 수출주도형 경제붐이 막바지에 이르고 국제수지 흑자가 줄어들며 성장이 둔화됨을 뜻할 수도 있다(일본 경제가 더욱 「성숙」해지고 눈부신 팽창잠재력이 위축됨에 따라 벌써 성장률은 급속도로 떨어지고 있다). 이와 관련해서 일본은 성숙해가는 것이 경제만이 아니라는 사실을 우려하고 있다. 그것은 일본 인구구조상 2010년이 되면 선진공업국 중에서 노동연령인구(15~64세) 비율이 제일 낮아질 것이기 때문이다. 그렇게 되면 사회연금지출이 커지면서 결국 경제는 활력을 잃게 된다. 더욱이 일본 소비자들로 하여금 외국 제품(메르세데스 승용차같은 고급 제품은 빼고)을 사도록 하면 국내적으로 정치적 논쟁을 면치 못할 것이다. 정치적 논쟁은 다시 과거 일본의 수출주도형 경제성장에서 절대적인 역할을 했던 화합정치를 무너뜨릴 수도 있을 것이다.

일본 경제가 성숙기에 접어들면서 성장이 둔화되고 있다는 것은 사실일 수 있다. 또 다른 나라들이 과거 일본의 수출급증을 도왔던 경제적인 이점들을 더 이상 용납하지 않으려 한다는 것도 사실이다. 그러나 일본의 경제가 앞으로 다른 주요 강대국들보다 빠른 속도로 성장할 수도 있다는 실질적인 이유가 아직도 남아 있다. 우선 일본은 믿어지지 않을 정도로 크게 수입원료에 의존하고 있기 때문에(석유는 99%, 철광석은 92%, 구리는 100%) 무역여건이 바뀌어 철광석과 석유·식료품가격이 떨어지면 엄청난 이득을 보게 된다. 원료가격이 폭락한 예는 1980~1981년 이후에 나타난 세계석유가격 하락으로서 이때 일본은 연간 수십억달러의 외화를 절약했다. 또 엔화의 급속한 평가절상으로 해외수출이 다소 줄어들 것이지만(항상 수요의 탄력성에 좌우되고 있다) 한편으로 수입비용도 크게 줄면서 일본 산업이 경쟁력을 유지하고 인플레이션을 억제하는 데 도움이 될 수 있을 것이다. 1973년 석유위기 당시 일본은 온갖 에너지절약책을 강조했는데 이것은 지금도 산업의 효율성을 높이는 데 이바지하고 있다. 지난 10년 동안만 해도 일본은 석유의존도를 25%나 줄였다. 일본은 석유위기로 또한 새로운 원료공급원을 모색하고 그러한 분야에 집중투자하게 되었다(영국이 19세기에 해외에 집중투자한 것처럼). 그렇다고 해서 일본이 값싼 원료를 계속 공급받을 수 있으리라는 얘기는 절대 아니고 그럴 조짐이 많다는 것이다.

더욱 주목할 것은 일본의 산업이 21세기 초에 가장 유망하리라고 예상되는(따라서 이익도 그만큼 크다) 분야를 향해 계속 매진하고 있다는 것이다. 그것은 바로 첨단기술이다. 다시 말해 일본은 직물·조선·철강생산에서 꾸준히 탈피하여 이 분야는 인건비가 싼 나라에 넘거주면서 스스로는 부가가치가 훨씬 큰 첨단과학제품 생산을 주도해 나갈 심산인 것이다. 일본이 컴퓨터 분야에서 거둔 업적은 전설처럼 이미 잘 알려진 얘기다. 일본 상사들은 우선 미국의 첨단기술을 집중적으로 빌어와서는 일본 특유의 유리한 입장(국내시장보호, 정부지원, 품질개선, 유리한 환율 등)을 최대로 이용하여 원가 이하의 값으로 「덤핑」할 수 있었다. 이런 식으로 그들은 반도체 시장에서—처음에는 16K램(RAM), 다음에는 64K램 그리고 나중에는 256K램 시장에서마저도—미국 회사들을 밀어냈다.

 미국의 컴퓨터 업계가 더욱 걱정하는 것은 일본이 새로운 2개 분야(이익은 더욱 크다)에 진출할 결의를 보이고 있다는 것이다. 그 하나는 첨단컴퓨터의 자체생산이다. 이 컴퓨터는 특히 정교하고 값이 비싼 「제5세대」 슈퍼컴퓨터로서 지금 나와 있는 제일 큰 컴퓨터보다 수백배나 빨리 일을 처리할 수 있으며 암호해독에서 항공기설계에 이르기까지 기능이 다양하다. 벌써 미국의 전문가들은 일본이 이 분야에 진출하고 있는 무서운 속도와 일본 통산성과 히타치·후지쓰 등 대형 회사들이 여기에 쏟아붓고 있는 엄청난 연구비에 아연해 하고 있다. 컴퓨터의 소프트웨어 분야에서도 이와 똑같은 현상이 나타나고 있다. 1980년대 초까지만 해도 이 분야에서는 유럽의 몇몇 회사를 빼놓고는 미국에 도전할 회사가 없었다. 슈퍼컴퓨터와 소프트웨어의 생산은 반도체생산보다 엄청난 일로서 일본에게는 큰 도전이 아닐 수 없다. 한편 미국과 유럽회사들(유럽회사들은 정부의 강력한 지원을 받고 있다)은 이러한 상업적 도전을 맞이할 채비를 하고 있다. 미국 국방부는 미국 회사들이 슈퍼컴퓨터 개발에서 선두를 지킬 수 있도록 집중적인 지원을 할 것이다. 그러나 이 분야에서 일본을 영구히 견제할 수 있으리라는 것은 너무 낙관적인 생각이다.

 「이코노미스트」, 「월 스트리트 저널」, 「뉴욕 타임스」 등 권위있는 신문들과 그밖의 많은 간행물들은 일본의 첨단기술분야 진출에 관한 기사를 싣고 있다. 미쓰비시가 웨스팅하우스(Westinghouse)와 손을 잡은 것은 일본이 원자력산업에도 점차 관심을 갖고 있다는 증거다.

일본은 또 농산물수확량 증대와 관련하여 생명공학에도 큰 관심을 갖고 있다. 세라믹 분야 역시 마찬가지다. 일본항공기개발회사(Japanese Aircraft Development Corporation)가 보잉사와 제휴하여 1990년대에 등장할 연료절약형 신세대 항공기를 생산하려고 한다는 보도는 크게 주목해야 할지도 모른다(이를 두고 미국의 한 전문가는 일본에게서 돈 몇푼 받고 미국의 기술과 전문지식을 넘겨주는 「파우스트식 거래」라고 꼬집었다). 그러나 무엇보다도 중요한 것은 일본이 산업용 로봇 분야와 컴퓨터·레이저·로봇에 의해 사실상 움직이는 공장자동화 분야에서 벌써 상당히 앞서가고 있다는 사실이다. 일본으로서는 이것이 노동력감소를 궁극적으로 해결할 수 있는 방법이기도 하다. 최신자료는 일본이『세계총생산량과 거의 맞먹고 미국의 생산량보다는 몇배가 많은』산업용 로봇을 생산해내고 있음을 보여주고 있다. 또 다른 조사자료에 따르면 일본은 미국보다 훨씬 효과적으로 로봇을 활용하고 있는 것으로 나타났다.

 이러한 첨단기술산업의 이면에는 다른 경쟁국들에 비해 일본에게 훨씬 유리한 여러가지 구조적 요인들이 도사리고 있다. 일본 통산성이 유명한 「프로이센 총참모부」의 경제적 재판과 같은 역할을 하고 있다는 해외의 평가는 과장된 것인지도 모른다. 그러나 일본 통산성이 성장산업을 위해서는 연구지원과 함께 자금을 배정하고 사양산업은 안락사시키는 방법으로 국가의 전반적인 경제개발을 주도해온 것은 아직까지는 미국의 자유방임적 접근방법보다는 훨씬 효과적이었음이 의심의 여지가 없는 듯하다. 특정 산업과 기업의 등장과 소멸을 설명해주는 가장 중요한 것 중 하나라 할 수 있는 제2의 힘은 일본이 연구개발에 쏟아붓는 엄청난 자금이다.『연구개발비가 국민총생산에서 차지하는 비중은 이번 10년 동안 사실상 2배로 늘어 1980년 2%였던 것이 1990년에는 3.5%가 될 전망이다. 미국의 연구개발비는 국민총생산의 2.7%로 안정되어 있다. 그러나 군사무기 부문을 뺀다면 연구개발에 일본이 투입하고 있는 인시(人時;man-hour)가 미국과 거의 맞먹으며 연구개발비도 곧 같아질 것이다. 이러한 경향이 계속된다면 1990

년대 초에는 비군사적 연구개발비 지출에서 일본이 선두를 달리게 될 것이다.』 이보다 흥미로운 것은 일본의 경우 산업체에서 자체적으로 돈을 들여서 하는 연구개발의 비율이 유럽과 미국보다 훨씬 높다는 사실이다(유럽과 미국은 주로 정부나 대학에서 하고 있다). 이는 일본의 연구개발이 막바로 시장을 겨냥하고 있어서 연구개발속도도 빠를 것이라는 의미가 된다. 일본은 「순수」과학은 다른 사람에게 맡기고 상업적인 중요성이 분명해질 때에만 손을 대고 있는 것이다.

세번째로 유리한 점은 일본의 국민저축이 매우 높은 수준이라는 것이다. 미국에 비하면 그 차이가 더욱 두드러지는데 이는 부분적으로 조세제도의 차이 때문이다. 미국은 전통적으로 일반융자와 소비지출을 장려하는 반면 일본은 개인저축을 권장하고 있다. 일반적으로 일본에서는 연금혜택이 미국보다는 그리 너그럽지 못하기 때문에 개개인이 노후생활을 위해 보다 많은 저축을 해야 한다. 이것은 바꾸어 말하면 일본의 은행과 보험회사들에 자금이 넘쳐 금리가 낮은 자금을 흡족하게 산업에 공급할 수 있다는 뜻이다. 일본의 경우 소득세와 사회보장 지출이 국민총생산에서 차지하는 비중은 다른 주요 자본주의 「복지국가」들에 비해 상당히 낮다. 일본은 이런 상황을 지속시키려 하고 있음이 분명한데 그것은 자금을 투자에 활용하기 위해서이다. 유럽국가들이 이러한 「일본 방식」을 모방하려면 우선 사회복지 지출을 대폭 줄여야 한다. 미국이 일본 체제를 따르려면 군사비와 사회복지 지출을 모두 줄이고 세제를 전보다 과감하게 개편해야 할 것이다.

일본이 가지는 네번째의 장점은 일본 기업들이 특수제품을 제외하고는 거의 국내시장을 보장받고 있다는 것이다. 이는 대다수의 미국 회사와 유럽 업체들(보호주의무역을 하려고 애쓰고 있지만)에게는 옛날같은 이야기다. 이러한 혜택은 거의가 국내시장에서는 국내 생산자들이 유리하도록 만들어진 규정과 뿌리깊은 관료적 관행의 덕분이긴 하지만 그러한 제도를 없앤다 하더라도 원료와 기본적인 식품을 빼고는 일본 소비자들이 외국 제품을 사줄 가망이 거의 없다. 그 이유는 일본 제품들이 질이 좋고 낯설지 않은데다 일본인들의 문화적 자존심이 강하고 국내 유통·판매구조가 복잡하게 되어 있기 때문이다.

　마지막 장점은 일본 노동력의 질이 매우 높다는 것이다. 적어도 여러가지 수학적·과학적 적성검사를 해보면 이를 알 수 있다. 일본인은 경쟁이 치열한 국민교육제도 아래서는 물론 기업 자체에서까지 조직적인 훈련을 받는다. 심지어 15살짜리 일본 학생을 같은 또래의 서방학생과 비교해보아도 테스트가 가능한 과목(수학같은)에서는 일본 학생들이 월등히 우수하다. 고등교육에서는 사정이 다르다. 일본에는 노벨상을 탄 과학자가 없다. 그러나 어떤 서방국가보다 많은 기술자들을 배출하고 있다(미국보다는 50%가 많다). 일본은 또 연구개발 요원만도 70만명이나 된다. 이는 영국·프랑스·서독을 합친 숫자보다 많은 것이다.

　이상 다섯가지 요인의 복합적인 효과를 다른 선진국의 여건과 비교했을 때 그 양적인 평가를 통계수치로 나타낼 수는 없다. 그러나 이 다섯 가지가 어울렸을 때 일본의 산업에 엄청나게 강력한 기반을 형성해줄 것은 분명하다. 노동인구의 유순함과 근면성 그리고 노사제도의 조화 역시 마찬가지 효과를 내고 있다. 일본의 노사관계에서는 기업별 노조(company unions)만 있고 합의점의 모색만 있을 뿐 파업은 사실상 없다. 그렇다고 바람직스럽지 못한 점이 아주 없는 것은 아니다. 근무시간이 길고, 회사방침에 절대복종해야 하고(조기체조부터 시작하여), 진정한 의미의 독립된 노조가 없으며, 주택사정이 열악하고, 계급조직과 복종이 강조되는 것이 바로 그것이다. 일본에는 또 공장문을 나서면 급진적인 학생조직도 있다. 일본 사회가 지니고 있는 이런저런 불안요소를 많은 서방관측자들도 지적하고 있지만 일부 관측자들은 19세기 초에 영국에서 나타났던 이른바 「공장제도」에 대해 유럽대륙이 표시했던 것과 같은 공포와 경외의 눈으로 일본을 보는 것 같다. 노동자와 사회를 생산량(그 결과는 부의 창조이지만)이라는 측면에서 효과적으로 재조정한다는 것은 전통적인 규범과 개인주의적인 행동양식에 대한 도전이다. 일본의 산업기적을 모방하려면 기술이나 경영 하나하나는 물론 일본 사회제도의 상당부분까지도 흉내내야 하는 이유가 여기에 있는 것이다. 핼버스탐(David Halberstam)은 이렇게 말하고 있다. 『이것이 20세기의 남은 기간 동안 미국이 직면해야 할 전혀 새롭고 가장 어려운 도전이며…… 또한 소련과의 정치·군사적 대결보다 한층 더 어렵고 격렬한 경쟁이기도 하다.』

이 정도의 산업력만 가지고는 불충분하기라도 하다는 듯이 일본은 놀랄 만큼 빠른 속도로 세계의 주요 채권국으로 부상하여 자본수출은 매년 수백억달러에 달하고 있다. 일본 통산성이 1969년 자본수출통제를 풀고 해외투자 촉진조치를 시행하면서부터 시작된 일본의 이와 같은 변신은 두 가지 기본적인 이유에 그 뿌리를 두고 있다. 그 하나는 일본의 개인저축 수준이 매우 높다는 것이다. 일본 국민은 임금의 20% 이상을 저축하고 있어 1985년에는 『가구당 평균저축액이 사상 처음으로 연간 평균소득을 넘어섰다.』그 결과 금융기관에는 풍성한 자금이 몰려들고 이 자금은 다시 외국에 투자되어 더 높은 수익을 가져오고 있다. 두번째 이유는 수출소득의 급증으로 최근 몇년 사이에 무역수지 흑자가 전례없이 커진 것이다. 이러한 무역흑자가(국내로 되돌아오는 경우) 인플레이션을 부채질할 것이라는 우려에서 일본 대장성은 큰 은행들이 막대한 자금을 해외에 투자하도록 장려하고 있다. 일본의 자본순유출은 1983년의 177억달러에서 1984년에는 497억달러로 급증했고 1985년에는 645억달러에 이르면서 일본은 세계 최대의 순채권국이 되었다. 1990년이 되면 세계가 일본에 무려 5,000억달러의 빚을 지게 될 것으로 국제경제연구소(Institute for International Economics) 소장은 예언하고 있으며 일본의 해외총자산이 1995년에는 1조달러를 넘을 것으로 노무라연구소(野村總合硏究所)는 예상하고 있다. 이런 상황에서 일본의 은행과 증권회사들이 급속한 신장세를 보이면서 세계에서 가장 성공적인 실적을 거두고 있는 것은 놀라운 일이 아니다.

이같은 일본의 자본수출 급증은 세계경제는 물론 일본 자신에 대해서도 이로움과 함께 몇 가지 위험성을 안고 있다. 이러한 자본 가운데 상당부분은 세계 도처에서 하부구조에 투자되거나(영국해협의 해저터

널 등) 새로운 철광산개발(브라질이 그 예이다)에 투입되고 있는데 이러한 투자사업은 직·간접으로 일본에 이득이 될 것이다. 그밖의 자금은 일본 회사들이 해외에 자회사(특히 생산업체)를 개설하는 데 쓰여지고 있다. 그 목적은 경쟁력유지를 위해 노동력이 싼 나라에서 일본 상품을 생산하거나 유럽경제공동체 회원국가와 미국 영토내에 그러한 공장을 세워 보호무역주의적 관세를 피하자는 데 있다. 그러나 이러한 자본의 큰 몫은 단기공채(특히 미국 재무부공채)에 투자되고 있는데 이 자금이 대량으로 일본에 회수되는 날에는 1929년의 경우처럼 국제금융체제를 불안정하게 만들고 미국 달러화와 미국 경제에 엄청난 압력을 가하게 될 것이다. 그것은 이 자금의 대부분이 레이건 행정부의 엄청난 예산적자를 메우는 데 충당되고 있기 때문이다. 그러나 전반적으로 볼 때 일본은 잉여자본을 국내로 들여오지 않고 해외의 새로운 사업에 재순환시킬 가능성이 많다. 미국이 최대의 채권국에서 최대의 채무국으로 전락하면서 일본이 세계 최대의 순채권국으로 부상하는 변모과정은 너무 급속도로 진행되었기 때문에 어떤 의미를 지니게 될지 예측하기가 어렵다.『역사적으로 볼 때 채권국이 세계경제 팽창기마다 성장을 주도해온 만큼 일본의 시대는 이제부터 시작』이라고 한다면 일본이 세계 최대 금융국으로 부상한 것은 과거 네덜란드·영국·미국이 그랬던 것처럼 국제무역과 금융에 중·장기적인 촉진제가 될 것이다. 현단계에서 주목할 만한 사실은 일본의「보이지 않는」금융대국으로의 부상이 과거 영국의 경우와는 달리「눈에 보이는」산업주도가 뚜렷하게 침식되기 이전에 이루어졌다는 것이다. 이러한 상황은 변할 수도 있다. 엔화가치가 과도하게 상승하고 제조업의 기반과 생산성 증가율에 있어「성숙」으로 인한 장기적 둔화현상을 경험하게 될 때 상황변화는 급속히 이루어질 것이다. 그러나 이러한 변화가 온다 해도 일본이 산업대국에서 쇠퇴하는 과정은 완만할 것이라고 생각할 이유는 있다. 한 가지 분명한 사실은 2000년까지 일본이 보유하게 될 해외자산 규모에 비추어볼 때 이 나라의 경상수지가 엄청난 해외소득의 유입으로 거뜬하게 보충되리라는 것이다. 결국 어느 면으로 보나 일본은 더욱 부자가 될 수밖에 없게 되어 있는 것이다.

21세기 초에 일본은 경제적으로 어느 정도의 힘을 가질 것인가? 대규모 전쟁, 생태학적인 대재난, 1930년대와 같은 세계적 경기침체와 보호무역주의―이런 것만 없다면 일본의 경제력은 더욱 강력해지리라는 것이 일치된 대답일 것이다. 컴퓨터・로봇공학・전기통신・자동차・트럭・조선 그리고 생명공학과 우주항공 분야에서조차 일본은 1위 아니면 2위를 차지할 것이다. 금융 분야에서는 완전히 타의 추종을 불허하는 위치를 차지하게 될 것이다. 알려진 바로는 일본은 1인당 국민소득이 이미 미국과 서유럽을 앞질러 지구상에서 최고의 생활수준을 누리고 있다. 세계 제조업생산량과 세계총생산 가운데서 일본이 차지하고 있는 비중이 어느 정도인가를 밝히기는 불가능하다. 1951년 일본의 국민총생산은 영국의 1/3, 미국의 1/20(!)이었는데 그로부터 30년만에 영국의 2배, 미국의 거의 절반으로 상승했다는 사실은 상기해볼 만한 것이다. 지난 30년 동안 일본의 경제성장이 특수한 여건 때문에 비정상적으로 빨랐던 것은 사실이다. 그러나 여러가지 평가에 따르면 일본 경제는 앞으로 몇십년 동안에도 다른 경제대국들(물론 중국은 빼놓고)보다 연간 1.5~2% 정도 빠르게 성장할 여지가 있다.*
일본이 21세기 초에도 「제일의」 경제대국이 될 것이라고 허먼 칸(Herman Kahn), 에즈라 보겔(Ezra Vogel)같은 학자가 주장하고 있는 것도 바로 이런 이유에서다. 이러한 전망 때문에 많은 일본 국민들이 흥

---

* 이렇게 가정은 하더라도 여러가지 기술적인 이유 때문에 정확한 숫자로 이를 제시하기는 곤란하다. 국제비교에서 자주 사용되는 통계(예컨대 중앙정보국의) 중에는 시장환율에 따른 미국 달러화표시로 된 것이 많다. 따라서 1985~1986년중 엔화가 달러화에 대해 거의 40%나 절상된 것은 일본의 국민총생산을 미국(그리고 등비중항환산 달러〈geometric mean dollars〉로 표시되는 소련의 국민총생산)에 비해 크게 불려놓게 된다. 엔화의 환율이 현재의 달러당 120엔에서 100엔으로 절상될 경우―일부 전문가들은 그것이 「실세」라고 하지만―일본의 국민총생산은 미국과 비슷해지고 소련을 크게 앞지르게 될 것이다. 환율의 급속한 변동으로 야기되는 이러한 문제들 때문에 일부 경제전문가들은 「구매력평가율(purchasing parity ratios)」의 사용을 선호하고 있지만 이 역시 계산상의 문제가 있다.

분하고 있는 것도 무리는 아니다. 세계인구의 3%, 거주 가능한 지구상 면적의 0.3%에 불과한 나라로서는 거의 믿어지지 않는 일이기 때문이다. 새로운 기술에 내재한 여러가지 가능성만 없다면 일본이 그 국민과 땅이 지니고 있는 잠재력을 거의 다 소모함으로써 포르투갈·베네치아·네덜란드·영국 등 비교적 영토가 작은 주변국가 또는 섬나라들이 겪었던 운명처럼 언젠가는 자원이 보다 많은 국가들의 그늘에 가리워 유명무실한 국가로 전락하리라고 생각할 수도 있다. 그러나 예견할 수 있는 장래만을 놓고 보면 일본의 궤적은 계속 상승할 것이다.

일본의 현재와 미래의 경제력을 어떻게 평가하든간에 다음 두 가지만은 틀림없는 사실이다. 그 하나는 일본이 지금 엄청난 생산력과 번영을 누리고 있으며 앞으로 그 힘은 더욱 커지리라는 점이다. 또 하나는 일본의 군사력과 군사비 지출이 지금 일본이 세계 경제질서에서 차지하고 있는 지위와는 무관하다는 것이다. 일본은 보통규모의 해상자위대(구축함 31척, 프리깃함 18척), 자체방위를 위한 항공자위대 그리고 별로 규모가 크지 않은 육상자위대를 가지고 있지만 그것은 다른 국가들이나 1930년대 또는 1910년대의 일본에 비해 훨씬 못미치는 군사력이다. 「방위분담」 문제와 관련되는 얘기지만 일본은 이처럼 비교적 작은 몫을 방위에 할당하고 있다. 「군사균형(The Military Balance)」 보고서에 의하면 1983년 일본은 116억달러를 군사비로 지출한데 비해 프랑스·서독·영국은 210~240억달러, 미국은 무려 2,390억달러를 지출하였다. 따라서 국민 1인당 군사비 부담은 일본이 98달러에 불과한 반면 영국은 439달러, 미국은 1,029달러였다. 지금과 같은 번영을 누리고 있으면서도 일본은 두 가지 측면에서 군사비를 너무 적게 부담하고 있는 것 같다. 그 하나는 일본이 다른 나라, 말하자면 미국의 보호를 받고 있다는 사실이다. 또 하나는 군사비 지출이 적기 때문에 공공지출도 적고 따라서 제조업생산에 더 많은 자원을 투입할 수 있다는 것이다. 바로 이 때문에 미국과 유럽의 경쟁자들이 피해를 보고 있는 것이다.

일본이 미국 정부와 다른 서방국가들의 압력을 받아들여 군사비를 현재 유럽의 나토 회원국들에게 할당되고 있는 국민총생산의 3~4% 수준으로 늘린다면 극적인 상황변화가 일어나면서 일본은(중국과 함께) 연간 500억달러를 군사비로 지출하는 세계 3위의 군사대국으로 변신할 것이다. 일본이 기술적·생산적 자원을 지니고 있는 만큼 예컨대 항공모함을 주축으로 한 기동타격대나 핵억지력으로서의 장거리 미사일을 만들어낼 능력이 있음은 의심할 여지가 없다. 그렇게 된다면 미쓰비시같은 국내업체가 이익을 볼 것은 물론이고 극동의 소련 군사력에 대한 대응역할을 할 수 있게 되어 부담을 너무 많이 지고 있는 미국을 돕는 길도 될 것이다.

그러나 일본은 그러한 외부의 압력을 피하려고 노력하거나 미국과의 불화를 유발하지 않는 한도 안에서 가능한 한 군사비 지출을 낮은 수준에서 유지하려고 할 가능성이 많다. 그 이유는 군사비를 국민총생산의 1% 이내로 한정하고자 하는 그런 상징적인 데 있는 것이 아니다. 나토의 기준(군사연금까지 포함)으로 따지면 일본의 그러한 군사비 한계선은 벌써 무너졌다. 또 실제로 1950년대 초에 일본은 국민총생산의 상당한 몫을 군사비로 쓴 일도 있다. 일본이 군사비를 덜 쓰려는 이유는 미국군의 일본주둔의 합법적인 근거가 되고 일본으로 하여금 전략보다는 무역을 생각할 수 있게 해준 1951년의 미·일안보조약 규정과도 별관계가 없다. 그것은 1980년대의 상황이 한국전쟁 당시와는 판이하게 다르기 때문이다. 일본 정부가 보는 진짜 이유는 국민들과 지역국가들이 군사비의 대폭증액은 물론 해외파병과 무기판매를 금지하고 있는 평화헌법 개정을 반대하고 있기 때문이다. 1930년대의 지나친 군국주의 행동, 전쟁으로 인한 손실 그리고 원자폭탄의 공포가 일본 국민의 의식 속에 전쟁 자체와 전쟁수단에 대한 증오와 회의를 심어주었기 때문이다. 일본 국민들의 이러한 의식은 제1차세계대전 후 나타난 서방의 평화주의만큼이나 강력한 것이다. 이러한 의식은 보다 젊고 자기주장이 강한 젊은 세대의 등장과 함께 점차 변화를 겪겠지만 이러한 지배적인 여론 때문에 가까운 장래에는 일본 정부가

「자위대」경비를 적당한 수준까지 증액하기를 꺼릴 가능성이 크다.

이러한 정신적이고 이데올로기적인 이유 밖에도 경제적인 이유가 있을 수 있다. 일본의 기업인과 정치가들 가운데는 공공지출 증대를 반대하는 사람이 많다(일본은 경제협력개발기구의 어느 회원국보다 공공지출이 적다). 군사비를 2배 또는 3배 늘리려면 공공부문 적자를 확대하거나 세금을 인상해야만 가능하다고 그들은 생각하고 있다. 그런데 이 두 가지는 그들이 가장 싫어하는 것들이다. 또 1930년대에 해군과 육군이 규모가 컸음에도 일본에 군사적·경제적「안보」를 가져다주지 못했다는 주장도 있다. 만약 아랍의 석유공급이 끊어질 경우 군사비 증액이 이를 막아주기는 어려울 것이다. 전략적으로 볼 때 일본에게 석유 공급중단은 가상적인 핵겨울보다 훨씬 위험하다. 일본 정부가 중동위기 때마다「아무 말도 않으려고」무진 애를 쓰는 것도 이 때문이다. 일본은 세계주의적인「무역국가」의 입장에서 무력의 포기와 국제분쟁의 평화적인 해결을 선언하는 것이 유리하지 않을까? 현대전은 돈이 많이 들고 또 대개가 비생산적이기 때문에 일본은 이른바「전방위 평화외교」를 펴는 것이 이롭다고 느끼고 있는 것이다.

일본은 또 군사력을 크게 증강할 경우 주변국가들이 예민한 반응을 보이리라는 것을 알고 있는 만큼 이러한 느낌은 더욱 강해질 수밖에 없다. 분명코 소련이 반응을 보일 것이다. 그것은 미국이 일본과 방위「분담」을 원하고 있고 일본과 소련간에 북방 4개 섬을 둘러싼 영유권 분쟁이 계속되고 있는데다 소련으로서는 극동지역에서 중국 군사력의 증강에 대처하는 것만도 벅차다고 느끼고 있기 때문이다. 소련외에 한때 일본에게 점령당한 경험이 있는 한국·타이완·필리핀·말레이시아·인도네시아는 물론 오스트레일리아와 뉴질랜드도 반응을 보일 것이다. 이 국가들은 일본의 군국주의와 무사도 정신이 되살아날 기색이 조금만 있어도 신경질적인 반응을 보여왔다. 바로 이 때문에 일본은『동남아시아의 평화와 안보대책으로 생산적이고 비군사적인 방법에 초점을 맞추게』된 것이다. 이보다 큰 골치거리는 성미가 까다로운 중국의 의심을 삭히기 어렵다는 것이다. 중국은 일본이 1937년과

1945년 사이에 저지른 잔학행위를 아직도 기억하고 있다. 중국은 또 시베리아 개발에 일본이 너무 깊이 참여하지 말 것을 경고하고(그렇게 되면 일본과 소련 관계가 복잡해지겠지만) 타이완도 지지하지 말라고 요구하고 있는 형편이다. 많은 주변국가들은 일본과의 경제협력(투자·개발지원과 관광수입이라는 이득이 있기는 하지만)마저도 의심의 눈초리로 보고 있다. 그들은 다시 한번 새로운 형태의 「대동아공영권」속으로 빨려 들어가는 것이 아닌가 하는 느낌을 가지고 있다. 일본이 이들 나라로부터(원료외에는) 수입해가는 것이 별로 없으면서도 엄청난 양의 일본 제품을 이들에게 팔고 있기 때문에 그들은 더욱 그러한 느낌을 갖게 된다. 그중에서 일본을 가장 의심하고 있는 중국은 처음에는 일본과의 무역과 투자붐(1970년대 말)을 환영했지만 나중에는 일본과의 거래를 크게 줄였다. 그것은 자체의 국제수지 적자 때문이기도 하지만 특정한 어느 한 나라에 경제적으로 의존하여 그 나라가 이를 악용하는 사태를 막자는 뜻이다. 덩샤오핑은 1979년 미국의 중국과의 무역은 『일본과 동등한 규모가 되어야 하며』 그렇게 함으로써 일본판 「자유무역 제국주의(imperialism of free trade)」의 가능성을 막아야 한다고 역설했다.

  이 모든 것들은 현재로서는 방향을 제시하는 여론에 불과하다. 그러나 21세기가 다가옴에 따라 일관성있는 해외전략을 어떻게 짜나가야 할 것인가를 놓고 일본 정치가들이 부심하는 요인이 되고 있다. 경제력이 팽창함에 따라 일본이 제2의 베네치아가 될 것은 의심할 여지가 없다. 그것은 무역의 광역화라는 뜻에서뿐 아니라 해상항로를 보호하고 해외속령을 만들 것이라는 뜻에서도 그렇다. 그러나 일본이 강해지는 데 대한 반감이 국내외적으로 크기 때문에 일본은 옛날 제국주의 방식대로 영토를 확장하는 것은 피하려 할 것이고 또 군사력도 대폭으로는 증강하지 않을 것이다. 일본의 군사력 제한은 서태평양의 「방위분담」을 요구하고 있는 미국을 언짢게 할 것이다. 따라서 일본은 군사비 지출을 대폭 늘리지 않아도 욕을 먹고 늘려도 욕을 먹는 아이로니컬한 입장에 빠지게 될 것이다. 둘 중 어느 것도 일본의 이른바 「최대이익 취소위험의 외교정책」에는 문제가 된다. 이는 경제성장속도는 빨라지더라도 동아시아의 군사·정치상황 변화는 되도록 완만하기를 일본이 바라고 있음을 다시 한번 시사하는 것이다. 그래서 일본의 딜레마는 복잡해진다. 아시아의 심각한 경제 변화는 다른 영역에서도 광범한 변화를 몰고 올 텐데 이를 피한다는 것은 마르크스주의자가 아니라도 이해가 되지 않을 것이기 때문이다.

따라서 일본인들이 마음속 깊이 지니고 있는 걱정은 공개적으로 거론된 일이 거의 없다. 그것은 외교적인 배려 때문이기도 하지만 그러한 사태발전을 피하기 위한 것이기도 하고 또 동아시아 자체의 세력균형이 앞으로 어떻게 될 것인가에 대한 걱정 때문이기도 하다. 「전방위 평화외교」는 지금은 효과가 있을 것이다. 그러나 미국이 아시아에 대한 공약을 철회하고 일본에 대한 아랍석유의 공급을 보호하지 못하게 될 때도 일본의 그러한 외교정책이 효과를 발휘할 수 있을 것인가? 또 한국에 전쟁이 터지고 중국이 이 지역을 지배하기 시작하며 초조하게 된 소련이 침략적인 행동을 취한다면 그때도 일본의 이 외교정책이 쓸모가 있을 것인가? 이러한 가상적이고 놀라운 질문에 대답할 길은 없다. 그러나 일본이 소규모의 「자위대」를 가진 단순한 「무역국가」이더라도 언젠가는 이에 대해 어떤 해답을 제시하지 않을 수 없는 날이 올 것이다. 과거에 다른 나라들도 알게 된 일이지만 상업적인 전문지식과 재정적인 풍요만 가지고는 국제적 권력정치라는 무질서한 세계에서 버틸 수가 없는 것이다.

유럽경제공동체 ― 잠재력과 문제점

오늘날 세계의 5대 경제·군사력 중심권 중에서 주권국가가 아닌 것은 유럽뿐이다. 이 때문에 이 지역이 21세기 초 「강대국」으로 등장하면서 직면하는 주요 문제가 생기게 된다. 유럽대륙의 장래전망을 검토함에 있어서 동쪽의 공산 정권들을 배제한다 하더라도(실제적인 이유로 배제할 수밖에 없다) 경제·정치적 기구(EEC)의 회원이면서도 군사동맹(나토)에는 가입하지 않은 나라들, 후자에는 가입했지만 전자에는 가입하지 않은 나라들 그리고 양쪽 모두에 가입하지 않은 중요한 중립국들의 문제가 남는다. 이러한 예외적 국가들 때문에 여기서는 비공산권 유럽 전체를 다루기보다는 유럽경제공동체(그리고 주요 회원국들의 정책)에 초점을 맞춰 다루기로 한다. 왜냐하면 세계의 다섯번째 강대국이 될 조직과 구조가 잠재적으로나마 존재하는 것은 유럽경제공동체뿐이기 때문이다.

이처럼 유럽경제공동체의 현실이 아니라 그 잠재력을 검토해야 하기 때문에 유럽경제공동체의 2000년 또는 2020년의 모습을 추측하는 문제가 복잡해진다. 어떻게 보면 현재의 상황은 비록 규모가 작기는 하지만 19세기 중엽 독일연방 가맹국들이 처했던 상황과도 흡사하다. 그 당시 관세동맹이 있어 무역과 산업을 매우 성공적으로 촉진한 결과 신속하게 가맹회원이 늘어났기 때문에 이 경제공동체가 확대되어 하나의 강대국을 형성했을 경우 국제체제의 새로운 주역이 되었을 것이다―이 경우「강대국」들의 새로운 조정이 불가피했을 것이다. 그러나 이같은 변화가 일어나지 않고 관세동맹 가맹국들간에 더 이상의 경제적 통합과 정치·군사적 통합에 관해 이견이 있었기 때문에 그리고 어느 나라가 주도권을 잡아야 할 것인가에 관해 다툼이 있었고 여러 당사국과 압력단체들 간에 이익(또는 손실)을 둘러싼 분쟁이 있었기 때문에 이 관세동맹은 분열되어 그 잠재력을 실현할 수 없었고 다른「강대국」들과 동등한 존재가 될 수 없었던 것이다. 시간과 상황은 다르지만 19세기의「독일문제」는 오늘날의「유럽문제」의 축소판이었다고 할 수 있을 것이다.

그 잠재력에 있어서 유럽경제공동체는 강대국으로서의 규모와 부 그리고 생산력을 갖추고 있음이 분명하다. 스페인과 포르투갈의 가입으로 유럽경제공동체 12개국의 총인구는 이제 3억 2,000만명에 달하게 되었는데 이것은 소련보다 5,000만명이 많고 미국에 비하면 거의 50%나 많은 것이다. 더구나 인구는 교육수준이 매우 높으며 전유럽에 걸쳐 수많은 대학과 수백만명의 과학·기술자를 보유하고 있다. 1인당 평균소득에는 커다란 격차가 있지만(예컨대 서독과 포르투갈의 소득) 전체적으로 유럽경제공동체는 소련보다 훨씬 부유하며 일부 회원국들의 1인당 국민소득은 미국보다 높다. 앞서 지적한 바와 마찬가지로 비록 유럽 역내무역이 주종이기는 하지만 유럽경제공동체는 단연 세계 최대의 무역블록을 이루고 있다. 경제력을 보다 정확하게 측정하려면 자동차·강철·시멘트 등의 생산량을 알아보아야 하겠지만 이 점에서도 유럽경제공동체는 미국과 일본 그리고 소련(강철을 제외)을 앞서고 있다. 지난 6년간의 통계를 비교해보면 유럽경제공동체의 전체 국민총생산은 대략 미국과 같고(1980, 1986) 유럽통화에 대한 달러화가치의 변동을 감안하면 약 2/3만큼 크다(1983~1984년 통계). 유럽경제공동체는 세계총생산이나 제조업생산량에서 차지하는 비중에서 소련·일본 또는 중국보다 훨씬 앞서 있다.

군사적인 면에서도 유럽 회원국들은 결코 만만하지 않다. 그중 4대국(서독·프랑스·영국·이탈리아)만 계산에 넣더라도 정규군의 규모는 100만명이 넘으며 그밖에도 170만명의 예비군이 있다. 이것은 물론 소련군이나 중국군에 비하면 작지만 미국군보다는 상당히 큰 규모이다. 더구나 이 4대국은 수백척의 군함과 잠수함 그리고 수천대의 전차·야포 및 항공기를 보유하고 있다. 마지막으로 프랑스나 영국은 핵무기와 그 운반체제─해상 및 지상발사─를 보유하고 있다. 이 군사력이 갖는 함축적인 의미와 효율성은 후술하는 바와 같다. 여기서 한 가지 지적해둘 것은 이 군사력을 합치면 매우 거대한 것이 된다는 점이다. 더구나 이들의 군사비는 대략 평균해서 국민총생산의 4%쯤에 달한다. 이들 4개국이 한걸음 더 나아가 전체 유럽경제공동체가 오늘날의 미국처럼 국민총생산의 7%를 군사비로 지출한다면 그 총액은 수천억달러에 달해 두 군사적 초강대국의 군사비와 대략 맞먹는 수준이 될 것이다.

그런데도 유럽의 실질적인 힘과 효율성은 그 경제·군사력의 총계가 시사하는 수준에 훨씬 못 미치는데 그것은 오직 유럽이 통일되어 있지 않기 때문이다. 예컨대 군대는 여러가지 언어 때문에 곤란을 겪을 뿐 아니라(독일연방 가맹국들간에는 이런 문제가 없었다) 여러가지 상이한 무기를 갖추고 있으며 또한—서독 육군과 그리스 육군, 영국 해군과 스페인 해군의 경우처럼—질과 훈련에 있어서도 매우 뚜렷한 차이를 지니고 있다. 나토의 여러 차례에 걸친 표준화노력에도 불구하고 사람들은 아직도 수준이 각기 다른 12개국의 육·해·공군이 있다고 말하고 있다. 그러나 이러한 문제들도 유럽의 해외정책과 군사정책상의 우선순위와 관련된 정치적 차원의 장애에 비하면 아무것도 아니다. 아일랜드의 전통적인(그리고 시대착오적인) 중립입장 때문에 유럽경제공동체는 방위문제를 거론도 못하고 있으며 설사 거론한다 하더라도 즉시 그리스의 반대에 부딪칠 형편에 있다. 터키는 유럽경제공동체 회원국이 아니면서 상당한 군대를 보유하고 있는데 터키군과 그리스군은 바르샤바동맹보다는 상대방을 서로 경계하는 경우가 많다. 프랑스의 독자적 입장은 후술하는 바와 같이 군사적으로 이익과 불이익이 있거니와 이 역시 방위정책 및 외교정책문제의 협의를 어렵게 만드는 요인이 되고 있다. 영국과 프랑스는 모두「역외(out of area)」작전에 몰두해 있고 실제로 여러 해외기지를 유지하고 있다. 서독의 경우 가장 중요한 방위문제—전군대가 대비하고 있는 문제—는 동쪽 국경선의 안보문제이다. 이처럼 회원국간에 이해관계와 전통이 각기 다르기 때문에 예컨대 팔레스타인문제나 심지어 미국에 대한 문제에 관해서조차도 통일된 유럽정책을 마련하기가 매우 복잡하고 어렵게 되어 있다.

경제적 통합과 경제 부문의 결정사항을 집행하는 제도적 장치에 관해서 유럽경제공동체는 큰 진전을 이룩하고 있다. 그렇기는 하지만 유럽경제공동체는 하나의「경제공동체」에 불과하기 때문에 주권국가에 비해 훨씬 분열되어 있다. 정치이념은 늘 경제정책과 우선순위에 영향을 미친다. 회원국 중 어떤 나라에는 사회주의 정부가 들어서고 어떤 나라에는 보수정당이 집권하면 정책조정이 불가능하지는 않더라도 매우 어려워진다. 지금은 통화조정이 전보다 잘 이루어지고 있지만 그래도 회원국들의 개별적인 재정제도—그리고 상이한 신용도—때문에 가끔씩 재조정(보통은 독일 마르크화의 재평가)이 실시되고 있다. 유럽위원회(European Commission)의 여러가지 제안에도 불구하고 전면적인 항공규제 철폐에서 금융업무에 이르는 온갖 문제에 관한 유럽 공동의 정책은 별진전을 보지 못하고 있다. 각국의 국경선에는 여전히 수많은 통관사무소가 장시간의 검문을 실시하여 트럭운전자들을 화나게 만든다. 심지어 유럽경제공동체 예산지출의 주종을 이루는 분야이고 「공동시장」이 형성된 몇 안되는 경제 부문의 하나인 농업 부문조차도 분쟁의 씨가 되어왔다. 그리고 만일 세계의 식료품 증산이 계속되어 인도 등 아시아 나라들이 수출시장에 뛰어들게 된다면 유럽경제공동체의 농산물가격 지지정책에 대한 개혁압력이 가중되어 이 문제가 다시 열띤 논쟁거리로 등장하게 될 것이다.

끝으로 전후 수십년 동안 경제성장과 성공을 이룩한 유럽이 이제 침체하기 시작했으며 아마도 쇠퇴의 길로 접어들기 시작했을지도 모른다는 끈질긴 우려가 나타나고 있다. 1979년의 석유위기로 야기된 문제들—에너지가격의 급등, 국제수지상의 압박, 세계 전반에 걸친 수요·생산·무역 등의 침체—은 〈표 45〉에서 보는 바와 같이 지구상의 다른 주요 국가들에 비해 더욱 큰 타격을 유럽에 주었다.

최근 유럽국가들의 주요 관심사의 하나는 이같은 경기침체가 고용에 미치는 영향이다. 최근 서유럽의 실업자 수는 1945년 직후보다 훨씬 높은 수준을 기록하고 있으며(예컨대 유럽경제공동체의 실업자 수는 1978년의 590만명에서 1982년에는 1,020만명으로 급증했다) 수그러

〈표 45〉 실질 국민총생산의 증가, 1979~1983

(%)

	1979	1980	1981	1982	1983
미 국	2.8	-0.3	2.6	-0.5	2.4
캐 나 다	3.4	1.0	4.0	-4.2	3.0
일 본	5.1	4.9	4.0	3.2	3.0
중 국	7.0	5.2	3.0	7.4	9.0
유럽경제공동체(10개국)	3.5	1.1	-0.3	0.5	0.8

질 전망을 보이지 않고 있다—이로 인해 이미 매우 높은 수준에 있는 사회정책적인 지출이 더욱 늘어나 투자의 여력이 줄어들고 있다. 또한 1980년대에 접어들면서는 신규 취업기회 창출도 미국(주로 저임금 서비스산업)이나 일본(첨단기술산업과 서비스산업)의 규모에 못미치고 있다. 그 이유가 기업장려책의 부재 때문이건, 원가상승이나 노동시장의 고정성 때문이건, 관료적인 과잉규제 때문이건(우익의 주장처럼), 국가의 계획 및 투자가 불충분한 때문이건(좌익의 주장처럼) 아니면 그 모두가 결합된 때문이건간에 결과는 마찬가지이다. 더욱 충격적인 것은 유럽이 미래의 첨단기술 분야에서 미국과 (특히)일본에게 뒤떨어지는 징조가 나타나고 있다는 사실이다. 이 때문에 유럽위원회의「1984~1985년 연례 경제보고서(Annual Economic Report)」는 이렇게 경고하고 있다.

> 유럽공동체는 지금 급속히 성장하는 새로운 기술 분야의 산업적 능력에 있어서 미국과 일본에 비해 뒤지고 있다는 사실의 도전에 대처해야만 하는 처지에 있다.……지금 컴퓨터·마이크로전자·장비 등의 분야에서 공동체의 세계무역 실적이 떨어지고 있음이 일반적으로 인정된다.

「유럽경화증(Eurosclerosis)」과「유럽비관론(Europessimism)」에 관한 이같은 묘사가 너무 과장되었을 가능성도 있다. 고급 승용차·민간 및 군용 항공기·인공위성·화학제품·전기통신시스팀·금융업 등의 분야에서는 유럽의 경쟁력을 나타내주는 여러가지 징조가 있기 때문이다. 그럼에도 불구하고 두 가지 가장 중요한 문제가 미지수로 남아 있다. 과연 유럽경제공동체는 회원국들의 사회정치적 다양성에 비추어 고용패턴의 급속한 대규모 변화에 대해 해외 경쟁국들만큼 잘 대응해나갈 수 있을 것인가? 아니면 경제적 변화가 비경쟁적 부문(농업·직물·조선·석탄 및 강철)에 미칠 영향을 완화시키는 등 단기적으로 인정을 베풂으로써 장기적인 불이익을 자초할 것인가? 그리고 유럽경제공동체는 유럽기업들이 미국이나 일본의 대기업만큼 크지 못한 여건과 또한 「산업전략」에 대해 일본 통산성과 같은 기구가 수립되지 못하고 12개 회원국 정부(그리고 유럽경제공동체위원회)가 각기 다른 관심을 나타내고 있는 여건에서 과연 첨단기술 분야의 주요 경쟁자로 남을 만큼 충분한 과학적 자원과 투자자원을 동원할 수 있을 것인가?

유럽경제공동체 전체에 대한 관심을 잠시 돌려 유럽의 3대 정치·군사대국이 처한 상황을 검토해보면 「잠재력」이 「문제점」에 의해 위협받고 있다는 생각이 더욱 커질 뿐이다. 논쟁의 여지는 있지만 장래에 관한 이같은 양면성을 가장 뚜렷이 나타내고 있는 나라는 서독인데 그것은 이 나라가 과거로부터 물려받은 유산과 유럽의 현구조가 갖는 「잠정적」 성격 때문이다.

많은 독일인들은 21세기 초 이 나라의 경제 전망에 관해 우려하고 있지만 그것이 큰 걱정거리라고는 할 수 없다(특히 다른 나라들이 직면한 경제적 난관과 비교해볼 때). 서독의 총노동력은 영국이나 프랑스보다 약간 큰 데 불과하지만 경제가 장기적으로 극히 인상적인 생산증가를 이룩한 결과 국민총생산은 이 두 나라보다 훨씬 크다. 서독은 유럽경제공동체에서 강철·화학제품·전기제품·자동차·트랙터 등의 최대 생산국이며 심지어(영국의 쇠퇴 때문에) 상선과 석탄에서도 최대의 생산국이 되었다. 서독은 인플레이션과 노사분규의 수준이 매우 낮기 때문에 마르크화의 빈번한 평가절상에도 불구하고 수출경쟁력을 유지하고 있다—어쨌든 평가절상은 다른 나라들이 서독의 경제가 더욱 개선되었음을 사후적으로 인정하는 것에 불과하다. 기업경영에서 엔지니어링과 디자인을 중시하는 서독의 전통(금융을 중시하는 미국과 달리) 덕분에 고급 제품면에서 국제적 명성을 얻게 되었다. 서독 경제는 무역수지에서 매년 흑자를 기록하여 일본에 이어 세계 2위로 올라섰다. 외환보유고는 세계 최대이며(최근에는 아마도 일본이 더 앞섰을 것이다) 독일 마르크화를 준비통화로 사용하는 나라가 늘어나게 되었다.

이에 반해 서독인들을 불안하게 만드는 요인들도 있다. 서독 납세자들에게 오래전부터 부담을 주어온 유럽경제공동체의 농산물가격 지지정책은 자원을 경쟁력있는 경제 부문에서 경쟁력이 약한 부문으로 ― 그리고 비단 서독내에서만이 아니라(서독에는 소농의 수가 놀랄 만큼 많다) 남유럽의 소농민들에게까지 ― 재분배하는 제도이다. 이것이 사회정책적인 가치가 있는 것은 분명하지만 미국이나 일본의 농업에 제공되는 보호에 비해 훨씬 큰 부담을 안겨주고 있다. 서독의 높은 실업률은 사양산업에 종사하는 노동력의 비중이 아직 크다는 것을 말해주는 것이기도 하지만 이 역시 중요한 경제적 낭비요인이 되어 국내총생산의 매우 큰 몫을 사회보장 비용으로 묶어놓고 있다. 그리고 젊은 층의 실업은 광범위한 훈련과 견습공제도 그리고 서독 인구의 급속한 노령화에 의해 완화될 수 있겠지만 바로 이 노령화추세는 서독이 안고 있는 가장 큰 불안정요인으로 인식되고 있다. 독일 민족이 「소멸」된다고 생각하는 것은 과장이겠지만 노령연금으로 생활하는 인구의 비중이 날로 늘어나는 여건에서 출생률의 급격한 하락은 서독 경제에 큰 영향을 미칠 것이 분명하다. 이 인구문제에 관한 우려와 함께 아직은 별로 실감나지 않는 또 한 가지 걱정거리가 있으니 그것은 「계승세대」가 전쟁의 잿더미 위에서 독일을 재건한 사람들에 비해 근로의욕이 떨어질 것이며 또한 일본에 비해 높은 임금비용과 훨씬 짧은 근로시간 때문에 서독의 생산성증가가 태평양 연안국가들의 도전을 감당하지 못하리라는 우려이다.

그렇다고 하더라도 독일이 물가안정, 높은 품질, 신기술에 대한 많은 투자, 우수한 디자인과 판매술, 산업평화 등을 일괄적으로 지속할 수만 있다면 위의 문제점은 모두 해결이 가능한 것들이다(이러한 문제들이 독일 경제에 영향을 준다면 독일보다 경쟁력이 약한 이웃나라들의 경제는 얼마나 큰 타격을 받겠는가!). 예측하기가 훨씬 더 힘든 것은 1940년대 말부터 계속되어온 극히 복잡하고 독특한 「독일문제」의 양상이 21세기에도 그대로 계속될 것인가의 여부이다. 다시 말해 서로 친밀해지고 있으면서도 적대적 동맹국들에 의해 분리된 상태에 있는

「두 개의 독일」이 앞으로도 계속 존재하게 될 것인가, 동・서관계가 악화하여 전쟁이 일어날 경우 서독이 중요 역할을 맡고 있는 나토가 독일 땅을 파괴하지 않은 채 이 나라를 방어해줄 수 있을 것인가 그리고 미국의 힘이 쇠약해져 유럽주둔군을 감축할 경우 독일과 유럽경제공동체・나토의 주요 국가들이 지난 40년 동안 큰 도움을 주던 미국의 전략적 우산을 효과적으로 대신할 수 있을 것인가 하는 문제들은 예측하기가 힘든 것이다. 서로 연관된 이 문제들은 당장 해결해야 될 것은 아니지만 신중한 관측자들에게는 걱정거리가 되고 있는 것이다.

이 일단의 문제들 중에서도 지금 가장 불확실한 것은 「독일・독일(German-German)」관계이다. 지금까지 여러 차례 밝혀둔 바와 마찬가지로 유럽 국가체제내에서 독일이 어느 정도의 지위를 차지해야 하는가 하는 문제는 적어도 지난 1세기 반 동안 여러 정치가들을 괴롭혀 왔다. 독일어를 사용하는 사람들을 묶어 하나의 나라를 만든다면(이렇게 하는 것이 지난 2세기 동안 유럽의 기준이었다) 인구와 산업력이 집중되어 독일을 중서부 유럽의 경제적 중심으로 만들게 될 것이다. 그렇다고 해서 마치 빌헬름 2세와 나치 시대의 제국주의가 독일의 패권 시도로 이어졌던 것처럼 독일이 앞으로 반드시 유럽의 지배적인 군사적・영토적 세력으로 발전할 것이라고 말할 수는 없다. 미국과 소련이 아직 군사적으로 주도하는 양극세계에서 강대국의 공격이 핵전쟁 유발의 위험을 안고 있으며 「탈나치화(de-Nazified)」한 1945년 이후 세대에 속하는 독일 정치가들이 현재 본과 동베를린에서 국정을 운영하고 있는 마당에 독일이 장차 「유럽지배」을 노릴 수 있으리라는 생각은 시대착오적이라고 해야 할 것이다. 설사 독일이 이를 시도한다고 하더라도 유럽(그리고 세계)의 나머지 나라들이 이를 저지하게 될 것이다. 그러므로 추상적으로 말하자면 6,700만 「서」독일인과 1,700만 「동」독일인이 재통일하도록 허용하는 것은 나쁘기는커녕 오히려 좋은 점이 많다. 특히 양쪽 사람들이 각각의 초강대국 후견인들보다 서로간에 더 많은 공통점을 느끼고 있음을 생각할 때 더욱 그러하다.

그러나 비극적인 사실은 그 해결책이 한 가지 점에서 아무리 논리적이라 하더라도—그리고 두 개의 독일인들이(이념차이에도 불구하고) 아무리 공동의 유산과 문화적 특징을 가지고 있다 하더라도—정치적 현실은 심지어 18세기의 모델에 따라 엉성한 독일연방이라도 만들자는 훌륭한 착상조차도 반대하고 있다는 사실이다. 왜냐하면 한 가지 엄연한 사실로서 동독이 소련의 동유럽 완충국 지배를 위한 전략적 보루(서쪽으로 진출하기 위한 디딤돌은 아니더라도)로 되어 있으며 또한 아직도 제국주의적 실리정치 차원의 사고방식을 가지고 있는 소련은 동독이 서독으로 기울어지는 것을 그에 대한 큰 타격으로 생각할 것이기 때문이다. 한 당국자가 지적한 것처럼 현재의 군사력만 가지고 보더라도 통일 독일은 정규군 66만과 준군사력 및 예비군 150만을 동원할 수 있다. 소련은 그 서쪽 주변에 200만 군대를 보유한 통일 독일이 등장하는 것을 편안한 마음으로 볼 수 없을 것이다. 한편 평화적으로 통일된 독일이 냉전의 산물인 대규모 군대를 계속 유지하리라고 생각하기는 어렵다. 또한 비록 제2차세계대전이 큰 교훈을 주었다고는 하지만 소련 지도층조차도 독일의 실지회복운동과 신나치즘(neo-Nazism)에 관한 소련 자신의 선전활동을 믿으리라고 생각하기도 어렵다(빌리 브란트의 집권 이래로 이같은 선전은 계속하기가 더욱 어려워지고 있다). 그러나 또 한 가지 분명한 것은 소련은 어느 지역에서건 선천적으로 철수하기를 싫어하며 또한 재통일된 독일이 가져올 정치적 결과를 크게 우려하고 있다는 사실이다. 통일 독일은 전체 국민총생산면에서 위험할 정도로 소련에 접근하여—적어도 공식 달러화환율로 환산할 때—응당 막강한 경제적 세력으로 등장할 뿐 아니라 모든 동유럽 국가들의 무역을 끌어들이게 될 것이다. 더욱 근본적인 문제는 소련이 어떻게 하면 체코슬로바키아·헝가리·폴란드로부터의 유사한 철수문제를 야기하지 않으면서 동독으로부터 철수할 수 있겠는가—그렇게 되면 모호한 폴란드·우크라이나 경계선이 소련의 서쪽 국경선이 되어 5,000만 우크라이나인을 유혹하게 될 것이다—하는 것이다.

그러므로 지금은 미결정상태가 계속되고 있다. 두 독일간의 상호무역관계는 앞으로도 성장할 것이다(단지 초강대국들간의 긴장으로 가끔씩 먹구름이 낄 뿐이다). 두 독일은 각기 이웃나라들에 비해 생산과 부에서 상대적으로 앞서게 될 것이다. 두 독일은 상호간에 특별한 관계를 유지하면서도 각기 초국가적인 군사기구(나토・바르샤바동맹) 및 경제기구(유럽경제공동체・코메콘)에 충실할 것이다. 소련에 내부혼란이 일어나고 그것이 동독의 심각한 불안사태를 부채질할 경우 서독이 어떠한 반응을 보일지는 예측하기 어렵다. 또한 바르샤바동맹이 서방을 공격할 경우 동독의 반응을 예측하기도 불가능하다. 소련이 동독군에 대해 특별한「통제」협정을 맺고 있다는 사실 그리고 동독군 사단마다 소련의 기갑・소총사단이 그림자처럼 따라다니고 있다는 사실은 냉혹한 소련 당국자들도 독일인끼리 싸우는 것을 우려하고 있음을 말해주는 것이다.

그러나 서독이 건국 후 지금까지 계속 직면하고 있는 더욱 구체적이고 직접적인 문제는 유럽에 전쟁이 발발할 경우의 방위정책 수립문제이다. 당초부터 서독과 유럽 동맹국들은 우세한 붉은 군대가 별저항을 받지 않고 서유럽에 타격을 가할 수 있으리라는 우려 때문에 주된 안보장치로서 미국의 핵억지력에 의존해왔다. 그러나 소련이 대륙간 탄도미사일로 미국 본토를 공격할 능력을 보유하게 된 이후 이 전략은 비록 공식적으로 폐기되지는 않았지만 그 타당성이 의심스럽게 되었다(소련이 독일의 북부 평야를 재래식 무기로 공격해올 경우 미국이 과연 핵무기 공격으로 맞서게 될 것인가?). 이와 관련된 문제로서 소련이 유럽내 목표물만을 상대로 단거리 또는 중거리 미사일로 공격해올 경우 미국이 과연 소련에 대해 전략적인 핵무기 공격을 개시할 것인가 하는 문제도 마찬가지이다. 이러한 경우에 대비하여「확실한 억지력」을 창설하자는 제안이 없었던 것은 아니다. 즉 소련의 중거리 미사일에 대항하기 위해 퍼싱Ⅱ와 각종 형태의 크루스미사일을 설치하고 건물과 시설은 파괴하지 않고 바르샤바동맹 침략군만 살상하기 위해 고방사능탄(「중성자」폭탄)을 생산하며 또한 프랑스의 경우 불확실한 미국의 방위체제에 대신하여 프랑스가 통제하는 억지력에 의존하도록 한다는 제안 등이 그것이다. 그러나 이 모든 제안에는 각기 부수되는 문제들이 있으며 또한 이로 인해 야기될 정치적 반작용과는 별도로 각 제안은 핵무기체제 특유의 모순된 본질―즉 핵무기를 사용하면 방위하고자 하는 대상까지도 파괴하게 된다는―을 드러내고 있다.

그러므로 서독의 역대 정부가 나토의 핵억지전략을 찬양하고 독자적인 핵무기를 소유하지 않겠다고 다짐하면서 강력한 재래식 방위체제의 창설에 앞장서왔다는 것은 놀라운 일이 아니다. 서독 연방군(Bundeswehr)은 유럽의 나토군 중에서 최대의 규모(병력 33만 5,000명, 예비군 64만 5,000명)일 뿐 아니라 훈련과 장비가 극히 우수하여 제공권만 장악한다면 막강한 힘을 발휘할 수 있을 것이다. 반면에 출생률의 급격한 저하로 인해 군세를 완전히 갖추는 데 큰 어려움을 겪고 있으며 또한 정부는 군사비를 국민총생산의 3.5~4% 수준으로 억제할 방침이어서 필요한 장비를 조달하는 데도 어려움을 겪을 것이다. 시간이 지나면 이러한 취약점은 극복될 수 있을 것이며 정치적 의지만 있다면 서독주둔 동맹군들의 장비부족문제도 해결될 수 있을 것이다. 그렇더라도 서독은 여전히 중부 유럽에서 대규모 전쟁이 발발할 경우 독일 영토가 엄청난 유혈극과 물질적 손실을 입게 된다는 난처한(어느 정도 참을 수는 있겠지만) 딜레마에 직면하게 된다.

그러므로 서독 정부가 적어도 빌리 브란트 집권 이래로 유럽의 데탕트―동독뿐만 아니라 전통적으로 독일의 지나친 강대화를 두려워하는 동유럽 및 소련과의 데탕트―를 앞장서서 추구해왔다는 것은 놀라운 일이 아니며 또한 경제적 상호의존이 전쟁발발을 어렵게 만든다는 코브던류의 신념을 가지고(또한 서독의 은행과 기업들이 동·서무역에 유리한 위치에 있다는 이유 때문에) 나토 회원국 중 어느 나라보다도 동·서무역에 적극 참여·지원하고 있다는 것도 놀라운 일이 아니다. 그렇다고 해서 이 정책이 두 독일의 「중립화」를 (사회당 좌파와 녹색당의 주장처럼) 추구하고 있는 것은 아니다. 왜냐하면 이 경우 동독의 중립화에 관해 소련의 동의를 얻어낼 가망이 거의 없기 때문이다. 이 정책이 의미하는 바는 서독이 자체의 안보문제를 거의 전적으로 유럽에만 국한시켜 인식하고 「역외」전략은—프랑스와 영국이 아직도 가끔씩 벌이는 유럽 이외 지역에서의 작전은 차치하고—극력 배제하고 있다는 것이다. 그러므로 서독은 중동 등 머나먼 전쟁터에서 마음이 내키지 않는 문제에 억지로 말려들기를 싫어하며 이 때문에 서방의 안보를 중부 유럽에만 국한시킬 수 없다고 생각하는 미국 정부와 의견차이를 빚고 있다. 서독은 한편으로는 소련 및 동독과의 관계에 그리고 다른 한편으로는 비유럽문제에 얽매여 있어 단순한 쌍무적 외교만 추진하기가 매우 어려운 처지에 있다. 서독은 실제로 미국(그리고 프랑스)의 반응을 존중해야만 할 형편이다. 이 역시 독일이 세계 권력체제에서 거북하고 독특한 위치에 처해 있기 때문에 치러야만 하는 대가라고 할 수 있다.

서독이 경제적 문제를 외교·방위정책문제보다 다루기 쉽다고 생각하고 있다면 그것은 영국도 마찬가지이다. 영국 역시 역사적인 유산을 지니고 있으며 또한 그 지리적 위치 때문에 영국의 정책은 세계 전체에 큰 영향을 미칠 수 있다. 앞에서도 살펴본 바와 마찬가지로 영국은 종전의 강대국에 속한 나라로서 1945년 이후의 시기에(또한 여러 가지 점에서 그 이전 몇십년 동안에) 이루어진 기술·제조업양상의 변화에 경제적·사회적으로 적응하기가 가장 힘든 여건에 처해 있다. 이같은 범세계적 변화로 가장 큰 충격을 받은 분야는 영국에 한때 「세계의 공장」이라는 칭호를 가져다주었던 제조업 부문이다. 세계의 여러 선진국들에서 모두 생산과 고용에서 차지하는 제조업의 비중이 줄고 다른 부문(예컨대 서비스 부문)은 성장하고 있는 것이 사실이지만 영국의 경우는 그 하락속도가 보다 급속하다는 데 문제가 있다. 영국이 세계 제조업생산량에서 차지하는 비중은 상대적으로만 가차없이 하락한 것이 아니라 절대적으로도 감소했다. 더욱 충격적인 것은 영국의 해외무역에서 차지하는 제조업의 위치가 급격하게 달라졌다는 점이다. 『1983년부터 영국의 공산품 무역수지는 로마의 브리튼침략 이래 처음으로 적자를 보이고 있다』는 「이코노미스트」지의 신랄한 평가를 입증하기는 어렵지만 한 가지 확실한 것은 1950년대 말까지만 해도 영국의 공산품수출은 수입보다 3배나 많았다는 사실이다. 지금은 이같은 무역흑자가 사라졌다. 더구나 고용감소는 사양산업에서만이 아니라 「유망한」 첨단기술산업에서도 일어나고 있다.

영국 제조업의 경쟁력약화가 1세기 전부터 시작된 것이라고 하지만 북해석유의 발견에 의해 더욱 가속화된 것이 사실이다. 북해석유는 무역의 적자를 해소해준 반면 파운드화를 「석유통화(petrocurrency)」로 전환시켜 그 가치를 비현실적으로 높임으로써 한동안 여러 수출경쟁력을 약화시켜 놓았다. 설사 석유가 고갈되어 파운드화가 더욱 약세화하더라도 이제는 그 자체만으로 제조업이 부활되리라고 기대하기 어렵게 되었다. 이미 공장이 해체되고 해외시장을 상실하였으며(아마도 영구히) 또한 단위노동비용의 상승으로 국제경쟁력을 상실하였기 때문이다. 영국의 서비스산업은 어느 정도 장래성이 있는 것은 사실이지만 그래도 미국의 경우와 마찬가지로 대부분의 서비스업(유리창 닦기에서 패스트푸드산업에 이르기까지)은 외화를 벌어들이는 것도 아니고 특별히 생산성이 높은 것도 아니다. 심지어 외화가득률이 높은 국제금융·투자·상품거래 등의 성장부문조차도 경쟁력이 의문시되고 있다. 실제로 지난 30년 동안 『세계 서비스무역에서 차지하는 영국의 비중은 18%에서 7%로 감소했다.』 금융산업이 더욱 국제화하여 뉴욕·런던·도쿄 등에서 대규모 자본을 운영하는 상사(주로 미국과 일본 상사)들에 의해 지배될 경우 영국의 비중은 더욱 줄어들게 될 것이다. 끝으로 전기통신과 사무기기 분야의 동향은 벌써부터 서방의 화이트칼러 직종이 블루칼러 직종의 과거를 답습하고 있음을 시사하고 있다.

이상의 여러가지 현상이 대격변의 전조가 아니기를 모두는 바랄 것이다. 영국의 비중이 서서히 감소하고 1인당 국민소득이 이탈리아와 싱가포르 등 여러 나라에 의해 꾸준히 추월당하고 있기는 하지만 세계의 생산량 및 무역의 전반적 성장은 영국 경제를 계속 부양시켜줄 것이다. 정권의 변화로 사회보장 지출(생산적 투자가 아닌)이 대폭 증가하고 세금징수가 늘어나며 기업의 신용도가 떨어지고 파운드화 기피현상이 일어나면 쇠퇴는 더욱 가속화될 것이다. 반면에 긴축재정을 완화하고 일관성있는「산업전략」을 추진하며 시장성있는 사업 분야에서 다른 유럽국가들과 협력하는 정부가 들어선다면 이 쇠퇴과정은 완만해질 것이다. 한 경제전문가가 주장하듯이 영국의 제조업은 최근 「산업부흥(industrial renaissance)」을 겪은 결과 이제는 체질을 개선하여 경쟁력을 회복했는지도 모른다. 그러나 대대적인 변화가 일어날 전망은 밝지 않다. 노동시장의 상대적 정체성과 훈련부족, 단위비용의 상승 그리고 영국 제조업체들의 상대적 영세성 등은 매우 큰 약점이다. 과학자·기술자의 배출도 아직은 극히 저조하다. 무엇보다도 연구개발 투자가 매우 빈약하다. 1980년대 초 영국의 연구개발 투자 1달러에 대해 서독은 1.5달러, 일본은 3달러 그리고 미국은 8달러를 투자했으며—더구나 연구개발 투자 중 비생산적인 군사 부문이 차지하는 비중이 서독은 9%, 일본도 극히 작은 부분에 불과한 데 반해 영국의 경우는 50%나 되었다. 주요 경쟁상대국들(미국만 제외하고)과는 달리 영국의 연구개발은 산업연관성이 훨씬 작으며 산업 자체의 투자도 훨씬 적다.

 방위관련 연구개발비의 비중이 크다는 사실도 영국의 딜레마를 나타내주고 있다. 영국이 야심없고 멍청하고 고립된 평화로운 나라였다면 산업의 빈혈증세는 애석한 일이기는 하지만 국제권력체제와는 상관없는 일이다. 그러나 영국은 비록 빅토리아 시대의 전성기보다는 훨씬 위축되기는 했지만 그래도 여전히 세계의「중간규모의(midsized)」주도적인 강대국의 하나로 남아 있으며 또 그렇게 자처하고 있다. 영국의 방위예산 규모는(중국의 군사비 추계방식에 따라) 세계 제3위 또는 4위를 차지하고 있으며 해군은 제4위, 공군도 제4위를 차지하고 있는데 이 모든 것은 영국의 지리적 규모(불과 24만 5,000평방킬로미터), 인구(5,600만명) 그리고 세계총생산에서 차지하고 있는 비중(1983년 3.38%)에 비추어볼 때 크게 불균형한 현상이라고 생각할 수도 있다. 더구나 영국은 제국주의 국가로서 사양길에 접어들었으면서도 여전히 극히 광범한 전략적 해외파병을 계속하여 나토 중부 전선에 대한 기여로 서독에 6만 5,000명의 육군과 공군을 파견하는 외에도 벨리즈(Belize)·키프로스·지브롤터·홍콩·포클랜드제도·브루나이(Brunei)·인도양 등 세계 도처에 주둔군과 해군기지를 가지고 있다. 여러가지 때이른 예상도 있었지만 아직은 영국이 니네베(Nineveh)와 티레(Tyre)의 운명에 처해 있지는 않다.

영국의 사양길에 접어든 경제상태와 지나치게 확장된 전략적 배치 간의 이같은 불균형현상은 아마도 소련을 제외한 어느 강대국들보다도 그 정도가 심하다고 할 수 있다. 그러므로 영국은 무기가격이 인플레이션보다 6~10% 빨리 상승하여 새 무기체제를 낡은 것과 대체할 경우 그 비용이 3~5배에 달하게 된다는 사실 때문에 특히 심한 취약성을 드러내고 있다. 더구나 군사비를 둘러싼 국내의 정치적 마찰은 영국의 입장을 더욱 취약하게 만들고 있다. 보수당 정부는 재정적자 해소를 위해 군비지출의 억제가 필요하다고 생각하는 정도인데 반해 야당은 군사비의 절대액을 삭감해야 한다는 입장이다. 그러나 영국은 이같은 정치적 딜레마 외에도 곧 현재의 각군에 자원을 배분하여 모든 군대를 비효율적인 상태로 방치할 것인가 아니면 방위공약의 일부를 철회할 것인가 하는 기본적이고도 불가피한 선택에 직면하게 될 것이다.

그러나 이 문제를 거론하게 되면 당장 몇 가지 장애가 떠오른다. 신형「유러전투기(Euro-fighters)」의 비용이 천정부지로 치솟고 있는데도 제공권 장악은 자명한 것으로 생각되고 있다(따라서 영국 공군의 예산에 우선권이 주어졌다). 영국 최대규모의 해외공약은 독일 및 베를린에 대한 것(약 40억달러)인데 이곳에 파견된 5만 5,000 병력과 전차 300대 및 기타 장갑차량 3,000대는 비록 사기는 높지만 장비가 부족한 상태이다. 그러나 라인주둔 영국군(British Army on the Rhine, BAOR)의 감축을 시도하든가 병력의 절반을 서독 병영이 아닌 영국군 병영에 주둔시키고자 하는 서투른 계획을 추진하면 정치적 반발— 서독의 불만, 벨기에의 모방, 미국의 번민 등—을 불러일으키는 등 전적으로 역효과를 가져오게 될 것이다. 두번째 방안은 해상함대의 규모를 감축하는 것인데 이것은 1981년까지만 해도 국방부의 방안이었으나 포클랜드 사건 때문에 계획이 뒤집어지고 말았다. 이 방안은 영국 정부내에서 가장 폭넓은 지지를 받고는 있지만 소련 해군의 위협이 가중되고 미국이 나토의 「역외」진출을 더욱 강조하고 있는 현시점에서는 설득력이 없을 것으로 생각된다(그리고 나토의 유럽내 재래식 병력의 증강을 지지하면서 동시에 나토 대서양호송선단 중 두번째로 큰 함대의 감축에 동의하는 것은 모순이 아닐 수 없다). 더 가능성이 높은 「감축」방안은 재정부담이 크고 과잉팽창된 공약이라고 할 수 있는(그 감정은 이해할 수 있지만) 영국의 포클랜드 파견군 규모를 줄이는 것이다. 그러나 이 정도의 감축은 장기적인 결정 문제를 몇년 뒤로 미루는 데 불과한 것이다. 마지막으로 비용이 매우 방대한데다가 더욱 늘어날 것으로 전망되는 트라이던트 잠수함발사 탄도미사일체제에 대한 투자문제가 있다. 그러나 보수당 정부가 선진적인 「독자적」 억지체제에 열의를 가지고 있음을 감안할 때—트라이던트 잠수함이 실제로 전체적 핵무기균형을 뒤바꾸어 놓을 수 있다는 점은 차치하고라도—그같은 결정은 영국 정부의 급격한 변화가 있어야만 가능할 터이고 이렇게 되면 장래의 방위정책에 더 많은 문제점을 제기하게 될 것이다.

그러나 언젠가는 이 어려운 선택을 내려야 한다. 「선데이 타임스(Sunday Times)」지가 지적한 것처럼 『조만간 어떤 조치를 취하지 않고서는 이 나라의 방위정책이 보다 적은 돈을 가지고 같은 일을 하려고 시도하는 데 급급할 것인데 그것은 영국과 나토에 해를 끼칠 수밖에 없다.』여기서 정치가들은(어느 정당이건) 특정한 지역에 대한 해외파병을 감축하여 그 결과를 감수하느냐 아니면 군사비를 더욱 늘림으로써—영국은 그리스를 제외한 나토 회원국들 중에서 군사비의 비중(국민총생산의 5.5%)이 가장 높다—생산 부문의 투자를 감축하여 장기적인 경제회복 전망을 더욱 어둡게 만드느냐 하는 선택에 직면하게 된다. 쇠약해가는 강대국에게 남은 선택은 어려운 선택일 수밖에 없다.

　해협을 사이에 둔 영국의 이웃나라 프랑스도 비슷한 딜레마에 처해 있다. 단지 프랑스의 경우는 방위정책에 대한 국내의 논란이 없고 1950년대 이후 경제상황이 크게 개선되었기 때문에(아직 문제는 있지만) 이러한 딜레마가 표면화되지 않고 있을 뿐이다. 그러나 시간이 지나면 프랑스도 영국과 마찬가지로「중간규모의」강대국에 불과한 나라로서 무기비용의 상승으로 방위하기가 날로 힘들어지는 광범위한 국가이익과 해외공약을 벌여놓은 데 따른 문제를 해결해야만 한다. 프랑스의 인구는 영국과 비슷하나 국민총생산과 1인당 국민소득은 그보다 많다. 프랑스는 자동차 및 강철생산에서 영국을 앞서 있으며 대규모의 우주항공산업을 보유하고 있다. 프랑스는 영국과 달리 아직도 수입석유에 크게 의존하고 있는 반면 유럽경제공동체의 대폭적인 보조 덕분에 농산품은 상당한 잉여를 기록하고 있다. 프랑스는 전기통신・인공위성・항공기・핵발전 등 여러가지 중요한 첨단기술 분야에서 국제경쟁을 벌여나간다는 강력한 입장을 보이고 있다. 프랑스 경제는 1980년대 초(주요 무역상대국들이 모두 긴축재정을 실시하던 시기)에 사회당 정부의 무모한 성장정책 때문에 크게 타격을 입었지만 그후에는 엄격한 긴축정책으로 인플레이션이 진정되고 무역적자가 축소되며 프랑화가 안정되어 경제성장의 지속이 가능해지고 있다.

　그러나 프랑스의 경제구조와 전망은 라인강 건너의 강력한 이웃나라인 서독 — 또는 일본 — 과 비교해볼 때 그 불안정함이 금방 드러난다. 프랑스는 지금도 전투기・포도주・곡물 등의 수출에는 놀라운 솜씨를 보이고 있지만『보통의 공산품을 해외에 판매하는 데는 여전히 상대적 취약성을 드러내고 있다.』프랑스의 고객들은 불안정한 제3세계 국가들이 대부분이어서 댐건설이나 미라주(Mirage) 전투기구입 등 무분별한 사업계획을 발주했다가 대금지불에 어려움을 겪는 경우가 너무나 많으며 반면에 각종 공산품・자동차・전기기구 등의「수입품침투」는 프랑스의 광범한 분야가 경쟁력을 상실하고 있음을 말해주고 있다. 프랑스의 대서독 무역적자는 매년 증가하고 있으며 프랑스의 물가상승률도 서독보다 높기 때문에 프랑화의 하락이 계속될 것이 확실시된다. 프랑스의 북부 지역에는 아직도 석탄·철강·조선 등 사양산업이 산재해 있으며 자동차산업도 대부분 어려움을 겪고 있다. 첨단기술 분야는 전망이 매우 밝지만 실업자를 대량으로 흡수하기에는 미흡하며 이 분야의 투자도 서독·일본·미국 등을 따라잡기에 필요한 수준에는 못 미치고 있다. 농업을 경제적으로(그리고 보다 중요한 것은 심리적으로) 중요시하는 이 나라가 더욱 우려하는 것은 전세계적으로 곡물·낙농제품·과실·포도주 등의 생산과잉의 위기가 예견되고 있다는 점이다. 이 경우 농산물 지지가격을 유지하자니 프랑스와 유럽경제공동체 예산에 무리가 가중되고 이를 삭감하자니 사회불안이 우려되는 것이다. 프랑스는 몇년 전까지만 해도 유럽경제공동체의 자금을 얻어 농업구조개편을 지원할 수 있었으나 지금은 그 자금의 대부분이 스페인·포르투갈·그리스 등으로 가야 할 형편이다. 이상의 모든 이유 때문에 프랑스는 향후 20년 동안 첨단기술을 중심으로 지속적 성장을 이룩하는 데 필요한 연구개발 투자의 확대가 어렵게 될지도 모른다.

　프랑스의 방위정책을 둘러싼 논쟁은 이처럼 장래의 우선순위를 결정한다는 보다 큰 차원의 시각에서 검토할 필요가 있다. 최근의 프랑스 전략과 군사작전에는 여러가지 면에서 인상적인 점이 많다. 프랑스는 미국의 전략적인 핵억지력의 신뢰성에 대한 우려의 증대를 인정하고 그것을 적극적으로 제기하면서 소련의 침공에 대비한 독자적인 「3원 전략핵전력 운반체제」를 구축해놓고 있다. 프랑스는 핵억지력의 모든 측면(생산에서 목표선정에 이르기까지)을 장악하고 또한 억지에 실패하는 경우에는 모든 미사일을 소련에 발사하겠다고 줄곧 강조함으로써 소련의 행동을 더욱 확실하게 규제할 수 있다는 생각을 가지고 있다. 프랑스는 또한 대규모 지상군을 유지하고 서남부 독일에 상당한 규모의 병력을 주둔시켜 서독에 대한 지원을 공약하고 있다. 나토군 사령부의 테두리를 벗어나 있어 전략문제에 관해 독자적인 「유럽」입장을 대변할 수 있는 처지에 있으면서도 프랑스는 소련의 공격에 대비하여 중부 전선을 강화해야 할 군사적 필요성을 부인하지 않고 있다. 프랑스는 또한 초유럽적인 역할도 지속하고 있으며—해외 군사개입, 제3세계 국가들에의 주둔군 및 고문관 파견, 성공적인 무기 판매정책 등을 통해—소련이나 미국에 대신하는 영향력(또한 공급원)으로 나서고 있다. 이러한 정책이 때로는 미국을 자극하기도 했지만—또한 프랑스의 남태평양 핵무기실험이 이 지역 국가들을 불쾌하게 만들기도 했지만—소련 역시 프랑스의 여러가지 예측할 수 없는 독자성 발휘를 탐탁치 않게 생각하고 있다. 더구나 국내의 좌·우익이 모두 분명한 해외역할 구상을 지지하고 있기 때문에 프랑스의 그러한 주장과 행동은 다른 서방국가들의 경우와는 달리 국내비판을 불러일으키지 않고 있다. 그렇기 때문에 해외 관측자들은(물론 프랑스인들 자신도) 프랑스의 정책을 논리적이고 오만하며 현실주의적이라고 평하고 있다.

그러나 최근 일부 프랑스 평론가들이 공공연하게 시인하고 있는 바와 같이 이 정책에는 문제점이 없는 것도 아니다. 역사의식을 가진 사람들은 여기서 1914년과 1939년을 앞두고 취했던 프랑스 방위정책의 이론과 현실간의 격차를 상기할 것이다. 우선 프랑스의 독자적인 태도는 모두 서유럽에 대한 미국의 재래식 및 핵무기의 보장과 방패의 그늘밑에서 이루어진 것이라는 냉철한 관찰에는 커다란 진실이 담겨져 있다. 드골주의의 독단적인 정책은 레몽 아롱(Raymond Aron)의 지적대로 프랑스가 금세기 최초로 최전선에 노출되지 않았기 때문에 비로소 가능했던 것이다. 그러나 이러한 안전장치가 제거되면 어떻게 될 것인가? 다시 말해 미국의 핵억지력을 정말로 믿을 수 없게 되면 어떻게 할 것인가? 또 미국이 앞으로 군대·전차·항공기를 꾸준히 유럽에서 철수시킨다면 어떻게 할 것인가? 어떤 특정한 상황하에서는 이 두 가지 사태가 모두 환영받을 수도 있을 것이다. 그러나 프랑스는 스스로도 인정하듯이 최근 소련의 여러가지 정책에 비추어 결코 이러한 자세를 취할 입장이 못된다. 소련은 최근 자체의 핵전력과 유럽에 기지를 둔 재래식 전력을 엄청난 수준으로 증강하고 동유럽 위성국들을 엄격하게 장악하는 한편 특히 서독 국민을 나토로부터 이탈시켜 중립론으로 길들일 목적으로 「평화공세」를 전개하고 있다. 프랑스의 「신대서양주의(New Atlanticism)」를 말해주는 여러가지 징조들, 즉 소련에 대한 강경한 어조, 서독 사회민주당 내부의 중립론비판, 전술 핵무기를 갖춘 신속배치군(Force d'Action Rapide)의 서독내 전진배치에 관한 프랑스·독일간의 합의 그리고 나토와의 밀착 등은 모두 프랑스가 장래문제를 우려한 데서 나온 결과임이 분명하다. 소련이 변하지 않는 한 미국이 물러날 경우 (또한 그 이전에라도) 소련군이 서유럽으로 밀고 들어올지도 모른다는 것이 프랑스의 우려이다.

　그러나 이같은 위협의 가능성이 보다 커진다고 할 때 프랑스는 과연 어떠한 행동을 실제로 취할 수 있을 것인가? 물론 재래식 병력을 더욱 증강하고 미군이 감축되더라도(심지어 철수하더라도) 소련의 공격을 막아낼 수 있을 정도로 증강된 프랑스·서독 연합군을 창설할 수도 있을 것이다. 헬무트 슈미트(Helmut Schmidt)같은 사람들은 이것이 파리·본 친선관계의 당연한 귀결일 뿐 아니라 국제적인 추세(즉 미국의 약화)를 반영하는 것이라고 보고 있다. 이러한 계획을 실행하려면 서독 중도좌파 정부의 장래 태도가 어떠할 것인가 하는 문제로부터 지휘권문제, 언어 및 군대배치문제, 골치아픈 프랑스 전술 핵무기문제 등 온갖 종류의 정치적·제도적 난관을 해결해야 할 것이다. 그러나 어느 경우이든 이 전략은 해결 불가능한 한 가지 복병, 즉 자금문제에 봉착하게 될 것이다. 프랑스는 현재 국민총생산에 대한 군사비 비중이 4.2%밖에 안되지만(미국은 7.4%, 영국은 5.5%) 프랑스의 미묘한 경제상황 때문에 이를 대폭 인상하기는 어려운 실정이다. 더구나 프랑스의 독자적인 핵무기개발 때문에 핵전략부대가 전체 방위예산의 30%나 차지하는 등 다른 나라보다 훨씬 높은 비중을 차지하고 있다. 나머지 예산을 가지고는 에이엠엑스(AMX)전차, 첨단항공기, 신형 핵추진 항공모함, 「유도장치를 갖춘(smart)」 야전무기 등을 갖추기에 불충분하다. 프랑스 군대를 어느 정도까지는 늘릴 수 있겠지만 모든 요구를 충족시킬 만큼 늘릴 수는 없을 것이다. 그러므로 바로 영국의 경우처럼 프랑스도 일부 무기체제(그리고 역할)를 완전히 포기하느냐 아니면 모든 무기체제에 경제를 억지로라도 강요하느냐 하는 어려운 선택에 직면해 있는 것이다.

또 하나의 우려는 프랑스 핵억지력의 기술적·전략적 차원과 관련하여 의문이 제기되고 있다는 점이다. 프랑스 핵무기의 3원 전략핵전력을 구성하는 지상발사 미사일과 특히 항공기는 시간이 흐름에 따라 뒤떨어지고 있으며 많은 돈을 들여 개량하고 현대화하더라도 최신 무기기술을 따라가기가 어렵게 되어 있다. 이 문제는 만일 미국이「전략방위구상(Strategic Defense Initiative, SDI)」에서 중요한 돌파구를 마련하고 소련 또한 탄도미사일 방어체제를 대폭 확대한다면 더욱 심각한 문제로 될 가능성이 있다. 프랑스의 입장에서 볼 때 가장 곤란한 사태는 유럽은 여전히 취약성을 드러낸 채 두 초강대국들만 약점을 보완해나가는 것이다. 프랑스는 이에 대비하여 잠수함발사 탄도미사일체제를 크게 증강했다. 그러나 일반적인 법칙은 그대로 남는다. 즉 첨단기술은 기존의 무기들을 쓸모없게 만들 것이며 그 대체비용을 더욱 비싸게 만들 것이 확실하다는 것이다. 어쨌든 프랑스도 다른 핵무기 강대국들처럼 신뢰성의 함정에 빠져 있는 것이다. 소련의 독일 침공시 미국이 소련과 전략 핵무기 공격을 교환하는 모험을 감수하지 않을 것이라고 프랑스가 의심하지만 그러면 과연 서독을 위해서는 핵전쟁에 돌입할 것인가(서독인들은 결코 그렇게 믿지 않고 있다)? 모든 미사일을 소련에 발사하여 프랑스의「성역」을 방어한다는 드골주의의 전통은 프랑스인들이 재래식 전쟁에서 패배하기보다는 차라리 말살되기를 바란다는 입증할 수 없는 가설에 근거한 것이다. 『소련이란 곰의 팔 하나를 잘라내자』는 말은 듣기에는 좋지만 곰에게 잡아먹힐 경우도 생각해야 한다. 또한 소련의 미사일요격체제로 인해 소련의 피해에는 일정한 한계가 있으리라는 점도 생각해야 한다. 프랑스의 공식적인 핵무기 전략은 바뀔 전망이 없으며 바뀌더라도 시간이 걸릴 것이 분명하다. 그러나 동·서 균형이 악화하고 미국이 약해지는 경우에도 이 전략이 과연 현실적이겠는가는 한번쯤 생각해볼 필요가 있을 것이다.

이렇게 볼 때 프랑스가 안고 있는 문제는 국가자원에 비해 지나치게 많은 요구를 가지고 있다는 데서 연유하는 것이라고 보아야 할 것이다. 인구 및 구조적·경제적 추세에 비추어볼 때 사회보장 부문이 국민소득에서 차지하는 비중은 앞으로도 계속 커질 것이다. 농업 부문도 곧 거액의 자금을 필요로 하게 될 것이다. 또한 군대의 현대화에도 거액의 돈이 필요하다. 그러나 이 모든 것은 연구개발과 첨단산업 부문의 투자를 대폭 확대해야 한다는 절박한 필요성을 감안하여 결정해야 한다. 후자의 부문에 필요한 자금을 배정하지 못한다면 언젠가는 방위·사회보장 등 그밖의 모든 것을 망치는 결과를 가져오게 될 것이다. 물론 이 문제는 프랑스만이 겪는 딜레마는 아니지만 지금까지 국제경제 및 군사문제에서 명확한 「유럽적」입장을 고집하고 나아가서는 유럽의 관심사를 대변하는 데 가장 앞장서온 나라는 바로 프랑스이다. 또한 이 때문에 지금껏 줄곧 프랑스·독일 군사협력의 강화, 유럽형 에어버스(European Airbus) 및 인공위성 생산 등 새로운 정책을 주도해온 나라도 프랑스이다. 이러한 여러가지 사업 중에는 이웃나라들이 프랑스 특유의 관료주의적 계획방식과 명예욕의 산물이라고 불신하거나 프랑스 기업들이 유러자금 사업계획의 노른자위를 차지하도록 하기 위한 계책이라고 의심하는 사업들도 많다. 그러나 그중 일부는 이미 그 가치가 인정되어 장래성이 밝은 것으로 생각되고 있다.

물론 유럽의 「문제점」들이 여기서 논한 것에만 국한된 것은 아니다. 인구의 노령화문제와 사양산업문제도 있으며 도심지역의 인종문제, 남·북 유럽간의 빈부격차 그리고 벨기에·얼스터(Ulster)·북부 스페인 등의 정치 및 언어문제를 둘러싼 긴장사태도 있다. 비관적인 관측자들 중에는 일부 유럽국가들(덴마크·서독)이 「핀란드화」하여 소련에 종속될 가능성을 점치고 있기도 하다. 그러한 사태가 일어나려면 해당 국가가 좌경화해야만 가능하기 때문에 지금으로서는 그 가능성을 평가하기 어렵다. 어쨌든 유럽을 세계체제내에서 주로 유럽경제공동체에 의해 대표되는 하나의 세력·정치적 단위로 파악한다면 지금까지 논한 것들은 유럽이 직면한 가장 중요한 문제들이라고 할 수 있다. 즉 국제 세력균형에 커다란 변화가 닥쳐올 21세기에도 적용할 수 있는 공동의 방위정책을 마련하는 것 그리고 신기술과 새로운 무역경쟁 상대국들에 의해 제기된 엄청난 경제적 도전에 직면하여 경쟁력을 유지하는 것이 가장 중요한 문제인 것이다. 이 장에서 고찰한 4개 지역권의 경우에는 앞으로 현상황에 다음과 같은 변화가 일어나리라고 생각해볼 수 있다. 즉 일본과 중국의 국제적 지위는 아마 향상될 것이며 소련과 미국의 지위는 쇠퇴하리라는 것이다. 그러나 유럽의 경우는 여전히 수수께끼이다. 유럽공동체가 실제로 공동행동을 취할 수 있다면 유럽은 군사적·경제적으로 국제적 지위를 충분히 향상시킬 수 있을 것이나 만일 그렇지 못하다면 — 인간의 속성에 비추어 이렇게 될 가능성이 많지만 — 유럽의 상대적 쇠퇴는 계속될 수밖에 없을 것이다.

소련의 「모순」

마르크스주의에서 말하는 「모순(contradiction)」이란 용어는 매우 특수한 의미로서 자본주의적 생산방식에 본래부터 내재하면서 필연적으로 그 붕괴를 일으키는 긴장상태를 가리킨다. 그러므로 똑같은 표현을 사용하여 세계 최초의 공산국가인 소련의 현상황을 묘사한다는 것은 고의적으로 비꼬는 말처럼 들릴지도 모른다. 그러나 후술하는 바와 같이 여러가지 극히 중요한 분야에서 소련의 목표와 그 실현방법 간에는 날로 격차가 크게 벌어지고 있음을 볼 수 있다. 소련은 농업 및 공업의 생산제고 필요성을 역설하면서도 집단화와 강압적인 중앙계획으로 그 가능성을 망쳐놓고 있다. 소련은 세계평화의 절대적 중요성을 역설하고 있지만 대대적인 군비증강과 「혁명적인」 국가들(그리고 그 혁명적 유산)과 연계를 맺음으로써 국제적 긴장을 가중시키고 있다. 소련은 자기나라의 방대한 국경지방의 절대적 안보를 요구하고 있지만 이웃나라들의 안보문제에 대한 소련의 비타협적인 정책은 소련과 서유럽·동유럽·중동·중국·일본 등과의 관계를 악화시킴으로써 스스로를 「포위」된 상태하에서 불안하게 만들고 있다. 소련의 철학은 세계문제가 기술 및 새로운 생산수단에 의해 변증법적인 변화과정을 거쳐 전면적인 정치적·사회적 변혁을 필연적으로 일으킨다고 역설하고 있지만 소련 자신의 독재적·관료주의적 습성, 당의 엘리트들을 우대하는 여러가지 특권, 지식의 자유로운 상호교환을 저해하는 각종 규제 그리고 개인장려제도의 결여 등으로 인해 소련은 이미 일본과 캘리포니아에서 등장하고 있는 폭발적이면서도 정교한 미래의 첨단기술에 대처해나가기 몹시 어려운 처지에 놓여 있다. 무엇보다도 소련의 당지도층은 다시는 군사적 열세에 놓이는 상황을 용납하지 않겠다고 여러 차례 주장하는 한편으로 생산증대를 더욱 자주 독려하고 있지만 이 두 가지 목표의 조화, 특히 국가자원의 지나치게 큰 몫을 군비에 돌리는 러시아적 전통의 해소에 어려움을 겪고 있어 다른 나라들과 무역경쟁을 벌일 능력에 해로운 영향을 끼치고 있다. 이러한 문제점들을 다른 말로 표현하는 방법도 있겠지만 이를 「모순」이라고 불러서 큰 잘못은 아닐 것이다.

　마르크스주의 철학이 존재의 물질적 기초를 강조하고 있음을 생각할 때 오늘날 소련이 직면하고 있는 주된 난관이 그 경제적 하부구조에 있다고 하는 것은 이중적인 풍자가 될 수도 있겠다. 그러나 서방 전문가들이 수집한 증거는——소련 지도층의 거듭된 공개적 시인은 말할 것도 없고——그것이 틀림없는 사실임을 말해주고 있다. 1950년대에 소련이 미국을 경제적으로 추월하여 자본주의를 「매장」하게 될 것이라고 장담했던 흐루시초프가 1986년의 제27차 공산당대회에서 행한 고르바초프의 다음과 같은 발언을 듣고 무엇을 느꼈을 것인지 궁금하다.

　　1970년대에 경제가 난관에 봉착하여 경제성장률이 눈에 띄게 하락했다. 그 결과 공산당강령에 제시된 경제발전목표는 물론이고 이보다 낮은 제9차 및 10차 5개년계획의 목표도 달성되지 못했다. 우리는 이 시기에 계획되었던 사회적 프로그램도 수행하지 못했다. 그 결과 과학과 교육·보건·문화 및 일상적 서비스의 물질적 기초에 차질을 빚었다.

  최근의 노력에도 불구하고 우리는 이러한 상황을 완전히 바로잡는 데 성공하지 못했다. 토목건설, 석유 및 석탄산업, 전기공학산업, 금속 및 화학산업 그리고 자본축적 분야에서 심각한 차질이 빚어지고 있다. 능률과 인민의 생활수준 향상을 나타내는 주요 지표들에서도 목표가 달성되지 못했다.

  나라의 사회·경제적 발전의 가속화야말로 직접적인 것과 장기적인 것, 경제적인 것과 사회적인 것, 정치적인 것과 이념적인 것, 내부적인 것과 대외적인 것, 이 모든 문제들을 해결하는 열쇠이다.

이 발언에 대해서 이 연설의 마지막 부분은 세계의 어느 나라 정부도 할 수 있는 말이며 경제문제가 있음을 시인한다고 해서 문제해결이 보장되는 것은 아니라는 점을 지적할 수 있을 것이다.

  소련의 전체 역사를 통해 가장 취약한 경제 분야는 농업 부문이었다. 이 점은 1세기 전 러시아가 세계 2대 곡물수출국의 하나였음을 상기해보면 더욱 분명히 드러난다. 그런데도 소련은 1970년대 초부터 매년 수천만톤의 밀과 옥수수를 수입해야만 했다. 현재의 세계식량생산 추세가 계속될 경우 소련(그리고 동유럽의 일부 사회주의 국가들)은 아프리카 및 중동의 일부 국가들과 함께 최근 수년간에 걸쳐 식량수출국에서 지속적인 대규모 식량수입국으로 전환한 나라라는 불명예스러운 낙인이 찍히게 될 것이다. 소련의 경우 농업생산량의 이같은 침체는 관심이나 노력이 부족했던 탓이 아니었다. 스탈린의 사후 모든 소련 지도자는 소비자수요를 충족시키고 생활수준 향상의 약속을 실현하기 위해 식량증산을 강력히 추진해왔다. 식량증산이 이루어지지 않은 것은 아니며 분명히 오늘날 평균적인 소련인은 궁핍했던 1953

년 당시보다 훨씬 잘살고 있다. 그러나 실망스러운 것은 몇십년 동안 서방에 접근해가던 생활수준이 ― 국가의 온갖 자원투입으로 농업이 현재 총투자의 약 30%(미국은 5%)를 차지하고 노동력의 20%(미국은 3%) 이상을 차지하고 있는데도 불구하고 ― 다시 뒤떨어지고 있다는 점이다. 소련은 단순히 현재의 생활수준을 유지하는 데만 매년 농업부문에 780억달러를 투자하고 식량가격 보조금으로 500억달러를 투입해야만 하는 처지이다. 그럼에도 불구하고 소련은 『한때의 수출국 지위에서 더욱더 멀어지고 있으며』 오히려 농업생산량의 부족을 메우기 위해 수십억달러의 돈을 들여 곡물과 육류를 수입해야만 하게 된 것이다.

물론 소련 농업의 취약성에는 몇 가지 자연적인 원인이 있음이 사실이며 이 때문에 소련 농업의 생산성은 미국의 약 1/7에 불과한 실정이다. 흔히 소련은 지리적으로 미국과 비슷하다고들 하지만 ― 두 나라 모두 대륙 전체에 걸쳐 있고 북반구 국가라는 점에서 ― 실제로는 소련이 훨씬 더 북쪽에 위치해 있어서 우크라이나의 위치는 위도상으로 캐나다의 남부에 해당한다. 이 때문에 소련에서는 옥수수재배가 어려울 뿐 아니라 소련의 밀재배지역조차도 미국의 캔자스주나 오클라호마주에 비해 겨울은 훨씬 춥고 가뭄이 잦다. 1979~1982년의 4년간은 특히 기후가 나빠서 소련 정부가 상세한 농업생산량 통계의 발표를 중지했을 정도였다(그래도 매년 평균 3,500만톤의 곡물을 수입했다는 사실에서 단서를 얻을 수 있다!). 소련은 「풍년」이던 1983년에도 자급할 수 없었으며 그후에는 다시 추위와 가뭄으로 흉년이 뒤따랐다. 더구나 「처녀지」를 개간, 밀재배 면적을 늘려 증산을 이룩하고자 하는 시도도 매번 북부 지역의 서리와 남부 지역의 건조한 기후조건 때문에 제동이 걸리곤 했다.

그럼에도 불구하고 외부의 관측자들 중에 소련의 농업생산 침체가 기후 때문만이라고 생각하는 사람은 없다. 가장 큰 문제는 농업의 「사회주의화」에 의해 야기된 것이다. 소련은 주민들을 행복하게 만들기 위해 보조금을 통해 식량가격을 인위적으로 낮춤으로써 『국가가 파운드당 4달러의 비용을 들인 쇠고기를 80센트에 판매하고 있다.』이 때문에 농민들의 입장에서 보면 예컨대 가공하지 않은 곡물을 사료로 사용하는 것보다 빵이나 감자를 구입하여 사료로 이용하는 편이 이익이 된다. 농업 부문에 대한 거액의 국가투자는 댐이나 배수로건설 등 대규모 공사에 투입될 뿐이고 일반농가에서 원하는 소형 트랙터나 농가개량을 위해서는 별로 투입되지 않는다. 파종·투자 등에 관한 사항은 현장에서 일하는 사람들이 아니라 관리자나 관료들에 의해 결정된다. 개별 농민의 책임감과 창의성을 무시하는 것이야말로 단위당 수확량의 부진, 만성적 비능률 그리고 엄청난 낭비를 불러일으킨 최대의 원인이라고 보아야 할 것이다ー다만 낭비의 경우는 불충분한 저장시설과 전천후 도로의 부족에서 영향받고 있음도 사실이다.『빈약한 저장·운송 및 유통 때문에 곡물·과실·채소의 약 20% 그리고 감자의 무려 50%가 손실되고 있다.』이 체제에 근본적 변화, 즉 집단화로부터 개인영농으로의 대대적인 전환이 있을 경우 어떠한 결과가 이루어질 것인가는 전체 경지의 4%에 불과한 기존의 자경지가 소련 총수확량의 약 25%를 차지하고 있다는 사실에서 짐작할 수 있다.

　고위층에서 아무리「개혁」을 떠벌인다 하더라도 지금까지 나타난 바로는 소련은 중국보다도 생산량이 훨씬 뒤떨어지면서도 이 대담한 이웃나라의 덩샤오핑식 대규모 농업개혁을 시도할 생각은 없는 것으로 보인다.

　소련이 현재의 집단농업체제가 지닌 비효율성에도 불구하고 현체제를 선호하는 이유가 무엇인지 터놓고 설명해줄 가망은 없지만 이같은 완고성에는 두 가지 이유가 있다고 생각된다. 첫째는 자영지의 대폭적인 확대, 사적 시장의 증설, 농산물가격의 인상 등은 국민소득 중 농민의 몫을 크게 늘려 도시주민의 분노를 일으키고 산업투자에도 해를 끼치게 된다는 이유이다. 그것은 다시 말해 농업에 대한 장려책을 주장했던 부하린(Nikolay Bukharin)의 정책노선이 최종적으로 승리하고 스탈린의 편견이 붕괴됨을 의미한다. 둘째 그러한 조치는 소련 농업을 운영하는 관료와 관리자들의 권한축소를 가져와 다른 부문의 정책결정에도 영향을 미치게 된다는 것이다. 『시장동향・기후변화・작물상황 등에 따라 일상적인 결정을 내리는 개별 농민들의 지혜를 합하면 중앙집권적 관료체제의 지혜를 훨씬 능가한다』고 하지만 그러나 이 경우「중앙집권적 관료체제」의 장래는 어떻게 될 것인가?「사회주의와 식량부족」간에 어떤 일관된 관계가 존재하는 것이 사실이라면 공산당 정치국이 이를 간과했을 리가 없다. 그러나 정치국의 입장에서 보면 사회주의체제의 실패를 시인하여 이 중요한 부문에 대한 기존의 통제력을 상실하느니 차라리 식량수입을 늘리는 한이 있더라도 「사회주의(집단)」 농업을 유지하는 것이 더 바람직하고 안전하다고 생각할지도 모른다.

　마찬가지 이유에서 소련은 산업 부문을 고쳐나가기도 힘들게 되어 있다. 어떠한 수정의 필요성도 인정하지 않는 관측자들도 있을 것이다. 왜냐하면 소련 경제는 1945년 이후 괄목할 만한 성과를 이룩하여 예컨대 기계공구・강철・시멘트・비료・석유 등에서 미국의 생산을 앞질렀기 때문이다. 그러나 소련의 산업 역시 정체되어 있으며 또

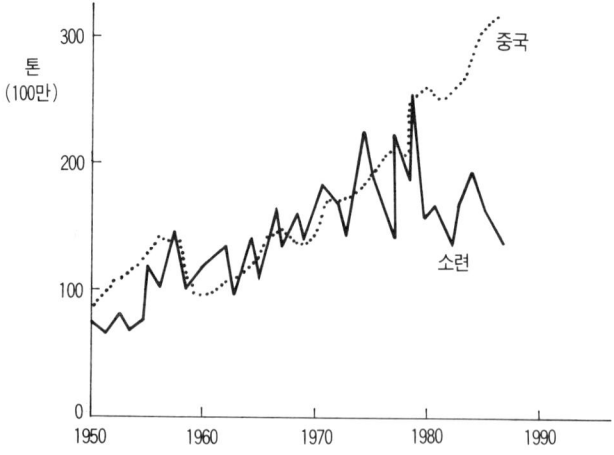

〈그림 3〉 소련과 중국의 곡물생산, 1950~1984

자료 : 브라운 외, 미국 농업부

한 비교적 확장이 손쉬웠던(야심적인 생산목표설정과 이 목표달성을 위한 집중적인 자금 및 인력의 투입 덕분에) 기간도 이제는 끝나가고 있다는 여러가지 징조가 나타나고 있다. 일이 이렇게 된 것은 노동력과 에너지부족의 탓인 면도 있거니와 (이에 관해서는 후술한다) 이에 못지 않게 중요한 원인은 현재 소련의 산업이 지나친 관료주의적 계획과 과도한 중공업치중으로 난관에 처해 있으며 또한 소비자선호에 부응하거나 새로운 수요와 시장에 맞추어 제품을 변경시킬 수 있는 능력을 상실함으로써 난관에 처해 있다는 점이다. 시멘트의 대량생산도 그것이 만일 더욱 필요한 부문에서 자원을 빼돌려 과도한 투자를 한 결과라면 반드시 좋은 일이라고는 할 수 없다. 또한 실제 시멘트 생산공정의 에너지낭비가 심하고 최종제품을 영토를 가로질러 먼 거리를 운송해야만 하며 따라서 기존 철도망에 과중한 부담을 준다면 그리고 그 시멘트가 소련 계획당국이 승인한 수천의 건설사업에 배정되었으나 그 공사가 완성되지 못한다고 한다면 그러한 시멘트생산은 좋은 일이 아닐 수도 있는 것이다. 마찬가지 이야기를 엄청난 규모의 소련 강철산업에도 적용할 수 있다. 소련이 생산한 강철은 상당부분이 낭비되고 있다고 보여지기 때문에 일부 학자들은 「소비자 빈곤속에서의 산업적 풍요라는 역설」에 대해 의아하게 생각하고 있다. 물론 소련의 산업에도 능률적인 부문(대체로 대규모 자원을 확보하여 서방과 경쟁해야만 하는 방위관련 부문)들이 있지만 전체적 산업체제는 시장가격과 소비자수요를 별로 감안하지 않은 채 생산에 중점을 둠으로써 곤란을 겪고 있다. 소련의 공장들은 서방과 달리 기업적으로 운영되지 않기 때문에 생산성을 높일 궁극적인 자극제도 결여되어 있다. 여기저기 땜질을 하여 산업성장속도를 높일 수는 있겠지만 현재와 같은 「계획경제」가 존속하는 한 지속적인 돌파구를 마련하기 어렵다고 보아야 할 것이다.

  그래도 오늘날 소련 산업의 생산성이 그런 대로 참을 수 있는 수준이 아니라 하더라도(또는 정부의 가혹한 논조로 미루어볼 때 더욱더 참을 수 없는 수준이더라도) 소련의 산업체제는 다음의 세 가지 압력 때문에 더 큰 타격을 입고 있다. 첫째는 에너지공급문제이다. 1940년대 이후 소련 산업생산량의 대폭적 증대는 풍부한 석탄·석유 및 천연가스를 거의 원가를 고려하지 않은 채 이용할 수 있었기 때문이었음이 분명해지고 있다. 그 결과 〈표 46〉에서 보는 바와 같이 소련과 그 주요 위성국들은 서방국가들에 비해 심한 「에너지낭비」와 「강철낭비」를 보이고 있다.

소련의 경우 에너지공급이 풍부하고 개발하기가 상대적으로 쉽기 때문에 지금까지 이같은 「투입요소」의 낭비를 견딜 수 있었는지도 모르지만 지금은 사정이 달라졌다는 데 문제가 있다. 소련의 석유생산이 절정에 도달한 후 곧 급감하리라고 내다본 1977년 미국 중앙정보국의 유명한 예측은 그 당시로서는 성급한 판단이었는지도 모르지만 소련의 석유생산은 실제로 1984년과 1985년 제2차세계대전 이후 처음으로 감소를 기록했던 것이다. 더욱 불안스러운 사실은 현재 남아있는 석유와 천연가스 매장량이 땅 속 훨씬 깊은 곳이나 서부 시베리아와 같은 영구동결지대에 위치해 있다는 것이다. 1985년 고르바초프가 보고한 것처럼 소련산 석유의 톤당 채굴비용은 지난 10년 동안 70%나 상승했으며 이러한 문제는 더욱 가중되고 있다. 그렇기 때문에 소련은 최대한 조속히 원자력 발전량을 늘려 총발전량에서 차지하는 비중을 현재의 10%에서 1990년까지 20%로 높이는 데 매우 폭넓은 노력을 기울이고 있다. 체르노빌(Chernobyl) 원자력발전소 사고가 이러한 계획에 어느 정도 영향을 미칠지는 속단할 수 없다(체르노빌의 원자로 4기는 소련의 원자력발전량의 1/7을 차지하고 있었기 때문에 이 발전소를 폐쇄했다면 다른 연료의 사용이 늘어났을 것이다). 그러나 분명한

〈표 46〉 국내총생산 1,000달러 생산에 든 석탄환산량 및 강철, 1979~1980

(kg)

	석탄	철강		석탄	철강
소 련	1,490	135	영 국	820	38
동 독	1,356	88	서 독	565	52
체코슬로바키아	1,290	132	프랑스	502	42
헝 가 리	1,058	88	스위스	371	26

것은 그 사고는 원가를 상승시키고(안전조치의 추가 때문에) 산업발전계획의 진도를 늦추도록 만들 것이라는 점이다. 끝으로 에너지 부문이 이미 거액의 자본—총산업투자의 약 30%—을 흡수하고 있는 데다가 그 금액이 앞으로도 급증하리라는 점도 문제이다. 『석유·석탄발전 부문에 대한 투자추세가 현재대로 계속되기만 해도 천연가스 부문의 투자증가 목표액과 함께 1981~1985년중 소련 산업의 자본조달 가능액의 사실상 전액을 흡수하게 될 것』이라는 최근의 보고는 이렇게 될 경우 다른 부문에 너무 심한 영향을 미칠 것이기 때문에 믿기 어려운 점이 있다. 그럼에도 불구하고 전체적인 양상은 명백하다. 즉 완만한 경제성장속도를 유지하는 데만도 에너지 부문은 국민총생산의 더 큰 몫을 요구하게 되리라는 것이다.

소련 지도층의 관점에서 볼 때 로봇공학·슈퍼컴퓨터·레이저·광학·전기통신 등 첨단기술 분야에서 제기된 도전도 문제이다. 소련은 이 분야에서 갈수록 서방에 뒤떨어질 위험에 놓여 있다. 보다 엄격한 의미의 군사 분야에서도「전자장비를 갖춘」야전무기와 첨단탐지체제는 군사장비면에서의 소련의 양적인 우위를 무력화시킬 위험이 있다. 슈퍼컴퓨터는 소련의 암호를 해독하고 바다 속의 잠수함을 탐지해낼 수 있으며 또한 레이건 대통령이「별들의 전쟁(Star Wars)」계획에서 암시한 것처럼 미국의 핵무기기지들을 보호해줄 수 있을 것이다. 또한 레이다·레이저 및 유도통제기술은 서방측의 공군 및 포병·로킷부대로 하여금—마치 이스라엘이 늘 시리아의 무기체제(소련제)에 대해 하듯이—적군의 항공기와 전차를 손쉽게 탐지·파괴할 수 있도록 해줄 것이다. 소련은 단순히 이같은 첨단기술을 따라가는 데만도 방위관련 부문에 더 많은 과학·기술자원을 배정해야 할 것이다.

민간 부문의 문제점은 더욱 심각하다. 노동과 자본투자 등 고전적「투입요소」들이 한계에 도달하고 있음을 감안할 때 소련의 생산량증대를 위해 첨단기술이 매우 중요한 것으로 인식되고 있는 것은 당연하다. 한 가지 예를 들자면 컴퓨터를 대규모로 사용하면 에너지자원의 발견·생산 및 분배에서 낭비를 크게 줄일 수 있다. 그러나 이 새로운 기술을 채택하자면 막대한 자금이 소요될 뿐 아니라(어디서 조달할 것인가?) 비밀스럽고 관료적이며 중앙집권화한 소련 체제에도 문제를 제기하게 된다. 컴퓨터・워드프로세서・전기통신기기는 지식집약산업이기 때문에 한 사회가 이들을 최대한 활용하려면 기술훈련을 받은 인구가 자유롭게 실험하고 새로운 아이디어와 가설들을 폭넓게 교환할 수 있어야 한다. 이같은 일이 캘리포니아나 일본에서는 잘 되고 있지만 소련의 경우는 국가의 정보독점을 위협하게 된다. 만일 소련의 고급 과학자나 학자들이 아직까지도 복사기의 개인소유를 금지당하고 있다면(각 복사실에는 국가보안위원회〈KGB〉 요원이 상주한다) 이런 나라에서 경찰순찰이나 검열의 대폭적 완화없이 워드프로세서・쌍방향 컴퓨터・전자우편 등의 대량보급이 가능할 리가 없다. 이처럼 농업에서와 마찬가지로 소련 정권의「현대화」공약과 자금・인력동원 의지는 변화의 기본적 장애요인인 경제구조와 정치적 이데올로기에 의해 지장을 받고 있다.

이에 비하면 수입기술 및 기계(합법적 수입이건 서방에서 훔쳐온 것이건)에 대한 의존도가 증대하고 있다는 것은 비록 심각하기는 하지만 비교적 덜 근본적인 문제라고 할 수 있다. 산업 및 과학 스파이 행위(군사적・상업적 목적을 포함)의 실태가 어느 정도인지는 알 수 없지만 어쨌든 이 역시 소련이 낙후될 것을 우려하고 있음을 시사하는 것이라고 하겠다. 서방기술(과 동유럽 공산품)을 수입하고 소련의 원료를 수출하는 정식 무역은「격차해소」를 위한 전통적인 방식으로서 1890~1914년과 1920년대에도 이루어졌다. 그런 의미에서 볼 때 변한 것이라고는 석유채굴장비・압연강・파이프・컴퓨터・기계공구・화학 플래스틱산업 설비 등으로 품목이 보다 근대화했다는 것밖에 없다. 소련 계획당국이 크게 우려하는 것은 기술을 수입하더라도 그 시설에 시간이 오래 걸릴 뿐 아니라 서방에 비해 효율성이 떨어진다는 증거가 쌓이고 있다는 점이다. 두번째 문제는 이같은 기술도입을 위한 자금조달문제이다. 이 문제는 전통적으로 코메콘 국가들로부터 공산품을 수입하는 방법으로 우회할 수 있었다(이렇게 하면 경화의 손실이 없다). 그러나 동유럽 제품들은 비록 동유럽 경제의 붕괴를 막기 위해 지금도 수입하고 있기는 하지만 서방제품을 따라잡기가 더욱 어려워지고 있다. 그리고 지금까지 소련은 서방수입품의 대금을 구상무역이나 석유의 직접판매 등을 통해 결제하는 것이 보통이었지만 앞으로는 석유가격의 불안정, 소련 자신의 에너지수요 증가 그리고 제조공정의 복잡화에 따른 원료무역 여건의 전반적 변화 때문에 이같은 무역의 전망도 불투명하다. 또한 소련의 석유 등(천연가스는 제외하고) 원료 수출소득이 줄어드는 데 반해 각종 수입품의 대금지불은 줄어들지 않고 있는데 이 모든 것은 투자재원을 축소시키는 요인이 된다고 보아야 할 것이다.

소련 경제의 장래를 걱정케 하는 세번째 요인은 인구문제이다. 인구문제의 상황이 매우 암담하기 때문에 한 학자는 최근 「인구와 노동력(Population and Labor Force)」이라는 조사보고서에서 다음과 같이 털어 놓았다.

> 장·단기 어느 면으로 보나 소련의 인구 및 인력자원 발전은 금세기 말까지는 그 전망이 매우 어둡다. 전국적인 출생률감소에서부터 과거의 모든 예측을 초월하는 사망률의 엄청난 증대에 이르기까지, 신규 노동력 공급의 감소와 노동력의 불균등한 지역적 분포에서 인구의 상대적 노령화에 이르기까지, 소련 정부에게 희망적인 전망은 별로 없다.

이 모든 요소들도 심각하지만 가장 충격적인 추세는 1970년대 혹은 그 이전부터 나타나고 있는 평균수명과 유아사망률의 지속적인 악화이다. 병원 및 일반 보건업무의 문란, 한심한 공중위생 수준 그리고 알콜중독의 만연 때문에 소련의 사망률은 특히 남성근로자 사이에서 계속 높아지고 있다. 『현재 평균적 소련 남자는 평균수명이 약 60세에 불과한데 이것은 1960년대 중반보다 6년이나 줄어든 것이다.』 또 한 가지 충격적인 것은 유아사망률의 상승인데 선진국 중에서는 소련이 이러한 현상이 나타나는 유일한 나라이다. 소련에는 엄청난 수의 의사가 있음에도 불구하고 유아사망률이 미국보다 3배나 높다. 이처럼 소련인의 수명이 전보다 짧아짐에 반해 출생률은 급격히 떨어지고 있다. 도시화, 여성의 노동참여 확대, 열악한 주택사정 때문에 전체적인 출생률은 특히 러시아인들 사이에서 현저하게 떨어지고 있다. 이러한 추세 때문에 소련의 남자 인구는 거의 늘어나지 않고 있다.

소련 지도층은 이같은 문제로 한동안 고민한 끝에 지금은 가족규모의 확대와 엄격한 금주운동을 권장하는 한편 나이든 노동자들이 공장을 그만두지 말도록 애써 설득하고 있다. 첫번째 문제는 인구의 노령화 때문에 의료와 사회보장 부문에 대한 투자를 더 많이 늘려야 할 필요가 있다는 것이다. 이 점에서(사망률 상승을 제외하면) 소련은 다른 선진국들과 다를 것 없지만 여기서 다시 예산지출의 우선순위문제가 제기된다. 둘째 노동력 증가율의 격감이 소련의 산업과 군대에 미치는 영향이 있다. 인력예측에 따르면 1980~1990년 사이에 소련의 노동력은 『불과 599만명의 증가에 그칠 전망인데 그 이전 10년간의 노동력증가는 2,421만 7,000명으로 추정된다.』 군대의 문제는 나중에 재론하기로 하고 이같은 추세를 볼 때 우리는 1950년대에서 1970년대까지 소련 산업생산량 증가의 대부분은 생산성증가가 아니라 노동력증대에 기인한 것이었음을 상기하게 된다. 앞으로는 경제성장이 제조업노동력의 급속한 증대에 의존할 수 없게 되어 있다. 물론 이 문제의 상당부분은 농업 부문에서 배출되는 온전한 남성들로 해소될 수 있겠지만 농촌은 농촌대로 슬라브지역의 남아도는 청소년은 이미 집단농장에서 도시로 떠나갔고 비슬라브 공화국들에 존재하는 과잉인구는 교육수준이 낮고 러시아어를 알지 못하는 경우가 많아 산업훈련에 막대한 투자가 소요된다는 데 문제가 있다. 여기서 소련의 계획당국을 불안하게 만드는 마지막 추세가 드러난다. 즉 우즈벡(Uzbek)과 같은 중앙아시아 공화국들의 출산율이 슬라브족이나 발트해지역 주민들보다 3배나 높아 장기적인 인구균형에 큰 변화가 일어나고 있다는 것이다. 그 결과 러시아인의 인구구성비는 1980년의 52%에서 2000년에는 48%로 떨어질 것으로 예상되고 있다. 소련 역사상 처음으로 러시아인이 과반수에 못미치게 된다는 것이다.

일부 평론가들은 이같은 문제점들이 지나치게 과장된 것이라고 보는 것 같다. 소련의 군비생산은 군비경쟁의 역학관계 때문에 감명적인 성과를 올리는 경우가 많으며 꾸준히 향상되고 있다. 한 역사학자가 1981년에 지적한 바와 같이 지난 반세기에 걸친 소련의 경제적 성과를 볼 때 모든 상황을 다 부정적으로만 볼 수는 없다. 그리고 지금까지 서방 관측자들은 어떤 시기에는 소련의 강대함을 과장하다가 어떤 시기에는 그 약점을 과장하는 버릇이 있는 것도 사실이다. 그럼에도 불구하고 소련이 레닌 이후에 제아무리 크게 발전했다고 하지만 아직 서방을 따라잡지 못하고 있다는 것은 엄연한 사실이다. 또한 실제로 실질 생활수준상의 격차는 브레즈네프 정권 말기부터 더욱 확대되고 있고 1인당 생산량 및 산업화수준에서는 일본과 일부 아시아국가들보다도 뒤떨어지고 있으며 또한 성장률 둔화, 인구의 노령화와 기후·에너지자원·농업상의 난관이 소련 지도층의 온갖 주장과 훈계에 어두운 그림자를 드리우고 있음도 사실이다.

이렇게 볼 때 『나라의 사회·경제적 발전의 가속화야말로 모든 문제를 해결하는 열쇠』라고 하는 고르바초프의 생각이 더욱 설득력을 갖게 된다. 그러나 자연조건(영구동결지대 등)의 난관과는 별도로 중국 모델에 의한 「약진」을 가로막는 두 가지의 주요 정치적 장애가 있다. 첫째는 당간부·관료 등 엘리트들의 기득권행사이다. 소련내의 고달픈 일상생활에서 편하게 지낼 수 있는 여러가지 특권을(등급에 따라) 누리는 이 엘리트들은 권력과 영향력을 독점하고 있다. 권력을 장악한 사람들은 계획과 가격책정체제의 분권화, 집단농장으로부터의 농민해방, 당에 대한 충성심이 아닌 개인기업의 장려, 공장관리자들의 행동자유 허용, 낡은 공장의 폐쇄, 불량품의 수령거절, 정보유통의 자유화 등을 기득권에 대한 심각한 위협으로 간주할 것이다. 훈계와 융통성있는 계획, 이러저러한 부문의 투자증대, 알콜중독과 부패관리 추방운동이 나쁠 것은 없다. 그러나 소련의 당간부들은 이러한 모든 변화가 어디까지나「과학적 사회주의의 테두리」안에서 그리고「시장경제나 개인기업으로의 이행」을 수반하지 않은 채 이루어져야 한다고 주장해왔다. 최근의 한 방문자는 『소련은 비능률이 있어야 소련이다』라고 말했다. 그것이 사실이라면 고르바초프가 아무리 체제의「중대한 변혁」을 촉구하더라도 장기적인 성장률에는 별로 영향을 미치지 못할 것이다.

두번째의 정치적 장애는 소련의 국민총생산에서 차지하는 군사비의 커다란 비중이다. 많은 분석가들은 소련의 군사비 총액을 어림잡아 이를 서방의 군사비 지출과 비교하는 방법을 놓고 번민하고 있다. 소련 무기의 루블화표시 가격이 종전에 추정했던 것보다 두 배 비싸며 소련 군사비의 국민총생산 구성비는 6~8%가 아니라 11~13%에 달한다고 밝힌 1975년 미국 중앙정보국의 발표는 그 의미에 관해 온갖 오해를 불러일으켰다. 그러나 그 정확한 수치가 얼마인가 하는 것보다(소련 계획당국도 잘 모를 것이다) 더 중요한 사실은 소련이 비록 1976년 이후 군사지출 증가를 둔화시키기는 했지만 그래도 여전히 군사비의 국민총생산 구성비가 군비증강에 나선 레이건 행정부하의 미국보다 배나 높다는 것이다. 그것은 소련 군대가 민간경제에 돌릴 수 있었던 훈련받은 인력·과학자·기계·자본투자 등의 큰 몫을 차지하고 있음을 의미한다. 일부 경제예측 전문가들에 따르면 그렇다고 해서 소련의 대폭적인 군사비 삭감이 곧장 경제성장률의 급상승을 가져올 수 있는 것은 아니다. 그것은 예컨대 티 72(T-72)전차 조립공장을 다른 공장으로 전화시키는 데는 오랜 시일이 걸릴 것이기 때문이다. 반면에 금세기 나머지 기간 동안 나토와의 군비경쟁으로 소련의 군사비 지출이 국민총생산의 14%에서 2000년까지는 17% 이상으로 증가한다면 군수산업이 공작기계와 금속세공 공구 등의 장비를 더욱 많이 차지하여 나머지 산업에 돌아갈 투자자본의 몫을 위축시키게 될 것이다. 따라서 경제전문가들은 『이 문제가 소련의 정책결정자들에게 엄청난 문제를 제기할 것』이라고 생각하고 있지만 그래도 여러가지 징조로 보아 소련의 군사비는 앞으로 국민총생산보다 빠른 속도로 늘어나 번영과 소비생활에 큰 영향을 미칠 것으로 생각된다.

그러므로 다른「강대국」들과 마찬가지로 소련 역시 자원분배의 선택문제에 직면해 있다. 이것은 (1) 군수산업의 요구사항(이 경우 소련의 안보상 필요성을 분명히 밝힐 수 있는 능력을 갖추고 있다), (2) 소련 주민의 소비재・생활향상・작업조건 개선 및 사망・질병률 억제를 위한 사회보장에 관한 욕구 증대 그리고 (3) 경제를 현대화하고, 생산을 늘리며, 다른 나라들의 발전을 따라가고 또한 장기적으로 군사적・사회적 필요를 충족시키기 위한 농업과 공업에 대한 신규 자본투자의 필요 중에서 선택하는 문제이다. 다른 나라의 경우처럼 이것은 정책결정자들에게 힘든 선택이 아닐 수 없다. 그러나 소련 소비자의 욕구와 경제적「현대화」의 욕구가 아무리 크고 절박하다 하더라도 소련이 지니고 있는 군사적 안보에 관한 전통적 강박관념을 생각한다면 기본적인 선택은 이미 이루어져 있는 상태라고 할 수 있다. 고르바초프 정권이 진실로 개혁을 추진하지 않는 한 군비는 항상 민생보다 우선할 것이며 필요하다면 경제성장보다도 우선하게 될 것이다. 다른 특성도 있지만 소련이 일본이나 서유럽 그리고 심지어 중국이나 미국과 근본적으로 다른 점은 바로 여기에 있다.

역사적으로 볼 때 오늘날의 소련은 다른 강대국들과 맞먹는(또는 가능하다면 더욱 강력한) 군대를 보유하고자 한다는 점에서 로마노프 왕조와 스탈린의 전통을 따르고 있다고 볼 수 있다. 현재 소련의 군사력이 막강하다는 것은 의심할 여지가 없다. 소련의 연간 군사비규모를 정확히 산출해본다는 것은 부질없는 짓일 것이다. 소련의 공식 통계수치는 터무니없이 낮으며 거액의 군사관련 비용이 다른 항목(「과학」・우주개발・국내치안・민방위・건설 등)들 안에 숨겨져 있다. 반면에 서방측의 추정치는 인위적인 달러・루블화환율, 소련의 예산집행절차에 관한 제한된 지식, 제도적・이념적 편견 그리고 예컨대 소련제 무기가격과 인건비의「달러화표시 비용」을 산출하려는 중앙정보국의 노력에서 보이는 바와 같은 여러가지 난점 때문에 복잡한 문제를 안고 있다. 그 결과 각자 마음에 맞는 것을 고를 수 있는 여러가지

「추정치」가 만들어지는 것이다.

그러나 한 가지 확실한 것은 핵전력과 재래식 전력, 육·해·공군을 불문하고 소련군의 각군에서 대대적인 현대화가 이루어지고 있다는 점이다. 소련의 지상 및 해상기지 미사일체제의 급성장을 보거나 수천대의 항공기와 수만대의 주력 전차, 해상 및 잠수함 함대의 대폭적 발전 또는 그밖의 여러가지 특수활동(공수부대와 육·해·공 합동전투부대, 화학전, 첩보 및 「정보교란」 작전 등)들을 보거나 그 결과는 모두 인상적이다. 그 실질비용이 미국 국방부보다 더 많이 들었는지 아닌지는 알 수 없으나 분명한 것은 이로 인해 소련은 라이벌인 초강대국 미국만이 소유하고 있는 여러가지 군사적 능력을 갖추게 되었다는 점이다. 이것은 한번 건드리기만 하면 쉽사리 무너지는 20세기판 군사적 포템킨 마을은 아니다.

반면 소련의 전쟁기구는 역시 나름대로 약점을 가지고 있으므로 소련 정부가 요구하는 대로 어떠한 군사작전도 완벽하게 집행해낼 수 있는 전능한 군대라고 보아서는 안된다. 이 장에서는 앞으로 다른 강대국들의 전략수립당국이 직면하고 있는 딜레마들도 지적할 것이기 때문에 여기서는 소련의 군사·정치지도층이 봉착하고 있는 여러가지 난관에 주의를 환기시켜 두고자 한다. 다만 이 때문에 소련이 오랫동안 「존속」하지는 못할 것이라는 결론을 내리는 비약은 피해야 할 것이다.

소련의 군사정책결정자들이 직면하고 있는 중·장기적인 난관들 중에서 일부는 전술한 바와 같은 소련의 경제·인구통계학적 문제들에서 직접 연유한 것이다. 그 첫번째는 기술 분야의 난관이다. 앞의 여러 장들에서 언급한 것을 반복하는 감이 있지만 러시아는 표트르대제 이래로 항상 서방에 대해 커다란 군사적 우위를 누려왔는데 이 시기는 무기기술의 발전속도가 느려서 장비의 표준화와 전투단위 및 전술 — 18세기의 보병중대이건 20세기 중반의 기갑사단이건 — 의 표준화가 가능했던 시기였다. 그러나 무기기술의 발달속도가 빨라져 양보다는 질이 중요시되는 상황이 오면 소련의 우위는 사라질 수밖에 없다. 소련이 제정시대에 존재했던 서방에 대한 기술적 격차를 크게 좁힌 것이 사실이고 소련군이 현재 국가경영하의 경제에서 과학 및 생산자원을 최우선적으로 이용할 수 있는 것도 사실이지만 그럼에도 불구하고 여러가지 기술공정에 상당한 시간지체가 일어나고 있음을 보여주는 증거가 있다. 그 뚜렷한 두 가지 징조의 하나는 소련이 지난 수십년 동안 중동 등에서 일어난 대리전쟁에서 자신의 무기체제가 미국 장비에 의해 거듭 압도당하는 것을 지켜보면서 가지는 불안감이다. 분명히 북한·이집트·시리아·리비아 등의 조종사와 기갑부대원들은 결코 최상급은 아니었고 설사 최상급이었다 하더라도 이들이 뛰어난 항공전자기기·레이다시설·소형 유도장비 등을 장비한 미국제 무기와 싸워 이길 수는 없었으리라는 근거가 있다. 이에 대한 반응인 듯 소련 군사문제에 관한 서방전문가들은 무기의 성능을 개선하고—또한 몇 년 후에는—미국 무기체제의 「복사판」을 생산하려는 꾸준한 노력이 진행되고 있음을 보고하고 있다. 그러나 이로 인해 소련의 계획당국은 서방 군사계획을 위협하고 있는 것과 동일한 소용돌이에 말려들게 되었다. 즉 장비가 더욱 정교해질수록 조립시간이 길어지고, 정비업무가 많아지며, 무기가 더 무겁고(대체로), 훨씬 더 값비싸지고(항상) 또한 생산량이 줄어들게 된다. 여러가지 다른 전략적 과제를 수행하기 위해 전통적으로 다수의 무기에 의존해온 강대국에게 이것은 결코 바람직한 추세가 아니다.

　기술적 낙후에 관한 소련의 불안감을 나타내주는 두번째 징조는 레이건 행정부의 이른바 전략방위구상과 관계된 것이다. 현재로서는 전략방위구상이 미국을 핵무기 공격으로부터 완전히 보호해주리라고 기대하기는 어렵다(예컨대 저공 「크루스」미사일에 대해서는 속수무책이다). 그러나 전략방위구상이 미국의 미사일기지와 공군기지들을 보호해줌에 따라 소련이 순전히 수적인 우세만 가지고 전략방위구상을 무력화시키기 위해 로킷과 탄두를 증산하는 데 따른 방위예산상의 긴장이 가중된다는 것은 소련 정부로서 결코 환영할 만한 일이 아니다. 아마도 더욱 우려되는 것은 이른바 재래식 하이테크전쟁에 미칠 영향일 것이다. 한 평론가는 이렇게 지적했다.

> 소련이 비축한 핵의 99%를 막을 수 있는 방위체제는 그 나머지 무기의 잠재적 파괴력을 생각할 때 별로 좋은 것은 못된다고 판단해야 할 것이다.……[그러나] 만일 미국이 기술적 우위를 달성하여 소련 군용기·전차·군함 등 대부분의 재래식 무기의 파괴를 보장한다면 소련의 수적인 우세가 갖는 위협이 감소될 것이다. 전략방위구상에 적합하지 않다고 판단되는 기술도 비핵전쟁에는 완벽하게 적용될 수 있을 것이다.

이것은 한걸음 더 나아가 소련에 대해 레이저·광학·슈퍼컴퓨터·유도체제·조종 등 첨단기술 분야에 대한 투자의 대폭적 증대를 강요하게 될 것이다. 다시 말해 소련의 한 대변인이 지적한 대로 『훨씬 고도의 기술 차원에서 전혀 새로운 군비경쟁』이 일어나게 될 것이다. 1984년 당시 소련군 참모총장이던 오가르코프(N.V. Ogarkov) 원수가 소련이 서방기술을 따라잡지 못하는 경우에 생길 끔찍한 결과에 대해 행한 경고로 미루어볼 때 붉은 군대는 이러한 종류의 군비경쟁에서 이길 자신이 별로 없는 것처럼 보인다.

이 문제의 다른 한쪽 끝에는 소련의 전통적인 양적 우위, 즉 인력상의 우위를 위협하는 인구통계학적 문제가 있다. 전술한 바와 같이 이것은 소련 출생률의 전반적인 감소와 비러시아 지역 출생률의 상승이라는 두 가지 추세에서 비롯된 것이다. 이 때문에 농업과 공업간의 인력분배에 차질이 생긴다고 하지만 장기적인 병력보충문제에는 더욱 큰 차질이 생길 것이다. 대체로 말해 매년 동원할 수 있는 210만명의 남자 중에서 130만~150만명의 신병을 뽑는 것은 문제가 안되겠지만 러시아어를 잘 모르고 기계(전자는 고사하고)를 다루는 능력이 크게 떨어지며 이슬람교도가 많은 중앙아시아 출신의 비중이 커진다는 것은 문제가 될 수 있다. 소련군의 민족적 구성에 관한 모든 연구결과는 장교와 하사관들은 슬라브족이 압도적으로 많으며 로킷부대·공군·

해군·기술부대 등의 경우도 마찬가지임을 보여주고 있다. 붉은 군대의 1급(Category Ⅰ) 사단들 역시 마찬가지이다. 반면에 2급과 특히 3급 사단들과 대부분의 지원부대 및 수송부대들은 비슬라브족으로 채워져 있다. 이러한 사실은 만일 나토와의 재래식 전쟁에서 1급 사단의 대폭적 증강이 필요한 경우 이「후속」사단들이 과연 어느 정도의 효율성을 발휘할 것인가 하는 흥미있는 문제를 제기한다. 이같은 편견을 두고 여러 서방평론가들처럼「인종주의적」또는「민족주의적」이라고 규정짓는 것도 문제이지만 엄격한 군사적 관점에서 더욱 중요한 문제는 소련군 참모들이 동원 가능한 인력의 상당 부분을 믿을 수 없고 비능률적인 인력이라고 판단하고 있다는 사실이다. 러시아 남부지역에 정통파 회교가 퍼져 있으며 이들로 구성된 부대들이 아프가니스탄 침공시에 동요를 일으켰다는 보도가 있었음에 비추어 이러한 판단은 정확한 것이라고 보아야 할 것이다.

 다시 말해 소련 지도층은 80년 전의 오스트리아-헝가리제국이나 제정시대와 마찬가지로 현재 마르크스주의 이데올로기로도 해소할 수 없는「민족문제」에 직면하고 있다. 분명히 현재의 통치기구는 1914년 이전보다 훨씬 강력하며 예컨대 우크라이나가 불평불만의 온상이라는 식의 주장은 에누리해서 들어야 할 것이다. 그러나 우크라이나인들이 1941년에 독일 침략군을 환영했다는 사실, 발트해지역의 불만에 관한 각종 보도, 러시아어를 그루지야공화국의 공동 제1언어로 만들려고 했을 때 이 지역에서 일어난 1978년의 강력한(그리고 성공적인) 항의 운동 그리고 특히 중·소 국경지대에 살고 있는 수백만의 카자흐인·위구르인과 터키·이란·아프가니스탄 등 불안정한 국경선 북쪽에 살고 있는 4,800만명의 회교도들, 이 모든 사실이 소련 지도층의 마음을 번민케 만들고 불안감을 가중시키고 있다고 보아야 한다. 특히 그들은 수가 줄고 있는「믿을 만한」슬라브족 청년들을 어디에 배치할 것인가 하는 문제에 더 큰 관심을 가지게 되었다. 현재 훈련받은 충실한 인력이 절실히 필요한 농업과 공업 부문을 희생시켜서라도 슬라브족 청년들을 1급 사단 등 명성있는 부대에 입대시켜야 할 것인가? 아니면 러시아인 등 슬라브족을 민간 부문으로 돌리기 위해 군대의 능률을 희생시켜서라도 비슬라브족 청년들이 붉은 군대에서 차지하는 비중을 높일 것인가? 소련의 전통은 「안보제일주의」이기 때문에 아마도 전자의 경향이 우세하겠지만 그러나 그것도 딜레마를 해결하지는 못할 것이며 결국은 두 가지 불행 중에서 한 가지를 선택하는 꼴이 되고 말 것이다.

소련 전략가들이 말하는 「힘의 상관관계」 중 경제적 요소가 소련공산당 정치국에 우려를 불러일으키고 있다고 하지만 급변하는 세계세력균형의 군사적 측면도 이들에게는 결코 위안거리가 되지 않는다. 외부 사람들에게 소련의 군사기구가 당당하고 위압적인 존재로 보인다고 하더라도 소련의 현군사력을 소련군이 수행해야 할 여러가지 전략적 과제와 대비시켜 평가해보면 반드시 그렇지만은 않다.

이러한 평가를 시도함에 있어서는 핵무기를 수반하는 전쟁만을 고려하고 재래식 전쟁은 제외시키는 것이 좋을 것이다. 여러가지 이유 때문에 군사균형의 여러가지 항목 중에서 가장 큰 관심과 우려의 대상이 되어온 것은 「강대국」들, 특히 전세계를 파멸시킬 역량을 갖춘 미국과 소련이 보유하고 있는 전략 핵무기이다. 국제전략연구소(IISS)가 밝힌 미국·소련의 1986년 전략 핵탄두 보유수는 다음과 같다(표 47 참조).

이러한 통계를 어떻게 해석하느냐는 각자의 관심사에 따라 다를 것이다. 탄두의 개수에만 관심을 두고 그 수치가 잘못되었을지도 모른다고 생각하는 사람들은 소계를 정밀하게 따져보면서 두 초강대국이 이밖에도 대량의 전술 핵무기를 보유하고 있음을 상기시키려고 할

〈표 47〉 전략 핵탄두 보유수(추정)

	미국	소련
대륙간 탄도미사일적재 탄두	2,118	6,420
잠수함발사 탄도미사일적재 탄두	5,536	2,787+
항공기적재 탄두	2,520	680
계	10,174	9,987+

것이다. 상당한 수의 비관변 평론가와 일반대중은 이 두 나라가 보유한 핵무기의 규모와 파괴력은 정치적 무능이나 정신적 질병상태를 나타내는 것으로서 지구상의 모든 일상생활을 위협하고 있기 때문에 가능한 한 조속히 폐기 또는 감축해야 한다고 생각한다. 반면에 대학과 연구소·국방부서 등에서 일하는 일단의 해설가들은 핵무기를 국가전략적 차원에서 실제로 사용할 가능성을 인정하고 있으며 따라서 그들의 학문적 에너지를 총동원하여 각종 무기체제, 에스컬레이션 전략과 전쟁게임 방법, 무기통제 및 그 입증 협정에 관한 찬·반론, 「투사중량(投射重量, throw-weight)」, 「푸트프린트(footprint)」, 「등가 메가톤(equivalent megatonnages)」, 목표선정정책, 「제2격(second-strike)」 시나리오 등을 집중적으로 연구하고 있다.

이같은 「핵무기문제」를 다루는 데는 분명히 큰 어려움이 있다. 핵무기의 존재, 아니 핵무기의 대량배치 가능성으로 인해 전통적 관점에서 전쟁이나 전략·경제문제를 검토하는 것은 이제 부질없는 짓이 되었다고 보아야 하지 않을까? 전면적인 전략 핵무기 공방전이 일어날 경우 그것이 세계문제상의 「세력균형 변동」에 미칠 영향을 추측해 본다는 것은 북반구에 사는 모든 사람에게는(아마도 남반구에 사는 사람들에게도) 부질없는 짓이 아닐까? 강대국들의 대결이 가끔씩 공공연한 전쟁으로 발전하곤 하는 전통적 양상은 1945년에 종식된 것으로 보아야 하지 않을까?

물론 이같은 질문들에 확실한 대답을 하기는 어렵다. 그러나 현재의 「강대국」들이 핵무기의 존재에도 불구하고 ― 여러가지 점에서는 바로 핵무기의 존재 그 자체 때문에 ― 무력사용에 관한 전통적인 가설로 복귀할지도 모른다는 여러가지 징조가 있다. 첫째 지금은 ― 아니 얼마 전부터는 ― 두 초강대국간에 기본적인 핵무기균형이 이루어져 있다고 할 수 있다. 「기회의 창(windows of opportunity)」이라든가 어느 일방이 「제1격 능력(first-strike capability)」을 보유할 가능성에 관한 온갖 논의에도 불구하고 한 가지 분명한 것은 미국·소련 어느 나라도 자국의 폐허화를 각오하지 않고서는 상대의 말살을 장담할 수 없으며 「별들의 전쟁」 기술이 완성되어도 이 사실에는 큰 변화가 없으리라는 점이다. 특히 양측이 모두 탐지가 어려운 해저운반체에서 발사할 수 있는 잠수함발사 탄도미사일을 다수 보유하고 있기 때문에 어느 한 나라가 적의 핵무기를 한꺼번에 모두 파괴한다는 것은 생각할 수 없게 되었다. 정책결정자들은 어떤 우발적인 에스컬레이션에 말려들지 않는 한 이 사실을 「핵겨울」에 대한 걱정 못지 않게 중요시하게 될 것이다. 그러므로 양측은 핵교착상태에 빠져 발을 빼지도 못하고 — 핵무기 기술을 폐기하거나 핵무기 보유를 포기한다는 것은 불가능하기 때문에 — 또한 이를 유리하게 이용할 수도 없는 — 일방의 새 체제는 즉각 상대방이 모방하거나 대응책을 강구할 것이며 또한 핵무기를 사용한다는 것은 정말 위험한 노릇이기 때문에 — 상황에 처해 있는 것이다.

　다시 말해 두 초강대국은 앞으로도 막대한 핵무기를 비축할 것이지만 우발적인 사고만 없다면 이를 사용하게 될 가망은 없다. 왜냐하면 그것은 전쟁에서는 수단과 목적이 균형을 이루어야 한다는 옛부터의 가정에 어긋나기 때문이다. 핵전쟁이 인류에 미칠 피해가 너무나 크기 때문에 어떠한 정치적·이념적·경제적 목적도 이를 정당화할 수 없다. 현재 「핵전쟁수행 전략(nuclear-war-fighting strategy)」을 마련하기 위해 머리를 짜내고들 있지만 아직은 『합리적인 핵무기 사용전략이라는 용어 자체가 모순이다』라는 제비스(R. Jervis)의 말을 반박하기 힘들게 되어 있다. 일단 최초의 미사일이 발사되고 나면 양측이 미국의 핵무기 독점상실 이래로 묶여 있는 「상호인질」상태가 끝장나게 된다. 이로 인한 대격변이 너무나 심각하기 때문에 이성을 가진 정치지도자라면 누구라도 문지방을 넘는 첫발을 내딛으려 하지 않을 것이다. 우발적인 핵전쟁이 일어나지 않는다면 — 인간의 실수나 기계고장은 언제라도 가능하다 — 양측이 모두 핵무기 사용을 억제하게 될 것이다. 충돌이 일어나더라도 정치·군사지도자들은 모두 이를 재래식 전쟁 수준으로 「묶어두기」 위해 노력할 것이다.

　그러나 이 말은 두 초강대국이 향후 20년과 그 이후에 걸쳐 직면하게 될 훨씬 더 심각한 문제, 즉 근동·인도·남아프리카·라틴아메리카 등 전쟁위험이 큰 지역의 여러 나라들로 핵무기 확산이 이루어질 경우에는 해당되지 않는다. 이 나라들은 강대국체제에 속해 있지 않기 때문에 여기서 이들이 일부 지역적 충돌시에 핵무기를 사용할 가능성에 관해 논하기에 적합치 않다. 다만 핵무기 확산은 세계정치를 더 한층 복잡하게 만들 것이므로 미국과 소련은 이를 저지하는 데 공동의 이해를 가지고 있다고 결론지어도 좋을 것이다. 만일 핵무기 확산이 일어난다면 두 초강대국은 그들의 공동이해가 무엇인지를 절감하게 될 것이다.

전혀 다른 부류에 속하는 나라로서—소련의 관점에서 볼 때—핵무기 비축을 급속도로 늘리고 있는 중국·영국 및 프랑스가 있다. 몇 년 전까지만 해도 이들 3개국은 핵균형에서 단순한 한계적 요소로 간주되었고 이들의 핵무기 전략은 전혀「신뢰성」이 없는 것으로 생각되었다. 왜냐하면 이 나라들은 자국이 전멸당하는 대가로 소련에 대해 제한된 피해만을 줄 수 있다고 생각되었기 때문이다. 그러나 그같은 가정이 곧 수정되어야 하리라는 몇 가지 시사가 있다. 가장 놀라운 추세는—역시 소련의 관점에서 볼 때—소련이 지난 25년간 우려했던 대로 중화인민공화국의 핵능력이 크게 증가하고 있다는 것이다. 만일 중국이 보다 정교한 지상발사 대륙간 탄도미사일체제뿐만 아니라 의도대로 잠수함발사 장거리 탄도미사일체제를 개발하고 중·소분쟁이 만족한 해결을 보지 못한다면 소련은 장차 중국과의 국경충돌이 핵전쟁으로 확대될 가능성에 직면하게 될 것이다. 지금 볼 때 중국은 엄청난 파멸을 겪을 것이지만 소련 역시 적어도 소수(1990년대에는 다수)의 중국군 핵미사일이 소련을 강타할 가능성을 배제할 수 없을 것이다.

정치적 위협은 덜하지만 기술적인 면에서 더욱 우려되는 것은 영국과 프랑스의 핵운반 및 탄두능력의 증강이다. 최근까지만 해도 이 두 강대국의 전략무기체제가 갖는「억지」효과는 의심스럽다고 할 수 있었다. 있을 법한 일은 아니지만 미국이 중립을 지키는 가운데(어쨌든 이것이 영국과 프랑스 핵무기체제의 명분이다) 소련과 핵전쟁에 돌입해야 할 경우 자기나라의 빈약한 운반체제를 가지고는 소련에 부분적인 피해밖에 줄 수 없는 두 나라가 민족적 자살모험을 벌이리라고는 생각하기 힘들었다. 그러나 앞으로 몇년내에 이들 중간규모의 강대국들은 잠수함발사 탄도미사일체제를 대폭 증강할 것이기 때문에 두 나라가 각각 소련에 입힐 수 있는 피해가 여러 배로 늘어나게 될 것이다. 예컨대 영국이 트라이던트 II 미사일체제를 적재할 수 있는 잠수함들을 보유하게 되면 ─ 엄청난 비용과 지나치게 큰 타격력 때문에 「이코노미스트」지는 이를 「핵미사일의 롤스로이스」라고 조소했다 ─ 이 나라의 핵억지력이 파괴할 수 있는 소련내 목표가 대폭 늘어나게 될 것이다. 마찬가지로 장거리 다탄두 엠 4(M-4)미사일을 적재하는 프랑스의 신형 「랑플렉시블(L'Inflexible)」잠수함은 소련내 96개소의(종전의 프랑스 핵잠수함 5척을 모두 합한 것보다 많은) 목표물을 공격할 능력을 갖게 될 것이며 또한 다른 함정들에도 이 엠 4 미사일을 적재할 경우에는 프랑스의 전략 핵탄두가 5배로 증가하여 이론적으로는 수천마일 떨어진 소련내 목표 수백개소를 강타할 능력을 보유하게 될 것이다.

물론 실제로 어떠한 상황이 벌어질 것인가를 예측하기는 불가능하다. 영국 자체에서도 여러 저명인사들은 영국이 소련에 대해 독자적으로 핵무기를 사용한다는 것은 문자 그대로 「거짓말같은」 구상이라고 비판했다. 이같은 비판은 영국의 자살행위가 지금까지보다는 훨씬 더 큰 피해를 소련에 입힐 것이라는 반론에 의해서도 별로 흔들릴 것 같지 않다. 프랑스의 여론 ─ 그리고 일부 전략문제 평론가들 ─ 도 프랑스의 핵억지 정책을 별로 신뢰하지 않고 있다. 반면에 핵전쟁수행 가능성을 매우 진지하게 검토하고 있는 소련의 군사계획당국은 이같은 최근의 사태발전에 크게 신경쓰고 있다고 보아야 할 것이다. 소련은 자국의 심장부에 큰(아마도 매우 큰) 피해를 줄 능력을 지닌 4개국 ─ 미국 한 나라만이 아니라 ─ 을 상대해야 할 뿐 아니라 다른 강대국들이 중립을 지키는 가운데 그중 1개국(예컨대 중국)과만 핵전쟁을 벌일 경우 이후의 세계 군사균형이 어떻게 달라질지도 검토해야 하는 처지에 있다. 그렇기 때문에 소련은 미국과의 전면적인 전략무기제한 협정 협상에서 영국·프랑스의 핵무기도 고려에 넣어야 한다고 거듭 주장해왔고 중국을 고려하여 일정한 여분의 핵전력을 남겨두어야 한다고 주장하고 있다. 이 모든 것은 소련의 관점에서 볼 때 핵무기를 합리적 군사정책의 수단으로 삼기가 더욱 어려워지고 있음을 시사하는 것이다.

그러나 이로 인해 재래식 무기가 소련 군사력의 주된 수단—그리고 소련의 정치적 목적 수행을 위한 주된 도구—이 된다 하더라도 소련의 계획당국이 현재의 국제적 군사균형상태에 자신감을 느끼리라고 생각하기는 어렵다. 이렇게 말하는 것은 미국·소련의「군사균형」평가에서 소련군이 항공기·전차·대포·보병사단의 총수에서 훨씬 우세함이 널리 알려져 있음에 비추어볼 때 이치에 닿지 않는 말이라고 생각될지도 모른다. 더구나 나토군은 유럽에서 대규모 재래식 전쟁을 치를 수 없기 때문에 개전 며칠내로 핵전쟁을 개시할 수밖에 없을 것이라는 주장도 있다. 그러나「균형」에 관한 최근의 여러가지 연구결과는『양측이 모두 승리를 보장하기에는 아직 전체적 힘이 충분치 못하다』는 상황이 존재하고 있음을 시사하고 있다. 이같은 결론을 내리려면 상세한 비교분석(예컨대 미국과 소련의 기갑사단 구성의 비교)과 특정한 무형 요인들(예컨대 중국의 역할, 바르샤바동맹의 신뢰성)에 대한 검토가 있어야 하겠지만 여기서는 그 개략적인 논거만을 제시해보고자 한다. 그러나 이러한 증거가 대체적으로나마 정확한 것이라면 이 역시 소련 당국자들에게는 별로 위안거리가 되지 못할 것이다.

첫번째로 지적해야 할 가장 분명한 사실은 재래식 전력의 균형을 분석하려면 특히 유럽의 경우 경쟁적인 동맹체를 전체적으로 살펴보아야 한다는 것이다. 이렇게 따져보면 미국을 제외한 나토 회원국들이 소련을 제외한 바르샤바동맹 국가들보다 훨씬 더 강하다는 사실이 분명히 드러난다. 실제로 영국의 1985년 방위백서가 지적한 바와 같이 『유럽국가들은 현존하는 유럽주둔 나토군에서 주요 역할을 맡고 있다. 즉 병력의 90%, 전차의 85%, 대포의 95%, 전투기의 80% 그리고 대서양과 유럽해역내 주력 전함의 70% 이상을 담당하고 있는 것이다. 총동원시의 유럽병력은 약 700만명인데 반해 미국은 350만명밖에 안된다.』 물론 미국이 서독에 병력 25만명을 배치한 것이 사실이고 유럽전쟁 발발시 미국이 대서양을 건너 투입하게 될 육군사단과 공군 편대가 매우 중요한 역할을 하리라는 것도 사실이며 나토가 전체적으로 미국의 핵억지력과 해군력에 의존하고 있다는 것도 사실이다. 그러나 중요한 점은 나토가 위가 무겁고 소련 쪽으로 치우친 바르샤바동맹에 비해 「아치」의 두 기둥간에 균형이 훨씬 더 잘 잡혀 있다는 사실이다. 또 한 가지 주목할 점은 미국의 나토 회원국들이 소련의 바르샤바동맹 국가들보다 6배의 군사비를 지출하고 있다는 사실이다. 실제로 영국・프랑스・서독의 군사비는 각기 소련을 제외한 바르샤바동맹 국가들의 군사비를 합한 것보다 많다.

　이처럼 만일 두 동맹체의 세력을 각기 전체적으로 파악하고 일부 서방측의 비관적 평가를 특징짓는 야릇한 첨삭을 배제한다면 대부분의 분야에서 전략적 평형이 드러나며 설사 바르샤바동맹측이 수적으로 우세한 경우라도 결정적인 우세는 차지하지 못하는 것으로 드러날 것이다.＊ 예컨대 양측은 모두 「총지상군」과 「총지상군예비병력」 규모가 비슷하고 「유럽내 총지상군」 규모도 대체로 비슷한 것으로 나타난다. 대체적으로 비교해보면 바르샤바동맹군의 병력 1,390만명(「주력부대」 640만과 예비군 750만)은 나토군의 1,190만명(「주력부대」 500만과 예비군 680만)보다 별로 크지 않으며 특히 바르샤바동맹군이 주로 붉은 군대의 3급 부대와 예비병력으로 구성되어 있다는 사실을 감안하면 양측의 병력규모는 더욱 접근한다. 가장 중요한 중부 전선에서

＊ 예컨대 소련군을 모두(중국을 상대로 배치한 것까지) 포함시키고 프랑스군은 제외시켜서 바르샤바동맹측이 수적으로 크게 우세한 것으로 나타내기는 쉬운 일이다.

는 나토군이 대규모의 소련군 기갑 및 자동차 소총사단들에 비해 크게 열세를 보이고 있지만 이 경우에도 바르샤바동맹군의 우세는 안심할 정도가 못된다. 그것은 혼잡한 북부 독일의 지형에서는 신속하고 공격적인「기동작전」을 수행하기가 어렵고 또한 소련의「주력 전차」5만 2,000대 중 다수는 도로소통이나 방해하기에 알맞은 낡은 티 54형 전차들이기 때문이다. 나토가 군수품・연료・대체용 무기 등의 충분한 예비 비축량만 보유한다면 소련군의 재래식 공격을 격퇴하는 데 1950년대보다도 훨씬 더 유리한 입장에 설 것이 확실하다고 해야 할 것이다.

또한 군사동맹체들의 성실성과 응집력 등 계산하기 어려운 요소도 감안해야 한다. 나토가 여러가지 약점을 지니고 있음은 부인할 수 없다.「비용분담」을 둘러싼 빈번한 분규라든가 핵미사일 발사가 불가피할 경우의 정부간 협의라는 까다로운 문제 등이 그 예이다. 서독・영국에서 스페인・그리스에 이르는 나라들의 중도좌파 정당들에게서 엿볼 수 있는 중립주의 감정과 반나토 감정도 주기적으로 우려를 자아내고 있다. 그리고 장차 어느 때인가 바르샤바동맹의 서쪽 경계선에 면해 있는 나라들 중 어느 한 나라라도(특히 서독)「핀란드화」하는 경우가 생긴다면 소련은 경제적으로는 물론이고 전략적으로도 커다란 이익을 얻게 될 것이다. 그러나 이 시나리오는 설사 이론상 가능하다고 하더라도 현재 동유럽에서 일고 있는「제국」의 신뢰성에 관한 소련의 우려에 비하면 아무것도 아니다. 광범한 지지기반을 가진 폴란드의 자유노조운동, 동독의 공공연한 대서독 관계개선 희망, 헝가리의「잠행성 자본주의」, 폴란드・루마니아 등 모든 동유럽 국가들에 영향을 미치고 있는 경제적 난관 등은 소련 지도층에게 매우 곤란한 문제를 제기하고 있다. 이 문제들은 붉은 군대의 동원으로 쉽게 해결될 수 있는 것이 아니며 그렇다고 해서「과학적 사회주의」의 새로운 투약으로 동유럽 국가들이 만족할 만한 해답을 주리라고 기대하기도 어렵다. 최근 소련 당국이 현대화와 마르크스주의적 경제・사회정책의 재검토에 관해 장광설을 늘어놓고 있기는 하지만 동유럽 통제를 포기하리라고 기대하기는 어렵다. 그러나 정치적 불만과 경제적 난관을 보여주는 이 여러가지 징조들은 바르샤바동맹내의 소련군의 신뢰도에 관해 그 어느 때보다도 큰 의문을 제기하고 있다. 예컨대 폴란드 군대는 결코 바르샤바동맹군의 힘에 보탬이 된다고 생각할 수 없으며 기껏해야 해가 되지 않으면 다행일 정도이다. 왜냐하면 전쟁이 일어나면 폴란드군 — 그리고 극히 중요한 폴란드의 도로 및 철도망 — 은 붉은 군대의 세심한 감시를 요할 것이기 때문이다. 마찬가지로 체코슬로바키아나 헝가리 군대가 일단 유사시 소련의 명령에 따라 열성적으로 나토 공격에 나서리라고 생각하기도 어렵다. 심지어 소련의 동맹국 중에서 가장 효율적이고 현대화된 동독의 군대조차도 서방 공격명령을 받으면 어떻게 나올지 장담할 수 없는 형편이다. 바르샤바동맹군의 대부분이 소련군이며 또한 서방과의 재래식 전쟁이 일어날 경우 소련군이 그 최전선을 담당하리라는 것도 사실이다. 그러나 붉은 군대의 지휘관들로서는 한편으로 전쟁을 수행하면서 다른 한편으로 능률도 떨어지고 신뢰하기도 어려운 수백만명의 동유럽 군대를 감시해야만 한다는 것은 커다란 부담이 아닐 수 없다. 바르샤바동맹의 공격에 대해 나토가 역공세를 취해 예컨대 체코슬로바키아를 침공해 들어갈 가능성 때문에 소련은 정치·군사적으로 더욱 우려하고 있다.

더구나 소련의 계획당국은 1960년대 초부터 또 한 가지 더욱 엄청난 문제, 즉 나토 및 중국을 상대로 대규모 전쟁에 말려들 가능성과 씨름해야만 했다. 두 가지 전쟁이 동시에 일어난다면 이 전선 저 전선으로 증원군을 이동시키기가 매우 힘들게 된다. 그러나 설사 전쟁이 1개 전선에서만 전개될 경우에도 소련 당국은 기술적으로는 중립지역이지만 대규모의 잠재적 적군이 국경선에 배치되어 있는 지역에서는 병력을 빼돌리기를 두려워할 것이 분명하다. 실제로 소련은 중·소전쟁에 대비하여 약 50개 사단과 전차 1만 3,000대를 배치할 수밖에 없는 처지이다. 그러나 소련군은 중국군보다 현대화되어 있고 기동력에서 앞서면서도 규모가 그의 4배나 되는 중국군을 상대로 하여 완전한 승리 — 장기적 점령은 고사하고 — 를 얻기는 힘들 것이다. 이 모든 것은 전쟁이 재래식 전쟁에 머물 것을 가정한 것이다(중국의 분쇄방법에 관한 소련측의 암시에 비추어 이 가정은 전적으로 잘못된 것일 수도 있다). 그러나 중국·소련이 핵전쟁을 벌이더라도 소련 계획당국은 아직은 중립을 지키고 있지만 위험성이 매우 큰 서방에 대해 소련이 열세에 놓이게 되는 경우를 상정하지 않을 수 없을 것이다. 마찬가지로 소련은 나토와의 대규모 재래식 전쟁이나 핵전쟁에서 큰 타격을 입어「등뼈가 부러진」상태로 전락할 경우 중국의 압력에 어떻게 대처해나갈지 우려해야 할 형편이다.

　중국이 그 규모 때문에 소련의 계획당국에게 가장 큰(나토를 제외하고) 걱정거리가 되고 있다고는 하지만 소련이 전체적인 아시아「주변」도 걱정하고 있음을 상상하기란 어렵지 않다. 넓은 지정학적 의미에서 볼 때 아시아에서의 영토확장을 추구하던 옛부터의 러시아 정책의 추세는 끝난 것으로 보인다. 새 중국의 등장, 인도의 독립(그리고 세력확대), 일본의 경제적 부흥, 여러 아시아 군소국가들의 독자성 주장 등으로 러시아가 장차 아시아대륙 전체를 석권하리라는 19세기의 공포심은 사라지게 된 것이 분명하다(오늘날의 소련군 참모는 이런 말만 들어도 질겁을 할 것이다!). 물론 지금도 소련은 아프가니스탄에서와 같이 사소한 이익을 추구할 수는 있겠지만 소련이 지금까지 아시아의 다른 지역에서 일으킨 분쟁이나 전쟁상태의 지속기간을 보면 더 이상의 영토확장은 값비싼 군사적·정치적 대가를 치르게 될 것임을 확실히 말해주고 있다. 러시아가 한 세기전「아시아에서의 사명」을 자신있게 공언했던 것과는 대조적으로 현재의 소련 통치자들은 중동에서 정통파 회교가 국경선을 넘어와 남부 국경지방을 휩쓸 가능성을 걱정하고 또한 아프가니스탄·한국·베트남 등의 분규악화를 우려하고 있는 형편이다. 아시아에 아무리 많은 군대를 주둔시킨다 하더라도 이 방대한 주변지역에서「치안」을 완전히 보장하기는 어려울 것이다. 더구나 소련의 시베리아 횡단철도는 적의 로킷공격에 매우 큰 취약성을 드러내고 있다. 시베리아 철도가 공격을 받을 경우 극동지역의 소련군은 큰 타격을 입게 될 것이다.

소련 정부의 자국안전에 관한 전통적 관심으로 미루어볼 때 소련의 해군력과 해외파병규모가 상대적으로 보잘것없다는 것은 놀라운 일이 아니다. 그렇다고 해서 지난 25년간 붉은 해군이 매우 인상적으로 증강되었음을 부인하거나 매우 다양한 신형 잠수함과 해상함정·실험용 항공모함들이 배치되고 있음을 부인하는 것도 아니다. 또한 소련의 상선단과 어선단이 대폭 확장되어 중요한 전략적 역할을 수행하고 있음을 부인하는 것도 아니다. 그러나 소련은 아직껏 미국 해군의 15개 항공모함 기동타격대에 비견할 타격력을 보유하지는 못하고 있다. 더구나 두 초강대국만이 아닌 두 동맹체의 함대를 비교해보면 미국 이외의 나토 회원국 해군이 매우 큰 기여를 하고 있음을 알 수 있다.

〈표 48〉에서 보는 바와 같이 『중국을 제외하더라도 서방 동맹국들은 바르샤바동맹에 비해 대형 해상전함은 2배, 해군공군력은 3배를 보유하고 있으며 잠수함도 사실상 비슷한 규모에 달하고 있다.』 여기에 바르샤바동맹측의 대형 해상군함과 잠수함의 상당수가 선령 20년 이상의 노후선박이고 적잠수함 탐지능력이 제한되어 있으며 붉은 해군 수병의 75%가 징집병(서방의 경우는 장기복무의 직업군인)이라는 점까지는 감안한다면 소련 해군이 가까운 장래에 「제해권」을 넘볼 수 있는 가능성은 없다고 할 수 있다.

끝으로 소련 해군의 대형화한 신형 해상군함들의 목적이 정말로 바렌츠해(Barents Sea) 등에 「해양요새」를 구축하여 소련의 핵잠수함들을 나토측의 공격으로부터 보호하려는 데 있다면 ─ 다시 말해 소련 함대의 주된 목적이 전략적 억지력의 근해이동을 보호하는 데 있는 것이라면 ─ 소련 해군은 분명히 나토의 해상병참선을 저지하기에도 급

〈표 48〉 나토·바르샤바 조약기구의 해군력

	바르샤바동맹			나 토		
	소련 이외	소련	계	계	미국	미국 이외
핵 잠수함	─	105	105	97	85	12
디젤 잠수함	6	168	174	137	5	132
주력 군함	3	184	187	376	149	227
해군 항공기	52	755	807	2,533	2,250	283

급한(구식 잠수함들을 제외하고) 규모이다. 서방과의 대규모 전쟁이 일어날 경우 소련은 각지에 흩어진 해외기지와 주둔병력을 지원할 능력을 갖게 될 가망이 별로 없다고 할 수 있다. 사실상 소련의 제3세계 침투에 관한 온갖 보도에도 불구하고 소련의 해외기지는 얼마 되지 않으며(동유럽과 아프가니스탄을 제외하면) 또한 베트남·에티오피아·남예멘·쿠바 등의 주요 해외기지들은 모두 거액의 직접원조를 필요로 하고 있어 소련 자체내에서조차도 원성이 높아지고 있는 실정이다. 소련은 중·소전쟁이 일어날 경우의 시베리아 횡단철도가 갖는 취약성을 인식하고 있기 때문에 인도양을 거쳐 극동지방 영토를 연결하는 해상병참선(sea line of communication)을 창설하고자 할 가능성이 있다고 보아야 할 것이다. 그러나 현재로서는 이 병참선도 매우 불안정하다고 보아야 한다. 소련의 영향권은 세계 각지에 기지·군대·함대를 보유한 미국(그리고 영국·프랑스)과는 비교가 되지 않을 뿐 아니라 현재의 몇 안되는 소련의 해외기지들은 모두 노출되어 있어 전쟁시의 서방측 압력에 대해 매우 큰 취약성을 드러내고 있기 때문이다. 중국·일본과 그밖의 일부 군소국가들을 이 방정식에 대입하면 상황은 더욱 심한 불균형을 나타내게 된다. 소련을 제3세계에서 강제로 쫓아내면 그것은 경제적으로는 커다란 타격을 주지 못할 것이지만 ― 왜냐하면 이 나라들에 대한 소련의 투자와 무역량은 서방측에 비해 미비하기 때문이다 ― 소련이 범세계적인 강대국이 못된다는 것을 드러내는 또 한 가지 사례가 될 것이다.

이 모든 것이 소련측의 불리한 입장을 지나치게 과장한 것처럼 들릴지도 모르겠지만 한 가지 주목할 점은 소련의 계획당국 자체도 「최악의 경우」에 관해 생각하고 있다는 것이다. 또한 소련의 군축협상자들이 항상 미국과 동등한 군사력으로 축소하기를 거부하면서 소련은 중국의 위협에 대처하고 8,000마일의 국경선을 보호하기 위한 「여분」의 군사력을 필요로 한다는 사실을 고집하고 있다는 점도 주목할 필요가 있다. 외부 관측자들이 보기에 소련은 이미 자체의 안전을 보장하기에 충분한 군사력을 보유하고 있는데도 늘 새로운 무기체제의 구축을 강조함으로써 모두에게 소련의 안보가 불안정하다는 인상을 주고 있다. 군국주의적이고 편집광적인 국가운영의 전통을 이어받은 소련의 정책결정자들은 소련이 동유럽·중동의 「북부층(nothern tier)」과 그리고 길다란 중국 경계선 등 허술한 국경선으로 둘러싸여 있다는 생각을 갖고 있다. 그러나 이 국경지방을 안정시키기 위해 수많은 육군과 공군을 배치했음에도 불구하고 취약성을 극복한다는 소기의 성과를 거두지 못하고 있다. 그러나 동유럽에서 군대를 철수시키거나 문제된 국경지방을 중국에 양보하는 것도 문제가 있으니 왜냐하면 그것은 해당 지방에 영향을 미칠 뿐 아니라 소련의 의지력 상실로 비칠 수 있기 때문이다. 소련 정부는 광활한 육지 국경선의 영토적 안전을 보장하는 전통적 문제와 씨름하는 동시에 로킷·인공위성발사 무기·우주탐험 등에서 미국을 따라잡아야 할 처지이다. 이처럼 소련은─아니 소련의 마르크스주의체제는─현재 세계 권력다툼에서 양적·질적으로 어려운 시험대에 올라 있는 것이다.

그러나 경제만 개선된다면 소련이 처한 이러한 상황(또는 「힘의 상관관계」)도 개선되겠지만 여기에서 다시 소련이 처한 장기적 문제가 제기된다. 소련군이 경제문제를 중요시하는 것은 비단 소련이 마르크스주의 국가이기 때문이거나 무기와 임금의 비용부담 때문만이 아니고 소련이 장기간의 강대국 동맹전쟁의 결과가 갖는 중요성을 이해하고 있기 때문이기도 하다. 1979년판 「소련군사백과사전(Soviet Military Encyclopedia)」은 세계 동맹전쟁이, 특히 핵무기를 사용할 경우 단기간에 그칠 것임을 인정하면서도 이렇게 지적하고 있다. 『그러나 예상되는 교전당사국들의 거대한 군사적·경제적 잠재력을 고려할 때 전쟁이 장기화할 가능성도 배제할 수 없다.』그러나 전쟁이 「장기화」할 경우에는 과거의 여러 대전들에서처럼 다시 경제적 지구력이 중요시될 것이다. 이렇게 본다면 소련이 세계총생산에서 차지하는 비중이 사실 12~13%에 불과하다는 것은(바르샤바동맹 위성국들을 포함시켜도 17%에 불과하다) 소련 지도층에게 별로 기분좋은 일이 아닐 것이다. 소련은 국민총생산 규모에서 미국과 서유럽에 크게 뒤질 뿐 아니라 일본에도 추월당하고 있으며 현재의 성장률이 지속될 경우 향후 30년내에 중국에게도 추월당할 가능성이 있는 것이다. 이것이 터무니없는 말이라고 생각되는 사람은 「이코노미스트」지가 1913년에는 『제정 러시아의 인시당 실질생산이 일본의 3.5배였으나 그후 거의 70년간의 사회주의체제하에서 상대적으로 뒤떨어져 지금은 일본의 1/4 수준에 불과한 것으로 생각된다』고 냉철하게 지적했음을 상기하기 바란다. 지금 당장은 아무리 높이 평가하더라도 소련의 군사력은 21세기 초에 가면 세계의 주요 생산중심권 중 4, 5위로 처질 것이라는 전망에 대해 소련 지도층은 바로 그 장기적인 함축적 의미 때문에 우려하지 않을 수 없다.

  그렇다고 해서 소련이 붕괴직전에 있다는 말은 아니며 소련을 초자연적인 힘을 가진 나라로 보아서도 안된다. 여기서 말하고자 하는 것은 소련이 현재 어려운 선택에 직면하고 있다는 점이다. 한 소련문제 전문가는 이렇게 지적했다. 『군비·민생·성장의 정책 — 브레즈네프 시대의 정치적 기초 — 은 이제는 아무리 낙관적인 시나리오에 의하더라도 불가능하게 되었다.……소련은 1960년대와 1970년대에 닥쳐왔던 것보다 훨씬 더 심각한 경제위기에 직면하게 될 것이다.』 물론 소련 경제를 개선하기 위한 여러가지 노력이 강화될 것이다. 그러나 아무리 열성적인 정권이 나오더라도 경제부흥을 위해 「과학적 사회주의」를 포기하거나 군사비를 감축하여 소비에트국가의 군사적 핵심에 영향을 주려고 할 가능성은 매우 희박하기 때문에 소련이 현재 직면하고 있는 여러가지 모순에서 탈피할 가망도 별로 없다고 보여진다. 소련에게 대규모 군사력이 없다면 소련의 국제적 지위가 떨어진다. 반면에 대규모 군사력을 보유하자니 다른 나라들을 불안하게 만들고 소련의 경제전망이 타격을 받는다. 여기에 냉혹한 딜레마가 있다.

  그러나 그렇다고 해서 서방측이 기뻐할 이유는 별로 없다. 왜냐하면 소련은 전통적으로 제국의 쇠퇴를 고분고분 받아들이는 나라가 아니기 때문이다. 실제로 역사적으로 볼 때 이 책에서 다룬 과잉팽창한 다민족 제국들 — 오토만제국·스페인·나폴레옹제국·대영제국 — 중 어느 나라도 강대국 전쟁에서 패배하거나 혹은 1945년 이후의 영국처럼 전쟁으로 약해져 제국주의 정책의 후퇴가 정치적으로 불가피해지기 전에는 스스로 본래의 민족적 기반으로 물러선 예가 없다. 오늘날 소련이 직면한 난관들을 기뻐하고 제국의 몰락을 고대하는 사람들은 이같은 변혁은 매우 큰 대가를 치르는 것이 보통이며 항상 예측할 수 있는 방법으로 이루어지지는 않는다는 사실을 상기하는 것이 좋을 것이다.

미국 : 상대적 쇠퇴기에 처한 일등국의 문제

미국의 현재 및 미래의 상황을 분석하고자 할 때는 소련이 처한 난관을 염두에 둘 필요가 있다. 그것은 두 가지 중요한 차이점 때문이다. 첫째 세계강대국으로서의 미국의 비중이 지난 수십년 동안 소련에 비해 상대적으로 빠른 속도로 쇠퇴했다고 하지만 미국이 안고 있는 문제는 라이벌 소련의 문제만큼은 크지 않다는 것이다. 더구나 미국의 절대적 힘(특히 산업·기술 분야의 힘)은 여전히 소련보다 훨씬 강대하다. 둘째 미국 사회는 바로 그 비조직적이고 자유방임적인 성격 때문에(그 약점이 없는 것은 아니지만) 경직된 계획경제 국가에 비해 환경변화에 적응하기가 훨씬 쉽다고 할 수 있다. 그러나 그러자면 오늘날 세계에서 진행되고 있는 보다 큰 과정을 이해하고 또한 국제적 여건변화에 적응해감에 있어서 미국의 위치가 갖는 강·약점을 모두 이해하는 국민적 지도자가 나와야 한다.

미국은 현재 경제적으로 그리고 군사적으로도 단연 우위에 있기는 하지만 과거 세계문제에서「일등국」자리를 차지했던 강대국들의 수명에 도전을 제기한 두 가지의 커다란 시련을 역시 회피할 수 없다. 그 첫째의 시련은 군사·전략 분야에서 미국 스스로가 필요하다고 인식하고 있는 군사력 규모와 그의 유지를 위한 수단간에 합리적인 균형을 유지할 수 있겠는가 하는 것이다. 또 하나의 시련은 세계생산이 끊임없이 변화하는 추세 속에서 그 힘의 기술·경제적 기반을 상대적 침식으로부터 보전할 수 있는가 하는 것이다. 미국의 능력이 겪게 될 시련은 아주 가혹할 것이다. 왜냐하면 1600년의 스페인제국이나 1900년 무렵의 대영제국과 마찬가지로 미국도 세계문제에 대한 정치·경제·군사적 영향력이 훨씬 강대했던 지난 수십년간에 이루어진 방대한 전략적 공약을 물려받은 나라이기 때문이다. 그 결과 현재의 미국은 강대국의 흥망사를 연구하는 역사학자들이 익히 알고 있는, 이른바 「제국의 과잉팽창」에 따른 위험부담을 안고 있다. 다시 말해 워싱턴의 정책결정자들은 전세계에 널려 있는 미국의 이권과 의무를 한꺼번에 지켜나가기에는 현재 미국의 능력이 부족하다는 곤란한 문제에 직면하고 있는 것이다.

전략적 과잉팽창문제에 직면했던 과거의 강대국들과 달리 미국은 또한 핵전멸의 가능성에 직면하고 있는데 많은 사람들은 이 때문에 국제 권력정치의 성격이 근본적으로 뒤바뀌게 되었다고 생각하고 있다. 대규모 핵전쟁이 정말로 일어난다면 미국의 「장래전망」을 생각한다는 것은—설사 미국의 경우는 그 방위체제와 지리적 규모에 비추어 예컨대 프랑스와 일본보다는 입장이 유리하다 하더라도—부질없는 짓이 되고 말 것이다. 반면에 대전 이후 지금까지의 군비경쟁 역사는 핵무기가 동·서 양측에 위협이 되면서도 한편으로는 서로가 이를 사용할 수 없음을 말해주고 있는데 강대국들이 재래식 군사력에 대한 지출을 늘리고 있는 주된 이유는 바로 여기에 있는 것이다. 그러나 만일 주요 국가들이 언젠가 비핵전쟁(지역전쟁이건 보다 규모가 큰 전쟁이건)에 말려들 가능성이 존재한다고 한다면 오늘날 미국의 전략적 여건과 제정스페인이나 에드워드 시대 대영제국의 전략적 여건 사이에는 매우 뚜렷한 유사성이 드러나게 된다. 두 경우에 모두 쇠퇴과정의 일등국은 설사 본토의 안전이 위협받지는 않더라도(미국의 경우 침략군에 의해 정복당할 가능성은 희박하다) 해외의 국가이익이 위협받는 상황에 직면했다—이러한 국가이익은 매우 넓은 지역에 분산되어 있어 한꺼번에 모두 방어하기가 힘들지만 뒤따르는 위험 때문에 그 일부를 포기한다는 것도 힘든 노릇이다.

미국의 해외이권은 모두 미국이 그 당시로서는 그럴 듯한(강압적인 경우가 많았다) 명분을 붙여 취득한 것이었는데 대부분의 경우는 아직도 그 명분이 남아 있으며 일부 지역의 이해관계는 미국 정부가 몇 십년 전보다 오히려 더욱 중요시하고 있는 실정이다.

중동지역에 대한 미국의 의무가 바로 이 경우에 해당한다. 서의 모로코에서 동의 아프가니스탄에 이르는 이 지역에서 미국은(어느 관측자의 말대로) 생각만 해도「숨막히는」여러가지 분쟁과 문제들에 직면해 있다. 이 지역은 세계 석유공급의 큰 부분을 담당하고 있는 지역이고, (미국내의) 강력한 로비단체들이 고립되어 있지만 군사적으로 강력한 이스라엘을 지지하도록 끈질긴 압력을 가하고 있는 지역이며, 대체로 친서방적인 아랍국가들(이집트·사우디아라비아·요르단·페르시아만의 토후국들)이 리비아 등 외부의 위협은 물론이고 자국내 회교 정통파 세력으로부터도 압력을 받고 있는 지역이고 또한 모든 아랍국가들이 서로간의 적대관계를 초월하여 이스라엘의 팔레스타인 정책에 반대하고 있는 지역이다. 이 때문에 이 지역은 미국에게 매우 중요한 지역이 되는 동시에 미국의 어떤 간단한 정책적 선택에 대해서도 당혹스러울 만큼 반발하고 있다. 또한 이 지역은—적어도 그중 일부 지역은—세계에서 가장 전쟁이 잦은 지역이다. 마지막으로 이 지역은 소련이 무력점령을 시도한 유일한 나라—아프가니스탄—가 있는 지역이다. 그러므로 중동이 군사적이건 외교적이건간에 늘 미국의 관심의 대상이 되어왔다는 것은 당연하다. 그러나 1979년 이란 사태와 불운했던 1983년 레바논 사태의 기억 그리고 적대관계의 외교적 복잡성(이스라엘을 자극하지 않고 어떻게 사우디아라비아를 지원할 것인가?), 아랍민중들간의 미국에 대한 나쁜 평판 등으로 인해 미국은 중동지역에서 일관된 장기정책을 펴나가기가 극히 어려운 실정이다.

라틴아메리카에서도 미국의 국가이익에 대한 도전이 점증하고 있다. 세계 어느 지역에서 대형 금제금융위기가 발생하여 세계신용체제와 특히 미국 금융기관에 큰 타격을 가하게 된다면 그것은 우선 이

지역에서 비롯될 가능성이 높다. 사실 라틴아메리카의 여러가지 경제문제는 미국의 여러 저명한 금융기관들의 신용도를 떨어뜨렸을 뿐 아니라 이 지역에 대한 미국 수출을 대폭 감소시키는 원인으로도 작용했다. 동아시아의 경우와 마찬가지로 이 지역에서도 세계의 선진 부자나라들이 값싼 임금으로 만들어진 공산품수입에 대해 관세장벽을 꾸준히 높이고 있고 해외원조에 인색해지고 있다는 사실이 큰 우려를 불러일으키고 있다. 설상가상으로 라틴아메리카는 지난 수십년 동안 경제적·사회적으로 매우 빠른 속도로 변화하고 있으며 동시에 상당수의 나라에서는 인구폭발이 가용자원과 낡은 보수적 통치구조에 더욱 심한 압력을 가하고 있다. 이로 인해 폭넓은 사회개혁 및 체제개혁 운동이 일어나고 있으며 쿠바와 니카라과의 과격파 현정권의 영향으로 공공연한 「혁명」운동이 일어나기도 한다. 이같은 운동은 보수파의 반동을 불러일으켜 각국의 반동적 정권들은 국내 공산세력의 싹을 근절할 필요성을 역설하면서 이를 위해 미국에 원조를 요청하고 있다. 이같은 사회적·정치적 분열 때문에 미국은 종종 라틴아메리카에서의 인권신장 목표와 마르크스주의를 패배시키고자 하는 희망 중에서 한가지를 선택하도록 강요받고 있다. 미국 정부는 또한 이로 인해 자국의 목표를 정치·경제적 수단만으로 달성할 수 있을 것인가 아니면 군사행동(그레나다의 경우처럼)까지도 취해야 할 것인지를 검토해야만 할 처지에 놓이게 되었다.

그러나 그중에서도 가장 우려되는 사태가 미국의 바로 남쪽에서 발생하여 소련이 폴란드 「위기」에서 느끼는 우려와는 비교도 안 될 정도로 큰 부담을 미국에 주고 있다. 오늘날의 세계에서는 현재의 멕시코·미국 관계와 같은 상태는 그 유례를 찾아볼 수 없다. 멕시코는 오늘날 경제적 파산과 지불불능의 위기에 처해 있으며 국내경제의 위기 때문에 매년 수십만의 불법이주민이 북쪽으로 떠난다. 미국과의 무역에서 불법 마약거래가 이 나라의 가장 수지맞는 품목으로 되어가고 있으며 허술한 국경선 때문에 이 모든 왕래가 여전히 손쉽게 이루어지고 있다.

동아시아에서의 미국 이권에 대한 도전은 지리적으로 멀리 떨어져 있기는 하지만 그렇다고 해서 이 방대한 지역이 갖는 중요성이 줄어드는 것은 아니다. 이 지역은 세계에서 인구가 가장 많고 미국과 「환태평양」연안국가들간의 무역이 계속 확대되고 있는 지역이며 장차 세계강대국이 될 일본과 중국이 위치해 있는 지역임과 동시에 소련이 직접 또는 간접으로(베트남을 통해) 진출해 있는 지역이기도 하다. 이 지역은 또한 아시아 신흥공업국들의 허약한 준민주정부들이 철저하게 자본주의적 자유방임풍조를 포용하는 한편으로는 직물에서 전자제품에 이르기까지 온갖 미국 공산품을 몰아내고 있는 지역이기도 하다. 동아시아는 또한 냉전 초기부터 미국이 상당한 군사적 의무를 떠맡고 있는 곳이다.

이러한 미국의 의무를 열거해보기만 해도 이 지역에서의 미국의 이권이 얼마나 광범위한 것인지를 알 수 있다. 수년 전 미국 국방부는 동아시아의 이권을 간략히 요약해보았는데 역설적이게도 이 간결함 자체가 미국의 전략적 공약이 거의 무한함을 말해준다.

> 동아시아 및 태평양의 안보가 미국에 대해 갖는 중요성은 일본·한국 및 필리핀과의 쌍무적인 조약들, 타이를 미국의 조약체결 상대국으로 추가시켜준 마닐라협정 그리고 오스트레일리아 및 뉴질랜드와 체결한 태평양안전보장조약 등에 드러나 있다. 이 지역의 안보는 지상군 및 공군의 한국 및 일본 배치 그리고 제7함대의 서태평양 전진배치에 의해 더욱 제고되었다. 이 지역의 우방국 및 동맹국과 관련된 미국의 최우선적 목표는 다음과 같다 :
> ― 미국에 불가결한 이 지역내의 항로 안전과 미국 이권의 보호, 태평양 및 동아시아에서의 미국의 공약 실현능력의 유지, 소련·북한·베트남의 제3국문제 개입예방, 중화인민공화국과의 지속적인 전략적 관계 구축 그리고 우방국들의 안정과 독립의 지원.

더구나 조심스럽게 작성된 이 단조로운 문장 안에는 여러가지 극히 미묘한 정치적·전략적 문제들이 숨겨져 있다. 예컨대 어떻게 하면 타이완을 포기하지 않은 채 중국과 선린관계를 맺을 것인가, 어떻게 하면 「우방국들의 안정과 독립」을 지원하면서도 미국 시장에 쏟아져 들어오는 이 나라들의 수출상품을 규제할 것인가, 이 지역 여러 나라들에게 불안감을 조성하지 않으면서 일본으로 하여금 서태평양 방위 분담 몫을 늘리도록 할 방법은 무엇인가, 현지 국민들의 반발을 유발하지 않으면서 예컨대 필리핀내 미국군기지를 유지할 방법은 무엇인가, 주한 미국군을 감축하면서도 북한이 오판하지 않도록 할 방법은 무엇인가 등이 그것이다.

적어도 군사배치 상황으로 평가한다면 미국의 이해관계가 더욱 크게 걸려 있는 지역은 서유럽이다. 미국 육·해·공군의 전략은 무엇보다도 이 지역의 방위에 그 근본원리를 두고 있다. 비공개 자료에 의하면 미국의 다목적 군사력의 사실상 50~60%가 나토에 배치되어 있는데 현재 유럽의 총인구와 소득은 미국보다 많음에도 불구하고 다른 나토 회원국들의 국민총생산 중 군사비 비중은 미국보다 크게 낮다. 여기서 「방위분담」 논쟁을 둘러싼 유럽측의 여러가지 반박논거(예컨대 징병제 유지를 위한 프랑스와 서독의 사회비용 등)를 되풀이하거나 서유럽이 「핀란드화」하면 미국의 군사비가 현재보다도 늘어날 것이라는 논거를 전개할 생각은 없다. 미국의 전략적 시각에서 보면 유럽은 항상 소련의 압력에 대해 예컨대 일본보다도 취약한 지역이다. 그것은 유럽이 「섬」이 아닌 탓도 있지만 그보다는 소련이 유럽쪽 국경지방에 국내안보에 필요한 규모보다 훨씬 큰 육군과 공군을 집결해놓고 있기 때문이다. 그렇다고 소련이 서유럽을 유린할 만한 군사력을 가지고 있다고 말할 수는 없을지 모르지만 미국이 일방적으로 지상군과 공군을 대폭 철수시켜야 한다는 논거가 정당화될 만한 상황은 아니다. 단지 세계 최대의 제조업생산 중심지가 소련권으로 떨어져 나갈지도 모른다는 막연한 가능성만으로도 미국 국방부가 『서유럽 안보가 미국의 안보에 특히 중요하다』고 확신하기에 충분했던 것이다.

그러나 유럽에 대한 미국의 공약이 아무리 전략적 설득력을 갖는다

하더라도 그것만 가지고는 대서양을 사이에 두고 불화를 일으킨 여러 가지 군사적·정치적인 복잡한 문제를 해소할 수 있다는 보장은 없다. 나토가 하나의 차원에서 미국과 서유럽을 결합시켜 주었다고는 하지만 유럽경제공동체 자체는 일본처럼 경제적 라이벌로서, 특히 날로 좁아지는 농산물시장을 둘러싸고 대립하고 있다. 더욱 중대한 문제는 비록 유럽의 공식 정책은 늘 미국의 「핵우산」의 중요성을 강조하고 있지만 일반인들간에는 유럽땅에 미국 무기(크루스미사일·퍼싱 II·트라이던트 잠수함 등)를 배치하는 데 대한 폭넓은 불안감이 존재하고 있다는 점이다. 그러나 앞서의 문제로 되돌아가 만일 대규모 충돌의 발생시에 두 초강대국이 핵전쟁을 회피하려고 애쓴다고 하더라도 과연 재래식 수단으로 서유럽의 방위를 보장할 수 있겠는가 하는 문제는 여전히 남는다. 첫째 이 방법은 비용이 매우 많이 든다. 둘째 바르샤바동맹의 육군과 공군을 실제로 저지할 수 있다는 납득할 만한 증거가 나타난다 하더라도 이러한 논거는 현존하는 나토 군사력의 일정한 증강을 전제로 할 수밖에 없다. 이러한 시각에서 볼 때—비록 경제적인 이유나 세계 다른 지역의 미국군 배치증강 목적을 위해 절실히 필요하다 하더라도—유럽주둔 미국군의 감축 또는 철수제안만큼 당혹스러운 것은 없을 것이다. 그렇기는 하지만 미국군의 그처럼 큰 부분이 어느 한 특정지역에 묶여 있어서는 범세계적이고 융통성있는 대전략을 수행하기란 극히 어려울 것이다.

  이렇게 볼 때 미국의 해외공약과 능력간의 이같은 불일치에 관해 가장 크게 우려하는 집단이 미국 군부 자신이라는 것은 당연하다. 전쟁의 가혹한 시련속에 전략적 취약성이 노출될 경우 가장 먼저 타격받는 것은 바로 그들 자신이기 때문이다. 그렇기 때문에 미국 국방부는 새로운 분쟁이 일어날 때마다 「분쟁지역」을 찾아 군대를 여기저기로 이동시키는 임기응변식의 병참전술에 빠져들지 말아야 한다고 거듭 경고하고 있다. 이 문제가 가장 심각하게 드러난 것은 중앙아메리카·그레나다·차드·레바논 등에 대한 미국군의 추가배치 후 그 당시 합참의장이 미국 군사력과 전략간의 「부조화」가 과거 어느 때보다도 심해졌다고 선언했던 1983년 말이었다고 할 수 있지만 이 문제는 사실 그 전 여러 해 동안 쌓여온 문제였다. 흥미있는 것은 미국군 병력을 「한껏 펼쳐놓는」 위험성에 관한 이같은 경고가 「전세계의 주요 미국군배치도」로 뒷받침되었는데 역사학자들이 보기에 이 배치도는 과거 세계강대국이었던 영국이 그 전략적 과잉팽창이 절정에 달했던 때에 보유하고 있던 일련의 해군기지와 주둔군 망과 매우 흡사한 모습이었다.

반면에 미국이 그 해외이권 모두를 동시에 방위해야 하는 상황이 일어날 가능성은 희박하며 또 상당수의 동맹국 ― 서유럽의 나토 회원국, 중동의 이스라엘 그리고 태평양의 일본·오스트레일리아 및 (아마도) 중국 ― 의 지원없이 혼자서 방위해야 하는 상황이 일어날 가능성도 거의 없다. 또한 한 지역의 모든 추세가 미국에게만 불리하게 되는 상황도 생각하기 어렵다. 예컨대 예측 불가능한 북한 정권에 의한 공격은 항상 가능하겠지만 현재로서는 중국이 이를 환영할 가능성이 희박하고 더구나 남한 자체가 지금은 북한에 비해 인구는 2배, 국민총생산은 4배의 규모로 성장해 있다. 또한 극동에서의 소련군 증강이 미국 정부의 우려를 자아내고 있다고 하지만 한편으로 이 점은 동양에서의 소련군의 육상 및 해상병참선에 대한 중국의 위협이 증대함으로써 상당한 균형을 이루고 있다. 최근 미국 국방장관이 『미국은 수백가지 공약을 모두 100% 자신있게 수행할 만한 능력을 결코 갖출 수 없다』고 솔직히 시인한 바 있지만 이 점은 전세계의 잠재적 반소련 자원의 총계(미국·서유럽·일본·중국·오스트레일리아)가 소련측 자원의 총계보다 훨씬 크다는 점을 상기한다면 얼핏 듣기보다는 크게 우려할 만한 것이 아닐 수도 있겠다.

이렇게 위안을 찾는다 하더라도 대전략상의 기본적인 딜레마는 여전히 남는다. 즉 미국이 오늘날 전세계에 걸쳐 벌여놓은 여러가지 군사적 의무는 세계의 국민총생산·제조업생산량·군사비·병력수에서 차지하는 미국의 비중이 현재보다 훨씬 컸던 25년 전 당시와 대략 마찬가지 규모라는 점이 문제이다. 제2차세계대전 승리 이후 40년 그리

694 / 제Ⅲ부 현대 세계의 전략과 경제

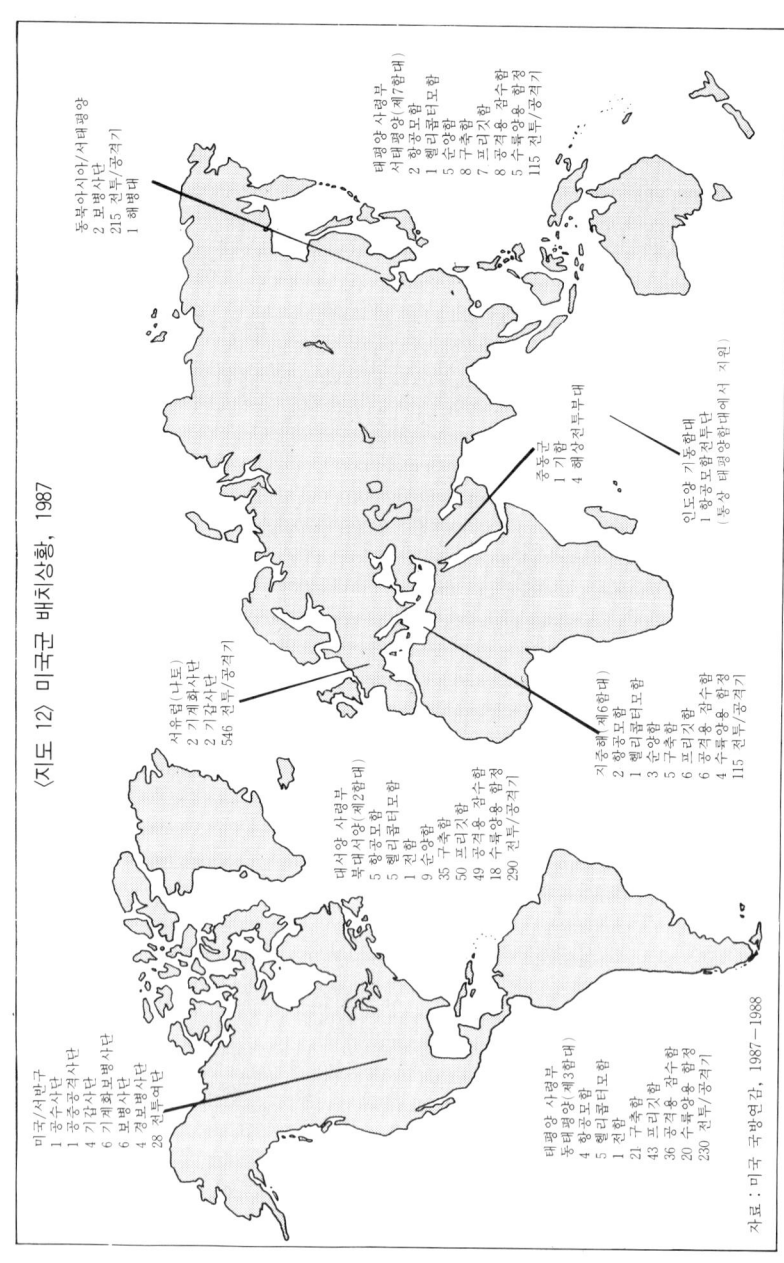

〈지도 12〉 미국군 배치상황, 1987

자료 : 미국 국방연감, 1987-1988

고 베트남 철수 후 10년이 지난 1985년에 와서도 미국은 병력 52만명 (해군병력 5만 5,000명 포함)을 해외에 파견하였다. 이 숫자는 전성시기 대영제국의 평화시 해외파견 육·해군의 숫자보다 훨씬 많은 것이다. 그럼에도 불구하고 합참본부와 여러 민간전문가들의 견해로는 이조차도 불충분하다. 1970년대 말 이래 미국의 방위예산이 3배가량 증가했음에도 불구하고 『현역 군대의 수적 규모는 단지 5% 증가』에 그쳤다. 영국과 프랑스가 전성시기에 겪었던 것처럼 광범위한 해외의 무를 맡는 나라는 국내방위용 군대만 보유하는 나라에 비해 항상 어려운 「인력문제」를 겪게 마련이며 정치적으로 자유와 경제적으로 자유방임주의를 채택하는 나라는 ― 징병제도에 대한 국민의 반발을 의식하기 때문에 ― 더욱 큰 문제에 봉착하게 마련이다.

체제의 효율성에 대한 의구심이 이처럼 크지만 않았더라도 ― 적어도 베트남전쟁 시기부터 ― 미국의 세계적 이해관계와 능력간의 격차에 관한 우려가 그처럼 심각해지지는 않았을 것이다. 이같은 의구심에 관해서는 다른 연구에서도 거듭 언급되고 있으며 「방위개혁(defense reform)」이라는 논쟁적인 과제는 이 책의 범위를 벗어나기 때문에 여기서는 간단히 요약해두는 데 그치고자 한다. 예컨대 한 가지 중요한 논란의 대상으로 육·해·공 각군간의 경쟁문제가 있는데 이 문제는 대부분의 군대가 공통적으로 갖고 있는 문제이기는 하지만 미국의 체제에 더욱 뿌리깊이 박혀 있는 문제이다. 그것은 아마도 합참의장의 권한이 상대적으로 약한 때문이기도 하고 전략·작전문제보다는 조달문제에 관심이 쏠려 있기 때문이기도 할 것이다. 평화시에는 이런 문제를 그저 「관료정치」의 극단적인 예라고 치부해버리면 그만이겠지만 실제로 전쟁이 일어났을 때는 ― 예컨대 4군이 모두 참여하는 신속배치 합동타격대(Rapid Deployment Joint Task Force)를 긴급파견해야 할 경우 ― 적절한 협력의 결여가 치명적일 수 있다.

군비조달 분야에서는 「낭비·부정·남용」사건이 비일비재하다. 최근 일반의 관심을 끈 엄청나게 비싼 성능미달 무기를 둘러싼 각종 스캔들은 거액의 이권다툼은 말할 것도 없고 「군산복합체」 내부의 경쟁

입찰 및 시장경쟁의 결여와 금으로 발린(gold-plated) 무기체제 조달 경향을 잘 말해준다. 그러나 이같은 조달과정상의 결함은 보다 근본적인 한 가지 분명한 사실과 따로 떼어 생각할 수 없는 것이니 그것은 바로 새로운 기술발전이 전쟁기술에 미치는 영향이 강화되고 있다는 사실이다. 소련의 가장 취약한 분야가 첨단기술 분야라는 사실, 즉 소련군의 전차·항공기 등의 양적 우세에 대해 미국은 무기의 질을 가지고 대항할 수 있음을 생각할 때 캐스퍼 와인버거(Caspar Weinberger)가 말한 무기발주시의 이른바 「경쟁전략(competitive strategies)」은 상당한 매력이 있는 것이 사실이다. 그렇다고는 하지만 레이건 행정부가 1차 임기중에 신형 항공기 구입예산을 카터 행정부 당시보다 75% 이상 많이 지출하고도 실제 구입대수는 9% 증가에 그쳤다는 사실은 20세기 말의 군비조달이 심각한 문제를 안고 있음을 말해주는 것이다. 기술발달이 가져온 지출증가와 조달규모 축소의 추세를 감안할 때 과연 미국과 그 동맹국들은 대규모 재래식 전쟁의 초기단계가 끝난 후에도 값비싸고 정교한 항공기와 전차를 충분히 보유할 수 있을 것인가? 미국 해군은 과연 세번째 대서양전쟁의 초기단계를 치른 후에도 충분한 공격용 잠수함이나 프리깃함을 보유할 수 있을 것인가? 만일 그렇지 못하다면 사태는 심각하다. 왜냐하면 오늘날의 복잡한 무기는 제2차세계대전 당시와는 달리 단기간내에 대체할 수 없기 때문이다.

이러한 딜레마는 미국 방위정책 수립의 복잡한 과정에서 나타나는 다른 두 가지 요소 때문에 더욱 심각해진다. 첫째는 예산상의 제약이다. 외부의 위협이 크게 증가하지 않은 상황에서 방위예산을 예컨대 국민총생산의 7.5%로까지 늘린다는 것은 괄목할 만한 정치적 수완이 아닐 수 없다—특히 대규모 연방적자 때문에 균형예산 달성이 국가정책의 제1 우선순위로 되어 있기 때문에 더욱 그러하다. 그러나 만일 무기조달 비용이 계속 상승하는데도 방위예산 증가율이 떨어지거나 정지된다면 국방부는 더욱 심각한 문제에 봉착하게 될 것이다.

두번째 요소는 미국같은 초강대국은 계획에 반영해야 할 군사적 우발사고가 매우 다양하며 이 모든 사건이 나름대로 군대와 무기체제에 각기 다른 요구를 제시하게 된다는 점이다. 이 문제 역시 과거의 강대국들에서 그 선례를 찾아볼 수 있다. 예컨대 영국군은 인도의 서북전선이나 벨기에에서 전투를 계획하는 데 큰 어려움을 겪었던 것이다. 그러나 이 정도의 문제는 오늘날의 「일등국」이 직면한 문제에 비하면 아무것도 아니다. 모든 확전단계에서의 대소련 핵억지력 유지가 미국에게 핵심적인 문제라 한다면 자금은 필연적으로 엠엑스(MX)미사일·비 1 그리고「스텔스(Stealth)」 폭격기·퍼싱 II·크루스미사일·트라이던트적재 잠수함 등에 집중될 것이다. 만일 바르샤바동맹과의 대규모 재래식 전쟁이 가장 가능성이 높은 시나리오라 한다면 자금은 전술항공기·전차·대형 항공모함·프리깃함·공격용 잠수함·병참지원 등으로 돌려져야 할 것이다. 만일 미국·소련 양국이 직접 충돌을 피하면서 제3세계에서의 활동을 강화한다면 무기구성은 다시 소형 무기·헬리콥터·경형 항공모함 등으로 바뀔 것이며 미국 해병대의 역할이 증강될 것이다. 「방위개혁」을 둘러싼 논쟁은 대부분 미국이 싸워야 할 전쟁의 형태에 관한 여러가지 가설의 차이에서 비롯된 것이다. 그러나 만일 당국의 가설이 잘못된 경우에는 어떻게 할 것인가?

체제의 효율성과 관련하여 미국 국력 「재건」운동의 강력한 지지자들도 거론하는 또 한 가지 중요한 문제는 현재의 정책결정구조하에서 올바른 대전략 수행이 가능하겠는가 하는 문제이다. 여기에는 군사정책의 일관성을 높여 「해양전략」이냐 「동맹전쟁」이냐를 둘러싼 논쟁을 없애는 문제뿐 아니라 미국의 장기적인 정치·경제·전략적 이해관계를 종합함으로써 미국 정부의 정책입안과정에 만연해 있는 관료들간의 내분을 해소하는 문제도 포함된다. 이같은 내분의 대표적인 예로는 미국이 국익을 제고하거나 방위하기 위해 해외병력을 어디에 어떻게 배치할 것인가를 둘러싸고 자주 벌어지는 공개적인 논쟁을 들 수 있다. 이런 논쟁에서 국무부는 국익을 위협하는 나라에 대해 분명하고도 확고히 대응해야 한다고 주장하는 데 반해 국방부는 어떤 특별한 상황이 아니면 해외문제에 말려들기를 꺼리는(특히 레바논 사태

이후) 것이 보통이다. 그러나 이와 반대로 국방부가 소련과의 군비경쟁문제에 관해(예컨대 전략방위구상 계획추진과 제2차 전략무기제한 협상 포기 등) 동맹국들과의 협의없이 일방적인 결정을 선호함으로써 국무부를 난처하게 만드는 예도 있었다. 국가안전보장회의 그리고 특히 개별 안보담당 보좌관들의 역할에 수반되는 불확실성문제도 있다. 중동정책의 일관성 결여문제도 있었는데 그것은 예컨대 팔레스타인 문제같은 것이 다루기 힘든 문제라는 데도 원인이 있지만 동시에 소련의 보수적인 친서방 아랍국 침투저지를 지원한다는 미국의 전략적 이익이 친이스라엘 로비스트들의 조직적 반대에 봉착한 데도 원인이 있었다. 또한 제3세계·남아프리카·소련·폴란드·유럽경제공동체 등에 관한 정책에 영향을 미치면서도 조정이 안되고 서로 모순될 때가 많은 여러가지 미국의 외교적 이익을 지원하기 위해 경제적 수단 —무역보이콧·기술이전에서 해외원조·무기판매·곡물판매의 금지까지— 을 행사하는 문제를 둘러싼 부처간의 분규도 있었다. 세계적인 영향을 미치는 여러가지 외교정책문제 모두에 분명한 즉석「해결책」을 마련한다는 것은 무리이겠지만 그렇더라도 정책결정구조내에서 빈번하게 내분이 일어나는 것이 장기적인 이권유지에 도움이 되지 않는다는 것은 분명하다.

 이상의 모든 것은 미국 정책결정자들이 속한 전반적 정치문화에 우울한 문제들을 제기한다. 이 문제는 너무 방대하고 복잡하여 여기서 다루기에는 적합치 않다. 다만 2년마다 외교정책 결정과정을 마비시키는 현행 선거제도가 걷잡을 수 없이 변화하는 세계정세에 맞추어 대전략을 수정해 나가야만 하는 나라에 도움이 되지 않는다고 말하는 사람이 많다는 점만은 지적해두고자 한다. 이러저러한 정책변화에 편견을 가지고 있는 각종 로비스트·정치활동위원회 등 이익집단들이 지나친 압력을 가하는 것도 바람직하지 않다. 또한 문제를 다루는 시간과 공간이 제한되어 있고 정보제공은 제쳐놓고 돈벌이와 독자확보에만 혈안인 매스미디어를 통해 중요하고도 복잡한 국제적·전략적 문제들을「단순화」시키는 것도 바람직하지 않다. 그리고 미국의 사회

풍토에 아직도 강력하게 남아있는 「현실도피적」인 주장도 도움이 되지 않을 것이다. 이러한 주장은 이 나라의 「프런티어」적인 과거에 비추어 이해는 되지만 오늘날의 복잡하고 통합된 세계와 여러 다른 문화·이념과 타협해나가는 데는 방해가 되는 주장이다. 끝으로 미국의 입법과 정책결정권한의 분립도 항상 도움만 되는 것은 아니다. 이러한 제도는 미국이 지리적·전략적으로 세계의 다른 나라들로부터 고립되어 있던 2세기 전에 만들어진 것으로서 실제로 몇몇 「해외」정책문제의 합의에 상당한 시간이 걸리기 때문에 미국이 세계 초강대국이 되어 제약이 훨씬 적은 다른 나라들을 상대로 신속한 정책결정을 내려야 하는 지금에 와서는 이 제도를 운영하기가 더욱 어려워지게 되었다. 이상과 같은 문제 하나하나가 일관된 장기적 대전략을 수행하는 데 극복할 수 없는 장애요인이 되는 것은 아니지만 이런 것들이 누적되고 상호작용을 하게 되면 선거의 해에 어떤 특정한 이익을 해칠 가능성이 있는 정책을 바꾸기가 훨씬 더 힘들어지는 것이다. 이렇게 볼 때 문화 및 국내정치 영역에서도 미국은 21세기를 맞이할 효과적인 종합정책을 입안함에 있어 커다란 시련에 봉착하게 될 가능성이 있다.

　미국의 세계이익을 방위함에 있어 「수단과 목적」의 올바른 관계에 관해 제기되는 마지막 문제는 이 나라를 짓누르고 있는 여러가지 경제적 도전에 관한 것이다. 경제적 도전은 너무나 다양하여 국가정책결정에 큰 부담을 주고 있다. 미국 경제는 너무나 방대하고 복잡하기 때문에 여러 부문에서 일어나는 일을 모두 개괄하기가—특히 경제가 여러가지 모순된 조짐들을 보이는 시기에—매우 힘들다. 그러나 앞 장에서 설명한 여러가지 특징들은 여기서도 타당하다.

　첫째는 미국의 산업이 세계생산과 대비할 때 상대적으로 쇠퇴하고 있다는 점이다. 이러한 쇠퇴현상은 직물·철강·조선·기초화학 등 오래된 제조업에서만 나타나는 것이 아니라 한걸음 더 나아가—비록 이 차원의 산업·기술경쟁의 최종결과를 평가하기는 쉽지 않지만—로봇·우주항공·자동차·기계공구·컴퓨터 등의 세계적 비중에서도 나타나고 있다. 이 두 가지는 모두 커다란 문제를 제기하고 있다. 전통적인 기초제조업 분야에서는 미국과 신흥공업국들간의 임금격차가 어떤 「효과적인 대책」으로도 좁힐 수 없는 단계에 있다. 그러나 미국이 미래기술 분야의 경쟁에서 정말로 패배한다면 그 결과는 더욱 파멸적인 것이 될 것이다. 예컨대 1986년 말 한 의회보고서는 첨단기술제품 무역에서 미국의 흑자는 1980년의 270억달러에서 1985년에는 불과 40억달러로 격감하여 적자를 향해 치닫고 있다고 보고하였다.

두번째의 쇠퇴 부문은 뜻밖에도 농업 부문이다. 불과 10년전까지만 해도 농업전문가들은 세계적으로 식량수요와 생산량간에 엄청난 불균형이 나타날 것이라고 예상하였다. 그러나 기근과 재난을 예상한 이같은 시나리오는 두 가지의 강력한 반응을 불러일으켰다. 첫째는 해외 식량판매가 급증하리라는 전망에 자극받아 1970년 이래 미국 농업에 막대한 투자가 이루어졌다. 둘째는 제3세계에서 수확량 증대를 위한 과학적 방법에 관해 대대적인 연구사업(서방세계의 자금지원하에)이 이루어져 제3세계 국가들이 식량수출국으로 결국은 미국의 경쟁국으로 전환하였다는 점이다. 이 두 추세와는 별개이지만 같은 시기에 유럽경제공동체 역시 농산물가격 지지정책 덕분에 주요 농산물잉여지역으로 변모하였다. 그 결과 전문가들은 지금 『세계가 식량에 파묻혀』 농산물가격이 폭락하고 미국의 식량수출이 격감하여 수많은 농민들이 일자리를 잃게 될 것이라고 내다보고 있다.

그러므로 이같은 경제문제들 때문에 미국 경제의 여러 부문에 걸쳐 기업인・노동조합・농민・의회의원들간에 보호무역주의 감정이 팽배하게 된 것은 놀라운 일이 아니다. 에드워드 시대 영국에서 있었던 「관세개혁」운동과 마찬가지로 현재의 보호무역주의 주창자들도 외국의 부당한 관행, 미국 시장에 대한 원가를 무시한 「덤핑」그리고 외국 농민들에 대한 대규모 보조금지급 등에 관해 불평하면서 유일한 해결책은 미국 정부가 자유무역정책을 포기하고 강경한 대응책을 마련하는 것뿐이라고 주장한다. 개개의 불만사항들 중에는 근거가 있는 것도 많다(예컨대 일본의 실리콘 칩 덤핑에 관한 불평). 그러나 보다 넓은 시각에서 보면 이같은 보호무역주의 감정의 팽배는 한때 독보적인 지위를 누렸던 미국 제조업의 우월성이 침식당했음을 반영하는 것이다. 빅토리아 중반 시대의 영국인들처럼 1945년 이후의 미국인들도 자유무역과 공개적인 경쟁을 지지했다. 그것은 미국인들이 이를 통해 세계무역과 번영이 촉진될 것으로 믿었기 때문이기도 하지만 보호무역주의를 버림으로써 가장 큰 혜택을 볼 사람이 바로 자신임을 잘 알고 있었기 때문이다. 그로부터 40년이 지나 이같은 확신이 시들어가면서 이제는 국내시장과 국내생산자를 보호해야 한다는 방향으로 여론이 바뀌게 되었다. 그리고 종전의 영국인들처럼 기존제도를 옹호하는 사람들은 관세를 높이면 국내제품의 국제경쟁력을 떨어뜨릴 뿐 아니라 범세계적인 관세전쟁, 미국 수출에 대한 타격, 일부 신흥공업국 통화의 와해, 1930년대 경제위기의 재현 등 여러가지 외부의 반동을 일으킬 수 있다는 점을 지적하고 있다.

미국의 제조업과 농업에 영향을 미치는 이같은 난관들 외에도 국가재정 미증유의 난기류가 나타나고 있다. 미국 공산품의 국제경쟁력 상실과 농산물수출의 감소는 엄청난 무역적자 — 1986년 5월까지의 1년간 1,600억달러 — 를 가져왔다. 그러나 더욱 놀라운 것은 이제는 이러한 적자가 성숙된 경제(예컨대 1914년 이전의 영국)의 전통적 수입원인 「무역외」 수입으로 메울 수 없게 되었다는 점이다. 오히려 이제 미국이 적자를 메울 수 있는 유일한 방법은 자본도입을 늘리는 길밖에 없기 때문에 세계 최대의 채권국이었던 미국이 몇년 사이에 세계 최대의 채무국으로 변모해가고 있는 것이다.

이 문제를 더욱 악화시키는 것은 — 이것이 문제의 원인이라고 보는 평론가들도 많지만 — 미국 정부 자신의 예산정책이다. 1960년대까지만 해도 미국 정부는 늘어나는 방위 및 사회보장비용을 확보하기 위해 세금을 인상하기보다는 적자재정에 의존하는 경향을 보였다. 그러나 1980년대 초 레이건 행정부의 정책결정 — 즉 군사비의 대폭증액과 세금의 대폭인하를 기하되 다른 분야의 연방지출은 크게 줄이지 않는 — 은 〈표 49〉에서 보는 바와 같이 연방적자와 국가부채의 대폭적인 증가를 가져왔다.

〈표 49〉 미국의 연방 적자·부채 및 이자, 1980~1985

(10억달러)

	적자	부채	부채에 대한 이자
1980	59.6	914.3	52.5
1983	195.4	1,381.9	87.8
1985	202.8	1,823.1	129.0

사태를 우려하는 사람들은 이러한 추세가 계속되면 2000년에는 미국의 국가부채가 13조달러(1980년의 14배), 이에 따른 이자상환액은 1조 5,000억달러(1980년의 29배)에 달할 것이라고 지적하고 있다. 금리를 낮추면 이 수치가 줄어들겠지만 전반적인 추세는 아직도 매우 불투명하다. 연방적자규모가 연간 불과 1,000억달러 정도로 축소되더라도 21세기 초에 가면 국가부채와 이자상환액 합계가 유례없는 수준에 이르게 될 것이다. 역사적으로 볼 때 강대국치고 평화시의 부채규모가 이처럼 증가한 예로는 재정위기가 국내 정치위기로까지 발전했던 1780년대의 프랑스 정도를 들 수 있을 뿐이다.

미국의 이같은 무역적자와 연방적자는 지금 세계경제의 한 가지 새로운 현상, 즉 재화 및 용역무역으로부터 국제자본이동의「탈구(dislocation)」현상과 상호작용을 하고 있다. 세계경제의 통합이 진전됨에 따라 공산품과 금융서비스 거래규모가 모두 크게 늘어나 이 두 가지를 합하면 연간 약 3조달러에 달하고 있다. 그러나 지금은 세계 도처의 자금시장에 쏟아져 들어가는 엄청난 자본흐름에 의해 압도되고 있다. 런던의 유러달러시장만 해도 그 규모가「세계무역량의 25배 이상」에 달한다. 이 추세는 1970년대의 여러가지 사건(고정환율제에서 변동환율제로의 이행, 석유수출국기구 회원국들로부터의 잉여자금 유출)에 의해 촉진된 면도 있지만 미국의 적자에 의해 촉진된 측면도 있다. 왜냐하면 미국 연방정부가 재정적자를 메울 수 있는 유일한 방법은 유럽과 (특히)일본에서 거액의 유동자금을 끌어들이는 길뿐이었기 때문이다. 이렇게 해서 전술한 바와 같이 미국은 단연 세계 최대의 채무국으로 전락하고 말았다. 1980년 초 이같은 해외자금 유입이 달러화가치를 상승시켜 미국의 농산물 및 공산품수출에 더 큰 타격을 가하는 곤란한 결과를 가져오기도 했지만 그것이 없었더라면 미국 경제는 사실상 제대로 운용되지 못했을 것이다. 그것은 한걸음 더 나아가 거액의 변덕스러운 자금이 빠져나가 달러화가치가 폭락할 경우 어떻게 될 것인가 하는 난처한 문제도 제기하고 있다.

 이 추세들은 또한 사태를 우려하는 사람들이 미국 경제의 위험성을 과장하고 있으며 이러한 사태발전이 대체로「자연스러운 것」임을 간파하지 못하고 있다는 방증을 제시해주고 있다. 예컨대 미국 중서부의 농업지대는 수많은 사람들이 1970년대 말의 비싼 가격과 높은 금리로 토지를 구입하지만 않았더라도 어려움이 훨씬 덜했을 것이다. 그리고 제조업으로부터 서비스업으로의 이행 역시 모든 선진국에서 공통적으로 일어나는 것으로 수긍이 가는 현상이다. 또한 미국의 제조업은 비록 고용(특히 블루칼러의)은 감소하더라도 절대적인 생산량은 증가하고 있는데 이 역시 오늘날 세계가 물질 베이스 생산에서 지식 베이스 생산으로 옮겨가는 데서 나타나는「자연스러운」추세이다. 마찬가지로 미국의 금융제도가 도쿄·런던·뉴욕에 기지를 둔 세계금융제도로 변모하여 거액의 자본흐름을 관리하게 된 것도 해롭기는커녕 미국의 서비스 수입을 높여주고 있을 뿐이다. 심지어 대규모의 연방적자와 국가부채도 인플레이션을 감안할 때 별로 심각한 문제가 못된다는 견해를 제시하는 사람들도 있으며 일부에서는 미국 경제가 이러한 적자를「차차」해결해나갈 것이라고 생각하거나 또는 정치가들이 세금인상이나 지출삭감 등의 대책을 강구하여 이 문제를 해결해나갈 것이라고 생각하고 있기도 하다. 이런 사람들은 적자를 너무 성급하게 해소하려고 하면 심각한 경기후퇴를 촉발할 수 있음을 지적한다.

 미국 경제가 성장의 긍정적인 조짐을 보이고 있다는 주장도 있다. 미국은 서비스 부문의 호황 덕분에 지난 10년 동안 평화시로서는 가장 빨리 고용기회를 창출했는데 그 속도가 분명히 서유럽보다 훨씬 빨랐다. 이와 관련하여 미국은 노동력 이동률이 높기 때문에 고용시장의 이같은 전환이 쉽게 이루어지고 있다. `더구나 미국은 첨단기술 분야에 엄청난 투자를 하고 있기 때문에 — 캘리포니아뿐 아니라 뉴잉글랜드·버지니아·애리조나 등 곳곳에서—생산량과 국가의 부를 더욱 증대시킬 전망이 밝다(소련에 대한 전략적 우위를 확보하는 것은 물론이고). 사실 미국이 지금도 수백만명의 이민을 끌어들이고 수많은 기업들을 새로 만들어내고 있는 것은 바로 이러한 가능성이 존재하기 때문이다. 또한 이 나라로 쏟아져 들어오는 거액의 자본은 투자, 특히 연구개발 투자에 활용될 수 있을 것이다. 끝으로 세계무역 여건이 정말로 식료품 및 원료가격의 인하로 귀결된다면(그것은 미국의 농민과 석유업자 등 특정 생산자들에게는 타격을 주겠지만) 미국처럼 석유·금속강석 등을 대량 수입하는 나라에게는 도움이 될 것이 틀림없다.

이상의 여러가지 지적은 옳은 말일지도 모른다. 미국 경제는 규모가 매우 크고 다양하기 때문에 한 부문과 지역이 쇠퇴하는 동안 다른 부문과 지역은 성장하게 마련이다. 따라서 전체를 한마디로 「위기」 또는 「호황」이라고 일반화하는 것은 적절치 않다. 원료가격의 하락, 1985년 초 지나친 수준에 달했던 달러화 강세의 퇴조, 전반적인 금리 하락—그리고 이 세 가지 추세가 인플레이션과 기업의 신용도에 미치는 영향—을 생각할 때 일부 경제전문가들이 미래를 낙관하는 것도 결코 무리는 아니다.

그러나 미국의 대전략과 효율적인 장기전략의 경제적 기초의 관점에서 볼 때 전망이 그처럼 밝지는 못하다. 우선 미국이 1945년 이래 세계 도처에서 떠맡고 있는 군사적 의무를 생각할 때 현재 미국의 부담능력은 수십년전보다 줄어든 것이 분명하다. 그 당시는 세계제조업생산 및 국민총생산에서 차지하는 미국의 비중이 지금보다 훨씬 컸고, 미국 농업이 위기에 빠져 있지도 않았으며, 국제수지는 훨씬 건전했고, 정부예산은 균형을 이루고 있었으며, 다른 나라들에게 지금처럼 큰 부채를 지고 있지도 않았다. 이렇게 볼 때 일부 정치학자들이 현재 미국의 처지를 종전의 「몰락하는 패권국가(declining hegemons)」의 처지에 비유하는 것도 일리가 있다.

여기서 현재 미국의 지식인들간에 점증하고 있는 우려와 에드워드 시대 영국의 모든 정당에 팽배했던 불안감 사이의 기분나쁜 유사성에 주목해볼 필요가 있다. 당시 영국의 불안감은 일종의「국가 효율성」운동으로 발전하여 정계·기업계·교육계의 엘리트간에 다른 선진국들에 대한 경쟁력 약화를 만회할 여러가지 방안을 둘러싸고 폭넓은 토론이 벌어졌다. 1900년 당시의「일등국」은 상업적 전문기술, 교육·훈련의 수준, 생산성, 소득과 생활·보건·주택수준 등에서 우위를 상실하기 시작하여 장기적인 전략적 위치가 흔들리고 있었으며 이 때문에 좌익뿐 아니라 우익에서도「재생」또는「개조」의 요구가 제기되었다. 이같은 운동은 이러저러한 분야에 개혁을 일으키는 것이 보통이지만 그 같은 운동이 나타난다는 사실 자체가 아이로니컬하게도 쇠퇴과정이 진행되고 있음을 말해준다. 국가의 주도적 위치가 확고했던 수십년 전이었다면 그러한 소동은 필요없었을 것이기 때문이다. 길버트 체스터턴(G. K. Chesterton)이 냉소적으로 지적한 바와 같이 강자는 자신의 신체적 능률을 걱정하지 않으며 약자만이 건강에 관해 이야기하는 법이다. 마찬가지 논리로 강대국이 자타가 공인하는 대국일 때는 자신의 의무수행능력에 관해 토론을 벌이는 일이 훨씬 적을 것이다.

관점을 좁혀서 볼 때 미국의 산업기반이 계속 위축되면 그 대전략에도 심각한 영향이 미칠 것이다. 미래에 대규모 재래식 전쟁이 일어난다고 할 때(교전국들이 핵전쟁 촉발을 두려워한 결과로) 여러 해 동안 일부 기간산업의 쇠퇴와 블루칼러 고용의 감소 등을 겪어온 미국의 생산설비에 과연 어떠한 영향을 미치겠는가 하는 것은 하나의 문제이다. 이와 관련하여 1904년 영국 산업의 쇠퇴가 그 나라의 힘에 미칠 영향을 우려한 휴윈스의 경고를 상기하게 된다.

우리의 국방체제의 밑바탕에 [외국과의 경쟁으로] 위협받는 산업이 있다고 할 때 우리의 위상은 어떻게 보아야 할 것인가? 우리는 제철산업과 위대한 기술(Engineering)무역없이는 버텨나갈 수 없다. 왜냐하면 현대전에서는 우리의 함대와 군대를 만들어내고 이를 효율적인 상태로 유지할 수 있는 수단을 갖춰야 하기 때문이다.

미국의 산업력이 이처럼 심하게 쇠퇴하리라고 상상하기는 어렵다. 미국의 제조업기반은 에드워드 시대의 영국보다 훨씬 더 방대하며 또한―이것이 중요한 점이다―미국의 「방위관련 산업」은 국방부의 계속적인 발주로 지탱되고 있을 뿐 아니라 물질집약 제조업에서 지식집약(첨단기술) 제조업으로 이행하고 있어 장기적으로 주요 원료에 대한 의존도를 줄여나갈 것이기 때문이다. 그러나 그렇다고 하더라도 외국에서 조립되어 미국으로 수입되는 반도체 제품의 비중이 커진다거나―반도체와 아주 다른 제품을 생각해볼 때―미국의 해운 및 조선산업이 쇠퇴한다거나 또는 미국의 광산이나 유전이 속속 폐쇄되고 있다는 점 등을 생각해본다면 이러한 추세들은 장기간의 강대국 동맹전쟁이 일어날 때 미국에 타격을 준다고 보지 않을 수 없는 것이다. 더구나 만일 역사적 선례가 조금이라도 타당하다면 전시생산을 「급증」시키는 데 장애가 되는 가장 중요한 요인은 「숙련기능공」의 부족이라고 보아야 하므로 우리는 여기서 다시 한번 미국 블루칼라(대체로 숙련기능공) 고용의 장기적 감소추세를 우려하게 되는 것이다.

이와는 전혀 다른 문제이지만 대전략을 제대로 밀고 나가는 데 매우 중요한 또 한 가지의 문제는 경제성장의 둔화가 미국의 사회·정치적인 국민적 합의에 미칠 영향에 관한 것이다. 대부분의 유럽인들은 다소 의아하겠지만 20세기의 미국은 표면상으로 「계급」정치를 회피해온 나라이다. 그 원인이라고 생각할 수 있는 것은 수많은 이주민들이 자기나라의 가혹한 사회적 환경을 피해 도주해 왔다는 점, 미국은 매우 큰 나라이기 때문에 자신의 경제적 처지에 환멸을 느끼는 사람은 서부로 「탈출」할 수 있었을 뿐 아니라 노동조합을 만들기가 프랑스나 영국에 비해 훨씬 힘들었다는 점 그리고 이같은 지리적 여건과 그 내부의 진취적 기업환경 덕분에 거의 원형 그대로의 자유방임적 자본주의가 발달하여 이 나라의 정치문화를 지배했다는 점(비록 좌익의 반격이 때때로 있기는 했지만) 등을 들 수 있다. 그 결과 미국의 빈부간 「소득격차」는 다른 어느 선진국보다도 크며 사회보장비용의 국민총생산 구성비는 다른 어느 나라보다도(가족에 기반을 둔 훨씬 강력한 빈민·노령자 부양형태를 가진 일본은 제외) 낮은 수준이다.

이같은 사회경제적 불균등에도 불구하고 「계급」정치의 부재가 지속된 것은 1930년대 이후 미국의 전반적 성장으로 대다수 국민에게 개인생활 향상의 기회가 주어졌다는 사실 그리고 미국 사회의 1/3을 차지하는 극빈층은 정식 유권자로 「동원」되지 않았다는 사실에도 원인이 있다. 그러나 백인종과 흑인·스페인계 미국인간의 출생률 차이(이민들의 구성변화는 차치하고) 그리고 경제적 변모로 인해 상대적 고소득 직종인 제조업 부문에서 수백만의 실업자가 발생하고 임금수준이 낮은 서비스 부문에서 수백만의 고용기회가 창출되고 있다는 점을 감안할 때 달러화폭락과 저성장으로 지속적인 경제적 난관이 조성되는 상황에서도 현재와 같은 미국의 정치경제적 규범(낮은 수준의 정부지출, 부유층에 대한 낮은 세율)이 그대로 유지될 수 있으리라고 보기는 어렵다. 이같은 점은 또한 미국 정부가 지금처럼 외부의 도전에 군사비 증액으로 대응하고 사회보장 비용의 삭감으로 예산위기에 대처해 나간다면 언젠가 정치적 반동을 초래할 위험이 있다는 것을 말해주는 것이기도 하다. 이 장에서 다룬 다른 모든 강대국들의 경우와 마찬가지로 국가 우선순위결정에 있어서 방위·소비 및 투자의 삼각관계의 긴장을 해소할 방안을 찾아내기란 쉬운 일이 아니다.

여기서 필연적으로 저속 경제성장과 군사비 과다지출간의 복잡한 관계가 문제된다. 「군사비 지출의 경제학」은 매우 논란이 많은 문제이며 또―미국 경제의 규모와 다양성, 대규모 정부발주에서 얻을 수 있는 자극효과, 무기개발 연구에 따른 부수적인 기술효과 등을 감안할 때―그 자료가 한 가지 방향만을 가리키고 있지도 않다. 그러나 우리에게 중요한 것은 그 비교차원이다. 비록(흔히 지적되고 있듯이) 미국 군사비의 국민총생산 구성비가 아이젠하워 시절에 10%, 케네디 시절에 9%였다고 하지만 그 당시만 해도 세계의 생산과 부에서 차지하는 미국의 상대적 비중은 지금보다 2배가량 높았으며 특히 미국 경제가 지금처럼 전통적 제품이나 첨단기술제품에 대한 도전에 직면해 있지도 않았다. 더구나 만일 미국이 현재처럼 국민총생산의 7% 이상을 군사비로 지출하고 주요 경제적 경쟁대상인 일본이 이보다 훨씬 작은 비율을 군사비로 지출하는 추세가 계속된다면 그것만으로도 일본은 민간투자에 돌릴 수 있는 여유자금을 더 많이 보유하게 된다. 또한 만일 미국이 지금처럼 군사관련 생산에 거액의 연구개발 투자를 계속하는 반면에 일본과 서독은 상업적인 연구개발에 치중하는 추세가 계속된다면 그리고 미국 국방부의 예산지출이 세계시장을 상대로 한 상품의 설계·생산에 종사할 과학자와 기술자를 대거 끌어들이는 반면 다른 나라의 과학기술 인력은 계속 더 나은 민간 소비재의 생산에 종사하는 추세가 계속된다면 세계제조업생산에서 차지하는 미국의 비중은 꾸준히 감소할 수밖에 없을 것이며 미국의 경제성장률은 시장에 치중하면서 군사 부문에 자원을 적게 투입하는 다른 나라들보다 떨어지게 될 것이다.

　이러한 추세가 미국을 매우 심각한 장기적인 딜레마에 빠뜨려 놓았다는 것은 말할 필요도 없다. 미국은 현재 세계의 초강대국이고 지역적 강대국인 일본이나 서독보다 훨씬 광범한 군사적 공약에 얽매여 있기 때문에 보다 큰 군사력을 보유할 것이 요청되고 있다―이것은 마치 제국주의 스페인이 지금보다 훨씬 대규모의 군대를 필요로 했고 빅토리아 시대의 영국이 다른 어느 나라보다도 규모가 큰 해군을 필요로 했던 것과 마찬가지 논리이다. 더구나 오늘날 전세계에 걸쳐 미국의 이익에 커다란 군사적 위협을 주고 있는 소련이 국민총생산의 보다 큰 몫을 군사비로 할당하고 있는 것이 분명하므로 미국의 정책결정자들은 소련과의 군비경쟁에서「패배」할 가능성을 생각하지 않을 수 없는 입장에 있다. 그러나 보다 분별력있는 정책결정자라면 군비부담이 소련 경제를 망치고 있다는 사실을 간파할 수 있을 것이며 두 초강대국이 국부의 보다 큰 부분을 계속 비생산적인 군비 부문에 할당한다면 얼마 안가서『중국·일본 등 성장국가들에 비해 어느 나라가 더 빨리 쇠퇴할 것인가?』하는 중대한 문제에 봉착하게 되리라는 것도 간파할 수 있을 것이다. 미국처럼 전세계에 과잉팽창한 나라는 군비투자가 적으면 도처에서 불안감을 느끼게 될지도 모른다. 그러나 군비투자를 대폭 늘리면 단기적으로는 안보를 증진시킬 수 있겠지만 장기적으로 보면 미국 경제의 경쟁력을 약화시켜 국가안보를 해치는 결과를 가져올지도 모른다.

여기서도 역사적 선례들은 고무적인 것이 못된다. 과거의 「일등국」들이 직면했던 공통적인 딜레마는 경제력이 상대적으로 쇠퇴하는 동안에도 자국의 지위에 대한 외부 도전의 증대로 인해 어쩔 수 없이 더욱 많은 자원을 군사 부문에 할당할 수밖에 없었고 이로 인해 생산적인 투자가 위축되어 시간이 갈수록 성장속도가 떨어지고, 세금이 늘어나고, 지출우선순위를 둘러싼 국내적 분열이 심화되며 군사비 부담능력이 약화되었다는 것이다. 이것이 진정 역사의 패턴이라면 『로마도 망하고 바빌론도 망했으니 스카스데일(Scarsdale)의 차례가 오겠구나』하는 버나드 쇼(G. B. Shaw)의 의미심장한 경구를 새삼 떠올리게 된다.

그러므로 가장 넓은 의미에서 말한다면 미국이 현재의 지위를 유지할 수 있겠는가 하는 질문에 대한 대답은 「아니오」이다. 그것은 지금껏 항구적으로 다른 나라에 앞섰던 나라가 없었기 때문이기도 하지만 미국이 항구적으로 현재의 지위를 유지한다는 것은 옛부터 내려온 성장률·기술진보·군사적 발전 등의 여러가지 다른 추세들을 동결시킨다는 것을 의미하기 때문이기도 하다. 그러나 한편 이같은 역사적 선례들을 거론한다고 해서 미국도 스페인·네덜란드 등 과거의 강대국들처럼 상대적 소국으로 전락한다거나 로마나 오스트리아-헝가리제국처럼 해체될 것이라고 말할 생각은 없다. 미국은 소국으로 전락하기에는 너무 크고 분열되기에는 동질성이 강한 나라이기 때문이다. 현재 정치학 문헌에서 관대하게 취급되는 영국조차도 규모의 차이를 감안하지 않으면 좋은 비교대상이 될 수 없다. 다시 말하면 영국은 지리적 규모·인구 및 자연자원에 비추어 다른 조건들이 모두 같다면 세계의 부와 힘의 약 3~4%를 소유하는 정도에 그칠 수밖에 없었지만 다른 조건들이 결코 같지 않았고 일련의 특수한 역사적·기술적 환경 덕분에 그 전성기에 세계의 부와 힘의 25% 가량을 소유할 정도로 팽창했으며 그후 이 유리한 환경들이 소멸되자 다시 원래의 「자연스러운」 규모로 환원되었던 것이다. 마찬가지로 미국은 그 지리적 규모·인구 및 자연자원에 비추어 세계의 부와 힘의 16~18%를 소유하는 것이 마땅하겠지만 유리한 역사적·기술적 환경 덕분에 1945년에는 그 40% 정도까지를 소유했다가 그후에는 우리가 목격하는 바와 같이 더욱 「자연스러운」 몫으로 쇠퇴과정을 걷고 있는 것이다. 현재 미국의 쇠퇴는 엄청난 군사력과 미국 자본주의 및 문화의 「국제화」에 의해 그 진상이 가려져 있다. 그러나 미국은 설사 세계의 부와 힘의 「자연스러운」 몫을 차지하는 나라로 쇠퇴하는 경우라도 그 규모 때문에 머나먼 장래에도 여전히 다극세계의 매우 중요한 강대국으로 존속하게 될 것이다.

그러므로 향후 수십년 동안 미국 정치가들이 직면하게 될 과제는 현재 진행중인 광범한 추세를 인식하고 사태를 잘 「관리」하여 미국 지위의 상대적 쇠퇴가 완만하게 진행되도록 하며 단기적인 이익을 쫓다가 장기적 불이익을 자초하는 정책적 과오를 범하지 말아야 한다는 것을 인식하는 것이다. 그러자면 대통령 이하 모든 사람들이 현재 이 세상에서는 과거 어느 때보다 빠른 속도로 기술적·사회경제적인 변화가 일어나고 있음을 깨달아야 하며 오늘날 국제사회는 정치적·문화적으로 생각보다 훨씬 다양하여 미국이나 소련이 제시하는 소박한 문제해결책은 통하지 않게 되었다는 것, 이제는 경제력과 생산력의 균형이 1945년 당시처럼 미국 쪽에만 유리하지 않다는 것 그리고 군사적 영역에서조차도 세력균형이 양극체제에서 다극체제로 재분배되는 징조가 나타남으로써 미국이라는 경제적·군사적 힘의 결집체가 비록 다른 모든 개별국가들보다는 여전히 강대하지만 제2차세계대전 직후 수십년 동안의 위세는 누리지 못하게 되었다는 것을 깨달아야 한다. 항상 양극세계에서만 정책을 수행하는 경우의 불이익에 대한 키신저의 견해를 생각할 때 이상의 것은 그 자체만으로는 나쁜 것이 아니다. 또한 현재의 세계 역학관계의 변화가 소련에 훨씬 큰 영향을 미치리라는 점을 생각하면 나쁜 것이라고만 할 수는 없다. 미국의 주도력 쇠퇴에 관한 모든 논의에서 거듭 강조해둘 점은 여기서 말하는 쇠퇴는 절대적인 것이 아니라 상대적인 것이며 따라서 극히 자연스러운 추세라는 것 그리고 미국의 실질적 이익에 어떤 심각한 위협이 제기된다면 그것은 미국이 이 새로운 세계질서에 올바로 적응하지 못할 때뿐이라는 것이다.

미국이 여전히 보유하고 있는 상당한 힘을 생각할 때 이같은 재적응을 위한 외교정책과 전략을 편성하여 월터 리프먼(Walter Lippman)이 말한 대로『국가의 공약과 국가력을……균형잡는』일은 이론상 역대 행정부의 능력범위를 벗어나는 것이 아니라고 보아야 한다. 1940년대에 미국이 영국의 역할을 물려받았던 것처럼 오늘날 미국의 세계부담을 떠맡을 만한 마땅한「계승국가」가 분명히 떠오르지는 않았지만 그래도 현재의 미국은 사면에서 적에게 포위되었던 제국주의 스페인이나 프랑스와 영국 사이에서 시달렸던 네덜란드라든가 수많은 도전세력과 맞서야만 했던 영국에 비해 해결해야 할 문제가 적은 것이 사실이다. 21세기를 맞이하면서 미국이 겪어야 할 시련, 특히 경제적 영역의 시련은 만만치 않을 것이 분명하다. 그러나 국가자원을 적절히 동원하고 미국의 힘이 갖는 한계와 가능성을 올바로 인식하기만 한다면 미국은 여전히 무시할 수 없는 힘을 보유할 것이다.

하나의 시각에서만 보면 오늘날 미국이 직면하고 있는 딜레마를 독특한 것이라고 말하기는 어렵다. 누구라도 이 세상에 실행 가능한 군사정책수립에 어려움을 겪지 않는 나라가 어디 있으며 군비와 민생과 투자간의 선택문제에 직면하지 않는 나라가 어디 있느냐고 당장 묻고 싶을 것이다. 그러나 다른 시각에서 보면 오늘날의 미국의 위치는 매우 특수한 것이다. 미국은 현재 경제적으로 그리고 군사적으로도 쇠퇴하고 있지만 그래도 피에르 아스너(Pierre Hassner)의 말대로 여전히『모든 형태의 균형과 문제의 결정적인 행위자(decisive actor)』이다. 미국은 선악간에 매우 큰 힘을 가지고 있으며 서방 동맹체제의 핵심이고 현존 세계경제의 중심이기 때문에 미국이 하는 일 또는 하지 않는 일은 다른 어느 강대국의 의사결정보다도 훨씬 중요한 의미를 갖는다.

결 론

　500년 동안에 걸쳐 국제체제내에서 일어난 강대국들의 흥망성쇠를 살피고 나면 응당 이론과 방법론에 관한 방대한 마지막 절로 매듭을 짓는 것이 도리일 것이다. 이를 통해 저자는 「전쟁과 상대적 힘의 순환」이라든가 「세계전쟁·공채 및 장기순환」, 「제국의 규모와 지속성」 등에 관한 여러가지 이론을 살펴보는 한편 전체를 이해하고 장래에 대한 함축적 의미를 제시해보고자 한 여러 정치학자들의 각종 시도를 살펴볼 것이다. 그러나 이 책은 정치학 저술이 아니고 단지 전쟁의 보다 큰 패턴과 국제질서의 변화를 연구하는 정치학 분야의 학자들에게 구체적인 사실과 논평을 제시하고자 시도했을 따름이다.
　이 마지막 절에서는 또한 현재 우리가 서 있는 처지를 결론적으로 요약하지도 않을 것이다. 그것은 이 책이 전하고자 하는 한 가지 중요한 메시지, 즉 국제체제는 끊임없이 변화한다고 하는 사실과 어긋나기 때문이다. 이러한 변화는 정치가들의 일상활동과 정치적·군사적 사건들의 부침에 의해 야기될 뿐 아니라 때마침 표면으로 부상하고 있는 세계강대국의 기반에 일어나는 더욱 깊은 변혁에 의해서도 야기되는 것이다.
　다만 이 책을 매듭짓기 전에 몇 가지 일반적인 견해를 제시해둘 필요가 있다. 이 책에서 일관되게 주장한 것은 국제체제에 관한 한 부와 힘, 즉 경제력과 군사력은 항상 상대적이며 상대적으로 파악해야 한다는 것이다. 부와 힘이 상대적이고 모든 사회는 필연적인 변화를 겪게 마련이기 때문에 국제균형은 결코 정지되어 있을 수 없으며 따라서 균형이 정지되어 있다고 생각하는 정치가가 있다면 어리석다는 평을 들어야 마땅할 것이다. 국가간 적대관계의 무질서하고 경쟁적인 성격 때문에 지난 5세기 동안의 국제문제의 역사는 전쟁 또는 적어도 전쟁준비의 역사로 점철되어 사회가 공적 또는 사적인 「재화」를 위해 사용할 자원을 탕진해버리는 경우가 많았다. 따라서 경제적·과학적 발전단계의 여하를 불문하고 매세기마다 국가의 부를 어느 정도까지 군사적 목적에 사용할 것인가 하는 문제를 둘러싼 논란이 있었다. 또한 매세기마다 국가의 번영을 증진할 최선의 방법을 둘러싼 논쟁이 있었는데 그것은 부의 증가가 개개인에게 혜택을 가져다준다는 것 때문이기도 하지만 경제성장, 생산성, 왕성한 재력과 같은 것이 또 다른 국제분쟁 발생시 강대국들의 상대적 전망에 영향을 미치리라는 인식이 있었기 때문이다. 실제로 이 책에서 다룬 강대국간의 주요 장기전쟁 모두의 결과는 생산적 경제력이 중요한 영향을 미친다는 것을 거듭 가르쳐주고 있는데 이는 비단 전쟁기간뿐 아니라 상이한 성장률 때문에 강대국들의 상대적 강약이 결정되는 전쟁 사이의 기간에도 해당되는 말이다. 1500~1945년 기간중에 발생한 대규모 동맹전쟁들의 결과는 대체로 지금까지 장기간에 걸쳐 일어난 경제적 차원의 추이를 확인해준다. 따라서 매번 전쟁이 끝날 때마다 설정된 새로운 영토질서는 지금까지 국제체제내에서 일어난 힘의 재분배를 반영하고 있다. 그러나 평화가 도래하더라도 이 지속적인 변화과정은 멈추지 않으며 경제성장률 차이 때문에 강대국들은 서로간에 흥망성쇠를 거듭하게 된다.

　무정부적인 세계질서내에서의 강대국들의 「흥성」과 「쇠퇴」가 항상 전쟁으로 귀결되는지의 여부는 확실치 않다. 대부분의 역사문헌들은 「전쟁」과 「강대국체제」가 서로 맞물려 있다고 가정한다. 신중상주의와 지정학적 사상의 창시자 중의 한 사람인 매킨더는 『역사상 대전쟁들은……국가간의 불균등한 성장의 직·간접적인 결과』라고 주장했다.

그러나 이 패턴이 1945년에 끝난 것은 아닐까? 실제로 교전국 쌍방의 파멸위험을 안고 있는 핵무기의 등장으로 마침내 강대국균형의 변동에 대해 무력충돌에 호소하는 버릇에 제동이 걸림으로써 간접적인 소규모「대리전쟁」만 가능하게 된 것이 아닌가 생각되기도 한다. 핵무기의 위험에 대한 상호간의 우려는 장차 강대국들간에 일어날 전쟁도 여전히 재래식 전쟁일 수밖에 없도록 만들었다고 생각되기도 한다. 다만 현대의 무기들을 생각할 때 이같은 재래식 전쟁들도 앞으로 끔찍한 유혈사태를 빚을 것이지만.

분명한 것은 이같은 심각한 문제에 대한 해결책을 아무도 갖고 있지 않다는 점이다. 인류가 또다시 파멸적인 강대국 전쟁을 치를 정도로 어리석지는 않으리라고 생각하는 사람들은 19세기에도 이같은 확신을 가진 사람들이 많았다는 사실을 상기할 필요가 있다. 사실 전쟁은 승자와 패자 모두에게 경제적 파멸을 가져다줄 것이라고 주장하여 국제적인 베스트셀러가 된 노먼 에인절(Norman Angell)의 저서「위대한 환상(The Great Illusion)」은 1910년에 출판되었는데 당시는 이미 유럽의 참모부들이 전쟁계획을 조용히 매듭짓고 있던 때였다.

강대국간의 전쟁이 핵전쟁이 되건 재래식 전쟁이 되건 분명한 것은 현재 균형상에 중요한 변모가 일어나고 있으며 앞으로 그 변모속도가 어느 때보다도 빨라지리라는 점이다. 더구나 이같은 변모는 경제적 생산과 전략적 힘이라고 하는 서로 별개이면서도 상호작용하는 두 개의 차원에서 일어나고 있다. 지난 20년 동안의 추세가 바뀌지 않는다면(바뀔 이유가 있을까?) 앞으로 세계정치의 양상은 대충 다음과 같은 모습을 띠게 될 것이다.

첫째 세계총생산과 군사비 지출총액에서 차지하는 비중이 5대 중심권에서 여러 나라로 확산될 것이다. 그러나 이 과정은 점진적인 양상을 띨 것이며 가까운 장래에는 현재의 미국·소련·중국·일본·유럽경제공동체 등의「5각체제」에 다른 나라가 가담하는 일이 없을 것이다.

둘째 이 5대국간의 세계생산균형은 이미 일정한 방향, 즉 소련과 미국 그리고 유럽경제공동체에서 일본과 중국 쪽으로 기울기 시작하고 있다. 그렇다고 해서 경제적으로 균형잡힌 5각체제가 이루어진 것은 아직 아니어서 미국과 유럽경제공동체가 대체로 동등한 생산 및 통상능력을 갖고 있고(미국이 군사국가인 탓으로 큰 득을 보고 있지만), 소련과 일본은 대략 비슷한 수준이며(일본의 성장속도가 빠르기는 하지만), 중국은 아직 크게 뒤떨어져 있으나 성장속도는 가장 빠르다.

셋째 군사적으로는 여전히 양극세계가 존속되어 미국과 소련만이 서로 상대방을—그리고 다른 모든 나라를—파멸시킬 능력을 보유하게 될 것이다. 그러나 양극체제는 서서히 붕괴되어 갈 것이다. 그것은 핵무기 차원에서는 중국·프랑스·영국 등이 모두 핵무기 비축을 대대적으로 늘리고 있는데다가 핵무기를 사용할 수 있는 경우가 거의 없을 것이기 때문이며 재래식 무기 차원에서는 중국의 군사력이 꾸준히 증강되고 있고 또한 서독·프랑스(그리고 아마도 영국과 이탈리아를 포함하는)의 육·해·공군력을 합쳐 효율적으로 협력해나가기만 하면 극히 거대한 세력을 형성할 수 있다는 인식이 점증하고 있기 때문이다. 국내정치적인 이유로 말미암아 이같은 일이 가까운 장래에 실현될 가능성은 없지만 이러한 가능성이 존재한다는 사실만으로도 적어도 재래식 전쟁 차원에서는 「양극」체제의 불확실성이 더욱 높아가고 있다. 이에 반해 일본이 군사대국으로 변모하리라고 보는 사람은 현재로서는 없다. 그러나 「전쟁과 세계정치상의 변화」의 패턴을 알고 있는 사람들은 언제라도 일본의 정치지도층이 바뀌어 경제력을 상당한 수준의 군사력으로 전환시키기로 결정하더라도 별로 놀라지 않을 것이다.

만일 일본이 세계문제에서 보다 큰 군사적 역할을 하기로 결정하는 일이 생긴다면 그것은 아마도 일본이 단순한 「무역국가」로서는 더 이상 자국의 이익을 지킬 수 없다고 느끼게 되는 경우일 것이다. 그러므로 일본은 군사력을 강화함으로써 비군사적 수단으로는 이룩할 수 없는 수준까지 자국의 국제적 힘과 영향력을 높이기를 바랄 것이다. 그러나 국제적 라이벌관계에 관한 지난 500년 동안의 역사는 군사적「안보」만으로는 충분치 못하다는 것을 말해준다. 단기적으로는 군사력을 가지고 경쟁국들을 누르거나 물리칠 수 있을 것이다(그 결과에 대부분의 정치지도자들과 국민들이 대단히 만족할 것이다). 그러나 만일 그러한 승리에 의해 그 나라가 지리적·전략적으로 과잉팽창하고 다소 덜한 제국주의적 차원에서라도 총수입 중의 큰 몫을「안보」를 위해 투입하여「생산적 투자」의 몫을 줄이게 된다면 경제적 생산량이 줄어들고 국민의 소비수요와 국제적 지위를 유지할 수 있는 장기적 능력이 큰 시련을 겪게 될 것이다. 이같은 일이 이미 소련·미국·영국 등에서 일어나고 있다. 그리고 현재 중국과 서독이 모두 장기적 성장전망에 미칠 영향을 우려하여 군사 부문에 대한 과도한 투자를 삼가고 있다는 것은 의미심장하다.

여기서 우리는 다시 고전시대로부터 지금까지 전략가·경제학자·정치지도자들을 줄곧 괴롭혀온 수수께끼같은 문제를 대하게 된다. 강대국, 즉 다른 나라에 맞서서 스스로를 지킬 수 있는 나라가 되려면 왕성한 경제기반을 갖춰야 한다는 것이다. 리스트(Friedrich List)의 말대로『전쟁 또는 전쟁 가능성 자체 때문에 제조능력의 확립은 일등국가의 필수적인 요건이 된다.』그러나 전쟁에 돌입하거나 또는「제조능력」의 큰 몫을「비생산적」인 군비에 돌림으로써 그 나라는 특히 수입의 큰 몫을 장기적 성장을 위한 생산적 투자에 집중시키는 상대나라들에 비해 국가의 경제기반이 침식당할 위험을 안게 된다.

정치경제학 고전의 저술가들은 모두 이같은 사실을 충분히 알고 있었다. 애덤 스미스의 견해를 추종하는 사람들은 군사비를 줄이고자 했으며 리스트의 국민경제(Nationaloekonomie) 이론에 동조하는 사람들은 국가가 더 큰 힘의 수단을 보유해야 한다고 주장했다. 두 경향의 사람들 중 정직한 사람들은 모두 그것이 선택의 문제, 더구나 힘든 선택의 문제임을 인정했다. 물론「이익」과「힘」이 병행할 수 있다면 이상적일 것이다. 그러나 정치가들은 예의 그 딜레마에 봉착할 때가 너무나 많았다. 그것은 바로 실제의 또는 예상되는 위험이 있을 경우 군사적 안보를 선택하여 국민경제에 부담을 줄 것인가 아니면 군사비를 줄여 자국의 이익이 때로 다른 나라들의 행동에 의해 위협받는 일을 감수할 것인가 하는 딜레마이다.

현 국제체제내의 강대국들은 따라서 과거의 모든 강대국들이 직면했던 다음의 두 가지 도전과 씨름해야만 하는 처지에 놓여 있다. 그 첫째는 일부 국가들을 상대적으로 부유한 나라(보통은 동시에 강대한 나라)로 만드는 불균등한 경제성장의 패턴이며, 둘째는 강대국들에게 당장의 군사적 안보와 장기적인 경제적 안보 중에서 선택을 강요하는 해외의 경쟁적이고 때로는 위태로운 상황이다. 지금의 정책결정자들에게 보편적으로 적용 가능한 행동방침을 제시해줄 일반법칙은 없다. 적절한 군사방위를 소홀히 하는 나라는 경쟁국이 이에 편승하려 할 경우 속수무책일 수밖에 없으며 군사지출—보통은 종전에 떠맡은 군사적 의무를 유지하기 위한—이 지나친 나라는 자기 힘에 벅찬 일을 하려는 노인처럼 무리한 결과를 초래하게 될 것이다. 「전비증가의 법칙(law of the increasing cost of war)」때문에 이것은 쉬운 일이 아니다. 설사 자주 거론되듯이 2020년에 가서 미국 공군예산 전액을 비행기 단 한 대의 생산에 투입하게 되는 일은 막을 수 있다고 하더라도 현대 무기의 비용상승 추세는 모든 정부—그리고 그 납세자—들에게 참으로 놀라울 정도이다.

그러므로 현재의 강대국들(미국·소련·중국·일본 및 유럽경제공동체) 모두는 생산증가 속도가 변화하고, 기술혁신이 일어나고, 국제환경이 바뀌고, 무기비용이 치솟고, 세력균형이 변화하는 가운데 옛부터 내려오는 흥망성쇠의 딜레마와 씨름해야 하는 처지에 놓여 있다. 그것은 어느 한 나라, 한 개인이 통제할 수 있는 사태가 아니다. 비스마르크의 유명한 말을 인용하면 모든 강대국들은 오늘날 그들이 『만들 수도 방향을 돌릴 수도 없고』 단지 『다소의 숙련과 경험으로』 방향을 잡을 수밖에 없는 『시대의 흐름』을 타고 항해하고 있다. 이 항해의 결과는 대체로 미국·소련·중국·일본 그리고 여러 유럽 정부의 지혜에 따라 좌우될 것이다. 이상의 분석에서 이들 국가와 강대국체제 전체의 전망이 어떠한가를 제시하려고 시도하였다. 그러나 그 전망은 여전히 이들이「시대의 흐름」을 항해하면서 발휘하는「숙련과 경험」에 따라 크게 좌우될 것이다.

강대국의 흥망

제1판 25쇄 발행 | 1996년 2월 20일
제2판 18쇄 발행 | 2013년 7월 15일
제3판 1쇄 발행 | 2014년 1월 10일
제3판 11쇄 발행 | 2025년 8월 13일

지은이 | 폴 케네디
옮긴이 | 이왈수 · 전남수 · 황건
펴낸이 | 하영춘
펴낸곳 | 한국경제신문 한경BP
출판본부장 | 이선정
편집주간 | 김동욱

주소 | 서울특별시 중구 청파로 463
기획편집부 | 02-360-4556, 4584
홍보마케팅부 | 02-360-4595, 4562   FAX | 02-360-4837
H | http://bp.hankyung.com   E | bp@hankyung.com
F | www.facebook.com/hankyungbp
등록 | 제 2-315(1967. 5. 15)

ISBN 978-89-475-2023-2   03300

책값은 뒤표지에 있습니다.
잘못 만들어진 책은 구입처에서 바꿔드립니다.